鹿城年鉴

温州市鹿城区地方志研究室
温州市鹿城区档案馆 编

2023

方志出版社
Publishing House of Local Records

图书在版编目（CIP）数据

鹿城年鉴. 2023 / 温州市鹿城区地方志研究室, 温州市鹿城区档案馆编.—北京：方志出版社, 2023.11
ISBN 978-7-5144-5971-5

Ⅰ.①鹿… Ⅱ.①温… ②温… Ⅲ.①区(城市)—温州—2023—年鉴 Ⅳ.①Z525.54

中国国家版本馆CIP数据核字(2023)第241704号

责任编辑：刘方圆
责任校对：张玉霞
责任印制：梅中英
出 版 者：方志出版社
地　　址：北京市朝阳区潘家园东里 9 号（国家方志馆4层）
邮　　编：100021
网　　址：http://www.zgfzcb.cn
发　　行：方志出版社图书营销中心（010-67110500）
印　　刷：温州市北大方印务有限公司
开　　本：889毫米×1194毫米 1/16
印　　张：30
字　　数：974千字
版　　次：2023年11月第1版
印　　次：2023年11月第1次印刷
定　　价：160.00元

鹿城区地方志编纂委员会

《鹿城年鉴》编辑部

编辑说明

一、《鹿城年鉴》是由中共温州市鹿城区委员会主管、温州市鹿城区档案馆（区地方志研究室）主办和负责编纂的年度资料性文献。2004年开始编纂，每年出版一卷，2023年卷为第十九卷。

二、《鹿城年鉴（2023）》（以下简称“本年鉴”）以马克思列宁主义、毛泽东思想、邓小平理论、“三个代表”重要思想、科学发展观、习近平新时代中国特色社会主义思想为指导，坚持辩证唯物主义和历史唯物主义的立场、观点和方法，全面、客观、系统地记述2022年鹿城区的总体概貌和自然地理、政治经济、社会文化、环境生态等方面的发展情况。

三、本年鉴收录范围以鹿城区现有行政区划为界。记述时限为2022年1月1日至12月31日，某些重要事项根据需要适当上溯或下延。

四、本年鉴采用条目体，分类编辑，分为类目、分目、条目三个结构层次，条目为主要的信息载体。

五、本年鉴对各组织、机构、企业使用通行规范简称，其他简称、简述一般另有释读；个别采取通行缩略语，不再另行解释。数字用法、标点符号用法分别采用国家标准《出版物上数字用法》（GB/T 15835—2011）、《标点符号用法》（GB/T 15834—2011），计量单位采用国家技术监督局1993年12月发布的《量和单位》系列国家标准，部分农田土地面积沿用“亩”。大事记里的“△”表示与上条同日。

六、本年鉴所采用的文字记述，以及数据、人名和随文图表，均由各供稿单位提供并审核，撰稿人与编辑在文末署名。由于来源、统计方法或口径不同，不同部门提供的同项数据或有不一致的，以统计部门公布的数据为准。

中央广播电视总台春节戏曲晚会录制移步鹿城

温州是南戏故里。从南宋九山书会才人编写的《张协状元》到元末明初的四大南戏“荆刘拜杀”、南曲之祖《琵琶记》，从民间的古戏台到现代化的大舞台，南戏故里的戏曲可谓精彩纷呈、源远流长。时至今日，活跃在温州舞台上的，既有古老的永嘉昆剧、瓯剧，也有京剧、越剧等大剧种，还有独具特色的平阳木偶戏，以及和剧、高腔、乱弹等濒危剧种。地方戏曲经典剧目更是数不胜数。当历史沉淀和时代机遇际会，春节戏曲晚会便如约而至。

2022年12月10日，中央广播电视总台春节戏曲晚会开办33年来首次将主场移步户外，以中国现存最早的完整戏曲剧本《张协状元》的编撰地鹿城九山书会为主舞台完成前期录制。全国近30个戏曲剧种、70余个院团院校、百余位戏曲名家和新生代戏曲传承人、近千名参演人员汇聚于此，彰显戏曲艺术的独特魅力与风采。九山书会、温瑞塘河等取景地通过晚会采风片段亮相在全国观众眼前。

2023中央广播电视总台春节戏曲晚会录制现场（单晓叶摄）

九山書會

1　《梦回千年》场景
2　单雯、陶一春演绎昆曲《牡丹亭》
3　方汝将领衔主演南戏·瓯剧《张协状元》
4　京剧《岳飞与杨再兴》场景
5　瑞安传统舞蹈藤牌舞

（单晓叶摄）

千年商港
央视春节戏曲晚会

1 广东粤剧院党委书记、院长曾小敏表演粤剧《待你归来》现场（单晓叶摄）
2 中国著名京剧表演艺术家尚长荣表演京剧《盛世日月新》（单晓叶摄）
3 豫剧《穆桂英挂帅》场景（单晓叶摄）
4 临水观景节目《星河戏韵》，泛舟夜游“温州人的母亲河”温瑞塘河，呈现“船在水中走、人在画中游”的意境（朱松生摄）
5 2023中央广播电视总台春节戏曲晚会录制结束后，工作专班人员与央视团队演职人员合影留念（单晓叶摄）

中国鞋都2022国际电商节

2022年，丰门街道抢抓7月制鞋类企业布局下半年生产计划的重要时间节点，于7月12日—14日搭建中国鞋都2022国际电商节平台。

此届电商节以“世界女鞋·丰门智造”为主题，推出“一园一活动、一企一特色”方案，参加的15个园区分别开展各具特色的晚宴、走秀、抽奖等活动，线上线下同步开启，500余家鞋企（近百家规上企业）参加，100余位专业主播入驻直播基地进行直播带货，仅3天就吸引万余名外客商齐聚鞋都，鞋类订单交易额突破12亿元。

2
3
1 4

1 2022年7月12日，中国鞋都2022国际电商节开幕
2 “世界女鞋沙龙”现场
3 女鞋电商直播现场
4 里仁鞋艺科技创意园2022秋冬订货会

（丰门街道提供）

中国鞋都鞋类采购节

鹿城区以政府授权、鞋都冠名、企业策划的形式，常态化举办中国鞋都鞋类采购节，打造具有全国影响力的鞋类专业订货会平台。自2019年创办，至2022年共举办11届鞋类采购节。

2022年第十届和第十一届中国鞋都鞋类采购节，分别在温州嘉运国际大酒店和新二代城市科创园举办。来自全国各地的商贸企业、鞋业知名品牌、行业高端人才集聚鹿城，引爆鞋类销售年度增长极。550余家次当地企业参展，吸引全国客流超1万人，现场订单约2000万双，成交金额约26亿元。

2022年7月14日，第十届中国鞋都鞋类采购节暨2022秋季订货会启动仪式举行　　（区商务局提供）

2022年7月14日—16日第十届中国鞋都鞋类采购节期间，众多客商被展厅内的新款鞋吸引

（区商务局提供）

2022年12月12日，第十一届中国鞋都鞋类采购节暨2023年春季订货会启动仪式现场　　（区商务局提供）

2022年12月12日，市人大常委会主任葛益平（前排左二）一行实地走访参观主会场多个展位　（区商务局提供）

2022年12月12日—14日第十一届中国鞋都鞋类采购节期间，温州原创设计订货会通过线上采取“云直播带货+云新款发布+云订货会”模式帮助企业直播销售　（区商务局提供）

目　录

特　载

专　记

大事记

鹿城概览

中国共产党温州市鹿城区委员会

温州市鹿城区人民代表大会

温州市鹿城区人民政府

政协温州市鹿城区委员会

中共温州市鹿城区纪律检查委员会
温州市鹿城区监察委员会

民主党派

人民团体

法 治

军　事

农业·农村

工业·新兴经济

商贸流通

旅游业

区属国资企业

金融业

交　通

水　利

城乡建设·生态环境保护

经济管理

公共安全管理

社会事务管理

人力资源管理

教　育

科学技术

文化和体育

卫生健康

街道·镇

人物・荣誉

鹿城报道

附　录

索　引

特　载

中共温州市鹿城区委工作报告

温州市鹿城区人大常委会工作报告

温州市鹿城区人民政府工作报告

政协温州市鹿城区常务委员会工作报告

中共温州市鹿城区委工作报告

争当做强做大“全省第三极”排头兵
奋力跑出“两个先行”鹿城加速度

2022年8月2日在区委十届二次全体（扩大）会议上的报告（节选）

中共温州市鹿城区委书记　白洪楞

这次区委全会的主要任务是，坚持以习近平新时代中国特色社会主义思想为指导，深入学习贯彻省第十五次党代会、市委十三届二次全会精神，按照区第十次党代会部署，总结上半年工作，部署下阶段任务，审议通过《中共温州市鹿城区委关于深入学习省第十五次党代会精神 争当做强做大“全省第三极”排头兵 奋力跑出“两个先行”鹿城加速度的决议》和《中国共产党温州市鹿城区委员会工作规则》，动员全区上下勇担使命、接续奋斗，坚决拥护“两个确立”，坚决做到“两个维护”，坚定不移沿着“八八战略”指引的路子奋勇前进，建设首位城区、打造共富样板，在新征程上奋力跑出“两个先行”鹿城加速度，以优异成绩迎接党的二十大胜利召开。

下面，我代表区委常委会向全会报告工作。

一、认真总结上半年工作，增强高质量发展的坚定信心

2022年以来，鹿城区上下牢记习近平总书记殷殷嘱托和对温州工作重要指示批示精神，认真贯彻中央和省委、市委的决策部署，全面落实市委市政府主要领导来鹿调研讲话精神，胜利召开区第十次党代会和区“两会”，高质量完成县乡换届，科学谋划未来五年发展蓝图，聚焦“四城”要求、“五区”目标，加快建设首位城区、打造共富样板，争创社会主义现代化先行区。区委常委会坚持以政治建设为统领，完整准确全面贯彻新发展理念，聚焦“稳进提质、除险保安、塑造变革”，聚力“稳增长、增动能、促共富、保平安、强党建”，全力推进项目攻坚年、环境提升年、治理创新年“三个年”行动，掀起了干事创业新热潮。

（一）综合施策，经济运行平稳有序。区委常委会坚持稳字当头、稳中求进，实施经济稳进提质八大攻坚行动，以确定性工作应对不确定形势。坚持“外防输入、内防反弹”总策略和“动态清零”总方针，持续推进应急能力建设，成功处置5起突发疫情。集成出台区级“稳经济41条”“助企纾困30条”等一揽子政策，发放消费券9590万元、带动社会消费9亿元，增值税留抵退税应退尽退，为企业综合减负26.4亿元，市场主体新增1.7万家、净增4774家。全面推行产业链链长制“十个一”机制，深入推进企业“两化两增”，新开工增资扩产项目20个、竣工投产9个，

新增智能化技改项目51个、节能化改造项目6个，入库“小升规”培育企业87家、专精特新培育企业18家。全力扩大有效投资，入选全省集中开工项目10个、总投资398.6亿元，省“4+1”项目投资完成率95.7%，交通投资增长95.3%。发行专项债41.9亿元、使用率78.9%。上半年全区地区生产总值增长1%，规上工业增加值增长-1.9%，一般公共预算收入（扣除留抵退税）增长-11.3%，固定资产投资增长17.7%，限上消费品零售总额增长3.2%，外贸出口增长13.4%，城镇、农村居民可支配收入分别增长5%和8%。

（二）招大引强，产业发展增添动能。区委常委会致力于构建现代化产业体系，成立鹿城经济开发区（筹）管委会，迭代更新“5+X”产业政策，研究出台滨江商务区核心区“黄金25条”、温州国际未来科技岛“一岛一策”等一揽子政策，率先成立楼宇经济促进会，落户华峰、正泰、万洋等7个瓯江新城总部大楼项目，落地省市县长工程2个，招引浪潮工业互联网等36个生产性服务业项目、遥望网络等44个数字经济项目，中国温州人力资源服务产业园入驻企业18家，规上生产性服务业营业收入128.2亿元、增长11.1%。深入实施大孵化集群战略，新增孵化场地10.2万平方米，成立10亿元大孵化器科创基金，落地“科创中国”园区科技服务工作站，引进石碧院士产业化项目，招引中科院深圳先进技术研究院等5个科创平台，国家大院名校温州联合研究院入驻上海交大等10家高等院校，世界青年科学家峰会成果全部落地。第十届中国鞋都鞋类采购节和国际电商节成交金额约28亿元，鞋靴抖音产业直播基地入驻企业400家。鹿泰“双向飞地”签约项目7个。实施“瓯江风起潮涌计划”，申报国家级引才计划78人，新增技能人才9593人。

（三）精建精美，城市风貌全域提升。区委常委会坚持以城市化带动产业化、促进现代化，4个项目入选全省首批城乡风貌样板区试点，印象南塘获评省智慧旅游景区，五马历史文化街区获评首批国家级旅游休闲街区和第二批国家级夜间文化和旅游消费集聚区。温州宋元码头遗址考古取得重大发现，为海上丝绸之路重要节点城市提供实证。七都二桥、府东路过江隧道、沿江快速路一期（西段）等加快推进，104国道改建工程主线三大隧道基本贯通、缙苍公路鹿城段改建工程进场施工、330国道鹿城官岭隧道扩建工程全面完工，戍浦江河道（藤桥至河口段）整治工程顺利开工。新增省级未来社区7个，开工老旧小区改造提升项目38个、完工7个，存量城镇危房实现清零。经营性用地出让面积、出让金总额均居全市第一，消化“批而未供”土地2271亩、处置“供而未用”土地2124亩。以前所未有的力度攻坚全国文明城市创建复评整改，2个月内解决历史遗留问题286个、拆除违法建筑27.7万平方米、整治线缆50余万米、完成丰门5个自然村拆迁。通过国家卫生城市省级综合评估，获评美丽浙江建设工作考核优秀县（市、区）、省“五水共治”大禹鼎、省“无废城市”。

（四）塑造变革，改革活力充分释放。区委常委会坚持以数字化改革撬动各领域改革，6个项目入选省级部门试点，5个子场景应用列入全省重大改革（重大应用）“一本账S2”“翌星”在线精密智控、“宗教智眼”等在全省全市推广，“141”社会治理疫情防控应用入选省级“揭榜挂帅”项目，“平安乐巡”入选2022年“省政法工作现代化创新引导项目”“鹿鸣新声”入选“全省数字文化系统优秀应用”，鹿城获全省数字化改革五星评价。“大综合一体化”行政执法改革有序推进，省执法事项全部划转到位，街镇综合行政执法队全部挂牌。扎实开展要素市场化配置改革，率先实现工业用地二次开发和拿地即开工“一次办”。慈善体制机制创新省级试点持续深化，建成全省首个枢纽型慈善服务综合体，红日亭成立50周年引起社会热烈反响。

（五）共建共享，民生福祉持续增进。区委常委会聚焦共同富裕示范先行，深化实施扩中提低九大促进行动，浙江高质量发展建设共同富裕示范区工作考核全市第一。聚焦“三基三主”建设核心，签约雨润华东预制菜产业园，开工一鸣江南牧场、七都都市农业公园，驿头驿阳入选全省首批未来乡村试点。一体推进儿童友好城市、青年发展型城市、老年友好城市建设，“邻里食堂”“童趣乐吧”全域铺开，大自然社区、菱藕社区、桂柑社区成为示范标杆。建成投用小学、幼儿园9所，新增学位4950个，4所学校入选省级“双减”优秀实践案例。创成首批省体育现代化区。附一医公园路院区重新开设急诊。挂牌成立社会治理中心，住宅小区实体型党组织实现全覆盖，完成第一轮业委会筹建换届和社区干部扩招重塑，创成“共享社·幸福里”示范样板138个，“问题村居”全部整治到位。持续深化平安法治建设，圆满完成北京冬奥会、全国“两会”、省第十五次党代会等重大维稳安保任务，成功审结涉黄龙商贸城征迁等一批案件，第一批省交办信访积案化解清零，刑事治安接警数、安全事故数、火灾起数等负面指标大幅下降，成功实现省“平安区”五连创。

（六）政治统领，党的建设不断深化。区委常委会坚决把党的政治建设摆在首位，严格落实全面从严治党主体责任和意识形态工作责任制，学深悟透《干在实处 勇立潮头——习近平浙江足迹》等，推动党史学习教育常态化长效化，持续掀起省第十五次党代会精神学习宣传贯彻热潮。扎实推进意识形态省级综合试点，构建意识形态工作“六大体系”“七大机制”，切实发挥了“凝心聚力、塑形赋能、强基固本、保驾护航”的重要作用。启动大宣传动员一体化工作体系建设，构建网络新生态“朋友圈”，主流舆论不断强化。实施“鹿力同心·共富行”提能增效工程，宗教基层治理现代化经验做法在全市推广。“七张问题清单”管控力指数稳居全省前五、全市第一，“重大巡视问题清单”管控力指数全省第一。聚焦“以事找人、人事贯通”，系统重塑优秀干部选育管用全链条，树立了“重基层、肯实干、好风评、有激情”的选人用人导向。持续深化清廉鹿城建设，坚决落实中央八项规定及其实施细则精神，启动新一届区委首轮巡察工作，深化损害营商环境问题专项治理，查处了一批违纪违法案件，维护了风清气正的良好政治生态。

上半年取得的成绩来之不易，这是中央和省委、市委坚强领导的结果，是全区各级党组织和广大干部群众团结拼搏的结果。面对复杂的疫情防控形势和艰巨的经济社会发展任务，全区上下同心同行、携手奋进，战胜了一次又一次风险挑战、赢得了一场又一场大战大考，充分彰显了鹿城干部的执行力、战斗力，充分彰显了鹿城人民的向心力、凝聚力。在此，我代表区委常委会，向全区广大干部群众，向各民主党派、工商联、无党派人士，向驻鹿部队、武警官兵和民兵预备役人员，向海内外鹿城人、新老鹿城人，向老领导、老同志和社会各界人士表示衷心的感谢，并致以崇高的敬意！

总结成绩的同时，我们也清醒地看到，当前疫情防控形势依然严峻复杂，一些企业生产经营比较困难，稳增长稳工业稳外贸面临较大压力；新兴产业支撑还不够有力，传统产业转型升级步伐还需加快，产业链供应链竞争力有待提升；中心城区首位度、集聚度、辨识度还不够高，文明创建还需持续巩固；区域发展还不够均衡，低收入群体持续增收需要拓宽路子，共同富裕任重道远；基层社会治理仍需深化，安全生产、交通安全、消防安全、防汛防台、地质灾害等领域安全隐患不容忽视；少数干部争先创优不足、担当魄力不够、创新精神不强，个别领域腐败问题仍有发生，基层基础还需夯实巩固。对此，我们要高度重视，采取有效措施努力加以解决。

二、学深悟透省第十五次党代会和市委十三届二次全会精神，在新征程上进一步校准发展定位、对准发展方向、找准发展路径

省第十五次党代会是浙江省迈入高水平全面建设社会主义现代化、高质量发展建设共同富裕示范区新征程，召开的第一次党代会。省党代会深入贯彻习近平新时代中国特色社会主义思想，绘就了未来五年浙江发展的宏伟蓝图，选举产生了新一届省委班子，取得了丰硕的政治成果、理论成果、组织成果和战略成果。省委书记袁家军代表十四届省委所作的报告，通篇贯穿习近平新时代中国特色社会主义思想，贯通“国之大者”和浙江使命，是坚决拥护“两个确立”、坚决做到“两个维护”的政治宣言，是新征程上浙江推进“两个先行”的行动总纲领。市委书记刘小涛在市委十三届二次全会上所作的报告，牢记嘱托、勇担使命，围绕做强做大“全省第三极”，当好“两个先行”的开路先锋，向全市上下吹响了集结号、发出了动员令。

我们要把学习贯彻省第十五次党代会和市委十三届二次全会精神作为当前一项重大政治任务，学深悟透、对标对表、身体力行，争当做强做大“全省第三极”排头兵、奋力跑出“两个先行”鹿城加速度。一要深刻理解、准确把握政治坐标，以实际行动坚决拥护“两个确立”、坚决做到“两个维护”。省党代会强调，浙江之所以能够取得这些历史性成就，根本在于习近平总书记、党中央坚强领导，根本在于习近平新时代中国特色社会主义思想科学指引；浙江推进“两个先行”，必须淬炼紧跟总书记的政治忠诚、保持奋进新征程的政治定力、展现建功新时代的政治担当。市委全会强调，要进一步凝聚感恩总书记、奋进新征程的高度政治共识，做到“总书记有号令、中央有部署、省委有要求，温州见行动走在前”。我们要牢记“党有核心才能万众一心”，始终坚持正确政治立场、政治方向、政治原则、政治道路，确保全区上下步调一致向前进。二要深刻理解、准确把握战略坐标，把忠实践行“八八战略”、奋力打造“重要窗口”作为一以贯之的主题主线。省党代会把习近平总书记重要指示、重大部署作为浙江奋进新时代新征程的指路明灯，凝练了“5大战略指引、11方面重要遵循”，并明确指出“八八战略”是管总的，是引领浙江共同富裕和现代化的总纲领。市委全会强调，要更加自觉地运用“八八战略”蕴含的立场、观点、方法来解决改革发展实际问题，确保各项事业始终沿着正确方向前进。我们要做到自上而下一脉相承、一以贯之，始终与省、市战略布局同频共振、同向聚合，以战略性思维、前瞻性思考把握时代脉搏、赢得发展先机。三要深刻理解、准确把握精神坐标，以加强党的全面领导和全面从严治党守好“红色根脉”。省党代会指出，“红色根脉”蕴含着党的初心使命，蕴含着以伟大自我革命引领伟大社会革命的基因密码，是浙江精神之源、使命之源、力量之源。市委全会强调，要坚定守好“红色根脉”、推进“红动浙南”，把各级党组织锻造得更加坚强有力。鹿城作为浙南首个中共党组织温独支的诞生地，要弘扬革命文化、传承红色基因，在强基铸魂中坚守初心使命、永葆奋斗精神。四要深刻理解、准确把握奋进坐标，坚定扛起“两个先行”的使命担当。省党代会明确“两个先行”的奋斗目标、“8个高地”的具体目标，标注浙江扛起为全国实现第二个百年奋斗目标探路的使命担当，体现浙江人民共同奋斗共创美好生活的期望和信心。市委全会强调，要谋深谋实“两个先行”的温州目标、路径和举措，进一步打开上下衔接融合的通道，在浙江推进“两个先行”中扛起使命、奋勇担当。我们要在全省全市发展大局中靠前一步、担当作为，贡献更多“两个先行”鹿城力量。五要深刻理解、准确把握发展坐标，不断构筑鹿城面向未来、面向现代化的制胜新优势。省党代会深入分析新阶段新要求和未来形势变化，提出了“五大工作导向”，明确了今后五年“10个着力”主要任务，部署了牵一发动全身的重大改革、重大政策、重大平台和重大举措。市委全会强调，要对准跑道、攻坚克难，干出一批具有温州辨识度的标志性成果。我们要立足当下，一门心思干好自己的事；我们要面向未来，发挥特色再创新优势。

市委全会立足“5大坐标”，提出要对标“8个高地”、推动“8个跃升”，做强做大“全省第三极”，加快建设更具活力的“千年商港、幸福温州”，以实干争先的姿态谱写“两个先行”温州篇章。在新的发展形势、发展背景、发展要求下，鹿城建设首位城区、打造共富样板，必须开新局、谋新篇，以新的理念思路、举措办法为高质量发展持续注入新的动能。一要推动思想大解放，探索以对标争先为主线的赶超路径。省委赋予温州提升“全省第三极”功能的光荣使命，既是关心支持、更是期望重托。鹿城作为温州的中心城区，必须扛起使命、奋勇前行，跑出加速度、彰显首位度、提高贡献度。我们要牢固树立“没有走在前列也是一种风险”的忧患意识，立足鹿城发展鹿城、跳出鹿城发展鹿城，以大对标大调研、大学习大讨论，进一步打开思维、打开视野、打开格局，不断开辟“干在实处、走在前列、勇立潮头”的新境界，在做强做大“全省第三极”中发挥引领性作用。二要推动转型大突破，打造以新兴产业为主导的产业体系。过去较长一段时间，鹿城一直在探索主城区产业发展的定位、方向和路径。当前温州全力打造“两个万亿级”产业集群，全域布局新能源、新材料、生物医药、数字经济等重大项目，正迎来新一轮跨越式发展的历史机遇。我们要顺势而为、借势而起、乘势而上，聚焦生产性服务业、楼宇经济、总部经济等主攻方向，千方百计招大引强、培优育强，为鹿城未来发展打下坚实基础、创造更多可能。三要推动资源大重整，构建以拥江发展为主轴的城市格局。市委市政府立足温州城市结构和大都市区发展趋势，创造性提出“拥江面海”发展战略，集聚打造以滨江商务区和瓯江两岸沿线为重点的瓯江新城，为鹿城发展打开了更大空间、提供了战略枢纽。我们要顺应城市发展规律，聚焦瓯江新城为核，推动头部企业、金融机构总部向滨江商务区集聚；聚焦瓯江沿线为轴，整合优势资源打造温州国际未来科技岛、历史文化街区、西部新城等沿江特色区块，全方位构建拥江发展格局。四要推动人口大集聚，壮大以青年群体为主力的未来事业。区域竞争归根到底是人才竞争、是人的竞争，区域发展最终要体现在人的全面发展上。鹿城创造优势、赢得未来，必须要有一批充满活力、充满激情、充满希望的青年人。我们要有包容的胸怀，打造与青年需求相适应的城市环境、就业岗位、创业空间、创新平台、生活场景，吸引更多青年人与鹿城共同成长。我们要加快推进全龄友好，以儿童友好、老年友好推动青年发展型城市建设，让“一老一小一家子”都能在鹿城安居乐业、乐享生活。五要推动治理大变革，创新以居民群众为主体的共治模式。小区治理是全国性的重要课题、是疫情防控的薄弱环节、是鹿城城区治理的关键短板。构建现代化治理体系，我们必须紧紧聚焦小区这个基本单元，像抓村委会建设一样抓业委会建设、像抓村党支部书记队伍一样抓业委会队伍建设，进一步做强基层党组织政治功能、小区业委会履职能力、小区物业服务意识，加快构建“有人干事、有钱办事、有章理事、有处说事”的小区治理生动局面，让群众走出小家、融入大家、成为一家。

三、奋力攻坚全年目标，以优异成绩迎接党的二十大胜利召开

2022年是处在特殊历史性节点上的重要一年，做好下半年工作意义重大。我们要紧紧聚焦“疫情要防住、经济要稳住、发展要安全”，对标对表省党代会“10个着力”主要任务、市委全会10个方面重点举措，持续推进项目攻坚年、环境提升年、治理创新年“三个年”行动，努力为全省全市发展大局作出更大贡献。

（一）加快推进经济稳进提质。省党代会要求“坚持稳中求进工作总基调”。我们要持续深化经济稳进提质八大攻坚行动，以超常规力度、超常规举措，全力推动经济企稳回升向好。一要守牢防疫底线。全面落实第九版防控方案，抓紧抓实疫情应对处置方案50条措施，做到“管得住、放得开”。二要强化助企纾困。集中落地已有政策、集聚谋划增量政策，在政策兑现中彰显政府公信力、执行力。用心开展助企服务，做好能源、电力保价稳供，帮助化解缺柜、缺人以及高成本等问题，切实保障产业链供应链畅通。三要狠抓项目攻坚。聚焦谋划招引、前期研究、开工落地、续建扩投、竣工投用等“五张清单”，加快推进10个省集中开工项目建设，确保省“4+1”重大项目超前超额完成任务，已批专项债8月底前使用完毕，完成固定资产投资470亿元。四要激发市场活力。探索“线上引流+直播带货”等新模式，支持印象城等商业综合体发展，加快建设华润都市中心、鹿城广场，引导“后备箱集市”规范发展，支持会展经济高质量发展，大力促进即期消费、提振大宗消费，社会消费品零售总额超过700亿元。严格落实房地产市场良性循环“15条”政策，优化建筑市场环境，促进房地产市场健康发展、建筑业全产业链高质量发展。

（二）加快推进创新全链融合。省党代会要求“着力推动全面转入创新驱动发展模式”。我们要精准对接产业链、创新链、人才链，加快构建现代科创体系。一要提升创新平台能级。高水平承接2022世界青年科学家峰会任务，加快建设温州国际未来科技岛、温州城市数字科创园、鞋都时尚创意产业园等大孵化集群，新增孵化场地20万平方米、市级以上孵化载体5个。探索打造“头部企业+大学（研究院）”创新联合体，支持中科院深圳先进技术研究院、四川大学温州鞋革产业研究院等高质量发展，盯引华为赋能中心等创新平台。二要培育创新主体集群。深入实施科技企业“双倍增”和“双迈进”计划，力争规上高新技术企业实现研发机构全覆盖，新增高新技术企业、省科技型中小企业150家以上。三要壮大创新人才队伍。加力推进“瓯江风起潮涌计划”，深化产业工人队伍建设改革，办好“红靴奖”中国国际鞋类设计大赛、中国·鹿城数字经济创新创业大赛等活动，引进院士等顶尖人才项目5个、领军型人才团队50支，入选国家级和省级重大人才工程各5人，新增大学生、技能人才3.6万人。四要优化创新生态环境。建好用好科创投资基金，建立健全科技成果转移转化利益分配机制，争创国家知识产权强县建设试点县。用心解决人才住房、医疗、子女就学等“关键小事”，在鹿城集聚人才、留住人才、发展人才。

（三）加快推进产业整体重塑。省党代会要求“全面提升实体经济竞争力”。我们要加快推进产业结构优化、模式创新、优势再造，不断提升鹿城在全市产业发展中的战略地位。一要打开新空间。以全域理念拓空间强保障，实行工业用地项目全周期绩效评估，深化“五未”土地整治，推进旧村、旧工业区“两改”融合，加快盘活村二产和闲置国有房产。提速中国鞋都四期、五期开发建设，推动中国鞋都向“世界鞋都”迈进。大力发展楼宇经济，建好用好楼宇经济促进会、楼宇办，确保落地滨江商务区总部大楼项目14个，新增楼宇面积20万平方米，培育税收“亿元楼”18幢，落地总部企业10家。二要瞄准新赛道。集成优化经开区管理运行模式，用好“专班+派驻”招商引智机制，发挥中关村信息谷等专业机构作用，盯引数字经济、科技金融、创意设计等新经济新业态，开工宝润璞新能源汽车基地，落地中韩人寿保险总部、中保数科园，落地亿元以上产业项目19个、新经济项目12个、“500强”项目3个。三要拓展新产能。全面落实产业链链长制“十个一”机制，大力推进“产业大脑+未来工厂”建设，新增智能化技改项目120个、节能化改造项目17个，开工“增资扩产”项目25个、竣工12个。四要培育新梯队。实施优质企业梯度培育“榕树计划”，新增“小升规”企业70家、上市报会2家、主板上市1家。

（四）加快推进城市能级提升。省党代会要求“着力塑造引领未来的新增长极”。我们要当好温州都市振兴排头兵，加快提升中心城区首位度和城市集聚辐射能力。一要全域拓展“精建精美”。联动抓好滨江商务区、七都岛、西部新城等“一核十片”重点区块的城市设计和综合开发运营，高品质打造瓯江新城之窗。用心建好每一个建筑，开工“精建精美”项目41个、建成38个，加快3个城乡风貌样板区、9个未来社区省级试点创建，全面投用七都研学基地。二要系统实施城市有机更新。启动河岙新村、前陈村等城中村改造，加快老涂、特陶等39宗地块清零，完成29个老旧小区改造提升。加快建设39个安置房项目，确保不出现新的5年以上未安置问题。三要大力建设基础设施。坚持“大干交通、干大交通”，开工府东路过江隧道、七都二桥、沿江快速路一期（西段）、双藤公路二期、绕城高速公路藤桥连接线改建工程等重点项目，狠抓戍浦江河道（藤桥至河口段）整治工程，确保104国道鹿城段项目完工、瓯江西沿线全线贯通。大力实施新一轮生态环保基础设施提升和排水管网提质增效行动，贯通塘河“一环三线”滨水绿道外环。四要提高城市管理水平。完善全国文明城市建设长效机制，加大投入、全域推进架空管线“上改下”、城市道路“白改黑”，提升标准、全面加强道路保洁、绿化养护、市政维养、高空剪枝等规范管理，持续抓好“小广告”、非机动车乱停放等乱象整治，攻坚治理背街小巷、断头河、断头路等死角盲区，坚决完成中央和省委生态环保督察年度整改任务，展示干净整洁有序、宜居宜业宜游的城市环境。

（五）加快推进改革系统集成。省党代会要求“着力服务和融入新发展格局”“着力推进数字化改革引领系统性变革”。我们要加大改革突破力度，提升对外开放水平，深度释放发展活力。一要深化数字化改革。紧扣“一核心、两服务、三再造”，迭代升级“平台+大脑”体系，一体贯通六大系统和基层智治系统，持续抓好“智融瞭望”等28个区级重大应用建设，冲刺全省“最佳应用”和省改革突破奖。二要狠抓重点领域改革。有序推进“大综合一体化”行政执法改革，8月底前实现街镇“一支队伍管执法”全覆盖。深化“亩均论英雄”“标准地+”改革。结合“三区三线”划定深化国土空间治理改革，加快推进国土空间规划编制。深化国企改革，提升国企市场竞争力和抗风险能力。三要持续扩大对外开放。积极融入RCEP，促进“市场采购+跨境电商”融合发展，进出口总额超460亿元。抢抓QFLP、个人侨汇结汇便利化等试点机遇，推动温商回归、温智回归。四要打造最优营商环境。深入实施“两个健康”2022版新清单，深化涉案企业合规改革，提高服务企业的本领和水平，打造全省营商环境最优城区。

（六）加快推进文化传承发展。省党代会要求“着力推进全域文化繁荣全民精神富有”。我们要发挥特色文化优势，努力在共同富裕中实现精神富有，在现代化先行中实现文化先行。一要加强意识形态工作。严格落实意识形态工作责任制，巩固拓展意识形态省级综合试点成果，推进党史学习教育常态化长效化，整合融合传播平台，进一步壮大主流意识形态，营造“贯彻党代会 迎接二十大”浓厚氛围。二要打造特色文化地标。实施宋韵瓯风文化传世工程，承接好“非遗在社区”全国现场交流活动各项任务，高标建设温州宋元码头遗址公园，开工江心屿西园、完成全岛运营招商，加快建设墨池—东瓯王庙、“东屿电厂”等重点项目，打造十大特色庭院、十大特色片区，献礼温州建郡1700周年。三要推动文旅融合发展。深化瓯江山水诗路文化带建设，迭代升级“十大特色文旅线路”，高水平承办央视春节戏曲晚会、江心屿金秋文化节等活动，做强乡村旅游“美丽经济”，全力争创省级全域旅游示范区。四要拓展提升文化阵地。深化城市书房、文化驿站等建设，打造文化礼堂智慧模式，健全文明格“1161”体系，持续打响“小亭大爱”新时代文明实践品牌，构建城乡一体“15分钟品质文化圈”。

（七）加快推进共同富裕先行。省党代会要求“着力开创民生优享的社会发展新局面”。我们要站稳群众立场，把老百姓想干的事一件一件干好。一要扎实推进扩中提低。深入实施中小企业主、个体工商户提质扩容和高校毕业生就业创业促进行动，拓展一批青年创业创新孵化空间，推进低收入家庭综合帮扶集成改革，确保中等收入群体比例提高3个百分点，城镇调查失业率保持在5.5%以下。迭代“慈善鹿城”数字化系统，推进慈善综合体向联合体拓展升级。统筹做好东西部协作、对口支援、对口合作和山海协作，竣工验收鹿泰总部科创园，加快构建新型帮共体。统筹抓好社会福利、救灾救济、社保扩面等工作。二要优化公共服务供给。系统优化教育规划，深化全国义务教育优质均衡发展区、全国学前教育普及普惠区创建，实施“瓯江名师名校长”招引工程，规范民办义务教育发展。建成区级养老服务中心一期，新增养老床位700个。深化“三医联动”“六医统筹”改革，开工区人民医院二期、市中心医院双屿院区、市中西结合医院滨江院区扩建工程，建成40家智慧健康站。新增体育健身场地12万平方米，创成省级放心农贸市场14家，确保10月底前办好十大民生实事。三要全域建设“共享社·幸福里”。深入实施“共享社·幸福里”“1551”工程，推广菱藕社区、南塘二组团、真善美小区等经验做法，新建50家邻里食堂、200个童趣乐吧，构建全域幸福共同体。四要加快农业农村现代化。狠抓15个农业“双强”项目，确保完成“非农化”“非粮化”整治优化任务，守牢粮食安全责任底线。创成南雅、樟里、金岙谷等3个未来乡村，加快建设七都都市农业公园、一鸣江南牧场，力争落地雨润华东预制菜产业园。深化强村富民集成改革，行政村集体经济年经营性收入全部超过50万元。

（八）加快推进全域除险保安。省党代会要求“着力建设更高水平的平安浙江法治浙江”。我们要大力开展“迎二十大除险保安百日攻坚”行动，持续保障大局和谐稳定。一要加强法治建设。落实领导干部“每周学法”等制度，深入开展“八五”普法，健全完善覆盖城乡、便捷高效、均等普惠的现代公共法律服务体系，完善行政争议预防和化解机制，确保行政诉讼收案数、败诉率“双下降”。二要健全治理体系。建好用好全过程人民民主基层单元，迭代升级“141”社会治理体系，配齐配强“1+3+N”网格力量，谋划建设城市运行中心，加快实现“两个中心”一体融合。推进“区、街镇、村社、小区、网格”五级治理联动贯通，做到“底数全掌握、组织全建强、要素全集成、条块全联动、社会全动员”。三要严防涉稳风险。狠抓越级访、重复访治理，动态清零信访积案，争创省信访工作现代化示范区和无信访积案区。健全重大复杂网络舆情和突发事件应对机制，打造清朗网络空间。健全完善退役军人服务保障体系。打好宗教事务系统治理“一五八”组合拳，加快建设宗教中国化和宗教事务治理现代化示范区。四要深化平安建设。狠抓平安鹿城“大起底大整治大提升”行动，防范化解政治、金融、教育、债务、房地产等风险，强化安全生产、危旧房、老旧小区、建筑工地、地质灾害、道路交通、危化品等重点领域隐患排查整治，创成省级食品安全示范区。常态化开展扫黑除恶，严厉打击电信网络诈骗、养老诈骗、黄赌毒、食药环等违法犯罪，高质量夺取“平安金鼎”。全面落实防汛防台50条措施，开工海塘安澜工程（仰义塘）、瓯江治理二期工程，建成投用“六张网”基层防汛防台体系。

四、加强党的全面领导，以高质量党建引领高质量发展

推进“两个先行”，关键在党。我们要全面贯彻落实新时代党的建设总要求，传承弘扬伟大建党精神，严格落实管党治党政治责任，纵深推进全面从严治党，不断推进以党的自我革命引领社会革命在鹿城生动实践。

（一）铸就绝对忠诚政治品格。学深悟透笃行习近平新时代中国特色社会主义思想，增强“四个意识”、坚定“四个自信”，坚定不移做“两个确立”忠诚拥护者、“两个维护”示范引领者。自觉把习近平总书记重要讲话重要指示批示精神作为想问题、作决策、办事情的根本遵循，以钉钉子精神贯彻落实中央和省委、市委各项决策部署，坚决做到“总书记有号令、党中央有部署、省市有要求、鹿城见行动走在前”。持续深化“七张问题清单”抓党建、带全局机制，确保“八八战略”综合评估走在全省前列。坚持和健全党的民主集中制，督促全区党员干部坚决做到“五个必须”、杜绝“七个有之”。

（二）锻造实干担当干部队伍。扎实推进干部工作重塑提升，围绕“五力赋能、五链塑形”，加快领导班子结构功能、干部队伍能力素质、干部成长路径、干部工作体系和团队文化重塑。强化“实绩论英雄、结果论英雄”导向，健全“以事找人、人事贯通”考评用人机制，切实在大战大考一线考察识别、培养使用干部。大力发现培养

选拔优秀年轻干部，实施专业干部赋能计划，加大女干部和党外干部培养力度。坚持“两个担当”良性互动，精准把握“三个区分开来”，让想干能干者放下包袱，让敢干实干者脱颖而出。

（三）构筑坚强有力基层堡垒。坚持大抓基层、重抓党建，扎实推动基层党建全面建强、全面过硬，创成全省首批“红色根脉强基”示范区。巩固“问题村居”整转成果，全面推进城乡社区现代化建设，强化融合型大社区大单元治理，全面打通网格员、社区干部成长通道，力争小区党组织、业委会、物业服务年内实现全覆盖。加强机关、国企、学校、公立医院等各领域党建，扎实推进模范机关、清廉机关建设，扎实推进新业态新就业群体党建“双新建强”，深入实施“两新”党建“有效覆盖”三年攻坚计划，打造楼宇、社会组织党建示范样板。

（四）营造风清气正政治生态。一体推进不敢腐、不能腐、不想腐，坚决打赢反腐败斗争攻坚战持久战。持之以恒落实中央八项规定及其实施细则精神，驰而不息纠“四风”树新风。建立健全“一平台三模拟四清单”监督机制，严格落实“一把手”和领导班子“六张责任清单”，坚决查处重大腐败问题，深化建筑工程、招投标、拆迁、金融等领域腐败集中整治，严肃查处公职人员违规投资、经商办企业等违纪违法行为，重点查纠侵害企业利益、不作为乱作为等问题，构建“亲而有度、清而有为”的政商关系。深化纪检监察体制改革，更好发挥巡察综合监督作用。依法全面强化审计监督。不断细化“青廉工程”等清廉单元颗粒建设，加强新时代廉洁文化和家庭家教家风建设。

（五）构建万众一心发展局面。充分发挥党委总揽全局、协调各方的领导核心作用，全力支持人大、政府、政协和监委、法院、检察院依法依章履行职能。坚持党管武装根本原则。完善大统战工作格局，全力做好民主党派、党外知识分子、侨务乡贤、新的社会阶层等工作，全面加强群团、老干部、关心下一代等工作，切实提高党的政治领导力、思想引领力、群众组织力、社会号召力，凝聚起共同奋斗实现共同富裕的广泛共识和强大合力。

同志们，奋进新征程，建功新时代。让我们更加紧密地团结在以习近平同志为核心的党中央周围，在省委、市委的坚强领导下，团结带领全区广大干部群众建设首位城区、打造共富样板，全力当好做强做大“全省第三极”排头兵，积极贡献“两个先行”鹿城力量，以优异的成绩迎接党的二十大胜利召开！

全面学习贯彻党的二十大精神
坚决做到“两个维护”　奋力推进“两个先行”
谱写中国式现代化鹿城篇章

2022年12月30日在区委十届三次全体（扩大）会议上的报告

中共温州市鹿城区委书记　白洪楞

这次区委全会的主要任务是，坚持以习近平新时代中国特色社会主义思想为指导，全面学习贯彻党的二十大精神和中央经济工作会议精神，认真贯彻落实省委十五届二次全会和市委十三届三次全会部署要求，回顾总结2022年工作，研究部署明年任务，审议通过《中共温州市鹿城区委关于全面贯彻落实党的二十大精神　坚决做到“两个维护”　奋力推进“两个先行”　在中国式现代化进程中谱写鹿城发展新篇章的决定》，推动全区上下更加深刻领悟“两个确立”的决定性意义，坚定不移沿着习近平总书记指引的道路奋勇前进，奋力建设首位城区、打造共富样板、争创先行示范，在中国式现代化进程中谱写鹿城高质量发展新篇章。

下面，我代表区委常委会报告三个方面。

一、总结2022年工作，坚定信心、昂扬精神、奋发前行

今年以来，区委常委会深学笃行习近平新时代中国特色社会主义思想，坚定践行习近平总书记殷殷嘱托和重要指示批示精神，深入学习宣传贯彻党的二十大精神，有力落实“疫情要防住、经济要稳住、发展要安全”重要要求，聚焦“稳进提质、除险保安、塑造变革”，聚力“稳增长、增动能、促共富、保平安、强党建”，扎实推进项目攻坚年、环境提升年、治理创新年“三个年”行动，系统提升产业品质、城市品质、生活品质，经济社会发展各项事业呈现新气象。前三季度，全区地区生产总值增长1.8%，城乡居民人均可支配收入分别增长5.4%、8.5%；1—11月，规上工业增加值增长1.3%，固定资产投资增长24.0%，全社会消费品零售总额增长2.4%，进出口总额增长30.2%。

（一）在学思践悟中加强政治建设。区委常委会旗帜鲜明讲政治，组织“喜迎二十大”主题宣传活动，开展“迎二十大除险保安百日攻坚”行动，为党的二十大胜利召开营造良好的政治环境、经济环境、社会环境。党的二十大召开后，坚持全面学习、全面把握、全面落实，扎实开展“六学六进六争先”学习实践活动，开展多形式、分层次的集中学习、宣传宣讲、理论研究、干部轮训，引导全区党员干部群众深刻领悟“两个确立”的决定性意义，增强“四个意识”、坚定“四个自信”、做到“两个维护”，第一时间把思想和行动统一到党的二十大精神上来，把智慧和力量凝聚到二十大决策部署落地上来。坚持以习近平新时代中国特色社会主义思想为指导，全面落实省第十五次党代会、市第十三次党代会、区第十次党代会任务要求，在项目攻坚、环境提升、治理创新、基础设施建设等方面办成了一批群众有感的民生实事。严明政治纪律和政治规矩，严肃党内政治生活，区委常委会以上率下、带头示范，区四套班子同频共振、齐上一线，各级干部奋勇争先、拼搏奋进，全区上下呈现出心齐气顺劲足的良好局面。

（二）在统筹兼顾中稳住经济大盘。区委常委会坚决落实“疫情要防住、经济要稳住、发展要安全”重要要求，始终坚持人民至上、生命至上，以最快速度、最小范围、最低代价打好每一场疫情防控阻击战，牢牢守住不发生规模性疫情底线；围绕“两防一保两促进”，动态优化调整疫情防控策略措施，千方百计加强医疗等能力建设，推动转段调整、压峰缓冲、分类救治、除险保安，做到“生产不停、物流不断、产能不减、秩序不乱”。实施经济稳进提质八大攻坚行动，集成出台“稳经济41条”“助企纾困30条”等一揽子政策，开展“万名干部进万企”等助企服务行动，发放消费券1.26亿元、带动社会消费超16亿元，增值税留抵退税应退尽退，为企业综合减负48.3亿元，市场主体新增2.3万家、净增7070家。全面推行产业链链长制“十个一”机制，深入推进企业“两化两增”，新储备增资扩产项目52个、竣工投产18个，新增智能化改造项目115个、节能改造项目21个。全力扩大有效投资，入选全省集中开工项目10个、总投资398.6亿元，总投资连续三年位居全市第一；省“4+1”项目投资完成率超200%，2000万元以上重大建设项目完成投资249.5亿元、完成率111.8%。成功申报专项债项目储备资金171.8亿元、完成率138%，2个项目获批国家政策性、开发性金融工具支持。

（三）在谋大招强中加速产业转型。区委常委会致力于构建现代化产业体系，获批成立浙江鹿城经济开发区，组建楼宇经济促进会，迭代升级“5+X”产业政策，出台滨江商务区核心区“黄金25条”、温州国际未来科技岛“一岛一策”、西部新城“优10条”，落户华峰、万洋、正泰等7个瓯江新城总部大楼项目，开工长城搅拌等2个省市县长工程，引进遥望网络、十沣科技等53个生产性服务业项目，签约落地世界500强沃尔玛山姆会员店等品牌首店18家，实际利用外资7513万美元，中国温州人力资源服务产业园获评省级人力资源服务产业园，中国鞋都鞋类采购节和国际电商节成交金额约38亿元。全力支持企业做大做强，入库“小升规”培育企业121家，新增省级创新型中小企业82家、国家级专精特新“小巨人”企业2家、上市企业1家、报会企业1家。坚持科创首位战略，新增孵化面积19.2万平方米，落地中科先进技术温州研究院等4个高能级平台和陈十一、石碧等4个院士产业化项目，落户“科创中国”园区科技服务工作站，设立首支3亿元科创基金，瓯越院士之家获评省级院士之家，世界青年科学家峰会成果100%转换落地。大力实施“瓯江风起潮涌计划”，打造“红靴奖”国际鞋类设计大赛等“以赛引才”品牌，签约顶尖设计大师工作室8家，落地领军型人才创业项目17个，新入选国家级引才计划7人，新增大学生、技能人才2.8万人，人才增长指数全市第一。持续迭代升级山海协作工程，鹿泰“双向飞地”签约项目7个。

（四）在精建精美中提升城市能级。区委常委会保持定力、集中精力提升中心城区首位度，开工府东路过江通道、七都二桥、沿江快速路，330国道鹿城官岭隧道改建工程提前2个月建成通车。温州朔门古港遗址考古重大发现实证温州为海上丝绸之路不可替代的重要节点，曹湾山遗址考古发掘报告成功发布，中国山水诗研究创作中心落户鹿城，江心屿西园开工、宋园开园，高质量承办央视2023年春节戏曲晚会，创成浙江省文旅产业融合试验区、获评省级夜间经济样板城市，五马历史文化街区获评国家级旅游休闲街区和第二批国家级夜间文化和旅游消费集聚区。实施“微改造、精提升”项目281个，新增省级未来社区10个，瓯江光影码头、小坝坊、城市岛屿等成为人气主题街区，驿头驿阳入选全省数字乡村“金翼奖”百优村，戍浦江河道（藤桥至河口段）整治工程顺利开工。做地清零2834亩，出让经营性用地1228亩、出让金204.9亿元，体量金额均排名全市第一；消化“批而未供”“供而未用”土地6067亩、盘活存量土地1747亩、再开发城镇低效用地3067亩，瓯江新城核心区完成政策处理。以前所未有之力度推进全国文明城市建设，完成架空管线“上改下”130万米、城市道路“白改黑”8万平方米，打通断头路3条，拆除旧村自然村6个，处置违法建筑37万平方米，获评美丽浙江建设工作考核优秀县（市、区）、省“五水共治”大禹鼎、省全域“无废城市”。

（五）在塑造变革中激发发展活力。区委常委会坚持把数字化改革作为新发展阶段全面深化改革的重要抓手，入选国家级试点1个、省级部门试点14个，“智融瞭望”“未来农贸”成功入选全省“一地创新、全省共享”“一本账S0”、“宗教智眼”成功入选全省“一本账S1”，“翌星”在线精密智控应用做法在全省推广，“平安乐巡”获评全国政法智能化建设智慧治理创新案例、得到最高人民检察院主要领导高度肯定，数字化改革整体工作连续3次获全省五星评价。“大综合一体化”行政执法改革有序推进，执法类公务员平时考核特色做法在全省推广，投用执法争议协调监督平台，建成“五位一体”省级智慧矫正中心。要素市场化配置改革走在前列，率先实现工业用地二次开发和拿地即开工“一次办”。慈善体制机制创新省级试点持续深化，建成全市首个枢纽型慈善服务综合体，“慈善鹿城”获评省级民政数字化改革“优秀应用”。适老型诉讼机制经验做法获评省高院司法改革微创新示范案例。QFLP、数字人民币、个人侨汇结汇便利化改革等一批试点扎实推进。对外贸易健康发展，鹿城跨境电商园获评省级跨境电商园，1—10月跨境电商综试区出口86.04亿元，增长超200%；获批市场采购贸易预包装食品出口模式试点，康奈集团成为杭州关区首个集团加工贸易出口试点企业，1—11月出口总额增长31.2%。

（六）在共建共享中增进民生福祉。区委常委会深入践行以人民为中心的发展理念，深化扩中提低改革，开展低收入家庭综合帮扶集成改革，居民人均可支配收入64196元、排名全市第一。坚持以“一老一小”带动“全龄友好”，平稳推进规范民办义务教育工作，入选省级“双减”优秀案例5个，新增学校10所、学位6000个；双屿康养小镇开工建设，庆年坊社区创成全国示范性老年友好型社区，大自然社区成为全省儿童友好城市建设工作现场会唯一县级考察点、经验做法入选全国实践案例。圆满完成瓯江红“共享社·幸福里”“1551”工程，创建示范单位239个，高水平承接4次市级现场会。大力推进乡村振兴，签约落地雨润华东预制菜产业园，谋划建设温州农业科技城，开工一鸣江南牧场、七都都市农业公园，入选2个省级未来乡村试点，独具特色的浙南民居风貌和宋韵瓯越新风加快形成。用心改善群众住房条件，推进安置性商品房项目21个，新开工10个、竣工4个，实施老旧小区改造项目51个、完工30个，提前一年半完成存量城镇危房清零。顺利通过国家卫生城市省级综合评估，实现健康浙江省级考核优秀三连冠。创成首批省体育现代化区，竞技体育成绩排名全省第二，荣获2018—2021年度浙江省竞技体育突出贡献奖。入选首批国家知识产权强县建设试点县。圆满完成护航党的二十大等系列维稳安保任务，如期完成信访积案清零任务，生产经营性事故、“刑事治安”、盗窃接警等负面指标大幅下降，刑事命案发案数创历史新低，市对区平安考核保持全市前三，实现省“平安区”五连创。

（七）在固本强基中强化党建统领。区委常委会坚持加强党的全面领导和全面加强党的建设，支持人大、政府、政协和监委、法院、检察院依法依章程履行职能，切实履行党管武装责任，“七张问题清单”管控力指数保持全省前五、全市第一。严格落实意识形态工作责任制，扎实推进意识形态省级综合试点，构建意识形态工作“六大体系”“七大机制”，切实发挥“凝心聚力、塑形赋能、强基固本、保驾护航”的重要作用。打响“鹿力同心”统战品牌，试点开展从严治教工作，持续巩固扩大爱国统一战线，各民主党派、工商联、无党派人士职能作用得到充分发挥。大抓“以事找人、人事贯通”考评机制，以实干导向重塑干事创业好状态。持续加强基层组织建设，落地“上统下分、强街优社”“强社惠民”“五社联动”3个省级试点，打通社区干部上升通道，面向临聘人员选拔专职社工44人、面向专职社工选拔事业干部5人，816个住宅小区和129个复合型小区实现实体型党组织、业委会全覆盖，高质量完成39个问题村居整治。压紧压实全面从严治党主体责任，持续构建完善“三不”机制，切实加强对“一把手”和领导班子监督，深入实施“青廉工程”，持续纠“四风”、树新风，持续优化营商环境、创建五马清廉街区，推进漠视侵害群众利益问题专项治理，启动十届区委巡察工作，扎实开展“全面对照、全线整改、全域治理”专项行动，“重大巡视问题清单”管控力指数保持全市第一。

今年以来取得的成绩来之不易，是中央和省委、市委坚强领导、关心支持的结果，是全区各级党组织和广大干部群众苦干实干、奋战奋进的结果。在此，我代表区委常委会，向全区广大党员干部，向各民主党派、工商联、无党派人士，向驻鹿部队、武警官兵、公安干警、消防救援队伍指战员和民兵预备役人员，向海内外鹿城人、新老鹿城人，向老领导、老同志和社会各界人士表示由衷的感谢，并致以崇高的敬意！

在肯定成绩的同时，我们也清醒看到，工作中还存在一些薄弱环节和短板弱项：招商政策有待进一步转化为发展动力，产业链供应链竞争力有待提升，大型龙头企业招引培育还需发力，部分企业生产经营依然比较困难；中心城区能级和首位度还需持续提高，区域均衡发展还需进一步优化；基层社会治理仍需深化，征地拆迁、安全生产等领域风险隐患不容忽视；干部队伍能力素质与现代化建设要求还有差距，个别领域腐败问题仍有发生，全面从严治党仍需持续加强。对于这些问题，我们必须高度重视，认真研究，切实解决。

二、完整准确全面把握党的二十大精神的核心要义，切实把思想意志行动统一到党的二十大精神上来

学习党的二十大精神是一个常学常新、常学常悟、常用常进的过程。我们要把学习宣传贯彻党的二十大精神作为当前和今后一个时期的首要政治任务，在全面学习、全面把握、全面落实上下功夫，进一步把思想和行动统一到党中央决策部署上来。

（一）要更加深刻领会“两个确立”的决定性意义。党的二十大取得的所有成果中最重要最根本的是，再次宣示了“两个确立”的决定性意义，明确了最大的政治、最大的大局、最大的原则。我们要深刻认识到，新时代10年的伟大变革，从理论上讲是原创性、突破性、开创性的，从制度上讲是创新性、系统性、整体性的，从实践上讲是根本性、战略性、长远性的，根本原因就在于习近平总书记的掌舵领航，在于习近平新时代中国特色社会主义思想的科学指引。党确定习近平同志党中央的核心、全党的核心地位，确立习近平新时代中国特色社会主义思想的指导地位，是推动党和国家事业取得历史性成就，发生历史性变革的决定性因素，对新时代党和国家事业发展，对推进中华民族伟大复兴历史进程具有决定性意义，是全党、全军、全国各族人民的高度共识和共同意志，是党应对一切不确定性的最大确定性、最大底气、最大保证。奋进新征程，我们要深刻领悟“两个确立”的决定性意义，坚定不移做“两个确立”忠诚拥护者、“两个维护”示范引领者，自觉在思想上政治上行动上同以习近平同志为核心的党中央保持高度一致，坚决做到“总书记有号令、中央有部署、省市有要求，鹿城见行动走在前”。

（二）要更加深刻领会习近平新时代中国特色社会主义思想的世界观和方法论。党的十八大以来，以习近平同志为主要代表的中国共产党人，坚持把马克思主义基本原理同中国具体实际相结合，同中华优秀传统文化相结合，科学回答中国之问、世界之问、人民之问、时代之问，在理论创新和伟大实践中，创立了习近平新时代中国特色社会主义思想。我们要深刻认识到，这一伟大思想是中华文化和中国精神的时代精华，实现了马克思主义中国化、时代化新的飞跃，“六个必须坚持”从世界观和方法论的高度深刻揭示了过去我们为什么能够成功、未来我们怎样才能继续成功的基因密码，充分证明了拥有科学理论指导的政党拥有真理的力量、有科学理论指导的事业必将走向光明的前途。奋进新征程，我们要坚持好运用好习近平新时代中国特色社会主义思想的丰富内涵、思想体系和实践要求，自觉用这一思想武装头脑、指导实践、推动工作，推进更大的实践创新、理论创新、制度创新、模式创新，实现新的思想解放、精神主动，持续锻造鹿城面向未来、面向现代化的制胜新优势。

（三）要更加深刻领会新时代新征程中国共产党的使命任务。党的二十大把握人类发展大潮流、世界变化大格局、中国发展大历史，明确提出以中国式现代化全面推进中华民族伟大复兴，并系统阐述中国式现代化的中国特色、本质要求、重大原则，把我们党对中国式现代化的认识提升到了一个新高度，把中国式现代化的战略地位提升到了一个新高度。我们要深刻认识到，中国式现代化，是党的十八大以来在理论和实践上的创新突破，摒弃了西方以资本为中心的现代化、两极分化的现代化、物质主义膨胀的现代化、对外扩张掠夺的现代化老路，打破了“现代化就是西方化”的话语体系，描绘了人类文明新图景。奋进新征程，我们要深刻理解中国式现代化理论和全面建设社会主义现代化国家战略布局关系，坚持以高质量发展为主题，把新发展理念作为行动先导，把融入新发展格局作为重要牵引，继续抓住并用好重要战略机遇期，科学谋划、积极作为、顺势而为，迭代完善建设现代化先行区的思路举措，集中精力办好自己的事，推动认识不断深入、战略不断成熟、实践不断丰富，在鹿城展示中国式现代化美好图景。

（四）要更加深刻领会全面建设社会主义现代化国家的战略布局。党的二十大坚持从战略上、全局上科学把握我国发展面临的新的战略机遇、新的战略任务、新的战略阶段、新的战略要求、新的战略环境，充实完善了全面建设社会主义现代化国家战略布局，明确了中华民族从站起来、富起来到强起来的清晰思路和战略抓手。我们要深刻认识到，这些部署安排贯通理论和实践、国内和国际、中央和地方、战略和策略，战略目标上明确了全面建成社会主义现代化强国的时间表、路线图，战略布局上明确了经济建设、民主政治建设、文化建设、保障和改善民生等方面目标任务，战略考量上强调了教育科技人才、全面依法治国、国家安全的突出重要性，充分体现了党对中国式现代化规律性认识的不断深化，为我们在新征程中抢占国际竞争制高点、有力有效应对重大风险挑战、确保中华民族行稳致远指明了方向。奋进新征程，我们要坚持系统观念，对标落实全面建设社会主义现代化国家系统部署，结合实际谋划实施一系列具有鹿城辨识度的战略性举措，以变革应对变局、以创新开拓新局，推动各项工作取得突破性进展、实现整体性跃升。

（五）要更加深刻领会以党的自我革命引领社会革命的清醒自觉。党的二十大报告对新时代全面从严治党伟大实践作了深刻总结，对党所处历史方位、党情发展变化进行了深刻分析，并明确了坚定不移全面从严治党，深入推进新时代党的建设新的伟大工程的形势任务，充分彰显了百年大党刀刃向内的政治勇气、坚守初心的赤诚情怀。我们要深刻认识到，勇于自我革命是我们党最鲜明的品格，是我们党最大的优势，也是我们党区别于其他政党的显著标志。新时代新征程，党面临的“四大考验”将长期存在、“四种风险”将长期存在，必须时刻保持解决大党独有难题的清醒和坚定，必须牢记全面从严治党永远在路上、党的自我革命永远在路上，绝不能有松劲歇脚、疲劳厌战的情绪，更不能有降调变调的错误期待。奋进新征程，我们要坚持完善党的自我革命制度规范体系，增强党组织政治功能和组织功能，坚持以严的基调强化正风肃纪，一体推进不敢腐不能腐不想腐，全面推进党的自我净化、自我完善、自我革新、自我提高，将制度优势更好地转化为治理效能。

（六）要更加深刻领会发扬斗争精神、增强斗争本领、坚持团结奋斗的重要要求。党的二十大突出了团结奋斗这一中国共产党和中国人民最显著的精神标识，强调全面建设社会主义现代化国家，必须充分发挥亿万人民的创造伟力，号召全体中华儿女同心共圆中国梦，为全党全军全国各族人民更加紧密团结在以习近平同志为核心的党中央周围、用新的伟大奋斗创造新的伟业提供了根本指引。我们要深刻认识到，中华民族伟大复兴绝不是轻轻松松、敲锣打鼓就能实现的，当前，我们党正面临中华民族伟大复兴战略全局和世界百年未有之大变局，风险挑战前所未有、矛盾问题错综复杂，唯有团结奋斗、克难奋进，才能不断战胜前进道路上的困难艰险，才能赢得优势、赢得主动、赢得未来。奋进新征程，我们要牢记“三个务必”，始终坚持“五个必由之路”，巩固和加强党的团结统一，主动识变应变求变，不断增强防风险、迎挑战、抗打压能力，依靠顽强斗争打开事业发展新天地。我们要保持同人民群众的血肉联系，团结一切可以团结的力量，心往一处想、劲往一处使，凝聚起建功新时代、奋进新征程的更强大合力。

三、扎实做好明年工作，推动党的二十大决策部署在鹿城落地生根、开花结果

2023年是全面贯彻落实党的二十大精神的开局之年，是“八八战略”实施20周年，干好明年工作具有非常特殊的重要意义。我们要深入学习贯彻党的二十大精神，始终坚持以习近平新时代中国特色社会主义思想为根本指引，以忠实践行“八八战略”、努力打造“重要窗口”为主题主线，以推进“两个先行”为目标任务，以推动创新发展、转型升级和改革攻坚、开放提升为基本路径，以干在实处、走在前列、勇立潮头为精神动力，以全面从严治党和高素质干部队伍建设为根本保障，聚焦聚力都市振兴、乡村振兴、产业振兴、文化振兴，持续深化项目攻坚、环境提升、治理创新，加快提升产业品质、城市品质、生活品质，争当做强做大“全省第三极”排头兵，建设首位城区、打造共富样板、争创先行示范，努力在中国式现代化的宏大场景中闯出一条转型发展的新路子、拼出一个赶超跨越的新未来。建议2023年全区地区生产总值增长6%左右，一般公共预算收入、城乡居民人均可支配收入与经济增长基本同步。重点抓好八个方面工作：

（一）开创经济稳进提质新局面。党的二十大报告强调，推动经济实现质的有效提升和量的合理增长。我们要聚焦经济高质量发展，加快新旧动能转换，充分激发经济增长的潜力活力和动力。一要千方百计扩总量。以“首位城区”的眼界格局和“重返第一”的坚定决心，营造更宽松市场环境、更良好消费环境、更优质营商环境，最大程度保护和激发后疫情时代市场信心。坚持以政府“辛苦指数”换取企业“发展指数”，全力支持企业抢订单、拓市场、降成本，加大金融保障实体经济发展力度，精准承接中央五大政策、省“8＋4”政策体系有效落地，制定和落实一揽子稳经济政策，做到能早则早、能延则延、能出尽出、应享尽享，为企业综合减负30亿元以上。二要产城融合挖存量。坚持“不破不立、边破边立、大破大立”，全面推进旧村、旧工业区有机更新，持续深化“五未”土地整治，开工建设西部新城启动区，盘活低效工业用地800亩以上、低效村二产1200亩以上，出让工业土地300亩以上。三是谋大招强拓增量。全速推进2000万元以上重大项目，以扩大有效投资增强发展内生动力。坚持算大账、算长远账、算整体账、算综合账，坚定不移招大引强，把更多发展资源投向“高大上、链群配”项目招引，确保落地中国电子等10家头部企业、罗伯特等10家工业企业，滨江商务区引进6类主导产业各10家以上，不断壮大直播电商、国际贸易、冷链物流、创意设计、商务会展、人力资源、法律、会计、版权等生产性服务业，数字智造、数字贸易、数字金融、数字文化等数字经济，打造瓯江金融港、温州国际未来科技岛等金融集聚区，成为楼宇经济、总部经济示范区。四要培优育强提质量。实施优质企业梯度培育“榕树计划”，开工增资扩产项目20个、实施两化改造项目125个，净增规上企业100家以上，新增国家级专精特新“小巨人”企业1家、省级专精特新中小企业10家以上，确保海特克、长城搅拌上市，推动鞋服产业向“时尚＋品牌＋科技”转型，推动中国鞋都向世界鞋都实质性迈进。

（二）开创科创引领发展新局面。党的二十大报告强调，深入实施科教兴国战略、人才强国战略、创新驱动发展战略。我们要超常规推进教育、科技、人才工作，确保全社会R&D经费支出增长14%以上。一要优先发展教育事业。深化教育领域综合改革，优化区域优质教育资源布局，大力实施“瓯江名师名校长”招引工程，投用实验中学集新校区、实验小学锦绣校区、建设小学七都分校等中小学7所、幼儿园8所。规范民办义务教育发展，巩固提升“双减”成果，全力创建全国学前教育普及普惠区、义务教育优质均衡发展区。二要提升科创平台能级。加快建设温州国际未来科技岛、温州城市数字科创园、鞋都时尚创意产业园等大孵化集群，新增大孵化面积22万平方米、市级以上众创空间2家以上。倾力支持国家大院名校温州联合研究院、中科先进技术温州研究院、中关村信息谷·温州创新中心、温州大学元宇宙与人工智能研究院等重要平台高质量发展，加快落地华为人工智能赋能中心等新的高能级平台，引进院士产业化项目2个以上，转化科技成果30项以上，全力创建省级高新区。三要壮大创新主体集群。推动企业技术改造、数字化赋能，实现规上高新技术企业研发机构全覆盖，新增高新技术企业30家、科技型中小企业150家。做大做强科创基金，持续提升企业研发能力，全年新增各类研发机构10家以上，规上工业研发费用、高新增加值、高新投资等企业科创指标增速达10%以上。深化“质量强区”工程，再造传统产业发展新优势。四要打造聚才硬核成果。深入实施“瓯江风起潮涌计划”，统筹推进“塔尖人才集聚”“领创项目引育”等重大人才工程，高水平举办中国（温州）世界华侨华人新生代创新创业大会，入选国家级和省级引才计划5人以上、市级重大人才工程15人以上，新引进领军型人才创业项目20个，新增鲲鹏人才1人，打响“鹿鸣全球 城邀英才”品牌。

（三）开创都市繁荣振兴新局面。党的二十大报告强调，提高城市规划、建设、治理水平。我们要步调一致推进城市化、产业化、现代化，进一步提升中心城区首位度。一要提升城市形象辨识度。坚定不移拥江发展，用心规划每一宗地块、建好每一个建筑，精雕细琢滨江商务区、七都岛、历史文化街区、西部新城等“一核十片”亮点区块，高品质建设“茶榕并茂”“温州之光”“瓯江之眼”等城市地标，彰显现代化都市风采。二要提升人居环境舒适度。完善文明城市常态化建设十大机制，优化提升环卫一体化水平，持续推进架空管线“上改下”、城市道路“白改黑”，进一步加强交通秩序管理，提高城市美化彩化精细化水平。实施50个老旧小区改造项目，争创3个城乡风貌样板，加快推进成浦江河道整治工程和仰义海塘安澜工程，贯通塘河“一环三线”外环滨水绿道，坚决打赢治水治气治土治废治塑等标志性战役，展现干净整洁有序的城市环境。三要提升内外交通便利度。加快建设七都二桥、府东路过江通道、沿江快速路，完成温州西部多式联运枢纽首宗地块出让，开工330国道（藤桥段）改建工程、双藤公路二期、绕城高速藤桥连接线工程，完成缙苍公路鹿城段主体工程建设，改造提升鞋都大道等10条主干道，打通葡萄路等10条断头路。四要提升区域消费活力度。把恢复和扩大消费放在优先位置，最大限度促进消费回补和潜力释放。创新消费场景、转变消费方式，整合优化“四大商圈”、改造提升7个省市级文创园，开工沃尔玛山姆会员店，投用滨江万象城，打造消费新地标10处以上、精品老字号10家以上，新增品牌首店20家以上，五马商圈争创国家级智慧商圈。

（四）开创改革开放赋能新局面。党的二十大报告强调，构建高水平社会主义市场经济体制；巩固东部沿海地区开放先导地位。我们要大刀阔斧推进重点领域和关键环节改革，形成更多引领未来发展的新模式新机制。一要大力推进数字化改革。锚定“一核心、两服务、三再造”，推进省级重大应用全面贯通、特色应用集成见效，在服务实体经济和百姓民生中体现数字化价值。二要深化重点领域改革。扎实推进要素市场化配置综合改革，狠抓新时代“两个健康”先行区建设带动营商环境改革，开展新一轮国资国企改革，推动“大综合一体化”行政执法改革监管全覆盖、执法全闭环。三要打造标志性改革成果。一体推进“上统下分、强街优社”“强社惠民”“五社联动”集成改革试点创建，抓好国家知识产权强县建设试点，确保通过现代慈善体制机制创新助推共同富裕试点验收。四要持续扩大对外开放。坚持跳出鹿城发展鹿城，全面引领市域一体化、区域中心城市建设、拥江发展等重大战略。持续推进市场采购贸易方式试点与鹿城省级跨境电商园融合发展，出口突破500亿元。抢抓QFLP、个人侨汇结汇便利化等试点机遇，推动温商回归、温智回归。

（五）开创全民共同富裕新局面。党的二十大报告强调，着力促进全体人民共同富裕。我们要先试先行先成，加快取得突破性进展、形成标志性成果。一要扎实推进扩中提低。全面落实就业优先政策，开展高校毕业生、退伍军人、残疾人、低保低边人员、就业困难人员等重点群体就业帮扶，深化低收入家庭综合帮扶集成改革，城乡居民收入比缩小到1.8左右。二要保障东西均衡发展。充分发挥政府投资的引导带动作用，聚焦城市西片发展格局重塑，持续补强基础配套设施、改善人居生活环境，系统提升区块承载力和功能集聚度，加快形成教育、卫生、养老等发展新优势。三要全面促进乡村振兴。围绕“三基三主”建设核心，强化农业项目“双招双引”，建成投用七都都市农业公园、一鸣江南牧场，改造提升七都研学基地，高标准谋划打造温州农科城，推进现代农业综合体、种业产业园等十大项目，建好用好“东瓯药王谷”等70家“共富工坊”，全力打造十大美丽乡村，行政村集体经济年经营性收入全部超过50万元。四要巩固发展社会事业。高品质建设温州（少艺校）儿童艺术剧院和温州美术馆，新增35个儿童友好试点单元，基本实现儿童友好元素在公共空间全覆盖；提速推进双屿康养小镇、区级养老服务中心二期项目，加快建设市中心医院双屿院区、市中西医结合医院滨江院区、鹿城区人民医院二期扩建工程，探索邻里食堂等市场化运行，让“一老一小一家人”都能在鹿城幸福生活。深入推进人人慈善标杆区建设，持续打响“小亭大爱”新时代文明实践品牌，打造15分钟慈善圈。健全多层次社会保障体系，统筹抓好社会福利、救灾救济、社保扩面、残疾人保障等工作。统筹做好对口支援、对口合作和山海协作。

（六）开创文化传承复兴新局面。党的二十大报告强调，推进文化自信自强，铸就社会主义新辉煌。我们要全面落实“文化+”战略，统筹文化铸魂塑形赋能一体推进，擦亮宋韵瓯风金名片。一要弘扬主流价值。全面落实意识形态工作责任制，深入开展社会主义核心价值观教育，巩固壮大奋进新时代的主流思想舆论。深化区级媒体融合发展，优化内容生产体系和全媒体传播链条。加快构建大宣传动员一体化机制，不断完善网络综合治理体系。二要打造文化地标。高标准推进温州朔门古港遗址公园设计和建设工作，冲击全国十大考古新发现。高质量承办纪念温州建制2215周年和设郡1700周年系列活动，狠抓“三年百项文化工程”，加快推进江心西园改造提升和东屿电厂有机更新，精彩亮相东瓯王庙、墨池坊、十大合院博物馆、明贤馆等历史文化街区项目，加快建设永嘉学派文化公园、曹湾山遗址公园、中国山水诗馆等标志性项目，将九山书会南戏文化园打造为中国活态戏曲朝圣地。三要强化以文惠民。深入实施重点文艺创作全流程保障机制，加快鹿城艺术创研中心建设，推进城市书房、文化驿站、文体场馆、新时代文明实践中心等文化阵地建设，全域推进“1161”文明共创，构建城乡一体“15分钟品质文化圈、阅读服务圈、文明实践服务圈”。四要深化文旅融合。探索文物建筑修缮保护、活化利用市场化运作，以市场化先行带动庆年坊自主更新。迭代升级“十大特色文旅线路”，持续完善旅游业基础配套设施，争创国家级文旅融合发展示范区。高水平协办亚运足球赛事，做到“办好一个会，提升一座城”。

（七）开创基层社会治理新局面。党的二十大报告强调，推进国家安全体系和能力现代化。我们要不断提高社会治理能力、完善社会治理体系，保障社会长治久安。一要积极适应疫情形势。平稳有序对新型冠状病毒感染实施“乙类乙管”，全力以赴“保健康、防重症”，最大程度保护人民生命安全和身体健康，最大限度减少疫情对经济社会发展的影响。二要持续深化平安建设。加强派出所所长队伍建设，强化“民转刑”命案防控，严厉打击电信网络诈骗、养老诈骗、黄赌毒、食药环等违法犯罪，不断增强人民群众安全感。严防政治、金融、房地产、政府债务等领域风险，严查道路交通、消防、危化品、自建房、建筑施工、旅游、地质灾害、城市运行、食品安全等领域隐患，加强防汛防台抗旱和森林防灭火工作，全力“遏重大、降较大、减总量”，高质量夺取平安金鼎。三要持续加强法治建设。深入实施“八五”普法规划，加强重大行政决策合法性审查和重点领域行政执法监督，推行柔性执法、“智慧复议”，营造法治化营商环境，争创全国法治建设示范区。持续完善府院检联动体制机制，建强法律工作者队伍，推进乡镇（街道）法治化综合改革，狠抓重点行政争议实质性化解、源头治理，确保行政诉讼收案数、败诉率持续“双下降”。四要持续夯实基层基础。完善矛盾纠纷调解机制，强化警源、访源、诉源“三源”治理，提升信访工作法治化、系统化、专业化、数智化水平，加快建设省信访工作现代化示范区和无信访积案区。推动社会治理中心智慧高效运行，加强专职社工、业委会、物业等队伍培养，确保实现小区实体型党组织、业委会、物业全覆盖，确保社区年经营性收入全部超过30万元。加强国防动员和后备力量建设，创成省级双拥模范城市。

（八）开创全面从严治党新局面。党的二十大报告强调，坚定不移全面从严治党，深入推进新时代党的建设新的伟大工程。我们要全面落实新时代党的建设总要求，努力打造新时代党建高地和清廉建设高地。一要加强党的全面领导。支持人大、政府、政协和监委、法院、检察院各司其职、依法履职。完善大统战工作格局，全力做好民主党派、党外知识分子、侨务乡贤、新的社会阶层工作。迭代升级以“七张问题清单”为牵引的党建统领机制，强化“三重一大”决策制度和重大事项请示报告制度等刚性落实。二要锻造实干担当队伍。

坚持新时代好干部标准，不断完善“以事找人、人事贯通”机制，系统推进“一把手”战略储备、年轻干部接力、专业干部和党外干部培养，推动领导班子结构功能重塑。强化干部制度性交流、“双向挂职”，健全落实正向激励、暖心关爱、能上能下等机制，营造干事创业良好氛围。三要建强基层战斗堡垒。大力实施“红色根脉强基工程”，扎实开展村社组织“届中体检”，加强村社“领头雁”队伍建设，深入推进“问题村居”整治、融合型大社区大单元破难攻坚，全域拓展瓯江红“共享社・幸福里”重点单元。实施“两新”党建“跃迁升级”计划，持续提升机关、国企、学校、医院等党建质量。四要巩固良好政治生态。坚持以严的基调强化正风肃纪，推进“四统一”政治监督机制，持续加强对“一把手”和领导班子监督，深化四责协同，加大“一案双查”力度，持续深化纠治“四风”，推进清廉单元、“青廉工程”、清廉文化等建设，严格抓好村社“一肩挑”人员监督管理。迭代升级优化营商环境“组合拳”，健全政商亲清“正循环”机制，严格落实领导干部廉洁从政从业行为规范和接到请托事项记录报备制度。紧盯重点领域和关键环节，紧盯基层站所主要负责人和村社组织干部，一体推进不敢腐、不能腐、不想腐，扎实做好以案促改、以案促治、以案治本工作，坚决打赢反腐败斗争攻坚战持久战。加强“四项监督”统筹衔接，推动巡视巡察上下联动，强化审计监督，实现有形监督、有力整改、有效治理闭环。

同志们，奋进新征程、建功新时代。让我们更加紧密地团结在以习近平同志为核心的党中央周围，在省委、市委的坚强领导下，勇扛使命、奋发前行，加快建设首位城区、打造共富样板、争创先行示范，为全面建设社会主义现代化国家、全面推进中华民族伟大复兴作出鹿城应有贡献！

温州市鹿城区人大常委会工作报告

2023 年 2 月 15 日在温州市鹿城区第十届人民代表大会第二次会议上

温州市鹿城区人大常委会主任　贾焕翔

过去一年的主要工作

2022年，是区十届人大常委会履职的开局之年。常委会坚持以习近平新时代中国特色社会主义思想为指导，坚持党的领导、人民当家作主、依法治国有机统一，在区委领导下，按照“党委重视、群众关注、人大看准、政府可为”的工作原则，依法监督、服务代表、为民履职，实现良好开局。共召开常委会会议8次、主任会议10次，听取和审议“一府一委两院”工作报告34项，开展执法检查、调研和视察活动83次，作出决议决定5个，任免国家机关工作人员249人次，为推动经济社会发展和民主法治建设作出了积极贡献。

一、党的领导更加坚强有力

彰显政治机关鲜明属性。把加强党的政治建设摆在首位，严格落实“第一议题”制度、理论学习中心组学习制度，学习贯彻党的二十大精神、中央人大工作会议精神，深刻领悟“两个确立”的决定性意义，增强“四个意识”、坚定“四个自信”、做到“两个维护”，始终沿着正确方向前进。将机关党总支升格为机关党委，促进机关党建与人大工作深度融合发展。

健全和落实党领导人大工作机制。把加强党的领导贯穿人大工作全过程，修订常委会党组议事规则，重温《党委会的工作方法》，更好发挥党组把方向、管大局、保落实作用。严格执行请示报告制度，及时向区委报告党组工作情况，各项工作与区委决策部署同频共振。区委高度重视人大工作，及时学习传达人大有关重要会议精神，定期听取工作汇报，研究解决重大问题。白洪楞书记两度走访人大常委会机关，出席人大常委会会议，为人大常委会工作把方向，在干部编制、职级晋升、力量配备等方面给予有力支持。

高质量服务区委中心工作。按照区委全会决策部署，依法作出关于争当做强做大“全省第三极”排头兵奋力跑出“两个先行”鹿城加速度的决议，把区委的决策主张转化为人民的共同意志。根据区委安排，常委会及机关领导干部牵头或参与亚运场馆改造、瓯江新城建设、文化三年百大项目推进等重点工作，展现人大干部应有的担当。面对疫情防控大战大考，常委会班子成员及时下沉联系街镇，督导疫情防控和经济社会发展措施落地；机关干部自觉参与高速、机场、隔离点等场所防疫工作；各街镇人大主动坚守阵地、担当尽责；广大代表积极响应号召、踊跃参与疫情防控工作。医务界代表更是知重负重、逆行出征，捍卫群众生命安全和身体健康，展现人大代表的政治担当和独特风采，在这场重大考验中共同汇聚起强大正能量。

二、为民履职更加系统精准

助力经济高质量发展。加强对年度计划、预算、审计的全过程监督，认真审查73个一级预算部门2023年预算草案，促进财政资金使用更加规范高效，推动经济社会持续健康发展。持续强化地方政府债务审查和监督，助力打好防范化解重大风险攻坚战。加强政府重大投资项目全过程监督，审议2亿元以上项目19个，确保资金使用规范、及时到位。听取和审议国有资产管理情况综合报告及企业国有资产管理情况专项报告，实现对国有资产的全方位、常态化监督。以监督议案办理落实情况为抓手，有效助推轻工产业园区提质扩容、楼宇经济加快发展，一批重大项目招引落地，重点企业增资扩产。围绕项目攻坚行动、助企纾困政策落实、新生代企业家健康成长等工作开展专题调查，为区委决策提供优质建议。

助推城市品质提升。聚焦交通出行，以“实现有位有序停车”议案督办为切入点，大力推动交通设施环境改善，不断优化市民出行体验；督查“断头路”贯通工作，督促政府梳理现有存量，合理设计规划，加大要素保障力度。聚焦文化供给，听取和审议文化鹿城建设情况的报告，助力吴百亨、王十朋后裔等故居修缮建设工作，推动打造“建筑可阅读、街区可漫步、城市可记忆”的历史城区典范，使文化建设成果更多更好地惠及群众。聚焦城市更新，跟踪监督老旧小区议案审议意见落实情况，关注危化品安全监管工作，持续改善群众生活生产环境；督促政府加速做地出让工作，为城市经济持续健康发展打开新的空间；深入实施生态环境状况报告制度，听取审议环境状况和环境保护目标完成情况报告，专项监督重大水利工程建设情况，助力建设美丽鹿城。

助推民生福祉增进。专项监督义务教育“双减”政策落实情况，就校内改革、校外培训、教育生态等方面工作清单式交办审议意见。跟踪监督全民健身条例审议意见落实情况，推动构建更高水平的群众健身公共服务体系。继续督促政府及相关部门加快AED设备和急救知识普及，听取家政服务条例贯彻实施情况报告，调研特色学校发展、儿童友好城市建设、医养康养等工作，推动全龄友好社会建设。始终牢记稳就业就是保民生，开展就业促进法执法情况主题视察，对稳岗就业情况进行专项调研，推动就业优先战略有效实施。落实民生实事项目人大代表票决制，做到年初问安排、年中问进度、年末问结果，推动项目及时有效落实。

三、法治建设更加全面深入

着力推动宪法法律实施。联动开展综合行政执法条例执法检查，听取和审议专项工作报告，助力构建权责统一、权威高效的行政执法新格局。常态化听取和审议法治政府建设工作报告，支持和推动政府全面提高依法行政能力。专题监督外商投资法贯彻实施情况，助力打造市场化法治化国际化营商环境，以更高水平开放稳外贸稳外资。跟踪监督未来乡村建设工作审议意见落实情况，促进乡村振兴“一法一条例”贯彻实施，助推未来乡村建设省域样板打造。协助上级人大做好节约能源法、“两个健康”先行区建设促进条例等法律法规检查，树立法治权威。

着力加强监察司法监督。首次听取审议区监委关于整治群众身边不正之风和腐败问题工作情况报告，实现对“一府一委两院”监督全覆盖。开展公、检、法打击“拒执犯罪”联合协作专项监督，推动建立信息互联共享、程序有效衔接、惩治协调配合、制度共商共建的工作机制。深入实施备案审查工作专项报告制度，深化第三方参与备案审查工作，共受理“一府两院”报备规范性文件51件。跟踪推动关于加强检察机关法律监督工作决定落地落实，凝聚法治监督合力。扎实推进对人对事监督，对区市场监督管理局、市生态环境局鹿城分局开展工作评议，通过“评议＋询问＋专场”的模式，增强监督实效；完善“两官”履职评议机制，推动司法队伍建设。

着力服务法治社会建设。高质量服务地方立法，征集反馈物业管理条例等18部法规草案修改意见556条；获批7个市级基层立法联系点，总量全市最多。以现行宪法颁布实施40周年为契机，在宪法公园、各联络站组织“国家宪法日”系列宣传活动。开展公共数据条例线上知识竞赛活动，参与答题2万余人次。创新开展“三官一律”进联络站活动，为群众提供法律咨询、援助等服务，积极回应群众对法治正义的新期待，已累计举行活动四期，提供法律服务113人次，登记反馈问题116件。完善任前法律知识考试、宪法宣誓等工作程序，全年组织任前法律知识考试及宪法宣誓仪式6批73人次。

四、改革创新更加实用实效

打造精品数字场景。聚焦代表主体作用发挥，创新打造“e鹿履职”应用场景，开辟管用好用履职新路径，形成代表线上监督、部门限时办理、人大全程协调的闭环机制，让更多政府能干、群众期盼的问题得到有效解决。上线5个多月来，广大代表提交基础设施建设、区域社会治理等各方面事项326件，已解决316件，平均办理时长仅3天，点赞附议5000余次，满意率95%。相关做法先后在《浙江人大信息》《温州改革》等重点刊物和《人民日报》《浙江日报》等主流媒体刊载，入选全省基层单元建设最佳实践案例，获评温州人大工作与时俱进通报表扬特别奖。

掀起创新建设热潮。开展“一委（室）一示范、一街（镇）一品牌”项目创建，鼓励各委室、街镇大胆探索、先行先试，高水平打造“财经监督实时在线”“基层立法联系点争优拓面”等项目23个。五马议事坊“立法e点通”应用场景赋能基层立法联系点工作，被省人大法工委通报表扬；南汇街道“人大汇客厅”、松台街道“1＋12＋X”履职网络等项目畅通代表联系服务群众渠道；南郊街道“民生100”微实事、仰义街道“12345”联动监督评议提升基层人大监督质效。

建成特色基层单元。按照联络站建设规范化、活动常态化、作用最大化的要求，以数字化改革为动力和支撑，发掘区域资源特色，高标准集成落地基层单元“e系列”示范站2个，以及七都“鹿岛心声”、蒲鞋市“明眸皓齿e线牵”、“五马议事访”、松台“松声e站”、丰门“中国鞋都经济e观察”、山福“古驿新声”等特色站6个，建成山福驿头驿阳未来乡村人大代表联络站。全域公开“联络站码”“代表码”，方便群众与代表联系。

五、服务代表更加用心用情

强化履职服务保障。完善常委会组成人员与代表、代表与群众“双联系”制度，持续扩大代表参与常委会工作的深度和广度。利用线上线下资源，组织代表培训3期、593人次，提高代表履职能力。组建7个专业代表小组，发挥专业特长优势，开展多样化、专业化监督活动。举行市人大代表建议督办面商活动8场，联动推进群众关注问题的解决。

丰富闭会期间活动。统筹全区各级人大代表力量，开展“六访六促”、助力经济稳进提质“八大攻坚”、文明城市创建等各类活动625次，收集建议意见2200余条，采纳落实1736条，助推重大决策部署落地见效。结合“实现有位有序停车”议案办理，区长进联络站开展接待活动，220余位代表与选民线上线下参与互动。注重代表视察成果转化，精选意见建议，汇编《代表建言》6期，及时送市、区有关领导参阅，并交相关部门办理，持续放大代表资政监督作用。

提升建议办理实效。坚持办理过程与结果并重，将10件群众关注、难度较大的建议交区政府领导重点领办，39件由常委会组成人员联系督办。健全面对面沟通、闭环式办理等机制，进一步推动建议办理由答复型向落实型转变。区十届人大一次会议时提出的300件代表建议都在规定时限内答复代表，其中已解决或基本解决的有254件，满意及基本满意率达100%。

六、自身建设更加扎实有效

提升工作效能。修订完善常委会议事规则、专委会工作规则等5项制度，促进履职规范化。建立常委会会前集中学法制度，举办集中讲座4期，增强组成人员和部门领导干部法治素养。优化机关理论学习制度，每次结构性安排领导干部交流心得体会，涵养生成性学习土壤。机关党委、工会、青工委、妇委会积极发挥作用，注重干部职工关怀，营造“团结、紧张、严肃、活泼”的机关氛围。

夯实基层基础。制定完善常委会班子联系街镇及开发区人大工作制度，强化对街镇人大工作的联系指导，确保全区人大工作“一盘棋”。完善镇街党（工）委领导人大工作考核细则，加强和规范街镇人大工作。创新全区人大工作例会制度，每季度组织人大干部开展项目视察和主题研讨，充分发挥典型示范作用，提升整体工作质量。

讲好人大故事。同区委宣传部联合印发关于加强和改进新时代人大新闻宣传工作的意见，积极融入全区“大宣传”格局。精心策划系列主题报道，两件作品分别获温州人大好新闻一等奖、三等奖。优化人大网站、公众号、视频号等信息宣传平台，浏览访问量稳步上升。完善信息工作评分办法，获评全市人大信息工作优秀单位。深化理论和工作研究，4篇论文在市级课题调研评选中获奖，2篇入选《求真》杂志。

各位代表，一年来，区人大常委会各项工作取得的成绩，是区委正确领导的结果，是全体代表、常委会和各专门委员会组成人员，以及人大常委会机关工作人员共同努力的结果，是“一府一委两院”和各街镇人大密切配合的结果，也是区政协委员、各民主党派、各人民团体和社会各方面充分信任、大力支持的结果。

在看到成绩的同时，我们也清醒地认识到存在的问题和不足，主要有：人大监督的方式、方法、手段创新不够，监督的精准性、实效性不强；与代表和群众的联系不够，人大在发展全过程人民民主中的优势功效尚未放大；街镇人大主责主业履行不到位，全区人大工作合力不强。常委会将虚心听取代表和各方面意见建议，在今后工作中认真研究改进。

2023年的主要任务

2023年，是全面贯彻落实党的二十大精神的开局之年，是“八八战略”实施20周年。区人大常委会工作的总体要求是：坚持以习近平新时代中国特色社会主义思想为指导，全面贯彻落实党的二十大和中央人大工作会议精神，坚定捍卫“两个确立”、坚决做到“两个维护”，坚持党的领导、人民当家作主、依法治国有机统一，高站位服务中心大局、高水平依法履职行权、高效能聚合代表力量、高标准加强自身建设，充分发挥人大在全面深化民主法治建设、加快打造全过程人民民主实践高地中的主力军作用，为鹿城建设首位城区、打造共富样板、争创先行示范提供有力保障。

一、履职行权要有新质效

围绕省委数字经济创新提质、营商环境优化提升、地瓜经济提能升级三个“一号工程”，按照市委、市政府对鹿城提出的提升“三个品质”、推进“四大振兴”目标要求，紧扣区委“八个方面”“五大攻坚”工作部署，牢牢把握质量并举更突出“质”、刚柔相济更侧重“刚”的工作基调，用好宪法法律赋予的监督职权，更好寓支持于监督之中。着眼都市经济提质增效，围绕老旧工业区改造提升做好监督文章，以鞋产业为重点助推都市工业改造升级，继续助力数字经济、楼宇经济等生产性服务业集聚发展，关注优质本土企业发展和新兴产业项目招引，助推链长制高效运行，以延链补链强链增强经济韧性。着眼中心城区补短强弱，专项监督城市“断头路”贯通工作，高效回应百姓诉求；联动打好助力亚运会“组合拳”，持续推动有位有序停车、老旧小区改造提升、塘河“一环三线”绿道贯通等热点问题解决，逐步提升城市品质。着眼城市文化传承复兴，推动加快古港遗址公园、庭院故居、曹湾山遗址修复建设，助推历史文化街区活化利用和开发运营，让人们记得住“实业兴邦”的历史，忆得起“植德积善”的家训，找得回人与城的乡愁。着眼发展成果共创共享，发挥人大制度优势，持续推动教育、医疗、养老等各领域公共服务供给扩容提质，不断增强市民幸福感，助力开创全民共同富裕新局面。

二、法治建设要有新高度

法治作为全社会的最大公约数，超越地域、阶层、年龄，是守护民族复兴和改革开放的基本共识。常委会将以法律有效实施引领带动法治政府建设，监督反电信网络诈骗法、华侨权益保护条例等法律法规贯彻落实，持续推进法律监督审议意见落地。推动优化法治营商环境，切实保护和促进中小微企业健康发展。着力提高备案审查质量，有力维护国家法治统一。发挥好“1+7”省市级立法联系点作用，配合开展重点领域、新兴领域立法建议征集工作，持续推动普法宣传，使立法装满民意。深化打击“拒执犯罪”联合协作专项监督，继续开展部门工作和“两官”履职评议，提升依法履职水平。

三、代表工作要有新突破

持续加强基层单元打造和特色示范站创建，建设瓯江新城人大代表联络站，完善基层立法联系点、街道议政会、“三官一律”进站等履职载体，更好倾听人民心声。迭代升级“e鹿履职”应用场景，把牢代表议案和建议提、办、督各环节，健全群众建议和意见处理反馈机制，增强信息抓取分析能力，更好回应人民期待。优化代表履职培训，完善履职评价标准体系，围绕“看听说做”推动和支持代表精准履职，努力做到：秉持眼见为实，走进选民；相信兼听则明，倾听民声；敢于亮明主张，实话实说；注重结果导向，刚性监督。

四、自身建设要有新气象

坚持党对人大工作的全面领导，健全党建统领业务工作制度机制，加强“四个机关”建设，努力打造政治坚定、服务人民、尊崇法治、发扬民主、勤勉尽责的人大工作队伍。深化人大调查研究，加强对普遍性、趋势性问题的研究把握，为各项履职奠定基础。持续优化人大宣传阵地，推进人民代表大会制度更加深入人心。持续深化品牌示范项目升级创建工作，完善全区人大工作例会和联系指导机制，加强与街镇人大工作联系，凝聚地方人大工作合力。

“春风得意马蹄疾”，“无边光景一时新”。蓝图已经绘就，奋斗正当其时。各位代表，让我们更加紧密地团结在以习近平同志为核心的党中央周围，在区委的坚强领导下，紧紧依靠全区人民，改革创新、依法履职，在谱写鹿城高质量发展新篇章中作出新的更大贡献！

温州市鹿城区人民政府工作报告

2023年2月15日在温州市鹿城区第十届人民代表大会第二次会议上

温州市鹿城区人民政府区长　张崇波

一、2022年主要工作回顾

2022年是党的二十大召开之年，也是本届政府的开局之年。一年来，面对异常复杂严峻的外部环境和超预期因素叠加冲击，我们坚决贯彻落实习近平总书记“疫情要防住、经济要稳住、发展要安全”的重要要求，在市委市政府和区委的坚强领导下，按照区第十次党代会决策部署和区十届人大一次会议明确的目标任务，聚力提升产业品质、城市品质、生活品质，推动各项事业取得新进展。全区生产总值1307.71亿元，增长2%；固定资产投资564.07亿元，增长20.3%；城乡居民人均可支配收入81666元、46176元，分别增长4.6%和7.7%。

这一年，我们着力推动稳进提质，经济大盘稳健运行。坚持人民至上、生命至上，突出科学精准防控，落实落细“七大机制”，全区干部群众闻令而动、众志成城，特别是广大医务人员、基层干部、社区工作者、公安民警等一线工作者连续作战、忘我奋战，以最快速度、最小范围、最低代价打赢“3·9”疫情等疫情防控战。因时因势调整优化政策措施，全力以赴推动疫情防控从“防传染”向“保健康、防重症”平稳转换，有力维护生产生活正常秩序。实施经济稳进提质八大攻坚行动，集成出台“稳经济41条”“助企纾困30条”等一揽子政策，直达快兑惠企资金48.3亿元，新增市场主体2.8万户、净增1万户。全力扩大有效投资，入选全省集中开工项目10个、总投资398.6亿元、全市第一，363个重大项目完成投资324.2亿元、完成率123.2%，争取到位政府债券资金55.5亿元，获批国家政策性开发性金融工具7.9亿元。全面促进市场复苏、消费提振，发放消费券1.26亿元、带动社会消费超16亿元，落地品牌首店53家，全国首家鞋靴抖音产业直播基地入驻企业超600家。高规格承办第十三届中国茶花博览会、2022全国信息消费城市行（温州站），举办中国鞋都鞋类采购节、国际电商节等系列活动，成交金额近40亿元，创成省级文旅产业融合试验区，印象南塘获评省级高品质步行街，五马历史文化街区获评国家级旅游休闲街区、国家级夜间文化和旅游消费集聚区。

这一年，我们着力推动动能转换，产业结构更加优化。获批成立浙江鹿城经济开发区，推行产业链链长制“十个一”机制，打造鞋业、数字经济、生产性服务业、智能装备四大特色产业链，实施智能化、节能化改造项目148个，开工增资扩产项目35个、竣工18个。组建全市首家楼宇经济促进会，筹建区楼宇发展中心，制定全市首个商务楼宇运营服务标准，培育税收亿元楼18幢。迭代升级“5＋X”产业政策，出台滨江商务区核心区“黄金25条”、温州国际未来科技岛“一岛一策”、西部新城“优10条”等招引政策，集结六大专班驻外招商引智队伍，落户滨江CBD总部大楼项目10个，招引世界500强沃尔玛山姆会员店，落地长城搅拌等省市县长工程项目2个，开工入库亿元产业项目18个、超10亿元产业项目5个，引进浪潮科技、遥望网络等生产性服务业项目53个。做精做强主体培育，新增规上工业企业、服务业企业108家、国家级专精特新“小巨人”企业2家、上市报会企业2家。实施老旧工业区改造提升三年行动，整治低效工业用地934.1亩。消化“批而未供”“供而未用”土地6130亩，盘活存量土地1775亩，再开发城镇低效用地3067亩。

这一年，我们着力推动创新赋能，发展活力加速释放。获批创建数字时尚省级高新技术产业园区。落地中科先进技术温州研究院、国家大院名校温州联合研究院等高能级平台4个，落户全国首家“科创中国”园区科技服务工作站，中关村科技成果转化中试服务平台投入运营。圆满完成2022世界青年科学家峰会承接任务，与中国计算机学会签订战略合作协议，落地院士产业化项目2个，浙南美谷、十洋科技等峰会成果落地转化率100%。大抓科技企业森林培育，新增高新技术企业43家、科技型中小企业189家、省级以上研发机构4家。深入实施大孵化集群战略，新增孵化面积19.2万平方米，成立首支10亿元科创基金。瓯越院士之家入驻院士12名，获评省级院士之家、全市唯一。创成“全国科普示范区”。实施“瓯江风起潮涌计划”，中国温州人力资源服务产业园开园、入驻企业23家，打造“红靴奖”国际鞋类设计大赛等“以赛引才”品牌，新入选国家级、省级“引才计划”10人，引进博士、硕士333人，新增大学生、技能人才2.8万人，人才指数综合排名全市第一。

这一年，我们着力推动全域融合，城市能级持续提升。完成国土空间总体规划“三区三线”划定，新增空间2.14万亩。大力推进重点片区开发，全面完成瓯江新城核心区政策处理和吴桥片区、西部新城核心区控规调整，府东路过江通道、七都二桥、沿江快速路一期顺利开工，330国道鹿城官岭隧道建成通车，104国道改建工程鹿城段主体结构基本完工。朔门古港遗址入选国内十大考古新闻，成为温州海上丝绸之路重要实证，《曹湾山遗址考古发掘报告》成功发布，央视2023年春节戏曲晚会在九山书会录制。精心实施81个“精建精美”项目，完成“微改造、精提升”项目281个，建成塘河沿线绿道打卡项目5个、绿道2.2千米，瓯江光影码头、小坝坊、城市岛屿等成为人气主题街区。联动推进美丽城镇、美丽乡村建设，新增省级未来社区3个、城乡风貌样板区3个、美丽城镇建设样板1个，禅街—五马街—公园路传统风貌样板区获评“新时代富春山居图城市样板区”，驿头驿阳村创成全省首批未来乡村。大力推进城市有机更新，实施老旧小区改造60个、完工30个，完成做地2834亩，出让经营性用地1261亩，存量城镇危房提前一年半完成清零。一体推进“迎亚运、讲文明、提品质”行动和全国文明城市建设，完成架空管线“上改下”156.3万米、城市道路“白改黑”8万平方米，打通断头路11条，获评全国节水型社会建设达标区、省全域“无废城市”，连续3年夺取省“五水共治”大禹鼎。

这一年，我们着力推动探路先行，改革开放稳步深化。以数字化改革引领全面深化改革，入选国家级试点1个、省级部门试点14个。推进“1612”体系贯通应用，“智融瞭望”“平安乐巡”等应用发挥实战实效，“未来农贸”“翌星”精密智控等做法在全省推广。要素市场化配置改革走在前列，深入推进“标准地”“亩均论英雄”集成改革，创新推出“拿地即开工”“预验即试产”等模式。有序推进“大综合一体化”行政执法改革，搭建“1＋2＋3＋N”执法争议协调监督平台，省1473项执法事项全部划转到位。持续推进现代慈善体制机制创新和“人人慈善标杆区”省级试点，建成全省首个枢纽型慈善服务综合体。入选首批国家知识产权强县建设试点县（区），建成国家级专利导航服务基地。获批市场采购贸易方式出口预包装食品试点，市场采购贸易方式试点出口56.2亿美元，增长29.4%，跨境电商综试区出口107.6亿元，增长78.3%。

这一年，我们着力推动普惠共享，民生福祉扩面提质。提前超额完成省市区三级民生实事，连续3年获评“中国最具幸福感城区”。教育事业高质量发展，投入经费23.8亿元，增长11.7%，建成投用中小学、幼儿园10所，新增学位

5310个，平稳完成6所“公参民”学校治理，招引优秀教育人才299名，新增省特级教师8人，数量居全省第二，入选省级“双减”优秀实践案例8个。推进全龄友好城市建设，新增婴幼儿托位915个，建成儿童友好试点单元19个，改扩建老年食堂34家，大自然社区儿童友好经验做法入选全国实践案例，庆年坊社区创成全国示范性老年友好型社区。持续扩大优质医疗服务供给，附一医公园路院区急诊重新开诊，顺利通过国家卫生城市省级综合评估。食品药品安全总体形势稳中向好，创成省级食品安全示范区。获评全省首批体育现代化区。全面优化社会治理，落地“五社联动”“强社惠民”等省级试点，入选省级城乡社区治理和服务创新实验区。开展平安鹿城“大起底大整治大提升”行动，建立“3030”隐患闭环管控机制，刑事治安接警数、安全事故数、火灾起数等负面指标均大幅下降，圆满完成护航党的二十大等系列维稳安保任务，实现省级“平安区”五连创。

工会、共青团、妇女儿童、残疾人、慈善、红十字等事业进一步发展，外事、侨务、民族宗教、国防动员、退役军人事务、统计、地方志等工作进一步加强。

各位代表，我们始终把加强政府自身建设摆在突出位置，坚持以政治建设为统领，迅速掀起学习宣传贯彻党的二十大精神热潮，强化时时、处处、事事对标对表，深刻领悟“两个确立”的决定性意义，增强“四个意识”、坚定“四个自信”、做到“两个维护”。出台新一届《区政府工作规则》，健全党组集体学习制度，完善政府系统法律顾问体系，实施“重大平台、重大项目、重大改革、重大要素”四张清单，落实“项目化、清单化、节点化、责任化”闭环管理，75项政府重点工作有序推进，荣获国家级荣誉12项、省级荣誉51项。加大“理旧账”力度，化解信访积案379件，如期完成清零任务。自觉接受人大监督和政协民主监督，办理市区两级人大代表建议316件、政协提案238件，满意率均达100%。坚持政府过紧日子，一般性支出持续压减。建立国企改革发展联席会议机制，促进经营运转规范高效。锲而不舍纠“四风”、树新风，加强重点领域风险防控，政府系统党风廉政建设不断深化。

各位代表，过去一年的发展成果来之不易，这是市委市政府和区委坚强领导、统揽全局的结果，是区人大、区政协有效监督、大力支持的结果，是全区人民团结奋斗、实干争先的结果。在此，我代表区人民政府向全区人民，向人大代表、政协委员，向各民主党派、各人民团体和各界人士，向驻鹿部队、武警官兵、公安干警、消防救援队伍和驻鹿单位，向关心支持鹿城发展的港澳台同胞、广大侨胞和国内外友人，表示诚挚的感谢！

同时，我们也清醒认识到，去年部分经济指标完成情况不及预期，经济社会发展还面临不少困难和挑战：稳进提质的基础还不牢固，部分企业生产经营还面临多重困难；传统产业转型升级还需持续发力，新兴产业占比不高、带动力不强，支撑性大平台大项目大企业还不多；创新对高质量发展的驱动作用有待进一步发挥，高能级科创平台和人才尚不能满足发展需求；中心城区首位度还需进一步提升，城市管理还不够精细，区域统筹发展任务繁重，教育、医疗、托育、养老等优质公共服务供给与群众期待还有差距；影响社会安全稳定的隐患仍然存在，社会治理存在不少薄弱环节，应对处置风险能力有待进一步提升；少数干部能力素质与推进现代化建设要求还不相适应。对此，我们将高度重视，采取更加有力措施，切实加以解决。

二、2023年主要目标和重点任务

2023年是全面贯彻落实党的二十大精神的开局之年，是“八八战略”实施20周年，也是我区在中国式现代化进程中争先行创卓越的起步之年，做好各项工作意义重大。区委根据鹿城所处的新的历史方位，作出了“坚决做到‘两个维护’、奋力推进‘两个先行’，谱写中国式现代化鹿城篇章”的战略部署。我们必须迅速统一思想、坚决贯彻落实，以“闯”的劲头、“拼”的精神、“创”的勇气，聚焦高质量发展首要任务，把握“六个更好统筹”，以稳求进、以进固稳，不断聚合新动能、放大新优势，全力以赴奋进新征程、建功新时代。

根据区委十届三次全会部署，2023年政府工作的总体要求是：深入学习贯彻党的二十大精神，始终坚持以习近平新时代中国特色社会主义思想为根本指引，以忠实践行“八八战略”、努力打造“重要窗口”为主题主线，以推进“两个先行”为目标任务，以创新深化、改革攻坚、开放提升为基本路径，以干在实处、走在前列、勇立潮头为精神动力，以全面从严治党和高素质干部队伍建设为根本保障，聚焦聚力都市振兴、乡村振兴、产业振兴、文化振兴，持续深化项目攻坚、环境提升、治理创新，加快提升产业品质、城市品质、生活品质，争当做强做大“全省第三极”排头兵，建设首位城区、打造共富样板、争创先行示范，努力在中国式现代化的宏大场景中闯出一条转型发展的新路子、拼出一个赶超跨越的新未来。

综合分析发展环境和基础条件，建议今年全区经济社会发展的主要预期目标为：地区生产总值增长6%以上，一般公共预算收入增长6%，城乡居民人均可支配收入分别增长6.5%、7.5%，城镇调查失业率控制在5%以内，全社会研发经费支出增长20%以上。

实现以上目标，必须坚持乘势而起、勇挑大梁。积极抢抓经济恢复重要窗口期，全力以赴拼经济稳增长，强力攻坚营商环境大提标、发展空间大重塑、产业项目大招引、区域消费大升级、人才创新大集聚，厚植“靠实力说话”的底气，以实体经济高质量发展支撑经济稳进提质、领先领跑。必须坚持创新突破、勇闯新路。始终以创新开新路、谋跨越、带全局，增强目标先达、未来先知、理念先进、机制先发、风险先觉的主动性，勇于破又善于立，敢于出招又善于应招，紧抓科技创新“牛鼻子”，筑牢重大项目“压舱石”，不断开辟发展新领域新赛道，持续提升核心竞争力、特色影响力、变革引领力。必须坚持蓄积优势、勇争一流。牢固树立“不在上游、就是下游，不争第一、就是落后”的争先意识，凡事对标最高、聚焦最好、锚定最优，以干部敢为带动地方敢闯、企业敢干、群众敢首创，持续推动先发优势跃变为引领胜势，比较优势跃变为绝对胜势，局部优势跃变为全域胜势。必须坚持民呼我为、勇于担当。牢记政府前面“人民”二字，始终把人民对美好生活的向往作为奋斗目标，顺应民心、尊重民意、关注民情、致力民生，用心用情用力解决好人民群众的操心事烦心事揪心事，让群众感受到政府就在身边、服务就在身边，以我们的“干”回应群众的“盼”、收获群众的“赞”。

重点抓好六方面工作：

（一）聚焦产业引领，在壮大实体经济上走出鹿城路径。围绕构建现代化产业体系，以“1+1+X”产业集群为主抓手，扎实推进延链补链强链，进一步增强经济高质量发展“硬实力”。

加速传统产业转型。深化省级经济开发区建设三年行动，深入实施产业链链长制“十个一”机制，规上工业增加值增长9%。开展“智造强都、文化靓都、设计兴都、要素润都、品牌立都、贸易旺都”六大行动，加快鞋产业向“时尚+品牌+科技”转型、向“微笑曲线”两端延伸，推动中国鞋都向世界鞋都实质性迈进。统筹打好“腾笼换鸟、凤凰涅槃”“增资扩产”组合拳，大力推进老旧工业区、旧村“双改融合”，加快“工业上楼”步伐，改造提升低效工业用地800亩以上、低效村二产400亩以上，整治高耗低效企业120家以上，开工增资扩产项目20个、投产10个。实施优质企业梯度培育“榕树计划”，推进“抓大、扶小、育新、上市”统筹发力，培育国家级专精特新“小巨人”1家、省级专精特新中小企业10家、创新型中小企业50家，新增规上工业企业100家、上市报会企业2家。新增“品字标”品牌企业5家，冲刺省政府质量奖。

强化数字经济赋能。实施数字经济创新提质“一号发展工程”，全面融入温州数字经济集聚区发展格局，加快建设温州城市数字科创园、滨江CBD、温州国际未来科技岛等三大数字经济重点区块。积极推进数字产业化，大力发展软件和信息技术服务业、通信网络设备、新型电子元器件、大数据、物联网、元宇宙等数字产业，数字经济核心产业增加值、规上数字经济核心制造业增加值分别增长10%以上。加快实施产业数字化，锚定数字智造、数字贸易、数字文化、数字金融等赛道，招引落地海康威视、网易文创等数字经济头部企业10家以上。深入推进企业技改，实施智能化、节能化改造项目145个以上，新增数字化车间和智能工厂3家以上、应用机器人200台以上。

拓宽未来产业赛道。大力发展新能源、新材料、生命健康等战略性新兴产业，高新技术产业增加值增长10%，战略性新兴产业增加值占规上工业增加值比重达13.5%。深度融入现代服务业高质量发展“三十行动”、生产性服务业“强翼行动”，培育壮大现代物流、直播电商、科技服务、金融服务、创意设计、信息服务，投产运营正新冷链供应基地、遥望数字化生态产业链基地，力争开工西部多式联运枢纽下岸码头，提速建设港航生产性服务业集聚区，新增规上服务业企业50家以上，生产性服务业增加值增长10%以上，加快打造区域生产性服务业中心城市。大力培育“十大特色楼宇”，引进总部企业10家以上，培育税收亿元楼20家，争取10亿元楼破零，建设楼宇经济示范区。谋划推进国际踢踏舞、高尔夫、帆船等赛事，积极引进国际知名展会，培育壮大赛事经济和会展经济。

充分释放需求潜力。综合运用以商招商、基金招商、中介招商等模式，整合设立10亿元政府产业基金，大力招引“高大上、链群配”项目，新签约亿元以上产业项目20个、10亿元以上5个，实际使用外资8000万美元以上，招引院士产业化项目2个以上。落实扩大有效投资“百项千亿”工程，全速推进316个、年度投资294亿元的重大项目，完成固定资产投资500亿元以上，力争带动制造业投资增长12%、高新技术产业投资增长12%，进一步优化投资结构、提升投资效益。把恢复和扩大消费放在优先位置，开展“十大百项”兴消费旺市场开门红行动，社会消费品零售总额增长6%。加快建设沃尔玛山姆会员店等消费引爆点，谋划打造名品小镇，再添滨江万象城、咖啡一条街、新能源汽车产业园等消费新地标10个，新增主题集市3处、精品老字号10家以上，扩大鞋类采购节、瓯菜美食节等影响力，五马大南商圈争创国家级智慧商圈。促进家居、家电等大宗商品消费，做大信息消费、新零售、定制等新型消费，做强首店经济、月光经济、直播经济，落地品牌首店30家以上，举办首发首秀20场，新增限上商贸业企业100家，加快打造区域消费中心城市。

（二）聚焦创新驱动，在加速科教兴区上激发鹿城活力。坚持教育优先发展、科技自立自强、人才引领驱动，系统实施科技创新“八大抓手”，不断放大“创业创富在鹿城”的发展优势。

放大创新平台“高地效应”。以创建省级高新区为引领，推动温州国际未来科技岛、滨江CBD、西部新城等区域创新平台串珠成链，高水平打造瓯江科创港。加快提升科创平台能级，充分发挥眼视光学和视觉科学国家重点实验室、国家大院名校温州联合研究院、中关村信息谷·温州创新中心等创新优势，高水平建设中科先进技术温州研究院、川大温州鞋革产业研究院、温大元宇宙与人工智能研究院等高能级创新平台，加快落地华为人工智能赋能中心等创新项目。深入实施大孵化集群发展战略，新增孵化面积22万平方米以上。深化“瓯越院士之家”建设，入驻院士2名以上。

发挥创新生态“磁场效应”。深入实施科技企业森林计划和“双倍增”“双迈进”行动，新增高新技术企业50家、科技型中小企业150家以上，规上高新技术企业实现研发机构、“科创指数贷”授信全覆盖。积极推动“三界融合”“六链协同”，提质建设产业飞地、科创飞地，加快形成“众创空间—孵化器—加速器—产业园”的创新生态体系。推广“头部企业+大学（研究院）”创新联合体模式，持续提升企业研发能力，新增企业创新研究院和各类研发机构11家以上，规上工业研发费用增长10%以上。建设温州科技大市场和技术成果交易中心，新增大院名校技术转移中心及机构10家，科技成果转化100项以上。完善科技创新基金体系，设立科创子基金3支以上。扎实推进国家知识产权强县建设试点县（区）工作，每万人高价值发明专利拥有量达7.1件，知识产权质押融资金额10亿元以上。

凸显首位教育“洼地效应”。大力发展高等教育和职业教育，加强与温州医科大学、温州大学等本土院校校地合作，持续深化产教融合。全力推进全国学前教育普及普惠区、义务教育优质均衡区创建，加强“未来教育”体系建设，持续擦亮“首位教育、学在鹿城”品牌。全面优化区域优质教育资源布局，加快城乡教育共同体、区域教育联盟组建，新开工绣山中学等中小学、幼儿园10所，建成投用实验小学锦绣校区等学校11所、新增学位10320个，创成省级现代化学校6所。大力推进“智安校园”建设，落实全心理健康监测干预长效机制。实施“瓯江名师名校长”招引工程，招引优秀教育人才110名。引导民办义务教育规范发展，巩固提升“双减”成果，办好特殊教育和继续教育，加快构建全民终身学习的学习型社会。

提升优秀人才“引领效应”。深入实施“瓯江风起潮涌计划”，统筹推进“塔尖人才集聚”“领创项目引育”等重大人才工程，入选国家级、省级“引才计划”10人，市级重大人才工程15人以上，力争引进鲲鹏人才1人。引进领军型人才创业项目20个，新增博士、硕士300人以上。持续推进“大学生逐鹿攻坚”“浙派工匠”赶超发展行动，加快引进青年人才、高校优秀毕业生来鹿创新创业，新增大学生1.5万人、技能人才1万人以上。动态完善人才政策体系，切实解决人才住房、医疗健康、子女就学等“关键小事”，加快中国温州人力资源服务产业园发展，更好营造引才育才用才留才环境，全力打响“鹿鸣全球、城邀英才”人才品牌。

（三）聚焦能级跃升，在建设首位城区上彰显鹿城魅力。坚定不移拥江发展，加快推进城市现代化、城乡一体化，进一步增强中心城区集聚力、带动力、辐射力、承载力。

以更高标准塑造都市品质。建立城市规划建设管理联席会议机制，强化城市风貌管控，精致精细打造现代城区新形象。聚焦瓯江新城核心区、历史文化街区、西部新城等“一核十片”重点板块城市设计和综合开发运营，加快打造城市新地标。全力推进滨江CBD总部大楼招引落地，提速建设正泰、华峰、万洋、民商银行等标志性大楼，引进六大领域企业各10家以上，全力打造瓯江金融港、瓯江数字港、瓯江总部港。进一步拉开温州国际未来科技岛建设框架，投用鹿泰总部科创园，加快推进长三角科技企业总部等重点项目建设，打造“温州之芯”“科技之窗”。实施西部新城“双百双千”工程，开工建设核心启动区，茶花地块、中心绿轴等重点工程启动建设，全力打造温商总部基地，让城市西部展现新面貌。全域推进“精建精美”，实施老旧小区改造项目50个、建成20个，创建省级未来社区3个、城乡风貌样板区3个。攻坚推进重点区块做地清零5000亩，出让经营性用地1000亩，盘活“批而未供”“供而未用”等存量用地3000亩。聚焦乡村振兴“三基三主”，全面开展和美乡村“示范引领、全域整洁”行动，新建提升省级未来乡村5个、美丽乡村特色精品村5个，创建省级现代种业创新园，高标准谋划打造温州农业科技城。开展高水平交通强区建设重大项目攻坚行动，提速推进缙苍公路鹿城段、府东路过江通道、七都二桥和沿江快速路一期等项目，开工绕城高速藤桥连接线工程和望江路改线工程，积极谋划330国道（藤桥段）改建工程、双藤公路二期建设。

以更大力度挖掘都市文脉。做好朔门古港遗址发掘保护，高标准推进遗址公园建设，冲击全国十大考古新发现。高质量承办纪念温州建制2215周年和设郡1700周年系列纪念活动，提速推进“三年百项文化工程”，统筹做好“九山圈、五马圈、墨池圈”保护开发建设，加快江心屿西园改造提升和东屿电厂有机更新，精彩亮相墨池—东瓯王庙、特色合院博物馆等历史文化街区项目。发挥央视戏曲春晚落地溢出效应，全面打响“南戏故里”品牌。深入实施“文化+”战略，加快建设温州美术馆等文化地标和七都未来都市农业公园、一鸣江南牧场等农文旅项目，全力办好金秋文化节、瓯江山水诗路文化旅游季、郁金香文化节等品牌活动，加快城市西部农文旅产业示范区和都市区后花园打造，争创国家文化产业和旅游产业融合发展示范区。

以更实举措优化都市管理。下足绣花功夫，用好“大脚板+大数据”，实现城乡道路、街头公园“每周一巡察、每月一提升”，打造“六化”城市运营管理标准。坚持“办好一场会、提升一座城”理念，全力做好亚运赛事筹备保障，深入实施迎亚运城市环境品质提升行动，集中力量抓好高速出入口、重要干道及周边环境提升，以点带线、以线拓面推动全域美丽。开展城市道路综合整治提升三年行动，改造提升马鞍池路等10条城市主干道，打通官岭南路（一期）等10条断头路，攻坚治理背街小巷片区20个，基本实现主城区重要路段背街小巷“上改下”“白改黑”。完善文明城市常态化建设十大机制，加强非机动车乱停放、“小广告”等乱象整治和道路保洁、绿化养护、市政维养、高空剪枝等规范管理。全域推进环卫一体化，完善生活垃圾分类体系，改造转运站3座，创建省级垃圾分类示范小区80个。精益求精加强街区设施、街景灯光、公园绿地等城市肌理更新，强化“金角银边”等闲置资源综合利用，改造提升口袋公园10个。

以更优环境扮靓都市颜值。协同推进降碳、减污、扩绿、增长，打好蓝天、碧水、净土、清废保卫战，坚决完成中央和省委生态环保督察反馈问题整改。开展新一轮生态环保基础设施提升行动，实施生活小区雨污管网整治工程20个以上。打通塘河沿线绿道卡口10处，建成绿道3.6千米，实现“一环三线”外环滨水绿道贯通。狠抓戍浦江河道（藤桥至河口段）整治工程、海塘安澜工程（仰义塘）、温瑞平原西片排涝工程（鹿城段）等重点水利项目，谋划建设西洲岛湿地公园。深入实施“达Ⅲ消Ⅴ”专项行动，健全河长制履职机制，完成河道清淤32.2万立方米，省控及以上断面Ⅰ～Ⅲ类水质比例达到100%，力夺“大禹鼎”银鼎。

（四）聚焦改革突破，在强化内生动力上凝聚鹿城优势。坚定不移破除路径依赖，强化改革推动、开放带动、合作联动，以全面深化改革解发展之忧、前进之惑。

推动营商环境改革走前列。坚持“两个毫不动摇”，大力推进营商环境优化提升“一号改革工程”，深化新时代“两个健康”先行区建设，争创全省营商环境最优城区。精准承接中央五大政策和省“8+4”经济政策体系有效落地，加大中小微企业帮扶力度，为市场主体减负30亿元以上。做好第五次全国经济普查工作。加大市场主体培育力度，用好小微赋能“1+14+N”体系，积极创新柔性执法、包容审慎监管，进一步落实“认罚轻处”制度，全力提振市场主体发展信心。深化“万名干部进万企”行动，深入开展“大走访大调研大服务大解题”活动，用好“帮企云2.0”、政企直通车等为企服务平台，多措并举帮助企业解决用工、用地、融资等难题，持续优化企业发展环境。

推动重点领域改革作示范。突出提升数字化改革实战实效新能力，完善“未来农贸”“智融瞭望”等应用建设，在服务实体经济和百姓民生中体现数字化价值。持续推进“大综合一体化”行政执法改革监管全覆盖、执法全闭环，加快谋划建设区行政执法指挥中心，全面打造“一支队伍管执法”特色品牌。全面推进街镇法治化综合改革，争创全国法治建设示范区。开展新一轮国有企业改革，加快建立现代企业制度，推动鹿城国有资本和国有企业做强做优做大。高标通过现代慈善体制机制创新助推共同富裕试点验收。深化房票制度应用，促进房地产市场平稳健康发展。

推动要素市场化配置改革见实效。全力推动土地、用能、劳动力等七大领域要素向优势产业、优势项目集中。优化工业区块线管理，深入推进“标准地”集成改革，加强工业用地二级市场管理，推行长期租赁、先租后让等供应方式，实现“双合同”在线闭环监管。推广土地空间立体分层开发供地，有效提升产业空间使用价值。创新投融资体制机制，争取投资管理型村镇银行试点落地，推广小微企业“整园授信”等融资模式，提升普惠金融服务能力。建立健全数据产权、流通交易、收益分配、安全治理等机制。

推动扩大对外开放谱新篇。实施地瓜经济提能升级“一号开放工程”，支持企业“走出去、拓市场、抢订单”，组织企业抱团参展80家以上，签订意向订单金额5亿美元。持续扩大市场采购、跨境电商、服务贸易规模，做强预包装食品出口，促进“市场采购+跨境电商”融合发展，完成跨境电商出口100亿元，实现出口550亿元以上。积极融入“三综一联”、RCEP高水平开放合作示范区、个人侨汇结汇便利化试点等重大开放平台，力争落地QFLP基金，积极推动温商回归、温智回归。

（五）聚焦民生优享，在顺应人民期盼上体现鹿城温度。聚焦缩小“三大差距”，增强公共服务均衡性和可及性，全力把人民对美好生活的向往变为现实，持续擦亮“中国最具幸福感城区”金名片，让幸福触手可及。

扎实推进扩中提低。全面落实就业优先政策，构建高质量就业创业体系，开展高校毕业生、退伍军人、残疾人、低保低边人员、就业困难人员等重点群体就业帮扶，实现城镇新增就业1.35万人、岗位2万个，“零就业家庭”动态清零。扎实推进低收入家庭综合帮扶集成改革，形成“全面覆盖+精准画像”低收入家庭数据库，低收入农户人均可支配收入增长15%以上，城乡居民收入比稳步下降。高质量推进对口支援、对口合作和山海协作，形成更多标志性成果。

优化公共服务供给。强化“三医联动”，加快城市医联体建设，提速市中心医院双屿院区、市中西医结合医院滨江院区、市老年病医院改扩建工程、区人民医院二期扩建工程等项目，推进公立医院和民营医疗机构高质量发展。巩固国家慢性病综合防控示范区建设成果，提升人均期望寿命。聚焦“一老一小”，加快建设康养小镇、区级养老服务中心二期，支持康养联合体和民办养老机构发展，新增养老床位400张，新改建老年食堂50家。深入推进儿童友好城市建设，新增婴幼儿托位400个、儿童友好试点单元33处，基本实现儿童友好元素在公共空间全覆盖。深化青年发展型城市建设，打造一批可见可感的青年发展场景。持续推动公共文化服务向家门口延伸、向农村覆盖、向薄弱环节和重点群体倾斜，谋划建设区级文化馆新馆、图书馆新馆，新增城市书房、文化驿站、百姓健身房、多功能运动场等文体场地设施10处，高水平打造城乡一体15分钟品质文化生活圈、阅读服务圈、文明服务实践圈。

健全社会保障体系。关注和扶持弱势群体，统筹推进社会救助、社会福利、社保扩面等工作，加强灵活就业和新就业形态劳动者权益保障，努力实现应助尽助、应享尽享、应保尽保。推进住房公积金提标提质，扩大制度覆盖面。抓好粮食安全和“菜篮子”稳产保供。攻坚“安置提速”，开工、交付安置住房各5000套以上，确保不出现新的5年以上未安置问题。有效增加保障性租赁住房供给，完善公开收购商品房筹集模式，筹集建设保障性租赁住房3780套以上。构建和谐劳动关系，巩固提升“无欠薪区”创建成果。支持国防和军队建设，优化国防动员和后备力量建设机制，加强退役军人服务保障，创成省级双拥模范区。

倾情办好民生实事。各位代表，区政府始终牢记“民之所忧，我必念之；民之所盼，我必行之”，前期向市民群众、“两代表一委员”等层面广泛征求意见，梳理形成了“幼有所育”“学有所教”“老有所养”等12个民生实事候选项目，提请本次大会票决。我们将明确责任、闭环落实，努力把好事办好、实事办实，让政府做的事成为百姓满意的事。

（六）聚焦除险保安，在优化治理体系上打造鹿城样板。全方位推进除险保安攻坚行动，坚持不懈化矛盾、防风险、保平安，打造共建共治共享的社会治理格局。

优化调整防疫措施。坚决落实新冠病毒感染“乙类乙管”要求，全力以赴“保健康、防重症”，加快提升基层医疗机构诊疗能力、医疗物资保障能力，做好老年人、有基础疾病患者等重点人群健康服务，加强农村地区和重点机构防控，全力推进疫苗接种、强化宣传引导、做实基层服务，最大程度保护人民生命安全和身体健康，最大限度减少疫情对经济社会发展的影响。

防范化解风险挑战。健全企业风险防范处置机制，“白名单”企业帮扶销号率80%以上。依法稳妥处置房地产领域风险。深化金融风险专项整治，严厉打击非法集资等涉众型非法金融活动。强化食品药品安全监管，助推国家食品安全示范城市建设。深入开展地质灾害、台风洪涝等自然灾害防治，加强防汛防台抗旱和森林防灭火工作。稳步化解政府隐性债务风险。充分发挥行政复议的主渠道作用，推进重点行政争议实质性化解，持续推动行政诉讼收案数、败诉率“双下降”。

深化平安鹿城建设。坚持安全第一、预防为主，切实树立“隐患排查不出也是一种失职”的工作理念，推动安全生产治理模式向事前预防转型。严格落实“3030”隐患闭环管控机制，深入开展道路交通、城镇燃气、消防安全、危旧房等重点领域大督查大检查大执法活动，坚决防范和遏制重特大事故发生，全力维护社会平安稳定。

完善社会治理体系。坚持和发展新时代“枫桥经验”，推进社会治理中心智慧高效运行，打造“市域治理先行区”。深入实施瓯江红“共享社·幸福里”“1551”工程2.0版，加强专职社工、业委会、物业等队伍培养，配强“1＋3＋N”网格力量，打造重点创建单元200个以上。依法完善宗教事务系统治理，加快建设宗教中国化和宗教事务治理现代化示范区。常态化开展扫黑除恶，严厉打击电信网络诈骗、养老诈骗、非法集资、走私等犯罪活动，争创省信访工作现代化示范区，高质量夺取“平安金鼎”。

三、切实加强政府自身建设

新时代开启新征程，新征程呼唤新作为。我们将切实加强政府自身建设，深入推动政府治理理念、方法和手段现代化，努力建设更高标准、更强担当的人民满意政府。

坚定信念铸就绝对忠诚。持之以恒学深悟透党的二十大精神，自觉实践一系列新理念新思想新战略，坚定捍卫“两个确立”、坚决做到“两个维护”，不断提高政治判断力、政治领悟力、政治执行力。坚持“一张蓝图绘到底、一个步调抓到底”，立足全局、服务大局，对标对表、落细落实，推进上级决策部署全线高效贯通，以忠实行动彰显忠诚本色、以过硬举措展现过硬担当。

坚行法治推进依法履职。把政府工作全面纳入法治轨道，严格落实重大行政决策法定程序制度，充分发挥政府法律顾问作用，推进政务公开标准化规范化，强化严格规范公正文明执法。依法接受人大监督，自觉接受政协民主监督，高质量办好人大代表建议和政协提案。主动接受监察、法律、社会和舆论监督，扎实做好审计常态化“经济体检”，广泛听取民主党派、工商联、无党派人士和人民团体意见。

坚决执行强化实干争先。牢固树立“全域争先、全线出彩”的标兵意识，瞄准先进先行学经验、对标最优最好找差距，营造“干就干得最好、做就做到极致”的干事创业氛围。全力破除“不愿想”“不敢想”的思想束缚，主动求新求变、勇于打破常规，变“事事找惯例”为“大胆找先例”。坚持事不避难、义不逃责，事不过夜、善作善成，让“事事马上办、人人钉钉子、个个敢担当”成为政府系统干部的鲜明标识。

坚持变革提升工作质效。树牢“整体政府”理念，加快变革型组织、创新型政府建设，推进政府工作流程优化、制度重塑。强化政府督考机制、晾晒机制、问责机制，迭代深化“项目化、清单化、节点化、责任化”全链条闭环管理，确保事事有落实、件件有回应。提升干部专业素养和专业能力，坚持约束和激励并重，健全尽责豁免、容错纠错机制，为敢于担当、踏实做事的干部撑腰鼓劲。

坚守底线打造廉洁政府。严格落实全面从严治党主体责任和“一岗双责”，锲而不舍地执行中央八项规定精神，驰而不息纠治“四风”、提升作风。健全行政权力监督制约机制，强化重点领域和关键环节监管，构建亲清政商关系，促进干部清正、政府清廉、政治清明、社会清朗。坚持政府过紧日子，优化财政支出结构，从严控制一般性支出，把更多的财力用在发展紧要处、民生急需处。

各位代表！使命呼唤担当，实干铸就辉煌。让我们更加紧密地团结在以习近平同志为核心的党中央周围，在省委省政府、市委市政府和区委的坚强领导下，奋楫争先、奋发进取、奋斗不息，加快建设首位城区、打造共富样板、争创先行示范，为谱写更加精彩的中国式现代化鹿城篇章而努力奋斗！

政协温州市鹿城区常务委员会工作报告

2023年2月14日在政协第十届温州市鹿城区委员会第二次会议上

温州市鹿城区政协主席　周基斌

2022年工作回顾

2022年，是中共二十大胜利召开之年，也是第十届区政协开局之年。一年来，在中共温州市鹿城区委的坚强领导下，第十届区政协及其常委会坚持以习近平新时代中国特色社会主义思想为指导，深入学习贯彻习近平总书记关于加强和改进人民政协工作的重要思想，坚持发扬民主和增进团结相互贯通、建言资政和凝聚共识双向发力，聚焦中心大局，认真履行职能，充分发挥专门协商机构作用，推动政协工作创新发展，为鹿城建设首位城区、打造共富样板、争创先行示范作出了积极贡献。

一、高举旗帜、紧跟核心，坚持党对政协工作的全面领导

一年来，常委会始终坚持人民政协必须旗帜鲜明讲政治这一本质要求，聚焦筑牢“重要阵地”、巩固“重要平台”、畅通“重要渠道”，把党的领导落实到工作全过程各方面，确保人民政协事业始终沿着正确方向前进。

一是理论武装持续深化。健全以党组理论学习中心组学习为引领，常委会会议和主席会议专题学、政协讲坛重点学、委员培训集中学、专委会和委员小组定期学的学习体系，持续深入学习习近平新时代中国特色社会主义思想。把学习贯彻中共二十大精神作为首要政治任务，组织开展以“矢志不渝跟党走、同心奋进新征程”为主题的二十大精神大宣讲大调研大落实活动，政协党组带头开展专题学习交流，主席会议成员赴专委会临时履职党支部、委员工作室进行专题宣讲，并通过“周一学堂”、主题党日、界别学习会等活动，带领广大政协委员和机关干部学深学透，领会精神实质，切实增强坚决拥护“两个确立”、坚决做到“两个维护”的政治自觉、思想自觉和行动自觉。

二是政治引领不断加强。区委对政协工作高度重视，区委常委会12次研究政协工作，白洪楞书记多次调研政协工作，带头参加政协重要会议和活动，形成了关心支持政协工作的制度化、常态化工作机制。区政协党组全面担负起实现党对政协工作领导的重大政治责任，充分发挥把方向、管大局、保落实的重要作用，坚持重大事项及时向区委请示、重要活动及时向区委报告、重点意见建议及时向区委汇报。对中央和省市区委的重大决策部署，区政协党组第一时间召开会议传达学习，研究贯彻落实措施，确保党的领导在政协落地落实。

三是党的建设全面推进。全面落实新时代加强政协党的建设的部署要求，积极探索具有政协特色的党建工作新思路新举措。将政协委员全部纳入专委会，建立7个专委会临时履职党支部，完善党员常委联系党外常委、党员委员联系党外委员的“双联系”机制，推动政协党的组织和工作实现“两个全覆盖”。在政协全体会议期间、外出学习培训等重要活动中，成立临时党支部，切实强化党的领导，认真履行全面从严治党主体责任和党组成员“一岗双责”，完善党组议事规则和决策程序，支持派驻区政协机关纪检监察组工作。

二、干在一线、谋在一线，建言经济社会全面发展

一年来，常委会始终聚焦全区中心工作，谋划实施了48项重点履职任务，举办“请你来协商”活动12次，开展专项视察活动24次，组织专项民主监督活动17次，向区委区政府提交专项调研报告12篇，切实做到党政工作推进到哪里、政协工作就跟进到哪里。

一是专题协商助推重大事项谋划。举办“请你来协商”小区治理大家谈活动，区委书记白洪楞到会与各界人士开展互动协商，政协委员就两无小区治理、社区减负增效等8个方面提出意见建议26条。围绕发展数字经济主题，区长张崇波与政协委员面对面开展协商活动，政协委员在实现转型升级、建立良好的IT人才生态圈、“一站式”服务等6个方面提出23条意见建议。围绕新104国道周边环境整治、水环境治理、城市科技型企业孵化器建设和义务教育优质均衡发展区创建等议题，邀请区委、区政府领导与政协委员开展专题协商4次，提出意见建议56条。围绕西部医疗配套建设、宗教文化的传承与弘扬等4个课题，面对面开展界别协商和对口协商，提出了一批打基础、利长远的建议，实现了委员建言献策和党政部门有效回应的良性互动。

二是专项视察助推决策部署落地。选择知识产权保护、楼宇经济发展、破解鞋业产业关键共性问题和生产性服务业企业发展等事关经济转型方面的问题，开展多层次、多形式、多领域调研视察活动，为加快高质量发展添助力、聚合力。着眼基层社会治理、城市医联体建设、“双减”工作等社会问题开展实地走访、监督视察、座谈交流，为推进鹿城社会发展增理解、促共识。聚焦东瓯国史迹研究、“宋韵瓯风”传承发展、小合院活化利用等文化主题，组织政协委员和专家学者深入基层开展实地调研，广泛听取意见，为区委区政府决策提供参考。组织政协委员和机关干部深入一线助力疫情防控、全国文明城市建设等重点工作，彰显了政协委员责任担当。

三是专项监督助推难点工作落实。突出问题导向，聚焦推动落实，以10个界别委员小组为组织架构，围绕十大民生实事项目实施、智慧健康驿站建设等10个方面议题，以错位交叉形式开展全员民主监督活动，向对口单位提出意见建议137条。组织开展全国文明城市建设、做地储备出让、断头路打通等专项民主监督活动，针对工作中存在的薄弱环节，以反映社情民意、开展专题视察等方式进行建言，为推动中心工作发挥了钉钉子抓落实的重要一锤作用。按照省、市政协的统一部署，围绕数字化改革推进情况，组织开展专项集体民主监督，精准发现问题，务实提出建议。

三、秉持初心、服务基层，助力持续改善民生福祉

一年来，常委会始终把为国履职、为民尽责作为使命追求，着眼于满足人民日益增长的美好生活需要，发挥独特优势，真心实意听民意、解民忧、惠民生。

一是紧扣民生热点献计出力。按照“不建机构建机制、不建场所整资源”的原则，通过一块牌子、一个场所、一套人马、一起联动等“四个一”，融合推进街镇民生议事堂、委员工作室、社情民意信息联系点建设，建成村社协商驿站23个，合力推动政协协商向基层延伸。去年以来，集中开展“共同富裕”协商议事月活动，围绕小区治理、助推侨乡发展、创新走好共富路等议题开展基层协商，举办“民生议事堂”活动30场，提出意见建议169条，被采纳落实112条。《做实“民生议事堂”载体 凸显政协履职“基层力量”》入选省政协民生议事堂典型案例汇编。

二是顺应群众期盼反映民意。健全区党政领导协商办理重点提案和区政协主席会议成员督办重点提案机制，建立提案办理成果公开展示制度，开展提案双向评议，有力促进政协提案转化为党委政府惠及民生的政策举措。去年，聚焦教育、医疗等领域，遴选17件提案由区党政领导领办、8件提案由区政协主席会议成员领衔督办，推动相关问题更好更快解决。畅通舆情汇集和民意反映渠道，社情民意信息采用率和批示率实现“双突破”，《破解公办职业教育学校聘任“能工巧匠”担任专业课教师难题的建议》等6篇信息被全国政协采用，

《亟待解决俄乌战争我国侨胞心理状态的建议》等7篇信息被省政协采用，《迭代升级“温州版未来社区”的建议》等8篇信息获省、市、区三级党政领导批示。

三是助力民生实事落地落实。进一步拓宽区政协法律服务团服务形式和渠道，组织开展普法宣传和法律咨询等活动7场，法律帮扶受益人员200多人次，参与调解民情纠纷12起，录制传染病防治法、劳动合同法等“法帮帮”短视频48期。进一步优化政协名师公益学堂，举办线下和线上讲座7场，现场或线上参加活动3200人次。组织开展政协委员“服务周”活动，开展法律咨询、涉外涉侨服务、送医送药和基层慰问等活动，发放各类支农物品1000余份。集中开展“三服务”活动，区政协主席会议成员深入企业、社区，通过与企业负责人、社区（村）干部和基层群众座谈交流，及时帮助企业、群众、基层解决困难和问题。

四、增进共识、增强合力，凝聚团结奋进磅礴力量

一年来，常委会始终坚持团结和民主两大主题，充分发挥政协爱国统一战线组织作用，不断完善双向发力的制度机制和平台载体，广泛团结各党派团体和各界人士，不断为高质量发展凝聚人心、汇聚力量。

一是深化联络联谊汇聚力量。牢牢把握人民政协大团结大联合的独特优势，注重发挥各民主党派、工商联、人民团体和无党派人士的作用，在各项会议活动中优先安排发表意见和建议，支持和保障党外人士在政协履行职能、发挥作用、体现作为。政协海外传播团利用海外资源优势，相继举办“海归青年读书会”“侨声传播二十大”等主题活动，采用“线上＋线下”方式，及时向海外华侨宣传中共二十大精神，讲好中国故事，广泛凝聚海内外共识。8090青年政协委员议事厅举办“永远跟党走、青春献祖国”等主题活动，激发新时代青年委员的使命担当。

二是加强思想引领增进共识。推动委员会客厅“建管用育”一体化，深入做好“联、融、聚”文章，更好发挥“学习交流新载体、联系群众新纽带、协商民主新路径、团结联谊新平台”的功能作用。成立14个街镇委员工作室和12个界别委员工作室，畅通委员联系基层、联系群众的渠道，协助党委政府做好宣传政策、引导预期、坚定信心等工作。组织开展“百名政协委员进社区（村居）”活动，305名政协委员与基层社区（村居）结对开展履职活动，实现所有社区（村居）有委员结对和所有委员有联系社区（村居）两个全覆盖，打通政协服务基层群众的“最后一千米”。

三是运用文史宣传凝聚人心。强化文史资料存史资政、团结育人功能，编纂完成《谢灵运诗传》，完成《浙江城市名片·温州鹿城篇》史料和图片征集，与区委宣传部合作编辑《温州老照片》（第四辑），举办“宋韵瓯风·助力千年商港”“纪念温州建城1700年”“纪念毛泽东同志《在延安文艺座谈会上的讲话》发表80周年书画笔会”等系列主题活动，协助区委区政府推进温州宋元码头遗址勘探和江心屿西园开发建设等工作，全力助推瓯江山水诗路文化带建设。推进政协宣传工作创新发展，建好用好区政协“一刊一网一号”平台，在人民政协报、联谊报等各级媒体刊发稿件306篇，积极宣传政协工作亮点和履职成效，唱响鹿城好声音。

五、固本强基、守正创新，促进政协履职提质增效

一年来，常委会始终坚持传承与创新相结合，主动适应新形势新任务新要求，积极探索完善政协工作制度机制，政协工作规范化、科学化水平进一步提高。

一是强化数字政协建设。按照全流程全方位全系统全媒体的要求，秉承主动融入、有效衔接原则，掌上履职、掌上学习、掌上议政“三大业务应用”全面上线，省政协“六大在线”综合应用数据全面贯通，自建浙里办鹿城政协法律服务平台特色场景应用，打通政协服务民生“线上”路径。组织开展数字化应用推广培训，推进委员履职、服务民生数字化进程。组织开展在线直播、新媒体应用等活动，实现线上参会、云端议政、委员履职、新闻传播全方位覆盖，推动数字化场景落地见效。

二是强化委员责任担当。建立区情通报机制，邀请区长通报我区经济社会发展情况，听取区纪委区监委和区“法检”两院工作情况通报，有效拓宽政协委员履职视野，进一步增强履职能力。强化对委员的教育引领，通过集中培训、举办委员活动日等系列活动，不断提升委员政治素质和履职能力。优化《区政协委员履职情况量化管理办法》，推动委员履职管理数据化和精细化，激发委员履职的责任感、使命感。

三是强化机关能力建设。制订出台《政协领导联系常委、专委会联系委员、委员联系群众制度》

《政协常委和委员年度述职的实施办法》《关于区政协委员列席常委会会议暂行办法》等6项制度，修订《政协全体会议工作规则》《政协常务委员会工作规则》《反映社情民意信息工作实施办法》等4项制度，进一步提升政协工作制度化、程序化水平。扎实开展“五型机关”建设，大力推进书香政协建设，制定完善组织管理、内部运行等制度文件，机关运转更加有序高效。

各位委员、同志们！区政协一年来各项成绩的取得，是中共温州市鹿城区委坚强领导，省市政协有力指导和区人大、区政府大力支持，区直各部门、各街镇及社会各界密切配合的结果；也是历届区政协老领导、老同志和老委员热情关心，全区政协各参加单位、全体政协委员和政协干部团结协作、忠诚履职的结果。在此，我代表区政协常委会表示衷心的感谢！

在肯定成绩的同时，我们也清醒地认识到，政协工作同新时代新任务和人民群众的期待相比，还有一定差距，主要有：在坚持“双向发力”上，还需研究“加强思想政治引领”的更多载体；在推动政协工作提质增效上，还需研究“促进协商成果转化”的更实举措，等等。这些问题有待于今后进一步加以解决。

2023年工作任务

2023年，是全面贯彻落实中共二十大精神的开局之年。区政协将坚持以习近平新时代中国特色社会主义思想为指导，学深悟透践行中共二十大精神，深刻领悟“两个确立”的决定性意义，切实增强“四个意识”、做到“两个维护”，紧扣忠实践行“八八战略”、努力打造“重要窗口”主题主线，聚焦“四大振兴”，聚力项目攻坚、环境提升、治理创新和产业高质量发展“五大攻坚”，以开展“服务发展聚共识”“服务企业解难题”“服务基层解民忧”“服务民生暖民心”四大系列活动为主抓手，着力在加强思想政治引领中广泛凝聚共识，在服务中心大局中发挥专门协商机构作用，在践行全过程人民民主中干出新样子、展现新作为，为鹿城争当做强做大“全省第三极”排头兵、打造高质量发展建设共同富裕示范区先行样板、争创社会主义现代化先行区贡献政协智慧力量。

一、突出政治引领，在担负时代使命上更加自觉。一是强化思想政治建设

深入贯彻落实中共二十大精神，筑牢坚决拥护“两个确立”、坚决做到“两个维护”的思想根基，始终做习近平新时代中国特色社会主义思想的忠实信仰者、坚定维护者和实践引领者，更好发挥政协党组“把方向、管大局、保落实”的重要作用。二是强化思想理论武装。坚持“第一议题”制度，进一步健全学习制度体系，完善习近平新时代中国特色社会主义思想座谈会制度，笃学深悟习近平总书记关于加强和改进人民政协工作的重要思想，巩固提升学习研讨的理论成果、制度成果和实践成果。三是强化政协党建工作。在区政协系统开展“同心向党”系列主题活动，优化政协党建工作机制，拓展组织体系的覆盖率，提升党建与履职的融合度，更好担负起把中共中央和省市区委的决策部署落实下去、把各方面智慧力量凝聚起来的政治责任。

二、聚焦主责主业，在服务发展大局上更具实效

一是紧贴重大决策开展协商议政。创新协商工作方法，健全协商成果采纳、落实、反馈、评价闭环落实机制，聚焦经济稳进提质、科创引领发展、都市繁荣振兴、改革开放赋能、全民共同富裕、文化传承复兴、基层社会治理等重心重点，围绕营商环境优化提升、地瓜经济提能升级、城市有机更新、重点项目攻坚、打造特色文化地标、优化公共服务供给等领域开展系列调研活动，精心组织专题协商，以“协”成事，以“商”求同，提高建言靶向性、资政含金量，为党政科学民主决策献计出力。二是紧盯重要战略问题深入调查研究。进一步完善主席会议成员牵头重点调研课题制度，集中开展“调研周”专项活动，组织政协委员下沉一线，围绕企业走出困境、老弱病幼防疫体系建设、医养康养产业发展，以及构建基层社会治理新格局等热点难点问题，深入调研，提出有前瞻性、可操作性的意见建议，努力形成一批管用实用的调研报告，助力区委区政府中心工作高效推进。三是紧跟重点任务落实组织民主监督。进一步优化全员民主监督机制，紧盯重大项目推进、产业平台建设等重大工作和教育医疗、就业养老等群众“急难愁盼”的问题，积极开展民主监督，助推区委、区政府决策部署贯彻实施。开展“委员走访月”活动，组织委员走进企业，加强调查研究，及时反映企业所想所需所急。引导政协委员担当起宣传鹿城、推介鹿城的责任，讲好鹿城故事，吸引更多的客商来鹿城投资兴业、更多的人才助力鹿城

建设发展。

三、坚持履职为民，在助力民生改善上更显情怀

一是发挥基层协商平台作用。坚持把“三位一体”和协商驿站建设提质增效作为推动政协工作的重要举措，组织广大政协委员聚焦民生热点问题，深入开展专题调研，做到协商为民分忧、议政为民解困。不断丰富“百名委员进社区（村居）”活动形式，组织委员深入基层、深入群众，推动委员更好倾听民声、反映民意、集中民智。二是发挥提案服务民生作用。健全党政领导协商办理重点提案工作机制，完善提案双向评议制度，推动提案质量和办理质量双提升，力促一批事关发展、事关民生的提案得到落实。加强社情民意信息员队伍建设，发挥便捷高效的优势，引导政协委员深入基层反映民意、汇集民智、凝聚共识，努力推动社情民意信息工作提质增效。三是发挥民生履职载体作用。发挥政协委员专业特长和优势，优化提升法律服务团、健康服务团、文化服务团、助企服务团、乡村振兴服务团和名师公益学堂等民生服务平台，拓展服务范围、质效和内涵，定期开展“七送”基层活动和救灾济困、慈善捐赠、志愿服务等社会公益活动，以实实在在的行动践行“人民政协为人民”的履职理念。

四、把握中心环节，在广泛凝聚共识上更有作为

一是深化联络平台建设。健全联系指导工作机制，持续深化委员会客厅和委员工作室建设，围绕“共同富裕”等主题，组织开展视察调研、基层协商、民主监督等活动，将履职触角延伸到特定群体中，不断扩大“朋友圈”，为鹿城经济社会发展汇聚智慧力量。二是拓展联谊工作形式。发挥政协海外传播团的独特优势，坚持“请进来”“走出去”相结合，不断丰富传播形式，讲好中国故事、传递家乡声音，广泛凝聚海内外华侨华人的智慧和力量，画出最大同心圆。编纂《东瓯古国 永嘉旧郡》书籍，出版《温州老照片》（第四辑），开展朔门古港遗址考古项目的史料收集工作，努力做到以文育人、以文聚人。三是创新凝聚共识载体。把加强思想政治引领、广泛凝聚共识作为履职工作的中心环节，不断完善委员联系界别群众机制，用好政协委员之家等联谊平台，拓宽传播共识渠道，组织有影响力的政协委员、各界人士在一些敏感点、风险点、关切点和涉及重大原则问题上主动发声、传播共识，为改革发展减阻力、聚合力、添动力。

五、适应时代要求，在加强自身建设上更富力度

一是打造履职品牌。树立鲜明的精品导向，正确处理数量与质量、形式与效果的关系，着眼政协工作面临的新形势新任务，认真总结政协工作特点和规律，组织开展“一专委一精品”活动，推动专委会更好“专”出特色、“专”出质量、“专”出水平。二是优化履职环境。深化数字政协建设，拓展网上履职综合服务功能，放大“协商之治”与“数字之治”的融合叠加效应，推动委员提能、界别提劲、工作提效。加强对街镇委员履职小组的联系指导，坚持重要部署一起贯彻、重要履职一起开展，更好发挥区街（镇）两级的整体效能。三是加强队伍建设。开展政协委员学习培训，完善委员履职评价激励机制，优化委员服务管理，激发委员履职动力、压实履职责任，展示委员时代风采。深化“五型”政协机关建设，全面提高机关干部理论素养和业务水平，营造干事创业、团结和谐、清正廉洁的良好氛围，为高效履职提供保障。

各位委员，同志们！奋进新征程，一起向未来。让我们坚持以习近平新时代中国特色社会主义思想为指引，在中共温州市鹿城区委的坚强领导下，同心协力、勇毅前行，科学履职、务实作为，为鹿城建设首位城区、打造共富样板、争创先行示范作出新的更大贡献！

编辑　褚宏健

专　记

朔门古港遗址发现

鹿城区构建“科普+”新业态，创建全国科普示范区

鹿城区创成浙江省文旅产业融合试验区

鹿城区被命名为浙江省第一批体育现代化区

以知识产权领域供给侧结构性改革激活创新创业良好生态

鹿城区精准推进食品安全治理再上新台阶

朔门古港遗址发现

温州朔门古港遗址位于温州市鹿城区望江东路东段，温州古城朔门外，南依古城，北邻瓯江，东靠海坛山，与世界古航标江心屿双塔隔江呼应，遗址总面积达20万平方米。该遗址考古工作从2021年10月开始，至2022年底结束。发掘面积约5000平方米，揭露了水陆城门相关建筑遗迹——8座码头、2艘沉船和海量的瓷片堆积等重要遗存，其中龙泉瓷残件等瓷片数量达10吨以上，文物年代从北宋延续至民国，尤以宋元时期为主。

温州朔门古港遗址是中国海洋考古、城市考古重大收获，以码头、航道、航标等要素齐备的遗迹实证了古代海上丝绸之路的存续和繁盛，填补了中国海上丝绸之路港口考古的关键缺环。该遗址的保护与利用被列入浙江省第十五次党代会之后五年“十个抓手”重要规划之一，同时也与温州“千年商港 幸福温州”的城市定位不谋而合。

为保护古港遗址，按照市委、市政府部署要求，鹿城区高标准推进温州朔门古港考古遗址公园建设工作，严格对标海丝申遗、国家级遗址公园建设标准，力争将公园打造成为世界文化遗产核心展示区、温州拥江滨海城市的文化新地标、温州城市文脉（宋元时期）生产生活的重要展示区。

城址港址的千年相拥

得天独厚的地形优势赋予温州坚固的城防和天然良港之利，加上城市规模宏大，自建城后，城址、港址1700年基本未变。由于处在中国东部海岸线中间位置，并具备优良的港口条件，温州很早就是海上丝绸之路的重要节点。唐代晚期，温州成为日商停泊的主要港口之一。北宋晚期至元代，随着龙泉窑的崛起，温州港进入鼎盛时期。南宋至元，朝廷在温州分别设有市舶务和市舶司，管理对外贸易。考古发掘还原了当时的港口形制。发掘区西、东两端分别为朔门瓮城及水门外遗迹群，中间跨度达380米的条带状区域中，密集分布着码头、沉船、干栏式建筑、堤岸等。其中，码头遗址多为多级月台状的突堤式码头。两宋时期的突堤式码头多建于江边滩涂，平面呈长方形，石包土心结构，底部及周缘用木桩打底和围护，以抵御水流冲刷侵

2022年7月9日，中国博物馆协会理事长刘曙光带队调研温州朔门古港遗址

（区文化和广电旅游体育局提供）

2022年11月7日，温州朔门古港遗址考古成果专家论证会召开。与会专家就朔门古港遗址发掘的重要意义和价值以及下一步的考古研究与保护利用等问题把脉论证（区文化和广电旅游体育局提供）

蚀，实现软基加固。这一先进技术，显示出古人的智慧。

海上贸易的物质支撑

温州古称东瓯，这里的先民以善于用舟、航海著称，至迟在商周时期已实现与中原的海路交往。三国东吴时期设置的横屿船屯，是当时江南三大造船基地之一。唐代温州成为全国主要造船基地之一，括州的造船基地即设在永嘉县城北沿江一带。北宋元祐五年（1090），全国官营造船场年造船额2900多艘，诏“温州、明州岁造船以600只为额”。温州、明州（宁波）造船额是当时国内最大的，造船技术国内领先。发达的造船业和辐射周边地区的木材市场，是温州港兴旺繁荣的物质基础，为区域内商品和温州商人走向世界提供了技术支撑。此次考古过程中，古沉船的发现令人兴奋。虽然最先发现的第一艘沉船已经断成南北两段，残存的船头和部分船体变形严重，但根据隔舱板残存数量推测，该船全长约20米。另一艘沉船则发现于深达9米的西部隧道基坑底部。两艘沉船均为宋代的福船，具有龙骨结构、水密隔舱等当时最先进的创新技术，这说明当时温州同其他城市交往密切。沉船也进一步指明了宋代码头所在。

“天下龙泉”的海运起点

龙泉位于瓯江上游，顺江而下到温州换船出海，是龙泉青瓷当时最为便捷的外运方式。此次发掘揭露的密集分布的码头遗迹以及海量的瓷片堆积，印证了温州港作为海上丝绸之路节点以及龙泉瓷贸易枢纽港的地位。遗址瓷片堆积多呈条带状集中分布，时代为元代，九成以上为龙泉瓷，且绝大多数无使用痕迹，应为贸易瓷在储存、转运过程中的损耗品。此外，还出土了建窑系黑釉瓷、青白瓷及瓯窑褐彩绘青瓷等其他窑系遗物，部分瓷器外底有墨书。可以想象，在北宋晚期，为扩大龙泉瓷的外运，瓯江上游河滩还进行过大规模整治，使“凡昔所难，尽成安流，舟昼夜行，无复激射覆溺之虞”。瓯江顿时成为当时最繁忙的贸易航道之一，呈现两岸“瓷窑林立，烟火相望，江上运瓷船舶来往如织”的盛况。

（邵澈尘）

鹿城区构建“科普+”新业态，创建全国科普示范区

2023年1月，鹿城区获评“2021—2025年度第二批全国科普示范县（市、区）”。

自2021年被中国科协列入“全国科普示范区”创建单位后，鹿城区积极落实创新首位战略，践行大科普观，把全民科学素质提升作为全区营造创新环境、培育创新人才、助推高质量发展的重要工程，通过科普设施建设、渠道拓展、品牌打造等方式，实现科普要素全域协同、科普活动全域覆盖、科普阵地全域优化、科普宣传全域布局，“科普+”新业态蓬勃发展。

科普+重点人群，精准提升全民科学素质

鹿城区聚焦“五大重点人群”，打造特色科普活动，致力于通过重点人群带动区域公众科学素质的整体提升。“科普中国”信息员队伍建设连续3年、鹿城区“全

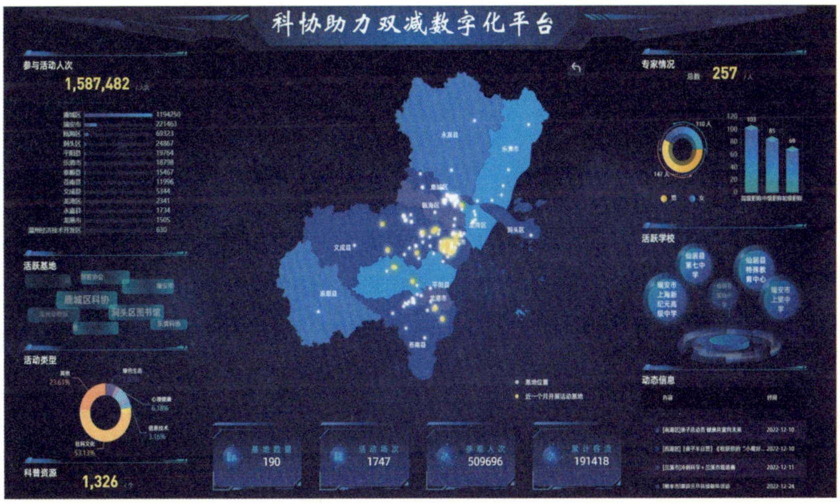

截至2022年12月底的“助力双减”科普专项行动省数字化平台鹿城数据图。全年共计开展助力“双减”青少年科普活动688场，青少年参与119万余人次，在省工作平台上，鹿城区参与人次数、活跃度位居全市第一、全省前列

（区科协提供）

国科普日”活动连续6年获中科协通报表扬。2021—2022年省工作平台上，“助力双减”“银龄跨越数字鸿沟”两项科普专项行动参与人次数、活跃度均位居全市第一、全省前列，被新华网报道，阅读量超400万人次。具体做法：一是推进“少有所育”，扎实提升青少年科学素质。鹿城区通过靶向式定制、点单式覆盖、特色化服务，大力开展鹿城区“助力双减青少年科普专项行动”，促进校内外科学教育资源有效衔接，实现“双减”政策落地数字化赋能、项目化助力、体系化运作。2022年，累计开展“助力双减”活动688场，参与青少年119万人次。并建成全国科普教育基地2家、首批省级院士科普基地1家、省科学家精神教育基地1家、中国科协“‘科创筑梦’助力‘双减’科普行动”试点单位1家、浙江省“双千”助力“双减”科普专项行动教育基地5家、浙江省科普教育基地9家。鹿城“双减”工作区域案例被评为全省首个区域“双减”优秀案例。二是推进“老有所学”，稳步提升老年人科学素质。鹿城区聚焦老年人数字困境，以部门合作、团队协作方式，完善老年人科普服务体系。以课内教学、课后服务、课外实践“三结合”的培训模式，大力推进“银龄跨越数字鸿沟”科普专项行动，开展“银龄”智能手机应用培训、“智慧助老”、健康科普与数字科普进社区系列活动，帮助“银龄”逐步扫除智能技术使用的盲点、堵点，享受数字时代的便利，提高老年人适应社会发展的能力。2022年，“银龄跨越数字鸿沟科普专项行动”累计开展活动2600场，参与10万余人次，为市民生实事工程作出积极贡献，受省科协发文表扬，获评2022年“银龄跨越数字鸿沟”科普专项行动成绩突出集体。

科普+社会力量，构建多方协同的大科普格局

鹿城区依托民营经济发达、民间资本雄厚、民间社团活跃的优势，充分利用社会力量和市场机制，引导各方资源参与科普，形成全社会共同参与的科普工作局面。一是利用“民智”提供科普服务。充分发挥辖区群团、学会、社团功能，积极邀请、联系科普经验丰富、科普能力突出的高校老教授、老科学家、企业高端技术人才、社区老医生、学会高工、医院医师等“民智”投入科普事业，全面提升科普公共服务水平。助推苏尧然创立的鹿城神韵贝螺展示中心作为第一个家庭式科普馆入选浙江省第六批科普教育基地，深入学校、社区、海岛、偏远农村为青少年讲解贝螺知识近百场；促成中国科学院院士李启虎与辖区广场路小学联手打造首批“浙江院士科普基地”，让科学家精神和高品质专业化科普走进中小学校。二是引导“民企”发展科普事业。充分运用企业资源向公众宣传科普，建成“互联网+智慧城市”体验馆、水处理科普馆、叶同仁中医药博物馆等一批优质企业科普馆，主题涵盖5G、环保、农业、医药等多领域，常态化开展科普讲座、科学体验、亲子互动等线上线下科普活动，实现公益性科普事业和经营性科普事业并举，政府社会效益和企业经济效益双赢。三是整合“民力”充实科普力量。充分整合社会科普资源，以体验式科普项目为支点，结合地域文化，利用科普团队优势，引导有条件的社区、单位深入创建主题鲜活、科学内涵丰富的公共科普服务平台，打造“一社一品”特色科普，形成“郭公山社区—庆年坊社区—来福门社区”等多条“科普旅游带”，建成点上有特色、面上全覆盖的区域松散型科技场馆，编绘推出“鹿城区科普阵地地图”。依托科研单位、企业智力资源和技术支持，打造“加智科普实验教育基地”，深入实施“双减”政策，组

织学生开展科学探究和科普教育活动，持续公益性质开展“科普进校园”活动，惠及学生达数万人次。2022年“加智科普实验教育基地”被列为中国科协“科创筑梦”试点单位。

科普＋三大体系，科创、科普协同并进

鹿城区以数字化改革为引领，推动科技创新、科学普及协同发展，推动高端学术和科普资源流入鹿城，展现鹿城科普工作新名片。一是聚焦“一家一社区”模式，建强“科普＋”柔性传播体系。坚持“柔性引智、学术交流、协同创新、康养服务”的建设原则，整合温州全区域的优质文化、旅游、休闲、学术、产业、科技等各类资源，联系对接全球85个国家和地区的青年科学家以及联合国教科文组织等17个国际组织，成功打造“瓯越院士之家”，协调组建“世界青年科学家峰会π社区”，形成“立足鹿城区，面向温州，服务温州”的高端科普工作新格局。二是聚焦学术交流平台建设，建强“科普＋”创新策源体系。依托世界青年科学家峰会，举办高端学术交流系列活动，牵线中国科学院、中国工程院院士及发达国家院士、诺贝尔奖获得者为鹿城企业、政府项目开展指导咨询、学术探讨，同时，以专班推进、专员负责、全程服务方式，构建科创项目“对接—谈判—落地”的“一链式”招引服务体系，深入开展高能级科创平台、产业化项目落地攻坚行动，全力抓好浙南美谷等103个平台的人才科技项目转化，打通科技成果“1到N”应用转化服务链条。三是聚焦科普公共服务发展，建强“科普＋”配套服务体系。鹿城区积极搭建科技工作者服务平台，重视科技工作者培养，通过大力开展知识产权培训、科技政策解读等科技服务活动，探索科协＋园区科协＋专业机构服务模式，构建了发展培育“给奖补”、人才安居“给支持”、要素供应“给保障”、创新研发“给包容”的政策保障机制和“保姆式”服务体系。同时，深入走访企业征集科技创新相关供需信息，推动专业技术力量与产业化项目精准有效匹配。

（周心茹）

鹿城区创成浙江省文旅产业融合试验区

2022年12月，《浙江省文化和旅游厅关于浙江省文旅产业融合试验区建设总体验收结果的通报》公布，鹿城区总体验收结果为优秀。

自2020年被列为省文旅产业融合试验区培育单位后，鹿城区围绕文旅消费新场景的打造，紧扣“千年东瓯国，诗画白鹿城”城市形象，发挥温州市中心城区区位优势，深入挖掘瓯越文化特色，全面推进浙江省文旅产业融合试验区建设，成功打造了温州南塘景区、五马历史文化街区等两大国家级夜间文化和旅游消费集聚区以及5处省、市级特色文旅消费集聚区、8个市级特色文旅消费示范点，形成以“夜鹿城·最温州”为特色的文旅产业融合发展新格局。

抓机制突破，搭建文旅融合新格局。鹿城区委、区政府主要领导挂帅，成立“游在鹿城”旅游工作专班，统筹协调重点、难点问题。召开文旅融合发展大会，提出“千年东瓯国 诗画白鹿城”文旅宣传口号。成立两线两片指挥部，统筹市区部门力量，整合文旅资源，一体化谋划实施主城区文旅产业融合发展，形成市区共商共建共享体制机制，构筑多层级多部门联动的工作格局。组建鹿城区文旅传媒集团，实现文旅产业资源集约化、规模化经营。先后编制《鹿城区文化和旅游融合发展规划》《鹿城区全域旅游发展规划》等8项综合性规划、6项专题规划、5项历史文化专题规划、4项瓯江夜游专题规划。设立文化旅游产业发展专项资金，自2019年起区财政每年安排3000万元专项奖励扶持资金，出台《促进全域旅游发展扶持奖励办法》《鹿城区文化产业扶持奖励办法》《鹿城区关于培育“月光经济”产业的实施意见》等一系列政策，推动文化与旅游资源全面盘活开发、要素全域聚合重组、业态创新融合发展。

聚品质提升，打造文旅消费新空间。聚焦“一岛一城一带”文旅板块，推进金岙谷旅游休闲项目、东瓯渔港、江南牧场、温州之光东屿遗址公园、城市岛屿等40个重点文旅项目落地，总投资达到293亿元。重点推进五马历史文化街区、朔门街区、庆年坊街区等片区改造，联动抓好五马步行街西拓、瓯

塘河夜画 （刘伟摄）

江沿线业态提升、温瑞塘河“一环三线”绿道贯通等工程，提升夜画塘河、瓯江光影等十大夜间文旅消费新场景，做强“遇见五马、诗画孤屿、夜画塘河、不夜瓯江”等“夜鹿城·最温州”文旅IP，全力打造“游在鹿城”城市品牌。重点抓好江心屿、印象南塘两大核心景区品质提升，高质量完成江心屿东园提升，并启动了江心屿西园改造。印象南塘景区深入实施“微改造、精提升”行动，打造森林探险主题乐园、龙舟主题乐园、曲水流沙等文旅消费新场景。设立1000万元旅游业“微改造、精提升”项目专项资金，启动12个特色街区和60处特色庭院建设，打造小坝坊、铁盒1.8、双井坊、城市岛屿等网红打卡街区，形成了一批特色鲜明的城市文化客厅。

强资源融合，探索文旅发展新路径。深入实施“艺享夜游”工程，精心策划推出江心屿“音画碧波湖”“瓯江夜游”“塘河夜画”等“温州味、国际范、时尚潮”的夜间精品演艺项目，培育鹿城特色演艺IP。常态化开展“江心有戏”“南戏故里”“九山书会”等演出活动，活态传承传统戏曲，推动“戏曲进景区、进街区、进公园”。积极发展24小时书店等新业态，满足市民游客文化消费需求。出台扶持奖励政策，吸引“花空间”“南塘书盒”等摄影、美术、非遗、影视类100余家工作室入驻历史街区、景区、景区镇、景区村，打造一批广受市民游客欢迎的文化休闲空间，构建了美术＋休闲、摄影＋休闲、书店＋休闲等文旅融合发展新模式。推出集观赏、体验、消费于一体的瓯江光影码头市集、江心市集、七都慢市集、印象城万物生长市集、谯楼微市、南塘夜肆等各类“夜鹿城·最温州”文旅市集，促进夜间文旅消费。

重品牌打造，激发文旅消费新动能。高标准深化“百县千碗”，打造滨江大排档、南塘风貌街、米房Cei创意园、花园1956创意园、小坝坊、东瓯智库、龙汇美食广场、大南里、白麓里、欧洲城十大美食街区，打造鹿城东瓯美食品牌。推出鹿城主题宴“江心诗宴”“百县千碗·鹿城十碗”及主题曲《一碗清欢》。创成温州大酒家、珺越豪庭大酒店、兰立方、溢香厅、得尔乐南塘大酒店等5家“诗画浙江·百具千碗”省级美食体验店。设立城市礼品馆、工艺美术大师楼、百工馆及8家非遗创艺坊，3家省级非遗工坊年销售总额达2.5亿元。支持老厂房、工业遗址和商业综合体等建设文化创意空间，搭建文创产品设计服务平台。连续举办20届江心屿金秋文化节，打造具有鹿城辨识度的文化和旅游品牌。举办瓯江山水诗路文化旅游季、南塘龙舟民俗文化节暨都市休闲体育旅游节、“我爱夜温州”夜间文旅消费季，及“潮生活夜市”“城市艺人秀”“七都慢”系列活动，打造特色文旅活动，促进文旅消费。

（马凤丽）

鹿城区被命名为浙江省第一批体育现代化区

2022年3月21日，《浙江省人民政府关于命名浙江省体育现代化县（市、区）的通知》发布，鹿城区被命名为浙江省第一批体育现代化区。

2019年开始，鹿城区贯彻落实全民健身国家战略，践行“体育让生活更美好”理念，充分利用“社会力量办体育国家试点城市”平台和契机，深入持续推进浙江省体育现代化区创建活动。曾两度获评全国群众体育先进单位，连续获得省竞技体育突出贡献奖、省体育宣传工作优胜奖、省“十三五”社会足球场地设施建设先进单位称号等诸多荣誉。在竞技体育方面人才辈出，以徐嘉余、郑思维、丁立人、李朱濠为代表的鹿城区培养、输送的运动员在奥运会、世锦赛、亚运会等重要比赛中取得佳绩。2020东京奥运会上，徐嘉余、郑思维分别获得1枚银牌。

聚焦创新，促进场地建设现代化。鹿城区精准定位，挖掘边角地、桥下空间等城市“金边银角”，因地制宜发展体育场地。2022年较之3年前，人均体育场地面积高达27.5%。积极引入社会力量打造“百姓健身房”项目。全区共建有百姓健身房56个，其中一类百姓健身房25个。一类百姓健身房中由社会力量承担建设或运营任务的达50%以上，社会力量成为鹿城体育的“半边天”。推进大数据场景应用，创新数字赋能。建设智慧百姓健身房，采用智能商用跑步机、椭圆机等智能化设备，设有智能门禁及大数据平台，实时分析点位人流量及锻炼人群性别、年龄、时间段、设施利用率等信息，为群众提供专业健身服务的同时，增强数据化智能化的健身体验。以推广市级“全民健身地图2.0版”“社会体育指导员上岗履职管理服务平台”“国民体质检测服务平台”应用为着力点，实现省、市、区三级体育信息数据互联互通。

塑造品牌，促进大众赛事现代化。鹿城区首创龙舟竞赛基地（会昌湖水上公园），举办过中华龙舟大赛温州站等全国赛事，每年举办民间龙舟民俗文化活动。2020年与2021年连续举办两届浙江省民俗体育精英赛暨长三角地区体艺交流大会，上演大联欢，展现颇具温州特色的体育文化魅力。打造民营企业家运动会、民体杯全国陀螺比赛暨温州市少数民族传统体育运动会、区级运动会、全民健身日等一系列品牌赛事，促进群众体育赛事活动常态化、特色化。

指引方向，促进科学健身现代化。鹿城区积极推行“体医融合”，在14个街道（乡镇）卫生服务中心推行健康促进公共卫生服务模式，在组织体检的同时，开展体质健康测试并提供科学健身指导建议。为运动损伤患者提供诊疗和康复、运动功能风险评估、开具个性化“运动处方”等一条龙服务，促进全民健身与健康的深度融合发展。积极谋划引入社会力量助力“医体融合”。至2022年底全区国民体质检测率达到94.1%。每年举办社会体育指导员培训班，不断壮大社会体育指导员队伍。全区共有社会体育指导员3669人，占总人口的3‰以上，为全民健身提供了人才保障。

多元发展，聚焦竞技体育现代化。鹿城区充分利用区内丰富的学校和社会俱乐部资源，通过体教融合与社会力量办体育两个抓手，对区业余训练基地进行重新调整、统筹规划、完善布局。共布局29家训练单位，覆盖包含“三大球”“三小球”及游泳、田径、击剑、高尔夫等15个大项的业余训练项目，常年参加训练人数达500人以上，为运动员的培养和输送搭建了平台。开展阳光运动，搭建中小学生体育活动参与平台，举办“活力阳光”

体育节、鹿城区中小学生田径运动会等多项体育赛事，激励学生积极参与体育运动，拓展选拔体育运动人才途径。

同向发力，促进体育产业现代化。鹿城区体育产业实力雄厚，登记在册体育经营运营单位697家，拥有2亿元以上项目投资3个，拥有全市体量最大的健身房、游泳馆。游泳馆体量占全市最高，拥有82个游泳场馆和九山湖、瓯江等天然游泳场所。2020年建成鹿城区首家纯民资打造的大型游泳馆——东艺游泳馆。威斯顿智体小镇占地4.5万平方米，设70余个体育项目，举办比赛年均150场，成为温州城市体育文化的重要名片。品牌赛事突出，拥有已入选省级体育品牌赛事库的温州马拉松（鹿城为主要承办单位），及正在申请入选省赛事库的民俗体育精英赛、丁立人国际象棋大师交流赛等影响力大、知名度广的大型体育品牌赛事。

（马凤丽）

以知识产权领域供给侧结构性改革激活创新创业良好生态

2022年8月，国家知识产权局印发《关于确定国家知识产权强县建设试点示范县和国家级知识产权强国建设试点示范园区的通知》，鹿城区入选首批国家知识产权强县建设试点县（市、区），试点时限为2022年8月至2025年7月。

2022年，鹿城区深入实施知识产权强区战略，认真贯彻落实《知识产权强国建设纲要（2021—2035年）》《“十四五”国家知识产权保护和运用规划》，以创建国家知识产权强县建设试点县为重要抓手，围绕知识产权全链条集成改革目标，深化知识产权领域供给侧改革，做优做强政策集成、模式创新、法治保障“三大环节”，有效支撑区域经济社会高质量发展。先后获批首批国家级专利导航服务基地、全省首批专利开放许可试点。

“务实管用＋系统集成”优化政策布局。出台《鹿城区国家知识产权强县建设示范县工作方案（2022—2025年）》，将知识产权金融惠企、专利开放许可等项目列入全区共同富裕重点工作清单。将知识产权奖补纳入区政府“5＋X”产业政策并及时调整修订，重点加大对知识产权运用、保护的支持力度，累计兑现知识产权奖补资金超5361.65万元，惠及企业1000家以上。2022年全区每万人高价值发明专利拥有量跃升至6.59件，增长22%；商标有效注册量达 8.1万件，居全省前十；PCT申请25件，同比增长177.8%；培育国家知识产权优势企业7家。“温州大黄鱼”注册国家地理标志证明商标，实现了该区“温州”字样地理标志证明商标“零”的突破，预计产值超10亿元。

“高效便捷＋模式创新”注入运用活水。创新专利许可路径，通过院校端广泛征集、行业端精准匹配，搭建起涵盖现代化工、智能制造、传统鞋服等领域的136件许可专利供给池。深度聚焦产业知识产权发展需求，落地浙南唯一世界知识产权组织技术与创新支持中心（TISC），结合国家级智能制鞋产业专利导航服务基地，搭建起符合本地产业需求的知识产权运用高能级平台。创新知识产权“金融＋”模式，构建知识产权质押融资“银政企”合作新模式，设立全市首个“知识产权金融服务站”、出台全市首个个体工商户知识产权质押融资贴息政策，知识产权质押融资登记金额18.97亿元，惠及企业86家，各项指标再创历史新高。

“多元协同＋法治保障”贯通保护链条。牢固树立“法治是最好的营商环境”理念，建立区级层面知识产权联席会议机制，将37个区直部门、14个街镇纳入考核，构建“1＋37＋14＋N”线下实体运行、线上同步驱动的企业赋能体系。创新建立知识产权纠纷行政调解及司法确认工作室，充分运用“在线云调解”“共享法庭”等数字化应用，实现双方当事人、市监、法院四方实时在线，经验做法入选全省县乡法治政府建设“最佳实践”。深入开展知识产权局区会商，依托温州市知识产权保护中心国家级保护平台，有效结合本地产业需要，开辟服饰行业企业快速维权绿色通道，实现鞋业、服装等领域外观设计专利最快一周授权。全面贯通“浙江知识产权在线”应用，区域内重点创新主体上线应用超千家，知识产权重点企业活跃度达100%，区块链公共存证达1040条，居全市第一。

（金慧丹）

鹿城区精准推进食品安全治理再上新台阶

2022年，鹿城区贯彻落实习近平总书记关于食品安全的重要论述精神，以省级食品安全示范区创建为抓手，以镇街星级食安办建设为载体，全域强化食品安全综合治理，压紧压实食品安全“两个责任”，有效筑牢食品安全防线，推动食品安全形势稳中向好。至12月底，鹿城区顺利通过浙江省食品安全示范区评审。主要举措如下：

强部署、落责任，食品安全工作基础有力夯实。鹿城区将食品安全工作纳入党政“一把手”重要议事日程，先后3次召开全区食药安委全体（扩大）会议，部署落实食品安全工作和“食安示范区国省联创”工作，制定出台《党政领导干部食品安全责任制清单》《鹿城区全面落实食品安全“两个责任”机制实施方案》，明确责任分工、任务要求，严格执行“三张清单＋一项承诺书”制，全面闭环食品安全责任链。同时，引入“部门监管＋社会第三方协同检查评价”的“双轨并行”模式，全面深化基层食安办分级分类管理，推动食品安全责任在末端见效，2022年创成五星级街镇食安办1家、四星级1家，保持重大食品安全“零事故”。

强监管、控风险，食品安全质量水平对标提升。鹿城区坚持“检查排查要严密、专项整治要严格、处理打击要严厉”的工作要求，加强食品生产、流通、餐饮等全过程监管，深入开展食品安全“守底线、查隐患、保安全”“治违禁、控药残、促提升”等专项行动，进一步紧盯重点环节、严查重点品种、守牢重点区域。2022年，共组织实施食品安全各环节定量检验6539批次，合格率97.69%；开展农产品快速定性检测1962批次，合格率99.03%；查处食品类案件1465起，罚没款达240余万元，64人被终身禁入食品行业，移送公安4起，形成有效震慑。

强示范、深改革，食品安全民生事业高质发展。鹿城区聚焦百姓身边关切，深入推进浙食链、浙江外卖在线等应用平台，全面构建食品安全领域“阳光矩阵”，引领食品安全监管智慧化，26家食品生产企业实现“阳光工厂”全覆盖，建成学校食堂智能“阳光厨房”256家。同时深化推进禽产品“一标一链一码”集成改革，全区规模以上农业生产主体使用智慧云码等标识标牌率达100%，实现全程可追溯管理。率先启动农贸市场数字化改革，打造“鹿城未来农贸”暨鹿城区农贸市场全数字服务监管平台。此平台入选全省2022年度数字经济系统“最佳应用”。

强宣传、浓氛围，食品安全幸福成果共治共享。鹿城区深化食安鹿城视觉识别，以鹿城卡通吉祥物“小鹿”为原型进行创意设计，将食品安全科普以卡通化、符号化的新形式传递到群众当中，并在户外公共空间、朋友圈广告等载体上投放，扩大宣传覆盖面和影响力。同时，整合场地、阵地、资源、力量，深度开展“食品安全抽检体验日”暨实验室开放日、食品安全“两个责任”主题线上直播访谈互动、区域特色食品“你点我检”网络直播等精品宣传活动，并邀请社会监督员参与，大力营造食品安全人人关心、人人参与的浓厚氛围。

（吴安其）

编辑　戴爱华

大事记

1 月

2 月

3 月

4 月

5 月

6 月

7 月

8 月

9 月

10 月

11 月

12 月

1月

1日，“鹿城未来农贸”在鹿城区新葡萄农贸市场试点运行，打造全省可推广的民生服务窗口样本。2022年，全区共创成“五化”市场2家、放心农贸市场7家，实现星级农贸市场全覆盖。累计创建“五化”市场19家，放心农贸市场36家，数量居全市第一，全省前列。

5日，鹿城区金融办依据《防范和处置非法集资条例》成功在中信银行北京某支行取证涉案相关企业的银行账户流水，为全国首次实现行政部门跨地域调取银行流水。

6日，温州市第一幼儿园（站前园区）、温州市第八幼儿园（南塘园区）、温州大学附属实验幼儿园（锦东园区）、温州市广场路小学白鹿洲校区、温州市藤桥小学、温州市第二实验中学、温州市第三中学、温州市鹿城区藤桥镇社区学校通过2021年浙江省现代化学校评估认定。

△ 鹿城区指向“未来教育”项目化学习推进会在温州市第八中学召开。会议明确未来三年区域推进项目化学习的工作要求。

7日，温州市上戍小学《“五心”服务：基于农村实际的课后服务探索》作为全市唯一案例入选浙江省第二批“双减”优秀实践案例。

14日，鹿城区文化和广电旅游体育局获浙江省参加第十四届全运会群众赛事活动突出贡献奖、2021年度浙江省竞技体育突出贡献奖。

16日，根据《关于2022年度全省经信系统工作目标责任制考核评价结果的通报》，鹿城区经信局获2022年度全省经信系统工作目标责任制考核评价攻坚标兵单位。

17日—27日，第四届全国新钢笔画学术展（温州站）在温州市文化馆展出。此次展览以“不忘初心 继往开来”为主题，共展出来自全国26个省、自治区、直辖市的144件作品。

20日，浙江省文联公布《“艺术乡建”浙江省示范村案例》，鹿城区七都街道樟里村入围浙江省首批“艺术乡建”示范村。

21日，温州市委召开全市党建引领“共享社·幸福里”建设工作领导小组（扩大）会议，蒲鞋市街道天盛西子小区作为现场考察点。

△ 鹿城区召开九届区政府第五十九次常务会议。会议听取2021年以来对口和山海协作工程工作情况及2022年工作思路的汇报，还听取鹿城区食品药品安全工作情况书面汇报。

△ 鹿城区新冠疫情防控“六大机制”与“141”融合精密智控演练在蒲鞋市街道举行。该演练依托“区社会治理一张图”和“市级三队三单”系统，结合实战演练场景，进一步检验疫情处置能力。区领导张崇波、连正坚、伍国军参加活动。

22日，鹿城区委书记白洪楞主持召开党史学习教育总结会议，全面总结鹿城区党史学习教育情况，对巩固拓展党史学习教育成果、推动党史学习教育常态化长效化进行部署安排，引导广大党员干部进一步学史明理、学史增信、学史崇德、学史力行。

△ “第六届中国教育创新成果公益博览会”区域教育创新成果展播会议（温州专场）如期上线，

温州市瓦市小学的儿童哲学教育经验在会议上作专题推广，获得高度评价。

27日，第十四届温州体育年度奖颁布，温州市鹿西体育发展有限公司获社会力量办体育优秀成果奖，印象南塘百姓健身房获最佳百姓健身房。

△ 以体验温州方言为特色的“叮叮当童谣馆”在松台山上开馆。这是浙江省首个方言主题馆。

28日，浙江省住房和城乡建设厅发布《2022城乡风貌整治提升工作第4期》，表彰鹿城区水心街道清风未来社区与老旧小区改造一体化推进工作。

△ 鹿城供电分局完成七都岛配变台区智能融合终端的调试工作，首批525套LTU设备正式投入使用，标志着温州在全省范围内率先实现大批量台区低压全景拓扑和深度监测，打造配电网状态全面感知、信息高效处理、应用便捷灵活的全新运维模式。

29日，根据《文化和旅游部国家发展改革委关于国家级旅游休闲街区名单的公告》，五马历史文化街区创成首批“国家级旅游休闲街区”。

30日，《人民教育》刊发“共同富裕背景下的浙江教育”，该专刊由浙江省教育厅教研室会同人民教育杂志社共同策划，鹿城区教育研究院《共享、共培、共育：推动城乡义务教育优质均衡发展》案例入选。

2月

1日，鹿城区推出《YEAH温州醉鹿城》文旅宣传片，扩大鹿城文化旅游宣传，提升城市文旅品牌影响力和知名度。

6日，《新乡贤联谊组织管理和服务规范》温州市地方标准经批准发布，于3月6日实施。该标准由温州市委统战部指导，鹿城区委统战部联合省标准化研究院撰写，重点设准入、日常、退出三大板块14项具体内容，填补新乡贤工作领域标准空白。

7日至3月8日，鹿城区人力社保局组织辖区内54家企业联合各高校线上举办“才聚温州，敬请登鹿”春季活动专场网络招聘会，共提供1385个就业岗位。

8日，教育部发布《关于公布2021年度全国青少年校园足球特色学校、试点县（区）、“满天星”训练营、改革试验区和全国足球特色幼儿园名单的通知》，温州市第十二幼儿园聚英园区、温州市第二幼儿园、温州市鹿城区得胜幼儿园、温州市第五幼儿园被评为2021年度全国青少年校园足球特色学校。

△ 浙江省妇联发布《关于开展县域社区（村）家庭教育指导服务体系标准化建设试点的通知》，鹿城区被列为全省县域社区（村）家庭教育指导服务体系标准化建设试点。

9日，鹿城区召开建设首位城区、打造共富样板暨“项目攻坚年”行动动员大会，并举行新年首次重大项目集中签约仪式，共签约12个成熟度高、引领性强的“大好高”项目，总投资246.2亿元，投资主体包括浪潮、京东等500强企业以及新华网、中青旅、十沣科技等龙头企业，覆盖数字经济、新能源、、鞋产业、现代商贸等领域。

△ 鹿城区综合行政执法局依据《浙江省生活垃圾管理条例》，开出2022年首张生活垃圾混合收集、运输行政处罚决定书。

10日，鹿城区纪委十届二次全体会议召开。鹿城区委书记白洪楞出席会议并讲话。区四套班子领导参加会议。全会回顾鹿城区2021年纪检监察工作，部署2022年任务，审议通过区委常委、区纪委书记、区监委代主任吴春波代表区纪委常委会所作的工作报告。

△ 教育部发布《关于2021年全国中小学班主任基本功和思政课教师教学基本功展示交流活动典型经验名单的公示》，温州市第二中学班主任方海东入选2021年全国中小学班主任基本功展示交流活动典型经验、温州市新田园小学教师林驰入选2021年全国中小学思政课教师教学基本功展示交流活动典型经验。

15日，浙江省侨联公布《2021年度浙江省“星级侨胞之家”名单》，温州市鹿城区大南街道侨联、七都街道侨联、五马街道侨联、山福镇临江侨联获评2021年度浙江省“五星级侨胞之家”。

△ 《浙江省侨联关于表扬全省侨联系统成绩突出集体和成绩突出个人的通报》公布，鹿城区侨联获“全省侨联系统侨务工作成绩突出集体”称号。

16日—18日，鹿城区政协第十届第一次会议召开。会议审议通过徐强所作的政协第九届温州市鹿城区委员会常务委员会工作报告，审议通过徐一峰所作的政协第九届温州市鹿城区委员会常务委员会第一次全体会议以来的提案工作情况的报告。选举产生政协第十届温州市鹿城区委员会主席、副主席、秘书长和常务委员。与会人员列席区十届人大一次会议，听取并讨论区人民政府工作报告、区人大常委会工作报告等。

17日—19日，鹿城区第十届人民代表大会第一次会议在鹿城文化中心举行， 出席会议的代表324名，列席会议人员43名。区十届人大一次会议共举行3次全体会议、4次主席团会议、1次计划和预算审查委员会会议、1次议案审查委员会会议。会议听取和审查《区人民政府工作报告》《区人大常委会工作报告》《区人民法院工作报告》《区人民检察院工作报告》；审查批准温州市鹿城区2021年国民经济和社会发展计划执行情况与《2022年国 民经济和社会发展计划草案的报告》，批准温州市鹿城区2022年国民经济和社会发展计划、《温州市鹿城区2021年区级预算执行情况的报告》及2022年区级预算；审查温州市鹿城区2021年全区和区级预算执行情况及《2022年全区和区级预算草案的报告》，审议《温州市鹿城区2021年度政府民生实事项目完成情况的报告》并进行满意度测评，决定温州市鹿城区2022年度区政府民生实事项目。大会选举温州市鹿城区第十届人民代表大会常务委员会 组成人员，温州市鹿城区人民政府区长、副区长，选举温州市鹿城区监察委员会主任、温州市鹿城区人民法院院长、温州市鹿城区人民检察院检察长，选举温州市鹿城区出席温州市第十四届人民代表大会代表。大会决定温州市鹿城区第十届人民代表大会有关专门委员会的设立，表决各专门委员会组成人员人选名单。

18日，国家卫生健康委办公厅、国家中医药局办公室联合发布《关于通报表扬2021年“优质服务基层行”活动中表现突出、服务优质机构的通知》，鹿城区松台街道水心社区卫生服务中心榜上有名。

19日，鹿城区第十届人民代表大会第一次会议举行第三次全体会议。大会以无记名投票方式，依法选举吴春波为温州市鹿城区监察委员会主任。

28日，温州市籀园小学与温医大大学生近视防控科普团结对，创新推出“小学生为主，大学生为辅”的科普模式，成立校园近视防控宣讲团，开全国之先河，为近视防控事业注入新鲜血液。

3月

1日，浙江省体育局、浙江省体育总会发布《2021年度“浙里办”体育公共服务运营支撑优秀单位》，鹿城区文化和广电旅游体育局上榜。

2日，鹿城区出台《关于温州市鹿城区农业农村高质量发展推进共同富裕的若干政策意见》，锚定“十四五”期间高质量推进乡村振兴的新要求、新任务，面向鹿城辖区内农业生产及农业产业相关主体，开出三大类（共计18个小类）支农补助。

△ 浙江省城乡风貌整治提升工作专班办公室公布《2021年度城乡风貌整治提升行动和未来社区建设工作专班办公室评价结果的通知》，鹿城区获表彰。

△ 浙江省科普数字化改革工作现场会在温州市鹿城区庆年坊社区文化礼堂召开，浙江省科协科普部部长汪光年出席，副部长吴华阳主持。会上，鹿城区科协作“双减”试点工作典型经验交流。

△ 财政部、税务总局发布《财政部税务总局关于中小微企业设备器具所得税税前扣除有关政策的公告》，自2022年1月1日至12月31日，鹿城区中小微企业新购置的设备、器具，单位价值在500万元以上的，按照单位价值的一定比例自愿选择在企业所得税税前扣除。其中，企业所得税法实施条例规定最低折旧年限为3年的设备器具，单位价值的100%可在当年一次性税前扣除；最低折旧年限为4年、5年、10年的，单位价值的50%可在当年一次性税前扣除，其余50%按规定在剩余年度计算折旧进行税前扣除。

3日，鹿城区政协主席周基斌率队实地调研江心屿及周边建设情况、五马街道民生议事堂平台及社会治理现代化建设情况。

△ 104国道改建工程（鹿城段）上跨金丽温、绕西南高速丽水方向箱梁架设完成。

△ 财政部、税务总局发布《财政部税务总局关于促进服务业领域困难行业纾困发展有关增值税政策的公告》，自2022年1月1日至12月

31日，鹿城区航空和铁路运输企业分支机构暂停预缴增值税，对纳税人提供公共交通运输服务取得的收入，免征增值税。

4日，浙江省教育厅办公室公布《2022年跨地区教共体结对学校名单》，跨地区教共体结对学校共516所，其中鹿城区有5所，分别是温州市籀园小学、温州市第二实验中学、温州市百里路小学、温州市第二实验小学、温州市第八中学。

5日，鹿城区松台街道庆年坊社区被全国妇联授予“全国巾帼志愿服务十大优秀社区”称号。

5日—12日，第十三届中国茶花博览会在鹿城区九山公园举办，通过茶花展出、学术会议、文创活动三大板块，全面营造“白鹿衔花，山茶故里”的主题氛围。

7日，财政部、税务总局发布《财政部税务总局关于进一步实施小微企业“六税两费”减免政策的公告》，鹿城区税务局对增值税小规模纳税人、小型微利企业和个体工商户减按50%征收资源税、城市维护建设税、房产税、城镇土地使用税、印花税（不含证券交易印花税）、耕地占用税和教育费附加、地方教育附加。

9日，鹿城区纪念“三八”国际妇女节112周年主题活动在区行政会议中心举行。会上公布最美巾帼奋斗者、最美巾帼品牌和最美家庭的寻访结果。

10日，由浙江省科协认定的首批18所中小学获“浙江院士科普基地”授牌，温州市广场路小学位列首批之一。

11日，鹿城—泰顺举行跨地区教共体结对仪式，正式启动新时期教育山海协作。此次仪式采用视频连线形式。

△ 浙江省教育厅办公室发布《关于公布第三、第四批“双减”优秀实践案例的通知》，温州市鞋都第一小学入选浙江省第四批“双减”优秀实践案例。

△ 国家发改委网站专题专栏报道《城镇老旧小区改造资金保障典型经验做法》，鹿城区“聚焦‘六民’举措聚力推动城镇老旧小区整体提升”入选。

14日，浙江省妇女联合会、中共浙江省委建设平安浙江领导小组办公室发布《关于公布2021年度省平安家庭建设优秀单位名单的通知》，鹿城区妇联获“2021年度省平安家庭建设优秀单位”称号。

△ 财政部、税务总局发布《关于进一步实施小微企业所得税优惠政策的公告》，鹿城区对小型微利企业年应纳税所得额超过100万元但不超过300万元的部分，减按25%计入应纳税所得额，按20%的税率缴纳企业所得税。

18日，鹿城区某中学操场学生晕倒并发生心脏骤停，学校参加救护员培训的老师用鹿城区红十字会在该校配制的AED（体外自动除颤仪）实施抢救，最终该学生成功恢复心律，并被送往医院接受进一步治疗。

21日，根据《浙江省人民政府关于命名浙江省体育现代化县（市、区）的通知》，省政府命名鹿城区为浙江省第一批体育现代化区。

23日，鹿城区人民政府出台《鹿城区新市民量化积分管理实施细则（试行）》，通过浙里“新市民”应用场景为新市民提供管理服务。区红十字会的“三救三献”业务在新出台的管理细则中实现积分加分项目全覆盖，为红十字事业的发展提供良好的环境。

△ 教育部组织“天宫课堂”第二课开课，神舟十三号乘组航天员翟志刚、王亚平、叶光富在中国空间站进行太空授课。温州市实验中学教育集团府东分校八（28）班黄瑞彬代表温州青少年向航空航天科普专家发起提问，在温州中小学生中引起强烈反响。

24日，财政部、税务总局发布《财政部税务总局关于对增值税小规模纳税人免征增值税的公告》，自2022年4月1日起至12月31日止，鹿城区增值税小规模纳税人适用3%征收率的应税销售收入，免征增值税；适用3%预征率的预缴增值税项目，暂停预缴增值税。

26日，国务院发布《国务院关于设立3岁以下婴幼儿照护个人所得税专项附加扣除的通知》，从2022年1月1日起，鹿城区纳税人照护3岁以下婴幼儿子女的相关支出，按照每个婴幼儿每月1000元的标准定额扣除。

28日，浙江省首个柔性服务站落户双屿街道国际鞋博城。柔性服务站的成立旨在坚定推行涉企柔性执法，实施包容审慎监管，依托

“互联网+智慧监管”平台，推进信用风险分类管理，创新塑造市场监管工作新形态，推动专业市场高质量发展。

3月，鹿城区针对住建、房管职能交叉，编制资源效益不高等问题，将区房管中心归口住建局管理，机构合署办公、人员融合使用，撤销4个房管所，分流32名、收回6名事业编制，最大力度统筹盘活编制、人员和资产。升格住建局下属区城市建设中心为副科级，强化城建领域资源力量配置。

4月

1日，浙江省教育厅、浙江省人力资源和社会保障厅公布《关于吴丹青等155名教师具有正高级职称》的通知，鹿城区薛仕静、南赛月、程日东、黄又绿等4名教师取得中小学正高级教师职称。

2日，全国第五所、温州第一所钱学森科学中学落户温州市南浦实验中学锦江校区。

△ 鹿城区印发《关于印发〈鹿城区党建引领“共享社·幸福里”建设行动方案〉的通知》，实施开展瓯江红“1551工程”。

6日，浙江省文明办发布《关于建立全省未成年人思想道德建设宣传联动网的通知》，4月13日，鹿城区“育践味来”未成年人实践项目、“粒粒扣青少年教育实践”、全国文明校园瓦市小学获批加入首批浙江省未成年人宣传联动网成员单位。

12日，温州市5G云诊疗项目试点在鹿城区藤桥镇上戍社区卫生服务中心启动运行。此次活动通过温州市中心医院、社区卫生服务中心及温州移动三方联合运用5G云诊疗平台，让远端的医疗专家能对患者检查结果数据和历史诊疗数据进行查看，实时了解病人的身体情况，免除市民路途奔波，使边远地区的患者能够享受便捷、优质的诊疗和处方配送服务。

△ 鹿城区委宣传部举行全区宣传文化系统“鹿宣擂台 互看互比”活动暨意识形态工作现场交流会，大南街道在会上做“扫黄打非”工作典型发言。

13日，浙江省妇联党组成员、副主席陆英，省政府妇儿工委办专职副主任吴伟刚一行到鹿城调研妇女儿童综合服务驿站建设工作。陆英对南汇街道妇女儿童综合服务驿站工作给予了高度肯定。她指出，妇女儿童综合服务驿站建设有利于增强妇女儿童的幸福感、获得感，各级妇联要利用好这一阵地，主动牵线搭桥，整合各方资源，在原有基础上实现迭代升级，更好满足辖区妇女儿童的所需所求。

14日，鹿城区委办、鹿城区府办印发《关于建立鹿城区招商体制机制工作方案的实施意见》。该实施意见明确规定“一个总体目标、一套组织架构、四环项目管理、五项要素保障、三点考核激励”，通过明确各职能部门工作责任范畴，科学细化实施流程，统筹调度全区合力，构建“一盘棋”式工作局面，实现鹿城区招大引强工作良性运转。

15日，鹿城区金融办联合鹿城农商行落地全省首个数字人民币诉讼费缴纳场景应用。

△ 温州市、鹿城区两级政务服务中心联动为温州国际未来科技岛产业基础设施配套项目和沿江快速路一期（西段）工程召开代办会商会，创新“一图一单一会”模式，以精准代办服务鹿城重大项目审批，为项目落地按下“加速键”。

16日至8月18日，鹿城区开展通信架空飞线整治工作，通过小区内网络弱电线路飞线裸露、杂乱缠绕等问题开展飞线整治，实现城市精细化管理、提升城市形象及文明城市创建工作，保障城市运行安全、提升群众幸福指数的现实需要。累计投入整治力量近1万人次，完成区域内5个街巷、62个小区的整治工作。

19日，鹿城区召开全区机关党的工作暨纪检工作会议，区直机关党组织书记、各街镇机关党委书记等80多人参加会议。区委常委、组织部部长、机关工委书记余长友出席并就机关党建工作作出指示。区纪委常务副书记邹本笃部署机关纪检工作。会议对2021年度模范机关创建先进单位进行表彰。

23日，鹿城区实现蒲鞋市街道金丝桥C地块腾空清零，破解长达20年的拆改遗留问题。

24日，2022年度鹿城—泰顺山海协作高层互访联席会议暨鹿城—泰顺“产业飞地”共建协议签约仪式在鹿城举行。会上，两地签订2022年山海协作工程合作协议、鹿城—泰顺共建山海协作“产业飞地”合作协议。

26日，温州国际未来科技岛首批项目入驻仪式暨首届“科技赋能筑梦未来”创业者主题沙龙活动在鹿城区七都街道举办。此次活动是温州国际未来科技岛签约落地后首场正式对外的亮相活动，首批入驻的9个项目涵盖了数字经济、智能制造、生命科学等领域。

△ 鹿城区财政局率先开通全省首个数字人民币应用场景，推动数字人民币成为现有财政非税收入缴款渠道的有效补充，为数字财政建设注入新生动力。

27日，鹿城区政协副主席严求真率企业经济小组部分委员实地调研“商业综合体发展”，助力疫情背景下商业综合体走出低谷。

28日，中华全国总工会发布《关于2022年全国五一劳动奖和全国工人先锋号表彰名单》，鹿城农商银行营业部获评全国工人先锋号。

29日，鹿城区市场监管局结合“共享社·幸福里”零无照示范社区创建工作，率全省之先启动“无证无照智慧监管”试点工作，升级优化“互联网+监管”模块功能，综合治理破解无证无照监管难题，助推基层社会治理提质增效。该项工作被省市场监管局列为信用监管工作试点项目，并获鹿城区领导批示。

△ 2022年温州市中学生田径运动会在乐清市体育中心落幕。温州市实验中学田径队以5枚金奖、4枚银奖、5枚铜奖和总分162分的成绩蝉联初中组团体总分第一名，实现该项赛事的团体总分三连冠。

△ 鹿城区第二批驻外招商引智干部集体出征仪式正式举行。全区29名优秀经济型专业干部将分赴北京、上海、深圳、杭州、武汉、成都六地，组建驻外招商引智专班，成立临时党支部，助推驻外招商引智工作续写新篇章。

5月

5日，浙江省侨联发布《浙江省侨联关于命名第三批“浙江省侨联侨界创新创业基地”的通知》，星际控股集团有限公司被评为侨界创新创业基地·双创驿站。

6日，浙江省妇女联合会发布《关于公布2022年度首批浙江省三星妇女儿童驿站名单的通知》，南汇街道妇儿服务驿站获评省级首批三星妇儿服务驿站。

7日，浙江省人大常委会办公厅确定首批人大践行全过程人民民主基层单元培育对象名单，温州市鹿城区五马街道人大代表联络站入选。

7日—9日，鹿城区红十字系统参与全国首届“5·8”人道公益日网络众筹活动，共发动4719人，筹集29.1万元，用于鹿城救护驿站建设，扩大AED的覆盖面。鹿城区在全省公众筹款县（市、区）中位居前十，系全市第一。

8日，浙江一鸣“江南牧场”项目在鹿城区山福镇举行开工仪式。该项目由浙江明春集团投资，总投资10.5亿元，以奶牛产业为核心，涵盖文旅、研学、民宿、有机农业等内容，深入打造“三产”融合共富、牧业文旅精品、村企合作振兴三大样板，为鹿城加快打造“三基三主”典型、深化“扩中”“提低”改革增添新动力。建成后预计年接待游客量达30万人次以上。

9日，鹿城区启动“迎亚运讲文明 全民行动机关先行”主题实践活动，通过党员志愿服务、“支部结对促共建共富”行动、“双报到双服务”等载体，组织发动机关党组织和党员干部投身文明城市建设，助力城乡面貌大改善、管理服务大优化、文明程度大提升。

10日，根据民进中央办公厅《关于认定第二批“中国民主促进会会史教育基地”的决定》，郑振铎纪念馆入选第二批全国会史教育基地名单。

12日，鹿城区市场监管局联合温州市市场监管局、中国人民银行温州市中心支行，在滨江市场监管所成立全省首家小微主体金融服务站。启动仪式上，入驻服务站的鹿城农商银行为东方数码广场、米房厂产业园、悦开工3个小微主体集聚园区整园授信15亿元，受益小微企业和个体工商户达670余户。

13日，温州数字科技创新发展论坛暨鹿城区大孵化器建设推进会在中关村信息谷·温州创新中心隆重举行。温州市副市长章月影、区委书记白洪楞致辞，鹿城区领导张崇波、张伟、余长友出席活动，来自全国各地的专家院士、业界精英和杰出企业家一起共话数字未来、共谋科创发展。

△ 鹿城区成立全市首个大孵化器科创基金，总规模10亿元。该基

金主要通过基金参股、社会资本共同参与的形式，建立若干科创风投主题的专业性科创基金，为鹿城种子期、初创期、成长期的科技企业提供优质全面的风险投资服务，助力企业孵化加速。

△ 鹿城区政务服务中心针对老年人、残疾人等重点群体，借助政务服务“2.0移动端”办件功能，重塑办事流程，通过事先在“2.0智慧大厅”预设移动端办件模式，并在配置的平板电脑中扫描安装“一网通办”App，将多项群众关心、使用高频的行政审批与公共服务事项梳理至平板办理，特殊困难群众向社区“下单”，工作人员手持平板上门即可办件，进一步解决基层服务群众“最后一千米”问题。

17日，温州市首届项目学习成果博览会鹿城区专场暨鹿城区项目化学习第二次推进会在温州市绣山中学举行。浙江省教育厅教研室副主任张丰、温州市教育教学研究院副院长陈素平、鹿城区首席教育顾问胡玫等参会。活动分为“共研课堂”“共享成长”“共向未来”三个板块，采用线上与线下相结合的方式。

18日，《鹿城区泰顺县龙港市中小学“教研共富”三年行动联合计划（2022—2024年）》正式发布。伴随着鹿城泰顺龙港“教研共富”活动启动，鹿城区将全力翻出“家底”支援泰顺县龙港市，切实促进校际互研共进，实现教育共富。

19日，经基层推荐、专家组遴选等程序，浙江省教育厅公布第六批“双减”优秀实践案例名单，共有案例10个，其中包括温州市广场路小学和温州市第二实验中学的案例。

△ 鹿城区发展和改革局拨付2022年山海协作援建资金360万元、富民强村资金140万元。在加强产业项目合作、加快合作平台载体建设、促进群众增收和人力资源合作等7个方面进一步深化合作，推动山海协作向全方位、多层次、宽领域迭代升级。

△ 鹿城通航水域18座桥梁防范船舶碰撞专项工程顺利竣工验收，有效防范和化解船舶碰撞桥梁安全风险。

20日，104国道改建工程（鹿城段）关键性节点瓯江特大桥路灯正式通过验收并投入使用。

△ 鹿城区政协召开“请你来协商”——聚焦新104国道沿线整治，凝聚文明城市建设合力活动，对沿线的整治情况开展专题协商，旨在深入宣传环境综合整治的重大意义、进展成果和特色亮点，激发群众的积极性。

△ 鹿城区召开2022年全区市场监管工作会议暨国家知识产权强区示范区创建推进会。副区长周岷、区市场监管局班子成员、相关区直部门和各街镇分管负责人等参会。区市场监管局局长汇报全区市场监管工作，区法院围绕知识产权案件审判、区公安分局围绕市场监管执法大协作、南郊街道与藤桥镇围绕知识产权强企作交流发言。

△ 由温州市总工会、市精神文明建设指导中心主办，鹿城区总工会、区精神文明建设指导中心、双屿街道承办的温州市百万职工助力全国文明城市建设三大行动动员大会在鹿城康奈集团正式启动。市人大常委会副主任、市总工会主席张洪国出席活动并讲话，市总工会党组书记胡长虹主持活动，鹿城区政协副主席金龙伟出席活动并致辞。

21日，鹿城区山福镇举办全市首站“共同富裕·乡村主播计划”活动。启动仪式暨“探索共同富裕一年间·百名记者寻百个故事”大型全媒体采访活动出征仪式在山福镇驿头驿阳村瓯越文化礼堂举行，并同步与多个文化礼堂展开线上联动。

22日，鹿城区九山公园松台山历史文化提升改造工程一期基本完工，项目面积18.15公顷，以“一轴两线”重点布局，打造“九山茶花主题公园”“九山书会”“松台山十景”，以及2条商业古街。

24日，中共浙江省委组织部发布“关于乡镇（街道）疫情防控执行力指数评价情况的通报”，鹿城区大南街道上榜。

△ 根据省建设厅、省风貌办关于公布《浙江省第五批未来社区创建名单的通知》，温州鹿城瓯浦垟社区、温州鹿城白鹿洲社区、温州鹿城马鞍池社区被列入浙江省第五批未来社区创建名单。同月30日，浙江省城乡风貌整治提升工作专班关于公布《浙江省首批未来社区、未来乡村和城乡风貌样板区名单的通知》，鹿城区禅街—五马街—公园路传统风貌样板区获浙江省首批城乡风貌样板区称号，鹿城区府东未来社区获浙江省首批未来社区称号。

24日—27日，浙江省幼小衔接推进会在杭州市余杭区、湖州市长兴县、温州市鹿城区、台州市温岭市等先后举行。此次推进会通过“现场活动＋线上直播”相结合，围绕2022年全国学前教育宣传月“幼小衔接，我们在行动”主题展开。

25日，鹿城区召开全区基层党建工作暨“治理创新年”行动动员大会，以党建统领基层治理创新，推进基层治理体系和治理能力现代化，部署开展党建统领基层治理创新“1＋5”行动，区委书记白洪楞出席会议并讲话。

30日，鹿城区慈善综合体（慈善文化馆）正式投入运营，系浙江省首个枢纽型慈善服务综合体。综合体总建筑面积2666平方米，科学打造慈善数字地图、数字驾驶舱等交互式设计，内设公益讲堂、慈善组织孵化室、善亭食堂等16个独立功能区，并创新引入心智障碍青年就业支持和实践基地——“壹星酿”烘焙坊，是一座集“慈善故事展示、慈善教育体验、慈善活动集成、慈善组织孵化”等功能于一体的新时代慈善枢纽中心。

31日，鹿城区14个街镇挂牌设立行政执法监督指导室，标志着区、街镇两级行政执法协调监督工作体系正式形成。

6月

2日，鹿城区成为温州市第十二届“生态文化月”线上启动仪式“环”游之旅的主承办地，温州电视台主持人小米和阿土老板线上分享了在温州市中心片污水处理厂（温州杭钢水务有限公司）、大南绿色生活体验馆、白鹿洲公园等地的“环”游感受，倡导公众践行绿色生活方式。

7日，鹿城区联合中国农业银行温州鹿城支行启动“鹿力同心·侨家贷”项目，为省、市首个主要针对涉侨对象的优惠贷款项目，预授信总额度达10亿元。

△ 鹿城区委编委印发《关于印发〈鹿城事业编制银行章程（试行）〉〈鹿城区事业周转编制使用管理办法（试行）〉的通知》，形成“总量控制、动态调整、有放有还、周转使用”的事业编制使用管理新模式，优化编制配置、提升现有编制使用效益。

8日，鹿城区政府召开十届区政府第五次常务会议。会议传达贯彻全国稳住经济大盘电视电话会议、全省经济稳进提质攻坚行动工作推进会和市政府第六次常务会议精神。

12日，鹿城区综合行政执法局做出首个未成年人保护案件的行政处罚决定。

15日，鹿城区防汛防台指挥部组织开展2022年度防汛防台联合演练。此次演练模拟该年第10号超强台风“罗莎”正面袭击温州，根据《温州市鹿城区防汛防台抗旱应急预案》《温州市鹿城区突发地质灾害应急预案》，区防指启动相应应急响应程序，各相关部门及街镇按照预案开展模拟应对处置工作。

16日，鹿城区《以“揭榜挂帅”项目推进区域“双减”政策落地》被评为全省首个区域“双减”优秀案例。该区将“双减”工作分解为“服务提质”“作业管控”“教师关爱”“校社联动”等“双减”十大项目，按照“1＋3＋X”（每个项目由1个牵头科室，3个单位挂帅，多个单位联盟试点）的模式，面向全区中小学、幼儿园实施“揭榜挂帅”，充分调动基层学校工作动力，全区申请并中榜的“挂帅”“试点”单位分别达到28个和70个；按照一个月初见成效、两个月形成模式的思路，及时提炼工作经验，汇编《“双减”惠未来》案例集，确定十佳“双减”项目，将经验做法进行辐射推广。

17日，浙江省市场监督管理局印发《关于印发浙江省专利开放许可试点工作实施方案的通知》，确定鹿城区市场监管局为全省9个专利开放许可试点单位之一。

18日，温州市首个以个人名义成立的基金会——温州杨红慈善基金会成立暨老年食堂结对签约仪式在鹿城区七都街道前沙村老年食堂举行。

20日，“来温州·创未来”中国·鹿城数字经济创新创业大赛正式启动。

21日，鹿城区发布《关于扶持个体工商户纾困发展的若干意见》，围绕降低经营成本、给予专项补贴、强化金融帮扶和优化营商环境等方面提出 28 条纾困政策，为经营主体提供全方位支撑。

△ 鹿城区在南郊街道推进村（居）务卡首发试点，通过“一人一卡、多重监管、随报随销”等方式，实现经合社、社区工作人员全

员持卡，村社财务审核报销平均时限由30个工作日压缩至10个工作日内，刷出了村集体经济的“明白账”“阳光账”。

22日，鹿城区第二季度安全生产工作例会召开，以案促改，“黄牌”问效。会议通过现场复盘五马街道锦园大厦“1·19”人为燃气事故，推动各街镇部门充分运用复盘思维推进安全生产工作，切实提高事故防控水平和应急处置能力；组织第一季度安全生产和消防工作目标责任制考核先进街镇上台领取奖牌并发放工作经费奖励，被通报警示的后进街镇和村社上台领取警示黄牌并作表态发言。

△ 鹿城区总工会召开七届九次全委（扩大）会议，回顾总结2021年及前阶段工作，研究部署下半年任务。会议选举金龙伟为区总工会第七届委员会主席，增替补刘运超等13人为区总工会第七届委员会委员。

23日，鹿城区新增温州交运国际商贸城贸易区。该贸易区内设商品展示区、5个县（市、区）特色馆，集中展示温州各地优势出口产业及特色产品，同时设置服务点，为入驻企业提供贸易代理、物流、金融、报关报检等全流程的外贸代理服务。实行线下实体办公，推动试点个体商户从“集体注册、虚拟运行”到“实体注册、线下集聚”转变。

25日，鹿城区举办“缤纷夏日 浙里好玩”2022浙江文化和旅游消费季（夏季）启动仪式，推出集观赏、体验、消费于一体的“夜鹿城 最温州”市集，推进鹿城文旅消费复苏。

△ 第四届浙江省绿道大赛温州站启动仪式在鹿城滨江商务区城市阳台举行，鹿城区代表在会上作典型经验交流发言。

26日，2022青科会——“科创中国”技术服务与交易大会数字经济专场活动在鹿城区七都金融科技文化中心（世界青年科学家学术中心）举行。中国工程院院士陈纯、中国科学院院士杨德仁、中国工程院院士谭建荣等3位院士作主旨报告，并受聘成为鹿城区数字经济发展顾问。8个专企技术合作项目成功签约，12个生命健康、人工智能、智能装备等领域项目进行现场路演。全国首家“科创中国”园区科技服务工作站落户鹿城。

△ 鹿城区成立区楼宇经济促进会，为全市首个楼宇经济行业组织。注册并通过的第一届会员计45家，涉及房地产、物业管理、网络科技、银行等行业企业。

28日，鹿城区机关系统浙江省第十五次党代会精神宣讲报告会在区党员教育活动中心红色报告厅举行。省第十五次党代会代表李碧作宣讲报告，区直各机关党组织及各街镇机关党委负责人、党务干部共80余人参加会议。

△ 浙江省委常委、温州市委书记刘小涛一行到鹿城区社会组织党群服务中心调研，对党建引领社会组织“双孵化”工作表示肯定。

29日，鹿城区政协举行“请你来协商”“共享社·幸福里”——鹿城区小区治理大家谈活动，就着力构建共建共治共享的城市社会治理新格局开展专题协商，为更好地打通基层治理“末梢”，激活小区治理“细胞”广纳群言民意。

△ 温州市仰义二小刘一丹同学获“浙江省新时代好少年”称号。

30日，鹿城区“共享社·幸福里”邻里食堂暨“红七月·服务月”启动仪式在广化街道集善社区开幕。该食堂为全市首家，可通过政府“搭台”、企业“唱戏”、百姓“得惠”，有效解决高龄老人、独居老人、困难群众吃饭难的现实民生问题。

7月

4日，浙江省现代社区建设领导小组办公室发布《关于做好“上统下分、强街优社”改革试点工作的通知》，鹿城区被确定为全省11个“上统下分、强街优社”改革试点之一。

8日—10日，鹿城区以“一‘鹿’有好 共绘未来”为主题打造的鹿城馆，在全国儿童友好展示交流活动中展示鹿城儿童友好城市建设阶段性成果。

9日，中国博物馆协会理事长刘曙光带队调研温州朔门古港遗址，浙江省文物局副局长曹鸿，温州市委常委、宣传部部长施艾珠，市政府副市长陈应许，市政府副秘书长王晓春等陪同。

12日—14日，丰门街道搭建中国鞋都2022国际电商节平台，以“世界女鞋·丰门智造”为主题，推出“一园一活动、一企一特色”方案，参加的15个园区分别开展各具特色的晚宴、走秀、抽奖等活动，线上线下同步开启。100余位专业主播入驻直播基地开展直播带货，仅3天鞋类订单交易额突破12亿元。

13日，浙江省人力资源和社会保障厅和省红十字会联合发文《关于表彰浙江省红十字事业突出贡献先进集体和先进个人的决定》，鹿城区红十字会获“浙江省红十字担当作为奖先进集体”称号。

△ 四川省阿坝藏族羌族自治州壤塘县党政代表团到鹿城区考察交流，通过鹿城·壤塘对口支援交流会共叙对口支援情谊，共谋两地高质量发展。

△ 鹿城区通过全省首批人大践行全过程人民民主基层单元培育对象预验收。区人大常委会副主任吴祝凡陪同此次市人大常委会工作的实地检查。

14日—16日，第十届中国鞋都鞋类采购节暨2022秋季订货会在温州嘉运国际大酒店举办。此届采购节承办单位数量与办展规模均创历届新高，吸引采购商约5000人次，累计订单约1000万双，成交金额近16亿元。

17日，长城搅拌特种装备生产制造项目作为鹿城区首批“拿地即开工”项目，顺利拿地并取得建设工程规划许可证。为做好这项工作，鹿城经济开发区管委会全力攻坚，协调各部门推进项目建设，对接拿地企业，精准指导、全程跟进企业准备各类审批材料。

18日，作为温州“道德地标”的红日亭迎来50岁生日，鹿城区启动50周年庆祝活动，以爱心传递“红日亭”精神，以善举传播“大慈善”理念，持续擦亮“大爱城市、诚信社会、道德高地”城市品牌。

19日，鹿城区“德润云学院”“一鹿伏茶传文明”入选浙江省文明办编印的《“浙江有礼”省域文明新实践案例汇编》。

20日，鹿城供电分局通过政企合作，打通系统壁垒，率全省之先在浙江政务服务网、“浙里办”App上线个人充电桩报装补贴“一件事”模块，并在鹿城区范围内试点应用。

△ 浙江省文联公布《“艺术乡建”浙江省示范村案例》，七都街道樟里村入围浙江省首批“艺术乡建”示范村。

中旬，鹿城特种装备生产制造项目正式开工建设。

21日，温州市蒲鞋市小学的《聚焦·赋能·增效·共富:提升教师信息力的“学校行动”》入选2021年全国中小学教师信息技术应用能力提升工程2.0典型案例。

△ 鹿城区广化街道开展“市人大代表进站”主题接待活动，系全市首次市人大代表进入街道人大联络站开展代表建议面商的活动。

22日，鹿城区政协召开“请你来协商”——城市科技型企业孵化器建设活动，围绕鹿城区科创平台项目发展规划、发展状况、招商进度等开展专题协商，为解决科技成果转化“最后一千米”和科技企业培育“最先一千米”等瓶颈建言献策。

△ 由温州市总工会、市体育局、市体育总会主办，鹿城区总工会、区文化和广电旅游体育局承办的温州市第三届职工运动会电子竞技比赛在鹿城区举行。参赛的22支战队来自全市各县（市、区）工会、市产业（委、局、系统）工会、市国有集体工会，130多名职工电竞高手同台上演巅峰对决。

24日，鹿城区总工会联合区委组织部、区人力资源和社会保障局、温州市人才发展服务中心等单位，以“暑假双月”为契机，在温州人才市场举办“群才逐鹿众智成城”2022年鹿城区暑期高校毕业生专场招聘会，55家企业参会，提供就业岗位种类300余个、岗位数量1200余个。

25日，鹿城区府办发布《鹿城区推进七都建设温州国际未来科技岛一岛一策实施意见（试行）》。此实施意见共包含10个政策条款，涵盖38项奖补支持，聚焦“研究开发＋成果转化＋要素保障”创新生态构建，突出以“科技＋金融”为产业导向，优化产业环境、要素支撑，致力于将温州国际未来科技岛打造为服务全市、辐射浙南闽北的科技、金融配套服务高地。

△ 鹿城区府办发布《滨江商务区核心区“黄金25条”产业政策实施意见》，该政策包括鼓励投资兴业、广聚天下英才、发展楼宇经济、集聚金融总部、培育金融生态、赋能科创发展、发展数字经济、打造活力商圈等8个方面25条细则，整合全市及先进地区最优产业政策，在多个方面升级加码，要进一步将滨江商务区核心区打造为城市新地标、产业新高地。

△ 温州市首宗“限地价竞税收”地块——温州市中国铁路沿线西侧52地块提前投入生产，实现产值6359万元、税收263万元、亩均产值1047万元，亩均产值比约定翻了一番，充分体现了该项改革对提升工业用地产能、促进绿色发展的变革性作用，获得《中国自然资源报》的宣传点赞，并被作为地方探索典型经验向全国进行介绍。

26日，鹿城农商银行正式上线“双强红领贷”，将非公企业党组织“双强·六星”创建、党组织书记“双强红领”考评等非公企业党建指标纳入温州金融综合服务平台的信用评价体系，根据考评结果向相关企业提供相应授信额度和利率优惠，开辟非公企业“党建增信”融资新路径。

△ “鹿鸣新声”应用获评全省数字文化系统第三批优秀应用，相关经验做法获省委宣传部领导批示肯定。“鹿鸣发布”数智应用被省委宣传部纳入省级试点，作为省级应用“之江发布”的贯通场景被纳入2022年全省重大改革（重大应用）“一本账S2”。8月30日，“智融瞭望”应用入选“一地创新全省共享”“一本账S0”。

29日，鹿城区食品安全示范区国省联创集中宣传月暨2022年食品安全宣传周启动仪式在温州印象城举行。温州市食药安办副主任、市市场监管局副局长林增丰，区食药安委副主任、副区长周岷等领导出席。区食药安委主要成员单位、行业协会、企业代表、保险公司代表以及鹿城区食品药品社会监督员代表参加此次活动。

△ 鹿城区入选“浙里捐赠”改革省级首批试点，成功上线“一键捐赠”“一秒开票”“一址查询”三个应用场景，为慈善组织和互联网募捐信息平台办理相关手续、捐赠人办理税收抵扣等带来极大便利。

30日，鹿城区人大常委会出台《关于开展公、检、法打击“拒执犯罪”联合协作监督实施方案》，在全区范围内首次开展公、检、法打击“拒执犯罪”联合协作专项监督，通过“三大新举”加强监督力度，确保整改工作取得实效，落到实处。

△ 温州首家24小时无人“数智药房”——燚橙·张济堂数智药房启动仪式在鹿城区府前街举行。该药房在基础的“药品自动售药机”外引入多项医疗检测、在线问诊功能，以“线上问诊＋自助售药＋药品外卖＋家庭医生”运营模式，形成一套完整的家庭制健康需求生态圈，为群众提供普惠便捷、高效安全的智慧医疗健康服务。

△ 2021年健康浙江建设考核结果正式公布，鹿城区荣获考核优秀等次，实现健康浙江省级考核优秀三连冠。

8月

1日，鹿城区全域水利数字化管护平台核心场景上线投入试运行。11月1日，该项工作被《中国水利报》以《从“试点”到“优秀”的智慧跨越》为题作专题报道。

2日，温州市人大常委会到鹿城区南汇街道人大代表联络站专题督查代表建议办理工作，对市人大财经委联系的6件重点建议办理情况进行会商督办。市人大常委会主任葛益平出席会议并讲话，市人大常委会副主任陈永光、区人大常委会主任贾焕翔参加会议。

3日—5日，文化和旅游部非遗司在温州开展“非遗在社区”工作经验交流活动，北京市东城区、上海市、浙江省温州市、山东省青岛市、山东省东营市、湖北省荆州市、广东省深圳市、四川省成都市等全国“非遗在社区”八个试点城市相关负责人及国家级非遗专家参会。鹿城区作为温州市“非遗在社区”试点工作主阵地，接待会议调研团实地考察华盖词场、新田园非遗创艺坊。此次交流活动调研团由文旅部非遗司规划处处长杨晓辉带队，温州市副市长陈应许等相关领导陪同。

4日，教育部、中国福利会、中国宋庆龄基金会发布《关于颁发第十五届宋庆龄奖学金的决定》，温州市南浦实验中学张锦泽、温州市广场路小学郑周佳芮获第十五届宋庆龄奖学金。

4日—5日，鹿城区人民政府承办的2022全国信息消费示范城市行、长三角信息消费示范城市行（温州站）暨温州市信息消费嘉年华活动启动仪式在鹿城举行。活动现场发布了 2022 年长三角一体化信息化合作优秀案例，并为12家温州市信息消费体验中心创建单位举行授牌仪式。参会人员到温州抖音直播基地、中国电信鹿城分公司展厅、中津先进研究院等地开展示范城市建设现场经验交流活动，深入了解鹿城信息消费特色实践案例。

5日，330国道鹿城官岭隧道改建工程提前2个月通车。

8日，为迎接第二十一个“8·8”诚信日，全面推进鹿城区社会信用体系建设，区发改局联合散装水泥办、南郊街道西屿社区、温州市信用协会以及温州晚报雪君工作室，开展“诚信，一座城市的生命”主题宣传活动并分发信用宣传品，向社区居民宣传、解读社会信用体系建设政策法规及群众关心的问题，将诚信意识渗透到每一位社区居民心中。

9日，作为全国首家鞋靴抖音产业直播基地，“温州抖音电商直播基地”在温州润锦商业中心正式运营。基地将不断通过运营赋能、流量加持、供应链扶持等多维度的方式引导商家售卖“优价好物”，促成传统工厂的转型升级，实现有效增量，形成产业聚集、品牌集中、资源集约、数字集成，为加快温州鞋靴产业带数字发展贡献自身力量，共同构建温州数字经济发展新生态。

10日，鹿城区藤桥镇率全市之先与温州理工学院签订“环保管”战略合作协议，聘请该校环境科学专业博士团队组成环保管家，助力全镇37条河道一体化保洁精细化管理，打开治水领域新篇章。

11日，鹿城区召开第一期“法律明白人”（具有较好法治素养和一定法律知识，积极参与法治实践，能发挥示范带头作用的村民）任前集中培训，并对59名“法律明白人”“法治带头人”现场进行证书和徽章颁发。这批人将成为宣传政策法规、引导法律服务、化解矛盾纠纷、参与社会治理、推动法治建设、带动自治和德治的重要力量。

12日，鹿城区金融办联合市金融办、招商银行温州分行、鹿城农商行启动全市首列“防范和处置非法集资专列号”。该专列以“守住钱袋子·护好幸福家”为主题，各节车厢分别设置“防范非法集资风险”“打击整治养老领域非法集资”“防范电信诈骗”“群众理性投资”4个主题，在车椅侧贴、车厢看板、车门车身贴、地板、窗眉等区域设置展示区，让乘客沉浸式学习非法集资风险的危害和预防措施。

15日—18日，温州市实验中学代表温州初中学校参加2022年全国中学生田径锦标赛，共斩获2枚金牌、1枚银牌、1枚铜牌，创造历史最好成绩。

16日，根据《文化和旅游部关于公布第二批国家级夜间文化和旅游消费集聚区名单的通知》，鹿城区五马历史文化街区获评“第二批国家级夜间文化和旅游消费集聚区”。

18日，鹿城区与泰顺县签订《联合推进为农服务合作意向书》，标志着鹿城、泰顺“山海协作”为农服务升级到2.0版“数字化”新篇章，带动、促进两地共富。

19日，鹿城区在民航路闲置空地建成并投用“城市岛屿”，使之成为市区青春潮流新地标。

24日，国家知识产权局印发《关于确定国家知识产权强县建设试点示范县和国家级知识产权强国建设试点示范园区的通知》，鹿城区入选首批国家知识产权强县建设试点县（市、区）。

26日，鹿城区政府召开十届区政府第九次常务会议。会议听取关于学习贯彻习近平总书记重要指示精神和防汛抗旱抢险救灾工作的汇报，学习传达贯彻李克强总理在经济大省政府主要负责人经济形势座谈会上的重要讲话和省政府专题会议精神，听取关于贯彻《浙江省综合行政执法条例》精神的汇报。会议审议通过2021年度鹿城区“亩均论英雄”工业企业综合评价结果、《温州市鹿城区学前教育发展第四轮行动计划（2022—2025年）（送审稿）》《温州国际未来科技岛项目合作协议补充合同（送审稿）》《鹿城区支持总部企业高质量发展的若干政策意见（送审稿）》。

△ 鹿城区人大常委会机关召开党员大会，选举产生第一届中共温州市鹿城区人大常委会机关委员会及机关纪律检查委员会。区人大常委会主任、党组书记贾焕翔出席会议并讲话，副主任叶治台、全一凡、吴晓贵以普通党员身份参加会议。

30日，浙江省经信厅公布“全省中小企业数字化改造试点县（市、区）创建名单”，鹿城区皮革制造加工入选全省第二批中小企业数字化改造试点县（市、区）创建培育名单。

△ 浙江省数字化改革领导小组印发《全省“一地创新、全省共享”“一本账S0”》。鹿城区市场

监管局“鹿城未来农贸”作为“浙江市场在线”子场景，被列入2022年全省重大改革（重大应用）“一本账S0”清单，使“鹿城未来农贸”应用“一地创新、全省共享”全省推广工作深化提质。

31日，鹿城区召开机关党建重点工作推进会。区直各机关党组织和各街镇机关党委负责人等80多人参会。会议宣布区公安分局、区人民检察院、区民政局为“建设清廉机关、模范机关”示范点，南郊市监所、南汇执法中队、丰门司法所为“清廉站所”示范点；区民政局、区园林绿化管理中心、区教育局等三家单位就“双建”工作、“书记领办实事”、助推“共享社·幸福里”建设作经验交流。

9月

2日，鹿城区人大常委会贯彻“实践发展永无止境，为民履职一直在路上”理念，打造上线“e鹿履职”特色应用场景，以“闭会期间如何更好发挥人大代表作用”为切入点，构建民情民意从收集提交、协同处理再到结果运用的履职新机制，激发代表履职热情、压实履职责任，有效填补闭会期间代表履职“空档期”，以基层创新实践丰富了全过程人民民主的时代内涵。

3日，“书以文极”——蔡心谷一百周年诞辰纪念展在衍园美术馆开幕。此次展览共展出 260件作品，其中蔡心谷书法作品35件、题签作品15件、蔡心谷与师友往来信札85件、师友书画作品15件、师友唱和21件、蔡心谷七十寿师友唱和作品63件、文献8件、照片18张。

5日，鹿城区政务服务中心搭建鹿城特色公共资源交易数字金融服务平台。市场主体通过该平台自主选择投标担保、中标贷等在线金融产品，可以有效提高金融机构保函替代现金缴纳涉企保证金比例，解决中小微企业融资难问题，让金融在公共资源交易领域产生“1＋1>2”的效果。

7日，鹿城区江心屿宋园开园。园区以“宋韵”为主题，从空间格局、家居形制、文人生活习惯三方面展现宋代家居陈设观念及当时温州历史文化特点。同时，江心西园改造提升工程正式开工，工程被列入浙江省“4+1”重大项目。

8日，鹿城区以“携手做慈善，传播真善美”为主题，在公园路广场举行纪念第七个“中华慈善日”公益慈善服务活动。来自市、区30支义工队及社会组织的180名义工向市民提供许多特色慈善服务，银铃爱心艺术团的老师和学员们及各个义工队展示不同的表演。

9日，鹿城区养老服务中心（二期）建设工程举行开工仪式。该项目位于双屿街道仰双片区双岙村a06地块，占地面积1.4万平方米，投资额达1.07亿元，建成后预计可增加养老床位600张，是集养老、养生、医疗、休闲于一体的现代化社会养老服务中心。

△ “未来乡村·雅漾之夜”国际微市集在鹿城区五马街正式开市。全市首创将村居特色农产品搬到市区街头的中外文化交流活动中，借力海内外传播平台以及五马街商业影响力，当天创下5万元的销售纪录。

15日，省建设厅、省城乡风貌整治提升工作专班办公室公布《浙江省2023年度城乡风貌样板区试点建设名单的通知》，鹿城“瓯江星港”城市新区风貌区、鹿城“时尚商圈·绿色大南”城市新区风貌区、鹿城“风雅墨池”传统风貌区获浙江省2023年度城乡风貌样板区试点称号。

16日，由鹿城区创建全国科普示范区领导小组主办，鹿城区科学技术协会、鹿城区滨江街道办事处承办的“喜迎二十大 科普向未来”鹿城区2022年“全国科普日”主场活动在智慧谷文化创意园区举行。此次活动紧扣“创新制胜、数字赋能、科普为民”要求，结合科技主题，设置多个互动合影框，供市民拍照打卡留念，广发朋友圈、微博、抖音等社交媒体，并利用互联网直播平台开展线上“科普实验教学”，拓宽科普传播途径，提升科普覆盖率与影响力，让科普日成为市民心中的“网红”打卡日。

△ 鹿城区融媒体中心启动“山海协作20年”融媒采访活动。以“廿载携手共富路 山海放飞幸福歌”为主题，记者们通过实地走访、深度报道方式，采访派遣挂职干部、产业园管理者、创业者、村长等各类人物。

17日，鹿城区政协举行“请你来协商”——共话数字经济新发展活动，就推动经济高质量发展、加快产业结构升级开展专题协商，为鹿城数字经济高质量发展献计出力。

△ 鹿城区在蒲鞋市街道芳园社区打造全民普惠的自助式社区邻里食堂。这是全省首个社区公司借

"强社惠民"试点打造的第一个社区经营性惠民服务场景。

21日，上海证券投资者教育基地正式落地鹿城区，为全市首家公益性证券投资者教育基地。该基地由鹿城区政府、温州市金融办和上海证券三方合建，以"资本市场助力民营经济发展"为主题，内设世界资本市场发展、资本市场在温州、温州民企上市历程、模拟交易区、儿童财商教育等十大板块，具有完备的证券期货知识普及、风险提示、信息服务等投资者教育服务功能。

22日，在全省"强社惠民"集成改革试点工作现场推进会上，鹿城区住建局就鹿城区改革试点经验做工作交流发言。

23日，"开发建设老旧小区改造智慧系统实现在线申报、在线受理、在线审批、在线公示""盘活闲置用房完善'一老一小'服务设施""建立小区党支部、业主委员会、物业公司三方联席协商机制"等鹿城区老旧小区改造的创新做法，被住建部纳入《城镇老旧小区改造可复制政策机制清单（第五批）》。

△ 温州市委改革办《温州改革（数字化改革）》专报第42期刊发《鹿城区上线"未来农贸"应用 提升农贸市场食品安全保障与综合管理能力》，专题介绍鹿城区市场监管局关于"未来农贸"项目的场景建设，及该应用依托数字化手段，以全链式监管、全过程服务，实现农贸市场食品安全保障能力、综合管理水平、总体交易额三提升的改革成效。

△ 温州市人民政府、鹿城区人民政府与中国科学院深圳先进技术研究院举行战略合作项目签约仪式。该项目聚焦数字经济、生命健康、新能源三大领域，计划落地建设"一院、一园、一基金"（落地南郊科创园），包括高标准打造新型研发机构、成立产业基地、设立专项产业基金等内容。省委常委、市委书记刘小涛，市委副书记、市长张振丰，区委书记白洪楞，中国科学院深圳先进技术研究院院长樊建平等出席仪式并见证签约。

△ 中科先进技术温州研究院落地鹿城区南郊街道。该项目将瞄准"0到1"的原始创新，加快落地实施一批重大专项，打造院地合作科技创新策源高地；瞄准"1到N"的应用转化，聚焦数字经济、生命健康、新能源等重点领域，打造高端产业孵化高地；瞄准"N+N"的放大效应，推动科创平台、地方院校和重点企业的深度合作，打造人才项目集聚高地。

26日，鹿城区司法局五马司法所所长林鸿麟获浙江省"人民满意的公务员"称号，在省人民大会堂接受表彰。

△ 鹿城区政府召开十届区政府第十次常务会议。会议传达部署当前经济稳进提质、疫情防控、安全生产工作，研究了鹿城区蒲鞋市片区（学院路区块）旧片区、南郊街道工业片区改造工程范围内国有土地上房屋征收决定相关事宜。

28日，国家文物局公布温州（朔门）古港遗址考古重大发现，古港遗址是最完美的"海丝"遗址之一，认为此次发现的遗迹群，规模庞大、体系完整、内涵丰富，为国内外罕见，是中国海洋考古、城市考古的重大收获，是温州作为"千年商港"的坚强实证和"海上丝绸之路"的绝佳阐释。

30日，鹿城区滨江商务区核心区域成功出让3宗商服地块，由正泰集团、万洋集团、华峰集团等三家企业分别拿下，标志着三家温州本土知名龙头企业正式入驻滨江商务区。

△ 2022年鹿城区江心屿金秋文化节启幕。此届文化节以"宋韵"为主弦，溯源宋史文脉，推出"手握梦想"音乐汇、"艺鹿好戏"戏剧节、"山水诗路"活动周、"小亭大爱"传播月、"宋韵古郡"文化季等五大活动板块，举办演出、展览、市集、论坛等一系列活动。

10月

4日，鹿城跨境电商园获评鹿城区唯一的省级跨境电子商务产业园。该园区位于温州城市数字科创园南郊核心区，以软件信息、电子商务等为特色，入驻跨境电商企业84家，是集平台、货源、销售、仓储、物流等功能于一体的复合型跨境电商园。

8日，浙江省人民政府批复同意整合设立浙江鹿城经济开发区，该开发区由原鹿城轻工产业园区、中国鞋都产业园区和南郊数字科创园三大区块整合而成，面积约18.24平方千米，是鹿城唯一高能级省级经济开发区。以数字经济、时尚鞋业、智能装备制造三大产业为主导产业，打造优势产业集群，培育新兴战略产业。

9日，在南塘新天地内的新悦商厦开闭所内，“多站融合”数据中心站项目顺利完成安装及调试工作，并开始为客户提供边缘算力服务。这标志着鹿城供电分局在全市范围内率先完成“多站融合”数据中心站对外运营试点工作。

△ 鹿城区正式出台总部经济新政策——《鹿城区支持总部企业高质量发展的若干意见》，进一步助推总部经济发挥规模效应。该政策在落户奖及中介奖励、办公场地补助、经营贡献奖励、能级提升奖励、高管奖励、子女入学照顾6个方面，对现有政策进行创新加码，着重突出引进总部企业与培育本地总部企业“双驱式”推进，推动总部经济跨越式发展，进一步提升中心城区首位度和辐射带动力。

△ 浙江省政府妇女儿童工作委员会办公室发布《浙江省妇女儿童发展规划2023年示范项目的通知》，鹿城区南汇街道儿童友好街区建设项目名列其中。

△ 《东瓯廉集》首发仪式暨五马清廉街区开街仪式举行。市委常委、市纪委书记、市监委代主任金焕民，鹿城区委书记白洪楞共同为该街入口处“却金二贤”雕塑揭幕。金焕民为鹿城五马清廉街区颁授“斗城廉韵”牌匾。

10日，鹿城区监委召开特约监察员聘任会，聘任20名各界代表为第一届特约监察员。会上区委常委、区纪委书记、区监委主任吴春波代表区纪委监委表示热烈祝贺，并提出殷切期望。

△ 鹿城区《大数据审计助力政府购买养老服务政策精准落地》经责项目获评省级优秀大数据审计案例和市级优秀大数据案例，《基于ARCGIS的自然资源资产审计》获评市级优秀大数据审计案例。

13日，鹿城区政协举办“请你来协商”活动，围绕义务教育优质均衡发展开展专题协商，助推义务教育由“基本均衡”向“优质均衡”转变。

14日，温州（鹿城）市场采购贸易预包装食品首单出口，掀开了市场采购贸易试点深化改革的新篇章。市场采购贸易方式试点作为扩大开放的“试验田”，是推动外贸发展的重要力量。

△ 温州市七都二桥工程初步设计联审会议召开。七都二桥全长约2.06千米，其中瓯江上桥梁长度约1.1千米，采用双向六车道双层桥梁方案，是全国首次采用七跨连续的上承式和中承式组合系杆拱桥结构体系，首次采用钢箱梁和桁架梁组合的断面形式，适应上层通行机动车、下层通行慢行系统的交通需求。

19日，国家卫生健康委、全国老龄办发布《关于命名2022年全国示范性老年友好型社区的通知》，鹿城区松台街道庆年坊社区获2022年“全国示范性老年友好型社区”称号。

△ 鹿城区出台《鹿城区数字人民币试点工作实施方案》。

25日，温州市首个宠物主题公园开园揭牌仪式举行。该公园位于鹿城区飞霞南路三板桥南塘新天地旁，切实解决群众遛犬难问题，为爱犬人士提供了一个线下交流平台，优化区文明养犬的示范性作用。

26日，鹿城区共青湖美丽河湖水上碧道和中央绿轴水网美丽河湖水上碧道获评市级美丽河湖水上碧道。12月12日，《温州市鹿城区“轴、链、环”三举措创建共青湖水上碧道》文章被省水利厅参阅件（第87期）专题报道。12月15日，鹿城区共青湖美丽河湖水上碧道获评省级美丽河湖。

27日，鹿城区国资经营集团所属企业城服公司承接的温州市一体化智能化公共数据鹿城分平台建设项目通过初步验收。这标志着鹿城区数字化改革在温州市各区县中的领先地位，将加快推进鹿城区数字化改革成果落地见效，为鹿城城市智慧化转型、高质量发展提供新动能。

10月，《鹿城样本：城市党群服务中心建设的实践与创新》正式出版，该书采取政治与生活相结合的理论视角，以鹿城区党群服务中心的6年实践为个案，系统阐明党群服务中心建设的理论逻辑、实践逻辑、功能发挥、运营模式等问题。

11月

1日，国务院发布的《促进个体工商户发展条例》正式实施，鹿城区市场监管局成功办理全省首例个体户营业执照转让。

3日，鹿城区政务服务中心通过“数字政务”进一步消除地域界限，缩短办事服务圈，将77项街镇可办事项、43项社区（村）可办事项、53项基层站所可办事项作为第一批鹿城区可全区通办事项正式下发至各窗口，实现证照办理少跑路。

4日，鹿城区人大常委会在区人大代表联络站举行“e系列”应用场景示范站启动仪式。这是区人大常委会突出打造基层自主特色，以数字化改革推动代表联络站迭代升级，提升人大践行全过程人民民主基层单元实战实效。温州市人大“e系列”八大场景已在鹿城区人大代表联络总站、五马示范站集成上线并落地应用，七都的鹿岛新声、蒲鞋市的“明眸皓齿”、松台的松声e站、丰门的中国鞋都经济e观察、山福的古驿新声等街镇特色站建设也已全面上线。

△ 2022 中国（温州）山水诗文化节启动仪式暨首届谢灵运诗歌（双年）奖颁奖典礼在温州鹿城启幕。鹿城区被授予“中国山水诗研究创作中心”牌匾。雷平阳、龚学敏获“杰出诗人奖”，江非、李浩、张远伦获“优秀诗人奖”。

4日—6日，由浙江省文物局指导、温州市人民政府主办的“温州朔门古港遗址考古成果专家论证会”召开，共同就鹿城区境内的朔门古港遗址发掘的重要意义和价值以及下一步的考古研究与保护利用等问题把脉论证。

5日，鹿城区2022年高校优秀毕业生招聘会（温州大学专场）在温州大学学生活动中心举行，共吸引2000余名优秀毕业生报名。次日，鹿城区2022年高校优秀毕业生（温州大学专场）考核工作在温州市第十二中学举行，326名考生成功签订就业协议。

7日，央视《角儿回来了·百戏宴》新春特辑活动在江心屿进行录制。鹿城区文化和广电旅游体育局组织瓯绣、瓯塑、竹丝镶嵌等8个非遗的代表性传承人参与市集氛围营造，配合中央电视台戏曲频道录制节目。

△ 鹿城区人大常委会在区人大代表联络站举行“三官一律”（法官、检察官、警官、律师人大代表）进站服务面对面活动启动仪式。这一活动是区人大常委会继“区长、局长进站”等活动之后又一次践行全过程人民民主的创新实践，也是国家工作人员下沉基层单元的重要载体。

8日，浙江省风貌办组织有关专家和部门对2022年度建成命名的城乡风貌样板区进行审查，温州市鹿城区禅街—五马街—公园路传统风貌样板区通过浙江省2022年度“新时代富春山居图城市样板区”验收。

△ 鹿城区九山湖—茶花传统风貌样板区通过浙江省风貌办试点验收工作。该样板区主要建设范围北至游泳桥路与胜昔桥路，西至杏花路，东至信河街，南以温瑞塘河与规划支路为界，占地49.5公顷。样板区的创建以“幸福西居，共富典范”为目标，以“小切口微更新”为主要路径，着力整体打造开放共享的绿色生活综合体和共同富裕现代化示范单元。

10日，中国·鹿城数字经济全球创新创业大赛总决赛在中关村信息谷·温州创新中心举办。大赛打响“以赛引才”品牌，完善“以赛引才”“以赛代评”机制，加速引聚海内外高层次人才创新创业项目，加快创新成果产业化，推动产业技术和应用场景落地，打造数字经济产业新高地，累计吸引12个国家以及国内30多个地区172个人才创业项目，择优评选获奖项目30个、实际落地9个。

11日，《鹿城区慈善积分管理办法（试行）》正式出台，成为中国首个慈善领域对全民慈善行为进行量化和标准化的配套地方标准，成功破解非物质慈善行为“核算难、转化难、变现难”等问题，构建起慈善积分体系和价值转换标准，实现“善行义举、行善积德”可量化、可转换、可感知。

△ 《曹湾山遗址考古发掘报告》在温州博物馆首发，明确曹湾山遗址独立为好川文化“曹湾山类型”，为中华文明起源研究提供不可多得的个案资料。

△ “十四五”妇女儿童发展规划宣传现场会在温州儿童友好公园（白鹿洲公园）举行。活动由市政府妇女儿童工作委员会办公室、市儿童友好城市建设领导小组办公室主办，鹿城区妇女儿童工作委员会办公室、区儿童友好城市建设领导小组办公室承办，市妇联党组书记、主席吴晓娟，区委副书记、政法委书记连正坚及相关领导参加现场活动。

12日—13日，“科创中国”2022峰会在鹿城区香格里拉酒店举行，由中国科学技术协会主办。中国科协党组书记张玉卓，浙江省委常委、温州市委书记刘小涛出席，中国工程院院士廖万清等到现场，中国工程院院士李培根做线上主旨报告。中国计算机学会与鹿城区人民政府正式签约。

15日，浙江省建设厅、省风貌办发布《省建设厅、省风貌办关于公布浙江省第六批未来社区创建名单的通知》，温州鹿城里垟社区、温州鹿城陡门社区、温州鹿城滨江云谷社区、温州鹿城集善社区、温州鹿城双莲桥社区、温州鹿城荷花社区、温州鹿城山前街社区被列入浙江省第六批未来社区创建名单。

16日，鹿城区政协系统街镇“三位一体”、界别委员工作室、村社“协商驿站”建设工作推进会召开，深化“协商向基层延伸”的鹿城实践。

△ 浙江省委常委、组织部部长王成赴鹿城区松台街道菱藕社区调研现代社区建设和党建统领网格智治等工作，对鹿城区相关工作成效予以充分肯定。

△ 温州市鹿城区G330洞合线官岭隧道维修加固工程主体完工并通车。

△ 鹿城区联合温州长三角金融人才服务中心等单位举办“Hi-Finance 2022金融人才峰会暨温州金融人才服务数字化平台发布”活动，同步在线上直播平台开展金融主题讲座活动4场。

17日，鹿城区发改局牵头组织“慈善鹿城”应用参加全省数字社会系统路演，区委副书记、区社建委主任连正坚汇报路演内容。该应用入选省级《数字社会案例集（第十批）》。

△ 《温州市仰双片区中央涂单元及鞋都一期C-26等地块控制性详细规划（修编）》获市政府批复。围绕“产城融合创新高地、城市西部门户地标、市民公共服务中心、舒适宜居公园城市”四个目标，该片区将被打造成城、人、产融合发展的样板区，温州西部集聚青创人才的目的地和激发创新活力的孵化器。

18日，鹿城区政府召开十届区政府第十二次常务会议。会议研究重点大宗批发贸易企业合作协议签订相关事宜。会议听取《2022年以来对口和山海协作工程工作情况及2023年工作思路》《2022年鹿城区农业农村和粮食安全责任制有关工作情况汇报》。

19日，浙江省知联会公众号公布鹿城区新联会获评省级“优秀新联会”。

22日，温州市润新机械制造有限公司（后称润新）年产50万套陶瓷硬密封球阀生产基地（七期厂房）土地出让合同正式签约。在鹿城区政务服务中心联合多部门的统筹合作下，在“拿地即开工”的前提下创新“拿地即建连廊”模式，让新项目建设得以“跑起来”。该项目计划建设年产可达50万套额陶瓷硬密封球阀生产基地（七期厂房），总占地面积11466.67平方米，总投资1.2亿元。预计可新增年产值1.8亿元。

△ 省慈善联合总会副会长乐益民、姚少平一行到鹿城区藤桥镇“农村造血型帮扶基地”藤穗粮食专业合作社绿色大米示范基地进行“浙江农信慈善基金”造血型帮扶基地第三轮 2021 年度考核工作项目年度考核指导，对该基地系列工作予以肯定。

23日，遥望·中国鞋都数字化生态产业链基地项目在鹿城区鞋都文化广场落地。该项目引进国内头部MCN机构杭州遥望网络科技有限公司，与本土浙江中胤股份有限公司合作，依托双方的技术优势、平台资源，为鹿城区的传统产业销售转型赋能，提供网红培育孵化、直播电商营销、供应链渠道整合等服务，着力打造具有吸引、承载和辐射能力的数字化生态产业链基地。

△ 浙江省人民政府地方志办公室为2022年度“浙江省精品年鉴”获评者授牌，《鹿城年鉴（2021）》入选。

30日，由浙江省皮革行业协会和温州市鹿城区人民政府承办的首届“红靴奖”中国国际鞋类设计大赛完成作品征集。大赛旨在通过打造中国鞋类设计领域的“红点奖”（Red dot award），成为中国制鞋行业最权威、最具影响力的顶级赛事。大赛关注“创新创业+时尚原创”，倡导以设计创意驱动产品创新，突出设计成果商业化、市场化，深度链接温州本土鞋产业，通过设计师、设计院校与企业的碰撞合作，打响具有国际影响力的“以赛引才”金名片，引领中国鞋行业设计潮流风向标。

△ 2022年教育部“智慧教育示范区”创建项目经验交流研讨会在温州召开，在“智慧校园创建”分论坛上，鹿城区展示一系列智慧教育项目实践和成果。

△ 浙江省财政厅、中共浙江省委宣传部发布《关于提前下达2023年度浙江省文化产业发展专项资金的通知》，鹿城区是全市唯一蝉联省级文化产业发展专项资金扶持县（市、区），文化产业总产出等8项指标位居全市第一。该区依托深

厚的人文底蕴与扎实的产业根基，以保护与开发相结合的方式，大力推进非遗活态产业化创意园、温州数字文创综合直播平台、温州时尚制造设计中心等项目建设，打造五大文产样板，打造北接古屿、南连古城的“温州朔门宋元古港产业带”，形成带动超百亿产值的文商旅聚集区。

△ 根据浙侨联《省侨联关于确认第四批“浙江省华侨国际文化交流基地”的通知》，温州武术博物馆被授牌为“浙江省华侨国际文化交流基地”，位于鹿城区广化桥路与望江西路交叉路口往南160号。

△ 中华全国工商业联合会办公厅发布《关于认定2021—2022年度全国“四好”商会的通报》，鹿城区大南街道商会被中华全国工商业联合会认定为全国“四好”商会，为鹿城区首家。

11月，鹿城区完善区级“1+8”大综合一体化（综合行政执法+市场监管、生态环境、文化市场、交通运输、农业农村、自然资源、应急管理、卫生健康）行政执法构架，组建14支街镇综合行政执法队，锁定下沉编制，出台执法人员“区属街用共管”机制，实现基层“一支队伍管执法”。

12月

1日，2023年春节戏曲晚会33年来首次走出央视演播厅，移步南戏故里温州市鹿城区九山书会拍摄。晚会汇聚来自全国的近30个戏曲剧种、70余个院团院校，集结百余位戏曲名家和新秀、近千名参演人员，其中年龄最大的83岁、最小的不到4岁。

2日，鹿城松台街道率全区之先成立社区公益基金会。通过基金会领头，可撬动各类社会资源加入辖区基层治理、社区建设、公益事业中来，以慈善、公益、自治、互助等方式开辟基层社会治理新途径。启动仪式上，来自社会各界的数十家爱心企业、数十位爱心人士为基金会捐赠首批资金，并签署首轮拟投资项目。

4日，为迎接第九个国家宪法日，鹿城区在杨府山公园举行纪念现行宪法公布施行四十周年大型主题展。纪念展对“党的二十大精神”“习近平法治思想”“中国特色社会主义法律体系”“宪法历程”“宪法基本知识”等内容做了全面介绍，并嵌入宪法主题知识竞答活动，市民可现场扫码进入答题系统。

5日，省文化和旅游厅发布《浙江省文化和旅游厅关于公布首批文化基因解码成果转化利用示范项目的通知》，江心屿宋园文化基因解码转化利用项目被列入全省首批20个文化基因解码成果转化利用示范项目。

△ 鹿城区原创话剧《这街上的人》入选浙江省文化艺术发展基金。该剧以红日亭的故事为创作原型，记录着一群与时代同行、与自我博弈的人用坚忍、顽强、大爱书写着温州模式与温州精神，并道出了温润之城的幸福密码——天地凉热在人心，人间正道是沧桑。

5日—7日，鹿城区文化和广电旅游体育局组织剪纸、米塑、吹糖人3个项目的非遗代表性传承人参与中央电视台戏曲春晚节目录制。

7日，由浙江省妇联、省教育厅主办的全省家庭教育工作推进会在杭州召开，温州市南浦小学（集团）校长李碧作交流发言，相关做法得到省教育厅与省妇联领导的高度肯定。

8日，鹿城区召开基层党建“百千万”工程示范创建暨“兴村治社·三比三看”村社擂台会议，14个村社轮番登台。会上部署开展各项基层党建重点任务。区委书记白洪楞出席会议并讲话。

9日，鹿城区邀请党外特约人员监督视察塘河沿线开发建设和塘河综合整治情况。特约人员监督小组一行4人就塘河综合整治、沿线开发建设等情况进行巡视督查，并提出意见建议。

△ 为推进公共财政预算和部门、街镇预算分项审查，鹿城区人大常委会召开2023年度区级部门预算草案听证会，区人大常委会主任贾焕翔出席会议并讲话。区人大常委会以部门预算为突破口，探索推进公共预算审查改革，建立部门预算听证、分项审议表决、预算刚性约束和部门决算审计及绩效评价等机制，建成预算国资监督系统并率全市之先实现与省市联网，形成具有鹿城特色的预算闭环监督模式。

△ 鹿城区丰门街道作为温州唯一一家全省街道应急救护培训基地建设试点单位，在全省乡镇街道应急救护培训基地建设推进会上作典型发言。

11日，全市首家校园美术馆——“春草塘美术馆”在温州市实验中学开馆。以开馆为契机，学校同步开启系列美育行动，开设“与大师对话温州乡贤展”“流浪椅子新生计划”“春草集万亨作品展”三大系列现场展览，邀请温州博物馆馆长、青年画家、温州大学美术与设计学院院长等嘉宾一起坐而论“美育”。

12日，浙江省经济和信息化厅公布《2022年度数字经济系统最佳应用及产业大脑优秀案例》，鹿城区市场监管局“鹿城未来农贸”入选，系温州市唯一入选的区县级项目，创新经验在全省市场工作会议中作典型交流。“鹿城未来农贸”已全面运用到全区32家、全市45家、全省127家农贸市场。相关做法获省委常委、市委书记刘小涛，省局巡视员马剑平的批示肯定。

△ 根据《浙江省文化和旅游厅关于浙江省文旅产业融合试验区建设总体验收结果的通报》，鹿城区以优秀等次通过浙江省文旅产业融合试验区建设总体验收。

12日—14日，第十一届中国鞋都鞋类采购节暨2023年春季订货会在新二代城市科创园举办。活动设线上线下两个“展会”，累计接待采购客商超5000人次，成交订单1000万双，总成交额超10亿元。

13日，根据工业和信息化部《关于公布2022年度国家中小企业公共服务示范平台名单的通告》，鹿城区企业服务综合平台入选，为全区首家。

△ 浙江省食品药品安全委员会办公室公布《2022年浙江省乡镇（街道）食安办分类管理评价结果》，五马街道食安办获评2022年浙江省五星级乡镇（街道）食安办。

14日，浙江省经信厅召开全省细分行业产业大脑应用推广工作会议，鹿城区皮革制鞋产业大脑入选省产业大脑优秀案例，区经信局党组书记、局长董晓来在会上作典型发言。

△ 鹿城区山福镇驿头驿阳村获浙江省首批未来乡村建设试点优秀奖。山福镇发挥山水文化特色资源优势，积极推进“瓯韵山福·古驿新风”未来乡村建设，相继建成投用市区首家村级“5G健康云诊室”、鹿城区首个乡村智慧馆、全年龄段邻里中心等23个项目，集成落地“五化十场景”。

△ 鹿城区委副书记、区委社建委主任连正坚在龙瑞大厦5号会议室主持召开鹿城区共同富裕推进会议，区委办公室、区委组织部、各街镇等40家单位相关负责人参会。

△ 温州最大民营牙科服务商美皓医疗集团有限公司在香港联合交易所正式挂牌上市，成为鹿城“首股”上市的侨资企业。

15日，鹿城区816个住宅小区和129个组合类小区历史性实现业委会（物管会）全面覆盖，累计完成465个业委会（物管会）组建（换届）工作，全面补齐城市治理短板盲区。

△ 温州市现代社区建设暨“共享社·幸福里”建设领导小组办公室、中共温州市委组织部公布“第二批‘共享社·幸福里’引领型（五星级）样板名单”，鹿城区五马街道广信大厦小区获评全市第二批“共享社·幸福里”引领型（五星级）样板。

△ “王化——2022国遗·彩石镶嵌空间美学展”在墨池坊15号（鹿城文艺家之家）开幕。此次展览以“王化”为主题，由空间美学概念展区、传统美学历史展区、生活美学场景展区等三大板块组成，共展出作品57件，以多元化展览形式，系统性介绍彩石镶嵌的历史、当下发展状况和未来之“化”的无限可能。

16日，鹿城推荐项目“AI元宇宙数字人”在“来温州 创未来”2022全球精英创新创业大赛总决赛中，以总分排名第一的成绩获一等奖。

△ 鹿城区举办“亮晒比拼 创优争先”——2022年度“书记领办实事”优秀项目比看现场会活动。16家参选单位以PPT和现场汇报的方式，逐个介绍“书记领办实事”项目，展现成果，交流经验。

18日，温州朔门古港遗址发掘成果入选2022年度浙江考古重要发现和国家文物局“考古中国”重大项目，填补了国内外海丝港口类遗产的空白，堪称海丝申遗的经典样本和支撑性遗产点。

19日—23日，鹿城区作为全省唯一的专题调研样板地区，代表全市接受省委组织部为期5天的“全省党群服务中心建设标准和运行规范”专题蹲点调研。

20日，少年励志剧《少共国际师》入选省“五个一”文艺精品。该剧以刘小六的成长经历映射出“少共国际师”在战火中不断经受洗礼、成长为一支坚不可摧队伍的历程。

△ 浙江省城乡风貌整治提升工作专班公布“浙江省2022年度第三批城乡风貌样板区名单”，鹿城

区九山湖—茶花传统风貌样板区获“浙江省城乡风貌样板区”称号，鹿城清风未来社区、鹿城新田园未来社区获“未来社区”称号。鹿城区城镇社区专项规划获“优秀城镇社区专项规划”称号。

21日，浙江省发展和改革委员会发布《省发展改革委关于数字社会系统2022年度“最系列”成果的通报》，府东未来社区数字社会系统建设事项获表彰。

△ 浙江省城乡环境整治工作领导小组正式公布《2022年度全省美丽城镇建设工作考核结果》，认定全省143个城镇为美丽城镇建设省级样板，其中温州入选16个，山福镇为鹿城区唯一入选。

△ 浙江省住房和城乡建设厅公布《2022年度浙江省“高品质示范街区”“街容示范街”名单》，温州市鹿城区五马历史文化街区（东至环城东路，南至纱帽河，西至信河街，北至晏公殿巷，主街包括五马街、公园路、禅街）获评高品质示范街区，温州市鹿城区飞霞南路北段（学院西路—黎明西路）获评街容示范街。

△ 温州市文化广电旅游局、市农业农村局发布《温州市文化广电旅游局 温州市农业农村局关于命名鹿城区藤桥镇联江村等 19 个村庄为浙江省AAA级景区村庄的通知》，鹿城区藤桥镇联江村、山福镇驿头山根村创成省级AAA级景区村庄。

26日，浙江省委书记易炼红赴鹿城区大南街道银都花苑小区调研现代社区建设工作，对邻里食堂、邻里驿站等做法予以充分肯定，强调做好社区工作要坚持问题导向，着力解决群众急难愁盼问题，把工作做到群众心坎上。

27日，根据《浙江省城乡风貌整治提升工作专班办公室关于公布浙江省第二批共同富裕现代化基本单元“一老一小”服务场景名单的通知》，鹿城集善未来社区、桂柑社区、菱藕社区、白鹿洲未来社区获“共同富裕现代化基本单元‘一老一小’服务场景”称号。

△ 鹿城区增值税法草案提请十三届全国人大常委会第三十八次会议首次审议。

29日，根据《温州市文化广电旅游局关于公布温州市2022年旅游业“微改造、精提升”示范点名单的通知》，鹿城区51个点位入选浙江省旅游业“微改造、精提升”示范点。

30日，中华人民共和国水利部公布“第五批节水型社会建设达标县（区）名单”，其中鹿城区达到节水型社会评价标准，并通过国家级县域节水型社会达标复核验收。鹿城全面贯彻落实最严格水资源管理制度和各项节水方针政策，持续推进节水型社会建设，创新工业节水模式，鼓励企业转型升级，加大农业节水推广，促进农业节水和农业可持续发展，取得了较为显著的成效。

31日，在浙江省2022年度市、县（市、区）一体化智能化公共数据平台综合评价中，温州市一体化智能化公共数据鹿城分平台获评“五星”，已连续3次取得全省双月考核（8月、10月、12月）“五星”评价。鹿城分平台在全市综合评价中为“一档”。

月底，温州璞瑞之心新能源汽车轮毂电机系统智能制造基地项目在鹿城区正式开工。该项目由温州市璞瑞汽车产业集团有限公司投资建设，投资总额为10亿元。项目分为两期，一期宝润璞环球中心，投资建设水陆两栖研究院；二期宝润璞智汇产业园，投资建设新能源汽车智能化生产基地。项目将以“一院、一园、一器、一基金”为载体，建设“七大功能板块”，打造以新能源汽车智造为核心的产业集群。

编辑　孙任翔

鹿城概览

自然地理

建置与人口

历史人文

2022 年经济社会发展

自然地理

地理位置 鹿城区地处浙江省东南沿海，瓯江下游南岸。全境介于北纬27°58′~28°09′、东经120°42′~120°47′。总面积292.80平方千米，东西长约41.43千米，南北宽约20.65千米。东接龙湾区，西南与瓯海区毗邻，最西与青田县相连，北濒瓯江与永嘉县隔江相望。

地形地貌 由于地质构造的影响，境内地势从西往东呈梯形状倾斜。东部属冲积与海积平原，城区系瓯江下游平原，并分散着郭公山、海坛山、华盖山、积谷山、松台山、巽山、杨府山等，多数山地在海拔100米以下。江岸边是基石质和淤泥两种，江中有江心孤屿，有七都冲积沙洲。而西部系低山丘陵盆地，占大部分面积。

自然资源 2022年，鹿城区有耕地资源2690.6公顷（其中水田2229.8公顷、旱地460.8公顷），园地485.2公顷，林地12881.93公顷，草地108.6公顷，城镇村及工矿用地8544.33公顷，交通运输用地475公顷，水域及水利设施用地3559.4公顷，其他土地412.53公顷。

鹿城区境处于环西太平洋东南沿海中生代火山岩带，广泛出露中生代次火山——侵入岩。区内矿产资源有多金属矿、镜铁矿、金矿、伊利石矿、钾长石矿、高岭土、花岗石、泥炭等。查明有一定储量的矿产资源有伊利石矿和高岭土矿，分别位于山福镇渡船头村和藤桥镇田塘头村。

全区饮用水源主要来自瑞安赵山渡水库，备用水源为瓯海泽雅水库。按Ⅲ类标准评价，赵山渡、泽雅水库水源地水质达标率为100%。入海河流——瓯江（鹿城段）小旦断面水质为Ⅱ类，杨府山断面水质为Ⅱ类。全区平原河网水环境质量为Ⅳ类。

2022年，全区森林面积共12773公顷，森林蓄积为60.41万立方米，森林覆盖率为43.63%。完成国土绿化189.8公顷，完成新增森林管护任务365.87公顷。全区省级以上公益林面积为6944.06公顷，其中国家级5175.73公顷、省级1768.33公顷；市级公益林181.93公顷。森林树种有乔灌木1016种，隶属112科。其中，被子植物972种，隶属103科；裸子植物44种，隶属9科。主要经济作物有杨梅、瓯柑、茶树、乌桕、板栗、山鸡椒、柿、枇杷等13种。主要造林绿化树种有松树、柳树、樟树、鹅掌楸、枫树、木荷、枫杨、白花泡桐、红豆杉等16科、23种。珍稀树种有国家一级保护的世界濒危树种红豆杉和国家二级保护的濒危树种鹅掌楸、香果树及湿地树种红树林等。

境内水产资源有鱼类111种，隶属13目、33科、83属，主要有鲥鱼、中华鲟、香鱼、凤鲚、短颌鲚、鳜鱼、棘头梅头鱼、黄姑鱼、弹涂鱼、脊尾白虾、刀额新对虾（蚕虾）、中华鳖、大鲵（娃娃鱼）等。而淡水养殖有草鱼、鲢鱼、鳙鱼、鲫鱼、鲤鱼等。2022年，水产养殖面积计100公顷，主要为淡水养殖；全年水产品总产量1145吨，渔业总产值达1335万元。另据河口段型水生生物洄游性特征，瓯江水域有鳗鱼汛（冬春）、蟹苗汛（春夏）、子鲚汛（夏）、香鱼汛（秋冬）、青蟹（蟛蜞）汛等。

气候特征 鹿城区属亚热带海洋季风气候，冬无严寒，夏无酷暑，光照足量，雨水充沛。1月最冷，平均气温7.6℃；7月最热，平均气温27℃。常年日照时数为1727.9小时，年平均气温18℃，极端气温最高41.3℃，最低-4.5℃。无霜期约280天，年降水量1100~2200毫米。2022年，全年平均降水量为1419.3毫米，较常年1788毫米偏少20.62%。其中，6月最多，达327.3毫米；10月最少，为5.1毫米。

建置与人口

建置沿革 东汉永和三年（138），以章安县东瓯乡为永宁县，隶属会稽郡。三国时分会稽郡东郡，置临海郡，永宁县属之。东晋太宁元年（323），析临海郡南部地永宁、安固、松阳、横阳四县，置永嘉郡，以永宁县城为郡治，同时于瓯江南岸建筑郡城，即今之鹿城。隋开皇九年（589）废永嘉郡和临海郡，置处州，不久改括州；并改永宁县为永嘉县，隶属括州。大业三年（607）改州为郡，恢复永嘉郡，仍属扬州。唐上元二年（675），析括州之永嘉、安固二县置温州，并以永嘉为州治。载初元年（689）析永嘉县，复置乐成县。天宝元年（742）又改温州为永嘉郡；乾元元年（758）复为温州，先后隶浙江东、西道。南宋咸淳元年（1265），以度宗潜邸升温州为瑞安府，今域皆以永嘉县属之。元至元十三年（1276），改瑞安府为温州路。明洪武元年（1368），温州路改为温州府。清顺治三年（1646），入清版图，沿明制。宣统三年（1911），辛亥革命爆发后，温州仍称永嘉县。民国元年（1912），今域属浙江省瓯海道永嘉县。至民国37年（1948），温州为浙江省第五行政督察区。今域皆以永嘉县属之。

1949年5月7日，温州解放。8月，成立浙江省人民政府第五区专员公署，并将永嘉城区及城郊、梧田、永强、三溪、藤桥、西岸区划出，设立温州市，今域属之。1980年4月，恢复温州市为省直辖市，同时将市区分设为东城、南城、西城3个县级区。1981年9月，温州地区和温州市合并，成立温州市人民政府，实行市管县体制，原温州市成为温州的中心区，称温州市区。1981年12月，析温州部分（除近郊外）置瓯海县。1983年，将市区3个区并为1个城区。

1984年12月，温州市郊区6个乡划归城区，改称鹿城区，辖14个街道、6个乡，隶属温州市。1992年10月，划出景山街道、新桥镇归瓯海县。2001年8月，将原瓯海区的双潮乡、岙底乡、上戍乡、临江镇、藤桥镇和梧田镇的前网、鱼鳞浃、上田、划龙桥4个村，原永嘉县七都镇和桥下镇的中央涂居委会，原龙湾区的蒲州、上蒲州2个村划归鹿城区。调整后，全区辖17个街道、7个乡、4个镇。同年9月，区划再调整，全区设12个街道、4个镇、5个乡，有151个社区、146个行政村。

2011年4月，区划调整，鹿城区辖黎明、绣山、蒲鞋市、洪殿、南浦、江滨、南门、五马、莲池、水心、广化、黄龙、七都、南郊、双屿、仰义16个街道和藤桥镇。同年10月，区划再调整，鹿城区辖五马、松台、滨江、南汇、双屿、仰义、七都7个街道和藤桥镇。

2015年9月，区划再调整后，鹿城区辖五马、大南、松台、广化、丰门、滨江、蒲鞋市、南汇、南郊、双屿、仰义、七都12个街道和藤桥、山福2个镇。至2022年，全区共辖12个街道、2个镇，计91个社区、80个行政村。区域面积292.80平方千米。

2022年鹿城区街道、镇一览表

表1　　单位：个

街道、镇	下辖	数量	社区、行政村名称
五马街道	社区	14	八仙楼、百里坊、城西街、府前、乘凉、朔门、墨池、谢池、鼓楼、安澜、路湾、十八家、矮凳桥、黎明西路
大南街道	社区	7	双莲桥、荷花、虞师里、白鹿洲、花柳塘、马鞍池、山前街
滨江街道	社区	10	杨府山、丰汇、新田园、蒲源、灰桥、洪殿、陡门、宏源、浦东、桃花岛
蒲鞋市街道	社区	8	芳园、绿园、横河、蒲鞋市、金丝桥、蒋家桥、锦园、青园

续表 1

街道、镇	下辖	数量	社区、行政村名称
南汇街道	社区	12	绣山、大自然、开源、万源、龙源、金鳞、清风、春秋、吕浦、桥儿头、南塘、惠美
南郊街道	社区	7	西屿、三板桥、东龙、丽庆、吴桥、滨河、十里亭
松台街道	社区	12	来福门、庆年坊、蛟翔巷、郭公山、菱藕、茶花、锦花、半腰桥、昌明、水心、桂柑、昌盛
广化街道	社区	8	月湖、教场、翠微、双榕、集善、特陶、双桥、集新
双屿街道	社区	7	营楼桥、瓯浦垟、康龙、黄龙、垟田、牛岭、新泽
	行政村	3	牛岭、双岙、箬笠岙
丰门街道	社区	3	新屿、金竹、丁桥
	行政村	7	岩门、潘岙、屿头、正岙、上伊、前陈、嵇师
七都街道	社区	1	江都
	行政村	6	老涂、吟州、前沙、板桥、樟里、上沙
仰义街道	社区	1	仰新
	行政村	12	澄沙桥、渔渡、后京、前京、龙川、垟山、十里、河岙、钟山、陈村、林里、馒头驻
藤桥镇	社区	1	藤桥
	行政村	34	镇南、雅漾、林山新、西腾、藤北、姜村、山河、浦江、中河、云岭、戍浦、联江、垟岸、后垟、油岙、石垟、南岸、石埠、上寺西、上埠头、潮济、大潭、支岙、戴宅、下岸、外垟、上桥、竹桥、枫林岙、西湾、潮埠、江池、呈岸、岙底
山福镇	行政村	18	沙头、江南、江秀、垟江、横山、金岙、西洲、驿头驿阳、驿头山根、双潮、竹源、潮源、下冯山、西坑、双溪、小旦、沈渡、夏嘉

说明：该表由区民政局提供

人口 2022年末，鹿城区户籍人口计80.26万人，比上年增加3335人。其中，男性39.14万人，女性41.12万人；城镇人口70.17万人，乡村人口10.09万人。全年出生人口4903人，死亡人口4545人。年中暂住人口计55.59万人。

2022年鹿城区户籍人口情况表

表2

指标名称	单位	2022年	2022年比2021年增减（±）
一、年末总户数	户	279223	+1974
二、年末总人口	人	802645	+3335

续表 2

指标名称	单位	2022 年	2022 年比 2021 年增减（±）
（一）按性别分			
1.男性	人	391397	+808
2.女性	人	411248	+2527
（二）按户籍性质分			
1.城镇人口	人	701738	+4957
2.乡村人口	人	100907	−1622
（三）按年龄分			
1.17岁及以下	人	157317	−1105
2.18～34岁	人	126759	−3911
3.35～59岁	人	317699	−1373
4.60岁及以上	人	200870	+9724
三、人口变动			
（一）出生人数	人	4903	−708
出生率	‰	6.12	−0.92
（二）死亡人数	人	4545	+115
死亡率	‰	5.67	+0.11
（三）自然增长率	‰	0.45	−1.03
四、每户家庭平均人口	人/户	2.87	−0.01
五、暂住人口	人	555916	−40558

说明：户籍人口调查时点为 2022 年 11 月 30 日；暂住人口调查时点为 2022 年 6 月 30 日

历史人文

文物古迹　鹿城历史悠久，早在4000多年前，先民就已经在此生息繁衍，历代遗存文物较为丰富，有曹湾山遗址、西山青瓷窑址群、铁栏井、寺前桥、叶适墓等。2022年，全区有全国重点文物保护单位2处：曹湾山遗址、英国驻温州领事馆旧址；有省级文物保护单位20余处，另有市、县（市、区）级文物保护单位50余处。

2022 年鹿城区全国重点文物保护单位一览表

表3

名　称	简　介
曹湾山遗址	位于藤桥镇渡头村曹湾山。曹湾山又名老鼠山，因山形似鼠而得名，是孤立于戍浦江平原上的一座小山，由主峰和多座小山头连成一体的岗丘形山冈，海拔61米，山体总面积36公顷。该遗址于1985年被发现，以所在地曹湾山命名，距今4500年前后，占地面积1万平方米，发掘总面积635平方米。岗顶是先民聚落的中心，西南为居住生活区，东南为墓葬区，先民们主要从事采集、狩猎、原始农业。挖掘清理墓葬35座，出土玉器（柄形器上的玉饰片等）、石器（石镞、石锛等）、陶器（圈足盆等）、瓷器等1000多件。该遗址是新石器时代晚期至夏商时期的大型岗丘形聚落遗址，对深入研究温州市新石器时代聚落布局的特点及社会结构等具有十分重要的价值。2005年3月，被列为浙江省第五批文物保护单位；2013年，被列为第七批全国重点文物保护单位
英国驻温州领事馆旧址	位于江心屿东塔山麓。清光绪三年（1877），温州开埠，英国首任驻温州领事阿尔芭斯特以江心屿浩然楼作为临时领事馆，先后兼管德国、奥匈帝国、瑞典、西班牙等国家在温州的侨民及通商事务。光绪二十年（1894），英国在江心屿的东塔山麓兴造一座5间三层西式小洋房为领事馆，建筑面积409平方米。次年，又在东首建造三间两层楼房一座，作为警卫人员住所（巡捕房）。领事馆为外廊连续拱券带柱垛的三层砖木结构建筑，平面布置。巡捕房除廊券稍有变化外，建筑形式与领事馆一致。两楼既有欧洲建筑遗风，又有文艺复兴时期民间建筑艺术气息。民国13年（1924）5月，英国驻温州领事馆被撤销，同年11月划归瓯海关，沿用至1949年温州和平解放。1956年，政府将其改建为温州工人疗养院（温州市总工会直属事业单位）。2006年4月，该疗养院出租给鹿城区江心屿风景区管理处，作为“具有特殊历史价值的爱国主义教育基地”管理使用，兼具旅游服务功能。2008年，鹿城区江心屿风景区管理处将其转租给温州市几家民营企业投资组建的温州江心屿九号公馆有限公司，修缮后作为商务会所（名为“江心屿国际公馆”）使用，于2009年开业。2014年1月，该会所停止营业。2016年4月，江心工人疗养院收回领事馆旧址的使用权。至2019年10月，变身为公益性的温州近代史陈列室。1997年8月，被列为浙江省第四批文物保护单位；2019年10月，被列为第八批全国重点文物保护单位

2022 年鹿城区省级文物保护单位一览表

表4

名　称	简　介
文天祥祠	即宋文信国公祠、文信国公祠。位于江心屿的江心寺东侧，为纪念南宋右丞相、民族英雄文天祥而建。该祠始建于明成化十八年（1482），明、清以来多次重修。1981年，浙江省文物管理部门拨款全面整修。今祠系晚清建筑，占地面积821平方米，由门厅、正厅、两廊组成，内有文天祥彩色坐像，高3米；东西山墙内壁绘有重彩壁画，祠内有文天祥诗词碑石、乔石书文天祥《过零丁洋》诗碑、现代名书法家重书刻制的碑刻、明清以来著名文人吊谒文天祥祠的诗词及沙孟海（书“文信国公祠”大门横额）、启功、王蘧常、刘景晨、方介堪等名家执笔的匾额、楹联。1986年，设立文天祥纪念馆。1963年3月，以古建筑类被列为省级文物保护单位。1994年，被列为市级爱国主义教育基地
叶适墓	位于海坛山支阜慈山南麓，原名宋叶文定公墓。民国29年（1940）曾出土龙泉窑青瓷烧制的墓志砖一方（属国家一级文物，现藏温州博物馆），墓志正面用褐黑釉书篆体字“大宋吏部侍郎叶文定公之墓，淳祐十年吉立”。1952年，市政府拨款重修原墓，“文化大革命”期间遭到彻底破坏。1981年，浙江省有关部门拨款，于原址东30米处参照原墓式样依山复建，坐北朝南，占地面积104平方米，分下坟坛、上坟坛（供坛）和墓室三部分，墓室呈圆形穹顶，顶部用黄土覆盖，墓前立青石墓碑一座，正面篆书阴刻“宋叶文定公之墓”，高1.4米。1963年3月，以古建筑及历史纪念物类被列为省级文物保护单位

续表 4

名　称	简　介
正和堂窑址	位于广化街道双桥村蓬垅山北麓，为五代、宋瓯窑窑址，窑址范围2000多平方米。龙窑废品堆积层长50余米、厚1.5米，东南走向。产品有碗、盘、杯、盏、壶、瓶等。造型精巧新颖，胎质坚硬细密，成色较白。施釉多以淡青为主，亦有黑釉。纹饰有荷花、蕉叶、草花、牡丹等，线条遒劲粗犷，风格独特。该窑属西山窑址群，烧制时间为晚唐至宋，窑址保存完整，产品质量上乘，是研究瓯窑分布及烧造技术的重要依据。1989年12月，以古窑址类被列为省级文物保护单位
铁栏井	位于五马街道谢池社区铁井栏7弄7号民居西首。井栏呈圆形，内壁铁铸，下圈铸于北宋元祐六年（1091），上圈铸于南宋庆元四年（1198）。清咸丰元年（1851）于井栏外围以青石，口沿用扇形青石板平铺成环状，口径1.69米。井腹似瓮，用青石垒砌，深5.6米，井水清洌，常年不枯。1997年8月，以古建筑类被列为省级文物保护单位
城西基督教堂	位于五马街道城西街78号。因位于城西街而得名。清光绪四年（1878），传教士李华庆创建。光绪十一年（1885），“甲申教案”爆发时焚毁。光绪二十四年（1898），英国传教士苏慧廉主持重建。抗战时期，后殿被日本侵略军炸毁，民国35年（1946）修复。1958年，前堂被改为城西电影院。“文化大革命”中被工厂占用，内部被捣毁、改建，门窗墙壁破坏得面目全非。1978年冬恢复该堂。教堂占地面积1578平方米，建筑面积1617平方米，坐西朝东，前为大堂即礼拜堂，后为小堂即福音堂，另有中式用房12间，大堂严遵中世纪哥特式建筑风格，宏伟宽敞，庄严肃穆。是温州市规模最大、装饰最为庄丽的基督教堂。1985年，被列为温州市级文物保护单位；1997年8月，以近现代重要史迹及代表性建筑类被列为省级文物保护单位
寺前桥	位于藤桥镇寺前村。跨藤桥江，南北走向。因坐落龙泉寺前而得名。建成于南宋淳熙六年（1179）。该桥为三孔梁式石桥，长33.3米，宽3.9米，各孔桥面均由石板梁石六条并排直铺而成。桥梁的东西两侧分别有南宋乾道八年（1172）和淳熙六年（1179）题刻，东侧为“乾道八年壬辰岁季冬癸卯创始，龙泉院乾僧师表”，西侧为“淳熙六年己亥岁孟月丙子日记，广阳石匠游成”。桥墩由条石砌成，两端向外延伸3米，构成三角体。这种筏形结构的桥墩设计，使潮水涨落时快速分流，以此来减轻流水的冲击力，延长桥梁的寿命。为中水位漫水桥，桥面两侧不置栏杆，涨潮之际，水流可以畅通无阻地从桥孔下或桥面直接通过。该桥板梁数十条，每条梁石均长8米，最长的中孔梁石长8.85米，宽0.52米，厚0.41米，重6000公斤。由于桥下的江流已经改道，水量很少。1990年，被列为瓯海县第一批文物保护单位，2001年划归鹿城区；2005年，被列为温州市级文物保护单位；2011年1月，以古建筑类被列为省级文物保护单位
江心屿东塔、西塔	江心屿东塔位于松台街道江心屿东塔山上，一说建于唐咸通十年（869），一说建于北宋开宝二年（969），元至正年间、明万历年间、清乾隆年间均曾重修。塔六面七层，底座直径8.4米，高28米。塔身为砖木结构，外围皆有回廊和塔檐，内有梯级螺旋上升可登至塔巅。清光绪二十一年（1895），英国人在东塔下建造英国驻温领事馆，以警卫工作需要为借口，强迫温州当局拆除东塔外的回廊和塔檐（一说塔檐、回廊、扶梯因年久失修、风吹雨打腐烂损毁、塔砖掉落、老鹰踞而飞绕时所破坏或其他原因拆除），并盗走塔内佛经等珍贵文物。塔顶自然生长出一株榕树，无土生长，根垂塔中，已有100多年树龄。现东塔仅剩光秃塔身。江心屿西塔位于江心屿西塔山上，建于北宋开宝二年（969），另说始建于唐咸通十年（869），在明洪武、万历年间，清乾隆年间均曾重修。塔身系仿木质结构的砖塔，中空，六面七层，底座直径7米，高32米，呈楼阁样式，塔身曾有盘旋楼梯至塔巅，民国22年（1933）重修时被拆除。1982年，市政府拨款重修，加固塔基，今塔身尚全，壶门处保留十六尊石雕佛像。1981年，江心屿东、西塔被列为市级文物保护单位；1997年，被国际航标组织列为世界百座历史文物灯塔之一，为世界航标遗产；2011年1月，以古建筑类被列为省级文物保护单位

续表 4

名　称	简　介
江心寺	位于江心屿中部，寺以屿名，称“江心寺”。占地面积5100平方米，建筑面积3100平方米，被誉为“江天佛国”。江心屿本由两座岛屿分列组成，呈东西对称之势。东有普寂禅院，西有净信讲寺。南宋建炎四年（1130），宋高宗赵构为避战乱南渡驻跸于江心屿普寂禅院，曾御书“清辉”（尚存江心寺内）、“浴光”（已失）。翌年，宋高宗再度登基，改年号绍兴，于绍兴七年（1137）书诏蜀僧青了禅师任普寂禅院和净信讲寺住持。青了禅师率众抛石填塞中川，使两座岛屿连成一片，并在上面建了一所寺庙，取名为“中川寺”，宋高宗赐香灯田66.67公顷。朝廷每年春秋二季派京官到寺朝拜进香。明、清两朝，江心寺曾几度毁于台风，清乾隆五十四年（1789）再次重建。温州解放初期，普寂禅院改为“温州烈士纪念馆”，净信讲寺改作“温州博物馆”。1978年后，江心寺大殿开始修葺。1981年6月，江心寺被列为市级文物保护单位；1983年，国务院确定江心寺为全国142个重点开放寺院之一。1985年，再度修复。寺内主要建筑有天王殿、钟鼓楼、大雄宝殿、三圣殿、方丈室、斋堂等。分前、中、后三殿。前殿为金刚殿，两端置钟鼓楼（今宋代古钟尚存）。中供弥勒、韦驮两位菩萨，两边为四大天王像。寺内多名人对联匾额。2011年1月，以古建筑类被列为省级文物保护单位
浩然楼	位于江心屿文天祥祠前东侧。明万历八年（1580）巡道吴自新、郡丞刘正亨始建，原址坐落在文天祥祠前，清乾隆三十八年（1773）移建今址。浩然楼为二层砖木结构，坐北朝南，面阔三间，重檐歇山顶建筑。楼中曾悬有“江城如画”匾额及“青山横郭，白水绕城，孤屿大江双塔院；初日芙蓉，晓风杨柳，一楼千古两诗人”对联一副。1981年，被列为市级文物保护单位；2011年1月，以古建筑类被列为省级文物保护单位
程让平祖居	位于山福镇和平村。为清朝晚期程氏二十四世裔孙——程让平曾祖父程增莲（1847—1909）所建。坐西朝东，占地1300多平方米，由门台、厢房、正屋组成两进四合院式建筑。门台为砖砌仿木结构，单开间，悬山顶。正屋通面阔七开间，带面披屋，硬山顶，木构建筑，板瓦灰背，上有背饰。梁架、槅扇雕刻精美，布局合理，结构稳固。2005年8月，被列为温州市第五批文物保护单位；2011年1月，以近现代重要史迹及代表性建筑类被列为省级文物保护单位
温州天主教总堂	位于五马街道周宅祠巷40号。清同治十三年（1874）11月，温州天主教初设小经堂于花柳塘，清光绪二年（1876）12月迁至购买的周宅祠巷周庆妹大屋（本址），称周宅祠巷新堂。光绪十年（1884）中法战争爆发后，温州发生“甲申教案”，教堂被焚毁。教案议结后得到赔偿金7359银圆。光绪十四年（1888）由神父傅貌禄设计监造，历时两年建成，称温州天主教总堂。占地面积5372平方米，建筑面积4731平方米。主厅698.25平方米。阔17.5米，深35.5米，高35米。坐北朝南，伞状顶层，弧拱长窗，梅花大柱，上饰宗教图案，华丽庄严，前耸六层钟楼，呈四方六角尖塔式。由天主堂、圣心堂、广场、主教楼、神父楼、圣像间、保禄学校及辅助用房组成，各建筑间有廊道相通。居浙南天主堂之首。1985年，被列为温州市第二批文物保护单位；2011年1月，以近现代重要史迹及代表性建筑类被列为省级文物保护单位
谯楼（含州治旧址）	谯楼，即更鼓楼，俗称鼓楼。因有铜壶滴漏计时、击鼓报更的功能而得名。位于五马街道鼓楼街114号，是温州市目前仅存的城门建筑。东晋太宁元年（323），永嘉设郡建城，郡城周长（18里）9千米。五代后梁开平初，吴越王钱镠之子钱元瓘（887—941）驻温，修缮旧城（东晋时所筑的鹿城），增筑内城（史称“钱氏子城”）。内城周长1525米，占地面积672万平方米，旁通壕堑，规制方整，城池呈正方形，东界为打锣桥，南界为渔丰桥、冰壶潭，西至城西街，北界为仓桥。城四周有护城河，河上筑桥接城门使其城内外相通，四处城门上各筑一座城楼，东为“华盖楼”，南为“谯楼”，西为“西楼”，北为“临圃楼”。元至元十三年（1276），统治者下令拆毁了内城四面的城墙和东西北三处城门，唯南城门得以保留。清顺治年间，谯楼毁于兵祸。康熙十二年（1673），在原址重建，雍正、乾隆、道光年间先后复修。民国18年（1929），辟为永嘉县立民众教育馆。1949年温州解放后，为公安局使用。后几经修缮。如今只剩谯楼的主体和下面的拱门。谯楼坐北朝南，为三间带回廊二层歇山顶木构建筑，占地面积386平方米，东西长27.6米，南北宽14米，高13米，门呈穹形，俗称“城门洞”。1981年，被列为市级文物保护单位；2011年1月，以近现代重要史迹及代表性建筑和古建筑类被列为省级文物保护单位

续表 4

名　称	简　介
飞鹏巷陈宅	位于五马街道飞鹏巷98号。始建于20世纪20年代，系民国年间温州著名乡绅陈权东建造，故名。陈宅坐北朝南，为巴洛克风格建筑，由主楼、后楼外加围墙构成封闭的院落，占地面积1000平方米，院内建有主楼、辅楼各一幢，门台为艺术装饰派风格，背面为六角半亭。主楼为三间带东、南两廊的二层楼房。正立面用石英砂浆抹面，其余三面用清水砖，屋面为四坡顶，铺青筒瓦。后楼为两层砖房，屋面为青筒瓦铺面四坡顶。建造坚固。在日常生活设施上，处处体现西化方式，如在温州首家使用抽水马桶；利用修建的地下室，储存保鲜蔬菜、水果等。1949年后，陈氏家属搬出该宅，移居到蛟翔巷一普通民居。2011年1月，以近现代重要史迹及代表性建筑类被列为省级文物保护单位。2013年，马孟容马公愚艺术馆入驻陈宅，并于12月16日对外开放
夏鼐故居	位于五马街道仓桥街102号，建于民国11年（1922）。故居坐北朝南，由四处院落组成，占地面积1386平方米，建筑面积1647平方米，通面阔19.4米，进深32米。正中院落由门屋、厢房、正屋组成合院式建筑。门屋面阔五间，为西洋风格的砖木建筑，砖砌抹灰立面，后带拱券外廊。门屋北为天井，天井东西各为三间二层砖木混合结构厢房，天井北为正屋，五间二层歇山顶建筑，前后带廊，廊柱均为砖砌抹灰方柱。正屋为考古学家夏鼐小时候起居的地方，西南小院正屋二层为夏鼐小时读书的书房。2012年6月，夏鼐故居陈列馆正式开放。陈列馆由夏鼐生平陈列厅、友人所赠书画厅、多功能影像厅等八个展厅组成。2000年，被列为温州市市级文物保护单位；2011年1月，以近现代重要史迹及代表性建筑类被列为省级文物保护单位
永川轮船局旧址	位于五马街道永川路9号。由门廊、耳房（含楼梯间）、正楼、院墙围成庭院式建筑，坐北朝南。门廊位于街巷转角处，平面为折边弧形。正楼面阔四间二层，南、北侧均设外廊，各间廊柱为方壁柱，柱间用连续券，由爱奥尼克式柱承托，柱表面以石英砂浆抹面，券上有券心石。腰檐及屋面檐口挑出多层砖线脚，并有齿状饰。屋面女儿墙高出檐口，做成几何状漏砖装饰。二层外廊为宝瓶式栏杆。室内为木结构，铺木楼板，屋面由斜梁式梁架承托，上有方木椽。侧面玻璃窗外另有百叶式窗。屋面为双坡硬山顶。楼梯间设于东侧，有单跑木楼梯，楼梯间外另有单披檐耳房。永川轮船局是温州近现代民间航运企业的发端，其遗存的西方柱式连续券外廊形办公建筑，是温州近现代民间航运业的重要见证之一。2011年1月，以近现代重要史迹及代表性建筑类被列为省级文物保护单位
开平闸遗址	位于上蒲州村杨府山东麓。原名开平闸，俗称“下陡门”。该闸始建于南宋乾道七年（1171），嘉定年间（1208—1224）郡守杨简修之，明弘治九年（1496）郡守陆润加筑，明之后又有多次修建。陡门呈东西跨向，建于瞿屿山麓基岩上，总长16.75米，闸5孔，每孔宽2.8米，高1.8米，闸墩长2.3米，宽0.5米，墩两端立方形花岗岩石柱，石柱间以条石砌筑。北首并排两立柱上各开一条闸槽用于安放闸板，闸墩北侧设斜撑条石，闸墩柱头开有卯孔与闸墩条石和撑石连接，东数第三闸墩立柱南侧面上刻有竖列“开平闸”三字，墩上原铺设条石成桥梁供人通行。闸门底部筑坡状护坝，坝上横设条石，条石上开两条平行闸槽与墩柱闸槽呈直角相接，用于扣锁闸板。2011年2月，被列为温州市文物保护单位；2017年1月，以古遗址类被列为省级文物保护单位
二十八宿井	东晋太宁元年（323）郭璞造城时，同时“凿二十八井以象列宿”，素称“二十八宿井”，分别为八角井、八轮井、白鹿庵古井、道署古井、府署古井、桂井、郭公山下岩石井、海坛山山下井、横井（天宿井）、华盖山炼丹井、积谷山下冽井、积谷山义井、简讼井、解井、金沙井、奎壁井、三港殿古井、三牌坊古井、施水寮古井、双墙井、松台山上井（仙人井）、天宁寺古井、甜井、铁栏井、屯前街古井、县前头古井、应仙井、永宁坊井。至今，二十八井有的仍清冽甘甜，有的被污染、被填塞，甚至考证其原址都非常困难。其中，松台山八角井、横井、松台山上井等原来就已是市级文物保护单位，2010年6月，二十八宿井被列为温州市第六批文物保护单位；2017年1月，二十八宿井中保留较好的华盖山炼丹井、县前头古井、横井、松台山仙人井、松台山八角井、三牌坊古井、白鹿庵井、永宁坊井以古建筑类被列为省级文物保护单位

续表 4

名 称	简 介
张璁碑亭	位于松台街道人民西路妙果寺西侧园林花圃内，亭内立明朝嘉靖皇帝赐大学士张璁之御碑，碑原立于大士门东端张氏宗祠内，1958年2月移至该处。亭面三间，宽12米，深6.9米，四面回廊，重檐歇山顶，为明代木制建筑。今亭内尚保存三块和张氏事迹有关的石碑。明嘉靖十年（1531），张璁为避嘉靖皇帝（厚熜）讳，请求更名，嘉靖皇帝赐名孚敬，字茂恭，并书以赠，张璁奉敕，刻碑建亭以示盛典。中碑为御制诗碑，刻有张璁像，东西碑为嘉靖皇帝书赐张璁名字碑，上有“广运之宝”玺文，左为“御笔”章，右为“嘉靖”圆图章。东碑为“赐永嘉张元辅名”，下平列“孚敬”二字。西碑为“赐永嘉张元辅字”，下平列“茂恭”二字，字大尺许。1981年6月，被列为温州市级文物保护单位；2017年1月，以古建筑类被列为省级文物保护单位
永嘉战时青年服务团旧址	位于五马街道康乐坊280号。旧址所在地原为周华国开办的廉昌钱庄，后售予亚细亚煤油公司。廉昌钱庄建于20世纪30年代，坐北朝南，三间三层砖木结构，占地面积180平方米，建筑面积865平方米。通面阔13.3米，进深12.3米。中有天井，四周设围廊，建筑立面为巴洛克装饰风格。1937年7月7日“卢沟桥事变”爆发后，温州青年徐贤议等在原周华国开办的廉昌钱庄成立永嘉战时青年服务团。温州青年以此处为中心开展抗日救亡工作，是当时温州地区规模最大、活动最广、影响最深的青年抗日团体。1938年2月，迁往府前街办公。2005年8月，被列为温州市级文物保护单位；2017年1月，以近现代重要史迹及代表性建筑类被列为省级文物保护单位
益康钱庄旧址	位于五马街道四营堂巷52号，建于晚清。坐北朝南，占地面积530平方米，建筑面积756平方米，由门厅、正厅和厢房组成合院式砖木混合结构建筑，五间三层，通面阔18米，进深29.6米。天井四周设围廊，建筑立面为巴洛克装饰风格，是典型的中西合璧建筑。钱庄于20世纪20年代由葛明斋、黄淑香夫妇开设。温州解放初期，为温州市北区政府驻地，现为南戏博物馆。2005年8月，被列为温州市文物保护单位；2017年1月，以近现代重要史迹及代表性建筑类被列为省级文物保护单位
沧河巷金宅（郑振铎纪念馆）	位于五马街道沧河巷24～28号，建于民国24年（1935），原为金氏所居。占地面积829平方米，建筑面积1404平方米，由门屋、厢房、正屋等组成合院式建筑。正立面为巴洛克式风格，青石台基，大门呈八字形内凹，青石门框，上有半圆形拱券大门罩。正屋五间两层，砖木结构。一、二层均带前廊，科林斯柱式檐柱，二楼预制砼栏杆，镂空几何、花草纹饰。据传，该宅民国27年（1938）间曾为新四军秘密联络点与永嘉临时县委活动点。2011年9月，被列入温州市第二批文物保护点。2010年，市政府选址金宅筹办郑振铎纪念馆，于2015年10月18日免费对公众开放。馆内收藏有郑振铎的手写书信、私人物品及茅盾、赵朴初、夏承焘等名人赠予郑振铎的书法作品等。展陈分四大部分：一层西间为“书生报国一甲子”专题，介绍郑振铎生平；一层东间为“心怀温州桑梓情”，展示郑振铎与故乡温州的情怀书信及其他物品；二层西间为“一代才华万古传”，介绍郑振铎交友、影响与著作等情况；二层东间为“鞠躬尽瘁为文物”，展示郑振铎在文物考古方面的突出贡献。展品中，《北平笺谱》是民国22年（1933）鲁迅与郑振铎合编的一套传统水印木刻笺纸集，瓷青纸书衣，线装，六册一函，非常珍贵。汉白玉毛泽东头像浮雕，为著名雕塑家刘开渠利用人民英雄纪念碑余料雕刻而成，据传这种雕像仅三座，雕刻完成后，即由彭真、梁思成和郑振铎三人各收藏一座，堪称镇馆之宝。2017年1月，以近现代重要史迹及代表性建筑类被列为省级文物保护单位

历代名人 鹿城自古以来文风鼎盛，人才辈出，如唐代书画家张諲，南宋永嘉学派代表人物叶适，南宋“永嘉四灵”诗派之徐照、徐玑、赵师秀，南宋词人卢祖皋，元代地理学家周达观、画家王振鹏，明代政治家黄淮、藏书家姜准，清代画家、诗人项维仁、教育家余朝绅、黄杨木雕刻家朱子常，现代作家、文学史家郑振铎，当代“一代词宗”夏承焘、篆刻家方介堪、中华人民共和国考古学奠基人夏鼐、数学家谷超豪、书画家马公愚、马孟容和画家刘旦宅等。历史上，和鹿城相关的外籍著名人物有东瓯人文始祖驺摇，东晋风水学家郭璞、“书圣”王羲之，东晋、南朝宋时期史学家裴松之，南朝宋山水诗鼻

祖谢灵运、南朝梁文学家丘迟，唐代高僧玄觉、山水田园派诗人孟浩然、诗人张又新，北宋诗人杨蟠，南宋爱国诗人文天祥，明代名臣何文渊、文林，清代楹联学开山之祖梁章钜、画家汪如渊，近代音乐家、美术教育家、书法家、戏剧活动家弘一法师等。

鹿城历代名人一览表

表 5

姓　名	简　介
驺　摇（生卒年未详）	越王勾践后裔，战国时期“世王东瓯”。秦朝末年，率领瓯人加入抗秦队伍，共同推翻秦朝。后又助汉高祖刘邦打败项羽，因功于汉高帝六年（前201）被封为海阳齐信侯。汉惠帝三年（前192）晋封东海王，建都东瓯，世称东瓯王。其地域相当于现在的温州、丽水、台州三地。历来被奉为东瓯人文始祖。明代在华盖山下建东瓯王庙，每逢农历三月初八，人们拥其塑像巡游街市，驱灾祈福。今鹿城区瓯浦垟有东瓯王墓，被列为市级文物保护单位
郭　璞（276—324）	字景纯，山西闻喜人。文学家、训诂学家，精于占卜风水。相传东晋太宁元年（323），温州筹建郡城。郭璞经过乐清郭路村，来到温州卜城。他建议跨山筑城，城内凿井二十八口象征二十八星宿，疏通五条河流以配五行，于是温州城“山分九斗，水城阡陌”的建筑格局从此形成，并影响至今
王羲之（303—361，一作307—365，又作321—379）	字逸少，琅琊（今山东临沂市）人。东晋大臣、书法家，有“书圣”之称。撰写的《兰亭序》为“天下第一行书”。与钟繇并称“钟王”，与其子王献之合称“二王”。相传曾任永嘉太守，鹿城区留有“墨池”等遗迹
裴松之（372—451）	字世期，河东郡闻喜县（今山西闻喜县）人。东晋、南朝宋时期史学家，与其子裴骃、曾孙裴子野有“史学三裴”之称。南朝宋元嘉六年（429），完成陈寿《三国志》注释，后出任永嘉太守，在任时“勤恤民隐，吏民便之”
颜延之（384—456）	字延年，琅琊临沂（今属山东）人。南北朝时诗人、文学家，与谢灵运并称“颜谢”。南朝宋文帝元嘉时期，因言辞激越惹祸，贬任永嘉郡守，任上写有《五君咏》
谢灵运（385—433）	名公义，字灵运，小名客儿，祖籍陈郡阳夏（今河南太康），出生于会稽始宁（今浙江上虞）。东晋名将谢玄之孙，承袭康乐公爵位，世称谢康乐。佛学家、旅行家，山水诗派鼻祖。南朝宋永初三年（422），任永嘉太守。现留存他在温州写的山水诗有20余首，名章佳句，脍炙人口，也使温州成为山水诗的摇篮
丘　迟（464—508）	字希范，吴兴乌程（今湖州市）人。南朝梁文学家。梁天监三年（504），由中书侍郎出为永嘉太守。写有《永嘉郡教》，赞美永嘉“贵郡控带山海，利兼水陆，实东南之沃壤，一都之巨会”。一年后，所作的《与陈伯之书》使陈伯之拥众八千归降，其中名句“暮春三月，江南草长，杂花生树，群莺乱飞”，有人说正是描写的温州景致
释玄觉（665—713）	字明道，俗姓戴。世称宿觉大师。唐代高僧。童年出家，精研佛学。在曹溪（今广州韶关南华寺）谒见禅宗六祖慧能时，受到六祖印可，永嘉禅学从此名传天下。著作以《证道歌》最为著名，流传海内外
孟浩然（689—740）	字浩然，号孟山人，襄州襄阳（今湖北襄阳）人，世称“孟襄阳”。唐代著名的山水田园派诗人。仕途困顿，后在太学赋诗，名动公卿。曾于唐开元二十五年（737）被张九龄招至幕府，后隐居。其诗在艺术上造诣独特，与王维并称“王孟”，有《孟浩然集》三卷传世。开元年间，孟浩然乘舟泛江到永嘉，探望同乡好友、时任乐成县尉的张子容，留有“借问同舟客，何时到永嘉”“众山遥对酒，孤屿共题诗”等名句

续表 5

姓 名	简 介
张 諲 （生卒年不详）	唐开元、天宝年间著名诗人兼书画家，永嘉人，因排行第五，人称张五。青年时离家出游，和王维居于河南登封的嵩山少室山，历时十余年。张諲闭门读书，不及声利，与诗人王维、李颀、孟浩然等交好，来往密切、唱酬甚多。王维有诗《故人张諲工诗善易卜兼能丹青草隶顷以诗见赠聊获酬之》。曾官至刑部员外郎，后隐居安徽宣城、凤阳，寄情山水间
张又新 （生卒年不详）	字孔昭，深州陆泽（今河北深州市）人。初应“宏辞”第一，又为京兆解头，唐元和九年（814）状元，三元及第。历左右补阙、广陵从事、江州刺史、刑部郎中、申州刺史，终左司郎。嗜茶，著有《煎茶水记》一卷。唐宝历年间（825—827）任温州刺史，所作《永嘉百咏》写全温州周边山水，是温州地方史中重要的人文史料
韦 庸 （生卒年不详）	山东兖州（今济宁兖州区）人。唐会昌年间任温州刺史。会昌四年（844），发动民工治理西南水患，开拓三溪河网工程，历经四年，实现旱涝兼治，达到防洪、灌溉、交通水运综合效益。百姓为纪念韦庸治水功绩，命名湖为会昌湖、堤为韦公堤
石牧之 （1015—1093）	字圣咨，浙江新昌人。北宋庆历二年（1042）进士。皇祐五年（1053），任天台令，大兴县学，亲讲儒学，王开祖曾负笈从学。与鄞令王安石、仙居令陈襄合称“江东三贤宰”。北宋元丰年间，任知州。因温州古城火灾频繁，采用建保甲连坐的火保制度来防火、救火，并做好盐政管理和市政建设，是最早开发五马街的人。在温期间，重视、促进人才培养，涌现出永嘉学派早期代表人物“元丰九先生”
杨 蟠 （约1017—1106）	字公济，别号浩然居士，章安（今临海）人，一作钱塘（今杭州）人。北宋庆历六年（1046）进士，为密、和二州推官。元祐四年（1089）苏轼知杭州时，杨蟠为通判。绍圣二年（1095），以承议郎知温州。到任后，于衙署仪门立碑，刻前任太守刘述的《劝农五事》以为施政准则；划分州城街巷，定为三十六坊；常轻装简从，巡视乡里。在任两年，颇得百姓好评，去任日百姓攀辕卧辙，几不得出境。任上，作《永嘉百咏》及《后永嘉百咏》等诗篇，盛赞温州名胜和山水田园风光
王开祖 （约1035—1068）	字景山，学者称儒志先生，永嘉（今鹿城）人。北宋皇祐元年（1049）进士，任秘书省校书郎，处州主簿。后退居郡城东山书院，讲学授徒。倡导修己治人，发明经义。被推为“永嘉学术开山祖”。著有《儒志编》
周行己 （1067—1125）	字恭叔，祖籍瑞安。与许景衡、刘安节等并称“元丰太学九先生”。北宋元祐六年（1091）进士，官至秘书省正字。在谢池坊建浮沚书院，讲学授徒，使洛学在温州盛行，奠定永嘉学派基础。北宋时货币思想集大成者，最早对纸币发行准备金问题进行理论探讨。著有《浮沚集》
沈 枢 （生卒年不详）	字持要、持孝，吴兴（今湖州安吉）人。南宋绍兴十五年（1145）进士。历任监察御史、比部员外郎、福建转运副使，官至太子詹事、光禄卿。有《通鉴总类》及《宣林集》。淳熙十二年（1185），于大理寺丞任上调任温州太守。他拨款建造贡院、军营，并于次年发动永嘉、瑞安两县吏民修筑南塘，以解洪水之苦，深受百姓爱戴
薛季宣 （1134—1173）	字士龙，号艮斋，永嘉（今鹿城）人。南宋哲学家，永嘉学派创始人。通礼、乐、兵、农，历仕鄂州武昌县令、大理寺主簿、大理正、知湖州，后改知常州，未赴而卒。反对空谈义理，注重研究田赋、兵制、地形、水利等世务，开创永嘉事功学派先志。著有《浪语集》《书古文训》等
叶 适 （1150—1223）	字正则，生于瑞安，后居于永嘉水心村（今鹿城水心），世称水心先生。南宋思想家、文学家、政论家。淳熙五年（1178）进士。历仕于孝宗、光宗、宁宗三朝，官至权工部侍郎、吏部侍郎兼直学士院。倡导“务实而不务虚”，批评“高谈者远述性命，而以功业为可略”，主张“黜虚从实”，修实政、行实德、实事实功，是永嘉学派之集大成者

续表 5

姓 名	简 介
徐 照（约1160—1211）	字道晖，一字灵晖，自号山民，永嘉（今鹿城）人。“永嘉四灵”之一。家境清寒，一生未仕，布衣终身，以诗游士大夫间，行迹遍及今湖南、江西、江苏、四川等地。著有《芳兰轩集》
徐 玑（1162—1214）	字文渊，又字致中，号灵渊，永嘉（今鹿城）人。“永嘉四灵”之一。祖籍福建晋江，为徐定第三子，受父“致仕恩”得职，浮沉州县，历任建安主簿、永州司理、龙溪县丞、武当令等。后改长泰令，拟去官从叶适游，未及而卒。著有《泉山集》，已佚
赵师秀（1170—1219）	字紫芝，号灵秀，亦称灵芝，又号天乐，永嘉（今鹿城）人。“永嘉四灵”之一，人称“鬼才”，开创“江湖诗派”一代诗风。南宋庆元元年（1195）任上元主簿，后为筠州（今江西高安）推官。晚年宦游，寓居钱塘（今浙江杭州）。编有《二妙集》
卢祖皋（约1174—1224）	字申之，一字次夔，号蒲江，永嘉（今鹿城）人。南宋庆元五年（1199）进士，历任秘书省正字、校书郎、著书郎，累官至权直学士院。工词，被誉为八百年来温州词宗。遗著有《蒲江词稿》一卷，刊入《强村丛书》，凡96阕。诗作大多遗失
文天祥（1236—1283）	初名云孙，字宋瑞，又字履善。自号浮休道人、文山。吉州庐陵（今江西吉安市）人。南宋宝祐四年（1256），进士第一。抗元名臣，与陆秀夫、张世杰并称“宋末三杰”。南宋德祐二年（1276） 临安（今杭州）沦陷后，益王赵昰、广王赵昺逃婺州（今金华），经温州，至福州。文天祥从通州（今南通）泛海到温寻找南宋行朝所在地，在江心屿居住期间，写下《北归宿中川寺》题壁诗。现江心屿有文信国公祠
周达观（约1266—1346）	字达可，号草庭逸民，永嘉（今鹿城）人。元元贞元年（1295）随元使由温州港出发到真腊（今柬埔寨）访问，次年（1296）至该国，居住一年许，至大德元年（1297）返国。据所见闻，撰成《真腊风土记》一卷，记录其山川草木、城郭宫室、风俗信仰及工农业贸易等，是珍贵的国际历史文献，有法、英、日文等多种译注本。书中所记之都城，即今柬埔寨吴哥窟
王振鹏（1275—1348）	字朋梅，号孤云处士，永嘉（今鹿城）人。因才艺出众，受元仁宗奖，官至漕运千户。长期在宫廷作画，有机会接触御藏历代名画，以界画见长，兼工人物，曾奉诏作十妃岫，又画《大明宫图》以献，称神品。传世作品还有《金明池龙秀图》等
黄 淮（1367—1449）	字宗豫，号介庵，永嘉（今鹿城）人。明洪武三十年（1397）二甲第五名进士，历事太祖、惠帝、成祖、仁宗、宣宗五朝，曾任中书舍人、通政使兼武英殿大学士，终户部尚书，谥文简。著有《省愆集》等
何文渊（1385—1457）	字巨川，号东园，又号钝庵，江西广昌人。明永乐十六年（1418）进士，授监察御史，后官吏部尚书。通晓天文地理，奏、疏、策、议均有文采，善诗。著有《东园集》《义庭训》等。明宣德五年（1430）任温州知府，在任六年，兴利除弊，组织疏浚瑞安渠，考绩时获“治行为浙东第一”，升为刑部右侍郎
文 林（1445—1499）	字宗儒，自号衡山，苏州府长洲县（今江苏苏州）人。博学多识，通晓堪舆卜筮，尤精易数。明成化八年（1472）进士。初知永嘉县，后复起为温州知府，亲立《族范》，向属县推广乡约。卒于任所，家无余财，士民厚赙葬仪，其子文徵明坚辞不受，温州人特为建“却金亭”。著有《文温州集》十二卷及《琅琊漫钞》
龙 膺（1560—1622）	初字君善，改字君御，号茅龙氏、朱陵，别号纶灑先生，湖广武陵（今属常德）人。明万历八年（1580）进士，官至太常寺正卿。诗人，戏剧家，著有《九芝集》等。明万历年间，任温州府学教授，倡议成立“白鹿社”，并自任社长，对当时文人的交流和诗文创作有重大影响

续表 5

姓　名	简　介
何　白（1562—1642）	字无咎，别号丹丘生，原籍乐清，幼随父迁居温州城区积谷山下。明末布衣诗人，和当时名人多有唱和，书法、绘画亦为世人珍视。著有《汲古堂集》《汲古堂续集》等，今合为《何白集》
姜　准（生卒年未详）	字平仲，号艮峰，永嘉（今鹿城）人。出生于明万历年间，卒年不详但享老寿。故居在今鹿城区华盖山麓，叫竹梧书院，是当时温州著名的藏书家。平生博综群籍，不愿为官，著书27种，有《东嘉人物表》《东嘉书目考》等，均已失传。传世的仅《歧海琐谈》一书，详述温州掌故、名人逸事、建置胜迹、诗文书法、灾害变异、风土物产等
曾　唯（1739—1792）	字岸栖，号近堂，永嘉（今鹿城）人。出身世族，家业殷实，清乾隆年间曾任江苏溧阳县丞。热心地方公益，独资修造海坦山石坝，出重金重建江心屿的浩然楼、文天祥祠堂、卓公祠等。喜搜辑温州文献，著《东瓯诗存》四十六卷，编纂《广雁荡山志》等。胞弟曾儒璋，字玉西，历官刑部、户部郎中，曾任福建兴泉永兵备道
项维仁（1758—1827）	字寿春，号勉轩，晚号果园，永嘉（今鹿城）人。善画，工诗，人称清代永嘉第一。著有《果园诗钞》等
梁章钜（1775—1849） 梁恭辰（1814—1887）	梁章钜，字闳中，又字茝林，号茝邻，晚号退庵居士，福建福州人。清代官员、经学家。其在楹联创作、研究方面贡献颇丰，为楹联学开山之祖。道光二十七年（1847），其三子梁恭辰署理温州知府，同往温州。其间，梁章钜写了许多著作，其中《浪迹丛谈》及续谈、三谈中有许多关于温州的记载。道光二十九年（1849）六月，病逝于鹿城。梁恭辰继承父业，编撰《楹联四话》《巧对续录》等书，编入其父所著的《楹联丛话全编》中
余朝绅（1855—1917）	字搢敷，号筱璇、绶伯。原籍乐清，后徙居永嘉（今鹿城）。清光绪十二年（1886）进士，曾为翰林院庶吉士、国史馆纂修、编书处协修、会典馆纂修等职。光绪二十八年（1902）七月，任温州府学堂首任总理。光绪二十九年（1903）初，温州商界筹设商会，被推为首任总理。后被选为永嘉自治议长。民国3年（1914），创办温州甲种商业学校。遗作仅存《地方利弊论》及《感事诗》12首
吕渭英（1857—1924）	字永年，号文起，又作文溪，永嘉（今鹿城）人。清光绪十一年（1885）举人，历任福州知府、道台。宣统元年（1909）回归乡里，投身实业，任温州商会总理。次年，开辟温州最早的内港客货轮航线。他在保障工商健康发展方面作出贡献，并热心公益，曾资助永嘉育婴堂、维持广济院、主持协济善堂、捐助普安施药局等。著有《于园诗集》
杨　青（1865—1935）	字淡风，亦作淡峰，永嘉（今鹿城）人。诗人。一生重视地方文献的搜集，手录乾嘉之后的温州先贤遗诗数十编，辑成《杨园诗录》，是弥足珍贵的历史资料。今有《杨青集》
汪如渊（1867—1923）	本姓杨，字芗泉，一作香泉，号香禅，出嗣外家，浙江龙泉人，晚年寓居温州城区。清光绪二十三年（1897）拔贡。善书、画，擅写花卉、山水、人物。晚年嗜菊，因成百菊长卷，时称能手。筑有香叶楼，课画吟诗，著籍弟子甚多，马孟容、郑曼青等从其学。当时聚其门下习画者30余人，形成以他为代表的永嘉画派。著有《瓯隐园花木册》《水绘风流册》《永嘉诗人祠堂图》
朱子常（1876—1934）	名正伦，一作阿伦，字子常，永嘉（今鹿城）人。著名黄杨木雕刻家。其作品《济颠和尚》《捉迷藏》先后参加近代国内外大型展览会，分别获南洋劝业会优胜奖和巴拿马赛会二等奖，首次为温州黄杨木雕在世界上赢得声誉
弘一法师（1880—1942）	俗名李叔同，谱名文涛，学名广侯。祖籍浙江平湖，出生于天津。著名音乐家、美术教育家、书法家、戏剧活动家，是中国话剧的开拓者之一。民国10年（1921）3月，自杭州赴温州，居鹿城庆福寺。曾在江心寺闭关。在温前后十二年，潜修律宗。民国21年（1932），襄助重建庆福寺，并为寺匾额题写寺名。著有《四分律比丘戒相表记》《佛说无常经》等佛教著作

续表 5

姓 名	简 介
杨雨农（1880—1951）	名振炘，字雨农，号巽园，永嘉（今鹿城）人。曾任永嘉商会会长、浙江省参议会议员。民国13年（1924）与吕渭英等接办普华电灯公司，任经理、常务理事。曾投资参与创办东瓯电话公司、光明火柴公司、瓯海实业银行等。热心公益，当时以“多财善贾，长袖善舞”为时人所称
许漱玉（1880—1967）	名云章，以字行，瑞安人。13岁到温州益大布店充学徒，后在县城殿巷（今公园路）自开小布店、在曹仙巷租房开许云章绸布店，积聚财富后，民国6年（1917）买下五马街平屋店面七间，拆建成温州第一座3层楼店面。后开设博瓯百货店，又合并云章、博瓯两店，改名云博百货商场，规模之大，名震全省。毕生守商家本分，乐赞公益，支持抗战，为人称道
刘景晨（1881—1960） 刘 节（1901—1977）	刘景晨，字贞晦，号冠三、潜庐、梅隐、梅屋先生等，永嘉（今鹿城）人。曾执教于温州府学堂（温州中学）。民国初年，被选为第一届国会众议院候补议员。民国12年（1923）拒曹锟贿选，毅然偕同沈钧儒、陈叔通等南下。在上海结交刘放园、李佩秋、陈石遗、徐悲鸿、张红薇、郑曼青诸诗画名家。中华人民共和国成立后，为温州市文物管理委员会首任主任，旋任温州市政协副主席等职，被公认为现代“浙江知名的耆宿”。善诗文书画金石，绘画尤长梅花。著有《题画梅百绝》《古遗爱传抄》《贞晦诗集》等。其子刘节，为中山大学教授，著有《中国史学史稿》，是中国史学科代表作之一
郑恻尘（1888—1927） 胡识因（1893—1974）	郑恻尘，又名朝寮、振中，字采臣，永嘉县人。出生于小康家庭。清宣统二年（1910）回温州创办振亚肥皂公司。民国8年（1919），集资首创中一花席厂，自任总技师，成为当时温州第一大厂。其夫人胡识因，原名世英，永嘉县人，1900年全家迁住温州。民国9年（1920），在温州办起私立新民小学，自任校长，并在女子师范兼课。民国13年（1924）冬，两人一起加入中国共产党。12月，在新民小学成立中共温州独立支部，胡识因任书记，郑恻尘是主要组织者之一。民国14年（1925）春，两人从事国民党工作，郑恻尘曾任国民党浙江省党部执行委员、商民部长兼杭州民众大会筹备委员会主任，民国16年（1927）4月在杭州因国民党右派发动政变被捕遇害。胡识因于1926年6月调任省党部妇女部长。民国16年（1927）2月，担任中共浙江省妇运委员会主席，主持创办《浙江妇女》半月刊。10月，连同两个子女被送往苏联中山大学学习。民国18年（1929）秋回国后，为中国工农红军第十三军驻沪通讯联络员。民国27年（1938），回乡担任岩头小学校长。抗战胜利后，先后担任上海肇和、崇农两所小学校长。1949年，任温州第八小学校长，后改任永光小学校长
马公愚（1893—1969） 马孟容（1892—1932）	马公愚，本名范，初字公驭，后改公禺、公愚，晚号冷翁，永嘉（今鹿城）人。寄籍上海。永嘉马氏，向以书画传家。马公愚与其兄马孟容均幼承家学，稍长曾师承瑞安孙诒让、究心周鼎秦权、石刻奇字。晚年被上海中国画院聘为画师。著有《书法讲话》《书法史》《公愚印谱》《畊石簃杂著》《畊石簃墨痕》等。其兄马孟容，曾被温州府中学堂（后改名浙江省立第十中学）和省立第十师范学校、温属甲种商业学校聘为教师，主要教美术，也偶兼数理。现市区飞鹏巷设有马孟容马公愚艺术馆
陈仲陶（1895—1953）	名闳慧，字仲陶，别号剑庐，以字行，永嘉（今鹿城）人。少承家学，嗜诗若命，曾受南社名诗人陈去病指点。与夏承焘、李雁晴、宋墨庵、李梦楚、李仲骞、薛储石并称“永嘉七子”。与夏承焘、梅冷生等从学词律，组织“慎社”，后加入“瓯社”。存诗400余首
梅冷生（1895—1976）	名雨清，字冷生，以字行，永嘉（今鹿城）人。博学，善诗文。民国初年毕业于浙江法政专科学堂，民国9年（1920）在温创办《瓯海潮》周报，并与王毓英、夏承焘、陈仲陶等组织文学团体慎社，先后刊出文、诗、词录4册，后从瓯海道尹吴兴林鹍翔学词。民国30年（1941），任旧温属联立籀园图书馆馆长，并先后兼旧温属联立中学、瓯海中学、浙江省第三临时中学等校国文教师。毕生主要从事图书馆工作，为图书文献的征集罗致付出全部精力。有《劲风阁酬唱集》抄印本存世

续表 5

姓　名	简　介
郑振铎 （1898—1958）	永嘉（今鹿城）人。现代作家、文学史家、著名学者，新文化运动的积极倡导者之一。民国9年（1920），和茅盾、叶圣陶等人共同发起成立文学研究会，并主编文学研究会的机关刊物《文学周刊》。民国12年（1923）后，长期主编《小说月报》。中华人民共和国成立后，历任全国政协委员、中国科学院文学研究所所长、文化部副部长等职。主要著作有《文学的统一观》《文学大纲》《插图本中国文学史》《中国俗文学史》《中国历史参考图谱》等
夏承焘 （1900—1986）	字瞿禅，晚年改字瞿髯，别号谢邻、梦栩生。永嘉（今鹿城）人。毕生致力于词学研究和教学，是现代词学的开拓者和奠基人。国学界称其为“一代词宗”。代表作品有《唐宋词人年谱》《唐宋词论丛》《姜白石词编年笺校》等
方介堪 （1901—1987）	原名文渠，字溥如，后改名岩，字介堪，以字行，永嘉（今鹿城）人。篆刻家。曾任西泠印社副社长、中国书法家协会名誉理事、中日兰亭书会名誉顾问。遗著有《方介堪篆刻》《介堪刻晶玉印》《介堪印存》《玺印文字别异》《古玉印汇》《玺印文综》等
郑曼青 （1901—1975）	名岳，自号曼髯，别号玉井山人，永嘉（今鹿城）人。擅诗、书、画、医、拳，人称“五绝大师”。长期在台湾高等文化艺术院校任教职。书画作品多次在中国台湾地区和东南亚及美国、法国等国展出，有“东方水墨画大师”之称
刘　英 （1903—1942）	原名声沐，字浴沂 ，江西瑞金人。民国18年（1929）参加中国工农红军第4军。曾任红军师政治部主任和师政治委员、红7军团政治部主任、中共闽浙边临时省委和省军区省委书记兼军区政治委员、国民革命军闽浙边抗日游击总队政治委员。民国28年（1939），任浙江省委书记，主要在温州地区工作。民国31年（1942）2月，由于叛徒出卖，在温州城区小南门恒丰盐店遭国民党反动派逮捕；5月，在永康方岩就义
沈炼之 （1904—1992）	又名沈翔、味荔，永嘉（今鹿城）人。法国里昂大学人文博士，专于法国历史。曾任北京师范大学教授，福建社会科学研究所所长，暨南大学史地系主任、文学院院长、代理校长。中华人民共和国成立后，历任浙江师范学院、杭州大学教授、历史系主任，浙江省历史学会第三至五届会长，民盟中央委员。曾任中国法国史研究会名誉会长。有《沈炼之学术文选》存世
夏　鼐 （1910—1985）	永嘉（今鹿城）人。考古学家、社会活动家。曾先后获得英国学术院通讯院士、德意志考古研究所通讯院士、瑞典皇家文学历史考古科学院外籍院士、美国全国科学院外籍院士、意大利远东研究所通讯院士、第三世界科学院院士等称号。被誉为中华人民共和国考古学奠基人
胡景瑊 （1917—1987）	又名东鸣，笔名张亦如，永嘉（今鹿城）人。1942—1945年，任中共瓯北县委书记。1945年3月，任中共瓯北中心县委书记兼永乐人民抗日游击队政委。抗战胜利后，任浙南特委宣传部宣教科长、部长，并创办《浙南月刊》《新民主》半月刊、《时事周报》（后改《浙南周报》）。1948年，任中国人民解放军浙南游击纵队政治部主任兼第一副政委。1949年春，为浙南游击纵队代表团首席代表，与国民党温州专员兼保安司令叶芳代表进行谈判，达成和平解放温州协议。1949年8月，任温州市人民政府第一任市长。1950年后，历任杭州市委常委、文教部部长、宣传部部长兼《杭州日报》总编辑和市委副书记等职。1972年，任温州地委副书记兼市委书记等
谷超豪 （1926—2012）	永嘉（今鹿城）人。浙江大学数学系毕业。苏联莫斯科大学博士。中科院院士，复旦大学教授、数学研究所所长。曾任中国科学技术大学校长，第三、六、七届全国人大代表，第五届全国政协委员，第八届全国政协常委。曾被评为全国先进工作者和教育系统劳动模范。专长数学，在微分几何、偏微分方程和数学物理三个领域都有重要研究成果。有学术论文110余篇，专著《经典规范场》《齐性空间微分几何学》及《孤立子理论和应用》（合著）等

续表 5

姓　名	简　介
刘旦宅（1931—2011）	原名浑，又名小粟，后改名旦宅，别名海云生，永嘉（今鹿城）人。10岁便在温州举办“十龄童刘小粟画展”。1949年后，在上海市大中国图书局、上海教育出版社、上海人民美术出版社工作。1985年后任上海师范大学教授。擅长中国古典著作人物画，所绘《红楼梦十二金钗》邮票，曾获1981年全国邮票最佳奖。1985年获中国奥林匹克委员会颁发的中国体育美术展览荣誉奖。作品有《刘旦宅聊斋百图》《石头记人物画册》等
徐启雄（1934—2015）	鹿城区人。曾任《人民日报》美编、浙江画院专职画家、中央美术学院国画系特聘教授，第八、九届全国政协委员，民盟中央委员，中国美术家协会会员、一级美术师。享受政府特殊津贴。擅工笔重彩人物，为现代工笔画的开拓者

非物质文化遗产　2022年，鹿城区共有非遗项目110项，其中国家级3项、省级15项、市级70项；共有非遗代表性传承人120人，其中国家级3人、省级17人、市级63人。

第一批至第十二批鹿城区非物质文化遗产保护名录一览表

表6

序号	项目名称	级别	批次
Ⅰ.民间文学			
1	温州童谣	市级	市第二批
2	温州谜语（温州灯谜）	市级	市第二批
3	温州街巷传说	区级	区第二批
Ⅱ.传统音乐			
1	温州民歌·叮叮口当	市级	市第一批
2	浙派古琴	市级	市第八批
3	虞山派古琴	区级	区第十二批
Ⅲ.传统戏剧			
1	京剧	市级	市第八批
2	温州高腔（瑞安高腔）	区级	区第九批
3	木偶戏（提线木偶）	区级	区第九批
Ⅳ.曲艺			
1	温州莲花	国家级	国第二批
2	温州鼓词	省级	省第四批
3	温州参龙	市级	市第二批
4	温州讲书	市级	市第十一批
Ⅴ.传统体育、游艺与杂技			
1	温州南拳	省级	省第四批
2	铜钟功	市级	市第四批
3	宫门八卦掌	市级	市第七批
4	温州南拳（五龟拳）	市级	市第八批

续表 6

序号	项目名称	级别	批次
5	传统七巧板	市级	市第二批（扩展）
6	叶式太极拳	区级	区第九批
7	褚式太极拳	区级	区第十批
8	四象拳	区级	区第十批
9	温州南拳（五基短棍）	区级	区第十批
10	褚传形意拳	区级	区第十二批
11	金水门拳法	区级	区第十二批
12	温州魔术（胡氏魔术）	区级	区第十二批
Ⅵ. 传统美术			
1	彩石镶嵌	国家级	国第二批
2	温州发绣	国家级	国第五批
3	米 塑	省级	省第二批
4	竹丝镶嵌	省级	省第二批
5	十字花边绣	省级	省第二批
6	绸 塑	省级	省第二批
7	温州彩泥塑（鹿城佛雕彩塑）	省级	省第三批
8	石 雕	省级	省第四批
9	温州木雕	市级	市第二批
10	温州立粉画	市级	市第二批
11	开 脸	市级	市第三批
12	陶瓷彩画	市级	市第七批
13	吹糖人	市级	市第八批
14	羽毛画	市级	市第八批
15	温州剪纸	市级	市第十批
16	瓯 塑	区级	区第一批
17	瓯 绣	区级	区第一批
18	温州画帘	区级	区第二批
19	温州花板	区级	区第三批
20	瓯 陶	区级	区第五批
21	温州青石雕刻技艺	区级	区第十一批
22	陶 刻	区级	区第十二批
Ⅶ. 传统技艺			
1	瓯菜烹饪技艺	省级	省第四批
2	王顺发船模技艺	省级	省第五批
3	小摆设制作	市级	市第一批

续表 6

序号	项目名称	级别	批次
4	许大同制笔技艺	市级	市第二批
5	温州糖金杏制作技艺	市级	市第二批
6	温州彩扎（驿头格橱龙彩扎技艺）	市级	市第二批
7	刘氏风筝制作技艺	市级	市第二批
8	温州漆器髹饰技艺	市级	市第二批
9	温州盆景技艺	市级	市第二批
10	温州传统打铁技艺	市级	市第七批
11	张氏金银首饰制作技艺	市级	市第七批
12	南塘人家烧	市级	市第七批
13	传统照片整修技艺	市级	市第八批
14	温州老酒汗制作技艺	市级	市第八批
15	温州戏服刺绣工艺	市级	市第九批
16	鞋类手工样板技术	市级	市第九批
17	温州缝合皮鞋制作技艺	市级	市第十批
18	钟表修复技艺	市级	市第十批
19	温州高粱肉制作技艺（广进祥高粱肉制作技艺）	市级	市第十批
20	温州竹编	市级	市第十批
21	藤桥熏鸡制作技艺	市级	市第十一批
22	古法造纸技艺	市级	市第二批（扩展）
23	锡器制作技艺	市级	市第四批（扩展）
24	花带编织技艺	区级	区第三批
25	温州传统小吃［温州鱼丸—阿红鱼丸（市级）、县前头汤圆（市级）、南塘豆腐（市级）、温州鱼饼、矮人松糕、陡门头灯盏糕、长人馄饨、白蛇烧饼、马蹄松、油老鼠、朝糕、捣锅团］	区级	区第三批
26	盘菜生腌制技艺	区级	区第三批
27	瓯茶黄芽制作技艺	区级	区第九批
28	蛎灰制作技艺	区级	区第十批
29	瓯菜三堆、龙凤盘制作技艺	区级	区第十批
30	船用木制指南针制作技艺	区级	区第十一批
31	温州胶冻手工制作技艺	区级	区第十一批
32	朔门鞋钻制作技艺	区级	区第十一批
33	乌豆酒酿酒技艺	区级	区第十一批
34	前林鱼灯制作技艺	区级	区第十一批
35	铁皮枫斗制作技艺	区级	区第十二批
36	莽撞胶制作工艺	区级	区第十二批

续表 6

序号	项目名称	级别	批次
37	米醴琼酒酿制技艺	区级	区第十二批
38	温州卤味烹制技艺	区级	区第十二批
39	温州传统制琴工艺	区级	区第十二批
40	温州皮艺	区级	区第十二批
41	温州金石传拓技艺	区级	区第十二批
Ⅷ．传统医药			
1	叶同仁中药炮制技艺	省级	省第五批
2	八仙楼儿科中医草药疗法	市级	市第三批
3	馒头驻中医正骨疗法	市级	市第三批
4	温州放痧疗法	市级	市第五批
5	善缘徐氏骨伤医药	市级	市第六批
6	八仙楼传统本草疗法	市级	市第六批
7	回春堂何氏伤骨科	市级	市第七批
8	王顨薪堂中医整骨疗法	区级	区第九批
9	温州胡氏草茶	区级	区第十批
Ⅸ．民俗			
1	拦街福	省级	省第二批
2	陈十四信俗	市级	市第二批
3	温州修谱习俗	市级	市第三批
4	前陈龙灯	市级	市第七批
5	前林鱼灯	市级	市第八批
6	温州水上台阁	区级	区第二批
7	插香球	区级	区第二批
8	二月二吃芥菜饭	区级	区第二批
9	杨府爷信俗	区级	区第三批
10	田塘头庙会	区级	区第三批
11	戚五爷信俗	区级	区第三批
12	温州四季八节节令习俗（鹿城）	区级	区第十一批
13	下岸板凳龙	区级	区第十一批

2022 年经济社会发展

概况　2022年，在疫情防控多阶段举措下，鹿城区坚持稳中求进工作总基调，聚焦“四城”要求、“五区”目标，全力建设“首位城区”，奋力打造高质量发展建设共同富裕示范区先行样板。全年全区实现生产总值（GDP）1307.71亿元，按可比价计算，同比增长2.0%。分产业看，第一产业增加值2.40亿元，同比增长5.4%；第二产业增加值313.65亿元，同比增长1.4%；第三产业增加值991.65亿元，同比增长2.2%。三次产业增加值结构为0.2：24.0：75.8。固定资产投资同比增长20.3%；生态环保、城市更新和水利设施投资增长42.5%，较2021年上升13%。交通投资增长73.6%，工业技改投资增长11.6%。全年实现财政总收入57.35亿元；完成一般公共预算支出85.09亿元，增长8.1%。其中，卫生健康、科学技术、社会保障和就业、教育等重点支出分别增长41.4%、15.2%、26.9%和11.7%。

经济运行稳定恢复　2022年，鹿城区农林牧渔业总产值为4.19亿元，扣除物价因素，比2021年增长5.6%。其中，农业产值1.92亿元，比2021年增长3.2%；林业产值0.08亿元，比2021年增长88.9%；牧业产值2.03亿元，比2021年增长7.1%；渔业产值0.13亿元，比2021年增长5.8%；农林牧渔服务业产值0.03亿元，比2021年增长4.7%。376家规上工业企业实现增加值57.97亿元，同比下降2.8%。分行业看，26个大类行业中，有10个行业增加值同比正增长。规模以上工业销售产值259.88亿元，增长1.9%；出口交货值65.16亿元，增长21.7%。服务业实现增加值991.65亿元，按可比价格计算，同比增长2.2%，从内部结构来看，主要行业除房地产业均实现正增长。其中，住宿和餐饮业、交通运输仓储和邮政业、批发和零售业、信息传输、软件和信息技术等其他营利性服务业、金融业分别增长0.9%、1.7%、5.6%、12.3%、6.3%。进出口总额达577.30亿元，较2021年增加102.92亿元，同比增长21.9%，增速比2021年提高22.3%。出口额达558.70亿元，同比增长23.2%，增速比2021年提高25%。

创新动能蓄势待发　2022年，鹿城区有国家高新技术企业192家、省科技型中小企业1451家；研发中心152家，其中省级47家、市级68家、区级37家；孵化器在孵企业数156个、孵化器毕业企业数29个；各类市级及以上科技孵化机构36家，其中国家级5家、省级17家；集聚各类企业及团队超600家，孵化面积超30万平方米。全区规上企业设置研发机构数达330家。全年专利总授权量5258件，其中发明专利授权量498件。

民生保障多措并举　2022年，鹿城区一般公共预算支出中民生支出为66.63亿元，增长9.1%，占比达78.3%。全年参加企业职工基本养老保险人数47.65万人、城乡居民基本养老保险人数3.79万人、城镇职工基本医疗保险人数29.04万人、城乡居民基本医疗保险人数25.36万人、失业保险人数20.89万人、工伤保险人数41.59万人、生育保险人数24.29万人。全区在册低保对象4814人，低保资金支出4351.79万元，发放医疗救助资金1924.76万元，惠及13.26万人次。城市养老服务机构登记单位数累计14家，新增各类养老机构床位数700张，累计2739张；新增乡镇（街道）居家养老服务中心1个，累计15个。年末，医疗卫生机构床位数1590张，增长21.37%；卫生技术人员4672人，增长2.86%。

文教体育稳步发展　2022年，鹿城区建成投用学校、幼儿园10所及老年学堂3所。义务段入学率达100%、“三残”儿童入学率100%，初中毕业生升入高中比率为99.2%，幼儿入园率99.8%。实施“未来名师”培育工程，8名教师获评省特级教师，数量位列全省第二、全市第一。打造“15分钟品质文化生活圈”115个。新建2家城市书房，新增1家以植物美学为特色的七都菖朴小园文化驿站。建成市级非遗百家坊4家、区级非遗传承基地2家、区级非遗体验基地2家、非遗创艺坊2家。建立全民艺术普及未成年人普及点5个，助力2022“青苗计划”浙江省未成年人艺术普及点项目建设，打造儿童友好城市。开展群众文化活动1751场，受益群众达213.02万人次。新增百姓健身房6个，新建登山健身步道2条，新建多功能球场1片、村级全民健身广场1个，新增健身苑点8处。培训社会体育指导员1626名，完成国民体质监测样本3822人，国民体质合格率为94.55%，

共同富裕扎实推进　2022年，鹿城区居民人均可支配收入79203元，增长4.9%。按常住地分，城镇居民人均可支配收入81666元，增长4.6%，农村居民人均可支配收入46176元，增长7.7%，城乡居民收入比为1.77，比2021年缩小0.05。截至年底，全区居民人均住房建筑面积37.55平方米，其中城镇居民人均住房建筑面积36.06平方米、农村居民人均住房建筑面积57.58平方米；每百户城镇居民家用汽车拥有量63.2辆，每百户农村居民家用汽车拥有量57.7辆。城乡居民恩格尔系数分别为28.7%和32.9%。

编辑　朱凌云

—　中国共产党温州市鹿城区委员会　—

重要工作与成效

区委重要会议

对台工作

组织工作

老干部工作

宣传工作

统战工作

机构编制管理

信访工作

机关党建工作

档案工作

党史工作

精神文明建设

重要工作与成效

概况 2022年，鹿城区委常委会学习宣传贯彻中共二十大精神，落实“疫情要防住、经济要稳住、发展要安全”重要要求，聚焦“稳进提质、除险保安、塑造变革”，聚力“稳增长、增动能、促共富、保平安、强党建”，推进项目攻坚年、环境提升年、治理创新年“三个年”行动，系统提升产业品质、城市品质、生活品质，经济社会发展各项事业呈现新气象。

经济趋稳 2022年，鹿城区打好疫情防控阻击战，围绕“两防一保两促进”，调整疫情防控策略措施，加强医疗卫生体系建设，推动转段调整、压峰缓冲、分类救治、除险保安，做到“生产不停、物流不断、产能不减、秩序不乱”。实施经济稳进提质八大攻坚行动，集成出台“稳经济41条”“助企纾困30条”等一揽子政策，开展“万名干部进万企”等助企服务行动，发放消费券1.26亿元，带动社会消费超16亿元，增值税留抵退税应退尽退，为企业综合减负48.3亿元，市场主体新增2.3万家、净增7070家。推行产业链链长制“十个一”机制（为每个产业链配置“一位市级领导担任链长，一个由各联系秘书长、相关负责人和企业服务职能部门共同组成的‘链办’，一批链主链群企业，一个产业链图谱和发展规划，一套产业链支持政策，一批重点项目，一批产业发展空间，一系列公共服务平台，一个招商专班，一个行业协会商会”的工作机制），推进企业“两化两增”（企业智能化、节能化改造和企业增资、增产），新储备增资扩产项目52个、竣工投产18个，新增智能化改造项目115个、节能改造项目21个。扩大有效投资，入选全省集中开工项目10个、总投资398.6亿元，总投资连续3年位居全市第一；省“4+1”项目投资完成率超200%，2000万元以上重大建设项目完成投资249.5亿元、完成率111.8%。成功申报专项债项目储备资金171.8亿元、完成率138%，2个项目获批国家政策性、开发性金融工具支持。

产业转型加速 2022年，鹿城区致力于构建现代化产业体系，获批成立浙江鹿城经济开发区，组建楼宇经济促进会，迭代升级“5+X”产业政策（“5”，即现代服务业、工业、开放型经济、农业、人才五大产业政策；“X”，即除五大产业领域之外的其他产业政策），出台《滨江商务区核心区“黄金25条”产业政策实施意见》、温州国际未来科技岛“一岛一策”、西部新城“优10条”（西部新城招商引资系列政策），落户华峰、万洋、正泰等7个瓯江新城总部大楼项目，开工长城搅拌等2个省市县长工程，引进遥望网络、十洋科技等53个生产性服务业项目，签约落地世界500强沃尔玛山姆会员店等品牌首店18家，实际利用外资7513万美元，中国温州人力资源服务产业园获评省级人力资源服务产业园，中国鞋都鞋类采购节和国际电商节成交金额约38亿元。支持企业做大做强，入库“小升规”培育企业121家，新增省级创新型中小企业82家、国家级专精特新“小巨人”企业2家、上市企业1家、报会企业1家。坚持科创首位战略，新增孵化面积19.2万平方米，落地中科先进技术温州研究院等4个高能级平台和陈十一、石碧等4个院士产业化项目，落户“科创中国”园区科技服务工作站，设立首支3亿元科创基金，瓯越院士之家获评省级院士之家，世界青年科学家峰会成果100%转换落地。实施“瓯江风起潮涌计划”，打造“红靴奖”国际鞋类设计大赛等“以赛引才”品牌，签约顶尖设计大师工作室8家，落地领军型人才创业项目17个，新入选国家级引才计划7人，新增大学生、技能人才2.8万人，人才增长指数位列全市第一。迭代升级山海协作工程，鹿城泰顺“双向飞地”签约项目7个。

城市能级提升 2022年，鹿城区提升中心城区首位度，开工府东路过江通道、七都二桥、沿江快速路，330国道鹿城官岭隧道改建工程提前2个月建成通车。温州朔门古港遗址考古重大发现实证温州为海上丝绸之路不可替代的重要节点，曹湾山遗址考古发掘报告成功发布，中国山水诗研究创作中心落户鹿城，江心屿西园开工、宋园开园，高质量承办央视2023年春节戏曲晚会，创成浙江省文旅产业融合试验区，获评省级夜间经济样板城市，五马历史文化街区获评国家级旅游休闲街区和第二批国家级夜间文化和旅游消费集聚区。实施“微改造、精提升”项目281个，新增省级未来社区10个，瓯江光影码头、小坝坊、城市岛屿等成为人气主题街区，驿头驿阳入选全省数字乡村“金翼奖”百优村，戍浦江河道（藤桥至河口段）整治工程顺利开工。做地清零188.93公顷，出让经营性用地84.07公顷、出让金211.22亿元，体量金额均排名全市第一；消化“批而未供”“供而未用”土地408.67公顷，盘活存量土地118.33公顷，再开发城镇低效用地204.47公顷，瓯江新城核心区完成政策处理。推进全国文明城市建设，完成架空管线“上改下”130万米、城市道路“白改黑”8万平方米，打通断头路3条，拆除旧村自然村6个，处置违法建筑37万平方米，获评美丽浙江建设工作考核优秀县（市、区）、省“五水共治”大禹鼎、省全域“无废城市”。

发展活力激发 2022年，鹿城区坚持把数字化改革作为新发展阶段全面深化改革的重要抓手，入选国家级试点1个、省级部门试点14个，“智融瞭望”“未来农贸”成功入选全省“一地创新、全省共享”“一本账S0”，“翌星”在线精密智控应用做法获全省推广，“平安乐巡”获评全国政法智能化建设智慧治理创新案例，数字化改革整体工作连续3次获全省五星评价。“大综合一体化”行政执法改革有序推进，执法类公务员平时考核特色做法获全省推广，投用执法争议协调监督平台，建成“五位一体”省级智慧矫正中心。要素市场化配置改革走在全市前列，率先实现工业用地二次开发和拿地即开工“一次办”。慈善体制机制创新省级试点持续深化，建成全市首个枢纽型慈善服务综合体，“慈善鹿城”获评省级民政数字化改革“优秀应用”。适老型诉讼机制经验做法获评省高院司法改革微创新示范案例。QFLP、数字人民币、个人侨汇结汇便利化改革等一批试点扎实推进。对外贸易健康发展，鹿城跨境电商园获评省级跨境电商园，跨境电商综试区出口107亿元、增长超78.33%；获批市场采购贸易预包装食品出口模式试点，康奈集团成为杭州关区首个集团加工贸易出口试点企业，出口总额增长20%。

民生福祉增进 2022年，鹿城区深化扩中提低改革，开展低收入家庭综合帮扶集成改革，居民人均可支配收入64196元、排名全市第一。坚持以“一老一小”（老人与小孩）带动“全龄友好”（通过规划和设计营造更高效、更积极的社会环境，服务和支持各年龄阶段的人口享受生活，保持身心健康，积极参与社会活动），平稳推进规范民办义务教育工作，入选省级“双减”优秀案例5个，新增学校10所、学位6000个；双屿康养小镇开工建设，庆年坊社区创成全国示范性老年友好型社区，大自然社区成为全省儿童友好城市建设工作现场会唯一县级考察点，经验做法入选全国实践案例。完成瓯江红“共享社·幸福里”“1551”工程，创建示范单位239个，高水平承接4次市级现场会。推进乡村振兴，签约落地雨润华东预制菜产业园，谋划建设温州农业科技城，开工一鸣江南牧场、七都都市农业公园，入选2个省级未来乡村试点，独具特色的浙南民居风貌和宋韵瓯越新风加快形成。改善群众住房条件，推进安置性商品房项目21个，新开工10个、竣工4个；实施老旧小区改造项目51个、完工30个，提前一年半完成存量城镇危房清零。顺利通过国家卫生城市省级综合评估，实现健康浙江省级考核优秀三连冠。创成首批省体育现代化区，竞技体育成绩排名全省第二，获2018—2021年浙江省竞技体育突出贡献奖。入选首批国家知识产权强县建设试点县。完成护航中共二十大等系列维稳安保任务，如期完成信访积案清零任务，生产经营性事故、“刑事治安”、盗窃接警等负面指标大幅下降，刑事命案发案数创历史新低，市对区平安考核成绩保持全市前三，实现省“平安区”五连创。

党建统领 2022年，鹿城区加强中国共产党的全面领导和全面加强党的建设，支持人大、政府、政协和监委、法院、检察院依法依章程履行职能，切实履行党管武装责任，“七张问题清单”管控力指数保持全省前五、全市第一。严格落实意识形态工作责任制，推进意识形态省级综合试点，构建意识形态工作“六大体系”“七大机制”，发挥“凝心聚力、塑形赋能、强基固本、保驾护航”的重要作用。打响“鹿力同心”统战品牌，试点开展从严治教工作，持续巩固扩大爱国统一战线，各民主党派、工商联、无党派人士职能作用得到充分发挥。做好“以事找人、人事贯通”考评机制，以实干导向重塑干事创业状态。加强基层组织建设，落地“上统下分、强街优社”“强社惠民”“五社联动”3个省级试点，打通社区干部上升通道，面向临聘人员选拔专职社工44人，面向专职社工选拔事业干部5人，816个住宅小区和129个复合型小区实现实体型党组织、业委会全覆盖，高质量完成39个问题村居整治。加强对“一把手”和领导班子监督，实施“青廉工程”（加强对年轻干部的思想引领、日常监督和关怀帮助，持续引导年轻干部扣好“第一粒扣子”），持续纠“四风”、树新风，推进漠视侵害群众利益问题专项治理，启动十届区委巡察工作，开展“全面对照、全线整改、全域治理”专项行动，“重大巡视问题清单”管控力指数保持全市第一。

区委重要会议

区委十届二次全体（扩大）会议 2022年8月2日召开。全会学习贯彻省第十五次党代会、市委十三届二次全会精神，按照区第十次党代会部署，总结上半年工作，部署下阶段任务。全会审议通过《中共温州市鹿城区委关于深入学习省第十五次党代会精神 争当做强做大“全省第三极”排头兵 奋力跑出“两个先行”鹿城加速度的决议》《中国共产党温州市鹿城区委员会工作规则》，号召全区上下勇扛使命、勇闯新路、勇当先锋，建设首位城区、打造共富样板，争当做强做大“全省第三极”排头兵，奋力跑出“两个先行”鹿城加速度，以优异成绩迎接中共二十大胜利召开。

区委十届三次全体（扩大）会议 2022年12月30日召开。全会学习贯彻中共二十大精神和中央经济工作会议精神，贯彻落实省委十五届二次全会和市委十三届三次全会部署要求，回顾总结2022年工作，研究部署2023年任务。全会审议通过《中共温州市鹿城区委关于全面贯彻落实中共二十大精神 坚决做到“两个维护” 奋力推进“两个先行” 在中国式现代化进程中谱写鹿城发展新篇章的决定》，推动全区上下领悟“两个确立”的决定性意义，奋力建设首位城区、打造共富样板、争创先行示范，在中国式现代化进程中谱写鹿城高质量发展新篇章。全会号召，要为加快建设首位城区、打造共富样板、争创先行示范，为全面建设社会主义现代化国家、全面推进中华民族伟大复兴作出鹿城应有贡献。

对台工作

概况 2022年，鹿城区贯彻上级对台工作的方针政策，推进经贸合作、交往交流、对台服务、涉台宣传等工作。举办“五月红·青创情”两岸青年交流会、鹿台经济与产业融合发展两岸青年学术论坛等交流活动22场，以论坛、文体竞赛、文化参访、艺术活动等多种形式吸引333人次台湾青年参加，以交流架构两岸青年友谊桥梁。开展涉台知识“三进”活动及多形式对台宣传活动12场，提高惠台政策、涉台知识在基层的普及率。

对台经贸 2022年，鹿城区开展经贸推荐活动3场，落地台资项目2个，接待金门同乡会等各类考察团12批次。全年对台市场采购金额达4.49亿美元。台青创客坊入驻台资企业18家，注册资金3528万元人民币、1000万美元。

涉台服务 2022年，鹿城区帮助在鹿台企解决经营问题4起，受理台胞台属各类法律求助咨询7件，协助台胞办理入学事项2起，走访慰问困难及重点台胞台属70人次。

（池乐人）

组织工作

概况 2022年，鹿城区共有基层党组织2840个，含基层党委127个、党总支130个、党支部2583个，有党员38008名。其中，行政村党委1个、党总支39个、党支部141个，农村党员4714名；非公企业党委5个，党总支7个，党支部934个，企业党员6588名。全区组织工作坚持组织路线服务政治路线，推进“六大争先”，相关工作得到省、市领导批示肯定12次，《中国组织人事报》《光明日报》等媒体刊载300余次，先后4次承接全市现场会考察点任务，党建统领基层治理创新、“共享社·幸福里”建设等相关经验做法得到省委书记易炼红、组织部部长王成现场考察肯定。年内，获全市基层党建述职第一、组织工作考核第一，3轮全市“乡镇（街道）党（工）委书记工作交流会”均获第一。

“共享社·幸福里”“1551”工程全领域覆盖 2022年，鹿城区突出标准指引，分类建立建设标准，实施“1551工程”，围绕统一“标准、标配、标志”要求，针对老旧小区、安置小区、特情小区等三类重点小区分类施策、靶向攻坚，高标准完成239个重点单元建设，高质量建成小区、社区、农村、企业等领域“共享社·幸福里”样板，打造银都花苑、集善、菱藕等一批示范点，先后3次在全市重要会议上作交流发言。高标准建设以34家“邻里食堂”为代表的“邻里”系列服务场景，探索市、区两级国企联合运营新路径，发动鹿城农商银行等50余家企业筹集“共享幸福”专项基金2000万元用于补助，相关做法获得省委常委、温州市委书记刘小涛在“浙十年·温州”新闻发布会上推广，并在《浙江日报》头版刊出。

小区“三驾马车”全链条建强

2022年，鹿城区实施党建统领基层治理创新“1+5”行动，出台12条措施，将业委会全覆盖作为基层治理关键抓手，在实体型党组织全面覆盖基础上，区、街、社三级逐个小区“过堂研判”、逐名人选“推磨筛选”，结合网格划分，以变革型理念将老城区自建房、联建房联片划分为129个组合类小区，全年组建（换届）未组建、到届未换届、半年内到届、软弱瘫痪等四类业委会（物管会）465个，历史性实现业委会全域覆盖。同步推进物业服务覆盖，拓展物业“老带新、好带差”“连片承包”等合作新模式，探索老城区“一体化环卫、片区式物业”等新路径，提升小区治理能力。

现代社区建设全要素优化 2022年，鹿城区推进“上统下分、强街优社”省级改革试点，聚焦“人、钱、地”三大核心要素，做好要素配置。科学划分网格、微网格，创新实行“多网合一”“两队合一”“三色管理”等治理模式。选优配强“1+3+N”治理团队，全年招录专职社工428名，率先拿出5名事业编制面向社区干部招考，打通专职网格员（专职社工）上升空间。开展“社区经营性收入提质倍增”攻坚行动，率全省之先成立社区经济组织，支持社区通过物业出租、交通微循环等方式增强“自我造血”能力。全域开展市、区两级闲置国有资产大起底大梳理，承接54处2.3万平方米市属国有房产、盘活61处2.8万平方米区级闲置房产，改善社区办公用房条件。

村社健康运行水平全方位提升

2022年，鹿城区聚焦“红色根脉强基工程”，围绕“四力”“五度”“六感”指标体系，示范整固齐抓并举，提升基层党建工作水平。高标准推进“问题村居”专项整治和融合型大社区大单元破难行动，市、区两级第一批31个“问题村居”全部清零销号。实施“十亿强村”计划，高水平推进43个竣工项目，总投资32.4亿元，村集体经济总收入同比增长21%，经营性收入50万元以下行政村全面清零，位居全市前列。高质量举办2022年全区村（社区）党组织书记培训班，常态化开展“兴村治社·三比三看”村社擂台，部署开展村社组织“届中体检”，提升村社“头雁”履职能力。

党群服务中心示范效应增强 2022年，鹿城区构建“2+14+N”三级党群中心服务矩阵，发挥“红色领航、服务续航、先锋护航”三大功能，举办集体备课会、红色研学活动近百场，每月发布党群服务中心“运行活力指数”，常态化开展近千场“党群连心·共进共享”活动，发动6万人次党员志愿者参与疫情防控、文明建设、小区治理等工作，入选全市最美党群中心3家，居全市第一。鹿城区代表全市，作为全省唯一一个专题调研“全省党群服务中心建设标准和运行规范”样板地区，经省委组织部为期5天的蹲点调研，得到高度肯定。

试点开展党员模块化教育 2022年，鹿城区以各街镇基层党校为主体，聚焦农村、社区、“两新”组织等重点领域，建立围绕党的创新理论、党章党规党纪教育、革命传统教育、知识技能教育等七大教学模块113节课程库，全年完成党员教育培训五年计划集中轮训参训率100%的工作任务。

考评机制加强 2022年，鹿城区结合乡镇换届“回头看”，健全领导干部“年度考、专项考、平时考”三维考评体系，横向贯通干部综合信息系统、“白鹿智考”平台、干部智慧监督系统3.0版三大应用场景，注重在项目攻坚、大战大考等中心工作中发现识别干部，精准识别并提拔使用优秀干部67名，择优晋升区管干部职级190名，对15名表现较差的领导干部实行谈话提醒，及时调整7名不适岗干部，近两年街镇领导班子35岁及以下干部占比跃升11.4%，位居全市前列。

队伍结构优化 2022年，鹿城区实施“年轻干部接力工程”，对172名年轻干部进行“大起底大调研”，50名表现突出干部直通面谈比选，10名优秀年轻干部直接获提拔使用，25名选派重点岗位培养。把牢中层干部源头预审关，对年轻、专业干部配备率较低的单位一律“抄告提示”，37名“94”后干部走上中层岗位，中层干部平均年龄下降0.95岁。实施“一把手储备”工程，打破隐性台阶，大胆选用表现优秀的年轻干部及早到重要岗位历练，提拔35岁以下正科级领导干部6名、新提任或进一步使用副科级领导干部13名。实施高素质专业干部“分类提升工程”，集中开展中共二十大轮训、“三新”大培训，精简推出“10+X”精品班课程，全年开办30个培训班次、8个联合党校主体班次。

干事平台搭建 2022年，鹿城区发挥组织优势，针对全区疫情防控，派人全程驻守防控指挥部，动态调配全区2000余名机关干部到一线驰援，以最短时间助力打赢关键疫情阻击战，推动常态化疫情防控工作始终维持最佳战力。优化专班攻坚调配机制，出台专班规范管理“二十条”、《退出科级领导岗位干部管理办法》，推动专班干部、退出科级领导岗位干部规范管理，选派285名储备后备干部、优秀年轻干部、退出领导岗位干部至重点工作专班、“飞地”招商团挑大梁，全年新提任领导干部、中层干部100%参与“大战大考”。

考核创优工程推进 2022年，鹿城区贯彻全省公务员考核工作“六个系统化重塑”指示精神，对体制机制、过程管理、数字生态等进行迭代优化，得到省委组织部调研肯定。聚焦“大综合一体化”行政执法队伍改革，牵头探索“区属街用共管”新模式下的考核机制，区执法局在全省公务员考核提质增效现场会作为6家典型单位代表之一交流发言。区法院、区财政局被列入全市公务员考核示范点和联系点。打造“白鹿智考”区级数字化考核管理平台，全区91家机关事业单位、6056名机关事业单位工作人员全面覆盖。

执法队伍改革 2022年，鹿城区聚焦权责体系、监管体系、执法体系全方位变革重塑，牵头执法部门打造一批具有鹿城特色的标志性成果。实现14个街镇全部建立“137”统筹指挥机制，研究制定63件跨部门、跨领域监管“一件事”场景清单，涵盖60%以上的群众投诉热点。结合全省首批公务员考核工作示范点建设，在行政执法类赛道下进一步精确细分23个领域1180余项执法权责，设置二、三级指标数据库共220余项，亮点化打造鹿城考核标识。同步依托“白鹿智考”数字化考核管理平台，塑造“白鹿智考+智慧执法App”考核新生态，协同实现执法业务数据与区级考核平台无缝衔接。

老干部工作

概况 2022年，鹿城区计有离休干部60人，其中本地离休干部36人，易地安置离休干部24人；平均年龄91.7岁，其中最年长者100周岁，最年轻者85周岁。区四套班子离退休领导干部32名，其中离休干部1名，平均年龄70.7岁。

政治待遇 2022年，鹿城区组织离退休干部参加建言座谈会7次、老干部情况通报会4次，及时向老干部通报重要工作决策、工作部署和会议精神，老干部建言献策共计15条。开展“走看促”活动2次。组织老干部学习贯彻中共二十大和省、市党代会精神学习会，开展红色思政大宣讲活动14次，做好离退休干部党建调研工作，通过专题辅导、集中培训、送学上门，开展“红色研学”活动等形式，加强老干部党史学习教育。

生活待遇 2022年春节期间，鹿城区为103位离休干部准备新春大礼包，送去区委、区政府的关怀和新春祝福。对23位生病住院和部分生活困难的离退休老干部，进行电话、微信慰问。召开区级老干部工作领导小组会议，统筹协调全区资源，合力服务老干部。提升改造菱藕社区、桂柑社区、郭公山社区、大自然社区、集善社区等乐活驿站配套服务措施，推进社区“四就近”服务工作上水平、创特色。举办重阳孝亲服务活动，开展走访慰问、社区惠民、老少联欢敬老服务月“五个一”活动，为老干部送温暖。建立老干部工作者、社工、家庭医生、社会机构、公益志愿者的“1＋3＋N”上门结对机制，全年服务老干部500余人次。

离退休党建工作 2022年，鹿城区发挥离退休干部党建融入城市基层党建鹿城优势，在“共享社·幸福里”创建工作中，推荐、自荐121名老党员、老干部在336个小区支部或业委会中任职。壮大“1＋8＋N”银色人才储备体系，组建红色宣讲、公益帮扶、基层矛调、科技助力等八大类别岗位，新增银色人才50人、品牌工作室3个。开展“银苗培育计划”，依托党校、城市大学、鹿城区党群服务中心等，对银领书记、骨干党员等进行分类培养。建立由组织部门牵头指导、街道统筹协调、社区服务管理的流动老党员管理体系，号召172名流动老党员报到。完善离退休干部党组织积分量化管理办法，16家离退休支部获评“省级规范性党支部”。银铃爱心艺术团、吴春莲个人分别获得市级“最美温州·最美‘银耀瓯越’老干部志愿者”称号。

“银发乐学”学习品牌打造 2022年，鹿城区联合浙江东方职业技术学院、温州城市大学华龄学院等16家单位成立鹿城区老年教育联盟，实施鹿城老年教育“221计划”，形成区—街镇—社区三级全覆盖的老年教育体系，全区老年教育机构累计开设长学制1062个班级，惠及老年学员21893人次。南塘教学点获评“全省优质老年大学教学点”。

“银晖护苗”行动实施 2022年，鹿城区开展“老少同声颂党恩 携手喜迎二十大”红色宣讲活动279场。开展“聚爱圆梦”“守望成长”系列活动，结对帮扶全区347名困难家庭学生，发放助学金102.6万元。开展“大亭小爱”公益实践活动300多场，受教育青少年近1万人次。

（张晨方）

宣传工作

概况 2022年，鹿城区宣传工作以全区宣传思想文化工作“十大工程”（包括党的创新理论走心工程、建党百年宣教工程、主流舆论引领工程、全域文明共创工程、新时代“四德”建设工程、高品质文化惠民工程、文旅产业融合工程、数智立新改革工程、意识形态护航工程和时代新军锻造工程）为抓手，落实意识形态工作责任制，推进新时代文化鹿城建设、文明城市建设，统筹推进理论武装、舆论引导、文化建设等各项工作。建立常态化、长效化党史学习教育机制，加强“四史”宣传教育。推动“三为”专题实践活动常态化长效化。依托媒立方手机客户端、电视客户端、电脑客户端“三端”融合矩阵模式的优势，在各平台统一开设“聚焦党的二十大”等相关主题专栏，制播学习贯彻中共二十大精神相关节目，精心策划主题采访、网络大V互动接力等新媒体活动，累计刊发学习贯彻中共二十大精神各类稿件100余篇，阅读量超25万人次。组织“强国复兴有我”群众性主题宣传教育活动，推出“喜迎二十大 奋进共富路”系列主题图片展、艺术剧目展演、美术作品展览、红色影片展映。率全省之先打造“鹿鸣新声”意识形态数智管理平台。该平台24小时处置率上升到99.7%，一线化解率上升到92%，论坛报备等工作提效80%以上，获评“全省数字文化系统优秀应用”。“智融瞭望”网络综合治理平台入选“一地创新 全省共享”项目。

理论宣教工作 2022年，鹿城区推进建立巡听旁听点评、重大决策前专题学习等制度，制定加强新时代党的思想理论建设工作的实施办法，推动理论学习中心组真学真懂真用。区委理论学习中心组开展学习14场、各级中心组开展学习500余场。推出“走进革命老区”思政研学、“课前一分钟”思政微课，开展宣讲名师进网络、抖音网红讲思政等系列活动，累计进行基层宣讲2000余场，覆盖人群达5000人次。依托省级“重要窗口”社科调研基地，围绕“永嘉学派”“红日亭”“飞地经济”等开展课题研究，完成结题成果45项。“永嘉学派文化大数据平台”做法在全省交流会上作典型发言。

版权示范和扫黄打非工作 2022年，鹿城区推进全国版权示范城市创建工作，联合无料书铺在版权馆设立鹿城版权登记分站。举办首届“红靴奖”中国国际鞋类设计大赛，做好传统优势产业鞋业与版权发展的融合，康奈集团版权保护工作获省版权协会秘书长吾晓红点赞。开展打击侵权盗版专项治理，全年共查办4起版权案件。巩固党政机关、事业单位软件正版化工作成果，推进党政机关、事业单位、国有企业软件正版化工作，软件正版化安装覆盖率达100%。查办全国“扫黄打非”挂牌督办案件1起、“扫黄打非”案件45起，收缴各类非法出版物756册。

新闻宣传 2022年，鹿城区聚焦经济发展、疫情防控、项目建设等区委中心工作，做好集中宣传报道。全年在中央、省主流媒体共刊发鹿城正面宣传报道1936篇。组织开展“朔门古港遗址”系列新闻宣传报道，发掘现场由央视新闻客户端进行视频直播，相关新闻阅读量超2000万人次。“鹿鸣发布”入选县级新闻发布数字化应用建设名单。建立健全新闻发布工作标准化制度，做好政府新闻发布厅和民企新闻发布厅阵地建设，完善突发事件和热点问题信息发布制度。开展“共同富裕”国际传播工程，组建“小小海外传播官”等国际传播队伍，以“直播+公益”“直播+教育”等模式开展“亲情中华”云上夏令营、全球华裔青少年原创歌曲大赛、非遗“海豚”出海等活动。鹿城海外传播官迎亚运短视频《你好亚运 鹿城等你》亮相国内、国际多个平台。

文化高地建设 2022年，鹿城区组织《浙江文史记忆丛书·鹿城卷》《江心屿诗词选》等系列地方文献的编撰出版与宣传普及。挖掘永嘉学派与当代价值的内在关联，推出永嘉学派研学项目、通俗读物和文旅产品。规划建设永嘉学派文化公园、曹湾山遗址公园、中国山水诗馆等一批支撑性文化地标项目。打造“宋韵·诗岛”活动品牌，举办江心屿金秋文化节，谋划推出建城1700周年、央视戏剧春晚录制等活动。实施朔门街、庆年坊改造提升等一批重大标志性项目，打响“诗画孤屿”“塘河夜画”“遇见五马”“不夜瓯江”等特色文旅品牌。出台文艺创作孵化平台奖励扶持办法，打造温州古诗词原创歌曲《卜算子·春日》、精品话剧《红日亭》、鼓词《生死抉择》等反映时代主题的文艺精品。《瓯剧三分钟》获“讲好中国故事”创意传播大赛三等奖。推进重大文体场馆和街镇综合文化站等基础文化设施建设，实施“乡村文艺繁星计划”，累计举办文化活动800余场，惠及群众超140万人次。《智慧礼堂海外传播“全球村”》入选“浙江农村文化礼堂赋能共同富裕引领计划项目”。

（方仕渊）

2022年9月30日，鹿城区江心屿金秋文化节启幕。此届文化节以“宋韵”为主弦，溯源宋史文脉，举办演出、展览、市集、论坛等系列活动

（区委宣传部提供）

2022年12月20日，少年励志剧《少共国际师》入选省“五个一”文艺精品（区委宣传部提供）

2022年12月5日，鹿城区原创话剧《这街上的人》入选浙江省文化艺术发展基金项目（区委宣传部提供）

统战工作

概况 2022年，鹿城区委统战部在构建大统战工作格局、助力共同富裕、数字化改革、统战领域风险防范、阵地建设等重点工作中，不断发挥优势、做大特色、打响品牌。实现14个街镇专职统战工作党（工）委委员配备全覆盖，率先在基层党组织中设立村级“统战委员”，打造统战工作“村级服务圈”。将统战工作列入区直部门年度考核。开展过程考核和“个性化”评价，通过开展比学看、统战部部长一封信活动等方式，晾晒成绩、交办问题，发出工作提示140条次，以考促改，推进基层统战工作规范化、系统化。统战领域共获中央、省、市荣誉和表彰31项，先后承办全国性、省级现场会4场，在省、市级会议上作典型交流发言8次，在全市统战系统年度考核中位列第一。

多党合作 2022年，鹿城区委统战部畅通建言献策、民主监督渠道，向市、区“两会”提交提案、议案等共120余件，不断发出“党外好声音”。实施“部领导＋主委会长”双领衔调研、企业家联合调研，建立闭环落实机制，编印《鹿力同心·我建言》调研课题集1册，重点开展助共富课题29件，其中《关于下步瓯窑产业发展的建议》等3篇社情民意获市级主要领导批示。以思想政治引领推动参政党自身建设，在党外人士中举办各类主题教育、“两会”精神学习宣讲会、履职分享等活动共20场次；创成1处民进全国会史教育基地，形成“1＋2＋4”多层级基地网络，为党外人士思想政治建设提供阵地保障。

“两个健康”工作 2022年，鹿城区委统战部实施鹿商名家培育行动和新生代成长计划，健全企业家教育培训机制，持续开展“鹿商大学堂”“鹿商永远跟党走”等一批特色活动，推动企业家思想、事业双提升。建立新生代鹿商培育“人才库”，梳理优选100名新生代入库。巩固基层商会统战工作联络员制度、服务咨询联盟、“清廉市场”等改革实践良好势头，率全市之先建立楼宇经济行业组织，为鹿城经济发展提供服务支撑。建立“亲情直通车·鹿力同心面对面”政企恳谈机制，开展区本级政企恳谈会7场，向基层商会延伸并开展活动11场；推进载体创新，建立4家商协会亲清服务站、1家税务网格监督站，27家工商联所属商协会实现法律顾问全覆盖，创设“亲清下午茶·会长思享汇”平台，结合进访助、三联三促等对重点项目需求企业、行业头部企业开展融资需求排摸，入库14家企业项目。

民族宗教工作 2022年，鹿城区委统战部打造民族团结进步培育单位14处，“浙里石榴红”五百工程培育对象13个，获民族团结进步模范集体等省级称号4项。承办民体杯全国陀螺赛等国家级赛事，在全省传统运动会上实现奖牌数零的突破。开展“大起底大整治大提升”行动，排查场所434处，排查出建筑隐患C、D级危房21处，均完成解危。推广“宗教智眼”应用，该项目入选市第二批数字统战“好应用”候选名单，并在全市范围推广。

海外统战工作 2022年，鹿城区委统战部实施“鹿力同心·侨助共富1667”行动，打造“侨未来”华裔青少年文化交流中心，驱动海外传播与华文教育深度融合，开展活动53场。组织“走遍千山万水·家在鹿城”“致敬乡贤”等线上线下活动36场，省内外各级统战部先后考察鹿城海外统战及侨务工作7次。全省率先实施“侨家贷”项目，预授信10亿元，已提供贷款710万元。建立“侨创园”（温州抖音电商直播基地），打响七都侨岛、山福侨镇、大南侨街等侨牌，带动区域整体发展。

共富行动 2022年，鹿城区委统战部启动“鹿力同心·共富行”三年行动计划，深入实施六大专项行动、18项重点任务。打造资金体量8000万元“鹿力同心·共富基金”项目，基金委员会入驻区慈善综合体并实体化运作。专项账户下设子基金账户9家，金额约3039万元，资助疫情防控、“共享社·幸福里”邻里食堂等公益项目。深化“侨见共富”“走归眙眙”等共富品牌，推动158个新乡贤助共富项目落地。出台《关于推进全区乡贤阵地建设的实施意见》，推动统战阵地建设标准化、品牌化、效益化。在全区建成15个乡贤馆、乡贤会客厅，挂牌3处新乡贤工作示范点、4家“乡贤助乡兴”实践基地，建成6处市级乡贤兴阵地，通过发挥阵地凝聚作用，汇聚助推鹿城高质量发展统战力量。

（陈静）

机构编制管理

概况 2022年，鹿城区紧扣“精编强政·服务发展”理念，加快构建机构编制工作新格局。年内，设立区委教育工委和区委社会建设委员会，作为区委派出机关，落实国动体制改革工作要求，整合防空、经济、交通、科技等综合协调职能。整合设立鹿城经开区党工委、管委会作为区委、区政府派出机构，独立实体化运行，梳理编制职责边界清单，建成“一个平台、一个主体、一套班子”管理体制。推动城建领域整合提能，调整优化住建、房管机构工作运行模式，撤销4个房管所，分流32名、收回6名事业编制。整合组建区城乡改造和编研中心，升格住建局下属区城市建设中心为副科级，强化城建领域资源力量配置。整合组建区水利建设管理中心，形成建设管理、运行监管、河道清淤、灾害防御、河湖治理等“五大支撑”，理顺水利建设管理体制和运行机制。

编制资源内生循环激活 2022年，鹿城区优化事业单位建设，将全区22家社区卫生服务中心经费形式由财政全额补助公益一类调整为财政适当补助公益二类，实现事业单位定类与经费保障相一致。清理全区经费自理事业机构，收回事业编制26个。制定实施《事业编制银行章程（试行）》和《事业周转编制使用管理办法（试行）》，确保周转编制“有借有还”循环顺畅，突破编制“好核不好收”的问题，重点保障党委政府中心工作、改革攻坚任务和民生事业。建立完善高层次人才编制池、选调生周转池、教职工编制周转池，将相关编制纳入全区统筹管理，灵活保障重点领域用编需求。

教育系统编制管理效能提高 2022年，鹿城区优化区教育局内部机构设置，撤销3个、增设5个、更名2个内设机构，完善运行机制，升格设立副科级机构区教育发展服务中心，强化教育规划、教学质量、人才引育等方面职能。率先建立教职工编制周转池，严格实行“专编专用”，将超出县域标准部分的编制纳入周转池，通过内部统筹和资源盘活，保障教育用编需求，实现“民转公”改革平稳推进。建立编制使用“一校一核”精细化管理制度，逐步完善人编互动、精准投放的编制管理模式。

“大综合一体化”行政执法改革 2022年，鹿城区建立区级“1+8”执法构架，做好市级执法队伍下放和“三定”制定，推进执法队伍参公认定工作。全区街镇全部实行赋权执法，组建14支街镇综合行政执法队，加大派驻式下沉力度，实现下沉比例达66.6%，锁定551名下沉编制专编专用。出台执法人员“区属街用共管”机制、联系机制，赋予街镇党（工）委对派驻人员的指挥协调权、管理考核权、推荐提名权、反向否决权。涉改领域行政执法事项全部划转到位，实现监管事项全认领、全覆盖。在区综合行政执法队设立执法办案中心。在司法所增挂行政执法协调监督指导室牌子。改革相关做法在《浙江信息》刊登，建设办案指导中心的做法入选全市“大综合一体化”执法改革标志性成果，有关文件入选制度成果。

助力基层治理系统建设 2022年，鹿城区将区社会矛盾纠纷调处化解中心迭代升级为区社会治理中心，由区委办统筹管理。相关指挥平台陆续成建制入驻中心。完成14个街镇模块化运行设置并建立相应运行制度，理顺综合信息指挥室与四个模块的运行机制。街镇的内设机构数量从11个精简到9个，形成分工清晰、统一高效的组织体系。探索建立街镇编制周转池制度，由“街镇编制+区级统筹编制”组成，划定各街镇行政、事业编制各5%，另从区编制银行中统筹30名事业周转编制作为补充，保障重点街镇重点领域用编需求。

（王丽琼）

信访工作

概况 2022年，鹿城区推进信访工作现代化、法治化建设，持续完善体制机制、健全责任体系、夯实基层基础。探索建立推诿件三步快速指定管辖机制及交办推诿件闭环管理机制，提升受理环节分流、转送的准确率和及时率。编制《导入行政复议的信访事项清单》，发挥行政复议化解行政争议主渠道作用。年内，全区四级走访总量为542人次，其中来信636件、网上信访31546件、来电投诉107114件。化解各级信访积案1274件。

积案化解 2022年，鹿城区委常委会、区委专题会等先后5次专题研究信访积案化解工作，引入第三方评估机制，邀请省、区法学会专家参与信访积案诉求合理性评估并作出结果认定。创新实施三色管理、三张清单、三级协调、三堂会审、三重攻坚“五个三”工作机制，于9月底前如期完成信访积案清零任务。

（张堃）

机关党建工作

概况 2022年，鹿城区贯彻新时代党的建设总要求，立足核心城区实际，以党建高质量发展为目标，抓重点、攻难点、树亮点，机关党建工作继续走在省、市前列。年内，升级《机关党建质量管理指数》，坚持“月清单、季检查、半年督、年考核”工作机制，线上线下监督并重，强化过程管理和常态化指导，推动机关党建工作抓常抓实。发展党员63名，指导党组织换届50个，调整班子成员133人；届中调整31个，调整班子成员36人；新建、撤销党组织各17个，成立临时党委2个、临时党总支1个、临时党支部62个。机关党组织共开展集中学习7224次，领导干部上党课1570次、宣讲385次。“揭榜挂帅”的党支部工作集成项目在省直机关全面应用，并获省工委发函表扬，机关党建信息工作继续居全省第一，机关党建工作考核居全市第一，并获全区绩效考核和落实全面从严治党、意识形态责任制考核优秀。

思想建设 2022年，鹿城区把政治标准和政治要求贯穿机关党建的各个方面、各个环节。重视党组（党委）理论学习中心组龙头作用，发挥党支部主体作用，通过主题党日、集中学习、党员轮训、专题辅导、论坛等途径，学习习近平新时代中国特色社会主义思想。推出区直机关系统学习、宣传、贯彻中共二十大精神“十二个一”特色举措，明确任务要求。强化机关党建宣传工作，做强鹿城机关党建网、微信公众号，全年刊发各类信息800余条次，被中新网、新华网、“学习强国”等各级主流媒体宣传报道70余条次，被浙江机关党建网采用126条，机关党建信息位列全省第一。强化机关党建理论研究，组织业务骨干培训，推进典型经验交流，开展优秀成果比优评选，涌现出一批高质量的课题调研成果。有序开展党员分层分类培训，共举办直属党组织负责人、支部书记、党务干部培训班和党员轮训班等各类集中培训21期，参训达3710人次。

“双建”争先 2022年，鹿城区出台《深入推进清廉机关、模范机关建设的通知》，完善“双建”目标体系、评价体系，增强可操作性。强化典型引领，确定“双建”示范点和“清廉站所”示范点各3家，评选首届“十佳示范清廉站所”，培育“模范机关”创建单位12家。以点带面推动工作，创建清廉机关53家；微信公众号开设“书记谈‘双建’”专栏，共发布信息42条。坚持廉政微课堂制度，推进廉政警示教育制度化、规范化。加强机关廉政文化教育，分别与区民政局、区园林绿化中心联合打造“执子之手 廉爱一生”、杨府山荷花清廉文化主题展等廉政教育品牌。强化机关纪检干部能力建设，全年开展培训5期，受训939人次；抓实执纪审理工作，全年共审理案件16件，党纪、政务处分16人。

服务中心大局 2022年，鹿城区组织机关党员投身抗疫一线，共组织区直单位党员干部参与疫情防控志愿服务25682人次。承办市直机关“迎亚运讲文明，机关党员我先行”行动，成立区直机关文明城市建设志愿服务队，组织开展全区“全民共建文明、机关党员先行”系列活动，共发动党员干部参与文明城市建设23417人次。率先出台机关党组织合力推进“共享社·幸福里”十条举措，督促落实“双报到双服务”，共组织7112名机关党员志愿者向社区报到，开展各类志愿服务20810人次。承办市工委“‘喜迎二十大 奋进共富路’——红七月·服务月”机关党员志愿服务活动，营造为民服务氛围。实施“支部结对促共建共富”活动，精选169个机关党支部与村社党组织一一结对，共过组织生活195次，为民办实事206件，涉及资金674万元，帮扶慰问低收入家庭779户，慰问金额达42.85万元。开展“书记领办实事”活动，共实施为民办实事项目66个；举办2022年度“书记领办实事”优秀项目比看现场会，评选出“十佳”项目。联合区经信局开展“先锋纾困”助企攻坚行动，解决企业重点难点问题，全区助企员累计走访企业4120家次，排摸企业各类生产经营问题420个。

机关党建智能系统建设 2022年，鹿城区锚定数字化改革先发跑道，研发智能考评板块，完善机关党建智能系统功能，扩大成果运用，创新的“党支部工作集成”项目在省直机关全面应用，获省工委专门发函表扬；制作数字化改革专题片，首次参加“新时代全国机关基层党建新成就”评选。

机关党员教育活动中心 2022年，鹿城区机关党员教育活动中心作为温州市首家区（县）级“瓯江红”机关党群服务中心，被授予市级机关党建阵地示范点。开馆后，接待团队参观和活动共59批2312人次。以该中心为龙头，形成区检察院、区公安分局、区民政局等一批各具特色的党建阵地，核心城区示范标杆作用显现。

机关文化建设 2022年，鹿城区下拨疫情防控专项经费20万元，用于抗疫一线党员干部慰问和基层党组织疫情防控工作，走访慰问离退休党员、生活困难党员和结对社区困难群众。开设机关干部太极拳培训班，组织“健身速递”全民健身操舞团课配送，开展国民体质监测活动，举办“三八”女性素质提升活动，开展“‘姻’为有你，青春‘乐’动”机关青年联谊活动，丰富干部文化生活。

（林密）

档案工作

概况 2022年，鹿城区档案馆立足工作实际，推进档案工作走深走实。全年征集各部门档案5248卷、1683件。查阅服务大厅为机关企事业单位和群众办理各类社保、公证等业务提供档案服务，共接待查阅2380人次，调阅约2600卷（件）档案，并提供相应证明。其中，252件为异地查档、跨馆服务。依托数字档案馆系统及硬件支撑平台项目，鹿城区于10月获批全省档案工作数字化转型示范区创建试点。“在全自主可控环境下数字档案馆系统建设”项目获“2022年度浙江省档案局科技项目”立项。区档案馆的档案数字化工作两次在省工作会议上作典型发言，典型做法在省委办公厅《浙江信息》刊登。

档案新馆建设 2022年11月，鹿城区档案新馆完成预验收工作。展厅、专业设备采购、数字档案馆系统及其硬件支撑平台建设等项目稳步推进。

档案资源收管用工作 2022年，鹿城区档案馆接收9家单位移交的档案，包括文书、出生、脱贫攻坚、党史教育专题档案5248卷、1683件。对80.9万件馆藏档案进行盘库清点，电子目录和图像数据质检约800万条。对形成满25年的5.46万件档案进行开放审核鉴定，最终开放1.64万件，开放率30.1%。

档案数字化转型 2022年，鹿城区档案馆接收38家单位年度电子档案数据，共计1.2T，完成全区90%以上立档单位档案电子数据化。6月，区档案馆探索研究“重大活动（突发事件）档案监管体系建设与应用研究”项目，获“2022年度国家档案局科技项目”立项。

档案管理 2022年，鹿城区档案局完成50家单位档案年检工作，共计1.60万件。其中，文书档案期限为永久的4530件、期限为30年的1.04万件，数字化扫描17.70万页，目录1.49万条，文件容量427.6GB；疫情档案期限为永久的949件，数字化扫描9038页，目录949条，文件容量10.68GB。完成全区9个重大建设项目的档案登记管理工作，完成10家机关、企事业单位档案“三合一”制度的报送审批工作，完成档案室业务建设评价合格等级4家、数字档案室1家、省级规范化数字档案室3家。

档案服务 2022年，鹿城区档案局结合档案工作服务农村基层社会治理试点和疫情、脱贫、党史学习教育等工作重点，完成区直51家单位各类档案指导工作60场次；完成区内国有企业、民营企业及档案整理中介公司档案工作者的档案专项培训；结合“温商回归”服务工作要求，完成24家民营企业的档案指导工作。

档案执法 2022年，鹿城区档案局对照“双随机、一公开”监管工作要求，开展跨部门联合执法1次，对相关单位开展档案即时检查4

次，完成抽查事项覆盖率达100%，双随机抽查任务完成率达100%。结合汛期档案安全排查工作，对重点工程项目及27家区直单位开展档案安全专项检查，确保档案实体和档案信息安全。

档案宣传 2022年，鹿城区档案馆启动第十五个“6·9”国际档案日系列宣传活动。在“掌上鹿城”上开展“有奖竞答·让我们一起走近‘6·9’国际档案日”活动，线下宣传以漫画形式将档案的收集整理、保管利用、违纪违法等内容制作成图文并茂的展板，向干部群众宣传档案知识，宣传活动共计覆盖800余人。

（董传帅）

党史工作

概况 2022年，鹿城区委党史研究室结合中心工作任务，深化党史编研和宣教。承接省党史和文献研究室研究课题《一张蓝图绘到底——忠实践行“八八战略”全纪录》（鹿城篇），《中共创建时期温籍留苏先进分子代表人物档案研究》获2012—2021年全省党史和文献部门优秀科研成果论文类三等奖。

党史宣教 2022年5月14日，鹿城区委党史研究室联合区新四军历史研究会，组织60多位家长、学生到新四军驻温州通讯处旧址纪念馆参观学习，并现场讲解红军北上抗日先遣队、红军浙南挺进师、新四军第二支队第四团第三营等英勇战斗的故事。6月9日，与融媒体中心合作，以国际档案日活动为契机，在区府广场设置党史展架，赠送党史编研书籍。8月16日，根据市委办关于组织构建“大党史+大党建”工作格局的要求，及时完成《鹿城区“大党史+大党建”专题调研报告》，并召开专题调研座谈会。

《中共鹿城党史·第三卷（1978—2002）》编纂 2022年，鹿城区委党史研究室聘请党史专家完成《中共鹿城党史·第三卷（1978—2002）》初稿（征求意见稿之二）。全书共五编二十五章，记述中共鹿城地方组织带领人民进行改革开放的社会主义现代化建设实践。

《温州市鹿城区委区政府文件选编》（第九辑）编印 2022年，鹿城区委党史研究室立足馆藏资源优势，将2016年1月至2020年9月期间的重要区委、区政府文件编录成册，于11月底完成《温州市鹿城区委区政府文件选编》（第九辑）的印制发行。全书共332千字，涵盖区委文件34篇、区政府文件11篇，涉及政治、经济、文化、社会、生态和党建等多方面内容，为学科研究、资政议事提供资料参考。

（王维伟）

精神文明建设

概况 2022年，鹿城区开展“开好党代会、迎接二十大”群众性宣传教育，将社会主义核心价值观内涵与中华优秀传统文化相结合，融入“我们的节日”等主题系列活动，举办“潮映宋韵·月圆梦圆”等大型节日活动，深化“8·8”诚信日、“9·20”公民道德日等系列活动。启动红日亭成立50周年系列活动，通过成立志愿联盟和举办志愿盛宴、全城亮屏、高峰论坛等活动，擦亮“大爱城市、诚信社会、道德高地”城市品牌。执行操办婚宴喜庆事宜“一承诺、两报告”制度，开展报备督查，共有173对新人通过平台报备婚宴。年内，创成76家区级文明单位、25家社区类文明单位，实现全区91个文明社区全覆盖；创成区级文明村2个，文明村镇创成率96%，列全市第一。打造理论宣讲“主阵地”，新时代文明实践中心、南汇街道新时代文明实践所、三乐亭、黑马救援服务中心、松台街道庆年坊社区新时代文明实践站成为温州市新时代文明实践示范基地。“德润云学院”“一鹿伏茶传文明”入选浙江省文明办编印的《“浙江有礼”省域文明新实践案例汇编》。仰义二小学生刘一丹获“浙江省新时代好少年”称号。

文明城市创建 2022年，鹿城区抽调宣传、文明、纪委等54名人员实行专班实体运作，常态化开展“日会商、日督导、周研判、周约谈、周考核”。组建志愿服务队382支，开展“百名道德典型百项举措助力十大文明行动”活动。成立4个督查小组，分片督查14个街镇，发布专项行动督办单和问题整改通报35期，协调解决重难点问题。通过问题整改三色图管理系统平台，督促各街道完成15936条整改任务，整改率达96%以上。创新“1161”文明格体系建设，推进“全民清洁日”活动，计57万余人次参加，投入车辆3万余辆，清运垃圾45万余立方米，清理小广告20万余平方米，拆违面积13万余平方米，回绿种植8000余处，清理占道经营6万余处，施划车位3万余个。全年城市文明程度指数测评成绩列全市第一。

亚运氛围营造 2022年，鹿城区组建“迎亚运 讲文明 提品质”300天大会战工作专班，锚定“统筹、抓总、督考”三大主责，以最好状态、最美环境迎接亚运会。布置全区56个户外显示大屏、3800辆出租车、1700辆移动公交和3000余部商住电梯同步上线文明公益广告，形成迎亚运热潮、共识。

乱拉电线整治 2022年，鹿城区组织8万余人开展乱拉电线整治活动，实施“1+4”运营商包干模式（每个街镇明确1家运营商牵头负责、其他4家运营商配合），每天约1000名工人开展集中作业，完成线缆整规58万余米、废线清除32万余米、飞线清理40万余米、废杆拔除656根。

志愿服务体系建设 2022年，鹿城区开展线上线下各类公益活动592场，受益15万以上人次。举办志愿浙江平台培训7场、志愿服务项目孵化和提升培训3场，动员310支志愿服务组织、队伍入驻平台，累计开展志愿服务活动 8.59万余场，参与志愿服务79万人次。联合温州市中医院在全市各个伏茶点推出全市首创防疫健康茶。举办鹿城区第一届志愿服务项目大赛暨第五届公益创投活动项目大赛，其中推选的“壹星同行”孤独症青年及家庭就业创业支持项目、“照亮失足少年前行灯塔”——星际控股青少年帮教与关护双基地公益项目分获“温州市志愿服务项目大赛”金奖、银奖。召开鹿城区志愿服务联合会一届二次会员代表大会和一届二次理事会，表彰奖励2021年度志愿服务先进典型和省、市最美（最佳）志愿服务典型47名。

文明用餐 2022年，鹿城区发放文明餐饮海报2.7万份、桌贴4.5万份、光瓶行动海报2500份、“迎亚运·反对浪费”食安封签250万份。每季度联合开展文明餐饮专项督查，委托第三方开展餐饮文明指数测评2期、媒体曝光13期；打造印象城反对餐饮浪费示范街区，引领“新食尚”。

“一鹿”品牌深化行动 2022年，鹿城区发挥“一鹿伏茶”县域金名片效应，常态化为环卫工人、孤寡老人等提供爱心餐等服务，走进山区为困境群体送爱心、送服务，上万人次受惠。推出“一鹿先行”助力文明城市创建志愿月行动，开展活动19期，辐射人群上千人次。深化“一鹿送学”，提供各项“双减”服务上百余场，覆盖青少年上万人次。推动“一鹿入企”特色志愿服务，以公益市集的形式将志愿服务送到员工的家门口。举办“一鹿圆梦”活动21期，圆梦困难家庭424户，输送爱心物资价值6.3万余元。

未成年人“实践育人”行动 2022年，鹿城区102名青少年典型获评区级新时代好少年，10人获评“温州市新时代好少年”，1人获评“浙江省新时代好少年”。成立“一鹿成长”家庭教育导师团，制作“德润云学院”云端德育课程《做文明使者 迎光明未来》。开展“扣好人生第一粒扣子”“童心向党·喜迎二十大”“浙江有礼·瓯越先行”主题活动4878场，服务未成年人达10.58万人次。开展“浙风十礼·一鹿先行”春泥计划暑期夏令营三期，组织54场有礼实践，参与辅导老师165人次，服务少年儿童3620余人次。“育践味来”未成年人实践项目、“粒粒扣青少年教育实践”、全国文明校园瓦市小学获准首批加入浙江省未成年人宣传联动网成员单位。

“好人选树”工作 2022年，鹿城区精神文明建设指导中心规范“好人”推评机制。许延林获“中国好人”称号，沈克成、孙兰香获“浙江好人”称号；全区选树“温州好人”13例、“诚信温州人”2例；“鹿城好人”13例。推动鹿城农商银行在全市率先设立200万元“道德公益基金”，年内发放奖励金20.3万元，为各级好人及道德模范订阅报纸236份。合力“好人帮好人”，为吴连拼、杨立成、尹志松、张春明等困难好人提供帮助。

（项梦静）

编辑 朱凌云

温州市鹿城区人民代表大会

概　述

鹿城区人民代表大会及其常委会会议

监督工作

人大代表工作

重大事项决定和人事工作

概　述

2022年是鹿城区第十届人大常委会履职的开局之年。在中共鹿城区委的领导下，鹿城区人大常委会坚持以习近平新时代中国特色社会主义思想为指导，坚持党的领导、人民当家作主、依法治国有机统一，按照“党委重视、群众关注、人大看准、政府可为”的工作原则，依法监督、服务代表、为民履职，实现良好开局。

全年共召开常委会会议8次、主任会议10次，听取和审议“一府一委两院”工作报告34项，开展执法检查、调研和视察活动83次，作出决议决定5个，任免国家机关工作人员249人次。

鹿城区人民代表大会及其常委会会议

区十届人大一次会议　2022年2月17日—19日在鹿城文化中心举行，出席会议的代表324名，列席会议人员43名。区十届人大一次会议共举行3次全体会议、4次主席团会议、1次计划和预算审查委员会会议、1次议案审查委员会会议。

会议听取和审查《温州市鹿城区人民政府工作报告》；审查批准温州市鹿城区2021年国民经济和社会发展计划执行情况与《2022年国民经济和社会发展计划草案的报告》，批准温州市鹿城区2022年国民经济和社会发展计划；审查温州市鹿城区2021年全区和区级预算执行情况及《2022年全区和区级预算草案的报告》，批准《温州市鹿城区2021年区级预算执行情况的报告》及2022年区级预算；听取和审查《温州市鹿城区人大常委会工作报告》；听取和审查《温州市鹿城区人民法院工作报告》；听取和审查《温州市鹿城区人民检察院工作报告》；审议《温州市鹿城区2021年度政府民生实事项目完成情况的报告》并进行满意度测评，决定温州市鹿城区2022年度区政府民生实事项目。大会选举温州市鹿城区第十届人民代表大会常务委员会组成人员，温州市鹿城区人民政府区长、副区长，选举温州市鹿城区监察委员会主任、温州市鹿城区人民法院院长、温州市鹿城区人民检察院检察长，选举温州市鹿城区出席温州市第十四届人民代表大会代表。大会决定温州市鹿城区第十届人民代表大会有关专门委员会的设立，表决各专门委员会组成人员人选名单。

区十届人大一次会议期间，共收到人大代表建议280件，其中《关于鹿城轻工产业园区产能扩容产业提升的议案》《加快推进楼宇经济高质量发展的议案》《加快实现有位有序停车的议案》3件议案建议交由区人大常委会在区人民代表大会闭会期间进行审议。

区十届人大常委会第一次会议　2022年4月14日举行。主要议程：会议听取和审议区政府《关于2021年度法治政府建设情况的报告》；审议《关于鹿城轻工产业园区产能扩容产业提升的议案》；审议《关于加快推进楼宇经济高质量发展的议案》；审议《关于加快实现有位有序停车的议案》；听取和审议区人大常委会各街道工委关于2021年度工作情况和2022年度工作计划的报告；表决通过有关人事任免事项。

温州市鹿城区第十届人民代表大会第一次会议主席团成员及秘书长一览表
（2022年2月16日温州市鹿城区第十届人民代表大会第一次会议预备会议通过）

表7

主席团成员（61人，排名不分先后）			
王　俊	王　敏（女）	王易进	王剑波
毛显华	毛新奇	石笑茹（女）	叶云森
叶正茂（女）	叶连敏（女）	叶治台	白洪楞
朱　克	全一凡	关晓伟	李利法
李和忠	连正坚	吴春波	吴祝凡
吴晓贵	余长友	宋　佳（女）	张　胜
张青锋	张崇波	张琳玮（女）	陈　珠（女）
陈　策	陈　煦（女）	陈丹舟	陈国敏
陈祥武（女）	陈跃龙	陈腾超	陈滢冰
林　杰	季新扬	金　生	周　鹏
周国强	郑　佳（女）	郑向远	项巨澜（女）
姜　捷	贾钧钬	贾焕翔	夏阵雨
夏怀明（女）	徐　宁	徐晓斌	陶玉燕
黄西堤（女）	黄存伟	戚于挺	麻剑玲（女）
章　军	蒋　樨（女）	傅云云（女）	蔡建旺
戴海波	—	—	—
秘书长：叶治台（兼）			

温州市鹿城区第十届人民代表大会常务委员会主任、副主任和委员一览表

表8

主任1名，副主任6名，委员33名				
主　任	贾焕翔			
副主任	叶治台、全一凡、吴祝凡、吴晓贵、周　鹏、蔡建旺			
委员（排名不分先后）	王　俊	王　敏（女）	王剑波	毛显华
	石笑茹（女）	叶云森	叶连敏（女）	李利法
	李和忠	张　胜	张琳玮（女）	宋　佳
	陈　珠（女）	陈　策	陈　煦（女）	陈丹舟
	陈国敏	陈腾超	季新扬	周国强
	郑向远	项巨澜（女）	姜　捷	贾钧钬
	夏阵雨	夏怀明	陶玉燕（女）	黄西堤（女）
	戚于挺	章　军	蒋　樨（女）	傅云云（女）
	戴海波	—	—	—

区十届人大常委会第二次会议 2022年5月31日举行。主要议程：听取和审议区政府《关于义务教育“双减”政策落实情况的报告》；听取和审议区政府《关于2021年度环境状况和环境保护目标完成情况的报告》；听取和审议区政府《关于危化品安全监管工作审议意见落实情况的报告》；审议通过温州市鹿城区第十届人民代表大会常务委员会代表资格审查委员会组成人员名单；表决通过有关人事任免事项。

区十届人大常委会第三次会议 2022年7月27日举行。主要议程：听取和审议区检察院《关于加强新时代检察机关法律监督工作的决定》落实情况的报告；听取和审议区政府《关于2021年区级财政决算的报告》；听取和审议区政府《关于2021年度区级预算执行与其他财政收支审计情况的报告》；听取和审议区政府《关于〈浙江省全民健身条例〉贯彻实施审议意见落实情况的报告》；听取和审议区政府《关于未来乡村建设工作审议意见落实情况的报告》；听取和审议区政府《关于做地出让工作审议意见落实情况的报告》；听取和审议区民政局、区住建局《关于部门履职评议意见整改落实情况的报告》；审议表决《温州市鹿城区人民代表大会常务委员会议事规则（修订草案）》《温州市鹿城区人民代表大会专门委员会工作规则（修订草案）》；表决通过有关人事任免事项。

区十届人大常委会第四次会议 2022年9月28日举行。主要议程：听取和审议区政府《关于2022年1—8月国民经济和社会发展计划执行情况的报告》；听取和审议区监委《关于整治群众身边不正之风和腐败工作情况的报告》；听取和审议区政府《关于〈浙江省综合行政执法条例〉贯彻执行情况的报告》；听取和审议区政府《关于2022年全区政府投资、重大投资项目执行情况的报告》；听取和审议区政府《关于2022年1—8月全区和区级财政预算执行情况的报告》；听取和审议区政府《关于文化鹿城建设情况的报告》；听取和审议区政府《关于贯彻落实〈中华人民共和国外商投资法〉情况的报告》；听取和审议区政府《关于区十届人大一次会议代表建议、批评和意见办理情况的报告》；审议表决《温州市鹿城区人民代表大会常务委员会关于争当做强做大“全省第三极”排头兵 奋力跑出“两个先行”鹿城加速度的决议》；表决通过有关人事任免事项。

区十届人大常委会第五次会议 2022年10月31日举行。主要议程：听取和审议区市场监督管理局所做的《关于区市场监督管理局履职情况的报告》和区人大常委会委员、财经委副主任所做的《关于区市场监督管理局履职情况的调查报告》；听取和审议市生态环境局鹿城分局所做的《关于市生态环境局鹿城分局履职情况的报告》和区人大常委会委员、城建环保工委主任所做的《关于市生态环境局鹿城分局履职情况的调查报告》；并就两个部门的履职情况开展专题询问。

区十届人大常委会第六次会议 2022年12月14日举行。主要议程：听取和审议区人大常委会监察和法制司法工委《关于2022年备案审查工作情况的报告》；听取和审议区法院、区检察院、区公安分局《关于联合打击拒执犯罪整改落实情况的报告》；听取和审议区政府《关于加快推进鹿城轻工产业园区提质扩容议案办理情况的报告》；听取和审议区政府《关于加快推进楼宇经济高质量发展议案办理情况的报告》；听取和审议区政府《关于2021年度全区国有资产管理情况的综合报告及企业国有资产管理情况的专项报告》；听取和审议区政府《关于2021年区级预算与其他财政收支审计问题整改和审计建议落实情况的报告》；听取和审议区政府《关于2022年度区级预算调整情况的报告》，听取和审议区政府《关于2023年度部门、街道预算草案编制情况的报告；表决2023年重点审查部门预算》；听取和审议区政府关于《加快实现有位有序停车议案》办理情况的报告；听取和审议区政府关于《加快推进老旧小区改造议案》和《加强社会公众急救知识普及和自动体外除颤仪配置议案》审议意见落实情况的报告；审议通过温州市鹿城区人民代表大会常务委员会关于接受陈珠等辞去温州市鹿城区第十届人民代表大会代表职务的决定（草案）、关于吕贤等代表资格终止的报告（草案）、关于调整个别选区鹿城区第十届人民代表大会代表名额的决定（草案）、关于选举与补选温州市鹿城区第十届人民代表大会代表的决定（草案）、关于建立七都街道等选举与补选区人大代表工作领导小组的决定（草案）；审议通过温州市鹿城区第十届人民代表大会代表选举与补选办法（草案）；表决通过有关人事任免事项。

监督工作

法律监督 2022年，鹿城区人大持续监督法治政府建设，听取区政府依法履职情况报告，及时掌握依法行政情况。联动开展《浙江省综合行政执法条例》执法检查，听取和审议专项工作报告，助力构建权责统一、权威高效的行政执法新格局。对外商投资法贯彻实施情况开展专题监督，助力打造市场化法治化国际化营商环境，以更高水平开放稳外贸稳外资。首次听取审议区监委关于整治群众身边不正之风和腐败问题工作情况报告，实现对“一府一委两院”监督全覆盖。开展公、检、法打击“拒执犯罪”联合协作专项监督，推动建立信息互联共享、程序有效衔接、惩治协调配合、制度共商共建的工作机制。深入实施备案审查工作专项报告制度，深化第三方参与备案审查工作。完善“两官”履职评议机制，推动司法队伍建设。高质量服务地方立法，获批7个市级基层立法联系点，组织“国家宪法日”系列宣传活动。创新开展“三官一律”进联络站活动，为群众提供法律咨询、援助等服务。完善任前法律知识考试、宪法宣誓等工作程序，全年组织任前法律知识考试及宪法宣誓仪式共6批73人次。

财经与预算监督 2022年，鹿城区人大综合分析政府投资重大项目建设情况，深入开展专题调研，切实做好常委会听取审议相关情况报告的基础工作，审议2亿元以上政府投资重大项目19个，确保项目建设资金规范和及时到位。持续强化地方政府债务审查和监督，围绕地方政府债务的规模、结构、偿还能力、使用绩效和隐性债务等情况，开展地方政府债务专题监督，助力打好防范化解重大风险攻坚战。持续加强国有资产管理监督，审议国有资产管理情况综合报告及企业国有资产管理情况专项报告，加强人大对国有资产管理情况的全方位、常态化监督，推动国有资产管理优化。加强对年度计划、预算、审计的全过程监督，认真审查73个一级预算部门2023年预算草案，促进财政资金使用更加规范高效。以监督议案办理落实情况为抓手，有效助推轻工产业园区提质扩容、楼宇经济加快发展，一批重大项目招引落地，重点企业增资扩产。围绕项目攻坚行动、助企纾困政策落实、新生代企业家健康成长等工作开展专题调查，努力为区委决策提供优质建议。

教科文卫监督 2022年，鹿城区人大聚焦文化供给，听取和审议文化鹿城建设情况的报告，助力吴百亨、王十朋后裔等故居修缮建设工作，推动打造“建筑可阅读、街区可漫步、城市可记忆”的历史城区典范。专项监督义务教育“双减”政策落实情况，就校内改革、校外培训、教育生态等方面工作清单式交办审议意见。跟踪监督全民健身条例审议意见落实情况，推动构建更高水平的群众健身公共服务体系。督办2022年市、区两级民生实事项目建设情况，通过下发监督清单、明确项目任务、定期走访调研、限时解决问题等方法，顺利完成“温馨教室”“安心托幼”等民生实事项目。配合市人大对“优托护苗”民生实事项目开展调研督办，做到年初问安排、年中问进度、年末问结果，推动项目及时有效落实。根据全省人大数字化改革和基层单元建设工作要求，牵头“明眸皓齿e线牵”基层单元建设，与市人大教科文卫委联合设计开发“明眸皓齿e线牵”数字化应用场景；“明眸皓齿e线牵”蒲鞋市站的授牌成立，成为全市唯一一家挂牌试点联络站，并获第一届“温州人大工作与时俱进通报表扬”活动优秀奖。

民宗侨外监督 2022年，鹿城区人大以监督贯彻落实《浙江省宗教事务条例》为中心，重点围绕宗教场所和宗教教职人员规范化管理开展工作调研，协调解决大罗宫建设中存在的问题。会同相关部门、街道协调解决黄龙道观拆迁，温州市基督教三自爱国运动委员会教产法律诉讼等问题，取得成效。开展《温州市荣誉市民条例》《温州市荣誉市民条例实施细则》执行情况调研，助力温州市“荣誉市民”称号授予工作向着常态化、法治化轨道不断迈进，该项工作被《人民日报》等媒体宣传报道。强化交流沟通，就新生代企业家的健康成长情况开展调研，通过创设平台载体、优化成长环境和培育机制，使之不断成为鹿城新时代“两个健康”先行区建设的主力军。重点抓好“一委一示范”建设，推进全过程人民民主在鹿城侨乡的生动实践，在七都街道和山福镇大力推动“华侨e事通”应用场景建设，开辟“鹿岛心声”“古驿新声”特色板块，着力打造全过程人民民主基层单元“华侨e事通”的鹿城样板。

城建环保监督 2022年，鹿城区人大聚焦重点工程建设，对安置房、产业项目建设进度情况进行重点督办、精准发力，督查工程项目如期竣工。聚焦“断头路”贯通工作，集合代表在督查、座谈中提出的优质意见建议，梳理形成专报，供区委、区政府决策参考。坚持以生态文明建设为统领，加强环境治理，巩固突出环境问题整治成效，持续推动生态环境改善。深化生态环境状况报告制度，常委会听取和审议了2021年鹿城区环境状况和环境保护目标完成情况报告，推动政府依法落实生态环境保护责任。大力开展有位有序停车议案办理情况监督，实地调研议案办理情况，并召开专题座谈会，督促区政府加快推进有位有序停车工作，全力改善城区交通环境，2022年全区新增停车位18197个，较上年同期增长43%，提早并超3倍完成省民生实事年度任务。挖掘故居历史文化，保护文物遗址，监督推动故居庭院修缮工作。城建环保工委多次赴五马街道吴百亨故居及仰义街道王十朋后裔故居实地调研，先后多次召开故居修缮政策处理专题研究协调会议及规划设计讨论会，稳步推进项目建设前期筹备等各项工作。

农资监督 2022年，鹿城区人大推动全区未来乡村建设，赴藤桥镇南雅片区调研未来乡村建设工作，提出要充分利用藤桥资源禀赋优势，因地制宜，打造富有藤桥特色的“产业＋风貌＋文化”三大重点场景，发展现代农业、观光农业，带动乡村民宿和旅游业发展，优化区域布局，以点带面，呈现可看可学的未来乡村农文旅融合发展新局面；区十届人大常委会第三次会议听取了关于未来乡村建设工作审议意见落实情况的报告。大力促进乡村振兴“一法一条例”贯彻实施，助推未来乡村建设省域样板打造，针对要素保障不够到位、乡村规划体系不够完备、乡村产业竞争力不强、乡村公共基础设施和公共服务仍然薄弱等问题，建议区政府深化法治理念，推进乡村振兴“一法一条例”全面落地见效，聚力产业振兴，促进乡村发展，统筹推进乡村集成改革，激发农村发展活力。开展做地工作情况监督，进一步推进全区地块拆迁清零、做地出让工作，督查政府力争在服务城市建设发展有新突破，为鹿城区高质量发展提供有力的土地要素保障。开展重大水利建设情况监督，针对区政府在项目前期谋划深度不够、部分工程进度偏慢、配套资金保障不足等问题，要求聚焦关键节点目标，加快推进项目落地落实。

社会建设监督 2022年，鹿城区人大继续督促政府及相关部门加速AED设备和急救知识普及。聚焦《温州市家务服务条例》贯彻实施情况，对稳岗就业情况进行专项调研，实地走访温州市家政服务市场，召集职能部门、部分企业、人大代表召开座谈会，针对部门协作不够、家服人员用工缺口较大、家政人员素质待提升等问题，提出优化培训体系、深化劳务协作、吸纳外地劳动力、加强宣传引导、提高家政服务行业的社会地位等建议，以家政服务“小切口”惠及“大民生”。聚力“一老一小”e关爱场景打造，依托市人大数字化改革“1261e系列”体系建设，完善“一老一小”e关爱场景及“知老晓小宣”“商老议小堂”“督老促小台”等模块内容。联合松台街道代表联络站谋划特色场景，通过“码上办”“指尖提”，加快打造展示基层人大工作的新窗口、汇集政情民意的新平台、督办问题建议的新途径。关注儿童友好城市建设情况，提出进一步盘活优质资源，发挥优势，补齐短板，加快培育文旅融合、教育服务等特色儿童产业，建议充分利用现有空间，整合资源，加快公共资源免费对社会开放，引导社会组织参与儿童设施建设，大力建设品牌样板，为全市提供鹿城经验。

人大代表工作

人大代表联络服务 2022年，鹿城区人大强化履职服务保障，完善常委会组成人员与代表、代表与群众“双联系”制度，持续扩大代表参与常委会工作的深度和广度。利用线上线下资源，组织代表培训3期共593人次，提高代表履职能力。组建7个专业代表小组，发挥专业特长优势，开展多样化、专业化监督活动。举行市人大代表建议督办面商活动8场，联动推进解决群众关注的问题，丰富闭会期间活动。统筹全区各级人大代表力量，开展“六访六促”、助力经济稳进提质“八大攻坚”、文明城市创建等各类活动625次，收集建议意见2200余条，采纳落实1736条，助推重大决策部署落地见效。结合“实现有位有序停车”议案办理，区长进联络站开展接待活动，220余位代表与选民线上线下参与互动。注重代表视察成果转化，精选意见建议，汇编《代表建言》6期，及时送市、区领导参阅并交相关部门办理，持续放大代表资政监督作用。畅通并拓宽代表知情知政渠道，向人大代表通报“一府两院”半年度工作，邀请代表列席常委会会议、专委会议80余人次；为代表订阅《浙江人大》《温州人大》等刊物，帮助代表及时掌握人大知识、法律法规和信息。

代表议案建议办理 2022年，鹿城区人大坚持把代表建议办理作为保障代表依法履职的重要内容和落实代表监督权的重要措施。围绕办理质量，强化年初抓精准交办、年中抓限期办结、后期抓重点督办的全过程监督。实行常委会组成人员联系督办、“一府两院”领导牵头领办、部门单位具体承办、各委室联系督办机制，明确39件建议由常委会组成人员领衔督办。继续实行建议“背靠背”量化评分反馈机制，杜绝代表“被满意”现象发生。开展代表优秀议案建议评选表彰活动，进一步激发代表的履职热情。优化优秀议案建议评选、代表风采展示等激励机制，落实好代表报告履职情况制度，做好代表履职评价结果的运用，进一步激发代表的履职能力。区十届人大一次会议及闭会期间提出的300件建议（含转为建议处理的议案），均在规定时限答复代表，其中已解决或基本解决的254件，代表反馈满意率和基本满意率达100%。

民生实事代表票决制工作 2022年，鹿城区人大纵深实施区、镇（街道）代表票决（会商）制。区十届人大一次会议上，全体代表对2022年民生实事项目的实施情况进行了满意度测评。完善民生实事项目监督评估机制，制订监督方案，成立4个监督小组，对民生实事项目进行条上监督，街镇人大联动加强对属地项目的跟踪监督。利用代表联络站等载体，广泛发动代表参与监督，推进项目落地。主任会议听取了民生实事项目实施情况的报告，加强对街镇推行代表票决（会商）制工作指导，提升规范化、制度化水平。14个街镇共票决（会商）产生2022年民生实事项目127件，监督推动“关键小事”落实，提升群众获得感和幸福感。做好2023年民生实事项目征集，收到代表建议169条，及时加强与政府部门的沟通联系，共同做好候选项目筛选工作，为提交大会审议票决奠定坚实基础。

重大事项决定和人事工作

重大事项决定 2022年，鹿城区人大常委会按照行使重大事项决定权的要求，依法作出决议、决定5个。高质量服务区委中心工作，按照区委全会决策部署，依法作出《关于争当做强做大“全省第三极”排头兵 奋力跑出“两个先行”鹿城加速度的决议》，把区委的决策主张转化为全区人民共同意志和自觉行动。

人事任免 2022年，鹿城区坚持党管干部与人大依法任免的统一，加强对拟任干部的任前调查和审查。全年接受第十届人民代表大会代表职务辞职2人，提请区人大常委会任免的国家机关工作人员共249人，其中任职218人、免职31人。

（唐琼华）

编辑 褚宏建

温州市鹿城区人民政府

重要工作与成效

区政府常务会议

政务督查与公开

“两个健康”工作

反走私工作

外事工作

发展和改革

政务服务

大数据管理

招商引资

地方志工作

机关事务管理

重要工作与成效

概况　2022年，鹿城区人民政府面对异常复杂严峻的外部环境，聚力提升产业品质、城市品质、生活品质，推动各项事业取得新进展。推动稳进提质，因时因势调整优化政策措施，集成出台“稳经济41条”“助企纾困30条”等一揽子政策，促进市场复苏、消费提振。推动动能转换，迭代升级“5＋X”产业政策，推行产业链链长制“十个一”机制，获批成立浙江鹿城经济开发区。推动创新赋能，抓好科技企业森林培育，落地中科先进技术温州研究院等4个高能级平台，获批创建数字时尚省级高新技术产业园区。推动全域融合，一体推进“迎亚运、讲文明、提品质”行动和全国文明城市建设，实现城市有机更新。推动探路先行，以数字化改革引领全面深化改革，获批市场采购贸易方式出口预包装食品试点，入选首批国家知识产权强县建设试点县。推动普惠共享，推进全龄友好城市建设，持续扩大优质医疗服务供给，连续3年获评“中国最具幸福感城区”。全年实现地区生产总值1307.71亿元，增长2%；固定资产投资564.07亿元，增长20.3%；城乡居民人均可支配收入81666元、46176元，分别增长4.6%和7.7%。

实施“重大平台、重大项目、重大改革、重大要素”四张清单，落实“项目化、清单化、节点化、责任化”闭环管理，75项政府重点工作有序推进，获国家级荣誉12项、省级荣誉51项。加大“理旧账”力度，化解信访积案379件，如期完成清零任务。自觉接受人大法律监督、政协民主监督，办理市、区两级人大代表建议316件、政协提案238件，满意率均达100%。坚持政府过紧日子，一般性支出持续压减。建立国企改革发展联席会议机制，促进经营运转规范高效。

经济稳健运行　2022年，鹿城区政府突出科学精准防控，因时因势调整优化政策措施，推动疫情防控从“防传染”向“保健康、防重症”平稳转换。实施经济稳进提质八大攻坚行动，集成出台“稳经济41条”“助企纾困30条”等一揽子政策，直达快兑惠企资金48.3亿元，新增市场主体2.8万户、净增1万户。扩大有效投资，入选全省集中开工项目10个，总投资398.6亿元，位列全市第一；363个重大项目完成投资324.2亿元，完成率123.2%；争取到位政府债券资金55.5亿元，获批国家政策性开发性金融工具7.9亿元。发放消费券1.26亿元，带动社会消费超16亿元。落地品牌首店53家，全国首家鞋靴抖音产业直播基地入驻企业超600家。承办第十三届中国茶花博览会、2022全国信息消费城市行（温州站），举办中国鞋都鞋类采购节、国际电商节等系列活动，成交金额约38亿元。创成省级文旅产业融合试验区，印象南塘获评省级高品质步行街，五马历史文化街区获评国家级旅游休闲街区、国家级夜间文化和旅游消费集聚区。

产业结构优化　2022年，鹿城区获批成立浙江鹿城经济开发区，推行产业链链长制“十个一”机制，打造鞋业、数字经济、生产性服务业、智能装备四大特色产业链，实施智能化、节能化改造项目148个，开工增资扩产项目35个、竣工18个。组建全市首家楼宇经济促进会，筹建区楼宇发展中心，制定全市首个商务楼宇运营服务标准，培育税收亿元楼18幢。迭代升级“5+X”产业政策，出台滨江商务区核心区“黄金25条”、温州国际未来科技岛“一岛一策”、西部新城“优10条”等招引政策，集结六大专班和29人组成的驻外招商引智队伍，落户滨江CBD总部大楼项目10个，招引世界500强沃尔玛山姆会员店，落地长城搅拌、南方游乐两大工程项目，开工入库亿元产业项目18个、超10亿元产业项目5个，引进浪潮科技、遥望网络等生产性服务业项目53个。做精做强主体培育，新增规上工业企业、服务业企业108家、国家级专精特新“小巨人”企业2家、上市报会企业2家。实施老旧工业区改造提升三年行动，整治低效工业用地62.27公顷。消化“批而未供”“供而未用”土地408.67公顷，盘活存量土地118.33公顷，再开发城镇低效用地204.47公顷。

发展活力释放 2022年，鹿城区获批创建数字时尚省级高新技术产业园区。落地中科先进技术温州研究院、国家大院名校温州联合研究院等高能级平台4个，落户全国首家“科创中国”园区科技服务工作站，中关村科技成果转化中试服务平台投入运营。完成2022世界青年科学家峰会承接任务，与中国计算机学会签订战略合作协议，落地院士产业化项目2个，2021峰会成果转化率100%。做好科技企业森林培育，新增高新技术企业43家、科技型中小企业189家、省级以上研发机构4家。实施大孵化集群战略，新增孵化面积19.2万平方米，成立首支10亿元科创基金。瓯越院士之家入驻院士12名，获评省级院士之家（全市唯一）。创成“全国科普示范区”。实施“瓯江风起潮涌计划”，中国温州人力资源服务产业园开园、入驻企业23家，打造“红靴奖”国际鞋类设计大赛等“以赛引才”品牌，新入选国家级、省级“引才计划”10人，引进博士、硕士333人，新增大学生、技能人才2.8万人，人才指数综合排名列全市第一。

城市能级提升 2022年，鹿城区完成国土空间总体规划“三区三线”划定，新增空间1426.67公顷。推进重点片区开发，完成瓯江新城核心区政策处理和吴桥片区、西部新城核心区控规调整，府东路过江通道、七都二桥、沿江快速路一期开工，330国道鹿城官岭隧道建成通车，104国道改建工程鹿城段主体结构基本完工。朔门古港遗址入选国内十大考古新发现，成为海上丝绸之路重要实证，《曹湾山遗址考古发掘报告》成功发布，央视2023年春节戏曲晚会在九山书会录制。实施81个“精建精美”项目，完成“微改造、精提升”项目281个，建成塘河沿线绿道打卡项目5个、绿道2.2千米，瓯江光影码头、小坝坊、城市岛屿等成为人气主题街区。联动推进美丽城镇、美丽乡村建设，新增省级未来社区3个、城乡风貌样板区3个、美丽城镇建设样板1个，禅街—五马街—公园路传统风貌样板区获评“新时代富春山居图城市样板区”，驿头驿阳村创成全省首批未来乡村。推进城市有机更新，实施老旧小区改造60个、完工30个，完成做地188.93公顷，出让经营性用地84.07公顷，存量城镇危房提前一年半完成清零。一体推进“迎亚运、讲文明、提品质”行动和全国文明城市建设，完成架空管线“上改下”156.3万米、城市道路“白改黑”8万平方米，打通断头路11条，获评全国节水型社会建设达标区、省全域“无废城市”，连续第三年夺取省“五水共治”大禹鼎。

改革开放深化 2022年，鹿城区以数字化改革引领全面深化改革，入选国家级试点1个、省级部门试点14个。推进“1612”体系贯通应用和“智融瞭望”“平安乐巡”等应用，发挥实战实效，“未来农贸”“翌星”精密智控等做法在全省推广。要素市场化配置改革走在前列，推进“标准地”“亩均论英雄”集成改革，创新推出“拿地即开工”“预验即试产”等模式。有序推进“大综合一体化”行政执法改革，搭建“1＋2＋3＋N”执法争议协调监督平台，省1473项执法事项全部划转到位。持续推进现代慈善体制机制创新和“人人慈善标杆区”省级试点，建成全省首个枢纽型慈善服务综合体。入选首批国家知识产权强县建设试点县，建成国家级专利导航服务基地。获批市场采购贸易方式出口预包装食品试点，市场采购贸易方式试点出口56.2亿美元，同比增长29.4%，跨境电商综试区出口107.6亿元，同比增长78.3%。

民生福祉提质 2022年，鹿城区提前超额完成省、市、区三级民生实事，连续3年获评“中国最具幸福感城区”。教育事业高质量发展，投入经费23.8亿元，同比增长11.7%，建成投用中小学、幼儿园10所，新增学位5310个，平稳完成6所“公参民”学校治理，招引优秀教育人才299名，新增省特级教师8人（列全省第二），入选省级“双减”优秀实践案例8个。推进全龄友好城市建设，新增婴幼儿托位915个，建成儿童友好试点单元19个，改扩建老年食堂34家，大自然社区儿童友好经验做法入选全国实践案例，庆年坊社区创成全国示范性老年友好型社区。持续扩大优质医疗服务供给，附一医公园路院区急诊重新开诊，通过国家卫生城市省级综合评估。食品药品安全总体形势稳中向好，创成省级食品安全示范区。获评全省首批体育现代化区。全面优化社会治理，落地“五社联动”“强社惠民”等省级试点，入选省级城乡社区治理和服务创新实验区。开展平安鹿城“大起底大整治大提升”行动，建立“3030”隐患闭环管控机制，刑事治安接警数、安全事故数、火灾起数等负面指标均大幅下降，完成护航中共二十大等系列维稳安保任务，实现省级“平安区”五连创。

区政府常务会议

九届区政府第五十九次常务会议 2022年1月21日召开。会议审议并原则通过《政府工作报告（送审稿）》《2022年鹿城区民生实事初步建议项目（送审稿）》《关于温州市鹿城区2021年国民经济和社会发展计划执行情况及2022年国民经济和社会发展计划草案的报告（送审稿）》《鹿城区2022年政府投资项目计划（送审稿）》《鹿城区2022年政府投资项目前期计划（送审稿）》《鹿城区2022年度重大项目清单（送审稿）》《关于温州市鹿城区2021年全区和区级预算执行情况及2022年全区和区级预算草案的报告（送审稿）》《关于温州市鹿城区农业农村高质量发展推进共同富裕的若干政策意见（送审稿）》《鹿城区突出贡献和行业20强企业推荐方案（送审稿）》《鹿城区创建“全国科普示范区”（2021—2025）工作实施方案（送审稿）》《鹿城区鞋类制造业、服装制造业、五金制造业等劳动密集型租赁企业和其他易发生工资拖欠问题的行业企业缴纳工资保证金的实施意见（试行）（送审稿）》《关于对温州核心建成区西部生态新城有机更新项目（鹿城工业区板块）范围内国有土地上房屋实施征收的决定》《关于加强和改进新形势下征兵工作的实施意见（送审稿）》，会议听取2021年以来对口和山海协作工程工作情况及2022年工作思路的汇报，听取鹿城区食品药品安全工作情况汇报（书面）。

十届区政府第一次常务会议 2022年3月7日召开。会议审议并原则通过《关于建立鹿城区招商体制机制的实施意见（送审稿）》，研究鹿城区松台片区（九山单元A-08地块）旧片区改建工程范围内国有土地上房屋征收决定相关事宜。

十届区政府第二次常务会议 2022年4月15日召开。会议审议并原则通过《鹿城区促进全域旅游发展扶持奖励办法（送审稿）》《鹿城区促进全域旅游发展扶持奖励办法（送审稿）》《鹿城区农村公路管理养护实施办法（送审稿）》《整合设立浙江鹿城经济开发区工作方案（调整后）》《2022年鹿城区涉法涉诉行政争议化解专项行动实施方案（送审稿）》《行政机关出庭应诉和败诉案件复盘分析工作机制（送审稿）》，学习贯彻《河南郑州“7·20”特大暴雨灾害调查报告》精神，听取鹿城区地质灾害防治工作，全国、省、市防汛防台、安全生产电视电话会议精神和全区下步工作建议汇报。

十届区政府第三次常务会议 2022年4月27日召开。会议审议并原则通过《关于建设鹿泰“产业飞地”的实施方案（送审稿）》《鹿城区工业项目资源要素优化配置的实施意见（送审稿）》《关于做好规上工业企业职工住房保障的实施意见（试行）（送审稿）》《关于加快发展保障性租赁住房的实施细则（送审稿）》。

十届区政府第四次常务会议 2022年5月11日召开。会议审议并原则通过《温州市鹿城区事业单位建立管理岗位职员等级晋升制度工作实施方案（送审稿）》《加快中国温州人力资源服务产业园建设实施办法（送审稿）》《2022年生态环境保护督察重点问题区政府领导联系督导整改方案（送审稿）》《瓯江鹿城段禁渔实施方案（送审稿）》。

十届区政府第五次常务会议 2022年6月8日召开。会议学习传达贯彻全国稳住经济大盘电视电话会议、全省经济稳进提质攻坚行动工作推进会和市政府第6次常务会议精神，审议并原则通过《温州市鹿城区人民政府工作规则（送审稿）》《温州市鹿城区推进街镇开展综合行政执法工作实施方案（送审稿）》《温州市鹿城区街镇综合行政执法事项目录（2022）（送审稿）》《鹿城区规范民办义务教育发展专项工作实施方案（送审稿）》《鹿城区“瓯江名师名校长”招引工程实施办法（送审稿）》《鹿城区登记设立的公办幼儿园试点管理办法（送审稿）》

《鹿城区2022年新办幼儿园模式方案（送审稿）》《鹿城区大孵化集群发展三年行动计划（2022—2024）（送审稿）》《鹿城区推进七都建设温州国际未来科技岛一岛一策实施意见（试行）》《滨江商务区核心区“黄金25条”产业政策实施意见（送审稿）》《鹿城区贯彻落实国务院稳经济措施的实施方案（送审稿）》《关于进一步落实助企纾困工作的若干措施（送审稿）》《关于扶持个体工商户纾困发展的若干意见（送审稿）》《温州市鹿城区关于进一步加快现代服务业高质量发展的若干政策意见（送审稿）》《温州市鹿城区关于工业经济高质量发展的若干政策意见（送审稿）》《温州市鹿城区关于进一步加快开放型经济发展的若干政策意见（送审稿）》《温州市鹿城区食品安全示范区国省联创工作方案（送审稿）》，会议传达学习了《关于更加有效发挥统计监督职能作用的意见》精神（书面）。

十届区政府第六次常务会议 2022年6月20日召开。会议审议并原则通过《鹿城区进一步强化安全生产责任落实坚决遏制较大及以上事故的35条措施意见（送审稿）》《鹿城区土地出让收入使用暂行规定（送审稿）》《鹿城区工业标准地项目“拿地即开工”改革实施方案（试行）（送审稿）》《鹿城数字时尚高新技术产业园区创建总体方案（送审稿）》《鹿城区建设高水平创新型城区、打造“创新引领”型共同富裕示范区三年行动计划（2022—2024年）（送审稿）》《鹿城区外派驻地招商引智工作实施方案（送审稿）》《温州市鹿城区居民住宅二次供水设施建设改造工作实施方案（送审稿）》《2022年鹿城区初中招生工作实施办法（送审稿）》《2022年鹿城区小学招生工作实施办法（送审稿）》《温州市鹿城区人民政府法律顾问工作规则（送审稿）》。

十届区政府第七常务会议 2022年7月5日召开。会议审议并原则通过《温州市鹿城区义务教育阶段“公参民”学校规范治理专项行动方案（送审稿）》《关于做好民办义务教育学校转为公办学校后教师队伍配置工作的指导意见（送审稿）》《鹿城区民办义务教育购买学位（服务）实施办法（送审稿）》，研究了鹿城区五马片区（甲田区块）旧片区改建工程范围内国有土地上房屋征收决定相关事宜。

十届区政府第八次常务会议 2022年8月15日召开。会议审议并原则通过《关于建立鹿城区教职工编制周转池的实施方案（送审稿）》《鹿城区教职工编制周转池管理办法（试行）（送审稿）》《温州市鹿城区政府职能向社会组织转移办法（送审稿）》《鹿城区政府投资项目前期生成决策机制实施办法（试行）（送审稿）》，听取关于落实国家统计督察反馈意见整改工作动员部署视频会议精神以及全区下步整改方案的汇报。

十届区政府第九次常务会议 2022年8月26日召开。会议听取关于学习贯彻习近平总书记重要指示精神和防汛抗旱抢险救灾工作的汇报，学习传达贯彻李克强总理在经济大省政府主要负责人经济形势座谈会上的重要讲话和省政府专题会议精神，听取关于贯彻《浙江省综合行政执法条例》精神的汇报。会议审议并原则通过2021年度鹿城区“亩均论英雄”工业企业综合评价结果和《温州市鹿城区学前教育发展第四轮行动计划（2022—2025年）（送审稿）》《温州国际未来科技岛项目合作协议补充合同（送审稿）》《鹿城区支持总部企业高质量发展的若干政策意见（送审稿）》。

十届区政府第十次常务会议 2022年9月26日召开。会议传达部署当前经济稳进提质、疫情防控、安全生产工作，研究鹿城区蒲鞋市片区（学院路区块）旧片区、南郊街道工业片区改造工程范围内国有土地上房屋征收决定相关事宜。会议审议并原则通过《鹿城区工业用地功能转变整治实施方案（送审稿）》《鹿城区政府质量奖评审管理办法（2022年修订）（送审稿）》《温州市鹿城区事业单位建立管理岗位职员等级晋升制度实施细则（试行）（送审稿）》，传达学习《中华人民共和国反不正当竞争法（2019修正）》，审议并原则同意修改《关于进一步加快现代服务业高质量发展的若干政策意见》。会议研究朔门历史文化街区道路下穿工程线位调整及温州朔门古港遗址公园（暂名）建设工作相关事宜，听取关于“七张问题清单”有限空间作业安全整治攻坚行动开展情况的汇报（书面）。

十届区政府第十一次常务会议 2022年10月22日召开。会议审议并原则通过《加快西部新城核心区产业招商实施意见（送审稿）》《鹿城区老旧工业区改造提升三年行动方案（2022—2024）（送审稿）》《鹿城区综合交通三年大会战方案（送审稿）》《关于落实最严格的耕地保护制度全面推行田长制的实施细则（送审稿）》《关于优化区属国有企业经营管理机制的实施意见（送审稿）》《鹿城区慈善积分管理办法（试行）（送审稿）》《温州市鹿城区行政执法证件管理办法（送审稿）》，学习知识产权纲要及浙江实施意见等有关文件精神（书面）。

十届区政府第十二次常务会议

2022年11月18日召开。会议审议并原则通过《鹿城区工业发展“小升规”十条刚性措施（送审稿）》《温州（鹿城）市场采购贸易方式出口预包装食品质量安全监督管理规定（试行）（送审稿）》《温州（鹿城）市场采购贸易方式出口预包装食品质量安全市场监督工作规程（试行）（送审稿）》《关于促进社会组织高质量发展、助力共同富裕示范区区域样板建设的实施意见（送审稿）》《温州市鹿城区实施〈生产安全事故报告和调查处理条例〉办法（送审稿）》。会议研究重点大宗批发贸易企业合作协议签订相关事宜，听取2022年以来对口和山海协作工程工作情况及2023年工作思路（书面）和2022年鹿城区农业农村和粮食安全责任制有关工作情况汇报（书面）。

十届区政府第十三次常务会议

2022年12月2日召开。会议审议并原则通过《鹿城区药品安全事件应急预案（送审稿）》《鹿城区创建国家知识产权强县建设试点工作方案（2022—2025年）（送审稿）》《温州市鹿城区国有土地上房屋征收房票安置实施细则（送审稿）》。

十届区政府第十四次常务会议

2022年12月26日召开。会议审议并原则通过《鹿城区突出贡献和行业20强企业推荐方案（送审稿）》《鹿城区支持工业企业“留员工、稳生产、开门红”实施意见（送审稿）》《中国鞋都振兴发展行动方案（2023—2025）（送审稿）》《鹿城区工业厂房“预验即试产（试运营）”模拟验收改革暂行实施办法（试行）（送审稿）》《关于明确区属国有企业主责主业 规范用工管理等若干事项的实施意见（送审稿）》。

政务督查与公开

概况 2022年，鹿城区完善督查通报体系，统筹兼顾上级目标要求和区委、区政府年度重点工作，对工作任务落实不力、应付了事的予以问责并进行跟踪督办。通过“数字政务”“服务下沉”缩短办事服务圈。首创依申请公开办理压力测试，创建模拟测试场景，向28家受理件较少的单位提交测试申请件，围绕政府信息依申请公开办理中的多方面要求予以测评，分析研判各部门工作中存在的问题，督促整改，提高政务公开服务水平。

政务督查 2022年，鹿城区府办共跟踪督办区政府常务会议、区长办公会议重要决策事项30项，办结20项；梳理汇总区长工作例会交办事项清单26期，涉及88项重点工作；累计向全区60多个单位交办区政府主要领导批示件2503件，其中36件在办理中，其余均已交办到位。做好建议提案办理，组织、指导区政府系统办理市、区人大代表建议和政协提案，全年共承办市“两会”办件63件，其中主办12件、会办51件；区“两会”办件491件，其中人大代表建议282件、政协提案209件。市、区“两会”办件的答复满意率均为100%。

政务公开 2022年，鹿城区实现涉及人社、医保、公安、民政等九大部门的医疗卫生、养老服务、劳动就业、户籍管理等领域129项政务服务事项的同标准办理；实现全区41个鹿城农商行网点“通办”社会保障卡个人零星申领等149个高频政务服务事项。率全市之先举办依申请公开案例答辩比赛，邀请36家单位政务公开工作负责人登台竞技、协作比拼、以赛代训，切实提高全区政务公开工作队伍专业素质。

“两个健康”工作

概况 2022年，鹿城区制定“两个健康”42项工作要点和24项新清单，统筹“一办八组”共同推进责任清单的落地实施。常态化刊编《“两个健康”信息》，筛选、总结6篇典型案例入选全市《2022“两个健康”典型案例》。

品牌建设 2022年，鹿城区深化“两个健康”先行区建设品牌，打造“两个健康”法治研究中心、中胤时尚企业点位，分别被纳入“两个健康”经验推广交流会观摩示范点和《财富》中国500强峰会考察示范点，向全国参观推广。打造全国首个“两个健康”主题城市书房，全省首创“批量简化”企业合规、首推“认罚轻处”制度，3个项目入选《2022年“两个健康”可复制推广经验做法（第一批）》。

助企纾困政策落实 2022年，鹿城区“5＋4”（农业、工业、服务业、开放型经济、人才等五大政策及总部经济、文化产业、旅游发展、鞋艺小镇等4个其他政策）助企纾困政策兑现落实落细，迭代升级“5＋X”政策2.0版，共优化调整85条，清理退出17条。集成出台区级“助企纾困30条”等一揽子政策，累计为企业综合减负33.94亿元，惠及市场主体52万家次。

反走私工作

概况 2022年，鹿城区围绕温州市打击走私“守护2022”专项行动，综合区情实际，坚持打防结合工作思路，加大刑事打击力度，遏制走私再抬头态势。组织瓯江清港行动和沿岸清查行动5次，刑事立案侦查冻品案件2件，移交无合法来源行政案件6件，打击无合法来源行政案件21件。

刑事打击 2022年，鹿城区以海上综合智治和反走私智慧综治指挥中心为依托，对走私行为数据进行实时监控分析，强化部门联动配合，通过夜间协同作战、围追堵截等方式，共查获走私船舶4艘，刑事打击犯罪对象9名。

打防结合 2022年，鹿城区坚持“一点一策”，对辖区内较易发生走私行为的码头、上岸点等地进行反复排查，在重要路口开展限高限宽、封堵监控等工作，加装监控设备4处，及时修复损坏监控60余次。

外事工作

概况 2022年，鹿城区外事办对标对表“优质外事”“诚信外事”“经济外事”三大品牌，做好外事管理和服务工作。落实《常态化疫情防控下助力浙江企业“走出去”出入境便利化服务实施办法》文件精神，为巨一集团、泰马鞋业等涉外企业做好牵线搭桥、政策服务、信息支持和领事保护宣传等服务，助力鹿城企业“走出去”。成立鹿城区境外公民和机构安全保护工作专班，建立常态化每月政治安全领域海外利益风险隐患报送机制，完善涉外信息数据库。指导街镇开展领事保护进社区宣传活动，提高鹿城籍公民海外领事保护意识和风险防范能力。

对外交流 2022年，鹿城区加强国际友好城市交往，与塞尔维亚贝尔格莱德SURCIN区建立友好交流关系。强化境外领事保护志愿服务站建设，新增坦桑尼亚浙江商会、意大利罗马华侨华人联合总会、丹麦中国友好协会作为鹿城区境外领事保护服务站。

（刘越）

发展和改革

概况 2022年，鹿城区完成专项债储备金额171.84亿元，申请并获批国家政策性、开发性金融工具项目

2个，获支持资金共7.92亿元，申请保障性安居住房中央预算内资金项目3个，下达资金0.71亿元。制定、印发《鹿城区贯彻落实国务院稳经济措施的实施方案》，包括8个方面共41条支持措施，其中对应省级38条、市级40条措施的33条（删减区级没有相关职能的7条），新增8条。审批企业投资项目事项599项；全区5个省“4+1”项目完成投资额11.6亿元，完成率219%，居全市第二。鹿城—壤塘浙川文化产业园工作成功入选2022年国家东西部协作案例集，为全市唯一入选的案例；鹿城区“慈善鹿城”应用参加省数字社会系统路演，成功入选省数字社会案例集，为全市首个被省数字社会案例集收录的慈善帮扶类独立应用；鹿城经开区获2022年省级绿色低碳示范产业园区称号，系全市唯一。

数字社会建设 2022年，鹿城区“慈善鹿城”数字化应用承接省级“浙里有善”慈善激励应用场景试点，入选省民政厅数字化改革第二批优秀应用（案例）；“浙里新市民”应用被列入省数字政府系统首批“一地创新、全省共享”应用，子场景“积分入学”“产业找人”被列入2022年全省重大改革（重大应用）“一本账S2”试点。组建“关键小事”体验员队伍4000余人，对53项小事实行包干制、全体验，加大推广力度，提高“小事”办件量、访问量、反馈量。协同各主管部门推进智慧旅游、智慧养老、社区文化等多跨场景应用落地。完成全区七大类基本公共设施数据的采集、筛选、核准工作，完善《鹿城区“15分钟公共服务圈”建设指南》，开展均衡指数计算，推动“15分钟公共服务圈”全覆盖。

营商环境提升 2022年，鹿城区发改局制订《鹿城区持续优化营商环境实施方案》及2022年重点任务清单，出台《鹿城区优化营商环境“十大举措”实施方案》，突破性强化数字化引领、协同化推进、场景化应用。配合市政府做好全省营商环境评价工作，组织15家部门开展问卷填写。对照市级营商环境调研报告，形成《鹿城区营商环境问题落实责任清单》《鹿城区营商环境指标整改提升情况汇报》等材料，跟进整改落实。向全区科技型中小企业群体推广使用创新券，鼓励向科技服务机构购买技术创新服务、自主开展技术创新活动。排摸全区可用工业用地、“增资扩产”企业（项目），帮助企业跑好审批、落实政策、解决问题。出台助企纾困举措，集成出台组合式助企纾困政策包，打通惠企政策“绿色通道”，激发市场活力。

服务业发展 2022年，鹿城区发改局牵头起草全市首个商务楼宇运营服务标准，制定《商务楼宇运营服务评价规范》，从基础保障、党建引领、商务服务、政务服务、金融服务、科技服务、招商成效等多维度进行规范引导，提高楼宇对高端产业的承载力和吸附力。推动成立鹿城区楼宇经济促进会。牵头全区服务业政策修订，于6月出台《进一步加快现代服务业高质量发展的若干政策意见》。

城镇发展工作 2022年，鹿城区发改局做好农业转移人口市民化工作，对区公安局、住建局、人社局等7个单位展开调研，形成详细的《鹿城区农业转移人口市民化调研报告》。召集12个部门进行一对一座谈会，超额完成线上调查问卷1400多份，为省调研组提供鹿城数据。推进特色小镇创建，启动上伊工业片改造提升工作，谋划打造“未来工厂”，于7月完成温州市瑞星鞋业有限公司数字化车间打造。7月，在丰门街道总部经济园红港举行“世界女鞋·丰门智造”中国鞋都2022国际电商节，鹿城农商行现场授信20亿元；12月，中国鞋都2022国际电商节暨“1212云上丰门女鞋直播节”开播，联运辖区三大女鞋直播基地、百余名网红为鞋都企业搭建专属直播带货渠道。做好碳达峰碳中和工作，率全市之先高质量编制全区碳达峰总体行动方案，形成送审稿并上报至市发改委。推进双碳“6+1”领域建设，出台《温州市鹿城区碳达峰碳中和2022年工作要点》。

价格收费管理 2022年，鹿城区发改局完成《鹿城区市场价格异常上涨事件应急预案》修订工作；根据国家、省市“双减”政策工作要求，核定义务教育阶段学校课后服务收费标准；确定公办幼儿园学后托收费政策和中小学暑期托管收费标准；完成第二、第八、第十幼儿园等3所公办幼儿园保教成本监审和瓯越小学民办学校生均教育定调价成本监审。做好价格监测预警工作，全年采集上报重要商品价格119次，形成价格月度简析报告12篇，开展市场巡察2次，维护市场价格秩序稳定。

能源保障 2022年，鹿城区发改局印发《鹿城区大面积停电事件应急预案》，健全鹿城区大面积停电事件应对工作机制。编制印发《鹿城区天然气长输管道突发事故应急预案》，及时有效处置行政区域内天然气长输管道突发事件。

重大项目建设 2022年，鹿城区安排重大建设项目242个，总投资2128.49亿元，年度计划262.03亿元，实际完成投资355.51亿元。以行业类别分，有重大产业项目41个，其中，鹿城广场国际时尚中心项目、滨江云谷未来社区项目、外垟E-18高端科技智能装备制造项目等项目开工，开元名都酒店、新尚大厦、泰顺总部科创园等项目竣工验收；有重大基础设施项目83个，其中，温州市七都二桥工程、温州市鹿城区海塘安澜工程（仰义塘）等项目开工，330国道鹿城官岭隧道改建工程、温州市鹿城区过境路（双金路—广化桥路）道路综合整治工程等项目竣工验收；有重大民生项目118个，其中，温州鹿城区茶花未来社区项目、江心屿西园改造提升工程等项目开工，滨江商务区地下西环车行道市政工程、温州市鹿城区藤桥新建社区建设工程、温州市鹿城区档案新馆建设项目等项目竣工验收。

2022年鹿城区重大项目建设完成情况表

表9

序号	项目名称	项目类别	建设类别	总投资（万元）	2022年计划投资额（万元）	完成投资额（万元）	完成投资率（%）	责任单位
1	长三角科技企业总部及国际智能制造中心启动区	产业	续建	507800	76000	32215	42.39	七都街道
2	泰顺总部科创园	产业	续建	32000	8000	7254	90.68	七都街道
3	温州金融科技文化中心建设工程	产业	续建	230446	15000	24292	161.95	七都街道
4	鹿城区七都片区北单元03-B-22出让地块公园绿地、市政道路、社区综合体、河流水域建设工程	基础设施	续建	25850	16000	13024	81.40	七都街道
5	鹿城区七都岛西堤（七都大桥段）除险加固工程	基础设施	续建	3392	2000	2575	128.75	七都街道
6	七都美丽城镇建设工程	基础设施	续建	51593	2500	3549	141.96	七都街道
7	鹿城区七都街道“院士岛”配套设施建设一期工程	基础设施	续建	236609	200	1702	851.00	七都街道
8	温州国际未来科技岛产业基础设施配套项目	基础设施	新开工	246160	4000	3709	92.73	七都街道
9	鹿城区七都街道04-A-15地块安置房项目	民生	新开工	7163	2000	2348	117.40	七都街道
10	鹿城七都国际康养中心建设工程	产业	续建	13500	7000	7026	100.37	区卫生健康局、七都街道
11	华润都市中心（二期）工程	产业	续建	319205	20000	22384	111.92	滨江街道
12	温州金融保险产业项目（滨江商务区16-01-0506地块建设项目）	产业	续建	226310	22000	23500	106.82	滨江街道
13	温州市滨江商务区老港区二期03-01-11地块建设项目	产业	续建	225152	15000	84072	560.48	滨江街道
14	华润都市中心（一期）工程	产业	续建	180795	38000	39155	103.04	滨江街道
15	温州市滨江商务区老港区二期03-01-19地块建设项目	产业	续建	52947	10000	25542	255.42	滨江街道

续表 9

序号	项目名称	项目类别	建设类别	总投资（万元）	2022 年计划投资额（万元）	完成投资额（万元）	完成投资率（%）	责任单位
16	温州市好客石油有限公司桃花岛T01-04地块加油站新建项目	基础设施	续建	26800	100	261	261.00	滨江街道
17	滨江商务区地下西环车行道市政工程	民生	续建	225406	5000	6241	124.82	滨江街道
18	洪殿单元F-28地块安置房建设工程	民生	续建	185722	3000	20365	678.83	滨江街道
19	鹿城区黎二村5号地块（温州市核心片区洪殿单元E-04号地块）城中村改造工程	民生	续建	150140	12000	12569	104.74	滨江街道
20	杨府山北侧03-02-02/05地块城中村改造工程（安置区1号地块）	民生	续建	114363	2000	9932	496.60	滨江街道
21	杨府山北侧F、G地块安置房建设工程（含03-02-40A、03-02-56、03-02-52B）	民生	续建	90962	5000	18071	361.42	滨江街道
22	杨府山涂村（老港区安置房项目，即滨江商务区03-01-04a地块安置房建设工程）	民生	续建	75584	2000	7496	374.80	滨江街道
23	滨江商务区CBD01-10地块安置房建设工程	民生	续建	59449	2000	15809	790.45	滨江街道
24	洪殿单元F-19地块安置房建设工程	民生	续建	48528	900	1428	158.67	滨江街道
25	杨府山北侧03-02-51B地块安置房建设工程（安置区4号地块）	民生	续建	43385	1000	3429	342.90	滨江街道
26	杨府山北侧03-02-36地块城中村改造工程（安置区3号地块）	民生	续建	27627	3000	3000	100.00	滨江街道
27	洪殿单元C-14地块安置房建设工程（城投部分）	民生	续建	22102	100	300	300.00	滨江街道
28	滨江云谷未来社区项目	产业	新开工	1100000	150000	222030	148.02	滨江街道
29	鹿城广场国际时尚中心项目	产业	新开工	1000000	50000	51089	102.18	滨江街道
30	温州市滨江商务区CBD片区01-03地块小学工程	民生	新开工	38609	500	0	0.00	滨江街道
31	温州市桃花岛体育休闲公园T02-09地块（鹿城区环卫处清洁车队、区园林绿化管理处后方基地及粪便处理厂）安置工程	民生	新开工	24308	3000	0	0.00	滨江街道
32	保利高端现代双创中心	产业	续建	200898	15000	35426	236.17	南汇街道
33	开元名都酒店	产业	续建	104000	2400	27255	1135.63	南汇街道

续表 9

序号	项目名称	项目类别	建设类别	总投资（万元）	2022 年计划投资额（万元）	完成投资额（万元）	完成投资率（%）	责任单位
34	新尚大厦	产业	续建	39500	500	1860	372.00	南汇街道
35	鹿城区南汇街道前网路、前陈路道路工程	基础设施	续建	2440	1500	1500	100.00	南汇街道
36	南汇街道站西路（原春晖路）市政道路工程	基础设施	续建	19882	1800	2135	118.61	南汇街道
37	绣山路、横渎南路、横渎西路工程	基础设施	续建	34183	2400	18334	763.92	南汇街道
38	中央绿轴F-03a地块拆迁安置房建设工程	民生	续建	74552	5670	17864	315.06	南汇街道
39	中央绿轴F-04a地块拆迁安置房建设工程	民生	续建	50450	4200	6306	150.14	南汇街道
40	温州市鹿城区六和寺迁建项目	民生	续建	15000	800	1159	144.88	南汇街道
41	温州市城市中心区前网路、锦源路道路工程	基础设施	新开工	3000	2800	941	33.61	南汇街道
42	鹿城区南汇街道桥儿头老旧小区改造工程	民生	新开工	10500	3600	6817	189.36	南汇街道
43	城市中心区D-31地块绿化及特殊建筑项目	民生	新开工	2500	200	0	0.00	南汇街道
44	中央绿轴城市风貌样板区创建项目	民生	新开工	12100	2000	0	0.00	南汇街道
45	上陡门单元11-C-20a地块	产业	续建	26891	4000	12366	309.15	蒲鞋市街道
46	温州体育中心周边老旧小区（横河南片区）改造提升工程	基础设施	续建	6661	2750	3148	114.47	蒲鞋市街道
47	上陡门单元11-B-10a地块保障性安居工程	民生	续建	213000	8260	48804	590.85	蒲鞋市街道
48	蒲鞋市街道山根自然村前庄片区安居工程	民生	续建	64000	4800	21408	446.00	蒲鞋市街道
49	温州市上陡门单元山根路（前庄路—府东路）代建项目	基础设施	新开工	2000	1300	1335	102.69	蒲鞋市街道
50	温州市龟湖街坊建设工程	民生	续建	222693	7000	17804	254.34	大南街道、蒲鞋市街道
51	葡萄棚单元B-13a地块、B-13b地块绿化项目	基础设施	续建	475208	80000	127020	158.78	南郊街道
52	里垟南路西段、蛟尾路南段建设工程	基础设施	续建	2699	600	363	60.50	南郊街道
53	温州城市数字科创园核心区基础设施提升工程	基础设施	续建	184461	6000	9941	165.68	南郊街道
54	温州市汇昌河葡萄居住区6-4地块城中村改造工程	民生	续建	11908	1600	1861	116.31	南郊街道

续表 9

序号	项目名称	项目类别	建设类别	总投资（万元）	2022 年计划投资额（万元）	完成投资额（万元）	完成投资率（%）	责任单位
55	葡萄村城中村改造工程6-3地块二期5#楼建设工程	民生	续建	8000	2000	2085	104.25	南郊街道
56	温州市东屿电厂有机更新项目二期	产业	新开工	145000	3000	3721	124.03	南郊街道（市工投集团）
57	温州医博肛肠医院有限公司改造工程（方工路9号）	产业	新开工	5000	2000	2121	106.05	南郊街道
58	浙江顺璟科技有限公司炬光园北路7号厂房扩建工程	产业	新开工	6917	2000	2518	125.90	区经开区、南郊街道
59	葡萄棚A-04地块沿河绿化工程二期	基础设施	新开工	2644	900	1059	117.67	南郊街道
60	南郊B-01地块及周边提升建设工程	基础设施	新开工	100847	50000	0	0.00	南郊街道
61	丰收新村片区养老服务中心、社区卫生服务中心、菜市场、开闭所工程	民生	续建	4500	2600	3150	121.15	大南街道
62	隔岸垟片区农行大厦附属办公楼建设工程	民生	续建	4000	1200	1500	125.00	大南街道
63	隔岸垟片区综合文化站、体育活动中心、12班幼儿园、通信基站工程	民生	续建	3000	600	850	141.67	大南街道
64	鹿城区10千伏2021年配网工程（二期）项目	民生	续建	22756	4000	5033	125.83	大南街道
65	温州市旧城丰收新村出让地块公园绿地、市政道路建设工程	基础设施	新开工	108747	300	350	116.67	大南街道
66	鹿城区大南街道绿色生活创建项目	民生	新开工	5824	3000	3021	100.70	大南街道
67	禅街—五马街—公园路传统风貌样板区提升工程	民生	续建	15000	3000	3722	124.07	五马街道、区住建局、区历史文化街区建设服务中心
68	朔门B区块改造工程	民生	新开工	60000	3500	5751	164.31	市城发集团、区文旅集团公司、温州市名旅建设发展有限公司、五马街道
69	桥上片D-37地块安置房建设项目	民生	新开工	100000	500	900	180.00	市城发集团、五马街道
70	矮凳桥D-07地块安置房建设项目	民生	新开工	90000	500	0	0.00	市现代集团、五马街道
71	温州老年病医院改扩建工程	民生	续建	17184	3500	3594	102.69	松台街道
72	鹿城区松台街道水心村养老服务中心	民生	续建	2205	500	818	163.60	松台街道
73	河通桥保障性安居工程二期项目	民生	续建	11976	6000	6000	100.00	松台街道

续表 9

序号	项目名称	项目类别	建设类别	总投资（万元）	2022 年计划投资额（万元）	完成投资额（万元）	完成投资率（%）	责任单位
74	九山湖—茶花传统风貌样板区	民生	续建	27576	4000	1489	37.23	松台街道
75	温州鹿城区茶花未来社区项目	民生	新开工	400000	21000	23184	110.40	松台街道
76	鹿城区广化街道双桥路、上桥路（广化至双桥段）道路工程	基础设施	续建	2522	900	1080	120.00	广化街道
77	集新未来社区河道整治工程	基础设施	续建	4904	20	20	100.00	广化街道
78	鹿城共同富裕示范区广化单元公共服务提升项目（一期）	基础设施	续建	182970	70000	70000	100.00	广化街道
79	集新未来社区试点创建项目（住宅部分）	民生	续建	1274607	220000	269672	122.58	广化街道
80	温州市核心片区广化单元黄龙商贸城街坊二期C-31、C-34地块项目（未来社区）	民生	续建	850000	100000	194351	194.35	广化街道
81	鹿城区广化街道黄龙商贸城C-26地块房屋建设工程（未来社区）	民生	续建	347000	150000	143369	95.58	广化街道
82	温州市鹿城区下桥城中村改造工程E-29地块建设工程	民生	续建	61983	8000	8683	108.54	广化街道
83	温州鹿城环贸港项目	产业	续建	200000	20000	33163	165.82	双屿街道
84	温州市鹿城区双屿街道黄龙南路及局部支路建设工程	基础设施	续建	5771	198	198	100.00	双屿街道
85	温州市鹿城区双屿街道垟田城中村改造市政道路工程	基础设施	续建	9600	500	544	108.80	双屿街道
86	温州市鹿城区双屿街道营楼河河道整治工程	基础设施	续建	3371	1000	1460	146.00	双屿街道
87	温州市仰双片区营楼路道路工程	基础设施	续建	2275	400	1133	283.25	双屿街道
88	温州市仰双片区黄龙山路道路工程	基础设施	续建	2234	400	882	220.50	双屿街道
89	温州市仰双片区瓯斯达路（鹿城路至过境公路）道路工程	基础设施	续建	2562	500	984	196.80	双屿街道
90	温州市鹿城区黄龙单元D-03地块小学建设工程	民生	续建	17520	3000	3110	103.67	双屿街道
91	温州市鹿城区双屿街道瓯浦中路，瓯浦路市政道路工程	基础设施	新开工	8470	1500	1509	100.60	双屿街道
92	代建绿化带（A-43）、绿化带（A-18-2）及东瓯路、南山西路、南山东路	基础设施	新开工	7700	1500	2079	138.60	双屿街道

续表 9

序号	项目名称	项目类别	建设类别	总投资（万元）	2022 年计划投资额（万元）	完成投资额（万元）	完成投资率（%）	责任单位
93	温州市仰双片区黄龙单元规划双桥河工程建设项目	基础设施	新开工	4000	400	821	205.25	双屿街道
94	温州市仰双片区中央涂单元A-12地块特殊建筑及文化礼堂建设工程项目	基础设施	新开工	3121	800	805	100.63	双屿街道
95	鹿城西部新城生态修复整治项目一期	基础设施	新开工	424624	—	0	—	双屿街道
96	鹿城区双岙物流仓储基地及配套设施项目	基础设施	新开工	71847	1500	5733	382.20	双屿街道
97	温州市鹿城区中央涂C-23地块小学建设工程	民生	新开工	16231	—	0	—	双屿街道
98	鹿城区鞋都三期B地块项目（木材集团）	产业	续建	39171	3198	5166	161.54	丰门街道
99	瑞星鞋制造基地项目	产业	续建	30000	2080	2305	110.82	区经开区、丰门街道
100	瓯浦垟鞋业制造小微园项目	产业	续建	26122	2300	4654	202.35	区经开区、丰门街道
101	温州市银座鞋业有限公司年产165万双皮鞋制造生产基地建设项目	产业	续建	16495	2200	5302	241.00	区经开区、丰门街道
102	东屿鞋业制造小微园建设工程	产业	续建	12025	300	1503	501.00	区经开区、丰门街道
103	丰门街道330国道沿线景观绿化工程	基础设施	续建	3106	1500	1957	130.47	丰门街道
104	鹿城鞋艺小镇基础设施配套项目	基础设施	续建	299569	23400	31602	135.05	丰门街道
105	温州鹿城中国鞋都产业园区有机更新项目（鞋艺小镇二期）	基础设施	续建	240947	7000	9898	141.40	丰门街道
106	温州市三晋鞋业有限公司新建厂房工程	产业	新开工	12000	4000	6243	156.08	区经开区、丰门街道
107	温州众盈鞋业有限公司厂房建设项目	产业	新开工	3500	2000	2075	103.75	区经开区、丰门街道
108	温州市鞋艺文化园建设工程	基础设施	新开工	4918	1000	1500	150.00	丰门街道
109	鹿城鞋艺小镇范围综合整治工程	基础设施	新开工	32211	12000	12035	100.29	丰门街道
110	丰门街道仰双片区鞋都一期单元控规C-06、B-31b地块土地污染修复工程	基础设施	新开工	5616	500	100	20.00	丰门街道
111	智能健康和时尚鞋艺制造基地（鞋都四期项目前京片）	产业	续建	200000	20000	27304	136.52	区经开区、仰义街道
112	温州市正新供应链基地	产业	续建	106173	10000	16052	160.52	区经开区、仰义街道

续表 9

序号	项目名称	项目类别	建设类别	总投资（万元）	2022 年计划投资额（万元）	完成投资额（万元）	完成投资率（%）	责任单位
113	温州市鹿城区仰义街道木西岙路（330国道～104国道）道路工程	基础设施	续建	6753	500	751	150.20	仰义街道
114	温州市鹿城区仰义街道连墩路（纬二四零路）道路工程	基础设施	续建	3626	600	647	107.83	仰义街道
115	后京电镀基地排水管网整治工程	基础设施	续建	4224	4200	3287	78.26	仰义街道
116	温州市仰双片区前后京单元B-9-2地块项目	民生	续建	121344	24000	54545	227.27	仰义街道
117	温州市仰双片区澄沙桥单元B-18地块项目	民生	续建	90000	16000	32118	200.74	仰义街道
118	前后京单元A-14地块项目	民生	续建	82825	16000	41203	257.52	仰义街道
119	前后京单元A-11地块项目	民生	续建	79000	18000	27312	151.73	仰义街道
120	温州市仰双片区前后京单元B-3地块项目	民生	续建	78000	15500	29469	190.12	仰义街道
121	温州市仰双片区前京单元B-4-1地块项目	民生	续建	21323	5600	11538	206.04	仰义街道
122	鹿城区仰义街道林里C-20c房建工程项目	民生	新开工	126000	12000	16926	141.05	仰义街道
123	仰义街道小城镇环境综合整治工程	基础设施	续建	4896	500	899	179.80	区综合行政执法、仰义街道
124	海特克动力股份有限公司年产40万台液压泵、80万台液压阀生产厂房建设项目	产业	续建	127451	5000	5372	107.44	区经开区、藤桥镇
125	阿联酋新型板材生产制造项目	产业	续建	100760	3500	2328	66.51	区经开区、藤桥镇
126	新宇建筑设备制造项目	产业	续建	20000	3200	5684	177.63	区经开区、藤桥镇
127	米诺智能家居生产制造项目	产业	续建	11300	1500	3221	214.73	区经开区、藤桥镇
128	园区E1-08地块二产返回用地标准厂房建设工程	产业	续建	3835	600	2037	339.50	区经开区、藤桥镇
129	温州历程实业有限公司二次开发建设项目（一期）	产业	续建	3100	400	865	216.25	区经开区、藤桥镇
130	浙江省温州市鹿城区轻工产业园区一期改造提升工程	基础设施	续建	251983	16000	16000	100.00	藤桥镇
131	2021年鹿城区藤桥镇农村生活污水治理改造提升工程	基础设施	续建	3404	1700	1971	115.94	藤桥镇
132	藤桥镇美丽城镇建设工程	基础设施	续建	11927	3500	2098	59.94	藤桥镇
133	藤桥镇戍浦村股份经济合作社周徐三返回安置房工程	民生	续建	19175	3000	5165	172.17	藤桥镇

续表 9

序号	项目名称	项目类别	建设类别	总投资（万元）	2022 年计划投资额（万元）	完成投资额（万元）	完成投资率（%）	责任单位
134	浙江温州鹿城轻工产业园区A-112三产安置地块建设项目	民生	续建	9850	2400	3509	146.21	藤桥镇
135	“古埠人家·藤南雅韵”乡村振兴示范带基础配套工程	民生	续建	15999	5500	5686	103.38	藤桥镇
136	外垟E-18高端科技智能装备制造项目	产业	新开工	100000	—	3854	—	区经开区、藤桥镇
137	C-72高新技术产业研究园	产业	新开工	100000	15000	4302	28.68	区经开区、藤桥镇
138	浙南金属材料交易总部项目二期	产业	新开工	10000	4500	5605	124.56	藤桥镇、区工业发展集团
139	嘉力化工新材料制造项目	产业	新开工	10000	2000	2008	100.40	藤桥镇
140	鹿城区戍浦江流域治理及生态修复工程一期	基础设施	新开工	367105	30000	10200	34.00	藤桥镇
141	南雅片区未来乡村创建	民生	新开工	3000	3000	3000	100.00	藤桥镇
142	鹿城区乡村振兴共同富裕项目一期（藤桥镇抛荒耕地综合整治工程）	民生	新开工	11796	3000	4680	156.00	藤桥镇
143	金岙谷乡村休闲项目	产业	续建	35000	6000	6782	113.03	山福镇
144	2021年山福镇农村生活污水治理改造提升工程	基础设施	续建	3400	1400	1420	101.43	山福镇
145	鹿城区乡村振兴共同富裕项目一期（山福镇驿头驿阳村未来乡村建设工程）	基础设施	续建	2410	2410	1888	78.34	山福镇
146	瓯江引水工程（一标鹿城段）	基础设施	续建	549768	12000	20000	166.67	区农业农村局、山福镇
147	鹿城区山福镇“文韵山水·养心福地”美丽城镇建设项目	民生	续建	12545	1300	1595	122.69	山福镇
148	鹿城区山福镇全域土地整治及生态修复工程一期	基础设施	新开工	48641	3000	3010	100.33	山福镇
149	温州市鹿城区档案新馆建设项目	民生	续建	24470	6400	6568	102.63	区档案馆
150	“五水共治”项目	基础设施	续建	6000	6000	5350.81	89.18	市生态环境局鹿城分局
151	集新未来社区温州市实验中学新校区建设工程	民生	续建	286042	16000	20922	130.76	区教育局
152	温州市城市中心A-18-2地块小学工程	民生	续建	30775	3750	7421	197.89	区教育局
153	温州市七都片区北单元03-C-13地块小学建设工程	民生	续建	29122	8000	8025	100.31	区教育局

续表 9

序号	项目名称	项目类别	建设类别	总投资（万元）	2022年计划投资额（万元）	完成投资额（万元）	完成投资率（%）	责任单位
154	温州市七都片区北单元03-C-14地块中学建设工程	民生	续建	23325	6000	6020	100.33	区教育局
155	山福镇中心幼儿园建设工程	民生	续建	4505	1000	1707	170.70	区教育局
156	幼儿园装修工程	民生	续建	8275	1500	1691	112.73	区教育局
157	中小学装修工程	民生	续建	9220	2800	3298	117.79	区教育局
158	温州市建设小学五马校区危房拆建工程	民生	续建	2500	200	644.52	322.26	区教育局
159	第十一幼儿园映翠园区改扩建工程	民生	续建	2227	660	681	103.18	区教育局
160	葡萄棚学校建设工程	民生	新开工	19069	350	383	109.43	区教育局、南郊街道
161	温州市鞋革职业中专学校改扩建工程	民生	新开工	17624	200	0	0.00	区教育局
162	温州市蒲鞋市小学黎明校区拆扩建工程	民生	新开工	11860	500	150.1	30.02	区教育局、滨江街道
163	温州市旧城E-30c地块小学建设工程	民生	新开工	27500	300	616.54	205.51	区教育局
164	南郊随迁子女学校	民生	新开工	7000	200	50	25.00	区教育局、南郊街道
165	鹿城区职业技能实训基地项目	民生	新开工	9450	7000	13041	186.30	区教育局
166	鹿城区养老服务中心建设工程	民生	续建	58656	9600	10531	109.70	区民政局
167	双屿康养项目	产业	新开工	260000	2000	35400	1770.00	区民政局、双屿街道
168	鹿城公安指挥训练中心项目	民生	续建	42057	10000	10240	102.40	区公安分局
169	“雪亮工程”六期项目	民生	新开工	4769	954	935.2	98.03	区公安分局
170	2021年鹿城区老旧小区改造提升工程、2021年鹿城区老旧小区改造提升工程（第二批）	民生	续建	20913	18913	20913	110.57	区住建局、各相关街道
171	温州市七都二桥工程	基础设施	新开工	180000	10000	2000	20.00	区住建局
172	鹿城区旧社区配套提升工程一期项目	民生	新开工	57201	33721	30000	88.97	区住建局、七都街道、滨江街道、南汇街道、大南街道、松台街道
173	2022年鹿城区老旧小区改造提升工程	民生	新开工	19000	5000	5120	102.40	区住建局、各相关街道

续表 9

序号	项目名称	项目类别	建设类别	总投资（万元）	2022 年计划投资额（万元）	完成投资额（万元）	完成投资率（%）	责任单位
174	2022年生活小区“污水零直排”项目	民生	新开工	10000	10000	10319	103.19	区住建局、各相关街道
175	鹿城区城市生活垃圾转运作业市场化PPP项目垃圾转运站改造提升	基础设施	续建	20998	1240	1200	96.77	区综合行政执法局
176	2021年鹿城区排水管网整治工程	基础设施	续建	26067	4000	4037	100.93	区综合行政执法局、滨江街道、南汇街道、蒲鞋市街道、大南街道、五马街道、松台街道、广化街道、丰门街道、仰义街道、藤桥镇
177	2020年鹿城区排水管网整治工程	基础设施	续建	40593	1100	1330	120.91	区综合行政执法局、七都街道、南汇街道、蒲鞋市街道、大南街道、五马街道、松台街道、广化街道、丰门街道、仰义街道、藤桥镇（鹿城轻工产业园区）、山福镇
178	鹿城区2019年排水管网整治工程（中国鞋都二期分区）	基础设施	续建	4878	2100	2038	97.05	区综合行政执法局、丰门街道
179	瓯江路道路及景观改造提升工程（望江路下穿工程）	基础设施	续建	129592	30000	6526	21.75	区综合行政执法局
180	温州市鹿城区过境路（双金路—广化桥路）道路综合整治工程	基础设施	续建	19930	11000	11072	100.65	区综合行政执法局
181	2021年老城区背街小巷管线及路面综合整治工程	基础设施	续建	8996	2000	2094	104.70	区综合行政执法局
182	九山公园—松台山历史文化提升改造工程	民生	续建	15440	4526	1489	32.90	区综合行政执法局
183	鹿城区碳汇系统能力提升项目	基础设施	新开工	50435	12000	12000	100.00	区综合行政执法局
184	2022年鹿城区排水管网整治工程	基础设施	新开工	44951	34000	34000	100.00	区综合行政执法局、滨江街道、南汇街道、蒲鞋市街道、南郊街道、大南街道、五马街道、松台街道、广化街道、丰门街道、仰义街道
185	2022年鹿城区排水管网提质增效工程	基础设施	新开工	57000	30000	2156	7.19	区综合行政执法局、南汇街道、蒲鞋市街道、大南街道、五马街道、松台街道、广化街道、丰门街道、仰义街道
186	2022年老城区背街小巷管线及路面综合整治工程	基础设施	新开工	9000	7200	1100	15.28	区综合行政执法局

续表 9

序号	项目名称	项目类别	建设类别	总投资（万元）	2022年计划投资额（万元）	完成投资额（万元）	完成投资率（%）	责任单位
187	鹿城区美丽街道建设工程	基础设施	新开工	20000	3000	3022.62	100.75	区综合行政执法局、南郊街道、双屿街道、丰门街道、仰义街道
188	九山公园—松台山历史文化提升工程（二期）	基础设施	新开工	9000	3200	3200	100.00	区综合行政执法局
189	鹿城区二次供水设施改造工程	民生	新开工	30000	21600	3100	14.35	区综合行政执法局、属地街镇
190	104国道温州西过境永嘉张堡至瓯海桐岭段（鹿城段）工程	基础设施	续建	292367	2000	12184	609.20	区交通运输局
191	330国道鹿城官岭隧道改建工程	基础设施	续建	30958	2000	4398	219.90	区交通运输局
192	缙云至苍南公路鹿城临江至藤桥段工程	基础设施	续建	79212	8000	8250	103.13	区交通运输局
193	温州绕城高速公路藤桥连接线改建工程	基础设施	新开工	31643	5000	5010	100.20	区交通运输局
194	石林环线（泰新街段和樟村段）道路隐患治理工程	民生	新开工	2000	2000	244	12.20	区交通运输局、藤桥镇
195	温州市温瑞平原西片排涝工程—鹿城段	基础设施	续建	68000	2000	2326	116.30	区农业农村局
196	温州市鹿城区戍浦江河道（藤桥至河口段）整治工程	基础设施	续建	114161	21600	24569	113.75	区农业农村局
197	温州市鹿城区瓯江治理二期工程	基础设施	新开工	16124	800	801	100.13	区农业农村局
198	鹿城区仰义水库加固工程	基础设施	新开工	8200	1500	1614	107.60	区农业农村局
199	温州市鹿城区海塘安澜工程（仰义塘）	基础设施	新开工	67000	1000	1100	110.00	区农业农村局
200	江心屿改造提升工程（东园）	民生	续建	26783	1500	747	49.80	区文化和广电旅游体育局
201	温州江心屿改造提升工程（东园二期）	民生	续建	7292	1200	863	71.92	区文化和广电旅游体育局
202	江心屿码头改造提升工程	民生	续建	7293	1000	1055	105.50	区文化和广电旅游体育局
203	江心屿西园码头建设工程	民生	续建	3882	1500	1583	105.53	区文化和广电旅游体育局、松台街道
204	江心屿西园改造提升工程	民生	新开工	90941	5000	5562.8	111.26	区文化和广电旅游体育局、松台街道
205	鹿城区卫生服务中心项目	民生	续建	19367	4900	5641	115.12	区卫生健康局、仰义街道、山福镇、藤桥镇
206	鹿城区人民医院二期扩建项目	民生	新开工	8000	1200	1286	107.17	区卫生健康局、丰门街道

续表 9

序号	项目名称	项目类别	建设类别	总投资（万元）	2022 年计划投资额（万元）	完成投资额（万元）	完成投资率（%）	责任单位
207	鹿城区城市中心区A-42、A-43、A-19-2、A-27地块横渎河沿河公园建设工程	基础设施	续建	5032	1200	1635	136.25	区温瑞塘河工程建设中心
208	中央绿轴区域E-27地块划龙桥河沿河绿化工程	基础设施	新开工	2000	700	916	130.86	区温瑞塘河工程建设中心
209	温州市城市中心区A-24地块公园绿地建设工程	基础设施	新开工	5830	1500	1593	106.20	区温瑞塘河工程建设中心
210	温州市仰双片区黄龙单元垟田村C-02-C地块项目	民生	续建	260622	85000	122616	144.25	区城中村改造建设中心、双屿街道
211	巨一旺增桥E-28a地块项目	民生	续建	196717	12200	32180	263.77	区城中村改造建设中心、南汇街道
212	温州市核心片区广化单元黄龙商贸城街坊一期C-13地块项目	民生	续建	155565	24100	24101	100.00	区城中村改造建设中心、广化街道
213	仰双片区中央涂单元D-05b地块建设项目	民生	续建	131716	16400	45556	277.78	区城中村改造建设中心、双屿街道
214	温州市核心片区杨府山南单元A-04地块项目	民生	续建	129000	31900	42752	134.02	区城中村改造建设中心、滨江街道
215	温州市仰双片区双岙单元D-12地块项目	民生	续建	109980	28500	50299	176.49	区城中村改造建设中心、双屿街道
216	温州市七都岛04-C-04b地块项目	民生	续建	105200	40600	52821	130.10	区城中村改造建设中心、七都街道
217	南郊牛桥底新建社区北地块项目	民生	续建	98000	6100	10250	168.03	区城中村改造建设中心、南郊街道
218	温州市核心片区葡萄棚单元A-14b地块项目	民生	续建	79920	24600	37100	150.81	区城中村改造建设中心、南郊街道
219	温州市核心片区杨府山南单元A-13地块项目	民生	续建	71200	16200	23693	146.25	区城中村改造建设中心、滨江街道
220	温州市仰双片区黄龙单元瓯浦垟街坊A-30地块项目	民生	续建	68747	17500	23988	137.07	区城中村改造建设中心、双屿街道
221	中央涂D-32地块项目	民生	续建	60770	7100	24492	344.96	区城中村改造建设中心、双屿街道
222	瓯浦垟A-24-2地块项目	民生	续建	58920	21600	22223	102.88	区城中村改造建设中心、双屿街道
223	温州市仰双片区双岙单元A-37、A-38地块建设项目	民生	续建	54800	16500	20900	126.67	区城中村改造建设中心、双屿街道
224	中央涂D-11地块项目	民生	续建	52763	9200	20404	221.78	区城中村改造建设中心、双屿街道
225	沈宅A-41a地块项目	民生	续建	51800	10200	10509	103.03	区城中村改造建设中心、南汇街道
226	温州市城市中央绿轴E-13c地块项目	民生	续建	40410	12500	22084	176.67	区城中村改造建设中心、南汇街道

续表 9

序号	项目名称	项目类别	建设类别	总投资（万元）	2022年计划投资额（万元）	完成投资额（万元）	完成投资率（%）	责任单位
227	温州市仰双片区双岙单元D-10地块项目	民生	续建	19823	5800	8959	154.47	区城中村改造建设中心、双屿街道
228	温州市仰双片区中央涂单元E-01-02地块项目	民生	新开工	180000	20000	49103	245.52	区城中村改造建设中心、双屿街道
229	温州市仰双片区双岙单元D-14a地块项目	民生	新开工	149831	27300	77144	282.58	区城中村改造建设中心、双屿街道
230	温州市仰双片区鞋都一期单元C-24地项目	民生	新开工	120000	15000	18494	123.29	区城中村改造建设中心、双屿街道
231	温州市仰双片区双岙单元D-21地块项目	民生	新开工	85000	10000	14534	145.34	区城中村改造建设中心、双屿街道
232	温州市核心片区南浦单元F-14地块项目	民生	新开工	80374	15000	26453	176.35	区城中村改造建设中心、南汇街道
233	温州市仰双片区中央涂单元C-13-01地块项目	民生	新开工	47000	5000	8008	160.16	区城中村改造建设中心、双屿街道
234	温州市藤泽片区藤桥单元01-03a地块项目（北岸安置性商品房项目）	民生	新开工	36000	5000	5044	100.88	区城中村改造建设中心、藤桥镇
235	温州解放街和五马历史文化商圈南片区二期（纱帽河、柴桥巷、登选坊）改造提升工程	基础设施	续建	16995	1000	1334	133.40	区历史文化街区建设服务中心
236	新国光地下广场改造提升工程	基础设施	新开工	2000	1000	0	0.00	区历史文化街区建设服务中心、五马街道
237	墨池一东瓯王庙一县学前保护提升工程	基础设施	新开工	8000	3000	4725	157.50	区历史文化街区建设服务中心、五马街道
238	文化传承与院落保育活化示范工程	民生	新开工	15000	1000	100	10.00	区历史文化街区建设服务中心、五马街道
239	鹿城区七都消防救援站	基础设施	新开工	7304	626	0	0.00	区消防救援大队
240	沿江快速路一期工程	基础设施	续建	564138	65000	56184	86.44	区城市发展集团有限公司、双屿街道
241	温州市鹿城区藤桥新建社区建设工程（轻工园区B-1、B-3、B-4、B-6地块）	民生	续建	180522	3800	17701	465.82	区文旅传媒集团有限公司
242	粮食加工基地项目	产业	新开工	5000	2500	2414	96.56	区国有资产经营集团、藤桥镇（轻工产业园区管委会）
总计		—	—	21284856	2620326	3555081.59	—	—

（陈妍）

鹿城广场国际时尚中心项目　　（区发改局提供）

2023年5月，鹿城区档案新馆正式投入使用　　（区档案馆提供）

1 鹿城区藤桥镇新建社区建设工程

2 温州市好客石油有限公司桃花岛T01—04地块加油站新建项目

3 滨江云谷未来社区项目

（区发改局提供）

政务服务

概况 2022年，鹿城区政务服务中心对标“一都三城五区”建设目标，坚持需求导向、目标导向、问题导向，在数字赋能、思维创新、拓展延伸、迭代升级等方面下功夫，持续深化“最多跑一次”改革。全区上线政务服务2.0事项1724项，一网通办办件率达96.4%。中心（含分中心）线上线下累计办结业务200.45万件。年内，中心以“政务+”为手段，助力跨越“数字鸿沟”，构建起便民、利企、高效的政务服务格局，实现“15分钟”办事圈、“帮办代办”零距离。借力移动营业厅3个网点试点，依托40个农商银行营业网点优势和人力资源优势，融合双方物理网点、自助渠道、智能终端等事项，努力为企业和群众提供“一对一，就近办”贴心服务，全年移动、银行帮代办业务量达6万余笔。

“去固定柜台化”服务大厅打造 2022年，鹿城区政务服务中心打造全市首个“去固定柜台化”大厅，通过将传统“柜台式”窗口服务变成“面对面”贵宾服务，让受理人员从柜台内走向群众旁，化被动等待审批为主动靠前服务。依托智能取叫号系统，根据排队人数机动呼叫工作人员，由原来的一窗一人转变为全科室全员待命，更为灵活调配受理资源。全年15个部门共计809个事项完成改造，累计服务群众达2.8万人次。

“拿地即开工”示范引领 2022年，鹿城区出台《鹿城区工业标准地项目“拿地即开工”改革实施方案（试行）》文件，率全市之先探索拿地即开工和技改手续“一件事”，通过项目批前指导、提前明确拟调整技术性指标、部门联动主动作为等方式将原先拿地到动工建设的3个月时间压缩至签订土地出让合同后3个工作日内即可领取相关证照，并成功在三晋鞋业、长城搅拌、润新等项目中实行。该做法得到市委书记刘小涛、副市长王振勇批示肯定。同时，“拿地即开工”“预验即试产”案例被区纪委列入《清廉鹿城》模拟审批典型案例。

“竣工即领证”先试先行 2022年，鹿城区政务服务中心持续推进企业投资项目促产“一件事”改革，建立工作专班群，协同住建、资规部门推进企业投资项目“竣工即领证”，不断创新工作流程，最大程度做好企业服务，为辖区内总投资3.08亿元的浙江金瑞五金锁具有限公司在一个工作日完成竣工验收全流程手续。

“预验即试产”初显成效 2022年，鹿城区政务服务中心针对竣工验收后到项目投产间的长时间空档，按照自愿原则，为企业提供“预验即试产”服务。通过“承诺+容缺+联合预验收”等系列举措，提前试产，将为中胤鞋业、球特阀门等企业实现效益增收超2000万元。

（李文思）

大数据管理

概况 2022年，鹿城区大数据管理中心围绕数字化改革“1612”体系架构，聚力一体化智能化公共数据鹿城分平台建设，增强全域数字化改革支撑能力，推进全区数据资源共享应用深度开发，提升政府服务效能。深耕项目精细管理，全年组织党政机关信息化项目评审会议62场，为全区各单位提供项目技术支撑服务140余次，累计节约财政资金4549.77万元。深化重大应用培育，支撑“智融瞭望”项目和“鹿城未来农贸”应用成功入选“全省‘一地创新、全省共享’‘一本账S0’”，入选数列全市第一。深谋“一地创新，全省复用”路径，“IRS编目小助手”入选省IRS优秀案例，赋能全市四市十地提升数据编目效率。“云帮扶预测模型”“违规抓拍预警分析”入选省级数据产品案例集。智融瞭望系统实现省统建提级，“宗教智眼”系统、法院凤凰行政智审服务系统、云表单系统实现市统建提级。在2022年度全省市县一体化智能化公共数据平台综合考评中获“五星”成绩，位列温州市第二。助推多部门获得省部委表彰，“翌星”禁毒、AI机器视觉中心等系统案例被省委改革办《数字化改革》和其主办的微信公众号“浙里改”“竞跑者”栏目及《浙江日报》等媒体平台报道。建成近1200平方米的鹿城区数字化改革运营指挥中心，获评温州市青少年教育科普研学基地。区大数据管理中心取得5项国家知识产权计算机软件著作权证书。

数据建设 2022年，鹿城区大数据管理中心全面统筹云、数、网、端等数字资源，夯实数据基础底座，激活数据价值，释放数据红利。做强做优一体化智能化公共数据平台鹿城分平台，归集数据3亿条、省市回流12.6亿条，开放公共数据3329万条，共享开放数据集居全市第二。制作接口250个，覆盖全区30个部门。建设一网统管事件库、指标库等12个专题库，涉及数据量9.4亿条。城市治理专题库建设获批全市试点。迭代升级数字孪生底座，集成地理信息系统等五大领域47类资源图层，动态更新“人房企事物”数据600万余条，实现精细感知全区运行生命体征。

助力政府治理 2022年，鹿城区大数据管理中心不断强化能力平台支撑，加速提升城市治理现代化水平，加快构建“一网统管”工作格局。打造鹿城区AI机器视觉中心，集成57种智能算法、600路强大算力，赋能区行政执行局、南汇街道、山福镇等单位推送预警信息超801万条。跨县域赋能泰顺，率全省之先迈出数字化改革“山海协作”第一步。打造物联汇聚管理平台，整合接入5G物联网感知设备56779个，提升精准预警预测重大隐患风险能力。加速基层治理大脑建设，上架算法与智能模块37个，位居全市第一，被列入首批开展基层网格App整治试点区县。在鹿城区平安护航建党百年工作中，获“突出贡献集体”奖。

政务服务效能提升 2022年，鹿城区大数据管理中心推进“互联网＋政务服务”，助力营商环境改善。提升政务服务效能，线上线下“一网通办”率达95%以上。上架“浙里办”应用15个，日均活跃用户4.95万人，位居全市第二。上架“浙政钉”应用41个。完成55个电子政务视联网端设备升级，全年零故障保障会议近700场次。加强网络安全防护，开展34期网络安全自查晾晒工作，整改安全隐患1093个；承办2022年温州市网络安全应急演练活动，网络安全专项考核位列全市第一，在“浙江省公共数据安全工作专题交流会”上作典型发言。加强数字赋能战疫，组建230余人网络通信保障队伍。创新开发云表单（问卷调查）、线上查询室（基层核验）、数据加密传输工具（数据安全）等3个组件，累计被调用16万次以上，为基层防控减负增效。加快制度成果培育，率全市之先编制《一体化智能化公共数据平台安全机制》《鹿城区公共数据分类分级实施流程》等标准规范，形成理论制度成果。

省数据开放创新应用大赛温州分赛区举行 2022年，鹿城区大数据管理中心承办“电信5G杯”2022温州市数据开放创新应用大赛暨浙江省数据开放创新应用大赛温州分区赛，推举鹿城区6个项目参赛、5个项目获奖，其中“单枪匹码”爱心鞋、“安心就业宝”项目分别获得一等奖和三等奖。区大数据管理中心获最佳组织奖。

（董梦莹）

招商引资

概况 2022年，鹿城区投资促进服务中心签约10亿元以上重大产业项目12个；开工亿元以上产业项目18个，其中10亿元以上重大产业项目5个（包括单体制造业2个），引进500强等高质量项目3个，均百分百完成市级考核任务。全年累计到位实际使用外资7514万美元，完成率100.17%，同比增长186%，高技术实用外资完成率250.43%，亿美元项目完成2个，超额完成任务目标；引进、培育总部项目21个，数量位居全市第一；引进领军型人才创业项目17个，其中3个通过市级评审。

招商资源整合 2022年，鹿城区投资促进服务中心制定出台《关于建立鹿城区招商体制机制的实施意见》，构建全域协同大招商格局和相关机制，清单化、导向化、交办式推进项目早签约、早落地。整合推出“一图一册一片一指南”招商资源体系，归集32宗地、50.4万立方米载体档案，呈现温州国际未来科技岛、滨江商务区、中国鞋都产业新城等7大核心板块各类资源信息，梳理温州国际金融中心、鹿泰总部科技园等60个重点打造项目，紧扣产业定位集群招商，累计收集山姆会员店、麦德龙、利尔达、华坚、磐石、印力等各领域在谈企业项目135个，其中落地50个、重点跟盯55个、“当年签约、当年开工”10亿元以上项目4个。

“瓯江新城板块”招商 2022年，鹿城区以拥江发展战略为契机，制定出台“黄金25条”“一岛一策”专属产业政策，推动滨江商务区、未来科技岛等区块跨越式发展。成功引进10个总部项目落户滨江商务区核心区，其中包括华峰、正泰、万洋、中广核、民商银行等总部大楼项目，总投资超百亿元；温州国际未来科技岛入驻无人机、智能机器人、物联网、生物医药等领域16个科技创新项目。

“西部新城板块”优化产业结构 2022年，鹿城区获批成立经济开发区，集成中国鞋都产业园区、鞋艺小镇、智造U谷、正否小微园、鞋业产业创新服务综合体、环球商贸港等众多时尚鞋业、智能装备、数字经济核心制造产业及配套。引进浪潮鞋行业产业大脑、温州鞋靴抖音产业直播基地、遥望·中国鞋都数字化生态产业链基地等重大项目。

“数字科创板块”发展 2022年，鹿城区成立10亿元大孵化器科创基金，集聚落地中国科学院深圳先进技术研究院、国家大院名校温州联合研究院、元宇宙与人工智能研究院、新华网生物感知智能实验室等科创平台；招引世界500强沃尔玛山姆会员店，引进陈十一院士产业化项目、复淞科技、海百川AI元宇宙数字人等45家高成长型科技企业入驻中关村信息谷·温州创新中心。

驻外招商引智 2022年，鹿城区抽调优秀专业干部29人，分派到北京、上海、深圳、杭州、武汉、成都6个重点城市经济圈，组建六大驻外招商引智工作专班，开展第二批驻点工作。全年驻外招商引智有效信息数居全市第三，各驻外专班收集实力客商信息累计171条、有效招商项目信息91条，对接落地锂电池智能管理系统、三向教育智能装备总部、迅蚁无人机等项目，推进北服美学研究院、利尔达科技集团温州数字信息产业园、千齐动漫产业园等重点项目。各专班累计举办招商引智活动88次，收集人才信息475条，推荐引进各类人才204人，落地人才创业项目273个。

（刘孜捷）

地方志工作

概况 2022年，鹿城区地方志研究室紧抓志鉴编修主业，推动方志工作与地方文化建设齐头并进。编纂出版《鹿城年鉴（2022）》。实施村志文化工程，推进志鉴编修工作拓面延伸，加强对部门、街（镇）及村级志鉴编纂的指导与培训。做好地方志宣传书册《白鹿古韵》的编制与发放，办好鹿城档案地方志网，持续开展地方志宣传工作。

《鹿城年鉴（2022）》出版 2022年12月，《鹿城年鉴（2022）》由方志出版社出版发行。全书计1001千字，按类目、分目、条目3个结构层次编排，共列类目34个、分目225个、条目980个，收录照片143张、表31张。该鉴全面、客观、系统地记述2021年鹿城区的总体概貌和自然地理、政治经济、社会文化、环境生态的年度发展情况。

《鹿城年鉴（2021）》获评省精品年鉴 2022年11月，浙江省人民政府地方志办公室公布2022年度“浙江省精品年鉴”名单，《鹿城年鉴（2021）》首获省精品称号。《鹿城年鉴（2004）》为首编，至《鹿城年鉴（2021）》为第17部。该鉴整体框架层次清晰，叙述详略得当，以图文并茂的形式体现鹿城地方特色和年度特征，如实反映了2020年度鹿城作为温州中心城区推进城乡发展、实施共同富裕的举措与业绩。

志鉴“资政育人”宣传 2022年，鹿城区地方志研究室服务中心工作，推进社会各界读志用志向良性发展。如期编印、发行方志期刊《鹿城史志》2022年春夏卷、秋冬卷。鹿城“两会”期间，向与会人大代表和政协委员分发志鉴及地方志宣传刊物。6月8日—9日，在鹿城区行政中心开展地方志知识宣传及书籍赠阅活动。

对基层一线志书编纂的指导与推动 2022年，结合“十四五”期间省、市对有关县（市、区）志鉴编修的要求，鹿城区地方志研究室研究落实鹿城镇及村志的编修试点工作。5月17日，随同市委党史研究室（市志办）主任王文胜一行实地走访山福镇驿头驿阳村，并就村志编纂工作与乡镇、村干部进行座谈交流。6月，申报山福镇及驿头村为试点单位，浙江省地方志办公室予以批准并列入计划。

（戴爱华）

机关事务管理

概况 2022年，鹿城区机关事务管理中心履行管理职能，提升服务质量，增强保障能力。贯彻“诗画浙江·百县千碗”工程，领衔“三瓯文化·品味鹿城”特色菜肴展示活动；相继推出健身房、咖啡厅、理发室、中医馆等贴心服务；联合打造龙瑞大厦市“瓯江红”系列首个区县级机关党群服务中心、市级机关党建阵地示范点，累计接待考察学习千余人次；为“壹星同行”孤独症青年支持性就业公益项目提供实践场地，帮扶破解特殊群体就业难题。年内，中心获2022年度全市机关事务管理工作考核优秀、全市机关事务工作集体嘉奖；获首批全省机关事务系统先进个人称号1人，获市委组织部授予的疫情防控事迹突出个人称号1人。

数字赋能 2022年，鹿城区做好“两化融合”改革导向下公建配套设施管理，在组织架构、运行机制、职责监督、平台保障等方面进行探索，通过创新打造数字化统一管理新模式，实现该领域从无到有的突破发展，完成省首个公建配套设施在线场景创建项目，成功入选市数字化改革“一本账”，获评全省机关事务数字化改革优秀试点。截至12月底，实现94处、6万平方米的新建公建设施线上接收和移交。

房产管理规范 2022年，鹿城区机关事务管理中心推进广润嘉苑政务服务中心分中心投用；创新推出共享办公用房，腾挪整合广信大厦近千平方米空间，保障文明创建专班、“迎亚运”专班等13个专班办公用房，累计为27家单位调配用房，面积达1.5万余平方米。牵头区清房领导小组开展办公用房使用检查，整改腾退办公用房近8600平方米；梳理全区行政事业单位办公用房测绘清单，启动170余处办公用房测绘及全省办公用房“一张网”系统录入工作。完成全区106处独幢办公楼安全排查，完成五马派出所原办公场地加固修缮工程，完成区行政中心6号楼、9号楼门窗更换工作。

公共机构节能 2022年，鹿城区创成全省首批“零碳”公共机构1家，通过省首批公共机构能源认证1家，创成全省首批“公共机构绿色食堂”1家，创成节约型公共机构示范单位国家级1家、省市级9家；积极开展“节能宣传周”系列活动，在区行政会议中心开展承诺签名活动；发动全区公共机构场所LED显示屏共同亮屏，播放节能宣传周系列海报、视频，在全区形成“绿色低碳，节能先行”的浓厚氛围；深入推进“光瓶行动”，在鹿城“两会”驻地、主会场内外设置“光瓶行动”宣传海报，发挥代表、委员们在社会各界的引领示范作用。

公务用车保障 2022年，鹿城区健全公车全生命周期管理、全区域智慧调度、全方位监测监督等机制，深化公务用车“一张网”建设，全面使用榕基平台派车，规范车辆调度、使用，率全市之先完成浙江省公务用车管理集成应用平台街镇全覆盖。全年更新公务用车8辆，完成派单任务计4388单。

（林安然）

编辑　朱凌云

政协温州市鹿城区委员会

概　述

全体会议及其常委会会议

常委会日常工作

概　述

2022年，第十届鹿城区政协及其常委会深入学习贯彻习近平总书记关于加强和改进人民政协工作的重要思想，坚持发扬民主和增进团结相互贯通、建言资政和凝聚共识双向发力，聚焦中心大局，认真履行职能，充分发挥专门协商机构作用，推动政协工作创新发展。谋划实施重点履职任务，开展专项视察和民主监督活动，向区委、区政府提交专项调研报告；突出问题导向，围绕民生实事项目实施等议题开展民主监督，精准发现问题，提出建议；选择关键共性问题和事关经济转型、社会治理等方面问题，开展走访调查与视察研究，畅通民意反映渠道，为区委、区政府决策提供参考；完善提案办理机制，促进政协提案转化为党委、政府政策举措；加强文史资料研究，拓宽服务民生渠道。制定出台《“百名政协委员进社区（村居）”活动实施意见》，305名政协委员与基层社区（村居）结对开展履职活动，实现所有社区（村居）有委员结对和所有委员有联系社区（村居）两个全覆盖，打通政协服务基层群众的“最后一千米”，该项工作获全市政协“一县一亮点”评比一等奖。

全体会议及其常委会会议

区政协十届一次会议　2022年2月16日—18日召开。会议审议通过徐强所作的政协第九届温州市鹿城区委员会常务委员会工作报告，审议通过徐一峰所作的政协第九届温州市鹿城区委员会常务委员会第一次全体会议以来的提案工作情况的报告。会议在广泛民主协商的基础上，选举产生政协第十届温州市鹿城区委员会主席、副主席、秘书长和常务委员。与会人员列席区十届人大一次会议，听取并讨论区人民政府工作报告、区人大常委会工作报告等。

区政协十届一次常委会会议　2022年4月14日召开。会议学习传达全国“两会”、全省政协系统“民生议事堂”建设工作推进会和市“两会”精神；审议通过相关人事事项；审议通过《政协第十届温州市鹿城区委员会各专委会组成人员名单》；审议通过《政协第十届温州市鹿城区委员会各委员小组组长、副组长名单》《政协第十届温州市鹿城区委员会各街镇政协委员履职小组人员名单》《政协第十届温州市鹿城区委员会常务委员会关于加强自身建设的意见》《政协温州市鹿城区委员会2022年民主监督工作实施方案》《政协温州市鹿城区委员会关于开展“百名政协委员进社区（村居）”活动实施意见》。

区政协十届二次常委会会议　2022年7月25日召开。会议学习传达省第十五次党代会、市委十三届二次全会精神和《中国共产党政治协商工作条例》；开展“水环境治理”专题议政性协商；审议通过《中国人民政治协商会议温州市鹿城区委员会全体会议工作规则》《中国人民政治协商会议温州市鹿城区委员会常务委员会工作规则》《中国人民政治协商会议温州市鹿城区委员会重点提案遴选与督办办法》《中国人民政治协商会议温州市鹿城区委员会优秀提案评选办法》《中国人民政治协商会议温州市鹿城区委员会关于常委和委员年度述职的实施办法》。

区政协十届三次常委会会议 2022年10月31日召开。会议学习传达中共二十大精神；听取区委副书记、区长张崇波关于2022年前三季度鹿城区经济社会发展情况的通报；开展2022年提案办理工作民主评议；审议通过《中国人民政治协商会议温州市鹿城区委员会关于委员履行职责的若干规定》《中国人民政治协商会议温州市鹿城区委员会关于界别委员小组开展活动的实施办法规则》《中国人民政治协商会议温州市鹿城区委员会专门委员会工作通则》。

区政协十届四次常委会会议 2022年12月28日召开。会议听取区政府常务副区长林杰关于2022年度民生实事落实情况和2023年度民生实事计划的通报；听取区纪委区监委、区法院、区检察院工作情况的通报；听取区委、区政府关于区政协十届一次会议以来提案办理情况的通报；听取侯捍文、张维乐两位常委年度述职报告；以书面的形式听取区政协各委室年度工作汇报。

常委会日常工作

政治协商 2022年，鹿城区政协聚焦全区中心工作，谋划实施48项重点履职任务，举办“请你来协商”活动12次，开展专项视察活动24次，组织专项民主监督活动17次，向区委、区政府提交专项调研报告12篇，切实做到党政工作推进到哪里、政协工作就跟进到哪里。举办“请你来协商”小区治理大家谈活动，区委书记白洪楞到会与各界人士开展互动协商，政协委员就两无小区治理、社区减负增效等8个方面提出意见建议26条。围绕发展数字经济主题，张崇波与政协委员面对面开展协商活动，政协委员在实现转型升级、建立良好的IT人才生态圈、“一站式”服务等6个方面提出意见建议23条。围绕新104国道周边环境整治、水环境治理、城市科技型企业孵化器建设和义务教育优质均衡发展区创建等议题，邀请区委、区政府领导与政协委员开展专题协商4次，提出意见建议56条。围绕西部医疗配套建设、宗教文化的传承与弘扬等4个课题，面对面开展界别协商和对口协商，提出一批打基础、利长远的建议，实现了委员建言献策和党政部门有效回应的良性互动。

民主监督 2022年，鹿城区政协突出问题导向，聚焦推动落实，以10个界别委员小组为组织架构，围绕十大民生实事项目实施、智慧健康驿站建设等10个方面议题，以错位交叉形式开展全员民主监督活动，向对口单位提出意见建议137条。组织开展全国文明城市建设、土地储备出让、“断头路”打通等专项民主监督活动，针对工作中存在的薄弱环节，以反映社情民意、开展专题视察等方式进行建言，为推动中心工作发挥钉钉子抓落实的重要一锤作用。按照省、市政协的统一部署，围绕数字化改革推进情况，组织开展专项集体民主监督，精准发现问题，务实提出建议。

参政议政 2022年，鹿城区政协选择知识产权保护、楼宇经济发展、破解鞋业产业关键共性问题和生产性服务业企业发展等事关经济转型方面的问题，开展多层次、多形式、多领域调研视察活动，为加快高质量发展添助力、聚合力。着眼基层社会治理、城市医联体建设、“双减”工作等社会问题开展实地走访、监督视察、座谈交流，为推进鹿城社会发展增理解、促共识。聚焦东瓯国史迹研究、“宋韵瓯风”传承发展、小合院活化利用等文化主题，组织政协委员和专家学者深入基层开展实地调研，广泛听取意见，为区委、区政府决策提供参考。畅通舆情汇集和民意反映渠道，社情民意信息采用率和批示率实现“双突破”，《破解公办职业教育学校聘任“能工巧匠”担任专业课教师难题的建议》等6篇信息被全国政协采用，《亟待解决俄乌战争我国侨胞心理状态的建议》等7篇信息被省政协采用，《迭代升级“温州版未来社区”的建议》等8篇信息获省、市、区三级党政领导批示。

提案工作 2022年，鹿城区政协健全区党政领导协商办理重点提案和区政协主席会议成员督办重点提案机制，建立提案办理成果公开展示制度，开展提案双向评议，有力促

2022年11月16日，鹿城政协法律服务团开展公益咨询活动　　（区政协提供）

进政协提案转化为党委、政府惠及民生的政策举措。聚焦教育、医疗等领域，遴选17件提案由区党政领导领办、8件提案由区政协主席会议成员领衔督办，推动相关问题更好更快解决。紧紧围绕全区中心工作和社会关切的热点难点问题，提出提案276件，经审查立案249件，立案率90.2%，全部办复。

文史书画　2022年，鹿城区政协强化文史资料存史资政、团结育人功能，编纂完成《谢灵运诗传》，完成《浙江城市名片·温州鹿城篇》史料和图片征集，与区委宣传部合作编辑《温州老照片》（第四辑），举办“宋韵瓯风·助力千年商港”“纪念温州建城1700年”“纪念毛泽东同志《在延安文艺座谈会上的讲话》发表80周年书画笔会”等系列主题活动，协助区委、区政府推进温州宋元码头遗址勘探和江心屿西园开发建设等工作，全力助推瓯江山水诗路文化带建设。推进政协宣传工作创新发展，建好用好区政协“一刊一网一号”平台，在《人民政协报》《联谊报》等各级媒体刊发稿件306篇，积极宣传政协工作亮点和履职成效，唱响鹿城好声音。

服务民生　2022年，鹿城区政协进一步拓宽区政协法律服务团服务形式和渠道，组织开展普法宣传和法律咨询等活动7场，法律帮扶受益人员200多人次，参与调解民情纠纷12起，录制《中华人民共和国传染病防治法》《中华人民共和国劳动合同法》等“法帮帮”短视频48期。进一步优化政协名师公益学堂，举办线下和线上讲座共7场，参加活动3200人次。组织开展政协委员“服务周”活动，开展法律咨询、涉外涉侨服务、送医送药和基层慰问等活动，发放各类支农物品1000余份。集中开展“三服务”活动，区政协主席会议成员深入企业、社区，通过与企业负责人、社区（村）干部和基层群众座谈交流，及时帮助企业、群众、基层解决困难和问题。

（潘鸿浩）

编辑　褚宏健

2022年5月13日，鹿城区政协启动“百名政协委员进社区（村居）”活动，为民履职“零距离”　（区政协提供）

2022年10月13日，鹿城区政协举办“请你来协商”活动，围绕义务教育优质均衡发展开展专题协商，区政协主席周基斌（前排右三）、副主席王璋弟（前排右一）参加活动　（区政协提供）

中共温州市鹿城区纪律检查委员会
温州市鹿城区监察委员会

概　述

纪委重要会议

全面从严治党

党委巡察

概　述

2022年，鹿城区纪检监察组织开展“四统一”政治监督，深化构建优化亲清政商关系，系统治理重点领域，“重大巡视问题清单”问题管控力指数持续位居全市前列，各项纪检监察工作在高质量发展上取得新成效，为鹿城区建设首位城区、打造共富样板提供了坚强政治保障。开展“铸忠诚、严纪律、树形象”专项行动，制定5个方面15项清单，严格执行“严禁纪检监察干部违规吃喝”等行为规范，全系统共排查岗位风险95条、个人岗位风险359条，坚决防治“灯下黑”。区纪委、区监委获评鹿城首批创建模范机关工作先进单位。

纪委重要会议

区纪委十届二次全体会议召开　2022年2月10日，鹿城区委书记白洪楞出席会议并讲话，区四套班子领导参加会议。全会以习近平新时代中国特色社会主义思想为指导，深入贯彻落实中共十九大和十九届历次全会精神，按照十九届中央纪委六次全会、省纪委十四届七次全会、市纪委十二届七次全会和区第

2022年2月10日，区纪委十届二次全体会议召开　（区纪委提供）

十次党代会的决策部署，回顾鹿城区2021年纪检监察工作，部署2022年任务，审议通过吴春波代表区纪委常委会所作的工作报告。

十届鹿城区委第一轮巡察工作动员部署会 2022年4月15日，会议传达学习全国巡视工作会议暨十九届中央第九轮巡视动员部署会、全市巡察工作会议暨十三届市委第一轮巡察动员部署会精神，部署市县巡察发现问题“全面对照、全线整改、全域治理”专项行动。区委书记白洪楞作动员部署，区委常委、区纪委书记、区监委主任、区委巡察工作领导小组组长吴春波主持会议，区委常委、区委组织部部长、区委巡察工作领导小组副组长余长友参加会议。

十届鹿城区委第二轮巡察工作动员部署会 2022年9月14日，会议深入学习习近平总书记关于巡视巡察工作重要论述，贯彻落实上级巡视巡察工作要求和区委书记专题会议精神，总结第一轮巡察工作成效，动员部署第二轮巡察工作。区委常委、区纪委书记、区监委主任、区委巡察工作领导小组组长吴春波作动员讲话。

全面从严治党

政治监督 2022年，鹿城区纪委、区监委推动整改各类问题3481个，查处问题102起，处理110人。探索建立“四统一”政治监督模式，对照任务清单发现并整改问题74件，督促相关部门制定完善制度22项。创新党政“一把手”和领导班子、村（社）主职干部、基层站所主要负责人三类“关键少数”重点人群监督机制，共查处“两个责任”落实不力党员干部6人，协助区委对全区14个街镇主要领导和14个部门新任“一把手”开展廉政谈话。

“三不腐”一体推进 2022年，鹿城区纪委、区监委共处置问题线索623件、立案269件，党纪政务处分266人、移送司法机关依法处理10人、留置12人，其中2名系在职重要岗位科级领导干部。全区共有18人主动交代问题。以工程建设领域为重点切入点，拍摄警示片在全区巡回播放，撰写专题调研信息获省纪委领导批示，将29名行贿人纳入行贿“黑名单”；联合区住建局完善验收监督等机制，扩面推广“清廉工地”创建，试点住建质监领域公权力大数据监督应用场景建设。全年共开展各类专项治理和专项检查38个，制发纪检监察建议书36份，推动建立健全制度247项。全区纪检监察机关运用“四种形态”处理674人，其中第一、第二种形态占比90.65%。探索试点“暖心服务工程”，严管厚爱并重保持好干部创业精神状态。

以巡促治 2022年，鹿城区纪委、区监委全力保障省委巡视整改率100%，区“重大巡视问题清单”管控力指数持续居全市前列。鹿城拆迁安置提速提质案例入选省委“重大巡视问题清单”示范榜，助力温州拆迁安置回迁慢整改案例以第一名入选省委“七张问题清单”示范案例。制订出台十届区委巡察五年规划，深化运用市级巡察整改全程监督平台，配合市委巡察组提级巡察工作。全年完成全区党组织常规巡察单位19家，延伸巡察村社党组织42个，共发现问题577个，移交问题线索45件，推动党纪政务处分44人。围绕重大巡视问题清单，对照清单发现并督促整改问题785个，追责问责64人，追缴违规资金78.59万元，挽回经济损失3324.18万元。迭代升级“重大巡视问题清单”，纳入并完成整改区级清单库问题20个。

基层治理 2022年，鹿城区纪委、区监委围绕拆迁安置、渣土运输乱象、教育乱收费等10个群众“急难愁盼”问题，共督促解决问题85个，查处问题9起11人，治理工作获评区“书记办实事”十佳项目。深化街镇纪检监察机构、村级监察工作联络站规范化建设，开展“双十佳”“双优”比选活动，以点带面提升基层监督规范履职水平。依托“无检举控告街镇”试点建设，实施办信质效“三大行动”，共有效化解重复检举控告件14件，澄清正名4人次。全区信访举报量、检举控告量、重复检举控告量同比分别下降22.9%、30.1%、39.5%，清零率、办结息访率等3项指标居全市纪检监察系统第一。开展监督检查11次，发现问题42个。在重要时间节点开展专项检查18次，发现问题67个。开展“转作风、强执行、促发展”专项整治行动，共查处违反中央八项规定精神问题51项59人，形式主义、官僚主义等问题23

起30人，通报“身边人”典型案例12起。

体制改革　2022年，鹿城区纪委、区监委成立开发区（园区）派出纪检监察工委，加强区属国企和垂直管理单位派驻监督机制建设。全区派驻机构共处置问题线索121件、立案21件24人。贯通运用基层小微权力运行平台，完成2.0版新平台试点任务，实现全区199个村（社）六大高频事项及“监督一点通”模块100%覆盖。处置红色预警694条，形成省、市级别典型指导案例4个，有序推进融资租赁公司子场景以及文保领域监督应用场景建设。

清廉建设　2022年，鹿城区纪委、区监委结合“万人双评议”活动，创新“一平台两应答三模拟四清单”优化营商环境机制。通过搭建“e鹿亲清”数字化平台，试行“企业需求主动应答、部门职责督促应答”机制，共立案查处基层站所工作人员26人，监督推动2个省市县长工程提前5个月开工，实现盈余安置房源应入尽入“房源超市”7654套，督促拆迁购房款新增上缴13.86亿元，工作成效获省、市领导批示5次。协助区委召开清廉鹿城建设推进会，以督导机关、村居、学校、医院、民企、交通等清廉单元为基础，推动清廉建设向公安、财政、市监、国企、社会组织等领域拓展，区历史文化街区建设服务中心等6家单位分别获评全省、全市清廉建设成绩突出单位。推出五马清廉街区、杨府山清廉主题公园、仰义崇林斋彩石镶嵌基地、驿头程氏家训礼堂等廉洁教育基地，重点打造“清风鹿鸣，廉街和畅”五马清廉街区，举办《东瓯廉集》首发仪式暨五马清廉街区开街仪式，在“清廉鹿城”微信公众号和市级以上媒体持续发布清廉报道953条。

（林张琦）

党委巡察

概况　2022年，鹿城区委巡察办坚守政治巡察定位，发挥巡察利剑作用。持续加强队伍建设，联合区委组织部出台《巡察干部常态抽调机制》，明确新一届区委五年巡察任务全覆盖所需抽调干部总数，按照“一年一抽调”要求，十届区委第一、第二轮共抽调巡察干部30人。创新“四会三学一工程”巡察队伍运行模式，建立健全办组例会、组长例会、办例会、组例会等“四会”制度，充分发挥办组整体协作共进优势；打造“暖心”工程，出台《巡察干部暖心十条举措》，切实提升巡察队伍融合度。区委4个巡察组全年对19个部门街镇、42个村（社区）党组织开展两轮常规巡察和延伸巡察，共发现问题577个，移交问题线索45件，推动党纪政务处分44人。

制定十届区委巡察规划　2022年，鹿城区委巡察办根据中央、省委和市委部署，面临全面从严治党新形势新任务，起草《中国共产党温州市鹿城区第十届委员会巡察工作规划》，明确此后五年巡察工作的指导思想、基本原则、目标任务和工作重点，经区委常委会研究审议通过后由区委办进行发文。

推动巡视整改落实　2022年，鹿城区委巡察办通过深剖堵点、协同整改、集成作战，全力保障巡视整改问题完成销号，实现全区省委巡视反馈问题整改率达100%。提炼巡视整改经验做法，拆迁安置提速提质案例入选省委“重大巡视问题清单”示范榜，助力市拆迁安置慢整改示范案例作为全省第一名而且唯一一个满分成绩入选省委“七张问题清单”示范案例榜。

有效重点监督　2022年，鹿城区委巡察办助推开展拆迁购房款、国有房产管理使用等专项治理，处置国有空置房源27处、追回拖欠租金131万元，督促“房源超市”盈余安置房源应入尽入7654套、实缴购房款33.75亿元。开展“全面对照、全线整改、全域治理”专项行动，发现问题795个，整改785个，追责问责64人，追缴违规资金78.59万元，挽回经济损失3324.18万元。

（胡雪丽）

编辑　孙任翔

要闻 问政坊　　温州晚报 05
2022年12月14日 星期三 责编 袁寿省 编辑 魏华 美编 刘浩

对标“问题清单”改出亮眼“成绩单” 鹿城巡察管控力指数持续全市第一

铁腕巡察正风纪，利剑出鞘显锋芒。今年，鹿城区委巡察机构坚定不移深化政治巡察，坚持以问题为导向，强化责任担当，充分发挥监督保障执行、促进完善发展作用。

一年来，围绕重大巡视问题清单，扎实开展“三全”专项行动，有序开展两轮常规巡察并取得良好成效，省委重大巡视问题清单管控力指数排名持续位居全市第一，全省前列。

□晚报记者 许雅晶

刘浩 制图

照单全“改” 叠加效应持续放大

“太好了，安置房终于有着落了。”日前，双屿街道箬笠岙村、双岙村异地安置垟田地块保障性安居工程相继迎来摸文认购，令前来认购的市民开心不已。

这是鹿城区推进保障性安居工程的一个剪影，也是鹿城区委巡察机构紧盯省委“七张问题清单”的第一张重大巡视问题清单，与相关职能部门合力推动巩固整改的体现。今年以来，巡察机构针对中央及省委巡视反馈问题，推动构建监督联合、整改联动、惩防联治的整改闭环，切实督促巡视整改落实和治理提升有机贯通。

在落实安置提速工作中，鹿城区聚焦做地收储出让的“最后一公里”问题，建立起任务、责任、问题、落实“四张清单”机制，形成区土地储备出让中心发现问题—属地解决问题—纪委监委督查问题的做地工作闭环。同时，区纪委监委部署开展拆迁安置领域专项治理，成立督查组，开展拆迁购房款专项督查、“房源超市”回头看、国有房产管理使用专项督查等，督促“房源超市”盈余安置房源应入尽入7654套，新增上缴购房款13.86亿元，处置国有空置房27处，追回拖欠租金131.08万元。今年3月，该区拆迁安置案例入选省委巡视问题清单示范榜。

有规矩才能成方圆。鹿城区委巡察机构按照具体典型、重大共性原则，梳理存在倾向性苗头性、整改滞后、多跨疑难及普遍性问题，主动发现问题并纳入巡视巡察清单库。一年来，该区16个问题纳入区级重大巡视问题清单全量问题库，其中“财经纪律执行不严，拆迁购房款上缴不及时”问题作为主动发现问题纳入省委重大巡视问题清单，有效扩大巡视整改效应。

鹿城区巡察干部通过实地走访，听取干部群众对被巡察单位提出的意见建议。

鹿城区强化巡纪联动，推进保障性安居工程。

巡纪联动 监督“利剑”彰显锋芒

“这间公房3年前就该清退了，怎么现在还住着人？”日前，鹿城区委第一巡察组巡察时发现一条线索。

通过巡察工作领导小组审议后，第一巡察组对该问题线索进行移交，区纪委监委纪检监察室提前介入。在巡察组与纪检监察室相互配合下，顺藤摸瓜，房管干部违规占用公房、监管不力等问题浮出水面。

该问题线索快查快处快办的背后，是巡纪联动的成效体现。“通过‘巡纪联动’机制，实现线索移交关口前移，增强监督合力。”谈及此案，鹿城区委第一巡察组有关负责人深有感触。

据统计，今年以来，鹿城区巡察推动立案43人，移送司法机关1人。

此外，鹿城区委巡察机构强化日常整改监督，建立健全整改机制流程，通过温州市巡察整改全程监督平台和回访检查，对九届区委第八轮及十届区委第一轮16家被巡察单位进行实时性、动态化、全过程的整改监督。截至目前，各被巡察单位问题整改率为99%。完成整改的同时，全区提醒谈话、通报批评65人，挽回各类经济损失2343万元，追缴各类资金76万元。

全方位“政治体检” 助推改革发展

“没想到，这块被占用了30多年的地，短短几个月就‘拨乱反正’了。”鹿城区蒲鞋市街道党工委书记在巡察整改专题民主生活会上高兴地说。

被占用30多年的地块，处于蒲鞋市街道“双井坊”文旅融合项目带范围内，因其性质不明，街道一直无法妥善处置，严重阻碍了项目进展。从项目“卡壳”到“水到渠成”，事情转机发生在鹿城区委第四巡察组的一次巡察“回头看”。

其间，巡察组收到了一封匿名检举信。经过资料调阅和数据比对，巡察组发现某地块在1992年被鹿城区房地产开发公司征为国有土地后一直未被开发利用，后被村民占用并出租用于洗车服务和经营花木。

巡察组迅速将情况向所在街道反映，并依托温州市巡察整改全程监督平台，通过开展谈话、现场核查等形式，全程督促、指导蒲鞋市街道党工委切实做好巡察整改。今年4月，该地块违法建筑全部拆除，街道党工委借巡察整改之势，启动“双井坊”文旅融合项目。

在常态化、全方位的“政治体检”下，这样的案例数不胜数。今年，鹿城区委巡察机构部署开展巡察发现问题“全面对照、全线整改、全域治理”专项行动，把解决问题和促进发展结合起来，对照市县巡察发现问题清单，举一反三，找出病灶，开展专项整治。截至目前，鹿城区委巡察机构共发现问题795个，已整改785个，推动建立完善制度60项，着力实现“巡察一地、整改一片、治理全域”。

清廉鹿城 QINGLIAN LUCHENG

1　鹿城巡察管控力指数持续位居全市第一，2022年12月14日《温州晚报》登载了这一亮眼的成绩

2　2022年10月9日，“斗城廉韵 清风之约”——《东瓯廉集》首发暨五马清廉街区开街仪式举行

3　2022年8月12日，鹿城区纪委开展中铁建设集团温州双屿C-02-C项目清廉工地创建指导工作

（区纪委提供）

民主党派

中国国民党革命委员会温州市鹿城区基层委员会

中国民主同盟温州市鹿城区基层委员会

中国民主建国会温州市鹿城区基层委员会

中国民主促进会温州市鹿城区基层委员会

中国农工民主党温州市鹿城区基层委员会

中国致公党温州市鹿城区基层委员会

九三学社温州市鹿城区基层委员会

中国国民党革命委员会温州市鹿城区基层委员会

概况　2022年，中国国民党革命委员会温州市鹿城区基层委员会有党员79人，下设教育支部、经济支部、综合支部、卫生支部、民生支部5个支部。年内鹿城民革之家所在的温州市中山纪念堂被市委统战部确定为第二批温州市多党合作教育基地。民革鹿城区基层委主委胡栩当选区政协第十届副主席、基层委委员南金琼当选为区政协第十届常委会委员，党员金瑞被聘为鹿城区特约监察员，党员周湘妤被区委统战部聘为“益心为公”志愿者。民生支部获民革市级示范支部称号；党员胡栩、林伟获民革省委会2016—2021年先进个人称号；徐策、应晓军获2021年度民革全市参政议政工作先进个人优秀奖；陈冬获2021年度全市民革党务工作先进个人称号。

参政议政　2022年，民革鹿城区基层委围绕区委、区政府的中心工作，为助推鹿城改革发展献计献策，民革党员对社会热点难点问题开展调查研究，奉献民革智慧。2022年，民革鹿城区基层委党员提交市人大代表建议3件、市政协委员提案1件，提交区人大建议7件、区政协提案6件。《关于以文化繁荣带动老城复兴　高质量推进鹿城“中央商轴”建设的提案》被评为2022年度区政协优秀提案。党员陈文俊等获鹿城区政协履职成绩突出委员称号。

服务社会　2022年，民革鹿城区基层委创新做实社会服务工作，选好品牌，讲好民革故事。民革鹿城区基层委连续第九年在山福镇开展“五送下乡”活动。义诊服务惠及200人次，赠药1.8万元，法律咨询服务惠及30人次，赠送书法对联50副，慰问困难村民10户，赠送慰问品计1.6万元。民革鹿城区基层委连续第九年开展关爱抗战老兵黄埔老人活动，组织三支志愿者服务队上门做好思想沟通、医疗服务、生活帮扶等关爱活动。

响应民革中央号召，为贵州省纳雍县特色农产品下单，民革鹿城区基层委党员一天购买农产品3000多元。党员周小克为支援对口城市青海省格尔木市推广“青藏优品”系统农产品，开设“青藏优品”门店，与《温州日报》“瓯直播”平台合作进行直播推广。党员陈文俊牵头的法驻社区委员工作室开展“帮一帮”交通事故公益服务，共接听电话法律咨询约8800人次，在交警事故中队现场接待群众咨询2800人次，提供免费代书，协助调解1686人次。基层委卫生支部到鞋都消防大队开展“放温降暑送清凉送健康”活动，为消防队员作防暑讲座，免费发放防暑用品。

（余德松）

中国民主同盟温州市鹿城区基层委员会

概况　2022年，中国民主同盟温州市鹿城区基层委员会有10个支部，共计来自教育界的优秀校级领导、教学骨干，文化、医疗及科技经济界行业精英盟员365人。其中，省人大代表1人、市人大代表3人、市政协委员3人、区人大代表4人、区政协委员17人。年内民盟鹿城区基层委获评民盟浙江省委会社会服务

2022年7月22日，民盟鹿城区基层委携手太平慈善义工、温州实验中学志愿者走进永嘉山区，把爱和欢乐带给西岸村的留守儿童（民盟鹿城区基层委提供）

和脱贫攻坚先进集体；温四中支部“盟员之家”获评民盟浙江省委会五星级“盟员之家”；鹿城教育一支部、温四中支部获评民盟浙江省委会“双十佳”基层组织；民盟鹿城区基层委获评民盟温州市委会参政议政工作先进集体；温州南浦实验中学支部“盟员之家”获评民盟温州市委会“五星盟员之家”；鹿城区基层委“盟员之家”获评民盟温州市委会“四星盟员之家”。盟员郑玮、张速进获民盟温州市委会2022年度“先进个人”二等奖，盟员邹永迪获民盟温州市委会2022年度“先进个人”三等奖。医务支部盟员田君获评温州市疫情防控事迹突出个人。民盟鹿城区基层委获评民盟温州市委会“课题调研先进集体”“社情信息先进集体”；盟员郑玮执笔的《宋韵瓯风永嘉医派在中医药传承与弘扬中的短板和弥补》获评民盟温州市委会2022年度优秀课题成果。

参政议政 2022年，鹿城区“两会”期间，民盟鹿城区基层委17位政协委员和4位人大代表参加，共提交提案、建议15件，内容涵盖了经济高质量发展、乡村振兴、社区建设、教育医疗、文化旅游等多个方面。其中，人大代表陈珊珊提交《关于加强鹿城区老旧小区电动自行车充电安全管理的建议》、政协委员朱炳雁提交《关于完善低收入人群的医疗扶贫机制，稳固脱贫攻坚成果的提案》、政协委员宋俊英提交《关于激活教师活力助力“双减”政策落地的建议》、政协委员金纬提交《关于保护工业文明遗存打造城市文化新地标的建议》，分别获评区人大、区政协十二届一次会议优秀建议、提案。民盟鹿城区基层委主委傅云云当选为鹿城区第十届人民代表大会常务委员会委员，民盟鹿城区基层委副主委姚卫星当选为政协第十届温州市鹿城区委员会常务委员。

社会服务 2022年，民盟鹿城区基层委以打造特色品牌为重点，不断拓展社会服务实效。5月27日和10月17日，民盟鹿城区基层委牵手温州市少艺校开展两次“关爱留守儿童，圆梦微心愿”活动，盟员一一认领孩子们的心愿，精心准备礼物，与孩子交流、谈心，送去爱心和关怀。5月30日，民盟温州市委会专职副主委王黎然、民盟鹿城区基层委主委傅云云发动市、区盟员60余人在蒲鞋市街道开展座谈并参与全国文明城市创建活动，盟员们现场积极为社区出主意、想办法，为文明城市建设贡献智慧力量。7月5日，民盟鹿城区基层委参与名师公益学堂活动，传播温州话的瓯风宋韵，用温州方言诵读古诗文化。7月22日，民盟鹿城区基层委携手太平慈善义工温州实验中学志愿者走进永嘉山区，把爱和欢乐带给西岸村的留守儿童。8月1日，民盟鹿城区基层委携手鹿城滨江商会、红日亭、郑雪军工作室共赴洞头慰问海防子弟兵。11月21日与12月5日，盟员屈小武名师工作室走进松阳古市中学进行2022年的第二次、第三次送教研修活动。12月30日，民盟鹿城区基层委与太平慈善功德会在杨府山公园设点，免费分发近800份腊八粥。

（宋俊英）

中国民主建国会温州市鹿城区基层委员会

概况　2022年，中国民主建国会温州市鹿城区基层委员会在鹿城区政协十届一次会议上，蒋晖当选为政协第十届温州市鹿城区委员会副主席；邵景业当选为政协第十届温州市鹿城区委员会常务委员。会员何舟当选为政协第十届温州市瓯海区委员会常务委员。会员江衔妙、张长缨、陈建平3人被政协温州市鹿城区委员会评为“2021年度优秀委员”。江衔妙获评“民建中央2022年度参政议政工作先进个人”“民建中央2022年度反映社情民意信息工作先进个人”。

参政议政　2022年，民建鹿城区基层委向区“两会”提交人大议案1份、建议4份和政协提案10份。包括张长缨的《关于新老温州人缺乏文化归属感和认同感的建议》《关于疫情防控常态化下提升基层队伍建设的建议》、刘志的《关于加快“千年斗城”之西居庆年坊历史文化街区建设步伐，实现城区共同富裕的建议》、王向品的《关于深入推进康养行业发展、助力共同富裕示范区的建设提案》、李丹的《关于借力政府引导基金打造产业升级新推手的提案》及朱毅的《关于加快我区未来乡村建设的提案》等。江衔妙代表领衔提出的《关于加快推进楼宇经济高质量发展的议案》被大会定为二号议案。

2022年，江衔妙领衔撰写的建议《加快补齐绿色金融短板，推动碳金融市场提质增效》《落实保障性租赁住房支持要素，积极助力共同富裕》被民建中央录用。杨浩的《加快增加以台湾地区元素为内容的道路名称 促进两岸民众情感联结的三点建议》《留抵退税政策“过犹不及”弊端凸显 亟须尽快出台政策科学化解》《加快建立离疆干部长期联系机制 助力新疆经济社会高质量发展》等提案被民建中央采用，全国政协转送。

服务社会　2022年5月25日，民建鹿城区基层委为助力打赢全国文明城市复评攻坚战，和部分区政协委员成立助力文明城市整改工作专项行动小组，由鹿城区政协副主席、民建鹿城区基层委主委蒋晖带队，对交通秩序整改提升问题进行专项督查。端午节期间，民建鹿城区基层委第二支部会员到五马街道矮凳桥社区开展“助力社区振兴，促进共同富裕”活动，为5户低保人员送上爱心款。6月12日，民建鹿城区基层委第一、第五两个支部会员到五马街道安澜社区，对在一线工作的环卫工人进行慰问，提供矿泉水、饼干和2000双手套等物资，并张贴创卫宣传资料。

（肖恩杰）

中国民主促进会温州市鹿城区基层委员会

概况　2022年，中国民主促进会温州市鹿城区基层委员会有会员225名，其中新发展会员12名，下属12个支部。民进鹿城区基层委连续5年获评民进全省先进集体，先后获评民进温州市委会参政议政工作先进单位、先进基层组织。会员朱铭的籀锦堂工作室和会员周昌智所在的浙江索思科技有限公司获评2022年度“开明嘉苑”十佳示范点。

参政议政 2022年鹿城“两会”期间，民进鹿城区基层委的蒋樨当选第十届鹿城区人大常委，林拾蓬当选为区政协第十届常委；吴奇红、金晓群当选为新一届市人大代表，张盈当选市政协第十一届政协委员。鹿城民进的21位代表、委员共向大会提交了14份人大建议案和13份政协提案。

2022年，民进鹿城区基层委开展“走基层、访会员、听意见”调研活动，为有效参政议政奠定基石。走访温二十幼，关注特殊需求孩子；赴藤桥开展“两会”会前和“金点子”调研，助推共同富裕；走访浙江金石包装、拜丽德集团、浙江索思科技等会员企业，为企业发展提出建议；走访南洋公园叶萌春艺术馆，开展文化专题调研。民进鹿城区基层委员会关注民生、教育，谋发展之篇，献务实之策。5月7日，蒋樨参加鹿城区人大代表督导团开展的文明城市建设视察行动。建言要紧盯鹿城区在文明城市创建过程中的最短板，发挥鹿城人才集聚和首善之区的资源优势，集中攻坚与长效管理并重，从严从细从实抓好各项建设工作。9月27日，林艳艳参加南郊街道开展的“百名政协委员进社区”活动政协委员进社区见面会暨“为民履职零距离”集中履职活动。10月26日，张盈参加市政协“双减”政策落实情况协商座谈会，并作题为《聚焦矛盾系统谋划 让“双减”温暖落地》的发言。12月23日，区委召开党外人士意见征求会暨“鹿力同心·我建言”会议，潘略辉代表基层委参加会议并联系教育工作实际和民进界别特色作发言。年内民进鹿城区基层委还组织骨干会员参加社情民意信息撰写培训，共11篇被上级部门采用，其中，省委会采用2篇、市政协采用6篇。林拾蓬、陈菲菲、虞扬杨、王国定、蒋樨等参与的11篇信息分别获民进市委2022年度优秀社情民意信息一、二、三等奖项。林拾蓬等3位会员获评民进温州市委会参政议政工作先进个人。

服务社会 2022年，民进鹿城区基层委按照“尽力而为、量力而行”的原则，以“精准扶贫”为工作重心，持续开展社会服务工作。携手温二十幼成立“鹿明·融合爱心基金”，募集助学基金2.7万元，持续进行“情系学前教育，携爱温暖童心”慰问，专款用于特殊儿童家庭的早教经费，共同为学前融合教育添砖加瓦。5月31日，在开明嘉苑——温州籀锦堂工作室开展“温州‘重午’咋喃过——唤醒瓯越记忆，助推文化共富”系列之端午民俗风情讲座，广场路小学学生现场聆听，结对学校——岙底小学师生云端共享朱铭老师的精彩授课。10月19日，文化支部刘慧、董希造参加民进温州市委会“开明·同心行”公益服务，为瓯海“残疾人之家”带去米塑课程。

根据鹿城区委统战部的统一部署，2022年1月28日民进鹿城区基层委到藤桥镇岙底村开展“鹿力同心·共富行”行动，实施“教育提智、修路美村、文旅融合”等帮富项目，链接党派内外资源，就农村道路建设难题等提出解决之径。截至2022年12月，有两条道路被纳入省交通厅和省林业局共建项目。

（赵海燕）

中国农工民主党温州市鹿城区基层委员会

概况 2022年，中国农工民主党温州市鹿城区基层委员会有党员109人，其中担任省人大1名、市人大1名、市政协委员2名、区人大代表2名、区政协委员10名、特约人员18名，发展新党员4名。农工党鹿城区基层委以深化政治交接、增进政治共识为引领，深入开展“矢志不渝跟党走、携手奋进新时代”政治交接主题教育，主动作为，扎实履职。年内农工党鹿城区基层委被评为“农工党浙江省2022年度社会服务工作先进基层组织”。

参政议政 2022年，在市、区“两会”上，农工党鹿城区基层委提交20件提案，党员郑剑就《关于促进特色餐饮连锁行业发展全面助力区域消费升级的建议》作大会发言。全年报送《关于进一步加强突发公共卫生应急能力建设的几点意见》等参政议政成果32篇。由农工党鹿城区基层委班子成员牵头开展重点课题调研，报送《加强破产重整企业信用修复的探索与研究》等一批高质量调研文章；《关于补齐七都温州国际未来科技岛建设短板的几点建议》获评“鹿城区党政系统优秀调研课题”。通过“鹿城农工”公众号发布动态信息、党员风采等11篇次。向农工党省委会、市委会，中共区委统战部等上级新媒体平台报送动态信息，其中12篇信息在农工党市委会公众号发布、1篇在农工党省委会公众号发布。党员王丽被评为“2022年度农工党浙江省委社会宣传先进个人”。全年共提供社情民意信息11篇，其中党员周洁、李炎伦执笔的《关于完善婴幼儿托育服务体系，打造“育儿友好型省份”的建议》被省委会录用，被市委会录用6篇、市政协录用2篇、区政协录用5篇。浙统云系统累计上报社情民意128篇，数量位居全区第二。年内，党员张祥芬获评2022年度履职优秀委员，江丁库被农工党省委会评为“2022年度参政议政工作先进个人”。

社会服务 2022年，农工党鹿城区基层委深化“暖童心 促成长”品牌建设，成立品牌专家库，打造农工党“校园行”课程资源库，持续推进“校园行”系列公益行动。组织联合市综合一支部、市人民医院支部，聚焦“一老一小”中的特殊群体，共同打造“同心农情 医心护骨”社会服务品牌，并设立“童心筑梦”“助老护骨”两大子项目，切实关爱老年人晚年生活、助力少年儿童健康成长，为帮扶对象资助手术费用1.5万元。助推党员郑剑企业在山福镇等地创新设立“邻里食堂”8家，每年定点捐助10万元。

（金梦玲）

中国致公党温州市鹿城区基层委员会

概况 2022年，中国致公党温州市鹿城区基层委员会有44人，其中致公党中央专门委员会委员1人、省政协委员2人、市人大代表1人、市政协委员2人、区人大代表2人、区政协委员7人（常委3人），市、区委会特约信息员10人。致公党鹿城区基层委履行政治协商、参政议政、民主监督职能，助力“鹿力同心”统战品牌。副主委叶剑秋的《建议全面加强我省“共享法庭”建设 创新司法服务共同富裕示范区高质量发展》等多篇社情民意获各级政府采用。撰写并提交市委会6篇调研报告，其中3篇转为提案被省政协采用、1篇获市级“诤友建言”调研活动优秀成果三等奖。致公党鹿城区基层委获评2022年度致公党省委会宣传思想工作优秀集体、市委会先进集体。3人被评为2022年区政协履职成绩突出委员，2人获评省委会年度先进个人，6人获评市委会年度先进个人。

参政议政 2022年，市、区“两会”期间，致公党鹿城区基层委提交建议、提案共14件，内容涉及教育、医疗、法律、城市建设等领域。如陈向东提交的《关于加快完成社区卫生服务中心用地用房的规划配置，推进我区“三年行动计划”全面落实的建议》、姜捷提交的《关于鹿城轻工园区产能扩容产业提升的建议》、潘舞戈提交的《关于减少非教育类督查检查，给学校“减负”的建议》、杨骥坚提交的《关于大力发展普惠托育服务的提案》、许鹏怀提交的《利用2022年“两亚”契机，推进文明城市创建和城市品质提升》、潘雄伟提交的《多方联动 留人引人聚人》等，多篇提案获得各级领导的批示肯定。

社会服务 2022年，致公党鹿城区基层委助力共同富裕开展“致力为公·爱满星河”活动，具体包括系列关爱孤独症活动，聚焦孤独症儿童及其家庭，就孤独症儿童的融合教育问题深入帮扶。4月，由致公党温州市委会、温州市残疾人联合会、温州市民政局等主办，致公党鹿城区基层委参与协办的2022益起为爱同行“关爱星孩”慰问活动走进乐清。鹿城区基层委制作早期干预孤独症宣传单1万份、海报宣传展架138个，在乐清特殊教育学校及8家社区卫生医疗机构进行发放。参与协办“融·第32个全国助残日暨孤独症儿童当代艺术展”，通过欣赏孤独症儿童画作、为孤独症儿童写下寄语等方式表达了对“来自星星的孩子们”的关注与祝福，激励孩子们拥抱梦想。聚焦孤独症青年职场困境，参与构建社会保障机制，在鹿城区残疾人支持性就业基地——壹星酿公益爱心烘焙馆挂牌设立致公党鹿城基层委孤独症青年支持性就业实践基地，以每年2万元的扶持金支持孤独症青年就业及培训，实现拓宽孤独症青年就业路径。7月，致公党鹿城区基层委带领党员对孤独症青年支持性就业实践基地——下吕浦壹星酿公益爱心烘焙馆进行调研和帮扶，还与“来自星星的孩子们”一起制作糕点。10月23日，“侨声传二十大”

活动在温州市海外传播中心火热开讲。此次活动由致公党浙江省委会主办，致公党温州市委会、致公党鹿城区基层委、温州市海外传播中心共同承办，活动采用“线上+线下”方式进行，全省市各市委会、110个基层组织及二十余个海外侨团、侨领代表共话二十大、奋进新征程。

（孙晓玲）

九三学社温州市鹿城区基层委员会

概况 2022年，九三学社温州市鹿城区基层委员会社员总数80人（新社员7名），平均年龄47.96岁，其中高、中级职称社员54人，占72%；主体界别社员64人，占85.3%；女性社员29人，占38.7%；45周岁以下青年社员43人，占53%；离退休社员15人，占20%。下设4个综合支社、青年工作委员会和参政议政委员会。社员中，有副县级干部1名、正科级干部1名、副科级干部1名、股级干部14名，有市人大代表2名（其中常委1名）、市政协委员1名、区人大代表7名（其中常委1名）、区政协委员9名（其中常委1名）。九三学社鹿城区基层委对标“四新”“三好”总要求，开展“矢志不渝跟党走、携手奋进新时代”主题教育，履行参政党职能。九三学社鹿城区基层委获评社市委2022年度参政议政工作成绩突出集体，社员汪建获评社市委2022年度参政议政工作成绩突出个人，社员陈静获评社市委2022年度反映社情民意信息工作成绩突出个人，社员卢力行、牛泽获评社市委2022年度新闻宣传成绩突出个人，卢力行还获评社省委2022年度优秀社员，社员胡存开被浙江省人力资源和社会保障厅、浙江省总工会评为“浙江工匠”，社员赖红松被国务院第三次全国国土调查领导小组办公室、自然资源部评为“第三次全国国土调查先进工作者”。

参政议政 2022年，市、区“两会”期间，九三学社鹿城区基层委提交政协口头发言1篇、建议与提案19件，上报社情民意12篇，撰写课题调研5篇，被社中央采用1篇，社省委采用6篇、市政协采用8篇。比如陈静提交的《基层建议完善药品禁售政策 统筹做好防控和群众用药保障》被社中央、社省委、市政协采用。胡亮做题为《集聚要素、构建生态，打造数字经济发展最优城区》的大会发言。魏伟代表领衔提交的《关于加快实现有序有位停车的议案》、夏蔚代表领衔提交的《关于“双减”背景下进一步加强青少年美育教育的建议》获2022 年度区人大代表优秀议案、建议。九三学社鹿城区基层委以精准建言为关键，提升民主监督实效，组织开展“西部生态新城”“未来社区”“光伏发电”等专项民主监督活动，12名社员被聘为有关部门的行风监督员，认真履行参政党民主监督职责。

服务社会 2022年，九三学社鹿城区基层委助力增进民生福祉，为社会服务作出新贡献。结对藤桥镇联江村乡村振兴，在产业招引、农技指导、基础设施补短和文化医疗下乡服务等方面开展多维度帮扶，助力鹿城区打造共同富裕示范样板区。连续13年开展“关爱相伴、健康成长”社会服务品牌建设，5月31日，九三学社鹿城区基层委联合丰门街道开展“小手一起拉，民族一家亲”——“六一”儿童节关爱活动，走访温州市第二十二幼儿园，与全园小朋友及鞋都一小、三小民族学生代表欢度“六一”儿童节，送去图书、学习用品、关爱基金等慰问品和对小朋友们的节日祝福。

（王楚楚）

编辑　孙任翔

人民团体

鹿城区总工会

鹿城团区委

鹿城区妇联

鹿城区科协

鹿城区侨联

鹿城区台联

鹿城区工商联（总商会）

鹿城区总工会

概况 2022年，鹿城区总工会举办“春风行动”大型线下专场招聘会，线上持续开展“鹿工招聘”。开展金秋助学活动和困难职工家庭高校毕业生阳光就业行动，帮助有就业需求的高校毕业生实现首次就业率100%。进行转岗、再就业职工就业技能培训，参训企业12家，覆盖职工100人。推选的8名高技能人才参加浙江工匠评选，成功进入公示名单。开展劳模工匠志愿服务活动，为职工提供理发、艾灸、按摩等普惠性服务20余场，惠及职工3000余人。年内获评鹿城区加快城市发展工作突出贡献集体和鹿城区重点工作先进集体，在温州市总工会助力“两个先行”研修班暨2022年全市工会领导干部读书会和全市工会信息工作座谈会上作典型发言。

职工思想文化引领 2022年，鹿城区总工会承办全市工会系统首场电子竞技比赛，举办全区首届职工台球比赛，组队参加市职工运动会乒乓球、篮球、工间操等七大项目，以点带面推动基层职工文体活动开展。培育选树12个区级职工文体活动优秀兴趣小组，打造职工文体骨干队伍。做实“鹿工学堂”品牌，开设舞蹈、太极拳等85场课程，丰富职工精神文化生活。搭建学习活动平台，开展“求学圆梦”行动和“农民工学历提升”行动，为346名职工发放助学补贴，计20.4万元。推进职工书屋建设，创成省级职工书屋1家、市级职工书屋6家。

产业工人队伍建设改革 2022年，鹿城区总工会牵头召开全区产改工作推进会，制定《2022年推进新时代鹿城产业工人队伍建设改革工作要点》。新增8家区级试点单位，开通“产改直通车”，39名产改联络员、宣传员、指导员下沉重点企业开展精准服务。“推优入党”力促产业工人成长成才做法全省首创并向全省推广，382家基层工会“推优入党”工作产生建议人数402人，党组织审核通过262人。

职工劳动竞赛 2022年，鹿城区总工会开展区级技能大赛15场，推动街镇、园区、企业开展劳动竞赛、技能比武活动35场，参与职工3300余人。深化“名师带徒”机制，开展传帮带活动25场，促成100对师徒结对，帮助职工成长成才。开展“安康杯”竞赛、“三送安全进企业”活动、金点子征集、防疫抗疫安全教育等系列活动91场。

疗休养助推经济发展 2022年，鹿城区总工会与62家疗休养合作商家达成协议，涉及餐饮、健身、文化、休闲、康养、影院等多领域，丰富和优化疗休养套餐的内容和质量。全区84家机关、事业单位及基层站所的干部、职工共13481人参加年度疗休养活动，疗休养金额3159.1万元；吸引到鹿城疗养人数达2823人，疗养金额521.3万元。

关爱一线职工 2022年，鹿城区总工会筹措40余万元专项资金，区委主要领导带队慰问隔离点专班、交通卡口专班、疫情防控特别机动队等防疫一线工作人员1592人。走访慰问全区5000余名高温作业一线职工，督促企业做好高温天气下一线作业职工的劳动保护工作，并送去价值约60万元的防暑药品和防暑慰问品。

普惠服务 2022年，鹿城区总工会在元旦、春节期间为19名建档困难职工发放慰问金23.15万元。职工医疗互助保障累计参保9.1万人次，赔付353人次，赔付金额107.78万元，有效缓解职工因病致困问题。为留在鹿城过年的职工提供免费体检、“全家福”拍摄等“五心”系列服务。暑期开展“爱心托班”暑期托管服务16场、惠及职工994人。工会“红娘工作室”举办青年职工交友活动11场，为单身职工“穿针引

2022年7月22日，温州市第三届职工运动会电子竞技比赛在鹿城举行　（区总工会提供）

线、牵线搭桥”，引导青年职工树立积极向上的婚恋观，提升他们的幸福感和归属感。

新业态工会组建　2022年，鹿城区总工会通过党建促工建、部门联动建、服务促组建等方式，广泛吸纳新就业形态劳动者入会，成立新就业形态劳动者工会组织29家，吸收会员4284人。举办网约送餐员、快递员集中入会仪式，增强新就业形态劳动者入会仪式感。对“饿了么”、月嫂工会联合会等7家新就业形态劳动者进行慰问，惠及千余人。

（徐诗佳）

鹿城团区委

概况　2022年，鹿城区有基层团组织1173个，其中团委50个、团工委 14个、团总支57个、团支部960个、毕业生团组织88个、待接转团支部4个。共青团员16474人，其中新发展团员935人。年内鹿城团区委顺利通过县域共青团基层组织改革和浙江省中长期青年发展规划培育试点验收，“家燕归巢”引才育才等工作获区委书记批示肯定。

鹿城团区委完成县域共青团基层组织改革试点终期验收，位居全市试点单位前列，形成十项标志性制度成果。推进“两新”团建，新建“两新”团组织103个，社会领域团组织密度增长达24.4%，推荐1名“饿了么小哥”当选市人大代表，并提案将外卖骑手纳入职业技能培训补贴、廉租房、公租房保障范围，为新就业新业态群体发声。建成悦开工楼宇、印象城商圈等联合团支部，区财政局、区医保局、鹿城农商行、浙商银行鹿城支行等4家市级青年文明号成立“锐·青盟”团建联盟，实现组织共建、资源共享。培育联系臻知青年公益交流中心、鹿城区咖啡协会等20家青年社团，开展“一杯咖啡温暖一座城”等活动60余场。推动全区“青年之家”转型升级，温州青年之家旗舰店落户城市阳台，建成全市首个体育类“青年之家”，共青团的服务触角进一步延伸。

青少年思想政治引领 2022年，鹿城团区委坚持政治建团、思想建团，在全区1203个团组织中开展学习中共二十大精神、习近平总书记在庆祝中国共产主义青年团成立100周年大会上的重要讲话精神以及参观温州青年运动史巡回展等，累计参与超10万人次。青年大学习、红领巾爱学习参学活动达60万人次。推动新时代“全团带队”，实现校内外少工委全覆盖，建设进度领跑全市，构建“校内+校外”少先队组织闭环模式。开展区级大队辅导员、青苗学堂和队长学校专业化培训，累计培训超300人次。打造2家省级青少年红色基因传承基地，28家街镇级红领巾e站、红领巾之家。1名少先队员、1名少先队辅导员获全国优秀。建立以“青春鹿城”为主平台，各级团青组织互联互通的传播矩阵，稳定圈粉5.3万人，年阅读总量达10万人次，相关工作在《中国共青团》杂志、“学习强国”、浙江团情、温州新闻联播、青春温州等媒体、平台报道58次。

创新创业平台搭建 2022年，鹿城团区委举办“来温州·创未来”鹿城数字经济创新创业大赛，吸引海内外172个项目参赛，16个项目达成落地意向。选送10个项目参与浙江省青年创新创业大赛，获得全省仅有的3个金奖之一，2项大学生返乡创业项目成功落地。培育创新创业人才，打造温州抖音电商直播基地、中关村信息谷等“青创空间”。选树20名创业导师、9名农村青年创业伙伴。开展农村青年电商培训、“温青带货”等活动20余场次，惠及创业青年超3000人。开展职业技能大赛，培树国家级、省级青年岗位能手各1名，省级“青年工匠”15名。打造鹿泰青春帮共体，对口提供见习岗位210个，组织线上技能培训12场。举办“喜迎二十大·童心向未来”候鸟助飞公益夏令营，开展鹿城—泰顺少先队员“共上一节课”等活动，覆盖青少年800余人次，相关工作获省青联报道。

青年发展“服务牌” 2022年，鹿城团区委召开区青年工作联席会议，制定鹿城区青年发展型城市建设“一方案三清单”（一个解决方案和任务清单、责任清单、政策清单），将“青年发展型城市”写入区党代会、区委全会报告，形成滨江CBD楼宇商圈青年宜业场景、府东未来社区青年宜居场景、中关村·信息谷青年创新场景、城市阳台青年休闲场景等一批标志性场景。助力“温青回归”更加精准，联合举办大学生寒暑期招聘会，465家企业提供1万余个岗位；组织63家单位提供381个“家燕归巢”社会实践岗位，组建“新青年下乡”志愿者队伍，让2000余名大学生在实践中磨砺才干。举办鹿城学子交流座谈会等人才活动12场，吸引青年计1200人次，撰写《大学生返乡就业存在三大不平衡问题》调研报告并转报中办。聚焦青年婚恋社交需求，举办“光影码头夜市”“盲盒朋友局”等“亲青恋”活动及飞盘运动会、篮球赛、定向赛、咖啡节等青年联谊活动，参与人数近4000人。加大青少年维权帮扶力度，全年指派合适成年人38次，“开学法治第一课”覆盖青少年8000余人，菱藕社区创成全省青少年“零犯罪”“零受害”社区。

青年志愿服务活动 2022年，鹿城团区委坚持志愿服务青年先行，让服务基层治理活动更加扎实。健全组织体系，建立覆盖550个线上塔群、5万名志愿者的层级化志愿者召集人体系，形成“30分钟动员圈”，全年开展疫情防控、文明创建、助力“双减”等志愿行动1300余场。构建1个枢纽总站＋64个“小哥驿站”的新就业青年服务动员网络，组织百余名外卖小哥发放防疫防台等宣传资料2万余份。开展鹿城区公益项目创投大赛，新挖掘培育青年志愿服务项目32个。“壹星同行”孤独症青年及家庭就业创业支持项目、“照亮失足少年前行灯塔”——星际控股青少年帮教、关护双基地公益项目各获得温州市志愿服务项目大赛金奖、银奖。开展4期“战疫·居家锻炼线上直播课堂”，收看超1.3万余人次。组织开展青年集市、医务人员子女小候鸟冬令营等活动，助力“共享社·幸福里”建设。

（谢思倩）

鹿城区妇联

概况 2022年，鹿城区妇联以“党建带妇建、妇建服务党建”为宗旨，以“共同富裕巾帼在行动”为主题主线，高质量推进儿童友好城市建设，做精做细“引领、服务、联系”文章，引领妇女群众在鹿城建设首位城区、打造共富样板中贡献巾帼力量。年内家庭教育工作品牌迭出，鹿城区被列入全省社区（村）家庭教育指导服务体系标准化建设试点区，“家育互晓”家教项目经验向全市推广。国务院妇儿工委副主任贺连辉实地调研鹿城儿童友好社区工作，大自然社区被列入省儿童友好城市建设工作现场会唯一县级考察点，鹿城儿童友好城市建设经验被列入《儿童友好中国实践：案例100（2022年）》，相关信息在《浙江信息》上刊登，得到副省长王文序、温州市委书记刘小涛、市长张振丰、副市长王彩莲的批示肯定。年内鹿城区妇联获评省级平安家庭优秀单位、南汇街道妇儿服务驿站获评省级首批三星妇儿服务驿站、松台街道庆年坊社区获评“全国巾帼志愿服务十大优秀社区”。

妇联基层组织建设　2022年5月中旬，鹿城区妇联完成14个街镇妇联组织换届选举工作。选举产生的219名街镇妇联执委中，大专及本科以上学历占比74%，执委平均年龄40岁，兼职副主席数量大幅提升，推动基层妇联工作提档升级。6月15日，鹿城区第七次妇女代表大会召开。新一届区妇女代表中，大专以上学历占比94.1%、提高28.6%，35周岁以下代表占比25.9%、提高4.5%，人员队伍结构得到完善。针对基层妇联执委做好“浙里家·连心桥”7个子应用的推广应用工作，推进“四必访四必应”机制常态化落实，以数字化改革提升基层妇联执委服务质效。在14个街镇开展鹿城区基层妇联执委培训会，覆盖全区1300余名基层妇联执委，年内鹿城基层妇联执委走访率达100%，年问题办结率达100%，年执委活跃率达100%，位居全市前列。

妇女思想政治引领　2022年，鹿城区妇联广泛开展“巾帼心向党 喜迎二十大”群众性主题宣传教育活动，学习宣传贯彻中共二十大和省、市党代会精神，吸纳女性“两代表一委员”、妇联干部、优秀女性、巾帼奋斗者等组建巾帼宣讲团，依托党群服务中心、文化礼堂、妇女儿童活动中心、妇儿驿站、妇女微家等线下阵地和鹿城号线上宣传矩阵，把“百千万巾帼大宣讲”“巾帼心向党”等群众性主题宣传教育活动送入田间地头、公园广场和百姓人家，开展100余场惠及群众1.8万人次。推选1人参加市级“巾帼共富追梦人”微宣讲大赛，获得三等奖。

平安家庭建设　2022年，鹿城区妇联发挥家庭在基层社会治理中的基础性作用，开展“一鹿说法·共‘童’关注”儿童（青少年）普法宣传活动、“女童保护”“幸福家庭·普法先行”平安家庭宣传季等系列活动，发挥2000位平安妈妈等巾帼志愿者力量，开展平安宣传、志愿活动100场，惠及群众2万人次。着眼“八五”普法，在全区14个街镇开展《中华人民共和国民法典》婚姻家庭普法讲座轮训会，提高基层妇女干部的法律素养，提升履职能力。开展鹿城区妇联婚姻家庭危机干预项目，重点个案回访率做到100%。

家庭文明体系创建　2022年，鹿城区妇联弘扬最美家风，邀请最美家庭、党员家庭等典型开展家风故事分享，举办家风家训主题宣讲、家庭文明道德讲堂、“翰墨书清廉 最美传家风”等活动31场；开展优秀家风故事、家教案例、家训格言征集，征集了67个作品。培树省级最美家庭2户、省级绿色家庭1户，市级最美家庭6户、市级绿色家庭22户。区妇联牵头，联合7个部门出台家庭教育指导服务体系标准化建设实施方案，虹吸社会力量成立“一鹿成长”家庭教育讲师团，在27个试点村社成立社区家庭教育指导站，常态派驻家庭教育指导员，推出“菜单式”课程，迭代“家育互晓”“爱心树”等家教品牌服务，进基层、学校开展家庭教育、托管服务、心理健康等活动345场，其中“家育互晓”家教项目向全市推广。按照“系统化、变革化、平台化、社会化”工作理念，率先召开全区妇儿驿站创建工作专题部署会和工作推进会，南汇街道妇女儿童驿站建成省级三星妇女儿童服务驿站，受到省妇联副主席陆英、省政府妇儿工委办专职副主任吴伟的肯定。将妇女儿童驿站纳入党建引领“共享社·幸福里”建设整体规划，打造集教育培训、权益保障、创业帮扶、公益关爱、儿童服务等功能的“家门口”的公共服务品牌，累计打造27家妇女儿童驿站，覆盖42%的街镇和12%的村社。

巾帼助力共同富裕　2022年，鹿城区妇联持续推进“春风送岗”女性招聘会，开展各类技能培训、技能大赛，联合区人社局开展烘焙、家政、茶艺等各类巾帼技能培训65场次，惠及群众2671人次，组织开展育婴员等15项技能竞赛，3000人次参与。开展助企纾困行动，联动七部门推出稳经济惠企政策宣讲直播，推出“巾帼共富贷”“巾帼农户贷”“巾帼消费贷”，为企业、创业女性提供金融支持。发挥巾帼文明岗“创一个岗、树一面旗、带一群人”的示范引领作用，发动15家单位申报新一轮区级巾帼文明岗，20余个文明岗参与“千岗‘童’行 共筑美好”助力儿童友好城市建设活动。推进各级美丽庭院创建，在文明城市创建、未来乡村建设中提升广大妇女和家庭生态文明意识，未来乡村美丽庭院覆盖率达60%以上，七都街道樟里村被推荐为省级美丽庭院示范村。

妇女儿童志愿帮扶 2022年，鹿城区妇联持续推进金瓯工程、两癌关爱、“双征集”“暖冬关爱”等妇儿帮扶工程，共计帮扶253人次达23万元。持续开展公益培训，在母亲节、国际家庭日、儿童节等节点开展“慧心博雅”等各类公益课程3163课次，惠及5.3万人次，其中面向心智障碍儿童及家庭开展的“星空下的爱”关爱心智障碍者家庭系列公益活动达21场，受益者达415人次；持续推进公益服务，链接社区巾帼志愿者、“南塘妈妈护河队”、“护眼护齿妈妈团”等志愿力量开展防疫、创文等公益活动100余场。

儿童友好城市建设 2022年，鹿城区妇联认真履行温州市儿童友好城市建设工作领导小组办公室各项职责，完善儿童友好城市建设考核、督评机制，联动部门指导19个市级试点100%达成三星及以上试点，洪殿社区卫生服务中心创成全市首家四星级县级儿童友好试点单元。20个区级试点先行标准，围绕“适儿化理念”推进200个儿童友好小区建设室内“幸福学堂”和室外“童趣乐吧”，大自然社区等5个市级试点社区完成超过9000平方米的儿童室内外活动空间改造提升，集善社区真善美组团建成全市首个精品型儿童友好小区，双屿城市书房为全市首个儿童友好城市书房。市区新增11个儿童友好主题公园。全区联动发力，谋划出台政策举措11项，数量居全市前列。构建儿童参与渠道，成立全市首批社区儿童议事会、儿童志愿队，在杨府山公园等3个试点落地全市首批“小小园长工作室”，在温州慈善地标红日亭打造首个儿童公益实习基地，开展助力防疫、创建文明城市、爱心茯茶等活动200场。医疗、司法保护、交通安全等方面，打造全市首批儿童友好药房，形成全市首个儿童友好诉讼机制。全市首条“红领巾”微公交品牌专线、“彩色”斑马线等首创经验16条，为儿童友好城市贡献“鹿城实践”。推出“一鹿友好 童享未来”儿童友好专栏。开展“友好鹿城 一鹿童行”儿童友好服务项目，开展各类儿童观察团、研学等服务活动100余场。年内区妇联谋划指导4个重点项目入选市级“三张清单”，融合打造儿童文化综合体，温州首座“体育+儿童”综合体——威斯顿智体小镇持续引进少儿游泳、高尔夫、马术、击剑等儿童业态，儿童、亲子业态占85%以上。书盒1670文化综合体引进非遗、手工、绘画、心理咨询等儿童业态，升级450平方米童书馆，开展“大嘴吃书”、读书瞳等亲子阅读活动56场。融合创新儿童文旅金名片，在九山公园、江心西园等处打造一批适儿空间示范，其中九山公园—松台山历史文化提升工程（一期）已建有儿童乐园，新建的叮叮当童谣馆为浙江省首个数字化方言体验馆，成为超具人气的网红打卡地；江心西园儿童乐园将建成无动力儿童游乐场所。融合创新儿童研学游览线，在五马历史文化街区、康奈集团等开辟沉浸式研学路线20余条。结合2022年儿童友好城市展示交流活动，打造“一鹿友好 共绘未来”主题鹿城馆，集中展示鹿城文旅特色，让儿童感受温州文脉。

（陈海瑶）

鹿城区科协

概况 2022年，鹿城区科协深化“智桥汇”党建服务品牌建设，累计走访企业近百家、科普教育阵地30余家，开展“支部结对、互促共进”活动，与山福镇西坑村、藤桥镇竹桥村、移动鹿城分公司第二党支部、浙江东方学院直属创业学院党支部结对共建。以筹办2022年青科会为核心，谋划并举办8场高端学术研讨活动，常态化跟踪服务2021年青科会鹿城分会场成果落地进展情况，以举办青科会为契机，搭建人才引进、产学研合作等服务平台。

2022青科会鹿城分会场活动承办 2022年，鹿城区科协整体谋划9场青科会鹿城分会场活动，举办温州数字科技创新发展论坛暨鹿城区大

2022年9月16日，“喜迎二十大·科普向未来”鹿城区全国科普日主场活动举行　（区科协提供）

孵化器建设推进会、“科创中国”技术服务与交易大会数字经济专场、“科创中国”2022峰会及青年百人会论坛、全球青年科技领袖圆桌会暨国际科技组织合作与发展论坛等8场高端学术活动。邀请陈纯等8位海内外院士参与活动、李培根等4位院士线上主旨分享，促成中国计算机学会与鹿城区人民政府正式签约。“科创中国”技术服务与交易大会数字经济专场会上，8个专企技术合作项目成功签约，12个生命健康、人工智能、智能装备等领域项目现场路演，全国首家“科创中国”园区科技服务工作站落户。

青科会成果落地推进　2022年，鹿城区科协牵线联合相关部门，常态化跟踪服务2021青科会鹿城分会场18项成果进展，持续做好政策解答、场地保障、手续代办等服务，以最大力度、最快速度、最优温度推动项目落实落地，2021青科会成果落地18项，落地转化率达100%。坚持数量和质量并重，统筹建立2022年青科会项目征集、预判机制，梳理谋划项目43项。其中签约1项会地合作平台、2项高能级平台、25项高层次人才创新创业项目、14项专企技术合作项目。

“一家一社区”品牌打造　2022年，鹿城区科协按照“温馨之家、特色之家、共享之家、品质之家”的创建要求，推进展厅空间、设施设备等全面提升，打造具有温州特色的“瓯越院士之家”。年内“瓯越院士之家”新增院士李启虎，并通过“温州院士之家”“浙江院士之家”的评审。联动提升“世界青年科学家峰会π社区”平台运维，通过持续打造“海峡两岸科技创新”“国际青年创新创业项目路演暨科创研讨会”等“青科π社区”品牌活动，扩展“瓯越院士之家”全球“朋友圈”。

“全国科普示范区”创成　2022年，鹿城区科协聚焦挖掘中心城区科普资源优势，全面整合社会各界力量，优化区域科普服务供给，壮大科技志愿服务队伍，强化基层科普阵地配置，深耕特色品牌科普活动，大力推进“银龄跨越数字鸿沟”“助力双减”两大科普专项行动，全力构架队伍全域协同、阵地全域优化、活动全域覆盖的科普新格局，创成“全国科普示范区（2021—2025）”，打造县域科普示范高地。

强化科普服务供给 2022年，鹿城区科协吸收社会各界力量壮大“科技志愿”服务队伍，开展科普中国、食安宣传、防疫知识、科技成果等专项普及，大力推动志愿服务队伍成为开展科普活动和提升全民科学素质的生力军，形成全社会共参与的科普志愿服务工作局面。累计组建科技志愿服务队68支，完成“科技志愿”平台发布活动517场，组建的“温州市鹿城区科技志愿服务队”获“2022年度长三角优秀科技志愿服务组织”称号。

扩大科普品牌影响 2022年，鹿城区科协以特色品牌科普活动为抓手，大力推进“银龄跨越数字鸿沟”“助力双减”两大科普专项行动及“全国科普日”“百场民生科普进基层”等十大品牌科普活动，实现品牌科普活动全年贯穿、全面覆盖、全民受益。累计开展“助力双减”青少年科普专项行动688场，参与119万人次；开展“银龄跨越数字鸿沟”科普专项行动2600场，参与10万余人次。省工作平台上，参与人次数、活跃度均位居全市第一、全省前列。两项科普专项行动获得新华网报道，阅读量达400余万人次，并受省科协发文表扬，获评2022年“银龄跨越数字鸿沟”科普专项行动成绩突出集体。“全国科普日”在全区范围内开展各类活动150项，参加志愿者共965人次，参与活动部门28个，组织科技报告会（讲座）107场次，医疗义诊咨询服务546人次，发放科普宣传资料18479册（份），受教育群众335415人次，其中线上310768万人次。活动获得中科协的表扬，并被“学习强国”平台专题报道。

科普阵地建设优化 2022年，鹿城区科协深入挖掘区域科普阵地资源，针对不同受众需求，打通共建共办共享合作渠道，协同落实“综合性+专业性”科普阵地双建设，形成公共科普服务平台的集聚效应。建成全国科普教育基地2家、首批省级院士科普基地1家、省科学家精神教育基地1家、省科普教育基地3家；建成区级综合性科普活动中心3处、市区共建综合性科普场所5处、各类专业性科普场馆20余家。促成中国科学院李启虎院士与辖区广场路小学联手打造首批“浙江院士科普基地”，让科学家精神和高品质专业化科普走进中小学校。

创新搭建服务平台 2022年，鹿城区科协依托“千博助千企”数智平台，引导企业精准对接青年博士专家，指导企业创成市级“博士创新站”，推动企业和高校、科研院所科研力量资源共享。在揭榜省科协“一键找组织（活动）”数字化改革应用项目的基础上，根据省科协条线总体谋划框架，将项目优化升级为“一键找学术”系统平台，以科技社团受众为切入点，畅通社会面的学术交流沟通渠道。

（周心茹）

鹿城区侨联

概况 2022年，鹿城区侨联召开八届二次全委会议，区委常委、统战部部长陈军苹出席，代表及特邀嘉宾60余人参加，会议增补常委、秘书长各1名。指导4家街镇侨联完成换届。申报11家基层侨联组织机构代码证，其中社区7家、楼栋1家。年内山福镇临江侨胞之家被中国侨联授予“全国侨联系统优秀侨胞之家”称号，11家街镇侨联被浙江省侨联评为星级侨胞之家，其中七都、松台2家基层侨联“侨胞之家”被评为浙江省“五星级侨胞之家”。温州武术博物馆获评省级“华侨国际文化交流基地”，星际控股集团有限公司获评“浙江省侨界创新创业基地·双创驿站”。

海内外人士共学二十大 2022年，鹿城区侨联在中共二十大召开期间，组织13个国家的侨界代表观看开幕会，并首创邀请外籍人士共同参与，天目新闻、温州新闻联播、温州日报社等多家媒体对此次活动进行报道。连续一周推出《侨话二十大》系列报道，各级侨联共开展中共二十大精神专题学习6次。

激活侨资助力共富 2022年，鹿城区侨联响应省侨联“同心共富·侨来建功”的号召，引导海外侨团、侨胞回乡考察，开展“侨胞家乡行”等活动，掀起华侨回归创业创新热潮。其中，浙江洲一铝业有限公司、温州市正新供应链基地、莱恩达广场、温州抖音电商直播基地、驿头驿阳文旅有限公司等被授予“鹿城区侨界共富基地”。美皓医疗集团在港交所挂牌上市，成为鹿城首家上市侨资企业。开展“百侨帮百村”活动，于12月举行“共

2022年5月26日，鹿城区侨联组织海外侨领回乡考察，开展侨胞家乡行活动
（区侨联提供）

富‘鹿’上·侨来建功”——“百侨帮百村”结对签约仪式，10个侨团（侨企、侨领）共出资100万元结对10个乡村，通过贸易协作、资金参股、项目投资等多种途径，以技术引进、文化打造、智力支持等多种形式进行帮扶。持续深挖培植共富项目，引导建成乡村侨舍2家，其中，民宿“夏木黄鹂”入选浙江省首批“浙韵千宿”培育名单及全省“乡村侨舍TOP50”名单。侨舍带动周边劳动力就业、农产品销售及闲置房产开发，撬动共富“新支点”。选树6人为“鹿城区侨界慈善人物”。山福临江侨联、阿联酋兄弟基金会等侨界团体及陈志远、周凯等多位侨领、华侨以设立慈善基金、结对帮困、爱心助教等方式，多年来坚持开展“百侨助百生”活动。

品牌亮点打造 2022年，鹿城区侨联聚焦鹿城“五大城市品牌”打造，推出《共富“鹿”上的侨故事》系列宣传报道及《“侨”见鹿城发展》《“侨”见鹿城共富》——中英双语视频节目，通过“侨”的视角，向海内外分享鹿城经贸、科技、文化等方面的发展与变化，被新华社、“学习强国”学习平台、人民政协网、华人头条、海外发布等中央、省、市多个平台转播。丰富提升“一街镇一品牌”内涵，推进七都侨界留守儿童关爱、滨江侨爱慈善、南汇侨心帮扶、大南侨界百老惠、五马侨悦芳草地、松台志愿服务、广化华侨越剧团、山福侨乡文化等品牌工作呈现“百花齐放、万紫千红”的局面，全年开展各类特色活动百余场。

侨界新生代 2022年，鹿城区侨联成立“侨未来”华裔青少年文化交流中心，聘请华裔青少年担任区侨联海外小委员，推出“八个一”“侨见未来”系列活动，举办2期“亲情中华·为你讲故事”网上夏令营、1期网上冬令营，安排具有温州特色的系列课程——“e鹿有你，云游温州非遗”，打卡温州民谣馆、武术博物馆、温州博物馆，直播造纸、瓯绣、瓯窑制造过程等，每场直播课程收看人数都逾万人。通过播撒中华文化种子、展现侨界杰出事迹等活动、成立海外智囊团等形式，唤起新生代华侨回国寻根、联谊、学习和创业的热情。连续11年携手市少艺校，举办“送给小伙伴的礼物·我们的舞台”六一专场文艺会演及“圆梦微心愿”关爱活动。举办“亲情中华”七都侨界留守儿童快乐营、“同根同心·一鹿童梦”海内外青少年共庆中秋文艺会演、侨童“找稻”乐项目化学习成果分享等活动，为侨界留守儿童送去关爱。

合法侨益维护 2022年，鹿城区侨联走访对接侨企，开展“助企开门红”“侨企大走访”等活动，宣讲助企惠企政策，梳理企业发展诉求，协调推进解决，共走访侨企24次，收集并协调解决各类问题15个。受理侨界群众、海外侨胞日常来访来电来信咨询300余件，协调解决涉侨来访件26件。“两会”期间，联合区政协开展“侨话两会·谋共富”主题活动，并围绕侨界代表发言推出《致力打造“千年商港、幸福温州”，鹿城侨界发出好声音》《聚焦发展 侨音铿锵》等系列报道。

暖侨关爱 2022年，鹿城区侨联拍摄“侨联天下 四海同春”新春视频，为侨界群众送上“云祝福”。组织、指导全区各级侨联发挥侨友摄影协会、侨声艺术团、华侨越剧团等侨界团体作用，在新春、元宵、中秋等传统节日开展“浓浓新年味·碗碗暖心窝”“党侨同心圆·粽情民族梦”“浓浓中秋情·关怀暖侨心”等活动200多场。年内开展各级侨联暖侨慰侨安侨活动，共走访慰问在鹿城的侨领、海外侨领、海外高层次人才及家属、困难归侨侨眷等600余人次。

（林驰）

鹿城区台联

概况 2022年，鹿城区台联会加强对基层工作的指导，发挥基层台联的组织优势和作用。走访慰问在鹿城创业的台商、两岸婚姻代表、涉台重点人士和困难台胞台属等70人次，接待金门同乡会等各类考察团12批次，受理台胞台属各类法律求助咨询7件，协助台胞办理入学事项2起。

2022年，鹿城区台联会召开八届一次、二次常务理事会议及八届二次理事会议；成立鹿城区台联会青年分会，会员由年龄在45周岁以下，热心于两岸交流与交往的台胞台属组成。

对台联络交流 2022年，鹿城区台联会在常态化疫情防控中，统筹推进经济、文化、青年联谊等方面的交流活动。在中秋、端午、春节等中华民族重要传统节日，举办“浓浓粽香情·两岸一家亲”“月满中秋·情溢两岸”等联欢活动，让台胞台属欢聚一堂共度佳节，共话两岸融合发展。依托台联会青年分会、温州（鹿城）台青创客坊等平台，举办“两岸同心·学思论法”兰迪新青年暑期结对、“五月红·青创情”两岸青年交流会、“首站进大陆”台湾青年文化交流营、“台青看鹿城”研学行活动，以交流架设计两岸青年友谊桥梁。结合鹿城区特色，举办鹿台围棋云比赛、海峡两岸跆拳道云公开赛、鹿台情·故事会、学习二十大·同心助共富山福行等活动。五马、大南、滨江等基层台联会通过举办茶话会、台海形势报告会、中共二十大精神宣讲会及走访慰问等多种形式，开展联谊交流活动，宣传中央对台方针政策，增进两岸同胞情感认同。

台胞台属服务 2022年，鹿城区台联会开展台商台企走访服务活动，指导温州嘉信游艇做好游艇首发首秀活动奖补申报，助力开太百货场地转型升级，帮助辣角阿宝角公司协调解决办公场所等事宜。在重要节日组织开展基层走亲连心解忧活动，走访慰问困难及重点台胞台属。打造法律维权服务“心品牌”，每月18日，区台胞台属维权中心联合兰迪律师事务所，坚持免费为台胞台属提供法律咨询服务，维护台胞台属权益。严格落实台湾省籍困难同胞补贴等工作，全年共发放补贴5.24万元。

涉台宣传教育 2022年，鹿城区台联会开展涉台知识进社区、进学校、进机关活动，举办“九二共识”发表30周年知识竞答，定制涉台宣传品，进一步提高惠台政策、涉台知识在基层的普及率。面对台海形势变化，通过创新方式，在抖音、微信等新媒体，开展“台青走归鹿城”微视频、鹿城佳“镜”网络大赛、青春“tai”印记随手拍等视频拍摄活动，推广宣传鹿城的经济、文化、社会发展成就，营造全社会关心、支持和参与对台工作的良好氛围。

（朱青青）

鹿城区工商联（总商会）

概况 2022年，鹿城区工商联有基层商会14家、市场商会4家，企业会员5000余人。推荐4位企业家参加市新生代企业家理想信念教育理论研修班，做好青蓝接力培育。推出《青蓝接力看鹿城》栏目。相继获评2020—2021年度全国“五好”县级工商联、2021年度全省工商联服务“两个健康”工作成绩突出集体、2021年度民营经济示范城市创建（民营经济高质量发展）先进集体、全省工商联系统先进集体、区直单位工作优秀单位和区落实全面从严治党主体责任优秀单位等。

区域经济稳进提质 2022年，鹿城区工商联通过走访、通信联系商会协会、民企，组织填写问卷等方式，开展上规模民营企业调研、民营企业社会责任调研、“民企评”系列活动等，并撰写相关材料为党委、政府决策提供参考。首季度与区金融办合作推进助力稳经济增长工作，对接重点项目需求企业，排摸项目融资需求，14家企业的光伏发电站和装配式产研基地项目入库。二季度与金融办摸排住宿餐饮、旅行社及会展等受疫情影响较大的行业头部企业融资需求。与浙商银行股份有限公司温州分行签订全面战略合作协议，为工商联会员企业提供意向综合授信30亿元。建立问题双向相通机制，统筹协调解决企业反映的问题，为企业提供常态化专业化服务。

助力乡村振兴和共同富裕 2022年，鹿城区工商联牵头8家商会（企业）与泰顺县经济不发达村结对，联合大南街道商会、南郊街道商会赴泰顺县开展“百会千企兴百村”结对帮扶活动，年内结对捐助累计达52万元。牵头打造总体量达8000万元的“鹿力同心·共富基金”，采取实体化管理，成立基金管理委员会，建立“1+1+11”组织架构，推动慈善基金精准化链接社会资源、解决基层问题。在公益宣传、公益教育、社会服务、慈善捐助等“八善”项目、鹿城区“共享社·幸福里”43家邻里食堂专项补助、四川省阿坝州壤塘县对口援助等领域发挥积极作用。

营商环境优化提升 2022年，鹿城区工商联邀请企业家代表参加区委书记白洪楞牵头召开的区企业家座谈会，组织15位商协会代表参加区新春第一会。依托新时代“两个健康”法治研究中心平台，组织企业家代表参观，与区检察院人员座谈交流维护民营合法权益、营造良好营商环境等相关工作话题。开展10次“亲清直通车·政企恳谈会”，组织相关部门与民营企业家开展面对面恳谈，并将活动延伸到基层商会。创新举办“亲清下午茶·会长思享汇”，首场活动以“永远跟党走·奋进新征程”和“坚定信心·共谋发展·在不确定中找到确定性”为主题邀请企业家主席、会长展开讨论。第二场活动以“提携信心”为主题，针对企业发展中遇到的政策扶持、企业配套方面等相关问题，通过现场答疑解惑、沙龙读书分享会的形式，为企业发展纾困解难。

自身改革建设 2022年，鹿城区工商联举办基层商会比学赶超现场会，研讨阶段性重点工作部署，强化典型培育。年内指导双屿街道商会新建商会发展服务综合体。上榜省工商联重点工作“揭榜挂帅”项目一项，开展“加快建设变革型组织，奋力推进‘奔跑的工商联’迭代升级”课题研究，并报送课题成果。成立全市首个楼宇经济行业组织（鹿城区楼宇经济促进会），充分发挥桥梁作用，搭建政企沟通交流平台，持续收集问题并推动解决，有效推动市场信息、高端人才等核心要素资源融合共享，助推鹿城楼宇经济生态圈构建。

融合联政联企联商 2022年，鹿城区工商联响应“筑强防控堡垒、争当发展先锋”行动号召，与瑞丰控股集团党支部建立政企党建联盟，开展联合主题党日活动。与银泰百货党组织建立分类定级组团包联，指导企业梳理风险隐患，健全防疫机制，共同开展演练。发出倡议书，引导组建民营企业志愿服务队3支、商协会志愿服务队14支，动员企业家执委积极参与助力全国文明城市建设复查和进一步加强疫情防控工作等社会事务，推出“2+7”机制，由两位工商联干部带领7名执委深入各街镇开展环境整治活动。

（虞臣超）

编辑　胡亭亭

法治

政法委与综治

法治政府建设

社会治理工作

公　安

检　察

法　院

司法行政

政法委与综治

概况 2022年，鹿城区委政法委加强除险保安、基层治理等各项工作，学习贯彻《中国共产党政法工作条例》应知应会测试，1500余名干警学习测试全覆盖。开展跨部门岗位练兵、政法干警履职保护、先进典型人物库建设等活动，共组织14名政法干警参与跨部门岗位练兵、查处侵害政法干警正当执法权威案件28件29人，入库44名先进人物，相关成效在《浙江法治报》刊发。获2021年度全省平安工作建设先进集体、省改革创新成绩突出集体、从严治党主体责任落实优秀单位、意识形态考核优秀单位、作风效能建设满意单位、规范性清廉机关等称号。鹿城区实现省级“平安区”五连创，在年度市对区平安考核中排名居全市第一。

基层治理 2022年，鹿城区委政法委以“治理创新年”为契机，坚持党建统领网格智治，绘制完成网格地图，推行下沉人员差异化配置、专班化解决问题。科学优化网格1377个、微网格7203个，下沉人员358人，集中化解较大治理问题113个。围绕融合型大单元大社区、老旧小区、企业园区等重点区域，打造14个“一街一品”项目、20个村社、小区微网格治理示范点。聚焦“人、房、企、事、物”全领域，迭代升级“社会治理一张图”。推进数字孪生底座建设，开发“数治网格”线上应用，核准全区4.7万个建筑物、46万户治理单元、100多万人口，实施对辖区内“人、房、企、事、物”线上分析研判、线下联动处置。持续擦亮“平安乐巡”品牌，入选2022年全省政法工作现代化创建项目。

市域社会治理现代化试点 2022年，鹿城区委政法委以推进市域社会治理现代化试点城市创建为契机，按照“固根基、扬优势、补短板、强弱项”的要求，稳步实施三年行动计划，推行区领导领衔、部门领办制度，推动七大专项组55个部门323项攻坚任务落地。联动推进“基层党建引领基层治理综合试点县（市、区）”、系统重塑基层治理现代化体系、“上统下分、强街优社”、“强社惠民”、“五社联动”等5个省级治理创新试点。召开区级工作部署推进会4次，开展专项督查2轮，实现成员单位全覆盖。组织业务培训会12场，编发专刊8期，相关工作经验在党建统领网格智治、基层社会治理、“共享社・幸福里”建设会议上作交流发言。

护航中心发展 2022年，鹿城区委政法委牵头推进八个多跨制度，牵头协调重大案件58起，破解司法顽瘴痼疾，相关亮点信息被省、市媒体采用刊登。推进护航涉企制度，牵头执行企业家慎用羁押性强制措施，深化涉企“柔性执法”，接收政法部门报备信息785件，不断优化法治营商环境。成立区级首席法律咨询专家库，出具转型法律意见11份，助推基层社会治理法治化。对46名符合救助条件人员开展司法救助，发放救助资金70.82万元，有效维护当事人合法权益。年内被评为市级民营经济示范城市创建（民营经济高质量发展）先进集体。

（吴丰瑜）

法治政府建设

概况 2022年，鹿城区司法局出台《鹿城区深入开展习近平法治思想学习宣传贯彻“八进”活动工作方案》。印发《打造法治政府建设升级版“六大行动”》实施方案。牵头制定《鹿城区深入践行习近平法治思想推进全面依法治区工作的行动方案（2022—2025年）》《2022年法治鹿城建设重点工作》《2022年度区政府行政规范性文件制定目录》，将33件行政规范性文件列入年度制订计划。全年共审查区政府行政规范性文件、其他涉法文件120件，出具合法性审查意见117件，报市政府和区人大备案32件。以“法律服务团队＋律师驻所”的形式，推动街镇合法性审查工作运行。各街镇司法所、8支法律服务团队、36名挂职律师通过提供合法性审查意见、列席会议、咨询解答等方式，审查各类法律事项2256件，全面参与把关街镇各项涉法工作。

行政决策法律保障 2022年，鹿城区司法局编制出台《鹿城区2022年重大行政决策事项目录》，将7件重大行政决策列入年度制定计划，对部门和街镇全面实行重大行政决策目录化管理。区本级及22个部门、14个街镇全部发布年度重大行政决策目录，涉及决策事项85件，实现决策目录化管理全覆盖，相关工作在全省政府法务试点交流会上作典型发言。完善涉公合同监管，上线“合同钉”应用平台，实现对行政机关合同起草、履约全生命周期的数字化掌控。全年“合同钉”平台录入各类重大合同53件，涉及金额共计8.6亿余元。

行政复议与应诉 2022年，鹿城区新收行政复议申请341件，同比增长62.4%；办结299件（受理后审结271件），同比增长29.4%，其中纠错18件，纠错率6.6%，同比下降近8个百分点；调解后终止结案共163件，调解率达54.5%，创历史新高。出台行政应诉“联席会议”“败诉复盘”“应诉推演”三项机制，推出行政争议案件滥诉甄别机制、“三色预警”制度，助力全区行政争议发案量、败诉率“双下降”。全年收案数584件，较2021年下降5.6%；败诉案件54件，败诉率9.38%，稳定控制在10%以下。

行政执法监督 2022年，鹿城区司法局完善并推广“涉企免罚”清单制度，梳理并制定“柔性执法”清单3.0版，涉及7个行政执法部门77项行政处罚事项。持续开展“减证便民”行动，推进“柔性执法一件事”，涉及9个部门9项高频行政处罚事项，督促办理23万余件。联合区纪委监委率全市之先在民企黄河物业挂牌成立行政执法监督联络点，并成功修复5条不良信息记录，系区内首家由司法局协助参与修复信用的企业。搭建“1+2+2+N”大综合一体化执法争议协调监督平台，实现在线前置协调执法争议。全年共在线协调解决4起争议问题，涉及生态环境、商务、经信、自然资源等多领域。

（叶艳艳）

社会治理工作

概况 2022年，鹿城区社会矛盾纠纷调处化解中心迭代升级为鹿城区社会治理中心，继续实行轮驻单位值守接访群众来访机制。年内共接待来访群众52527批58304次，受理矛盾纠纷2849件，调解成功2720件，调解成功率 95.5%；诉讼服务区受理案件35706件（其中线上受理32635件），正式立案12536件（其中线上受理11818件），受理ODR平台13814件，调解成功5803件；省矛调协同系统录入事项数10803条，事件受理率100% ，办结率 99.99%，满意率99.97%。驻区中心专职人民调解员受理矛盾纠纷6762件，调解成功1920件，成功数同比增长118.4%（其中ODR平台受理6527件，调解成功1686件，成功数是2021年的9.7倍；线下调解成功206件）。录入大调解平台数据10539件，其中街道1023件、派出所5913件、交警2340件、社会治理中心1263件。

社会治理中心机构升级 2022年，鹿城区委常委会专题研究中心升级工作，区委书记白洪楞把关定向，区委副书记连正坚定期专题研究，区委办专门的副主任牵头，区委改革办、区委政法委、区社会治理中心、区大数据管理中心主要负责人组成“五人小组”，完成线上平台搭建、场景应用接入、机构及场地设置、运行机制梳理等工作。中心完成机构升级并融合运行，编制从原来的矛调中心10个增加至15个。

强化上下协同 2022年，鹿城区社会治理中心向上对接市委办、市大数据局，争取相关试点工作，承接市委办基层党建统领跑道建设市级试点（五马街道、藤桥镇）、基层智治综合应用运行试点（南汇街道、藤桥镇）以及市大数据局“一网统管”项目组建赋能应用试点。向下加强指导街镇综合信息指挥室建设，选取南汇街道、蒲鞋市街道、南郊街道、五马街道、藤桥镇作为试点，从线下指挥室建设、线上平台建设、运行机制建设3方面着手，指导街镇制定好任务清单，明确事项的完成时限、责任科室，推进试点工作，制定街镇指挥室考核办法，纳入改革创新争先考核细则，通过考核指挥棒督促指挥室建设落实到位。

18项运行机制 2022年，鹿城区社会治理中心根据“六大功能”（运行监测、矛盾调处、分析研判、协同流转、应急指挥、督查考核），在原矛调中心“十大机制”的基础上，进行运行机制的再梳理完善，初步制定信息汇总、监测预警、一窗受理、调解对接、会商研判、平战结合18项运行机制。其中，运行监测涉及信息汇总、监测预警2项机制，矛盾调处涉及一窗受理、调解对接、教育疏导、领导接访等4项机制，分析研判涉及会商研判、社会稳定风险评估2项机制。18项机制的形成，协同流转涉及分流处置、销号管理、复盘总结3项机制，应急指挥涉及统一指挥、快速反应、现场处置、信息报送、平战结合5项机制，督查考核涉及督办指导、平时考核等2项机制，为中心运行提供了制度保障。

协同线上平台 2022年，鹿城区社会治理中心聚焦区基层治理核心业务、重大需求，坚持问题导向、实战导向，着力构建平时好用、战时管用的社会治理和城市运行线上平台。在区大数据中心“一体化智能化公共数据平台”现有场景应用、业务指标的基础上，接入智融瞭望、平安乐巡、利民补助一键达等场景应用28个、业务指标235项，其中包括“共享社·幸福里”创建单元、城市文明程度指数、规上工业增加值、平安指数等核心指标32项，展现鹿城区各项城市体征和社会治理重要指标。以“141”体系“四条跑道”为着力点。数字孪生底座为基础、“社会治理一张图”为底图，按照“六大功能”需求，设计相应的六大功能板块，有机组合中心和入驻部门各项业务，直观展现区社会治理中心核心功能。

矛盾纠纷化解“最多跑一地” 2022年，鹿城区社会治理中心完善一窗受理、闭环流转、全程督办等机制，推进部门联动化解、多元化解。率先全省探索行政争议案前调解机制，共受理行政争议纠纷800件，调解成功633件，司法确认520件。其中，年内受理行政争议纠纷86件，涉及18个单位，调解成功18件，司法确认159件。推行退二线干部参与矛盾纠纷化解机制，组建后共参与区领导接访陪访25次，牵头成功调解纠纷45件。

诉源治理 2022年，鹿城区社会治理中心联合法院、政法委、司法局开展诉源治理“百日攻坚”专项行动，针对矛盾纠纷预防、三级联调联动、职能部门监管、“共享法庭”建设等实行专项攻坚，努力降低诉讼量。年内区中心专职及特邀调解员诉前调解成功1389件；分流街镇诉前调解案件616件，成功化解330件，化解率53.6%。

管理服务水平提升 2022年，鹿城区社会治理中心建立完善双重管理、每月考核、定期督查等机制，开展“双承诺两监督”活动，强化对入驻部门工作人员的管理督促，提振队伍精气神。开展“适老助残扶弱”专项行动，成立全市首家助残服务站。持续推进“和鹿心坊”“鹿姐和美”两个心理服务品牌室建设，推动心事双解；年内开展心理服务个案233个、惠及418人次。

（唐细凤）

公 安

概况 2022年，鹿城区公安分局实施“135”警务发展战略，夯实队伍管理“126”工程，在“铸魂固本、雷霆系列、大排查大整治大化解”三大战役中践行使命。重大案打击、禁毒智治、智慧巡控等十余项工作得到上级领导的批示肯定。年内，区公安分局推选“最美温州人”系列“三能榜样·最美警察”对象共40个，在各级新闻媒体发表稿件1441篇，其中中央级媒体刊发173篇、省级媒体刊发273篇，稿件质量和数量均居全市前列。全局立集体三等功3个，获集体嘉奖7个。特巡警大队、出入境管理大队被评为省“青年文明号”，有组织犯罪侦查大队获评“全省模范公安基层单位”，五马派出所获评全省优秀公安基层单位，全局立个人二等功2人、个人三等功26人，获得个人嘉奖93人，其中周扬获评全国“双百政法英模”、姚艇获评全国优秀民警、叶话雨获评全省优秀民警。

维稳安保 2022年，鹿城区公安分局打造“662”立体打击架构，即建强刑事、政保等6支打击办案队，推进侦查办案、维稳安保等“6大专业研判中心”建设，运行2支辅助支撑队，得到副市长、公安局局长毛伟平的批示肯定。

平安创建 2022年，鹿城区公安分局平安建设在公安系统高分夺牌，全区刑事+治安警情同比下降15.75%，侵财刑事打击数同比上升48.20%，侵财移诉数同比上升21.95%。参与编报的3篇情报、特大婚恋诈骗专案、“7·13”案件典型案例获中央领导、公安部、国家移民局、省厅领导批示肯定。

护航发展 2022年，鹿城区公安分局大力推进数字化改革和“公安大脑”建设，“基础数据仪表盘”入选2022全国政法智能化建设智慧警务创新案例；“禁毒翌星”“平安乐巡”应用被省委数字化改革专刊录用刊发，相继获时任副省长、公安厅厅长王成国，温州市委副书记、市长张振丰，副市长、公安局局长毛伟平的批示肯定。

护佑民生 2022年，鹿城区公安分局常态化开展扫黑除恶斗争，打处六类对象122人，移诉恶势力犯罪集团2个，移诉恶势力集团成员74人，起诉恶势力集团成员86人，判决恶势力集团成员96人，扫黄打非工作成效得到副市长、公安局局长毛伟平的批示肯定。

智慧警务 2022年，鹿城区公安分局搭建智慧警务联动格局，做强分局情指勤舆中心“警务大脑”，做优专业警种七大分中心“警务中脑”，做精21个派出所在线实战子中心“警务小脑”，实时协同特巡警、接处警、社区民警、群防群治等行动力量，初步实现打防治“一体化、同步化”。构建警银“反诈联盟”，挽回经济损失达1140.98万元，智慧巡控“快反卫城”入选省公安厅多项改革试点。

稳控体系 2022年，鹿城区公安分局推出的娱乐场所管理“八个零容忍”和从严执法“七个一律”得到副市长、公安局局长毛伟平的批示肯定。开展实有人口基础信息大采集专项行动，工作成效位居全市同类地区前列。开展信访积案化解专项行动，公安部、省信访联席办、省委政法委交办积案均全部化解。

禁毒创建 2022年，鹿城区公安分局创建全国禁毒示范城市工作，国家禁毒办副主任、公安部禁毒局副局长熊德生率国家禁毒办验收检查组到鹿城检查验收，并参观分局禁毒大队办公楼，听取了数字化毒品治理“孵化”项目“鹿城禁毒政务互通平台”以及鹿城禁毒“翌星”在线精密智控系统的介绍，观看系统应用演示，并予以充分肯定。

（戴小珍）

检 察

概况 2022年，鹿城区人民检察院全面贯彻《中共中央关于加强新时代检察机关法律监督工作的意见》，忠实履行法定职责，稳步推进“四大检察”“十大业务”全面协调充分发展。全年受理提请批捕案件520件617人、移送起诉案件2467件3246人，批准逮捕414人、提起公诉1619人。打击黄赌毒、盗抢骗等严重影响人民群众安全感的犯罪，批捕257人、起诉787人。从严惩处新型网络犯罪，批捕、起诉电信网络犯罪477人、帮助信息网络犯罪活动罪81人。贯彻实施《中华人民共和国反有组织犯罪法》，坚持除恶务尽，依法起诉涉黑涉恶犯罪5人，其中判处有期徒刑十年以上1人。坚持打击犯罪与追赃挽损并重，通过办案挽回经济损失5700余万元，维护当事人权益和社会稳定。落实少捕慎诉慎押刑事司法政策，当宽则宽，该严则严，依法对轻微刑事犯罪不批捕223人、不起诉1676人，经羁押必要性审查变更强制措施28人，有效修复被破坏的社会关系。落实院领导包案办理首次申诉要求，受理群众信访

356件，在7日内回复“已收到、谁在办”和3个月内办理过程或结果答复率达100%。奚某某刑事申诉案获评全省检察机关精品案例。践行新时代“枫桥经验”，聘请人大代表、政协委员等各界人士34名担任听证员，对社会关注度高的案件开展公开听证32次，既解“法结”又了“心结”。就办案中发现的社会治理问题，制发检察建议18份。在办理环卫电动三轮车交通肇事案时，以“专项监督+检察建议+资政报告”形式，推动问题源头破解，获评全省检察机关精品案例。打击整治养老诈骗专项行动，起诉“坑老骗老”犯罪73人，追回“养老钱”920万余元。李某某集资诈骗案入选全省检察机关打击整治养老诈骗典型案例。落实“四个最严”要求，起诉危害食品药品安全犯罪22人，办理相关公益诉讼案件8件。开展司法救助，出台内部协作配合机制，向66名生活困难的案件当事人发放救助金69万余元。年内区检察院获得国家级表彰12件、省级表彰35件、市级表彰48件。检察三部、检察七部获评全省法律监督成绩突出集体，检察六部立集体二等功，4名干警立个人三等功，9起案件获评全国、全省精品（典型）案件。

营商环境法治化 2022年，鹿城区检察院深化新时代“两个健康”法治研究中心实体运作，承接温州新时代“两个健康”先行区创建经验推广试点工作交流会现场观摩，努力加强法治化营商环境建设，获省委领导批示肯定。深化涉企“挂案”清理、民企内部贪腐犯罪立案监督等专项工作，让企业轻装上阵，相关经验在全省检察机关重点工作推进会上作交流。注重涉案企业合规刑事、行政一体推进，打造类案批量合规模式，赋能企业高质量发展。对4批30家企业开展批量合规，2个案件入选全省检察机关精品（典型）案例。第三检察部获评全省护航民营经济先进集体，服务“两个健康”工作被《法治日报》、新华社等中央媒体报道。

生态环境保护检察 2022年，鹿城区检察院紧扣瓯江流域生态安全、无废城市建设等部署，加大检察保障力度。办理的有关向戍浦江非法倾倒建筑泥浆等4个公益诉讼案件被评为全省特大案件。督促治理拆迁扬尘污染行政公益诉讼案入选最高人民检察院典型案例。聚焦河道污染、耕作层保护落实不力等问题，办理相关公益诉讼案件21件，督促清运处置固体废物9.65万吨，保护耕作层1.99公顷。牵头农业农村、生态环境等五部门建立服务保障乡村振兴执法司法协作机制，相关经验做法被省检察院推广。开展农业面源污染调查，督促职能部门开展专项整治，清理废旧农膜25余吨。聚焦农村“小作坊”、废弃油罐车非法加油等安全生产隐患，办理相关公益诉讼案件4件，推动职能部门源头治理。

未成年人保护检察 2022年，鹿城区检察院落实未成年人保护法，将司法保护融入家庭、学校、社会、网络和政府保护，形成合力。深化未成年人检察业务统一集中办理，批捕侵害未成年人犯罪32人、起诉33人，妥善办理最高检挂牌督办的“药娘”系列案件，起诉利用网络平台向未成年人销售性激素药物等案件3件；对涉罪未成年人不捕6人、不诉28人、附条件不起诉32人。发挥法治副校长职能作用，举办“开学第一课”等法治宣讲7场，覆盖中小学师生1200余人次。会同教育、公安等部门落实侵害未成年人案件强制报告、入职查询等制度，办理文身、食品安全、电竞酒店网络服务等影响未成年人健康公益诉讼案件6件，探索涉未监护权、抚养费纠纷等支持起诉案件9件，实现权益保障最大化。

刑事检察 2022年，鹿城区检察院加强侦查活动监督，监督侦查机关立案45人、撤案22人，书面纠正侦查活动违法28件次，纠正漏捕漏诉19人。加强行刑衔接，完善与市场监管、应急管理等部门的协作配合机制，对决定不起诉的犯罪嫌疑人建议行政处罚28人。加强刑事审判活动监督，提出、提请抗诉7件，同期改判6件。办理陈某某故意伤害刑事申诉案，获得省检察院主要领导批示肯定。加强刑事执行活动监督，纠正社区矫正监管活动和刑事执行违法违规6件，协助市检察院立案侦办司法工作人员相关职务犯罪1人。林某某等人财产刑执行监督类案获评全省检察机关精品案例。

民事检察 2022年，鹿城区检察院办结民事检察案件157件，提出再审检察建议9件，提请抗诉26件。注重审查调查侦查贯通融合，对确有错误的涉虚假诉讼生效裁判提出再审检察建议4件，移送公安机关刑事立案2件，督促法院纠正不当生效裁判9件，营造诚信诉讼良好氛围。开展“终结本次执行”专项监督，通过数据分析、调查核实、集中研判，对被执行人有财产可供执行的住房公积金、养老金等5类案件依法提出检察建议，助力破解“执行难”。李某某等人民间借贷纠纷执行监督案获评全省检察典型案例；陈某某与某公司虚假劳动仲裁执行监督案入选最高检典型案例。

行政检察 2022年，鹿城区检察院办理各类行政监督案件15件。深化“依法行政+检察监督”社会治理新模式，通过公开听证、释法说理等形式，成功化解行政争议案件5件。开展涉企宣告破产、土地执法、社会抚养费征收等行政非诉执行监督，经验做法被全省推广。开展农用地保护、社会治安等领域行政违法行为监督，发出检察建议4件，均监督纠正，并建立长效机制，此经验在全省推广。会同藤桥镇政府出台机制，搭建基层综合行政执法与检察监督衔接协作平台，助力“大综合一体化”改革。

公益诉讼检察 2022年，鹿城区检察院建立诉前检察建议向人大备案机制，推进“益心为公”检察云平台试点，联合统战部招募党外人士志愿者14名，组建15个领域咨询小组，形成共治共享公益司法保护新模式。开展公益诉讼五周年系列活动，凝聚更多共识，徐缨被最高检评为检察公益诉讼全面推开五周年“好人物”。聚力乡村振兴、个人信息保护、老年人权益保障等重点领域，立案办理公益诉讼案件47件，其中发出诉前检察建议23件，提起民事公益诉讼8件，追责侵权行为主体20名，损害赔偿金到位110余万元。预付卡消费监管行政公益诉讼案获最高检领导批示肯定。

检察办案模式 2022年，鹿城区检察院健全经济、网络等领域犯罪专业化办案模式，构建全流程追赃挽损机制，全面提升犯罪治理水平，获省委领导批示肯定。在全省率先建立认罪认罚同案犯量刑告知制度，规范量刑释明、平衡同案量刑，适用率达92.51%，确定刑量刑建议采纳率为93.53%，上诉率由5.45%降至2.46%，获评全省检察机关创新工作试点。聚力非羁押人员“不捕不诉”制度缺位、监管不足等问题，探索教育、感化、挽救的惩防一体非羁押状态候审模式，强化非羁押人员实质监管，获省检察院主要领导批示肯定，并在全省检察机关重点工作推进会上作交流。

数字检察工作 2022年，鹿城区检察院聚焦“数字赋能监督、监督促进治理”目标，出台“三查融合”机制，全力开展数字办案工作。2个项目入选全省检察机关指引案例。开展涉住房公积金终本执行类案监督，督促法院依法扣划被执行人住房公积金425万余元，建议法院司法冻结1283万元，向公安机关移送拒不执行判决、裁定犯罪线索27人。开展取保候审保证金与财产刑执行衔接类案监督，监督法院通过“保证金转罚金”对121名罪犯取保候审保证金进行收缴，促进公安机关开展保证金清查，对584人退还保证金254万余元，推动政法部门建立长效协作机制。

（徐莎莎）

法　院

概况 2022年，鹿城区法院受理各类案件25546件，同比下降8.6%，诉源治理成效初显。审结26025件（含旧存）、数量居全省第四。员额法官人均结案405.7件，较全省均值多133.9件。综合考绩在全市法院“核心战斗力一本通”考核中名列第四，在四个城区中位居第一。

2022年，鹿城区法院开展除险保安百日攻坚行动和平安建设“大起底大整治大提升”行动。推进扫黑除恶斗争常态化，审结“5·20”跨境裸聊敲诈勒索系列案件35件75人，办结故意杀人、故意伤害、抢劫、绑架等案件48件53人。抓好涉诉信访工作，开展领导干部大接访大走访，共接访135件335人，成功化解114件。统筹服务疫情防控和经济社会发展，做好“六稳”工作、落实“六保”任务，采取股权“活查封”、灵活善意执行等方式，保障企业正常生产经营。审结民间借贷案件1779件，标的总额9亿元；审结非法吸收公众存款案件21件57人。审慎办理“温都金服”等重大涉众型案件，协同推进“鄯善温商贷”案后续财产处置、分配，完成“书画宝”系列余案清结，配合“三信贷”等案件追赃挽损，防范化解金融风险。

助力良好营商环境建设 2022年，鹿城区法院在滨江CBD创设全国首个“金融法驿”，集改革展示、案例宣教、金融智审、诚信倡导于一体，并出台专门机制，更好发挥金融审判职能，助力区域性金融中心建设。贯彻最高法院关于司法助力中小微企业发展20条指导意见，促成2621件涉企纠纷调解、撤诉，化解标的总额15.7亿元。审结被告人刘某“恶意办企”倾销套现合同诈骗、拒执案，净化“中国鞋都”营商环境，实现审理一案、震慑一片的治理效果。重整挽救困难诚信企业，加大“僵尸”企业出清力度，加强执破衔接，审结破产案件83件，清理债权债务64.3亿元。联合劳动部门及公证处打造企业资产预先处置平台，保障职工合法权益。支持管理人探索破产企业财产发现悬赏机制，提升管理人履职成效。妥善清结美福系公司合并破产清算案，破解企业违章烂尾大楼历史处置难题，助力亚运赛场周边环境品质提升，入选全省法院破产审判典型案例。

刑事审判 2022年，鹿城区法院受理刑事案件1390件，审结1353件，判处罪犯1747人。聚焦新型犯罪，严厉打击人民群众深恶痛绝的信息网络犯罪、跨境犯罪等案件，审结电信网络诈骗及关联案件193件289人，持续壮大“断卡行动”声势。审结生产、销售有毒有害食品药品犯罪案件17件，保障人民群众“舌尖上的安全”。深化禁毒斗争，审结走私、贩卖、运输、制造毒品等案件23件38人。保持反腐败高压态势，审结原鹿城区城市发展集团董事长、总经理戴某受贿案等贪污贿赂、渎职犯罪案件3件3人。推进打击整治养老诈骗专项行动，审结温州法院首例案件，判处被告人李某有期徒刑十二年，彰显守护老年人“钱袋子”的决心。

民商事审判 2022年，鹿城区法院新收民商事案件13757件，审结14762件，平均审理天数57.1天，当庭宣判率72.6%。审结商品房买卖、建设工程等案件421件，促进房地产市场健康发展。关注新就业形态纠纷化解，依法治理欠薪问题，加强劳动权益保障，办结各类劳动争议案件1086件，为劳动者追回劳动报酬497.2万元。聘请10名市、区人大代表、政协委员为家事特邀调解员，注入调解纠纷新力量，提升家事审判水平，办理家事案件692件，其中调撤结案523件，调撤率为75.6%。恢复行使知识产权案件审判权，实施网络消费司法解释，保护合法权益。

行政审判 2022年，鹿城区法院受理行政诉讼案件516件，审结593件，同比分别下降35.3%和17%，调撤成功234件，调撤率近四成。深化府院良性互动，完善行政争议研判分析、预防化解制度，以行政审判白皮书、专题联席会议、工作例会等形式，督促行政机关依法行政和及时化解争议，向区税务局、街镇等发送司法建议15份，均获积极反馈。行政机关负责人实际出庭应诉328人次，出庭应诉率达97.6%，行政机关败诉率连续两年下降，助推法治鹿城建设。

执行工作 2022年，鹿城区法院新收执行案件9434件，结案8866件，执行到位金额20.3亿元。拓宽财产调查处置思路，在某金融借款合同纠纷案中首次成功处置发明专利，盘活知识产权，实现从“智产”到“资产”转变。亮剑规避执行行为，启动执行审计22件，促成执毕、达成和解18件，执行到位2428.2万元。审慎推进个人债务集中清理试点，成功清理一起涉债权人17户、债权金额549.3万元案件，履行金额264万元，清偿率近半。开展“清超治淤”行动，加强节点管控、定期研判、通报督促，实现长期未结案“清零”。办好“关键小事”，推动退休金、养老金执行“一件事”改革，实现按月向申请执行人汇付执行款、为被执行人预留生活费。在区人大常委会推动下，联合检察、公安机关完善拒执犯罪办案规程、证据指引等协作机制，创新公诉与自诉换轨机制，强化打击合力，移送拒执犯罪线索77件89人，审结案件49件49人。

适老扶弱 2022年，鹿城区法院率全国之先建立适老型诉讼机制，提炼运用“五化体系”（硬件适老化、软件适老化、人员专业化、全程适老化、全域适老化）、“八项制度”（诉讼能力等级识别、“缓冲期”、陪同诉讼、代理审查、专项意愿征询、释明权实施、“社会观察团”、“百姓评议团”），在诉讼服务中心、人民法庭打造专区，拓展到民事、刑事、行政三大诉讼和立案、调解、审判、执行各环节，累计适用办理涉老案件8424件，发布2期《适老型诉讼白皮书》及20个典型案例，提升群众司法获得感，促使老年人涉诉信访下降50%以上。经验做法入选全省法院司法改革微创新示范案例、全市民生领域改革创新典型案例、全市打造高质量发展建设共同富裕示范区市域样板第一批最佳实践，获省委常委、市委书记刘小涛批示肯定，在市中院召开的现场会上向全市推广，省内外多家法院学习并借鉴落实。聚焦未成年人权益保护和犯罪预防，在全省率先出台《关于司法服务保障儿童友好型城市创建的意见》29条及配套指引39条，积极回应未成年人群体司法需求。

诉源治理 2022年，鹿城区法院在提升街镇、社区（村）共享法庭的基础上，协调市知识产权服务园、市皮革鞋料商会等设立行业性共享法庭，联合区市监局、区妇联和金融机构、律师事务所打造特设共享法庭，强化多元调解纠纷。在全市率先出台《关于开展民商事纠纷批（类）案治理的工作指引》，通过诉前调解、示范诉讼、预查废等方式减少正式成讼案件3012件。针对劳动争议、道路交通事故纠纷多发的特点，在派出法庭成立团队攻坚，实现诉前分流70%以上。创新行政诉讼转提行政复议新模式，在诉服大厅专设导引窗口，促进行政案件分流。

诚信倡导 2022年，鹿城区法院在诉讼服务中心、人民法庭、执行局打造诚信诉讼倡导专区，变传统纸面教育为沉浸式阵地教育，通过“诉前+审前+执前”三节点累计教育当事人8511人次，着力遏制虚假诉讼、拒执行为。从快从严打击虚假诉讼115件，罚款34万元，处罚扰乱诉讼行为109件，维护诉讼秩序。向公安机关移送一起涉案金额逾4000万元的虚假诉讼案件线索，该案进入审查起诉阶段，并入选浙江法院防范和打击虚假诉讼典型案例。

迭代“鹿法智考”2.0 2022年，鹿城区法院迭代“鹿法智考”2.0，构建适配“两级六岗”考核模型，打破信息壁垒、实现数据集成，工作绩效自动抓取、实时生成、动态评估，覆盖全院在编206人的考核工作所需人力从3人减至1人，耗时从15日降至1日。强化大数据分析，智能绘制干部评价五维立体画像，推动“事一岗一人”深度匹配。此经验做法被全区推广，并作为唯一区县机关获评温州市第一批公务员考核工作市级示范点。

（应俊杰）

司法行政

概况 2022年，鹿城区司法局深入开展“法护平安”专项行动，优化访调、警调、交调、诉调等对接流程，推行“人民调解+法庭”联动解纷机制，实现基层矛盾纠纷有效化解，共调处矛盾纠纷1.05万余件，协议涉及金额4.07亿元，远程视频会见186人次。完善矛盾纠纷多元调解体系，依托“共享社·幸福里”建设实现217个社区（小区、村）人民调解员全覆盖。创成南汇街道调委会余俊个人品牌省级调解室。开展基层站所规范化建设，广化司法所获省级“枫桥式”司法所称号。加强归正人员衔接，全年共接收归正人员370人，帮教率和安置率均达到100%。

社区矫正 2022年，鹿城区司法局共接收社区矫正对象409人，累计解除社区矫正对象339人。在册社区矫正对象548名，其中缓刑474名、假释33名、暂予监外执行41名。强化社区矫正对象日常监管，全年开展审前调查431次，共提请销缓刑、假释、暂予监外执行建议8人次，收监5人次，给56名对象以训诫、9名对象以警告，确保社区服刑人员监管不漏人、不越界。建成占地1200平方米集数据一体化、管理智能化、移动互联化、智慧可视化、教育多样化于一体的省级智慧矫正中心，通过线上申请、请假外出审批、居住地变更等事项确保全程留痕，并采用视频质量诊断、VR（虚拟现实）等方式开展教育帮扶。

普法与依法治理 2022年，鹿城区司法局创新“两公示”制度深化普法责任制，开展28期“本周我普法”活动，录制以案释法微课视频25个，构建多主体参与、多领域受益的普法格局。超额实现2022年市级以上民主法治村（社区）70%创建率的工作目标，获批国家级民主法治村（社区）1家、省级4家、市级12家；新建昌盛社区法治文化公园、吴桥社区法治步行道等基层法治文化阵地5处。架设云普法载体，在区融媒体中心开通“八五”普法直播间，举办“融媒法帮帮帮”栏目，拍摄法治抖音视频5个。制作微课25件参加全市第七届以案释法微课比赛，其中6件获奖，是全市获奖作品数量最多的县（市、区），民法典公益宣传微视频“我在你身边”获省级优秀作品展播。深化领导干部学法，组织43名非人大任命区管领导干部进行任前法律知识考试，安排全区3457名区管领导及在编干部参加年度法律知识考试，参与率、通过率均达到100%。

法律援助 2022年，鹿城区建立法律援助裁前调解机制，组建法律援助裁前调解律师队伍，参与鹿城仲裁院仲裁案件裁前调解，6月成立后成功调解149件。持续打造法援惠民生品牌，开展关爱未成年、共享幸福里、法助共富有情系列活

2022年2月25日，鹿城区社区矫正中心正式揭牌　　（区司法局提供）

动，实现每个“共享社·幸福里”小区“12348”法律咨询热线、村社法律顾问、公共法律服务志愿者全覆盖。出台《鹿城区法律援助律师管理考核实施办法》，实行援助律师考核管理积分制，根据办案质量给予加减分，形成援助律师绿、蓝、红三色清单。全年共受理援助案件1183件，接待现场来访7138人次，热线咨询6407人次。开展法律援助案件当事人满意度调查，法援案件承办满意度达到99.68%。2022年，鹿城区法律援助中心获评省司法行政系统法治建设工作成绩突出集体。

法律服务　2022年，鹿城区司法局深入实施律师行业“三名工程”（名所名品名律师）培训工程。全区共有律师事务所38家，律师万人比10.45，律师人数达1252人。律师事务所设有1个党总支、24个党支部、3个联合支部，党员律师347名，党员律师占比31.5%。创新公职律师跨部门调配机制，成立区级公职律师库，全区有21家单位配备有公职律师，配备率达61.76%。实现全区80个村、91个社区法律顾问全覆盖，提供各类法律服务2430件。深入开展民营企业“法治体检”活动，依据个体经营、楼宇、企业园区等类别将全区51182家市场主体划分为1377个网格，推动法律顾问服务入网，在合同签订、知识产权、劳动用工等风险多发领域提供定制式法治体检项目。

（叶艳艳）

编辑　胡亭亭

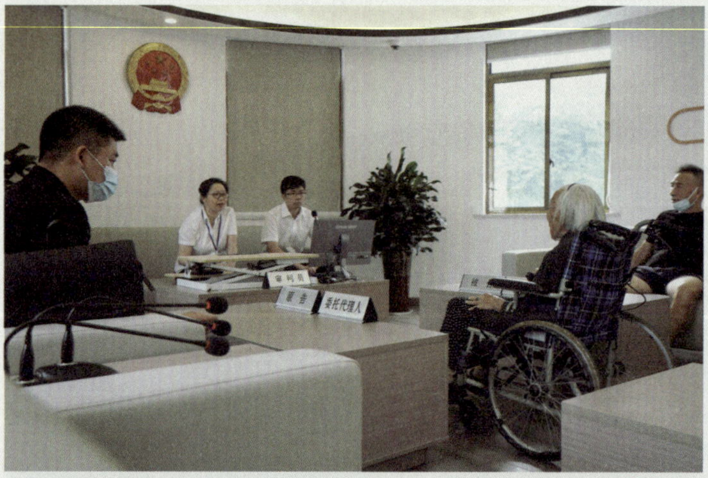

1
2
3

1　2022年9月7日，鹿城区人民法院在诉讼中适用适老型诉讼机制

2　2022年8月24日，鹿城区人民法院开展“萌系法苑十堂课”活动，护航儿童友好型城市建设

3　2022年3月22日，鹿城区人民法院联合生态环境、自然资源、行政执法等行政机关开启温瑞塘河司法、行政合作保护机制

（区法院提供）

军 事

人民武装工作

武警工作

人民防空

退役军人事务

人民武装工作

概况 2022年，鹿城区人武部党委贯彻习近平强军思想和新时代军事战略方针，突出备战打仗主旋律，把握稳中求进主基调，以推动城区人武部“重要窗口”建设再上新台阶为总目标，加强党委、支部和党小组等各类组织建设，坚持每季度议战议训、安全形势分析、议教、议管、党委理财等制度。3月1日，鹿城区人武部召开全区党管武装工作会议，认真落实军地领导双向兼职、党委议军、工作述职等制度。4月，区人武部机关党支部进行换届选举，党代表、军人代表选举严格按照选举程序一步步走实。持续强化理论武装，开展基础教育与主题教育相融合，组织干部、职工及专武干部到永嘉红十三军纪念馆开展主题党日活动。组织观看红色影片、赴山福镇参观未来乡村建设、祭扫翠微山烈士陵园等系列活动。在省级媒体发稿13篇、中央级媒体发稿12篇（其中《解放军报》2篇、《中国民兵》10篇）。

规范战备秩序 2022年，鹿城区人武部着眼应急应战职能使命，纠治人武部系统和平积弊影响，狠抓日常战备训练，严格落实战备值班，常态化保持战备正规秩序。持续深化人武部职能任务理解，及时调整完善方案预案，不断完善细化作战行动方案和补充完善各类战备物资器材，分阶段组织战备演练。1月，组织民兵应急连战备演练。按照上级关于做好全军战备拉动抽查准备的通知要求，迅速收拢人员、完善方案、补充物资器材。抓好重要节假日战备防护，节日战备防护期间确保1支民兵应急连全时备勤。

军事训练 2022年，鹿城区人武部按照“月训三天、季考一次”要求，深入贯彻《军队军事职业教育条例》，抓实首长机关训练，现役军官和文职人员一人不漏完成“四课六书”普学普训。突出业务技能、组织指挥能力和军事技能的提升，结合年初开训动员，组织辖区全体专武干部和武装联络员集训。突出民兵分队综合素质提升，完成分队基干民兵共同基础和专业训练、专武干部与民兵连长指挥专业集训、海上救护分队民兵跨区联训。参加军分区第五届岗位练兵比武考核，民兵分队获团体第三名，3名专武干部均获单项前三名。

安全工作 2022年，鹿城区人武部结合“迎接二十大、创建安全年”“四严四整”教育整训活动，常态化构筑营区政治氛围环境、法规教育学习和理论知识考核，对接地方有关部门落实好舆情监测处置机制，完善军地联动。以典型问题的通报为牵引，吸取国防动员系统近期事故案件教训，全力抓好安全稳定工作。盯紧重要部位和环节，组织开展安全工作大起底大整顿、保密工作大排查大清理、保密工作专项整治以及连接互联网的军队信息系统安全保密清查整治等活动，不断强化人员忧患意识、安全意识、保密意识。

2022年，严格落实每周安全检查制度，持续抓好“条令月”活动落实，学习贯彻新修订的《中国人民解放军保密条例》《中国人民解放军安全条例》，进一步凝聚法治共识，转变管理方式，规范管理行为。制定9个方面25项具体问题清单，以问题清单见底清零为目标，大力开展管理领域负面问题清理整治，紧盯关键要素预防和重大风险防控，聚力抓整改、常态抓落实，持续推动安全工作落地见效。突出重点部位隐患，加大检查督查力度，固强安全链条，牢牢把住单位内部安全稳定。组织对安防系统、防雷设施、消防设备等设施设备进行全面检修排查，对部分老化电器线路进行改进和优化，始终保持常抓常治的强劲态势。

民兵整组 2022年，鹿城区人武部向区委、区政府主要领导呈报军委国防动员部《贯彻落实民兵建设“十四五”规划任务部署会》会议精神，并提出意见措施；调整区民兵工作领导小组机构，强化组织领导，明确各级职能分工。完成普通民兵和分队基干民兵整组任务（包含应急力量和支援力量）。4月，召开全区整组工作任务部署会议，强化整组工作的组织谋划，确保工作更好地开展。5月，部机关科长以上人员带队，成立6个工作组按片区逐个指导点验工作，确保全区街镇队伍全覆盖，并结合应急连集训组织点验，民兵工作落实情况得到上级肯定。

严把兵役质量 2022年，鹿城区人武部展开兵员征集工作，以“五率”考评标准为主要抓手，严格把好体格检查、政治考核、疫情防控、廉洁征兵4道关口。实现连续两年零退兵。

检验参建能力 2022年，鹿城区人武部累计参与森林防火救灾行动13次，应急抢险能力在执行任务中得到有效检验。加大军地联防力度，重大节日、重要时段出动民兵，为维护地方平安建设发挥作用。

国防教育 2022年，鹿城区人武部推进“一中心、十四公园、一百四十七角”（区级建设国防教育体验中心，14个街镇建设国防教育公园、广场，社区完善147个文化礼堂国防教育角）的全域固定场所建设，通过辖区“十横十纵”沿街国防宣传护栏，织就区域国防教育阵地网，让国防教育潜移默化渗入民众意识。8月，联合区教育局举办第二届“红色印记”军事夏令营，遴选全区500余名优秀中小学生参加；8月底，邀请军分区领导为全区党政领导进行总体国家安全观授课，进一步提高地方领导军事素质、增强国防观念。

双拥优抚 2022年，鹿城区人武部协调地方政府落实公务员编制、事业编制岗位定向招聘退役大学生，落实专属指标的全职社会工作者和国企工作人员岗位定向招聘退役军人，提供岗位编制完成转业士官百分百事业安置，协调落实驻鹿部队官兵子女、鹿城籍现役军人子女就近择优入学和随军家属货币安置。走访慰问退役军人、重点优抚对象、现役军人家属，送去慰问物资。协同区退役军人事务局开展“代英烈尽孝”“送医下乡”“老兵上党课”等主题活动。帮助困难村居建设文化长廊、整修村居环境。

供管一体同步推进 2022年，鹿城区人武部严格落实党委管财理财制度，开展“守护戎装”专项行动，对接市场监管局等相关部门落实工作机制，开展线上线下检查，共出动执法人员156人次，立案1件，发放责令改正通知书11份，下架涉嫌物品3起，进一步规范市场相关经营活动，维护军人和军队的良好形象。

（管郑武）

武警工作

概况 2022年，中国人民武装警察部队温州支队执勤一大队鹿城中队（简称武警鹿城中队）贯彻落实武警部队、武警浙江总队、武警温州支队党委决策部署，各项执勤训练备战工作始终以“战场打不赢，一切等于零”为指导思想扎实开展，确保全年安全稳定，部队建设风气优良、积极向好。

思想政治建设 2022年，在中共二十大召开之前，武警鹿城中队聚焦“忠诚维护核心，矢志奋斗强军”，深化“传承红色基因，担当强军重任”专题教育，开展党史学习教育，使命担当教育，为迎接中共二十大胜利召开做好坚实思想政治基础。在中共二十大召开之后，中队全体官兵全面深入学习贯彻中共二十大精神，坚决拥护“两个确立”，坚决做到“两个维护”。

执勤工作 2022年，武警鹿城中队官兵牢固树立居安思危意识，严格落实执勤制度，执勤工作常见病、多发病大幅降低，杜绝“和平哨”现象，确保鹿城区驻地连续25年安全稳定无事故。

战备训练 2022年，武警鹿城中队坚持向战为战导向，坚持从严从难训练风向，坚持一切从实战出发、一切用实际检验的原则，始终注重树牢战备意识，中队官兵训练吃苦意识大幅提高，训练成绩显著提升。

日常管理 2022年，武警鹿城中队结合支队上级要求，开展安全大检查活动，查摆中队自身隐患险情，确保整体安全稳定。开展“迎亚运、守纪律正秩序、树形象、保安全”作风纪律教育整顿活动，强化官兵日常养成管理，迎接备战亚运盛会。

基层基础建设 2022年，武警鹿城中队加快推进营区工程建设，推进执勤工程，改建营区操场，完成营区训练大棚改造，开展优秀军嫂评选，协调官兵家庭矛盾纠纷，开展暖心育人工作，增加官兵幸福感。

（蔡远君）

人民防空

概况 2022年，鹿城区人防办抓实区人防指挥部常态化建设，及时调整区人防指挥部成员，修订指挥部成员单位战时编成与平时职责。抓实人防专业队伍整组，按照“7+3”传统与新型模式组建人防专业队，并抽调骨干队员参加全市人防专业队4天的集中训练，基本建构出县区级精干多能的人防专业力量体系。年内鹿城区人防办被评为“全省人民防空工作先进单位”。

强化防空警报建设 2022年，鹿城区人防办探索人防应急广播融合发展，投入60万元新增警报设备，藤桥镇、山福镇、仰义街道、丰门街道、七都街道等含非建制城区的街道和乡镇的警报也实现了理论和实践上的全覆盖，并发挥防空警报战备与民生功能。

落实试点工作 2022年，鹿城区人防办做好市级基层人防力量试点任务，明确街道、社区（小区）人防志愿者队伍，规范流程，建立阵地，形成基层社区（小区）人防志愿者队伍“五有”机制，试点成果得到市人防办主要领导肯定，并要求继续加大力度，以“五有”为标准，尽快为全市提供可复制的基层人防力量建设模板。

人防工程建设管理 2022年，鹿城区人防办持续推进基本指挥所规范化建设“三年行动”工作，区2201工程年底前顺利开工；统一规范新竣工验收的人防工程标识标牌，为全市提供示范引领；完成人防工程安全评估。全年开展人防工程检查150余人次，发放整改通知书10份，约谈3家房开（物业）公司，移交人防案件1起，提高人防社会影响力；扎实做好省人防数字化应用场景细化承接工作，完成人防数据采集录入和人防审批中应用结建审批监督管理场景，人防工程运维在线场景应用覆盖率达50.94%；进一步推进产权制度综合改革，先行探索改革既有人防工程产权归属和确权登记工作，邀请国有企业作专题研究，并落实具体管理方案。

人民防空宣传 2022年，鹿城区人防办进一步创新人防宣传渠道，以“3·1”国际民防日与“5·12”防灾宣传周等节点为契机，在市区公交车移动电视上滚动投放人防宣传短片，结合警报试鸣，在《温州都市报》、《今日鹿城》、“鹿城发布”、“掌上鹿城”多种媒体平台发布公告和人防信息，刊登专版《浙江省人民防空工程管理办法》。进一步巩固人防公园、工地文化墙、社区体验点建设成果，发挥早期人防坑道资源，协助市办谋划华盖山坑道改建成博物馆式的人防宣教基地。

（陈妍）

退役军人事务

概况 2022年，鹿城区四套班子主要领导常态化开展春节、八一拥军慰问活动，送去慰问物资；走访慰问退役军人、重点优抚对象、现役军人家属，送去慰问物资；为10名立功现役军人送喜报，给予现金和物资慰问。深入实施退役军人“一十百千万”共富计划和“大宣传、大走访、大帮扶”活动，服务军创企业，帮扶退役军人就业，教育培训退役军人。深化55家浙江省“新时代枫桥式退役军人服务中心（站）”建设，达到“枫桥式”创建标准的退役军人服务站新增22家。依托利民补助“一键达”系统平台，畅通数据比对渠道，最大限度地扫清补助政策未兑死角，快捷支付涵盖24个项目、1700余名优抚对象的补助资金，并推送风险预警信息165条，实时监测多发、错发、漏发等问题。2022年，鹿城区退役军人事务局获评全国退役军人事务系统宣传工作先进单位、浙江省数字化档案室、温州市引领型清廉创建单位、温州市十大阅读榜样单位、鹿城区健康单位。

退役军人接收安置 2022年，鹿城区退役军人事务局接收安置军转干部多名；为多名由政府安排工作的退役士兵（退出消防员）落实全额事业编制。定向招录多名优秀退役军人为公务员、事业单位和国企工作人员、社会工作者，提前超额210%完成市级部署任务。落实随军家属安置，并发放生活补助金和自谋职业安置补助费，优先安排现役军人子女入学入托。接收退役士兵，发放自主就业一次性经济补助金。移交安置工作持续走在全省前列。

“最美退役军人”系列选树宣传活动 2022年6月，鹿城区退役军人事务局等多部门联合开展“最美退役军人、最美拥军人物、最美军嫂”系列选树宣传活动。戴和胜获评市级2022年度“最美温州人·最美退役军人”，周小克获评市级2022年度“最美温州人·最美拥军人物”，胡梦楚获评市级2022年度“最美温州人·最美军嫂”。姜启成、左亮、王云、李超、陈志武获评区级“最美退役军人”，虞成建、麻金锡、郑丹获评区级“最美拥军人物”，韩亚楠、高玲珑获评区级“最美军嫂”。

2022年9月29日，鹿城区双拥志愿者协会联合双拥共建单位、属地街道为部分烈属送上修复的夫妻合照（区退役军人事务局提供）

“潮涌瓯江 崇军鹿城”服务示范带 2022年，鹿城区退役军人事务局连通瓯江路、公园路、五马街等6条主要道路，串联道路沿线的“枫桥”建设、邻里食堂、崇军驿站、崇军广场等20个崇军服务网点，重点打造“潮涌瓯江 崇军鹿城”服务示范带。该经验做法得到市局主要领导的肯定，并在省、市现场会作交流发言。

“荣光不褪色 同行共富路”共同富裕五大重点行动 2022年，鹿城区针对重点优抚对象、困难退役军人等推出“荣光不褪色 同行共富路”共同富裕五大重点行动，全国首家登记注册的区双拥志愿者协会、新联源社工事务所等社会组织充分发挥作用，开展“代英烈尽孝”“送医下乡”“老兵游学记”等主题活动，深入社村提供个案服务2000余人次，帮扶解困680人次，发放帮扶物资价值31万元。

（郭恒）

编辑 孙任翔

农业·农村

概　述

种植业

林　业

畜牧业

渔　业

农林牧渔服务业

乡村振兴

概　述

2022年，鹿城区共计森林面积12773公顷，森林蓄积60.41万立方米，森林覆盖率达43.63%。全年实现农林牧渔业增加值2.40亿元（包括服务业），同比增长5.4%。农村居民人均可支配收入46176元，比2021年增加3316元，同比增长7.7%。（以统计局为准）

2022年，鹿城区粮食播种面积3.50万亩，粮食作物总产量1.52万吨。年内生猪存栏1.55万头，其中能繁母猪0.18万头，累计出栏商品猪2.01万头；牛存栏716头，山羊存栏867只；家禽存栏72.48万羽，累计出栏682.01万羽。全年水产品总产量1147吨，渔业总产值达1335万元。

2022年，鹿城区加强“三品”（无公害农产品、绿色食品、有机食品）和“一标”（农产品地理标志）建设。无公害农产品到期复查换证3个，全区绿色优质率达56.63%。新增温州市雪顶豆制品有限公司、温州面粉有限公司为市级农业龙头企业，全区有各类农业龙头企业24家（含市直属企业），其中国家级1家、省级3家、市级18家、区级2家；有农家乐（民宿）35家，其中市级精品民宿2家、三星级农家乐6家，农家乐实现营业收入2076万元。

（王艺洁）

种植业

概况　2022年，鹿城区粮食作物播种面积3.50万亩，比2021年略有增长；粮食亩产434.27公斤，同比下降4.71%；粮食总产量1.52万吨，同比增长0.07%。推广浙优、泰两优、甬优系列优质杂交水稻品种，良种覆盖率达95%以上。推广商品有机肥1000吨，测土配方施肥技术实施面积7万亩次，推广水稻病虫害统防统治面积1066公顷，实现不合理施用化肥减量46.36吨，实现农药零增长。推进标准农田质量提升项目，完成基础设施建设，耕地肥力明显提升。完成水稻病虫害的田间调查和病虫测报，发放鼠药4510千克，按月制定与发布病虫防治情报，全年发布病虫情报13期。加强对重大植物疫病和外来有害生物防控，完成对加拿大一枝黄花、红火蚁等疫情治理防控和植物产地检疫、调运检疫工作，全区未发现红火蚁疫情。

农业补贴政策落实　2022年，鹿城区发放水稻双季种植补贴资金213.12万元。发放2022年规模种粮补贴355.63万元。发放2021年度订单粮食补助34.11万元，发放耕地地力保护补贴293.67万元。完成2021年实际种粮农民一次性补贴资金发放工作，发放补贴79.79万元。

农产品质量安全监管　2022年，鹿城区农业农村局制定实施《2022年度鹿城区农产品质量安全定期监测方案》，巩固省级农产品质量安全放心区创建成果。开展各级农产品定量检测1779批次，合格率保持在99%以上；定性检测1962批次，合格率99.03%；不合格农产品处置率达到100%。推进家禽定点屠宰禽产品全程可追溯管理，落实“浙牧通”动物产品检疫系统与“浙农码”及“浙食链”系统的数据对接，实现禽产品安全从养殖场到餐桌全链条监管，共发放“浙农码”承诺达标合格证62万余张。建立健全食用农产品质量安全溯源和责任追溯制度，规模生产主体食用农产品标牌标识追溯率达100%以上。依托“浙农优品—农资购销模块”，将全区13家农资经营门店纳入平台管理；推进农业生产资料溯源建设，做好系统推广、维护和应用；推进“肥药两制”改革工作。累计开展农产品质量安全培训3场（次），培训人员100余人，印发宣传资料1000余份。

农业机械化 2022年，鹿城区新增农机装备104台（套），其中发放中央和区级农机购置补贴金额171.8万元、区级农机作业补贴44.6万元。加大农机化服务力度，推进农业领域“机器换人”。全年投入作业机具1296台次，检修及年审农机具287台次。全区水稻种植面积1900公顷，综合机械化率达83.26%，系全省前列水平。

农机安全生产 2022年，鹿城区印制并分发农机安全生产宣传资料300份，通过镇、街道户外LED电子显示屏，滚动宣传农机安全活动10天（次）。组织开展农机隐患排查专项行动，排查一般安全隐患25处，整改率100%。加大上道路拖拉机整治力度，组织开展拖拉机道路安全巡察24次，出动执法人员72人次，查扣违法上道路行驶拖拉机4台次。全年实地安全检验拖拉机115台，检验率100%；检验联合收割机25台，检验率100%。全面提升拖拉机驾驶员法治意识和安全意识，加强农机安全生产管理，有效遏制和预防各类农业机械事故发生。

（夏哲闻　陈秉杰　叶晨晨）

林　业

概况 2022年，鹿城区强化多元投入，在营林绿化、林业有害生物防治、公益林管理、森林资源管理等方面取得较好成效。全年完成国土绿化189.8公顷，完成新增森林管护任务365.87公顷，超额完成省级任务。完成“一亩山万元钱”示范面积13.1公顷，辐射推广40公顷，巩固深化60公顷。

林业有害生物防治检疫 2022年4月，鹿城区投入财政资金151.6万元，清理、烧毁松树枯死木及感病木13099株，清理范围涵盖藤桥、山福、仰义、双屿和丰门5个街镇，涉及松林面积1673.33公顷。9月，完成春季松材线虫病疫情普查，涉及松林面积1328.13公顷。12月，委托资质单位组织2022—2023年除治方案的制订并报区政府批准发文实施，各责任街镇完成枯死木采伐许可办理工作。

公益林管理 2022年，鹿城区完成公益林区划落界成果整合工作，省级以上公益林面积为6944.07公顷，其中国家级5175.73公顷、省级1768.33公顷；市级公益林181.93公顷。完成2021年度生态公益林损失性补偿资金发放清册的编制、公示、校对工作，合计拨付损失性补偿资金320.67万元。

陆生野生动物保护 2022年，鹿城区完成陆生野生动物救护92次，共救护各类动物109只。开展野生动植物保护宣传月暨“爱鸟周”活动，宣传野生动植物保护知识。

森林防火 2022年，鹿城区完成新建割草带49千米，补植生物防火林带0.89公顷、树苗0.3万株；购置22个3吨重森林防火蓄水桶，落实区、镇（街道）、村三级森林消防工作责任制，通过24小时值班实时应急响应、多渠道多形式宣传、多群体有重点巡逻，设卡进点检查登记，经受住春节、清明节、全国“两会”、国庆长假等特殊时段持续高森林火险天气的考验，确保鹿城全年零火灾、零伤亡。

（郑颖婕）

畜牧业

概况 2022年，鹿城区畜禽行业有国家级农业龙头企业1家、省级农业龙头企业1家、市级生猪养殖基地场3家、市级家禽养殖基地场2家。生猪存栏为1.55万头，其中能繁母猪0.18万头，累计出栏商品猪

2.01万只；牛存栏716头；山羊存栏867只；家禽存栏72.48万羽，累计出栏682.01万羽。

畜牧业绿色发展 2022年，鹿城区农业农村局与浙江一鸣生态农业有限公司搭建沟通平台，做好动物防疫审批等工作，提供指导意见，加快浙江一鸣江南牧场落地。推进“两化”试点行动，落实全省畜牧业高质量发展和“肥药两制”改革总体要求，完成兽用抗菌药减量化试点场1家、饲料环保化试点场1家。完成温州市展宏畜牧有限公司美丽牧场建设任务，以“肥药两制”改革为引领，指导公司完成低碳生态农场创建工作。

重大动物疫病防控 2022年，鹿城区农业农村局调整全年免疫计划、任务和防控重大动物疫病工作要求。完成高致病性禽流感、猪口蹄疫、牛羊口蹄疫、高致病性猪蓝耳病、羊小反刍兽疫等疫病强制免疫工作，全年免疫各类畜禽约1054.4万羽（头）次，免疫密度均达100%，无因预防措施不到位发生重大动物疫情。加大免疫抗体检测力度，提高检测覆盖率，全年日常监测采集家禽血清1960头份，定点监测采集咽喉、肛门拭子940份，并集中检测采集1120份样品，检测结果显示抗体保持在较高水平。落实非洲猪瘟常态化防控措施，开展疫情排查、信息报送等防控工作，出动非洲猪瘟疫情巡察人员1072人次，排查涉及生猪93.05万头次，未发现不明原因死亡现象。

动物检疫 2022年1—3月，鹿城区农业农村局联合相关部门开展家禽“杀白上市”百日攻坚专项行动，实现主城区活禽宰杀点基本消除、街面路边活禽交易全面取缔、“杀白禽”全链条无纸化追溯全面实施。推进家禽定点屠宰禽产品全程可追溯管理，将家禽定点屠宰场禽产品全面纳入“浙农码”电子码与“浙食链”追溯管理，实现了鹿城区禽产品全程可追溯管理，成为全省首例。全年产地检疫监督省外调入鹿城苗禽360.2万羽、屠宰用家禽29.38万羽，牛1.02万头，羊2.48万只。加强屠宰检疫监管，实现进入定点屠宰场的省外调入动物备案达100%，全年共屠宰检疫家禽197.80万羽、牛1.04万头、羊2.45万头，共检出病死家禽7612羽、病死牛羊222头（只），全部作无害化处理，确保上市肉品检疫合格率100%。

无害化处理监管 2022年，鹿城区加强病死动物无害化处理与监管，累计监督无害化处理病死生猪2139头、病死家禽91947羽，联合乡镇、保险公司人员到现场指导无害化处理与规范消毒。

宠物诊疗行业监管 2022年，鹿城区开展狂犬免疫及芯片皮下植入工作，完成2217只各类犬只免疫。加强对辖区宠物诊疗单位的巡察，检查其动物诊疗活动是否规范，有无使用假劣兽药、人用药品等事项，不断规范宠物诊疗行业秩序和兽医执业行为。

（郑虎）

渔　业

概况 2022年，鹿城区在册内陆捕捞渔船252艘。全区水产养殖面积计100公顷，主要为淡水养殖。全年水产品总产量1145吨，渔业总产值达1335万元。其中，捕捞生产372吨，产值440万元；养殖产量773吨，产值895万元。年内，开展病害测报工作，推进养殖技术培训，提高水产养殖户病害防治意识，开展外来入侵水生野生动物普查工作，为下一步防治工作奠定基础。

渔业安全 2022年，鹿城区以“瓯江禁渔”工作为抓手，开展“遏重大”等专项攻坚行动，推进涉水涉渔领域安全生产大排查大整治攻坚工作。将日常检查和渔船年检相结合，牵头市海洋与渔业执法支队等部门对全区渔船开展联合执法检查。累计出动检查人员540人次，开展联合执法行动40次，共检查渔船850艘次，发现隐患55处，整改率100%；查获并处置涉渔“三无”船舶22艘，收缴渔具10副。开展主题为“关爱水生动物，共建和谐家园”的宣传活动，在水生动物放生点开展文明放生等宣传活动，在放生较多的公园等地张贴宣传画、标语等材料，提高群众对水生野生动物的辨别能力，提高保护意识，防止外来物种的入侵。区农业农村局和市渔业执法支队直属二大队配合，收缴违法捕鱼工具（地笼）10副。组织50位渔民在温州种子种苗科技园参加年度培训，学习《渔船安全生产八条规定》和水生野生动物保护相关法律法规。对渔船主开展面对面安全教育，要求渔民在生产作业、航行、锚泊期间务必遵守安全操作规范，严禁在主航道和通航水域锚泊和作业。通过对渔民轮训，提升渔民综合素质，掌握现代渔业技术，增强安全生产意识，提高安全防护技能。

瓯江禁渔工作 2022年，在瓯江禁渔期间，鹿城区出台《瓯江鹿城段禁渔实施方案》，指引禁渔工作，向244户渔民发放禁渔期补贴，总计172.60万元。开展巡察332次，出动1507人次，清理网具335副。

减船转产 2022年，鹿城区完成渔船拆解钢质25艘、木制2艘，发放补助金额共53万元。落实80只内陆渔船的终端定位建设，实现全区内陆渔船终端定位全覆盖。

（叶晨晨）

农林牧渔服务业

农技推广体系建设 2022年，鹿城区制定年度高品质绿色科技示范基地建设计划，督促高品质绿色科技示范基地主体加快实施重点项目建设，至年底新建一个农业科技示范基地——温州市展宏畜牧有限公司，并于11月通过交叉检查验收，省级发文认定。

农村实用人才培养 2022年，鹿城区组织高素质农民培训，培训人数130人；组织农村实用人才培训，培训人数81人；选派优质农民学员参加市级农村实用人才培训；培育、认定2022年“全省千名农创客”110人。组织完成2020级、2021级两届农广校学员共40人的2022年春季和秋季授课教学和考试。完成农广校2020级学员毕业工作，招收2022级农广校（中专）学员15名。

农家乐民宿安全生产监督 2022年，鹿城区农业农村局检查农家乐167家次，排查藤桥、山福、七都、仰义农家乐（民宿）共37家，发现一般安全隐患10处，整改10起。经过排查，未发现重大地质灾害隐患问题。

（夏哲闻）

乡村振兴

概况 2022年，鹿城区立足乡村建设大革新、增收致富大攻坚，推进乡村振兴。西部休闲产业带建设16个项目完成投资额9.7亿元，完成率为100%。全年派出农村（社区）指导员152人，其中市级下派鹿城区第一书记兼社区指导员15人、区级下派农村指导员7人、镇街级下派农村指导员130人。全区有农民专业合作社100家、省级示范社1家、市级示范社12家（不含省级），有省级示范家庭农场7家、市级示范性家庭农场5家（不含省级）。

未来乡村建设 2022年，鹿城区通过创建藤桥镇拾味藤桥·共富南雅（雅漾村、潮济村、大潭村）和山福镇山水福地·共富金岙（金岙村）两个风格鲜明、特点突出的试点村，打响“都市风·瓯韵味”未来乡村“鹿”字招牌。藤桥南雅片农业特色产业鲜明，拥有国家农业高新技术企业藤桥熏鸡及山农泡菜、多多热带果园等重点企业。在试点创建过程中，致力打造以共富金鸡产业为引擎、跨村联合共享发展的未来乡村。以藤桥熏鸡、三农泡菜为基础，谋划引入国内外农业食品龙头企业，延伸打造以高蛋白为主导的预制菜产业园。另外，政企联动建设提升熏鸡文化展馆和文化体验景观带，打造熏鸡文化园等一批衍生项目，开发健康食品和工业旅游相结合的特色产业。藤桥镇南雅片未来乡村获评温州市“十大未来乡村”。山福镇以生态山水环境与广袤田园为基底，依托金岙村初具规模的产业基础，规划将“生态＋产业＋生活”作为村庄发展方向，推动一、二、三产业互融互动，通过产业创新和农旅深度融合打造集数字农业生产、田园体验、乡村文创、休闲运动、特色观光和康养度假于一体的乡村农旅生活综合体。

美丽乡村建设 2022年，鹿城区以治理规范化、村口美观化、风貌协调化、地面洁化、水体净化、村庄绿化、田园美化、庭院彩化、标线

山福镇金岙村未来乡村星空露营基地　　（区农业农村局提供）

序化、产业融合化为标准，结合未来乡村、乡村振兴示范带、小城镇综合整治和旅游村庄、美丽河湖等建设项目，针对美丽乡村建设的薄弱点补齐基础设施等方面短板，提升农村品质。同时，推进农村全域人居环境和问题村居整治工作，出台《鹿城区村貌整治“两最三比”评选活动方案》《鹿城区“清洁乡村、卫生城市”农村人居环境整治大行动实施方案》，开展“六清行动”（清陈年垃圾、清管线乱拉、清乱堆乱放、清家禽散养、清乱涂乱贴、清倒塌农房），推进重点区域环境整治，实现村庄环境整洁、绿化景色美观、环境优美协调。全年创成省新时代美丽乡村示范县1个、省新时代美丽乡村精品村5个、省级新时代美丽乡村达标村16个、省级新时代美丽乡村特色精品村2个，完成市级问题村居整治3个、区级问题村居整治1个、市级村貌整治21个，获评市级村貌整治最干净乡镇1个。

农村生活垃圾分类处理　2022年，鹿城区围绕“户集、村收、镇运、区处理”农村垃圾收集处理机制，推进垃圾分类村创建工作，实行垃圾分类精细化管理，提升垃圾源头分类处理。新增12个垃圾分类村，全区农村生活垃圾分类覆盖率达100%；新增1个省级高标准垃圾分类示范村。实现垃圾“零增长”“零填埋”，垃圾回收利用率达65%以上、资源化利用率达95%以上、无害化处理率100%的工作目标。

农村集体产权制度改革　2022年，鹿城区建立“消薄防滑”机制，探索多种渠道抓好发展项目和政策支持，不断激活村级集体“持续造血”功能。全年集中开工经营性项目43个，110个村均实现村级集体经济总收入30万元、经营性收入22万元目标，并实现全区总收入12亿元，同比增长21.1%；全区集体经济经营性收入10亿元，同比增长31.6%。规范收益分配制度，村集体经济组织实现按股分红，年度分红金额达到2.6亿元以上，让村民更多地享受到改革红利。推进农村集体资产出租出售流转进入市产权交易中心交易，全年交易金额超过6.1亿元。

三资管理　2022年，鹿城区开展规范村经济合作社运行专项行动，健全民主决策程序，维护成员合法权益。开展鹿城区农村财务审计工作，共审计43个村，出具报告43份，涉及资产达34亿元。开展两代表一委员换届候选人联合审查，审查了41批次的候选人。推进农村集体“三资”智慧监管系统应用，推广在线审批便捷支付功能模块，完成在线审批支付超过1万笔，涉及金额超过4亿元，探索使用资产管理、租赁管理、监测预警等功能模块。推广农村财务阳光公开，设立村级二维码110个，实现一村一码扫码公开。

精准扶贫　2022年，鹿城区落实1684名低收入农户参保医疗补充保险，支付资金16.50万元，参保率达100%；落实农村困难家庭38户的无房危房资金补助，补助资金7.94万元；落实市级春节慰问资金20万元，用于藤桥镇低收入农户慰问补贴。开展省级扶贫结对帮扶活动，落实财政帮扶资金20万元，助力泰顺县仕阳镇瑞昌村的村基础设施建设和村民发展技能的提高。

（夏哲闻　苏欢乐　张微忠）

编辑　朱凌云

1 藤桥镇南雅片未来乡村共富金鸡项目
2 藤桥镇南雅片未来乡村二刘文化馆
3 藤桥镇南雅片未来乡村邻里中心
（区农业农村局提供）

工业·新兴经济

经济与信息化工作

工业重点产业

浙江鹿城经济开发区

电力工业

经济与信息化工作

概况　2022年，鹿城区376家规上工业企业实现规上工业总产值268亿元，同比增长2.03%，实现规上工业增加值58亿元，同比下降2.8%；实现制造业投资16.2亿元，同比下降20.8%，其中工业技改投资14.95亿元，同比增长11.6%。规上工业全员劳动生产率11.9万元/人·年。实现数字经济核心制造业增加值2.2亿元。落实产业链链长制“十个一”及总链办工作机制，梳理全区鞋业、装备制造业、数字经济、生产性服务业四大特色产业链，由区主要领导担任产业链链长，配套组建链长制服务班底，及时化解各产业链发展的重大难题。研究制定产业链图、技术路线图、应用领域图、区域分布图，通过“四图”作业实施“一链一策”，坚持问题导向，统筹协调各方资源支持产业链发展。区皮革制造加工入选全省第二批中小企业数字化改造试点县（市、区）创建培育名单。区经信局被评为2022年度中小微企业培育工作成绩突出集体、全省经信系统工作目标责任制考核评价攻坚标兵单位。

老旧工业区改造提升　2022年，鹿城区健全老旧工业区改造提升领导小组运行决策机制，制定出台《鹿城区老旧工业区改造提升三年行动方案（2022—2024年）》，召开区级现场推进会，与街镇签订责任书，推进老旧工业区改造提升工作。全年完成拆除面积25.95公顷，拆后再供地面积19.36公顷，拆后新开工建设面积36.6万平方米，综合排名列全市第一。

增资扩产　2022年，鹿城区开展“增资扩产”企业（项目）排摸，形成区级“增资扩产”项目库，坚持持续跟踪、靠前服务，帮助企业跑好审批、落实政策、解决具体问题。全年共排摸增资扩产项目52个，完成率148.6%；新开工项目35个，完成率116.7%；竣工项目18个，完成率150%；完成投资14.19亿元，完成率118.25%。

数字经济　2022年，鹿城区规上数字经济核心产业增加值增速为7.5%，规上数字经济核心产业增加值占GDP比重达3.7%。其中，规上数字经济核心产业制造业增加值2.2亿元，规上数字经济核心产业服务业营业收入42.34亿元，同比增速为5.5%。以皮革制鞋产业大脑为核心，打造数字经济系统，围绕数字

2022年12月14日，浙江省经信厅召开全省细分行业产业大脑应用推广工作会议，鹿城区皮革制鞋行业产业大脑入选省行业产业大脑优秀案例

（区经信局提供）

经济系统4.0架构开展建设，着眼畅通国民经济循环，打造7条跑道。皮革制鞋行业产业大脑一期在省平台上线运行，输送16个能力组件，累计注册点击量超过4200余次。皮革制鞋行业产业大脑入选省行业产业大脑优秀案例并在全省作典型发言。鹿城区数字经济工作屡创佳绩，入选全省第二批中小企业数字化改造试点县（市、区）创建培育名单；成功承办“2022全国信息消费示范城市行（温州站）”等国家级大会。

优质企业培育 2022年，鹿城区实施优质企业梯度培育“榕树计划”，新增“小升规”64家、国家级专精特新“小巨人”企业2家、省级专精特新企业10家、省级创新型中小企业82家、智能化改造项目127个、节能改造项目21个、工业机器人应用220台。

助企纾困 2022年，鹿城区出台区级“助企纾困30条”“工业经济高质量发展36条”等组合式助企纾困政策包，为中小企业健康发展保障制度供给。完善助企帮扶网络，制定全区667名助企干部对接联系901家企业清单，“点对点”“一对多”下沉力量。全年累计为企业减负33.94亿元，惠及市场主体52.06万家次。全区助企员累计走访企业4488家次，排摸企业保物流、保员工、保资金链、保订单、保重点等“五保”问题928个，除用地难题外，均得到妥善化解。

工业重点产业

制鞋业 2022年，鹿城鞋业规上企业共192家，其中亿元以上18家、超5亿元3家；鞋业规上工业总产值达113.6亿元，从业人员近20万人。鞋业形成集科研、贸易、检测、信息、生产等于一体，由成鞋为主体产业和皮革机械、鞋用材料等配套完善的大、中、小企业共存的鞋业产业体系。康奈集团有限公司实现总产值10.87亿元，税收达4991万元。其投资研发“走路不累的高跟鞋”，在温州地标五马商圈和万象城举行康奈全国首发“走路不累的高跟鞋”及数智化全国首店启幕仪式；研发的太空熊猫鞋在杭州IN77进行首发首秀，演绎潮流新生力。巨一集团有限公司订单同比增长达50%，鞋都三期17号地块项目竣工验收投入使用，总产值为7.22亿元，税收达7000万元。

装备制造业 2022年，鹿城区装备制造业实现产值27.3亿元，比上年同期增长8.5%。有47家智能装备产业规上企业，其中龙头企业浙江长城搅拌设备股份有限公司年产值为6.7亿元，温州市润新机械制造有限公司、浙江午马减速机有限公司年产值超亿元。年内，温州市润新机械制造有限公司获评“中国制造冠军企业”，浙江午马减速机有限公司获评国家级专精特新“小巨人”企业，浙江长城搅拌设备股份有限公司获评2021年度鹿城区“突出贡献企业”。

（林俏如）

浙江鹿城经济开发区

概况 浙江鹿城经济开发区由原鹿城轻工产业园区、中国鞋都产业园区和南郊数字科创园三大区块整合而成，于2022年10月由省政府批准设立，是鹿城唯一高能级省级经济开发区。经开区面积约18.24平方千米，集聚企业2455家，有规上企业340家、亿元以上企业45家，承担全区80%以上的工业产值，行业规模超千亿元。经开区以“助力鹿城争当温州做强做大‘全省第三极’排头兵”为总体方向，以数字经济、时尚鞋业、智能装备制造三大产业为主导产业，初步形成产业链、创新链、资金链、政策链相互融合、相互提升的产业集群。年内，落地1个省级“152”项目和多个高能级科创平台；协调各部门推进项目建设，对接拿地企业，第一时间将审批事项告知企业，精准指导、全程跟进企业准备各类审批材料。长城搅拌特种装备生产制造项目作为全区首批“拿地即开工”项目，顺利于7月17日拿地当天取得

2022年10月8日，浙江鹿城经济开发区成功获批　　（区商务局提供）

建设工程规划许可证。

战略合作项目签约　2022年9月23日，温州市政府、鹿城区政府与中国科学院深圳先进技术研究院举行战略合作项目签约仪式。该项目聚焦数字经济、生命健康、新能源三大领域，计划建设“一院、一园、一基金”（落地南郊科创园），包括高标准打造新型研发机构、成立产业基地、设立专项产业基金等内容。

绿色低碳园区创建　2022年，鹿城经济开发区投入节能环保资金，推进能源结构升级、资源循环利用、工业排放达标和高新绿色产业集聚发展。“绿色化”转型步伐亦体现在传统产业的转型升级中，重点围绕应用技术研发和成果转化，以问题和需求为导向推进技术转化，推动相关产业的绿色化发展和绿色制造水平的提升。9月30日，鹿城经济开发区获评2022年度市级绿色低碳园区。

遥望·中国鞋都数字化生态产业链基地项目落地　2022年11月23日，遥望·中国鞋都数字化生态产业链基地项目在鞋都文化广场落地。该项目引进国内头部MCN机构杭州遥望网络科技有限公司与浙江中胤股份有限公司合作，依托双方的技术优势、平台资源，为鹿城区的传统产业销售转型赋能，提供网红培育孵化、直播电商营销、供应链渠道整合等服务，打造具有吸引、承载和辐射能力的数字化生态产业链基地。

控规修编　2022年11月29日，温州市仰双片区中央涂单元和鞋都一期C-26等地块控制性详细规划（修编）获批。修编后的控规充分考虑城市发展的全局性、长远性和可持续性，结合经济发展、社会需求、自然生态和文化精神等多方面要素，力求达到最大化城市资源利用效率，提高城市品质，为西部新城发展提供重要规划和指南。

首届“红靴奖”中国国际鞋类设计大赛举行　2022年11月30日，由浙江省皮革行业协会和鹿城区政府承办的首届“红靴奖”中国国际鞋类设计大赛完成作品征集。大赛旨在打造中国鞋类设计领域的“红点奖”（Red dot award），成为中国制鞋行业最权威、最具影响力的顶级赛事。大赛关注“创新创业+时尚原创”，倡导以设计创意驱动产品创新，突出设计成果商业化、市场化，深度连接温州本土鞋产业，通过设计师、设计院校与企业的碰撞合作，点燃设计创新火焰，打响具有国际影响力的“以赛引才”金名片。

（金奇豪）

电力工业

概况　温州电力局鹿城供电分局承担着鹿城区12个街道、2个镇的供电服务任务。2022年，域内共有500千伏变电站1座、220千伏变电站5座、110千伏变电站26座、35千伏变电站1座；10千伏开闭所331座、公变配电室1624座，公变配电容量3188.41兆伏安；10千伏线路共计553回，总长度3160千米。全年全社会用电量51.42亿千瓦时，同比增长3.92%。其中，工业用电量14.86亿千瓦时，占比28.9%，同比增长-8.31%；居民用电量16.98亿千瓦时，占比33.02%，同比增长12.6%。年内，鹿城供电分局获评温州市民营经济示范城市创建（民营经济高质量发展）先进集体，连续第六年获评温州公司精神文明建设先进单位。

电网建设加速推进 2022年，鹿城境内220千伏文武变扩建工程、城西—温溪π入藤桥变、官庄变110千伏线路工程顺利投产，220千伏黄龙变、110千伏澄沙桥变开展前期收资，110千伏藤五变、110千伏七都变建设有序推进。配网建设持续完善，鹿城供电分局完成14个网架提升改造项目，优化CBD网格、下吕浦网格、广化网格、仰义网格网架结构，解决仰义网格线路重载问题。配电自动化改造稳步推进，重点打造滨江全自动化示范区，自动化建设涉及中压配网线路182条，新建、改造自动化站房106座、智能开关62台，自动化有效覆盖率从69.2%提升至82.1%、全市排名第一，自动化参与线路故障研判、隔离次数较2021年提升1.5倍。

运维体系持续改善 2022年，鹿城供电分局推行基于设备主人制、台区经理制的设备全寿命管理模式，应用国网App人工智能设备巡检和无人机人机协同线路巡视。改善重要缺陷隐患管理办法，实施重要电气缺陷月通报机制，完成主要缺陷消缺379条次。带电作业及发电车保电应用全面加强，开展带电作业669次，供电可靠性99.9913%，相较2021年上升0.0001%。

新型电力系统示范场景建设 2022年，鹿城供电分局持续推进七都“不停电的绿岛”建设，以“一个核心”“两个理念”“六维建设思路”和“十二项重点任务”为示范工程，谋划实施新型电力系统各项场景落地七都。首批575套低压监测终端设备在七都投入使用，在全省率先实现大批量台区低压全景拓扑和深度监测。全省首批完成分布式光伏的电量和信息监测改造，建设七都中低压全透明的数字化配电网。在七都供电所落地国网首个低压光储柔直科技项目。建成浙江省首个办公类近零能耗建筑——七都近零能耗供电所。

电力保供 2022年，鹿城供电分局成立电力负荷管理中心，刚性落实负荷管理方案，共同打赢双夏保电攻坚战。推进需求侧“一键响应”能力建设，完成分钟级可调节建设，开展需求响应用户签约，拓宽需求响应资源池，实现可调负荷13.18万千瓦、可控负荷5.44万千瓦。强化客户侧供电保障能力，配合政府优化方舱医院电力管线方案，完成方舱医院扩建工程；完成中共二十大、中高考、青科会等共计41项重大活动客户侧保电工作。

营商环境提升 2022年，鹿城供电分局深化“最多跑一次”改革，推动供电服务下沉，实现188个“红色代办点”用电业务“村网通办”全覆盖，山福、仰义供电服务入驻街道政务中心。构建客户侧用电安全防线，开展重要用户、自备电源、高层建筑用电安全等专项检查和营业普查。开展屋顶光伏建设，推进已接入分布式光伏用户改造提升，截至2022年底，分布式光伏合计并网1147户，并网容量52兆瓦。

服务民生专攻难点 2022年，鹿城供电分局促成区政府发布《2022年鹿城区新能源汽车充电难问题专项治理工作方案》，推动完成10个小区充电桩业扩配套“整体加装”。率全省之先在浙里办上线“个人充电桩报装补贴一件事”，全年协助政府发放补贴2931户，共计175.86万元。服务企业，共克时艰，开展“助企纾困”专项行动，提供优化用电建议书55份，为企业节约年用电成本171万元，助力经济稳住大盘。

（何映姝）

编辑　朱凌云

商贸流通

消费促进

对外贸易

电子商务

市场采购贸易

供销合作

农贸市场

通　信

邮　政

消费促进

概况 2022年，鹿城区实现限上批零住餐销售（营业）额1945.66亿元，同比增长25.1%；社会消费品零售总额816.9亿元，同比增长2.2%。零售业销售额、住宿业营业额、餐饮业营业额总量均位居全市第一，网络零售额、批发业销售额总量位居全市第二。

商贸项目招引 2022年，鹿城区获批浙江鹿城经济开发区；五马街区与商圈分别获评全省首批高品质步行街和智慧示范商圈；南塘街入选全省第二批高品质步行街建设试点，高分获评全省首批夜间经济样板城市。五马、南塘分别创成首批国家级、省级夜间文旅消费集聚区。招引世界500强沃尔玛山姆会员店，落地全国首个鞋靴抖音产业直播基地，推动2个新能源汽车产业园项目落地，累计引进品牌首店84家。

商贸品牌活动 2022年，鹿城区举办首发首秀33场。成功举办国际电商节和第十届、第十一届中国鞋都鞋类采购节，成交总金额约38亿元。举办首届城市咖啡节、汽车后备厢集市、“购在鹿城”金秋购物节，协办长三角美食文化周。“温享新消费”活动惠及全区近10万家商户，累计发放消费券1.26亿元，带动实体消费超16亿元。“金秋购车月”活动销售汽车约5500台，带动实体消费超9亿元。

展会经济发展 2022年，鹿城区联动举办温州国际眼镜展、温州进博会、国际时尚消费暨轻工产品博览会、“购在鹿城”金秋汽车展。打造“中国鞋都”展销平台，分别于7月和12月举办两届中国鞋都鞋类交易会，承办单位数量与办展规模均创历届新高，550余家次当地企业参展，吸引全国客流超1万人，现场订单约2000万双，成交金额约26亿元。

2022年11月18日，“购在鹿城”暨区域消费中心城市系列活动在温州印象城MEGA启幕，6家国内外知名品牌现场签约（区商务局提供）

2022年11月4日，浙江省2022年（第三届）长三角美食文化周在鹿城区印象南塘文化村开幕
（区商务局提供）

2022年4月21日，温州港开通首条远洋干线——美西航线，“温州制造”15天可直达美国洛杉矶
（区商务局提供）

对外贸易

概况 2022年，鹿城区完成外贸进出口总额577.3亿元，同比增长21.9%。其中，出口558.7亿元，同比增长23.2%；进口18.6亿元，同比下降7.5%，进出口总量、出口总量均位居全市第一。跨境电商出口107亿元，同比增长78.33%，总量排名全市第一。市场采购贸易试点出口56.15亿美元，同比增长29.4%，提前两个半月完成全年出口任务，总量、增速均排名全市第一。

高能平台建设 2022年，鹿城区获批国家市场采购贸易预包装食品出口模式试点，累计出口文成、泰顺等纳入全省山区26县农产品超100万美元。正式启用温州交运国际商贸城贸易区，新市场共实现1215家个体商户实体注册。成立鹿城区外贸企业综合服务中心，设立温州海关驻鹿城区企业服务站等综合服务平台，整合外贸供应链资源，为外贸企业提供一站式外贸综合服务。

金融支持创新 2022年，鹿城区推出“市场采购贷”“运费贷”“结汇贷”等助企纾困产品，解决企业海运费用高、收结汇慢的痛点问题，为全区55家外贸企业提供金融授信1.76亿元。加大力度推行政策预拨，以2个月为一个周期，为信用良好的重点外贸企业提前测算、提前拨付50%政策补助，累计为76家重点企业预拨补助资金超6300万元。

物流能级提升 2022年，鹿城区为辖区企业以全国统一样式发行通行证，允许运输车辆在全国范围内面临防疫查验时顺利通行，累计为近60家企业办理通行证。温州港分别开通温州至洛杉矶、东南亚2条直航线，累计达11条国际直航线，美西（洛杉矶）新直航线为温州港首条远洋干线。温州港集装箱海铁联运迎来首趟中亚回程班列，通过中欧班列出口近2500万美元，同比增长超20%。推进市场采购贸易组货拼箱中心建设，借助组货拼箱场所实现全市货源集聚。状元岙码头市场采购贸易组货拼箱基地合计出口621个标准箱，同比增长超35%、货值超3000万美元。

电子商务

概况 2022年，鹿城区实现网络零售额301.2亿元，排名全市第二。活跃网络零售网店总数6950家，排名全市第三、全省第十七。直接解决就业岗位19740个，间接带动就业岗位51930个。

直播基地打造 2022年，鹿城区落地全国首个鞋靴产业抖音电商直播基地，出台全市首个直播电商产业专项扶持政策。抖音鞋靴直播基地入驻商家超600户，累计实现商品交易总额超15亿元。举办抖音电商百万销量训练营，累计培训电商小微企业1000多家、吸引商家入驻率达60%以上。

电商兴农发展 2022年，鹿城区推进电商直播式“共富工坊”建设，招引协议主播、培育农户主播等直播带货人才，推动农业文旅产品线上联合推广销售。共挖掘和培育电商直播式“共富工坊”3个，其中“青耕助农·共富工坊”同30多家企业、100多家下游合作商建立合作关系，实现农产品销售额超500万元，入选温州市首批三星级瓯江红“共富工坊”名单。

跨境电商发展 2022年，鹿城区成功申报中国（温州）跨境电商鞋产业集群试点、省级内外贸一体化试点、省级跨境电商园。鹿城跨境电商园实现园区入驻跨境电商企业208家，从业人员超2000人，实现跨境电商交易超10亿元。联合亚马逊全球开店推出品牌出海扶持计划，为200多家个体企业搭建跨境生态圈，助力鹿城品牌全球“出道”。全年实现跨境电商进出口额超100亿元，跨境电商出口额连续3年位居全市第一。

（包丽君）

市场采购贸易

概况 2022年，温州（鹿城）市场采购贸易完成56.15亿美元。自试点启动后，累计实现出口超195亿美元。出口贸易伙伴达126个国家和地区，对RCEP成员国家出口约36亿美元，占比65.9%，在全省五个运行试点中出口额排名第二。年内，温州港分别开通温州至洛杉矶、东南亚2条直航线，试点落地以来共开通8条直航线。温州港集装箱海铁联运迎来首趟中亚回程班列，通过中欧班列出口货物近2500万美元，同比增长超20%。温州机场开通温州至韩国首尔和日本东京、大阪及菲律宾马尼拉4条货运直航线，截至年底，共开通6条货运直航线，全年实现空运货物出口超500万美元。

市场采购试点集聚区市场扩容 2022年6月，新增温州（鹿城）市场采购贸易温州交运国际商贸城贸易区，累计有双金市场、国际鞋城、鞋博城等6家专业市场。该贸易区具备供应商和采购商等经营主体集聚、商品展示、一站式综合配套服务三大功能，实施“线上+线下”双线发展模式，以线下实体体验加线上“侨贸通”展示，建立开放、互联的外贸生态圈。

温州（鹿城）市场采购贸易方式出口预包装食品试点工作 2022年9月14日，温州市获批开展市场采购贸易方式出口预包装食品试点工作。在交运国际商贸城贸易区打造2个温州市出口食品展示中心和4个县市区特色食品馆，重点展示全市本土的特色食品及浙江省“山区26县”的食品（农产品）、非物质文化遗产食品。10月14日，举办首单出口启动仪式，是全国第二批试点中第一个完成首单的试点城市。同时，还制定《温州（鹿城）市场采购贸易方式出口预包装食品质量安全监督管理规定（试行）》《温州（鹿城）市场采购贸易方式出口预包装食品质量安全市场监管工作规程（试行）》。

（徐理双）

供销合作

概况　2022年，鹿城区供销合作社推进“三位一体”改革和农合联建设，提升为农服务能力，拓展农产品流通渠道，发展振兴社有经济。温州藤桥加油站重点改扩建项目完成验收并投入使用，实现社有资产大幅度提质增效。区供销合作社获年度全省供销社系统综合业绩考评优秀单位称号。

“绿色服务伴我行”活动举行　2022年6月29日和7月13日，鹿城区供销合作社分别在同人·恒玖大厦和山福镇瓯越文化礼堂举办“绿色服务伴我行”活动。“瓯越鲜风”品牌旗下50余种农产品、温州市各县（市、区）80余种特色农产品做消费促销活动，日均营业额突破7万元。

“乐善”慈善超市开业　2022年5月30日，全省首个枢纽型慈善服务综合体——鹿城区慈善综合体“乐善”慈善超市正式开业。超市依托鹿城区供销社“农合联＋企业＋农户”模式，搭建“供销搭台＋超市运营＋社会参与＋群体收益”平台，拓展“输血＋造血”组合模式，为农户农产品销售拓宽市场，同时为心智障碍青年提供就业实践机会和创业孵化基地。

农业社会化服务提升　2022年，鹿城区供销合作社储备化肥400吨，其中尿素100吨、复合肥300吨。在山福镇驿阳村、金岙村、西坑村等6个村建设供销服务社，破解为农服务“最后一千米”难题。吸纳200多名会员入驻“浙农服”数字平台，打通农资、农机、农技、品牌等平台的业务壁垒，解决各类涉农问题，提高服务效率，成为满足各种生产主体需求的高效协同服务平台。

农村信用服务提质　2022年，鹿城区供销合作社指导社有企业温州市鹿城三农融资担保有限公司满足各类农业经营主体和农民的个性化需求，先后推出“农信贷”“三农安居贷”“富村贷”等一系列紧贴需求的涉农金融服务产品，解决农业经营主体和农民融资难、贷款难问题。全年办理担保业务15笔，发放涉农贷款2234万元。

区农合联换届大会召开　2022年9月23日，鹿城区农民合作经济组织联合会第三次会员大会在区城市会客厅召开。会议审议并通过区农合联第三次会员大会工作报告、章程，选举产生新一届理事会、监事会成员。区镇两级农合联会员数达211名，会员人数较上一届新增35名。

（陈希秘）

农贸市场

概况　2022年，鹿城区连续6年将农贸市场改造提升列为十大民生实事，打造具有现代化竞争力的农贸市场全国样板。打造“鹿城未来农贸”数字化改革项目，建立集合信用评价、日常管理、食品安全、价格监测等内容的实战应用场景，打造价格透明、食源可溯的数字化智控体系，实现市场食品安全保障与综合管理水平双提升。该应用在全区推广率达100%，在全市45家农贸市场、全省127家农贸市场推广。截至年底，鹿城拥有省级“五化”农贸市场20家、省级放心农贸市场22家，数量均居全市第一、全省前列，实现星级全覆盖，市场月平均交易额超1.1亿元。

标杆农贸打造　2022年1月，“鹿城未来农贸”在新葡萄农贸市场实行全省率先试点。该市场98家经营户1100余个商品全部被纳入监测，成功干预梭子蟹、河虾等价格异常波动329次，并促其回归合理水平。8月，该项目入选浙江省数字化改革“一地创新，全省共享”“一本账S0”清单；12月，入选全省2022年度数字经济系统“最佳应用”，系温州市唯一入选的区（县）级项目。区市场监管局获评省改革创新成绩突出集体，创新经验在全省相关会议上作交流发言。

品质农贸打造 2022年，鹿城区推动农贸市场提质发展，强抓“五化”农贸市场创建和放心市场创建，创成省级放心农贸市场7家、省级“五化”农贸市场2家、省级文明规范农贸市场8家、市及区级美丽市场14家，年度改造投入资金约519万元。

精品农贸打造 2022年，鹿城区打造融合俚语文化、豆腐文化等鹿城文化元素的文脉创新场景空间，累计创成特色农贸市场19家。综合集成“党群活动”“垃圾分类教育”“服务三农”等平台，在上田农贸市场引入预制菜新业态，在新田园农贸市场开辟综合体社区服务模式，在天雷农贸市场打造与公益深度融合的综合教育基地，把创建工作与促进市场繁荣、激发行业活力有机结合起来。

共富农贸打造 2022年，鹿城区搭建农产品展销平台，破解销售难题。8月，和泰顺县签订“联合推进为农服务合作意向书”，助推山区26县特色农产品销售入市，促进两地共富。依托“鹿城未来农贸”平台优势，打造“山海协作”数字升级版，通过“线上＋线下”联动，在全区12家国有农贸市场上线泰顺特色农产品展示窗口7个、自产自销专区12个、农产品网络直播基地4个，年销售额达500万元以上。

（张姹群）

通 信

温州电信鹿城分公司 2022年，鹿城电信聚焦5G精品无线网建设，累计开通5G宏站472个、扇区2230个；各类重点场所均开通5G；全区域连续覆盖率97%，5G分流比38.6%，在区（县）排名前列。在信息化助力疫情防控方面，鹿城电信迅速接应上级任务，充分运用5G、高速光网、人工智能、云计算等先进技术与信息化手段，满足各类疫情防控工作信息化要求，助力基层疫情防控工作。南站营业厅全年服务对象达11.19万人次，开展爱心翼站、幸福学堂、5G研学等活动，连接社区与公司互促共生，获评“温州市万人评议机关中层处室和基层站所满意处室（站所）”。此外，与邮政联合打造全省首家“人民邮电所”，提供缴费提速、网络检修、智能家居体验等多项便民服务，打通乡村及社区“最后一千米”，实现触点全覆盖，为周边商圈带来全新的服务体验。

（张旭）

中国移动鹿城分公司 2022年，鹿城移动聚焦打造5G精品网络，开通5G基站572个，开通700M站点340个，开通量系全地区第一；100%开通疑难站，清零省级历史性疑难站；完成三类以上区域VoNR（基于5GNR技术标准的语音通信技术）连续覆盖与行政村100%覆盖。在宽带建设方面，全年建设网络箱4978个，覆盖地址6.50万处。联动区政务中心，探索“政务＋移动”合作新模式。联动楼宇办、楼促会，探索楼宇联盟，助力企业数字化管理转型。人民路营业厅为户外劳动者提供饮水、就餐、休息和在线帮忙等服务，被评为中华全国总工会“最美工会户外劳动者服务站点”。配合鹿城区文明创建和迎亚运环境整治工作，开展整治飞线专项行动，在45天的集中整治期，累计出动1万人次，规整线缆12.7万米，清除废线9.8万米，废线清理8.7万米。“红色巴士”志愿服务队开展各类志愿服务百余场次。

（王之正）

中国联通鹿城分公司 2022年，鹿城联通坚持以网络建设为优先原则，深化5G网络布局，布放光缆约4万芯千米，开通223个5G站点，实现主城区、各主要乡镇（街道）、高速、高铁、国道和主要风景区信号良好覆盖。累计完成鹿城110个新建小区和商务楼宇的千兆光宽带覆盖，新增端口千兆1.4万个。为鹿城政务服务中心打造数字化综合服务平台，助力提升“最多跑一次”便民服务能力；通过路政治超管控系统的打造，为市政路面执法管控提供治理依据；协助鹿城区民政局打造鹿城区智慧养老平台人脸数据对接模块，让银龄群体共享数字生活；通过5G＋VR技术实现九山公园智慧升级，推动“一岛一城一带”游在鹿城品牌打造。开展通信架空飞线整治工作，累计投入整治力量近1万人次，整治光缆36万余米，清除废线近5万米，飞线清理约37万米。联合公安、街道、社区等单位，以大诚营业厅为基点，覆盖周边多个街道、社区，常态化开展“乐助老·沃先行”智慧助老活动，指导智能手机使用、科普通信防诈小知识。全年开展系列智慧助老及防诈宣传活动超20场，服务超千人次。

（应亚男）

中国铁塔鹿城办事处　2022年，铁塔鹿城办事处打造“鹿城5G基础网”，新址新建5G基站76个，完成市体育馆5G全覆盖；鹿城5G基站数量和网络覆盖质量均处于全省领先地位。打造行业共享的“鹿城视联基础网”，将共享发展理念从行业内拓展到全社会，变“通信塔”为“数字塔”，以“点多站高、电网双全”的独有基站资源广泛共享应用于资规局“耕地智保”、应急局森林消防、海事局“海域监控”、环保局“秸秆禁烧”、美丽乡村“铁塔亮化”等领域，全地区近100座通信铁塔上安装了高位监控。同时，复用“耕地智保”高位监控，协助区政府及时客观地获取现场信息，更精准高效地指挥扑灭多起森林火险。打造绿色安全的“鹿城换电基础网”，建设电动自行车换电机柜，为外卖小哥提供及时、安全的充电续航服务。

（王乐）

邮　政

概况　鹿城区邮政管理局于2021年11月15日成立，为温州市邮政管理局派出机构。2022年10月，区邮政管理局智能监管平台正式运行。该平台集风险智能防控、业务操作监管与远程指挥调度于一体，实现“智慧邮政”下的立体管理。全年邮政业务总量18.1亿元，同比增长11.7%，位列全市第三。截至年底，全区共有14个快递品牌，经营网点300余家，从业人员2800余名。

鹿城区首届快递员职业技能大赛举行　2022年8月13日，鹿城区邮政管理局在温州技师学院矮凳桥培训中心举办鹿城区首届快递员职业技能大赛。该大赛参赛人员133人，是全区快递行业第一次大规模的职业技能大赛。

鹿城区快递协会成立　2022年9月24日，鹿城区邮政管理局牵头召开鹿城区快递协会第一届第一次会员大会暨协会成立大会，全区52家快递企业参会。

鹿城区快递行业工会联合会成立　2022年12月8日，鹿城区快递行业工会联合会成立。该工会对保障从业人员合法权益、提升从业人员素质、构建和谐劳动关系和搭建建言发声与协商协调的平台通道具有积极意义。

企业网点检查整改　2022年，鹿城区邮政管理局共出动检查人员2300余人次，检查企业网点983家次，发放整改通知书600余份，停业整顿97家次，约谈法人企业18家，取缔1家未审批快递经营网点，立案处理5起。

（郑小萍）

编辑　朱凌云

旅游业

概　述

景区建设

行业建设和管理

宣传营销

公园建设与管理

历史文化街区建设

概　述

2022年，鹿城区共接待国内外游客523.1万人，同比减少16.1%，旅游总收入73亿元，同比减少14.8%；接待国内游客522.6万人，同比减少16%，实现国内旅游收入72.9亿元，同比减少14.9%；接待国内过夜游客403.3万人，同比减少14%，实现国内过夜游收入60.7亿元，同比减少16.3%；接待国内一日游游客119.3万人，同比减少22.3%，实现国内一日游收入12.1亿元，同比减少6.6%；接待入境游客0.47万人，实现外汇收入217.93万美元。

2022 年鹿城区国家 A 级旅游景区一览表

表10

等级	名称	简介	公布文号
AAAA级	江心屿	江心屿是中国四大名胜孤屿之一。位于温州市鹿城区北面瓯江之中，景区占地面积为71.33公顷，东西长，南北狭，岛上两塔对峙，亭阁翼然，四面环江，景象独特，被人们称为“瓯江蓬莱”。春城烟雨、海淀朝霞、瓯江夜色、罗浮雪影、孟楼潮韵、翠微残照、远浦归帆、沙汀渔火、塔院筠风，海眼泉香，流传数百年的江心十景引来无数文人贤士登临题咏，留下墨宝数千，著名诗人谢灵运、李白、杜甫、孟浩然、文天祥都相继留迹江心屿。江心孤屿因诗而名扬天下。可以说江心孤屿是温州、浙江乃至全国不可多得的山水诗之宝库。江心屿作为诗之岛，名副其实	2002年第22号公告
AAAA级	印象南塘	印象南塘位于温州市中部，北起锦绣路，南抵温州大道，是集休闲、时尚、购物、餐饮、娱乐、文化于一体的综合性旅游文化商业区，被称为“温州城市客厅”。“印象南塘”景区由南塘河、南塘风貌街、白鹿洲公园、文化村和庄头滨水公园等部分组成，总占地面积51.6万平方米。景区生态环境优良，管理制度健全，服务设施完备。南塘风貌街综合展现了瓯文化、永嘉学派、刘基文化、塘河文化、榕亭文化和非物质文化遗产，北段共由7幢江南水乡风格的商业用房沿河布局而成，南段计划打造成中医药特色街区	浙旅质评〔2014〕16号

续表 10

等级	名称	简介	公布文号
AAA级	康奈集团工业园	康奈集团工业园景区占地面积10.67公顷，毗邻瓯江之畔，紧倚G15高速、104国道，环境优美，交通便利，是全国首批工业旅游示范点、浙江省特色旅游消费场所。作为温州第一家工业园AAA级景区，不仅风光旖旎，又极具工业特色和人文情怀，打造出了民营经济探秘之旅、康奈十景观赏之旅、高端制造互动之旅、非公党建红色之旅和特色文化体验之旅等多个精品旅游项目，形成了集绿名企探秘、观光游览、互动体验、教育培训、休闲购物、餐饮娱乐于一体的多形态综合性旅游景区	温景评委〔2016〕6号
AAA级	米房cei文创园	米房创意园由温州面粉厂改造而来，坐落在老城区美丽的瓯江江畔，拥有形态各异的工业建筑。改造后变成了供人娱乐休闲的场所。建筑新旧交替，层次分明，空间感十足。引入了很多文化游览活动、运动设施等现代化设备，新与旧的碰撞，激荡出创意奇特的火花	温景评委〔2017〕8号
AAA级	浙农生态农庄	浙农生态农庄位于鹿城区藤桥镇，毗邻美丽的戍浦江，占地面积33.33公顷，总投资3201万元。农庄在发展有机生态农业的基础上，以青少年科普教育为主导，大力开发休闲观光农业，建立合理的生态链、产业链。农庄建设以生态农业为基础，以市场为导向，大力发展高产、高效、低耗、无污染无公害的花果蔬菜、野生动物、畜禽产品。集农业综合开发、生产经营，农业旅游观光，开发避暑山庄，生态环保等各项功能于一体的大型生态农庄	温景评委〔2018〕8号

2022 年鹿城区省 AAAA 级旅游景区城及街镇名单一览表

表11

旅游项目类型	名称	公布文号
AAAA级景区城	鹿城区	浙文旅资源〔2020〕52号
AAA级景区街道	山福镇	温文办〔2020〕88号
AAA级景区街道	藤桥镇	
AAAA级景区街道	七都街道	
AAAA级景区街道	五马街道	
AAAA级景区街道	松台街道	
AAAA级景区街道	大南街道	
AAAA级景区街道	滨江街道	
AAAA级景区街道	南汇街道	
AAAA级景区街道	蒲鞋市街道	
AAAA级景区街道	广化街道	
AAAA级景区街道	南郊街道	
AAAA级景区街道	山福镇	温文办〔2021〕73 号

2022年鹿城区省AAA级及A级旅游景区村庄名单一览表

表12

旅游项目类型	名称	公布文号
AAA级景区村庄	山福镇驿头村	温旅规划〔2017〕13号
AAA级景区村庄	七都街道樟里村	
AAA级景区村庄	藤桥镇小岙村	温旅规划〔2018〕8号
AAA级景区村庄	藤桥镇雅漾村	温旅规划〔2018〕19号
AAA级景区村庄	山福镇西坑村	
AAA级景区村庄	七都街道前沙村	
AAA级景区村庄	七都街道吟州村	温文办〔2019〕61号
AAA级景区村庄	藤桥镇田塘头村	
AAA级景区村庄	藤桥镇石垟村	
AAA级景区村庄	山福镇金岙村	
AAA级景区村庄	藤桥镇丁埠头村	温文办〔2020〕78号
AAA级景区村庄	藤桥镇桥上村	
AAA级景区村庄	藤桥镇枫林岙村	
AAA级景区村庄	山福镇驿头驿阳村	温文办〔2020〕81号
AAA级景区村庄	藤桥镇潮济村	温文办〔2021〕71 号
AAA级景区村庄	山福镇横山村	
AAA级景区村庄	藤桥镇联江村	温文办〔2022〕73号
AAA级景区村庄	山福镇驿头山根村	
A级景区村庄	山福镇东坑村	温鹿旅〔2018〕21号
A级景区村庄	藤桥镇江心田村	温鹿旅〔2018〕31号
A级景区村庄	藤桥镇油岙村	
A级景区村庄	藤桥镇上寺西村	
A级景区村庄	山福镇朱下村	
A级景区村庄	山福镇江南上村	
A级景区村庄	藤桥镇呈岸村	温鹿文〔2019〕64号
A级景区村庄	藤桥镇中河村（原方隆村）	
A级景区村庄	藤桥镇江池村	
A级景区村庄	藤桥镇岙底村（原林路村）	
A级景区村庄	藤桥镇上埠头村	温鹿文〔2019〕143号
A级景区村庄	藤桥镇林山村	
A级景区村庄	山福镇横山村	

续表 12

旅游项目类型	名称	公布文号
A级景区村庄	山福镇竹源村	温鹿文〔2019〕146号
A级景区村庄	山福镇双潮村	
A级景区村庄	山福镇夏嘉村	
A级景区村庄	山福镇潮源村	
A级景区村庄	藤桥镇山河村	温鹿文〔2020〕92号
A级景区村庄	藤桥镇镇南村	
A级景区村庄	藤桥镇云岭村	
A级景区村庄	藤桥镇西腾村	
A级景区村庄	藤桥镇姜村村	
A级景区村庄	藤桥镇藤北村	
A级景区村庄	藤桥镇浦江村	
A级景区村庄	藤桥镇岙底村（底坦）	
A级景区村庄	藤桥镇岙底村（白脚坳）	
A级景区村庄	藤桥镇岙底村（上皮山）	
A级景区村庄	山福镇江秀村	温鹿文〔2021〕2号
A级景区村庄	山福镇驿头山根村	
A级景区村庄	山福镇垟江村（前盈）	
A级景区村庄	山福镇垟江村（后支）	
A级景区村庄	藤桥镇戍浦村	温鹿文〔2022〕2号
A级景区村庄	藤桥镇西湾村	
A级景区村庄	藤桥镇联江村	
A级景区村庄	山福镇江南村	
A级景区村庄	山福镇小旦村	
A级景区村庄	山福镇西洲村	

景区建设

概况 2022年，鹿城区文化和广电旅游体育局深化全域旅游示范区创建、提升交通标识标牌及旅游标识系统、落实文旅数字化改革项目、推进特色街区、特色庭院、“微改造、精提升”等重点建设，打造全域大景区。

江心屿景区提升 2022年，鹿城区江心西园改造提升工程正式开工，被列入浙江省“4+1”（“4”指交通投资、生态环境和公共设施投资、高新技术与产业投资、民间项目投资，“1”指省市县长项目工程）重大项目。改造提升工程（一期）建设内容包括：建筑新建、建筑风貌提升、绿化景观、硬质铺装、智慧旅游（智能化）、亮化、文化建设、声音艺术等。改造提升工程（二期）设计初稿完成。江心屿共青湖清淤及水生态修复工程完工，采用分区分段断水、水力冲挖，清淤方量约7.3万立方米。对共青湖沿线存在风险的堤岸线约500米进行加固，保障共青湖堤岸线游览的安全性。改建东塔南面的陡门闸，更好满足防洪抗台要求。扩大共青湖荷花种植区域，面积约3000平方米，提升江心屿景区自然景观效果。清理古迹区乔木附生的蕨类植物，修剪枯枝烂叶，改善乔木的生长环境。对景区内名木古树及储备力量进行全面调查，并建立相应的照片和文字档案，定期进行保养和维护，建立动态监测体系。

印象南塘景区提升 2022年，鹿城区印象南塘景区的塘河夜画二期项目6个单体建筑均完成。名城资产公司打造温州市儿童友好公园建设项目，建设内容包括森林探险、龙舟乐园、曲水流沙戏水区等儿童游乐区域，于2022年国庆节正式开园，获得广大市民的好评。7月，南塘街1—7号楼墙体路面整治工程实施，通过墙面粉刷、地砖修复、管线整治提升了南塘风貌街的街容街貌。8月，白鹿洲公园地下车库维修项目实施，通过修复行车道路面、重新翻新车位线，改善了白鹿洲公园地下车库的停车环境。

行业建设和管理

概况 2022年，鹿城区文化和广电旅游体育局办理文化、广电、体育等各类审批件均合法依规，未发生投诉件、行政复议件和行政诉讼件。完成审批件电子化归档和审批事项取消、承接、无证明告知承诺制，动态调整权力事项清单。优化营商服务水平，创新服务举措，拓宽审批渠道。

行业品质提升 2022年，鹿城区加强行业标准化建设，提升旅游行业形象。截至年底，鹿城区旅行社数量达133家（不含分社），新增三星级品质旅行社1家。全区有21家品质旅行社（其中五星级4家、四星级13家、三星级4家）。全区星级饭店12家（其中五星级3家、四星级4家、三星级5家），指导1家星级饭店通过五星级旅游饭店复评复核，帮助指导1家星级酒店成功评定为品质饭店，创成3家“侨家乐”品牌民宿。督促星级酒店开展垃圾分类、不主动提供一次性消费品、“公勺公筷”、光盘行动、垃圾分类等文明餐桌行动。在江心屿景区开展文明旅游宣传活动。召开鹿城区创建文明旅游示范单位工作推进指导会。开展文明旅游宣传员培训。要求旅行社出行前增加文明旅游宣传内容。加强星级饭店等主要场地文明旅游宣传工作，刊播文明旅游宣传标语。推进助企纾困，加快旅游业恢复发展，实施暂时退还100%旅游服务质量保证金政策，并延期至2024年3月31日补足。

旅游安全生产 2022年，鹿城区协调推进文广旅体领域风险排查整治工作，制定风险隐患大排查大整治方案，深入开展安全生产督导检查，加强安全生产自查自纠工作。加强“五一”、“七一”、国庆等重点时段安全检查工作。督促旅行社完成旅游责任险投保工作，签署《2022年度旅行社安全生产目标管理责任书》，强化旅行社落实安全生产主体责任。制定鹿城区旅游领域公共突发事件应急预案操作手册，修订文广旅体领域防汛防台应急预案。排查星级酒店房屋建筑安全隐患。配合开展森林防灭火检查，开展“119”消防宣传。开展行业领域消防标准化示范点建设，落实“平安三率”等平安建设工作。

宣传营销

概况 2022年，鹿城区文化和广电旅游体育局从品牌打造、市场推广、文旅消费、产业融合4个方面着手，持续扩大文旅消费，加快构筑文旅融合发展的全产业链体系，推动文旅产业高质量发展，全力打响“千年东瓯国 诗画白鹿城”文旅品牌。

文旅产业 2022年，鹿城区创成浙江省文旅产业融合试验区，获评优秀；五马历史文化街区创成国家级夜间文化和旅游消费集聚区；江心屿创成省级创建级文旅融合IP；滨江大排档创成省级“百县千碗”美食街区，正阁餐饮、溢香厅创成省级“百县千碗”美食体验店；印象城、智慧谷创成温州市特色文旅消费集聚区；盲堂、五马集市、瓯器文创礼品、五味和、书谷、百工馆等创成温州市特色文旅消费示范点；完成“百县千碗”进星级酒店、机关食堂、景区、高速公路服务站、高校、社区等“六进”工程，同时挖掘“百县千碗·鹿城十碗”美食故事，全方位呈现鹿城旅游美食的文化内涵。

文旅活动 2022年，鹿城区文化和广电旅游体育局承办“缤纷夏日 浙里好玩”2022浙江文化和旅游消费季（夏季）启动仪式，推出“夜鹿城 最温州”市集，并引导铁盒1.8街区、印象城、龙汇等各类夜间集市连点成片，促进鹿城文旅消费。开展“宋韵瓯风”2022瓯江山水诗路文化旅游季、“七都慢”系列活动、“相遇山水”重走谢灵运足迹主题活动、宋韵塘河迎虎年等系列活动，打造特色文旅IP品牌。推出100场红色微旅游体验活动、10条鹿城特色的红色微旅游线路和1张鹿城红色旅游地图，深化鹿城红色旅游资源开发。做强“江心有戏”文旅品牌，以端午节等传统节假日为载体，江心屿开展“江心有戏”瓯剧、越剧、永昆等专场演出，推动“戏曲进景区”。举办“2022年鹿城区特色文旅线路设计大赛”，推出“鹿城十大特色文旅线路”。

营销宣传 2022年，鹿城区邀请200多家全国旅行社协会、旅行商、媒体等到鹿城踩线考察，巩固和开拓域外旅游市场，同时加强同周边城市合作互动，组队参加各类旅游展会和活动，带领重点旅游企业走出去到主要客源地进行宣传推介，扩大旅游客源市场；加强与携程、马蜂窝等头部OTA（在线旅行社）平台开展文旅宣传，搭建“鹿城文旅旗舰店”，推出系列主题攻略、30条特色精品线路和鹿城66个文旅消费新场景等，吸引游客周末短途旅游夜宿鹿城，并邀请百万级以上网红达人，在微博、小红书、抖音等平台进行开展直播宣传，展示鹿城文旅亮点。

（马凤丽）

公园建设与管理

翠微山公园 2022年12月15日，鹿城区连续第二年在翠微山公园举办枫类植物展，融合了科普和互动受到市民的欢迎。年内翠微山公园植物标本馆完成建设。

华盖山公园 2022年8月12日，华盖山公园萱草馆建成开放，这是鹿城区园林绿化管理中心新建的一处园林驿站，历时约一个月的改造提升，成为华盖山上又一标志性建筑，引来市民游客游玩打卡。

中山公园 2022年9月22日，中山公园顺利通过市儿童友好城市试点单元三星级评定，为温州市首个，有力推动温州儿童友好城市建设。

九山公园 2022年3月5日—12日，第十三届中国茶花博览会在九山公园举办，吸引全国18个地区100家单位，448种茶花、1700多盆茶花展品集体亮相，复兴温州茶花故里品牌。同时完成九山书会南戏之城景点建设。九山书会景点位于松台山西南侧，沿三牌坊古井处转入50米可见。总占地面积6950平方米，景点由古戏台、西爽楼、茅草亭、高明亭等构筑物组成，古戏台东南侧顺延至松台山麓为观众席，可容纳观众约1000人。11月中旬启动九山书会央视戏曲春晚周边环境提升工作并圆满完成，保障2023年央视戏曲春晚顺利完成前期录制。年内九山湖——茶花传统风貌样板区创成浙江省2022年度第三批风貌样板区。

马鞍池公园 2022年，郁金香花展在马鞍池公园举办，这是自2002年首办后的第十九届。

绣山公园 2022年，绣山公园连续第二年举办杜鹃花展，慕名赏花者不计其数。

杨府山公园 2022年5月，月季花展在杨府山公园举行。7月1日，举办了第五届“红荷向党、为民绽放”荷花睡莲展。

墨池公园 2022年8月，墨池公园作为墨池—东瓯王庙—县学前历史文化街区项目的重要节点实施提升改造。

江滨带状公园 2022年11月，瓯江路银杏馆园林驿站完成提升，对市民开放。同期，举办江滨带状公园银杏文化展。

2022年鹿城区其他旅游休闲景区一览表

表13

名称	简介
翠微山	位于城区西部。山色苍翠幽微，故名；因山麓有水，又名担水山；山上有太平寺，山以寺名，也称太平山。面积18.34万平方米，海拔56.9米。名胜古迹主要有太平寺、魁星阁、观音阁、白云观、天后宫、长春亭、翠微亭、玉眉泉、玉皇楼、翠微山革命烈士陵园等。该山后辟为公园，园以山名，2022年占地面积38.42万平方米，是温州一座突出自然生态，延续历史文脉，主题鲜明的山林公园。从2019年起，引进红枫、鸡爪槭、羽毛枫、红毛枫等20余个品种，共400多株枫类秋色叶树种，集中种植在公园西部园区；修槭枫小圃，培育“红舞姬”和“流泉”等多品种中小型槭枫树盆景，定位打造集景观、科普、研究于一体的综合性槭枫类植物专类园
郭公山	原名西廓山，位于旧城西北隅瓯江边。传为纪念东晋郭璞卜城之功，将西廓山改名郭公山。面积7.5万平方米，海拔17.2米，有富览亭、金沙岭、白莲塘、最胜寺、白莲庵、郭公祠和鲵鱼、大蟒、白鸡诸洞等遗迹。2008年，在郭公山南麓塑建高4米的郭璞雕像
海坛山	位于鹿城区正东部，五马街道北部，海拔32.5米，占地面积约3.25万平方米，北濒瓯江，南与华盖山相望，东控镇海门（东门），西当望江门（朔门）。因山上曾有座海神庙，庙前有座海神坛而得名，有报恩山之称。海坛山古时地理位置十分重要，为温州古城城东屏障，是防御倭寇、海盗的前哨、瞭望台。海坛山由三山组成，北首海坛，南首慈山，中央称中山。东晋郭璞建城时，城墙连三山为一体，又称城跨山。昔时山之东麓有古护城河上岸处，因此也称上岸山。山上古迹众多，以庙宇、亭廊为盛，著名的有晋代的郭仙庵、白鹿庵，梁代的悟真道院，唐代的嘉福寺、海神庙、杨府庙，宋代的天宁寺、海神碑，明代的五灵庙，此外还有水月庵、火德庙、鹤林亭等，但随着时间流逝，许多文化古迹都已消失在沧海桑田中，难觅遗踪。现山上存有望潮亭、抱日亭、上岸亭、礼适亭、山元道观、 白鹿禅寺、海神庙遗址石碑 、赵尔春烈士塑像、叶适墓等景点。现在海坛山顶处建有永嘉学派馆，是中国首个系统展现永嘉学派思想的数字化展馆
华盖山	旧名东山、资福山，位于温州市鹿城区正东部，北临海坦山，南衔中山公园，占地面积7.5万平方米，海拔56.8米，素有“九斗山”斗魁之首的称谓。“郡城九斗山此山锁其口，遥望似华盖”，因其山形遥望如传说中黄帝车上的华盖而得名。瓯越人文古迹荟萃，景点主要有大观亭、资福寺、资福阁、却金亭、双烈亭、吉林义士王希天君暨温籍旅日蒙难华工纪念碑、古铁炮、蒙泉、工农兵塑像、东瓯王庙门台等，山下广场有鹿城“曲艺之乡”传承基地华盖词场和温州慈善地标红日亭。该山公园是一个集自然山体、人文古迹、健身休闲于一体的综合性城市公园
积谷山	位于五马街道中部，中山公园南端。山呈圆锥状，以形似谷囤而得名。山高38.7米，面积6.14万平方米。山之巅，有一亭如笠，名“留云亭”，旧名积谷亭。山腰有云辉亭，山南有驻鹤亭，南行数十步有飞霞洞遗址。山之西麓有春草池、池上楼等遗迹。山之西南有赤壁亭，其旁崖赤而险，藤萝缠树，也称小赤壁。积谷山原还有东山书院、小石门洞和谢客岩、谢池等诸名胜古迹及摩崖石刻多处，现均已倾圮。山下有登云桥、冽泉、义井、月带桥等
松台山	位于松台街道信河街南段西侧。长450米，最宽处250米，面积28.24万平方米，海拔39米。2022年，面积约为34.55万平方米。因山坪如台，上有松树，故名。山巅建有宿觉大师真身塔，唐僖宗赐名“净光塔”，故又名净光山。山顶有“松台仙井”遗迹，山坪有冰壶道院，山北有普觉寺（已毁），山南有妙果寺。东麓原有金沙井，为昔时温州三大名泉之一。井旁建有一凉亭。如今井亭已毁。松台山还有张璁碑亭、仙人井、松风阁、落霞亭、松绿亭、孝子亭、紫藤阁、八角井等名胜古迹。2020年11月，确定启动松台山历史文化提升项目。项目以松台山为依托，以文化为线索，分一期、二期阶段建设，围绕“一轴两线一带”的理念规划设计，面积约为34.55万平方米。其中一期项目于2021年5月开工建设，总投资约 1.54亿元，以“一轴两线”打造松台山十景。同年开始“友好‘童’行”儿童乐园建设，完成浙江省首个方言主题展馆叮叮当童谣馆和山地儿童游乐园项目
中山公园	位于五马街道公园路东端。北枕华盖山，南衔街心公园，内纳积谷山。占地面积35.48万平方米，其中水面面积8.8万平方米。民国19年（1930）10月落成，以纪念孙中山先生而命名。园中有中山纪念堂、白鹿雕像、中日友好樱花林、文化走廊、音乐台、九曲桥、玉带桥、登云桥、冽泉、摩岩刻石、小石门洞、飞霞洞、谢客岩、池上楼、如意亭、湖心亭、驻鹤亭、留云亭、赤壁亭、四宜亭、儿童乐园及其塑像等景点，是温州近代历史文化名园，也是浙南著名古典园林

续表 13

名称	简介
九山公园	位于松台街道九山河畔，园以河名，包括松台山、九山长堤和九山内外河。占地面积284.28万平方米，建筑面积9.97万平方米。松台山上名胜古迹众多。1999年，松台广场依松台山山体地形而建，景观多以休闲草坪为主，中央为硬质铺装广场，为温州大型广场活动主要举办场地之一。九山长堤系利用旧城基扩建而成，南起清明桥，北至维通桥，长1.22千米，宽22.6米。路中央为8米宽的沥青路面，两旁绿树成荫。九山河依傍九山路延伸，经胜昔桥、四中桥直至百里西路，西北—东南走向，长1050米，最宽处132米，最窄处10米。九山河分内河与外河，外河为古城的护城河，宽10～12米。内河俗称九山湖，南端湖面较宽，是天然游泳场。九山广场傍九山湖而建，四周山水环绕，广场内建有音乐喷泉、露天舞台、亲水长廊等休闲设施。九山公园是以开放的亲水空间为特色、以多姿的文化艺术为主题的大型公园，也是一座绿带式湖山公园
马鞍池公园	位于马鞍池东路南侧，园以池名。建于1999年，占地面积11.92万平方米，建筑面积840平方米，水面面积2.7万平方米。湖面开辟了游船、水上自行车和垂钓等项目。布局以植物造景为主，种植上百个品种的植物，如厚朴、日本冷杉、樱花、紫荆、银杏等。景区设置和植物选择上考虑季节变化，四季景致分明：春观“桃李争艳”“落樱似雪”，夏品“荷塘夜话”“玉兰芬芳”，秋赏“枫林唱晚”“桂花飘香”，冬享“闲庭暖阳”“梅竹双清”。园内建有游乐场、演示广场、长廊、古亭等，是一座集天然水体、草坪、绿荫、游乐、休闲于一体的市级综合性公园。公园盆景园名曰“冶园”，2007年5月1日建成正式对外开放。该园按中国古典园林形式建造，园中收藏了浙派盆景艺术研究所所长、副研究员沈冶民先生及其妻徐品仙女士无偿捐赠的优秀盆景作品100多盆，主要有尽显浙派盆景风格的树桩盆景、岩松盆景
绣山公园	位于温州市区东部，南邻市行政管理中心，北接锦绣路，东靠温州地标物华天宝，西依府西路以园内主峰绣山而得名，占地面积8.8万平方米，建筑面积4100平方米，于2001年元旦对外开放。公园利用自然曲折的水面，环绕连接原球山留下的三座小山体，形成“一池三山”的园林布局。主峰绣山居中，高37米，山形南缓北峙，是一处集青山、碧水、绿荫、草地于一体的自然山水休闲公园
杨府山公园	杨府山北麓有杨府庙，旧时香火颇盛，故山以庙名，园以山名。公园东起华光路、西至府东路、南接学院东路、北连黎明东路，占地面积450.9万平方米，始建于2010年11月，于2014年5月正式开园迎客。园内有杨府山，又名瞿屿山，海拔139.8米，至山巅可眺山望海。山上有清代名绅叶学程墓地，水中有千年文物瞿屿古闸。公园共有寻古探幽山景区、鸟语花香园、奥水景区（水上游览区）、温暖之洲景区（老人活动区）、温馨之洲景区（休闲游览区）、温情之洲景区（文化娱乐区）、温柔之洲景区（儿童活动区）七大景区，形成“一山一园、一水四洲”的景观结构。是温州市区面积最大、最完备的城市综合性公园。2000年9月，温州市青少年活动中心在杨府山西麓建成
墨池公园	为昔时温州私家园林玉介园和瓯隐园遗址所在地，以园内古迹墨池而得名。占地面积16.01万平方米，从主入口进园，沿途主要景点有景柱广场、苍雪坞、墨池旧迹、瓯隐园旧迹、玉介园旧迹、最景园、丛兰馆、戏彩亭、组合式石牌坊等。公园采用“园中园，园中院，园中庭”的造园手法，分隔空间，融于自然，园中园彼此关联又自成一体，依托连廊、漏窗、门洞等手法，营造含蓄、曲折、深邃的空间感，是一个集过去与现在于一体的历史园林。墨池公园以“书画墨池”为主题打造公园特色，园内文化氛围特别浓郁
沿江滨水带状公园	北临瓯江，南靠瓯江路，西起东瓯大桥，东至会展中心。因沿着瓯江并且形状狭长而得名。长1200米，绿带平均宽度达50米，绿地面积48.41万平方米，是温州城区“三横二纵”温州绿道的骨架。该公园项目为温州市“五个一”民生工程之一，于 2002年5月开工建设，分段实施，2012年7月完工，历10年之期，一条兼具百年一遇防洪要求、集城市建设和园林造景于一体的城市滨江景观带呈现在瓯江之畔。该公园依托秀美的瓯江山水，临江的优势区位，亮丽的夜景和完善的配套，成为市民休憩游玩的好去处，也成为彰显温州独特魅力、复兴滨江文化生活的重要窗口。公园以瓯越大桥为界分为东、西两段，建筑设计、园林造景风格迥异，各具魅力。西段依托被誉为温州古城“九斗第一”的郭公山，以人文历史为主线，城市广场、亭廊等建筑设计上沿古变今，人文古迹的历史沉淀厚重。主要景点：有郭璞纪念雕塑、“一号码头”牌坊、北亭、双亭廊、安澜亭、帆影广场、星河广场等。东段一条近6000米的景观带通至香格里拉大酒店附近。以温州人“创业故事”为素材，体现温州城市精神。设置有院士长廊、百年党建景观墙、温州治水文化长廊等，展现了改革开放以来温州人走南闯北、艰苦实干的创业经历。主要景点：温州治水文化长廊、温籍院士风采展示长廊、白鹿芳踪主题雕塑景墙、年轮广场等

（周琼）

历史文化街区建设

概况 2022年，鹿城区历史文化街区建设服务中心贯彻落实市十三次党代会关于加快建设更具活力的“千年商港、幸福温州”，推进文化振兴的工作要求，领会区委、区政府“一都三城五区”（打造“世界鞋都”，建设未来科技城、历史文化名城、西部生态新城，构筑温州大都市核心区、民营经济示范区、改革开放标杆区、整体智治样板区、生态宜居幸福区）的部署，理清思路、谋划实施，全力推动历史文化街区“三圈”（墨池瓯越文旅圈、五马历史文化商圈、九山斗城山水圈）工程落地。街区坚持工程建设、业态管理、文化活动同步推进，取得良好工作成效，全年文旅消费超38亿元，最高日客流量达25万人次，年流量超2400万人次，获“国家级旅游休闲街区”“国家级夜间文化和旅游消费集聚区”两项国家级荣誉，以及“省级智慧商圈”“省级高品质示范街区”“全省清廉建设基层成绩突出单位”等多项省级荣誉。

工程建设 2022年，鹿城区历史文化街区建设服务中心坚持修旧如旧，注重历史风貌。完成投资额1.3亿元，重点推进墨池—东瓯王庙—县学前保护提升工程，提升东瓯人文地标，打造温州人共同的精神家园，为温州建城2215年和建郡1700年纪念活动做好前期工作。完成登选坊、柴桥巷、解放后巷和曹仙巷等4条背街小巷的整体改造提升，打通五马街和纱帽河之间的街巷格局，实现五马历史文化商圈连线成片。鹿城禅街—五马街—公园路传统风貌样板区获评浙江省首批“新时代富春山居图样板区”。

业态管理 2022年，鹿城区历史文化街区建设服务中心持续优化营商服务环境和推进人居环境整治。业态方面，商圈扩面1.4万平方米，全年更新业态314家，文化生活体验类同比上升3%，占比25%；政策惠商，为商户减免租金269余万元；打造“客来宝”智慧商圈平台，利用小程序、公众号、街区电子宣传屏等新式媒体端口实现“一键式”销售，助力千家商户引流拓客，平台会员超5万余个，累计发放消费券超10万张，推送商圈消息超100万次，相关做法和成效获省委改革办主办的微信公众号“浙里改”下的栏目《竞跑者》点赞。管理方面，做好为民服务大文章，完成万米高压电路、通信线路落地和4个变压器迁改等“上改下”序化工作，完成66条街巷整治和20条背街小巷的深度清洁，“地毯式”清理垃圾卫生死角1260处、非正规垃圾排放点38处，增设加盖垃圾桶520个，启用喷雾降温装置等，进一步补齐民生基础设施短板，提升街区品质和首位度，创成“浙江省高品质示范街区”。

文化活动 2022年，鹿城区历史文化街区建设服务中心逐步深化公共文化服务内容供给，注重公共文化场馆中的适儿化建设。支持和联合社会力量打造瓯海医院、郑曼青文化艺术文化中心、楠溪书院艺术中心、登选坊艺术馆等特色历史文化展馆，举办“去彼留此·时务非遗”2022温州非遗艺术&生活美学展、“穿·越千年”温州服装产业史概念展等精品展陈，吸引市民群众和业内人员参观热潮，获央视新闻网等权威媒体采访报道和点赞，成为文旅融合、研学打卡的重要场所。围绕历史文化、非遗手工、亲子阅读等主题打造儿童友好街区，谋划具有鹿城标识度的亲子研学路线，整合街区文化展馆、公园绿地、商圈配套等资源进行适儿性改造，提供精准、多元、个性化的文化产品与服务，让历史街区成为孩子们可玩、可学、可享的温馨空间。全年开展公益性讲解服务300余批次，接待省部级以上领导20余批次，五马历史文化街区入选2022年最受群众喜爱的社科普及基地。

（陈泽清　陈旖旎）

编辑　孙任翔

1
2
3

1　2022年10月1日，曹仙巷、解放街后巷经数月改造提升迎来新开街

2　2022年9月30日，“去彼留此·时务非遗”生活美学展在公园路郑式民居开幕

3　2022年1月20日，“金虎献瑞，墨香迎新”送春联活动在东山书院举办

（区历史文化街区建设服务中心提供）

区属国资企业

区属国企监管

温州市鹿城区国有控股集团有限公司

温州市鹿城区城市发展集团有限公司

温州市鹿城区文旅传媒集团有限公司

温州市鹿城区工业发展集团有限公司

鹿城区国有资产经营集团有限公司

区属国企监管

概况 2022年，鹿城区国资办依照法律和行政法规履行出资人职责，指导推进国资国企监管和深化区属国有企业改革等工作。制定出台《温州市鹿城区区属国有企业资产出租管理暂行办法》《区属国有企业经营业绩考核办法及实施细则》《优化区属国有企业经营管理机制实施意见》等国资监管文件，研究规范区属国有企业用工管理的相关办法并启动区属国企“三定”方案编制工作，健全国资监管制度。组织区属国有企业开展低效无效资产排查、摸底、处置工作，完成5项低效无效资产处置。截至年底，所监管区属国有企业共10家，5家区属国企集团持有股权的全资、控股及参股企业78家，认缴注册资本金总额95.95亿元。全年累计实现营业收入27.24亿元，利润总额0.86亿元，资产总额1191.04亿元，所有者权益304.87亿元，较上年稳中有进。

监管平台建设 2022年，鹿城区国资办完成监管平台验收工作并启动监管平台二期开发计划，形成智能化国资管控体系，上线后覆盖89家区属国企及所属企业，发出授权使用账号113个，完成572条国企人员、964条资产类基础信息上传和270条财务季报的上报，办结216个审批备案事项，不断提升平台应用实效和办事质效。

经营业绩考核 2022年，鹿城区国资办优化区属国企经营业绩年度考核指标，修订出台考核办法及实施细则，重点考核国企经营效益和贡献度，突出募资、资产负债率、经营效益、财务监督、综合管理等指标，发挥考核“指挥棒、风向标”作用，推进国有企业落实发展责任。

安全生产工作 2022年，鹿城区财政局（区国资办）指导区属国有企业落实安全生产主体责任，与区属国企签订安全生产督导责任书，签订率100%；指导区属国企开展问题隐患排查整治59次，梳理问题隐患164个，完成整改159个。

国企领域突出问题专项治理 2022年，鹿城区国资办开展国企领域资产管理、资金管理等四大领域19个方面突出问题的专项治理，对5家区属国企及其所属全资、控股及实际控制企业进行梳理排查，自查上报问题8个并监督开展问题处置，形成廉洁高效的国企发展环境。

国企采购数字化转型工作 2022年，鹿城区财政局（区国资办）指导国企修订采购内控制度，推进国企采购数字化转型，强化企业采购重点环节的全过程监督及合规和风险管理，通过乐彩云国企采购平台累计成交719笔，成交金额约2412.85万元，使采购效率和资金效益最大化，实现采购竞争择优、降本增效、规范廉洁。

（李亦玮）

温州市鹿城区国有控股集团有限公司

概况 温州市鹿城区国有控股集团有限公司（简称“鹿城区国有控股集团”）主要承接全区重大项目谋划以及实施等业务，在金融领域开展其他投资和经营业务。2022年，公司通过投融资、资本整合等多元化融资模式，提升企业核心竞争力。截至年底，公司实现营业收入14.39亿元，净利润1.43亿元；公司注册资本35亿元，总资产780.08亿元，总负债544.19亿元，所有者权益合计235.89亿元。

重点项目建设 2022年，鹿城区国有控股集团加快推进鹿城工业园区有机更新项目（一期），围绕城市“西优”发展战略，提升西部城市功能，推进西部新城开发建设。公司把握国家政策落地窗口期，申报开发性、政策性金融工具，成功获得国开基础设施基金有限公司、进银基础设施基金公司的政策性、开发性金融工具资金支持。公司为解决市区长期存在的停车难、充电难等问题，联合关联主体，经相关市场调研，提前协助谋划温州市中心城区绿色停车产业项目。公司稳步推进全区民生工程，承接并实施鹿城区安置服务项目（1—4期）。围绕住有所居、推进共同富裕目标，有效解决新居民、青年人等群体住房困难问题；对存量房源资产进行梳理并开展保障性租赁住房运营融资谋划，盘活闲置资产，形成收益现金流，防止出现刚性资金缺口。

（傅馨瑶）

温州市鹿城区城市发展集团有限公司

概况 2022年，温州市鹿城区城市发展集团有限公司（简称“鹿城城发集团”）夯实集团组织基础，推进重点项目开发与建设。集团是鹿城区指定的保障性租赁住房房源筹集国有企业，在上半年完成全市首例商品房类保障性租赁住房（共243套）筹集，于9月30日前完成二期商品房源（共295套）筹集及网签，房源总建筑面积达3.12万平方米。截至年底，集团总资产近400亿元。

塘河工程建设中心资产移交 2022年9月29日，鹿城城发集团与区温瑞塘河工程建设中心就温州市鹿城区塘河改造与开发建设有限责任公司移交和塘河中心名下相关国有资产移交工作签署移交备忘录，顺利完成资产移交工作。

区档案新馆建设工程竣工预验收 2022年10月15日，鹿城城发集团联合业主、监理、设计、勘察等单位相关人员，依据《建筑工程施工质量验收统一标准》（GB 50300-2013）等对鹿城区档案新馆建设工程进行预验收之前的自查，提出8项整改内容，并及时完成整改。10月19日，区档案新馆建设工程竣工预验收顺利通过。

沿江快速路一期（西段）工程 2022年10月21日，沿江快速路一期（西段）工程第四标段施工招标资格预审在区政府公共资源交易中心完成，15家优秀施工企业（联合体）通过评审进入后续的施工招标环节。该资格预审创新推出三地联合评审方式，属温州首例。在鹿城区住建局和政务服务中心的支持配合下，联系外省两市招投标管理单位，共同实施本地业主代表和外地抽选专家三地联合远程评审新模式，其中外地抽选专家以当场差额抽取方式进行确定，最大限度地体现公正、公开、公平原则。

（诸一骞　徐振英　邵嘉海）

温州市鹿城区文旅传媒集团有限公司

概况 2022年，温州市鹿城区文旅传媒集团有限公司（简称“鹿城区文旅集团”）以重点项目为引领，参与“千年孤屿”和“生态七都”开发建设工作，开发瓯江沿线资源，拓展岛屿经济。推进城中村改造工程建设，提前完成藤桥新建社区建设工程（轻工园区B-1、B-3、B-4、B-6地块）。以创新融合为突破，深入宋韵文化，发扬温州文化地标开创精神，建成永嘉学派馆，谋划“千年码头，塘河人家”项目，打造以美术馆、非遗展示、文化演艺等为核心内容的文化设施，提升温瑞塘河沿线公园整体形象，打造鹿城区塘河沿线文化地标。

藤桥新建社区建设项目 2022年，鹿城区文旅集团提前2个月完成藤桥新建社区建设工程（轻工园区B-1、B-3、B-4、B-6地块）竣工验收。该社区位于藤桥镇溪江路以东、中央大道以南、周岭路以西、戍浦江以北，是全区规模最大的安置性商品房项目，总建筑面积近30万平方米，是鹿城“六重”清单项目之一，总投资达18亿元。社区以“宁江雅苑”命名，全部1588套房源于10月24日交付使用，解决了藤桥镇10余个连片旧屋区及工业地块改造涉及的359户村民1040套房屋的安置需求，助推全区“安置提速”。采用多种运营模式相结合的方式，开展5000平方米以上营业用房的招租，打造吃喝玩乐一体化的社区零售生活服务商圈，为居民提供生活便利。该项目获2022年度鹿城区建设工程白鹿杯优质工程奖。

永嘉学派馆建设 2022年，鹿城区文旅集团建成永嘉学派馆，围绕“永嘉学派”打造集展览展示、宣传教育、研学实践等功能于一体的综合文化空间，以“可看、可听、可触、可感”的沉浸式体验，充分展现永嘉学派的文化精髓、历史意义和时代价值，全方位、立体式解码温州文化基因、文化根脉、文化底蕴。该馆是温州市委文化工作会议之后首个亮相的重大文化项目，被列为浙江省文化研究工程重大项目，为全省实施“宋韵文化传世工程”、打造以宋韵文化为代表的浙江历史文化金名片贡献温州力量。年内，永嘉学派展馆总客流量约2.3万人次，馆内实地开展活动21场，其中专家学者座谈会11场、专题拍摄活动9场、“学派门生”品牌活动1场，开展志愿讲解员培训10场、主题宣讲活动1场、剧本研学活动1场、剧本演出活动1场、手工文创活动1场，直播活动2场、剧本游2场，学生及企事业团体研学活动共接待开展29场。

新华网生物感知智能技术温州转化中心启动 2022年，由鹿城区文旅集团和新华网融媒体未来研究院牵头组建的新华网生物感知智能温州技术转化中心，在中关村温州信息谷正式启动试运营。作为新华网技术转化中心的示范基地，实验室面向生物感知、人工智能、物联网、智慧文旅、媒体科技融合等领域，结合鹿城区地方产业对技术研发和人才储备的规划，以产业需求为导向，赋能鹿城区地方产业向数字化智慧化转型，以科技创新引领和支撑温州多领域产业发展和创新工程建设。

（金旋旋）

温州市鹿城区工业发展集团有限公司

概况 2022年，温州市鹿城区工业发展集团有限公司（简称“鹿城区工业发展集团”）下辖鹿城仓储、浙南钢材、好居租赁等8家全资及控股子公司，浙江美仁谷、鹿城浙石油等5家参股公司，1家代管企业，共有职工134人，其中企业领导班子3名，本级职工27人。全年实现营业收入3531.40万元、利润总额3517.66万元，同比增加3092.66%、4221.85%；资产总额630442.55万元、净资产464198.86万元，同比增长5.87%、9.16%，负债率26.63%，同比下降1.96%。全年累计实现融资51983.73万元，平均利率为4.96%。

重点项目建设 2022年，鹿城区工业发展集团完成钢材市场一、二期和科技创新大厦装修等项目，启动中国鞋都数字化生态产业链基地、鞋都四期鞋业小微园、下岸作业区码头等项目，通过打造精致园区空间和工业园区配套设施，补齐产业链短板，实现鹿城科技创新型企业的招引和园区企业的协同发展，推动形成主体功能明显、优势互补、高质量发展的工业经济布局。稳步推进浙南美谷、中试服务平台、中科先进研究院、科创产业基金项目，推动成果、项目产业化发展，为鹿城发展注入科技动能；启动南郊街道昌祥小区改造提升项目，打造鹿城区高级人才公寓，助力全区筑巢引凤，构筑特色产业人才高地；平稳运营皮革制鞋产业大脑、鹿城区智慧安全平台，加速鹿城区在数字经济领域形成产业链，乘势为鹿城经济“生态”打造发展新增点；启动吴桥片区B-07地块商超项目，引入沃尔玛山姆会员商店，全面提升片区综合配套服务，带动鹿城经济稳步增长。

（李丽娜）

鹿城区国有资产经营集团有限公司

概况 2022年，鹿城区国有资产经营集团有限公司资产总额105.47亿元，同比增长77.48亿元，增幅达276.81%；经营性收入4.88亿元，同比增加2.23亿元，增幅达84.15%；利润总额1489.57万元，同比增加1184.72万元，增幅达388.62%。参与温州市仰双片区双岙单元A-46地块和温州市核心片区牛山东单元

HX-14-A06地块竞买，并回购文澜湾及森海名邸项目区级人才房，共计124套，总金额约28784万元。为配合杭州2023年亚运会温州赛区赛事的开展，集团承接温瑞大道绿化景观提升工程，项目总投资约2000万元，全长1.5千米，占地面积4440平方米，该项目的绿化提升和相关基础设施全部完成。

安全生产　2022年，鹿城区国有资产经营集团有限公司落实专职安全员和安全生产隐患整治专班，实现安全生产责任书签订全覆盖。通过召开安全生产工作会议、开展安全生产检查等形式，筑牢安全生产防线。此外，集团与市交运集团共同投入880万元，合资建设温州市防疫车辆洗消中心。

绿色停车产业项目运营　2022年，鹿城区国有资产经营集团有限公司为解决“停车难”“充电难”“电动自行车充换电安全”等民生问题，落实“绿色停车产业”项目，打造鹿城“绿色停车一张网”。通过代建并签订三方协议的模式，对部分绿色停车产业项目点位的基础设施进行改造提升。沿江生活区绿色停车产业项目、城乡协作绿色停车产业项目开始施工建设。截至年底，温州中心城区绿色停车产业项目到位政策性开放式基金7.92亿元、项目资本金15.05亿元。金融机构总授信额度231.5亿元，签订融资合同173.8亿元，融资到位44.47亿元，其他资金11.69亿元，累计用于绿色停车产业项目资金达70.04亿元。

国有资产运营　2022年，鹿城区国有资产经营集团有限公司收购D级危房135处，合计1195套，建筑面积约5.53万平方米，总投入收购资金约14.17亿元。实施解危改造再利用26处，总投资约7899万元，其中3处权证办结、2处在办理中；再利用（含市场化运营）9处，历史文化街区公园路权证办结3处。集团以成交价11788万元购买鹿城区小南路155号房产（银港大厦）并投入市场化运营，入驻单位2家，2家单位计划入驻。集团所属现代商贸城公司与机关事务管理中心、司法局、市场监督管理局等多家单位签订龙瑞大厦租赁合同，实现租金收入共计2124.4万元。通过合作经营方式开展路面停车场管理，解决区行政副中心周边停车难题，并与大数据中心合作开发顶楼太阳能光伏发电项目。

环卫一体化项目　2022年，鹿城区国有资产经营集团有限公司依托智慧环卫平台的“全程监控+评价考核+综合指挥”体系，推进主城区8个街道环卫一体化市场化运作，鹿城区获评省级生活垃圾分类工作优秀区。

物业管理项目　2022年，鹿城区国有资产经营集团有限公司围绕战略转型和品牌升华目标，推进项目承接及品牌创建工作，集团所属物业总公司获评“2022年度浙江省物业服务企业信用等级AAA级”，被鹿城区楼宇经济促进会评选为“监事单位”。

保安服务项目　2022年，鹿城区国有资产经营集团有限公司所属企业保安公司，共承接临时性活动250余起，共计4.6万余人次，承担9家银行巡检及全区140余家学校的报警系统维护检修工作，为全区各企事业单位提供劳务派遣服务达2000余人，参加疫情防控执勤近4.13万人次，并获浙江省2022年度先进保安服务公司（优秀会员）、温州市2022年优秀保安服务公司（优秀会员）称号。

邻里食堂运营项目　2022年，鹿城区国有资产经营集团有限公司发挥国企在“共享社·幸福里”基层建设中的阵地作用，以党建为引领，推进邻里食堂项目，有16家邻里食堂正式运营。

未来科技岛打造　2022年，是温州国际未来科技岛项目攻坚之年。在产业招商方面，未来科技岛累计通过专班过会项目31个，其中15个项目完成项目签约，签约总投资额1.9亿元，达产后年产值4.7亿元。入驻科创企业12家，引进协会3家，产业展厅于6月25日开放使用。在基建配套工程方面，启动区一期项目“正负零”完成95%，二期项目工程桩完成95%，项目累计投资8亿元。市政道路一期项目完成路基工程，累计完成产值约1300万元。市政道路三期项目处于桥桩施工阶段，累计完成产值约180万元。龙形公园一期项目处于桩基施工阶段，累计完成产值约346万元。

区粮食应急加工厂建设项目　2022年2月底，项目正式开工，于年底完成主体工程建设。该项目经营权进行公开拍卖，由浙江快鹿粮油有限公司竞得。

（吴夺　张誉真）

编辑　朱凌云

金融业

概　述

金融服务与管理

商业银行

商业保险与证券期货

概 述

2022年，鹿城区实现金融业增加值158.4亿元，同比增长6.3%，占GDP的比重为12.1%，占温州金融业增加值达30%，金融业增加值在GDP中的占比居全市前列。有各类银行业金融机构31家（含1家地方法人银行）、保险业机构53家、证券机构65家（其中分公司8家、营业部57家）、财务公司1家、小额贷款公司3家、商业保理公司1家、民间借贷服务中心1家、融资性担保公司5家、典当行14家以及其他各类涉金融经营企业达3300多家，占全市总量的三分之一。全市90%以上的银行业区域分行设在鹿城。截至年底，市区（三区合计）本外币存贷款规模18221亿元，增速12.9%，占全市总量的49.40%。其中，本外币各项存款余额9591亿元，同比增长14.5%；本外币各项贷款余额8630亿元，同比增长11.1%。本外币存款、本外币贷款、小微和“三农”担保余额分别比年初新增1173亿元、878亿元和16.6亿元，民营经济贷款（三区合计）、制造业贷款（三区合计）和“首贷户”（三区合计）分别新增346.1亿元、90.6亿元和2738户。截至年底，鹿城区辖内银行不良贷款53.35亿元，不良贷款率0.98%，较年初上升0.18个百分点，不良处置率86.93%，不良贷款率控制在年度目标的1.2%以内。

2022年，区内各地方金融组织运行平稳。截至年底，捷信、禾本、华泰三家小额贷款公司合计贷款余额7.64亿元，同比增加2766万元，增长3.76%，全年累计发放贷款21.22亿元，同比减少7.41亿元，下降25.89%。三家合计不良贷款余额12212万元，同比减少1834万元，不良贷款率15.98%，比2021年同期下降3.09%。全年实现利润合计3026万元，同比减少780万元，降幅20.49%。

2022年，鹿城区金融协会共有会员单位49家，其中银行业39家、保险业5家、证券业2家、小贷公司3家。银行业会员单位各项存款余额3674亿元，各项贷款余额3636亿元；保险业会员单位总保费收入33亿元；证券业会员单位总交易额6699亿元；小贷公司贷款余额8亿元。全年出版《鹿城金融通讯》6期，总出刊数70期。

金融服务与管理

概况 2022年，温州市鹿城区人民政府金融工作办公室（简称“区金融办”）优化企业上市服务，开展融资服务，助企纾困服务实体经济，持续防范化解金融风险。对地方金融组织开展审批转报、年度审计、非现场监管和现场检查等日常监管，累计对17家小贷、融担、典当、商业保理等完成各类审批转报，开展年审30家次、专项整治和限期整改50家次，清理5家非正常营业类融资租赁企业，办结各类信访件200余件。年内，区金融办获鹿城区民营经济示范区建设（民营经济高质量发展）突出贡献集体等称号。

企业上市服务优化 2022年，区金融办研究出台《鹿城区企业挂牌上市“凤凰夺鼎”行动计划实施方案》，累计为重点拟上市企业解决历史沿革确认、证明开具等各类关键性难题45个，排摸梳理上市后备梯队企业30家。9月30日，浙江长城搅拌设备股份有限公司创业板上市申请材料正式获深交所受理。12月14日，美皓医疗集团有限公司在港交所挂牌上市。全年新增股份制企业41家、区域性股权交易中心挂牌企业1家、新三板创新层企业1家。截至年底，鹿城区共有上市企业4家，其中香港主板3家（康宁医院、大发地产、美皓医疗）、深交所创业板1家（中胤时尚）；新三板挂牌企业7家，股份制企业累计达310家，区域性股权交易中心挂牌企业累计达169家。

融资助企 2022年4月15日，区金融办率全市之先构建政银（保）互动九大机制，建立街镇—银行点对点挂钩服务机制，聘请30名金融专家组成智囊团，到企业、基层开展融资对接活动。细化制定鹿城金融八条，加大力度扩大政府性融资担保业务规模和覆盖面，引导驻鹿金融机构借助金融综合服务平台、小微金融服务站等平台，帮助中小企业快速获贷。全年金综平台新增放贷量153.2亿元，累计推出“共富创业贷”“兴农贷”“运费贷”等10余类创新产品，完成89家金融机构挂职、挂钩14个街镇，组织银企对接洽谈会43次，推荐贷款项目51个，帮助华润都市中心二期、杨府山南单元地块、东方数码广场、米房厂产业园等10余个项目解决近30亿元融资需求。

金融风险防范 2022年，区金融办处置省“天罗地网”、市“金融大脑”等风险信息65条，对全区涉及私募基金、第三方财富管理公司等重点领域千余家企业进行排摸，市监部门列异核实285家、引导退出10家，约谈风险企业20家，移送案件及线索6件。1月，依据《防范和处置非法集资条例》成功在中信银行北京某支行取证涉案相关企业的银行账户流水，为全国首次实现行政部门跨地域调取银行流水，典型案例做法上报国家处非联办。6月7日，出台《鹿城区平安建设“大起底大整治大提升”行动金融安全领域工作方案》，牵头开展金融安全领域平安鹿城“大起底大整治大提升”专项行动。私募基金、第三方财富管理公司等重点领域“回头看”工作受到省、市领导的充分肯定。叫停遂昌醉汤溪养老温州分公司等多个主体从事非法集资活动。推进“华冕财富”温州分公司风险化解，存量余额从4.9亿元降至1亿元，人数从292人降至50人以内。推动鹿城协同参与金融风险防范与处置应用项目，入选省数字化改革“最系列”成果。

重大平台处置 2022年，区金融办针对“鄞善温商贷”“温都金服”和“11·5”专案等上级指定处置的平台，先后抽调100余名骨干力量成立专班实体化运作，并聘请律师、会计师团队驻点办公。全年协调解决处置工作过程中发现的问题20余项，共监测重大平台相关网络信息6800条。设立固定接待点，落实专人开展常态化接待和联合接访，有效疏导涉众平台投资人逾万人次，接待涉众平台投资人2000人次。牵头完成“书画宝”案件第二次资金清退，实现清退全程零信访零聚集，得到市委副书记张家波、副市长王振勇的批示肯定。

企业金融风险化解 2022年，区金融办重点帮扶15家“两链”风险企业，其中万川房地产等7家取得成效，成功处置金额43.07亿元，助推银行不良贷款连续7年“双降”。截至年底，银行业金融机构不良贷款余额53.35亿元，不良贷款率0.98%，控制在任务目标1.2%以内。梳理全国预重整制度、案例成册，汇编成《债务风险企业破产预重整实务汇编》。

数字人民币推广 2022年4月15日，区金融办联合鹿城农商行落地全省首个数字人民币诉讼费交纳场景应用。8月29日，成立区数字人民币试点工作领导小组；10月19日，出台《鹿城区数字人民币试点工作实施方案》，重点打造五马商圈数字人民币应用示范街，协调区历史文化街区、区卫健局、区文广旅体局等部门开展各行业领域应用场景的落地。全年打造医疗健康、文化旅游、零售消费、农贸市场、数字政务场景、交通出行等4.45万个应用场景，开立对公钱包2.02万个，场景数、个人钱包数均列全市第一。

联动长三角金融人才服务中心 2022年，区金融办增强温州长三角金融人才服务中心区域影响力，累计完成线上、线下金融人才培训及交流超3000人次，举办金融知识系列讲座、联合共建单位开展各类活动24场，累计发布15期金融人才招聘信息，完成《温州地区金融行业人才管理有效性调研报告》，并为浙商银行温州分行等多家单位提供人才管理服务“高潜人才盘点”项目。与浙江省金融人才协会、温州长三角金融人才服务中心共同搭建金融人才数字化服务平台。11月16日，举办“Hi-Finance 2022金融人才峰会暨温州金融人才服务数字化平台发布”活动，同步在直播平台开展金融主题讲座活动4场。

1
2
3

1 2022年12月14日，美皓医疗集团有限公司在港交所挂牌上市

2 2022年11月，鹿城区金融办联合区法院、鹿城农商银行在温州国际金融中心启用鹿城区首创的“金融法驿”

3 2022年11月16日，鹿城区联合温州长三角金融人才服务中心等单位举办“Hi-Finance 2022金融人才峰会暨温州金融人才服务数字化平台发布”活动，同步在线上直播平台举办4场金融主题讲座

（区金融办提供）

金融知识宣传 2022年8月12日，区金融办联合市金融办、招商银行温州分行、鹿城农商行启动全市首列“防范和处置非法集资专列号”。10月，上海证券投资者教育基地落地，为全市首家公益性证券投资者教育基地。11月，联合区法院、鹿城农商银行在温州国际金融中心启用鹿城区首创的“金融法驿”。全年联合300余家银行网点，开展“金银联动”打击整治养老领域非法集资宣传，通过移动交通广告、短视频、数字媒体等形式联动部门、街镇开展金融知识宣传和普法活动500余场，投放出租车宣传标语3240次、公交车宣传视频360次、抖音原创宣传短视频8条，投放宣传资料逾1万册，相关宣传视频点击量逾10万次。

（陈佳璐）

商业银行

鹿城农商银行 2022年，鹿城农商银行以服务“三农”、服务小微、服务地方经济发展为经营宗旨，深化社区银行建设，深耕普惠金融服务，深推金融改革创新，居温州市综合百强企业第19位、温州市服务业三十强企业第六位。截至年末，下辖41个营业网点，在岗员工891人；全行存贷规模1176.41亿元，其中，各项存款余额710.69亿元、较年初增加125.51亿元，各项贷款余额465.72亿元，较年初新增56.36亿元，存、贷增量分别占全区存、贷增量的10.42%、6.8%。

2022年，鹿城农商银行联合市融资担保公司打造融保贷、易融贷等产品，精准对接小微企业融资需求，其中融保贷担保规模35亿元，有效解决小微企业担保难问题，获评温州市服务民营经济优秀小微金融产品。累计申报普惠小微贷款支持工具20.55亿元，借用支小再贷款12.22亿元，减费让利近亿元。加大小微企业、个体工商户的无还本续贷支持，累计发放无还本续贷1.5万户、32.33亿元。实施“整村授信2.0”行动，推进“无感授信”“有感反馈”，授信金额50.41亿元，贷款余额36.18亿元。设立全省首个小微主体金融服务站，开展“金融支持百万市场主体”专项行动，推进金融综合服务平台、“贷款码”应用，累计走访市场主体13.17万户，小微企业贷款余额204.62亿元，比年初增加39.25亿元。

2022年，鹿城农商银行联合区纪委首发村（居）务卡，支持开办全市首家“邻里食堂”，打造银都花苑等小区共富驿站。选派300余名“共同富裕金融专员”挂职辖内村居社区，建立“一格一专员蹲点办公”网格走访机制，围绕村集体农房改造、小城镇环境综合整治、三产建设等重点项目开展全流程跟踪服务，助力驿头驿阳村创成“全国十大最美乡村”。深化政银合作，推动小区建设“政务驿站”代办点，全年累计代办民生业务84万笔。建设智慧停车应用场景13个，助力激活老旧小区“造血功能”；深化法银合作，联合区法院启用全省首个“金融法驿”，推进金融纠纷一站式化解。助力鹿城首单针对孤独症以及因残失能等特殊儿童的“点亮星星”慈善信托项目落地。富民公益基金会全年投入500余万元，用于“鹿城好人”评选、教育捐赠等活动。

（叶家佳）

工行鹿城支行 2022年，工行鹿城支行下辖营业场所14处，包括1个支行营业部、13个二级支行，并有离行式自助银行5处，提供各类储蓄、结算、信贷、信用卡等业务服务。有员工217人。6月，经合并改革，原工行温州马鞍池支行降格合并至工行鹿城支行。截至年末，支行本外币各项存款余额164.49亿元，日均存款余额137.8亿元；个人金融资产余额166亿元；各项贷款余额351.39亿元。

（董碧瑜）

农行鹿城支行 2022年，农行鹿城支行有员工179人，内设4个职能部门，下属1个营业中心、9个二级支行，网点分布在市中心、双屿、仰义、丰门、藤桥等处。截至年末，各项存款170.67亿元，各项贷款170.98亿元，不良率0.17%。个人折效客户数为137.05万户，比年初新增7.41万户；本外币对公结算账户4304户，新增对公结算账户912户。全行法人普惠贷款余额7.25亿元，较年初增加2.07亿元。

（应天虹）

建行鹿城支行 2022年，建行鹿城支行一般性核心存款日均余额86.55亿元，新增5.73亿元，增长7.50%；时点余额94.30亿元，新增13.52亿元。各项贷款（含卡透）余额65.46

亿元，新增5.13亿元，增长8.83%。其中对公贷款余额41.92亿元，新增4.39亿元，增长11.84%；个人贷款17.35亿元（不含卡透），比年初新增1.64亿元。个人有效客户数（折算后）新增13761户，增长3.36%，全市排名第11位；私行客户新增22户，新增城区第一；财富管理客户加权后新增5616户，增长24.63%，列全市第一；个人信用卡客户净增6013户，完成率102%；三档个人高贡献商户329户。不良贷款余额2591万元，比年初上升635万元；不良率0.4%，比年初上升0.06%，总体处于较低水平。

（李小洁）

浦发银行鹿城支行 2022年，浦发银行鹿城支行坚持“业务找差距、经营补短板、工作高标准、管理严要求、发展创优势”经营主线，聚焦发展，整合各种资源，推动负债资产双跨越，带动营收稳增长。截至年底，支行本外币存款余额69.07亿元，本外币贷款余额85.97亿元。

（张瑞谊）

邮储银行鹿城支行 2022年，邮储银行鹿城支行辖鹿城支行、营业部5家网点，合计员工95人。截至年底，支行本外币各项存款余额104.83亿元，本外币各项贷款余额197.59亿元。

（操平平）

民泰银行温州分行 2022年，民泰银行温州分行本外币存款余额41.63亿元，较年初新增2.58亿元，增幅为6.6%；贷款余额38.56亿元，较年初增6.97亿元，增幅为22.06%；新增贷款有效户1572户，户均贷款余额87.16万元。小微贷款余额32.49亿元，较年初新增5.99亿元，增速22.62%，小微贷款户数增加317户；普惠型小微企业贷款29.93亿元，较年初新增6.10亿元，增速25.58%。分行全口径逾期绝对额控制数3136.25万元、90天不良贷款绝对额控制数1558.67万元，不良率为0.40%，保持了低不良率水平。

（宋碧纯）

商业保险与证券期货

中国人寿温州分公司 2022年，中国人寿温州分公司共承保综治险各类公共场所4056个，提供风险保障12252.3亿元；实现总保费92.38亿元，同比增长1.63%，市场份额40.10%。分渠道看，个人代理保费80.09亿元，公司直销保费4.50亿元，银行代理保费7.79亿元。分结构看，新单保费（含短期险）24.05亿元，同比增长32.27%；续期保费68.33亿元。全年支付短险赔款3.40亿元，支付各类死亡、伤残、医疗赔款3.19亿元，支付满期给付金4.31亿元，支付年金5.74亿元；实缴各类税费9122.02万元。

（管佳昊）

中国人寿财险鹿城区支公司 2022年，中国人寿财险鹿城区支公司在册人员33人，年度保费任务目标13000万元，完成保费收入10234.65万元，其中，车险保费收入7936.07万元，占比77.54%；非车险保费收入2298.58万元，占比22.46%。

（黄微微）

太平洋产险鹿城支公司 2022年，太平洋产险鹿城支公司有在职员工49人，实现保费收入3.25亿元，保费同比增长6.87%，累计赔款支出1.61亿元。

（胡煜蕊）

证券期货 2022年，鹿城辖区内设有上海证券有限责任公司浙江分公司、财通证券股份有限公司温州分公司、申万宏源证券有限公司温州分公司、华福证券有限责任公司温州分公司、国信证券股份有限公司温州分公司、兴业证券股份有限公司温州分公司、中信证券股份有限公司温州分公司、浙商证券股份有限公司温州分公司8家证券公司和57家证券营业部，设有3家期货公司：永安期货温州分公司、中泰期货温州分公司、大地期货有限公司温州分公司。

2022年鹿城辖区内主要证券机构交易情况表

表14

机构	交易额（亿元）	累计资金账户（万户）	托管资产（亿元）
上海证券浙江分公司	6954.96	52.28	449.39
申万宏源证券温州分公司	6440.08	19.40	463.21
浙商证券温州分公司	2620.11	12.40	155.86
中信证券温州分公司	1512.24	13.29	431.94
财通证券温州分公司	1577.69	5.9	76.86
方正证券温州（合）营业部	3167.07	41.90	137.50
银河证券温州（中心）营业部	3994.24	32.12	281.95
招商证券温州（合）营业部	873.14	7.17	46.89
兴业证券温州分公司	125.34	2.15	11.07
国信证券温州分公司	317.47	12.34	20.2

2022年鹿城辖区内主要期货机构交易情况表

表15

机构	成交额（亿元）	累计开户数（户）	保证金（亿元）
永安期货温州分公司	5706.42	9764	3.87
中泰期货温州分公司	1070.06	1328	2.26

（李春晖）

编辑　朱凌云

交 通

概　述

2022年，鹿城区公路总里程317.901千米，其中国道52.165千米（高速18.131十米）、省道15.377千米、县道53.341千米（包括城管路段12.555千米）、乡道33.282千米、村道163.736千米。

2022年，鹿城区全力推进综合交通大会战，持续掀起“大干交通、干大交通”热潮，前期项目研究持续推进，三大省重点在建项目稳步进行，累计综合交通投资达18.41亿元，同比增长73.6%，完成率达118%，水上货物周转量增速57.56%，仓储运输增速5.9%。年内成立综合交通大会战专班和西部多式联运枢纽专班，成功解决僵持近10年的104国道改建工程问题，西部多式联运项目获温州市委书记刘小涛批示，取得节点性突破，大会战成果获“浙江交通”“中国蓝新闻”等媒体宣传报道。民生实事方面，区交通运输局持续提升道路品质，改善路域环境，在全面化解安全隐患和强化应急抢险保畅的同时，坚决守牢防疫关口。行业监管方面，区交通运输局精铸“交通学堂”“清廉交通”“货运党建”等特色党建品牌，提高行业服务保障能力，落实工程质量监管。

区交通运输局获温州市2022年度疫情防控工作突出贡献集体、鹿城区2022年度区直单位工作优秀单位、鹿城区第三批疫情防控事迹突出集体、鹿城区提升城市能级突出贡献集体、鹿城区打造共同富裕先行样板先进集体等称号。

交通行业监管

行业服务保障　2022年，鹿城区交通运输局规范行政审批制度，更新审批服务事项办事指南，26个行政审批办件均在承诺时限内完成“最多跑零次”，同时做好招投标市场监管、无欠薪工作，开展交通建设行业招投标领域违法行为专项治理，做好公路工程信用评价工作。落实辖区交通行业环保工作，加快推进环境污染专项整治提升验收销号工作，山根水源地全线保护区内交通道路应急防范工程主体完工。推进碳达峰、碳中和、能源双控工作，淘汰两客一危废旧客运车辆84辆。加快交通产业发展，协助落地宝润璞汽车产业园10亿项目、推进正新供应链基地和港航生产性服务业集聚区建设，加速配套扶持发展政策出台。

工程质量监管落实　2022年，鹿城区强化对参建单位质量行为的监督，加大日常监督检查力度，实现监督100%全覆盖。将监理日常管理和监理信用评价紧密结合，深化监理管理，共实施监督项目25个，其中新受监项目10个，开展质量监督检查31次，制发质量检查意见书31份，整改各类工程质量隐患63处。

清廉交通建设推进　2022年，鹿城区交通运输局出台《2022年全区交通运输领域突出问题专项整治工作方案》，对在建交通工程项目和养护工程项目开展交通建设工程违法转分包、交通建设工程专家评审、交通建设工程质量、公路养护工程等四个方面的突出问题专项整治工作，排摸整改交通运输领域突出问题14个，打造“温州中交三航建设发展有限公司”交通清廉工地示范点。

1 2022年3月3日，104国道改建工程（鹿城段）上跨金丽温、绕西南高速丽水方向箱梁架设完成

2 2022年6月30日，鹿城区交通运输系统开展综合应急演练模拟现场塌方清理

3 新官岭隧道于2022年8月5日建成通车

（区交通运输局提供）

民生安全保障

道路品质持续提升 2022年，鹿城区出台《鹿城区农村公路管理养护实施办法》，在全市率先落地乡村道专管员制度，农村公路养护工程年度任务超额20%完成，农村公路MQI（公路技术状况）优良中等路率居全省首位。着力科技赋能，实现瓯江五桥结构健康自动化监测，是全市首个为农村公路桥梁安装专业化桥梁健康监测系统的地区。持续推进养护精细化管理，谋划推进330国道EPC全寿命周期养护工程，被省厅列为温州市首个普通国道全寿命周期养护试点区域。发挥区治堵办牵头作用，垟田城中村改造、里垟路及蛟尾路、飞霞南路（划龙桥路至学院路）等三大堵点整治项目提前3个月完工，交通治堵任务全部超额完成。持续提升路域环境，聚焦交通场站、在建工程、卡口、国道、省道等12处重点点位，推进交通领域文明创建专项行动，两路两侧“三化一平”专项整治行动284处点位100%完成，温州西高速互通出入口环境改造提升完成，并竣工验收。

安全隐患全面化解 2022年，鹿城区持续深化平安交通建设，排摸在建工程、公路、渡口（渡轮）安全等隐患点339处，并100%完成整治。完成1处市级公路交通事故多发点及29处区级交通事故多发点段整治。创新建立行业安全生产检查清单化排查机制，设定清单事项星级检查方案，引入第三方安全专业服务机构，坚持“日会商”机制，完善“周研判、月通报”，及时跟进薄弱环节整治，确保安全生产全闭环管控。加强水上交通安全管理，制订明确鹿城区非通航水域安全监管职责的相关文件，完成通航水域18座桥梁标志标识整治及休闲船艇整治，推行政府购买服务方式，开展渔船社会化检验，区内河257艘渔船检验全部完成。实施工程质量监督项目23个，实现质量监督工作全覆盖。全年安全形势总体稳定，在建工程、公路运行、渡口（渡轮）等领域实现“零”事故发生。

强化应急抢险保畅 2022年，鹿城区交通运输局完善应急联动机制，落实省、市、区重要时段和特殊时期应急联动工作，建立应急联动工作机制，落实24小时值班备勤工作，形成响应迅速、联动有序、处置及时，反馈快捷的应急工作机制。6月30日，在金坦隧道施工项目部组织开展年度综合应急演练，按照“双盲”模式设置，不设方案、脚本，只设计场景，要求应急抢险人员面对现场不断变化的险情随机应变，达到检验预案、锻炼队伍、积累经验的目标。

交通工程建设

温州西部多式联运枢纽 该工程被列入省、市综合交通“十四五”规划，基础设施包括金温货线外垟至双岙段迁建工程、温州西铁路货运站场迁建工程、温州港区鹿城下岸多式联运中心配套码头工程和330国道鹿城段改建工程等项目。2022年10月经市政府同意，成立温州鹿城西部多式联运枢纽前期工作专班。该工程包括多个项目：金温货线外垟至双岙段迁建工程沿线全长约12.1千米，项目占地面积约48.2924公顷，占耕地面积约7.0762公顷，项目估算投资23亿元，2022年完成工程可行性研究报告编制。温州西铁路货运站场迁建工程总体规划53.33公顷，拆迁约2.67万平方米，估算投资约21亿元，2022年完成工程可行性研究报告编制。温州港区鹿城下岸多式联运中心配套码头工程位于瓯江和戍浦江交汇处，总占地面积约28.5489公顷，占耕地面积约2.2320公顷，码头总长度863米，项目一期建设总投资约5.4亿元，占地面积约8.53公顷，2022年5月完成工可文本编制，9月完成工可审查，12月完成一期4.7公顷地块出让。330国道鹿城段改建工程分为330国道鹿城藤桥段改建工程和330国道鹿城藤桥至永嘉桥下段工程两段同步推进。鹿城藤桥段改建工程起点位于南雅隧道内，终点为藤桥与山福交界位置，主线全长约13.635千米，总用地面积87.24公顷，项目投资约36.18亿元。藤桥至永嘉桥下段起点位于鹿城藤桥镇外垟村北侧，终点为永嘉县桥头镇，主线路线全长2.715千米（鹿城段2.125千米，永嘉段0.59千米），总用地面积26.74公顷，项目投资约14.66亿元（其中鹿城段7.481亿元，永嘉段7.539亿元）。该项目6月完成项目建议书审批，7月通过初步设计报告技术审查。

温州绕城高速藤桥连接线改建工程 该工程被列入2022年省重点项目库。路线全长2.87千米，起点位于绕城高速仰义收费站广场，终点与瓯湖线（渔藤公路）平面交叉，设计速度60千米/小时，路基宽度10米，总投资约3.3亿元。10月，完成设计施工总承包招投标、全过程咨询招标工作。

104国道温州西过境永嘉张堡至瓯海桐岭段改建工程（鹿城段） 该工程是省重点交通项目。项目主线全长约9.7千米，起点位于瓯江中心线，途经仰义、丰门、双屿街道穿梅园隧道至瓯海郭溪镇，采用六车道一级公路技术标准兼顾城市道路功能设计，路基宽度32米，设计速度为80千米/小时，项目概算约29.2亿元。2022年，该工程完成投资额1.218亿元。主线嵇师、梅园、陈村三大隧道均已贯通，大、中、小桥梁全部架设完成，嵇师段拔钉清障彻底解决困扰多年的阻工问题，并抢抓施工窗口期，利用技术创新连续4个月夜间施工，完成“一跨4线”涉路施工，主体基本完工。

330国道鹿城官岭隧道改建工程 该工程为省重点项目。项目路线全长2.517千米，起点位于仰义后京加油站，终点位于藤桥镇下岸村，与330国道老路顺接，采用二级公路标准建设，路基宽度15.75米，项目概算约3.1亿元。2022年，项目完成投资额4399万元，完成路基、路面、隧道、附属设施施工，于8月建成通车，较计划提前2个月。

缙云至苍南公路鹿城临江至藤桥段工程 该工程路线全长10.166千米。项目起点位于鹿城区瓯江五桥南侧桥头，终点位于藤桥镇雅漾，采用二级公路标准建设，设计速度80千米/小时，路基宽度12米，项目概算约8亿元。2022年，项目完成投资额8250万元，完成路基35%、桥梁30%、隧道41%。全线军用光缆迁改、国防光缆迁改、山福段坟墓迁移全部完成，工程桥梁、路基、隧道施工持续推进。

（郑姚姚）

公路管理

概况 2022年，鹿城区公路管理中心高标准、严要求、实举措，聚焦聚力重点项目和重点工作，实施科学养护，投资6481万元完成21个工程项目，抓好安全防范，及时消除安全隐患，推进两路两侧美化路域环境。

公路管养 2022年，鹿城区抢抓施工进度，提前超额完成省级民生实事项目国道、省道起伏不平等病害点段整治，完成G330洞合线桥梁维修改造工程（亦头桥、藤桥江大桥）、官岭隧道维修改造工程，保障桥隧安全通行。深入谋划鹿城“四沿”美丽富裕干线路创建，提前完成建设里程2.5千米、养护工程4千米的年度目标任务。重视内业台账规范化，省内的国、省道桥隧管理内业规范化检查成绩列全省第四名、全市第二名。鹿城区交通运输局牵头成立专班，创新养护管理模式，实施G330鹿城段全市首个全寿命周期养护区域试点，通过公路路况检测、病害调查等方式，实行全寿命周期养护方案。

农村公路 2022年，鹿城区打造品质工程，提前2个月超额完成鹿城区本年度农村公路提升改造工程，提前1个月完成瓯江五桥维修加固工程。完成石林环线（泰新街段及樟村段）道路工程及周岙底隧道机电提升改造。路况检测列全市第一。出台《鹿城区农村公路“路长制”管理办法》《鹿城区农村公路管理养护实施办法》，对农村公路的工作职责、养护标准、平台应用设置更高标准，率全市之先增设落地乡村道专管员制度，进一步规范农村公路管理养护工作，并加快建立农村公路管理养护长效机制。

路域环境 2022年，鹿城区开展“两路两侧”三化一平问题点位动态巡察，对接督促各街镇及时做好问题点的整改销号工作，全年完成整治问题点位284处，完成率达100%。对接属地街道，督促推进完成温州西高速互通出入口环境改造提升项目。结合“两路两侧”三化一平行动方案，通过常态化日常巡察，将发现的问题点位153处分解并下发各街镇进行整治，整治完成率100%。完善公路标志标线，完成国、省道、农村公路交通标志标线增设和维护工程及双藤公路交安设施提升工程。完成13件涉路许可辅助工作、数字城管628件，赔补偿23件，金额114801元。

安全应急 2022年，鹿城区持续开展风险隐患大排查大整治行动，组织综合监督检查57次，参加检查206人次，排查出一般隐患125个，整改率100%。做好重点时段、重要节假日期间及中共二十大召开期间的维稳安保工作。对年度内第二、三、四批51个重大事故隐患点，及时销号并消除安全隐患。开展火灾防控工作，对消防设施的配备、管理和维护情况定期进行检查。创新开展两次“无脚本”应急演练，及时修订公路三防应急预案，加强公路基础设施安全检查，提前做好应急物资、机械、人员的储备保障，落实防汛防台各项准备措施。

（陈慧玲）

交通管理

概况 2022年，温州市公安局交通管理局一大队、二大队围绕“源、融、亲”三型警务、社区交警警务机制改革等部署，全力以赴保安全、护稳定、战疫情、促发展，推进改革“步子”加快、安全“底子”夯实、道路“样子”趋靓、交管“牌子”更响。一大队针对性抓好民警政治思想教育，健全纪律规范和工作规范，持续强化“三单”机制落实。年内获评全省公安机关创文明交通治秩序乱象“减量控大”系列行动成绩突出集体称号，队伍先进典型事迹受《人民公安报》《温州日报》《温州商报》等媒体报道。二大队锚定“三能”警队的目标和定位，持续释放“社区交警”机制改革红利。将法治审核关口前移，建立“三预”制度，分时限预告、预警、预裁，变“后续审查”为“会审前置”，以“提前介入+现场指导”模式倒逼案件推进。开展全警实战大练兵，交通事故处理、交管大数据建模等多个项目在全省、市公安交警系统实战练兵比武中取得佳绩。二大队四中队连续4年获评满意基层站所。

交通安全管理 2022年，温州市公安局交通管理局一大队聚焦“人、车、路、企”等方面风险隐患，探索建立交通事故防控体系，最大限度压降交通违法、消除安全隐患。交通参与者宣教方面，创新开辟“瓯江红”城市驿站宣传途径，推行重点驾驶人群体“每月一培训”，组织辖区渣土车、水泥搅拌车、危化品运输车、网约车、快递外卖、清洁环卫、施工场地等单位开展交通安全宣传授课，提升安全管理能力。推行“一老一弱”清单式精准宣传，保障辖区老年人每年、学生每学期至少接受45分钟交通安全宣传教育。道路安全隐患治理方面，推进农村道路和国、省道穿集镇公路隐患排查整治，对交通安全隐患较大的双藤公路落实设施治患。机制建设方面，实行事故防控工作“一周一研判、一月一推进”机制，并与急救中心、保险公司、医院联合建立交通事故伤者抢救绿色通道，最大限度争取抢救时间，降低伤亡率。车辆运输企业源头管理方面，创新实施重点车辆运输企业、在建工地安全门检“十个一”工作措施，实行“三色”等级预警考核，推进门检措施落地。同时通过“电子警察”巡控，将工程车闯黄灯、未按规范右转等纳入非现场抓拍，形成对工程运输车出车、行驶、归场等全过程监管，经验做法被“浙江新闻”客户端、《温州日报》等报道。

2022年，温州市公安局交通管理局二大队推行夜间勤务、“零酒驾”街区、工程车“路口八条”等创新举措，落实“亡人必溯、有责必问”的“两必”机制。道路交通亡人事故数同比下降10%，同比前三年均值下降22.88%。较大事故“零发生”，创下近5年历史新低。坚持常态化、零容忍，严查严治电动自行车、大货车、行人等事故多发群体交通违法行为。其中，查处电动自行车违法14.44万起、货车违法1.72万起、行人违法5457起，同比分别上升0.16%、40.25%、67.44%。累计排查各类道路交通安全隐患点和隐患路段共57处，其中市级道路隐患点1处、县级道路隐患点5处，全部提前完成治理。对辖区14家“两客一危”车辆企业的624辆重点车辆、519名重点驾驶员，实行隐患滚动清零，“两客一危”“三率”动态保持100%，重型货车“三率”达99%以上，特别是对危化品车辆违法记录，按照“一天通知、两天清零”的高标准，严格执行到位。有力保障学院路、江滨路、瓯江路等主干道施工期间安全畅通有序。完成疫情防控、节假日交通安保、恶劣天气应急管理等369项安保任务。

交通秩序管理 2022年，温州市公安局交通管理局一大队借助区文明办、街镇部门对交通设施进行全面提升。对马鞍池路实行全线机非隔离，百里路信河路口实行交通组织优化提升，同时对振瓯路、教场新路、瓦市巷及鞋都三期等秩序难点区域，逐点现场办公落实整改措施，保障良好的道路行车条件，提高守法率。在违法查处方面，开展电动自行车集中整治，以人性化执法赢得理解支持；清理“僵尸车”，每周与仰义、丰门街道联合开展一次扫街清零，确保违停不反弹。在责任落实方面，逐层传递压力，通过责任捆绑、月排名、周奖励实行争先竞优，在重点路口、路段细化警力布局，开展两级勤务督查，保障上路率、到岗率、管事率，以点带面推进全域整治。

2022年，温州市公安局交通管理局二大队高度重视文明创建工作，创新打造“扫街式”联合执法、“犁地式”挂牌治理、“兜底式”执法监管机制等方式，推行“一月一主题”专项整治活动，推动交通面貌持续改善。推动属地街道牵头，组建综合执法、公安交警、市场监管等部门参与的联合执法小组，每周开展“扫街式”执法严管，累计查处机动车违停2.1万起，处置僵尸车184辆，清障乱停放、无牌、超7年的非标电动车3000余辆，交通秩序持续改善。主动搭上街道环境综合整治的“便车”，将附二医、中西医结合医院、老火车站、安澜码头等堵点乱点，以及鱼鳞浃、铁道大厦、龙方家园等区间道路纳入区政府挂牌清单，压实属地责任予以整治。完成微循环建设、隔离设施增设、人行道改造、信号灯安装、停车位施划等改造任务。按照“土洋结合、重典治乱”的治理思路，争取区政府发布公告，暂停执行违停预警，实现违法查处力度全面升级。同时用好执法审查、异常数据排查、预警提示等手段，将法治审核关口前移，确保二大队在交管局历次执法质量考评、“四色考核”执法规范化专项考核中始终名列前茅。

参与全国文明城市创建 2022年，温州市公安局交通管理局一大队狠抓路面秩序整治、交通设施提升、勤务科学安排、交通宣传引导等关键环节，落实“提示、督办、问责”递进式监管。落实重点路口大队领导、中队干部、民警三级责任管理机制，大队指挥室、中队勤务室强化两级视频巡处，确保勤务到岗、管理覆盖到位。联合街道、行政执法等部门进行“扫街”治理行动，治理各类顽固及显见性交通违法，清理处置“僵尸车”309辆。强化电动自行车交通违法高压整治，共查处13万余起。启动夜间查处行动，打击电动自行车违法及夜间工程车、摩托车扰民等行为。坚持交通微循环建设，研究推进水心松柏小区、隔岸路湖滨小区、瓯浦垟棕榈湾小区等微循环方案，同时做好望江路下穿隧道重点工程周边交通组织优化。

交管服务 2022年，温州市公安局交通管理局一大队以社区交警“解决一百个群众关心的交通问题、消除一百个涉及群众安危的安全隐患”为工作目标，提升社区群众对公安交管满意度。文明城市建设攻坚期间，责任区干部、社区民警针对交通设施及安全隐患问题开展四轮全域排查，改善交通秩序面貌。开展窗口远程执法试点工作，由远程执法中心后台民警、各中队窗口一名警力实行“一对N”远程处理，大幅降低窗口一般程序处理工作量，有效助推实现“便民服务”与“窗口减负”的双赢，窗口服务满意度达99.2%。

（张苗亭　潘一雷）

编辑　孙任翔

水利

概　述

水利项目建设

水利管理与监督

温瑞塘河（鹿城段）建设

概　述

2022年，鹿城区完成水利投资7.91亿元，完成年度投资任务的113%；省水利投资完成5.86亿元，完成年度投资任务的136.4%，其中省重点水利工程投资完成2.73亿元，完成年度投资任务的144%。完成《温州市鹿城区水域保护规划》报批稿。完成总计4.2千米的海塘安澜省民生实事任务，其中七都标准堤改造加固工程获评温州市海塘安澜示范项目第二名，获得市级奖补资金600万元。年内，创成水利部第五批节水型社会建设达标县（区）。

水利项目建设

概况　2022年，鹿城区水利工程建设项目涉及区重大项目清单项目6个，计划总投资2.69亿元，其中在建类项目3个、前期类项目3个。截至年底，完成投资30410万元，投资完成率113.04%。仰义水库加固工程获2022年第一批全市水利项目“骏马奖”。

重点水利工程建设　2022年，鹿城区戍浦江河道（藤桥至河口段）整治工程计划完成投资21600万元，实际完成投资24569万元；温州市温瑞平原西片排涝工程（鹿城段）计划完成投资2000万元，实际完成投资2336万元；鹿城区海塘安澜工程（仰义塘）计划完成投资1000万元，实际完成投资1100万元；温州市鹿城区瓯江治理二期工程计划完成投资800万元，实际完成投资801万元；鹿城区仰义水库加固工程计划完成投资1500万元，实际完成投资1614万元；鹿城区卧旗山连接段市政工程完成项目建议书审批，临时便道竣工验收；鹿城区戍浦江河道上游段（大潭至下庄段）美丽河湖建设工程列入鹿城区藤桥镇（轻工园区）戍浦江流域治理及生态修复工程一期项目，可行性研究报告获批，与设计院对接修改工作继续进行。温州市西向排洪工程鹿城段拆迁工程分为三个安置地块，其中牛岭16-1安置地块和嵇师56B、58安置地块全部安置完成，双岙A-47、A-48、A-49安置地块余1户1套未安置；另外，西排历史遗留1户无产权厂房未安置。

美丽河湖建设　2022年，鹿城区农业农村局完成《鹿城区全域幸福河湖建设规划》的编制并获批，成功打造藤桥镇为水美乡镇。挖掘历史内涵，综合植入文化要素，打造共青湖美丽河湖水上碧道，使其成为展示江心屿乃至温州水文化的重要窗口，获评省市级美丽河湖；按照“视野无死角、区域有特色、整体有品质”标准，开展“中央绿轴水网”沿线景观绿化提升、文化景墙、沿线标识标牌提升设计、水文化展现等创建，创成市级美丽河湖水上碧道。

农业水价综合改革　2022年，鹿城区根据省“五个一百”创建活动要求，开展农业水价综合改革。1座机埠泵站（藤桥镇后垟村1号机埠）、1个灌区灌片（七都街道吟州村灌片）、1个农民用水管理主体（藤桥镇后垟村用水管理主体）和1个改革示范村（藤桥镇大潭村）入选全省农业水价综合改革“五个一百”优秀典型案例。

璀璨——瓯江的怀抱里躺着诗之岛江心屿，岛中心镜子般闪亮璀璨的是共青湖（严艳影摄）

农村饮用水工程建设 2022年，鹿城区完成19个单村26个供水站农村饮用水工程工艺提升及自动化改造，工程总投资3025万元，建设包括供水站的制水工艺提升改造和供水站供电、通信施工及水质监测、流量自动控制等智能化设备的安装，还包括新增水源及上山道路建设等任务。工程建成后，实现农村饮用水城乡同标、同质、同服务要求，农村自来水全覆盖，供水保证率及水质合格率达95%以上。在运行管理方面，26个供水站在提升改造的同时，继续严格落实安全供水状态，委托运行管理单位进行专业统管，做好各供水站的运行和维护工作，实时保障农村饮用水工程及供水设施正常运行。

水文化提升建设 2022年，鹿城区完成重要水文化遗产调查，整理出39项重要水文化遗产上传省水文化平台，并在省考核验收中获评优秀。完成水文化有关史志、场馆资料梳理汇总上报，为《浙水遗韵》温州分册编辑任务作出较大贡献。在水文化遗产调查中，发掘江心屿古海塘文化，制订水文化提升改造方案，完成江心屿水文化提升工作。完成1条水文化研学路线打造，完成1个水利工程与水文化融合案例，其中共青湖水文化融合工程获评省典型案例。根据《浙江省“十四五”水文化建设规划》《温州市水文化建设工作要点》等文件要求，推动水情教育基地的打造，为下一步水文化建设工作做好充足谋划。

水利数字化建设 鹿城区水利全域数字化管护平台项目总投资389.8万元。截至2022年底，完成瓯江流域水旱灾害防御应用场景、水域占用数字化审批和监管应用场景、海塘防潮风险动态评估应用场景、工程物业综合建设项目等建设任务，通过初步验收并进入试运行，同时对戍浦江流域灾害防御与工程调度应用场景、工程物业综合管控应用场景等进行优化提升。完成省水利厅水利数字化试点“揭榜挂帅”项目——区域海塘防潮能力建设，并连续第二年被省水利厅评为水利争先创优优秀案例。

海塘安澜千亿工程建设 2022年9月底，鹿城区仰义塘应急段开工；七都岛西段标准堤加固工程温州中心段于4月28日进场施工，至年底主体完工；温州大桥段完工。截至年底，总计4.2千米的海塘安澜省民生实事任务全部完成，超前完成100%节点目标。其中，七都标准堤改造加固工程获温州市海塘安澜示范项目第二名，获得市级奖补资金600万元。鹿城区农业农村局获省政府办公厅全省海塘安澜千亿工程成绩突出集体表彰。

断头河整治工程 2022年，鹿城区完成投资3505万元，完成年度投资计划的141.9%。其中，南汇街道鱼鳞浃河道挖填项目、双屿街道营楼河河道整治工程、仰双片区黄龙单元规划双桥河工程在建；上伊河、仰义直河、仰义新开河、葡萄棚河（葡萄棚单元控规B-10b、B-11b地块沿河绿化带建设）、丰门河（垟田段）、城市中心区横渎河西河道（A-19-1段）、丰门河（黄龙康城段）及瓯浦垟河清淤工程、蒲鞋市街道山根河、屿头河等9条卡口、断头河整治工程完工。

（夏琼　蒋宁　袁华义　程劲钢）

水利管理与监督

概况 2022年，鹿城区坚持“依标管理”，开展创标工程“回头看”督察行动，发挥已建工程综合效益。强化工程招投标监管和质量监督，推进安全文明施工，规范涉河审批流程，完成农业水价综合改革年度任务并通过省市年度绩效考评。完成农田灌溉水利用系数测算和考核工作，完成戍浦江河口大闸、东山里水库等控运计划编制。开展农民工无欠薪行动，构建水利建设和谐劳动关系。

工程质量监管 2022年，鹿城区加强工程招投标监管和质量安全监督，办理17个水利建设项目方案审查，完成10余个涉水涉堤项目审批意见和规划审查意见评审。年内，共有10个水利项目开标，对招投标过程开展全过程监管，立案查处1起串通投标案；开展在建水利项目各类质量安全检查35次，提出整改问题181条，收到整改回复181条，水利线上未发生任何质量安全生产事故。根据《关于深入推进全市水利建设工程安全文明施工标准化工地创建工作的实施意见》要求，督促辖区内新开工建安造价400万元以上水利建设工程创建标化工地，标化工地创建率达100%。推荐鹿城区江心屿共青湖清淤及水生态修复工程创成市标化工地；开展在建水利项目无欠薪检查，共计35次，未发现欠薪问题。

水资源管理 2022年，鹿城区强化取用水管理，严格取水许可审批及监管，加强建设项目水资源论证工作，完成取水许可审批5家，续办1家，注销2家，收取水资源费91.77万元。出台《鹿城区节约用水“十四五”规划》、完成《鹿城区水资源监控扩能提标行动实施方案（2022—2023年）》编制，创建节水标杆酒店1家、节水标杆小区6个、节水标杆学校1家、节水标杆企业1家。其中，1家节水标杆酒店和6家节水标杆小区创成省级节水标杆。

工程管理“三化”改革 2022年，鹿城区以产权为纽带、物业管理为手段、数字转型为抓手，推进“三化”改革工作。截至年底，物业化管理覆盖率90%、数字化覆盖率100%，符合不动产登记条件的确权颁证率80%。

水土保持 2022年，鹿城区加强对生产建设项目水土保持事中事后监管，委托第三方技术单位对审批项目进行实地复核，对67个在建的开发建设项目及5个自主验收项目水土保持工作开展现场监督检查，对检查中发现的问题现场要求项目业主限期整改。全年鹿城区完成水土流失治理面积6.86平方千米。

水政监察 2022年，鹿城区落实河边三化专项整治，对全区28条河道开展巡察86次，排查和梳理问题176个。按照依法依规、分类处置、属地负责等原则，对照问题清单建立销号制度，整治率达100%，其中整治乱堆乱放123个、农业种植13个、乱搭乱建26个、河面漂浮物等问题9个、其他问题5个，拆除违章712平方米，清运垃圾废品4200余吨。

（夏琼　袁华义　蒋宁　叶晨晨）

润物——温瑞塘河静静流淌，无声滋润两岸的生灵　　（严艳影摄）

温瑞塘河（鹿城段）建设

概况　2022年，鹿城区温瑞塘河工程建设中心推进“一环三线”绿道建设，优化塘河生态环境，完成泰屿嘉园等5个安置房及国有资产的移交工作。

重点建设项目　2022年，温瑞塘河（鹿城段）工程累计贯通绿道约1.6千米、建成绿地约2.23万平方米。蒋家桥二期沿河绿道、金桥等六座大桥沿河绿道完成竣工验收；横渎河滨水公园A-27、A-43地块沿河绿道完工；核心片区葡萄棚单元A-04地块沿河绿道完工。

温瑞塘河综合整治　2022年，温瑞塘河（鹿城段）实施山下河应急清淤工程，清淤总长约1.2千米、体积约1.04万立方米；通过传统保洁与智能化无人保洁的协同推进、有机结合，实现塘河流域范围内49条、213万平方米河道的保洁全覆盖。全年开展水陆同步的保洁巡察130次，督促整改问题158个，打捞浮萍等水生植物35吨，清理河面垃圾1100吨，确保“三无”达标；开展找短板、寻盲区、查漏洞、挖死角专项行动，排查梳理、整改落实问题20余个，其中重点问题5个。同时，做好蒲鞋市街道应急整治项目、广化街道双桥河整治项目、南郊街道蛟尾堡河整治项目、五水共治巡逻等重点工作。

（王仁政）

编辑　朱凌云

城乡建设·生态环境保护

城乡规划

建筑工程建设

建筑管理

土地储备出让

城中村改造建设

房产市场管理

房产管理

物业管理

生态环境保护

城乡规划

概况　2022年，鹿城区城乡规划工作紧扣温州大都市区总体布局，不断推进国土空间规划编制，精准发力区域规划修编，潜心开展规划课题研究，较好地发挥了对城乡发展的战略引领和综合调控作用。

国土空间规划编制　2022年，鹿城区国土空间规划工作有序推进。在国土空间“三区三线”划定过程中，市自然资源和规划局鹿城分局联系市、区两级，争取土地要素与政策向鹿城倾斜；动员各街镇和相关部门，梳理近期拟实施的重点项目，为鹿城区“十四五”期间30余个重大产业、交通、水利、民生等项目的落地留足空间。经多轮试划和统筹完善，“三区三线”划定成果于9月30日经自然资源部批复正式启用，作为报批建设项目用地用海的依据。在此基础上形成鹿城区山福镇和藤桥镇国土空间总体规划初步成果。推进“多规合一”实用性村庄规划编制工作，完成山福镇夏嘉村和藤桥镇姜村村两个试点村的村庄规划报批成果。

建设用地规划编制　2022年，市自然资源和规划局鹿城分局共开展《温州市旧城A-10地块控制性详细规划修改》等24项控规修改工作，其中《温州市核心片区吴桥单元A-34等地块控规修改》等12项控规修改获得批复。开展《温州市核心片区江心屿单元（0577-WZ-HX-30）西园控制性详细规划》等3项控规编制工作，其中2项获批。在规划研究和深化方面，持续推进规划论证和前期协调工作，在年度内共开展《温州市核心片区葡萄单元B-01等地块设计条件论证》等18项弹性论证工作，其中9项结题；开展《温州市核心片区商务单元B区块》《温州市七都岛03-C-06地块》等54个出让类及划拨项目的规划条件研究工作。做好区域交通规划研究，开展府东路过江通道、七都二桥、330国道改建工程跨瓯江通道等涉及的控规修改和弹性论证工作。完成《绕城高速藤桥连接线改建工程规划红线修改》《七都二桥及延伸线（七都段）规划红线调整及05-B-35a等地块论证》2项选址论证工作。在规划助力做地出让方面，合理安排用地指标，保障重点项目用地需求。按照时间节点制定核心片区商务中心单元、七都未来科技岛地块、温州西部新城、城市中心区、双岙单元等片区各项住宅用地、商服用地的规划条件及红线。全年共出具规划设计条件135件、用地红线136件、临时用地红线9件。

（郑颖婕）

建筑工程建设

概况　2022年，鹿城区有建筑企业167家，其中施工总承包特级资质企业1家、施工总承包一级资质企业12家。全年建筑业呈现快速增长势头，完成建筑业省内产值293.15亿元，同比增长15.65%，增速比上年加快13.19%，增速排名全市第八，产值总量蝉联温州市第一。年内，鹿城区住房和城乡建设局（简称鹿城区住建局）推进各项民生举措落地，引导建筑业高质量发展，“大建大美”项目、城乡风貌样板

2022年5月30日，鹿城府东未来社区获浙江省首批未来社区称号　　（区住建局提供）

区打造、未来社区建设、“强社惠民”试点改革、老旧小区改造、城乡危旧房治理、交通治堵等民生实事项目取得新突破。其中，未来社区建设、老旧小区改造、既有住宅电梯加装、交通治堵等10项指标位居全市第一。

大建大美项目建设　2022年，鹿城区启动总投资1645亿元的272个“大建大美项目”，其中市级项目131个。全年共开工88个项目，建成81个项目，完成投资额227亿元，累计开工数、累计建成数均位列全市各县（市、区）第一。

市政项目建设　2022年，鹿城区超额完成新增城市道路长度5.5千米，超额打通郊尾路南段、里垟南路西段和双星路3条断头路，新增停车位20162个（含公共停车位675个、临时停车位1039个），建设完成电动自行车充电桩19510个，交通治堵民生实事建设在全市排名中并列第一。启动七都二桥工程前期工作，完成桥梁主体设计和施工招投标。鞋都—瓯北过江通道项目完成前期方案研究，沿江快速路一期（西段）工程一标段进场施工。建立鹿城区有位有序停车工作专班协调机制，牵头停车有位相关事宜，制定停车设施三年建设行动计划和停车专项规划。

城乡统筹发展　2022年，鹿城区累计实施综合整治类老旧小区改造60个，其中完工30个、新开工30个，开工数、完工数均位居第一。其中，松园小区入选2022年住建部发展工程联系点，连续两年成为温州市唯一入选住建部重要联系点的地区。“开发建设老旧小区改造智慧系统实现在线申报、在线受理、在线审批、在线公示”“盘活闲置用房完善‘一老一小’服务设施”“建立小区党支部、业主委员会、物业公司三方联席协商机制”等老旧小区改造创新做法被纳入住建部《城镇老旧小区改造可复制政策机制清单（第五批）》。既有住宅加装电梯90台，年度指标完成率100%，投用总量系全市第一。高品质推进17个生活小区类雨污管网整治工程创建工作，总投资金额1.03亿元。完成省级绿道4号线全线贯通建设任务，合计长度46.81千米，获全市六比晾晒指标前三的名次。印发《温州市鹿城区近期海绵城市建设实施方案》。藤桥镇石垟村通过省建设厅“美丽宜居示范村”创建验收。

未来社区建设　2022年，鹿城区通过编制城镇社区建设专项规划，谋划全域未来社区建设，专项规划入选全省优秀方案名单。累计创建省级未来社区17个，其中2022年成功申报创建第五、六批省级未来社区10个，府东、清风、新田园3个社区通过省级验收，以上数量均为全市第一。打造“一老一小”场景，8个社区成功入选“一老一小”服务场景名单，数量位列全市第二。

城乡风貌整治 2022年，鹿城区联动“瓯江沿线”“塘河沿线”“中央绿轴”“历史文化街区”等开发建设，建成一批城市亮点项目，城乡形象得到提升。累计成功创建样板区试点7个，数量位列全市第二，其中禅街—五马街—公园路传统风貌样板区、九山湖—茶花传统风貌样板区通过验收，数量位列全市并列第一。禅街—五马街—公园路传统风貌样板区入选新时代富春山居图。

城乡危旧房治理改造 2022年，鹿城区通过修缮加固、拆除等方式，完成132幢城镇存量C级危房的实体解危，实现省定三年目标在一年半时间内完成，实现全区所有存量城镇危房全部销号清零。同时，根据上级部署开展自建房安全隐患整治、全省第三次城镇房屋调查登记等工作。

建筑业产业政策更新 2022年，《温州市鹿城区人民政府关于印发进一步加快现代服务业高质量发展的若干政策意见、进一步加快开放型经济发展的若干政策意见以及工业经济高质量发展的若干政策意见的通知》发布。该产业政策涵盖全区企业资质升级奖励和标化工程、优质工程奖励及建筑业营收奖励、建筑业企业高管子女入学倾斜等政策，精准扶持，利用政策红利扶持建筑业企业做大做强。

建筑管理

概况 2022年，鹿城区住建局为促进疫情下复工复产工作，优先采用“承诺先行，容缺受理”方式，提速工程审批进度。推进审批窗口“一窗受理、集成服务”、政务服务“一窗式”等改革，建立帮办代办服务制度，将豁免制度与施工许可多合一改革有效整合，实现“预验即试产”政策落地。实施“资格预审＋评定分离”模式，有效保证项目创建进度和质量。抓牢201个区管在建工地的安全生产、文明施工、质量安全“动态监管”，全域推行“标化工地”“智慧工地”“清廉工地”创建，确保建筑施工领域安全生产形势平稳发展。年内，出台“清廉工地”创建活动实施方案（试行）试点推行；扬尘处罚数量和标化工地中间验收数量名列全市前茅，创成省标优良工地3个、市标优良和示范工地26个、区级标化示范工地32个。

工程质量安全监管 2022年，鹿城区住建局创新建立全市首个建筑工地“红黑榜”机制，加强对起重机械、高支模、深基坑等危险性较大的分部、分项工程安全管理和创文监管，整治违法违规行为。累计开展6期建筑工地“红黑榜”评比活动，通报表扬“红榜”工地7个，通报批评并信用扣分“黑榜”工地44个。突出清单化检查工作，制定《鹿城区建筑施工领域安全生产检查清单》，加强建筑工程风险隐患排查和整治行动，累计排查风险点568个，查处风险问题1744个；组织危大工程专项检查，累计发出整改通知书704份，移送鹿城区综合行政执法局扬尘案件30件，其中25起立案并作出行政处罚，处罚金额93.48万元；约谈建筑工地存在违规施工问题的企业计26家。

建筑安全验收 2022年，鹿城区住建局验收工程项目110个，其中房屋建筑工程80个，建筑面积508.09万平方米；市政基础设施工程30个，工程总造价2.5亿元。全年新办理装修施工许可项目43个，检查面积15.5万平方米。2个项目获评“钱江杯”优质工程，7个项目获评“瓯江杯”优质工程，28个项目获评“白鹿杯”优质工程。

市场环境优化 2022年，鹿城区住建局共立案查处违法、违规行为24起，罚没款139.45万元。部署扫黑除恶任务，遏制建筑工程领域的强揽业务、暴力讨薪、聚众滋事等现象。全年共受理群众网上平台来电、来信9322件，办结率100%，解决房闹事件10余起，其中“鹿城区工程类管理类信访增长过快问题整改案例”被评为市级示范案例。年内，推行在建工地“无欠薪”创建全覆盖，开展无欠薪检查58次，累计下发整改通知单43份，开展无欠薪交底会7次。区住建局共收到欠薪投诉并妥善处置2142起，为3000余人追回金额约4000万元，基本化解“无欠薪”治理难题，未发生一起因欠薪引发影响社会稳定的重大恶性事件。针对行政争议化解工作，加大协调力度，共受理、答辩一审行政诉讼案件26例。

强化住房保障工作 2022年，鹿城区住建局完成3359套保障性租赁住房录入省政府民生地图管理系统工作，完成率为166.53%。录入浙江省保障性租赁住房管理服务系统2021—2022年度项目合计7591套（30个项目），其中2022年筹集4207套（14个项目）。完成人才公寓住房资格年审216件；筹集配售型人才住房530套；新开工建设南郊昌祥小区配租型人才房项目1.62万平方米。

招投标服务优化 2022年，区住建局推行“资格预审和评定分离”工程招投标模式，择优选择中标企业。启用企业信用分，突出企业信用分作用，规范建筑市场。建立招标文件的内审机制，确保招投标过程中的公平、公正、公开。年内完成中标备案工程共167件，工程总造价约61.16亿元。

2022年度鹿城区建筑行业突出贡献单位一览表

表16

奖项	项目名称	承建单位/单位
浙江省建筑施工安全生产标准化管理优良工地	温州市七都万国花园（暂名）02-T01-03A地块房地产建设项目	浙江中瑞建筑工程有限公司
	温州市城市中心区前网D街坊东片地块项目D-46、D-47、D-48地块一标段	展宇建设集团有限公司
	温州市中央绿轴E21地块商办安置房建设工程	三箭建设工程集团有限公司
温州市级建筑安全文明施工标准化示范工地	温州市城市中心区前网D街坊东片地块项目D-46、D-47、D-48地块一标段	展宇建设集团有限公司
	温州市滨江商务区蒲州片P03-06地块安置房工程	展宇建设集团有限公司
	中央绿轴区F-01地块、规划五路地下空间建设项目	中建三局集团有限公司
	温州中胤鞋服有限公司年产200万双鞋履智能化生产基地建设项目	温州市万丰建设工程有限公司
温州市安全生产文明施工标准化管理优良建筑工地	温州市中央绿轴D-02地块项目	浙江昊然建筑工程有限公司
	温州市仰双片区黄龙单元垟田村二期东片地块	浙江新邦建设股份有限公司
	温州市银座鞋业有限公司年产165万双皮鞋制造生产基地建设工程	新宇建设有限公司
	温州兴立鞋业鞋都铁路沿线西侧52号地块新建厂房制造建设项目	温州帅华建设有限公司
	温州市滨江商务区杨府山北侧03-02-51B地块安置房建设工程	浙江新邦建设股份有限公司
	温州市仰义洞桥旧村改造B-05地块	中海建筑有限公司
	温州市滨江商务区洪殿片区杨府山北侧03-02-36地块安置房建设工程	温州正康建设有限公司
	温州市城市中心区前网D街坊东片地块项目D-46、D-47、D-48地块二标段	浙江新邦建设股份有限公司
	温州市城市中心区横渎北A-25地块项目一标	浙江杰立建设集团有限公司
	温州市城市中心区横渎北A-25地块项目二标	华新建工集团有限公司

续表 16

奖项	项目名称	承建单位 / 单位
温州市安全生产文明施工标准化管理优良建筑工地	温州市梧田站南片整合规划A-06b地块电信机房建设工程	浙江新邦建设股份有限公司
	温州市核心片区洪殿单元F-19地块安置房建设工程	正坚建设有限公司
	温州市核心片区葡萄棚单元B-14地块建设项目	中铁建设集团有限公司
	温州中国鞋都产业园区三期13-1地块（潘岙村三产留地）建设项目	温州建设集团有限公司
	温州市仰双片区中央涂单元D-05b地块项目	中铁建设集团有限公司
	温州市滨江商务区老港区二期03-01-17地块地上、地下空间和03-01-16地块地下空间建设项目	华新建工集团有限公司
	温州市鹿城区藤桥新建社区建设工程（轻工园区B-1、B-3、B-4、B-6地块）	上海二十冶建设有限公司
温州市安全生产文明施工标准化管理优良建筑工地	双屿街道垟田村A-09地块三产安置房	浙江新邦建设股份有限公司
	鹿城区鞋都三期07-01-02地块拆迁安置工程	温州市万丰建设工程有限公司
	瓯浦垟鞋业制造小微园	浙江长锦建设有限公司
	温州市中国鞋都铁路沿线西侧12号地块建设项目（潘岙村三产留地）	浙江新邦建设股份有限公司
建筑业强企	—	浙江实强建设有限公司
	—	浙江视野建设集团有限公司
	—	浙江绿艺建设有限公司
	—	温州市华昌建设有限公司
	—	温州华睿建设有限公司
	—	三石建工集团有限公司
	—	正坚建设有限公司
	—	温州市万丰建设工程有限公司
	—	广拓建设有限公司
	—	温州益德建设有限公司
	—	温州振华建设有限公司
	—	金达建设有限公司
	—	温州隆盛市政建设有限公司
	—	浙江艺安建筑工程有限公司
	—	温州晟泰建设工程有限公司
	—	温州中越园林建设有限公司
	—	恒运建设有限公司
	—	温州市宏泰建设有限公司

续表 16

奖项	项目名称	承建单位 / 单位
建筑业强企	—	温州市华宏建设有限公司
	—	浙江万邦建筑装饰工程有限公司
突出贡献企业	—	温州海旭建筑工程有限公司
	—	新宇建设有限公司
	—	平安建设集团有限公司
	—	三箭建设工程集团有限公司
	—	万洋集团有限公司
	—	浙江沣洲建设有限公司

（郑凡）

土地储备出让

概况 2022年，鹿城区开展做地清零、地块收储、规划前期研究与编制工作，通过控规修改、功能定位、做地谋划等方式，加快未来社区建设和推进数字化改革，促进全区做地出让、城乡建设与区域发展迈上新台阶。年内完成出让地块34宗84.07公顷，面积市区占比40.01%，出让金收入计211.22亿元，市区占比57.74%，均居市区第一。

全域规划研究 2022年，鹿城区土地储备出让中心完成《鹿城区做地五年行动规划研究（2021—2025年）》《温州鹿城全域未来社区中长期规划研究》课题研究，明确区块化做地、重点板块及重大项目优先、成片发展的做地思路。府东未来社区于5月完成验收并位列浙江省首批28个未来社区，瓯浦垟社区等3个社区入选浙江省第五批未来社区创建名单。研究讨论《2023年经营性做地计划（初稿）》，制定《工业用地做地出让三年行动计划（2022—2024年）》。

城区重点区域提升 2022年，鹿城区针对重点区域和重大建设项目（含城市设计），完成《温州农业科技城开发实施策划方案》《鹿城区特色片区和特色庭院建设规划》《七都岛七都大桥以西重点地块城市设计与方案研究》等课题研究，完成《温州西部新城概念规划、中央涂单元控规修改暨沿江重点区块城市设计深化》规划编制，开展《西部新城启动区概念方案设计及重点地块建设方案设计》招标工作，为推进城市西优战略、打造城市西部门户地标、提升西部城市能级及综合承载力提供规划保障。开展南郊吴桥、丰门鞋都（一、二、三）前期谋划研究，为建成功能齐全、配套完善的鞋业产业集聚区提供规划指引。

城区老旧中心提升 2022年，鹿城区土地储备出让中心完成七都岛04-A-05、广化单元A-10等8个地块控规修改（修编）及江滨单元D-07等3个地块规划条件论证。加强公配补短提速研究，对于老旧城区等配套设施历史欠账较大的区域，按照新的配套标准补足配套设施短板。例如，落实七都板桥未来社区龙形公园规划建设等公配设施规划。

土地市场营商环境提升 2022年，鹿城区本级完成做地188.93公顷，其中涉及市对区做地督办考核完成119.27公顷（居三区第一）。通过提前介入储备，对做地完成度靠前地块，要求各街镇先行报区政府收储请示、同步权调入库发现做地问题并督办通报，提速各街镇攻坚清零。截至年底，完成权调入库31宗77.53公顷，完成储备24宗60.2公顷，全区在储地块共计98宗，面积133.47公顷。坚持工作进度周通报制度，按照“部门发现问题、街镇解决问题、领导协调问题、纪委督查问题”的工作闭环，强化“一宗地一专班一清单”节点化管理，督促街镇按时按量按质完成年度目标。

土地资源利用再提升 2022年，鹿城区低效用地再开发任务140公顷，完成204.47公顷、完成率146%。按照土地地类以国土调查三调为基准、空间管控以部划定的国土空间“三区三线”为依据的新低效用地调查技术规则，经过近3个月的调查，完成年度更新成果并于11月底通过省自然资源厅检查。

“限价商品房”模式探索 2022年6月，温州市政府发布15项支持合理购房需求的政策，原则上不再新建划拨和出让性质的安置房，加快推进房票流通体系建设。为执行市政府新政并进行平稳过渡，鹿城区在原有安置性商品房政策基础上，结合房票政策，创新推出“限价商品房”模式，完成挂牌出让限价商品房地块25宗64.47公顷，出让金收入135.4亿元。

工业项目拿地即开工模式探索 2022年1月，温州中国鞋都产业园区三期02-1地块作为全区首宗简化二次开发流程的试点项目顺利成交，并成功实现项目拿地即开工。该地块在出让方案研究时一并研究地块二次开发方案，明确二次开发的相关指标，如建筑高度、容积率、建筑密度等，同意竞得企业竞得地块后可根据需要直接进行二次开发，不用另行审批，并将该条款直接写入《国有建设用地使用权出让合同》予以执行。该模式简化工作流程，加快项目审批速度，为工业项目拿地即开工创造了有利条件。温州中国鞋都产业园区三期03-1地块和温州市藤泽片区轻工产业园区单元F街坊下岸A-04-1地块先后作为简化二次开发流程项目进行成交。

城中村改造建设

概况 2022年，鹿城区城中村改造建设中心指导各街道开展安置提速疑难户化解相关工作，化解满5年未安置等历史遗留问题。每季度组织人员到基层开展征收集体土地涉及房屋补偿政策培训。完成城中村、棚户区改造、建设项目清零、安置提速、商品性质安置房建设等工作。全年牵头召开改造周例会27次、化解历史遗留问题270余个，召开评估价格联审会议22余次，研究项目（地块）60余个，讨论确定180余项价格。

城中村、棚户区改造 2022年，鹿城区城中村改造建设中心牵头梳理完成老旧片区拆改三年计划（2022—2024），推进丰门街道嵇师村戴宅自然村、潘岙村上叶自然村等城中村改造以及九山A-08地块、东瓯王庙、吴桥片区二期等项目签约工作，累计完成签约2778户，完成旧房拆除约176万平方米。其中五马街道东方灯具市场、双屿街道三组团和丰门街道潘岙村上叶自然村、上庄自然村及嵇师村戴宅自然村等地块完成拆除。完成南汇街道鱼鳞浃村、双屿街道牛岭村整村及18处遗留建筑清零。年内，完成棚户区改造年度投资5亿元，竣工46633套，完成率100%；完成交付44558套，完成率95.5%。按照《转发住房和城乡建设部办公厅等3部门关于报送2023年保障性租赁住房、公租房保障和城镇棚户区改造等计划的通知》精神及要求，完成4个项目的6360户、9990套的棚改计划报送。

安置提速 2022年，鹿城区建立由区分管领导牵头的安置提速工作每月会商机制，制定安置提速涉及开工、建成、认购定位、交钥匙任务清单。配合区委、区政府、区纪委联合督查组开展做地出让和安置提速工作督查，印发通报50期，倒逼加快安置房开工、建设及安置项目认购工作。年内，市对区考核任务开工8个5144套，完成率100%；认购21个11492套，完成率137.88%；建成19个16499套，完成率100%；交钥匙22个10706套，完成率103.23%。

安置性商品房建设 2022年，鹿城区成交安置性（限价）商品房项目共16个，总建筑面积169万平方米，总筹集款169亿元；承接的区重大项目考核共32个（续建24个，新开工8个），完成年度投资额的100.9亿元，投资额完成率171%，新开工项目全部提前开工。完成划龙桥、双桥、里垟、横渎、中央涂等项目累计开票226.61亿元，争取留抵退税金额18.71亿元，为安置性商品房转移登记涉及相关税费支付提供保障。

（邵忆文）

房产市场管理

概况 2022年，在房地产市场整体下行的背景下，鹿城区商品房销售面积纳入统计共141.97万平方米，同比增长-20.7%；从业人员工资总额纳入统计为12.89亿元，同比增长8.7%。年内，累计办理存量房备案共11327件，交易面积105.1万平方米，办理网签合同11045件；办理资金监管311件，监管金额约1.86亿元；受理个人首次购房补贴1517件，金额959.2万元。完成预售项目开盘以前的计划填报、现场勘查、资料预审、价格会商指导、开盘现场监管以及开盘后的名单核对等工作。全年开盘监管商品房项目27宗，建筑面积82.34万平方米。

温暖安居春风行活动 2022年，鹿城区住建局配合市住建局组织在鹿企业“温暖安居春风行”活动，助力销售商品房161套，建筑面积达1.75万平方米。

房产管理

概况 2022年3月，区住建局和区房管中心机构整合，区房管中心归口区住建局管理。年内，区住建局推动公租房、保障性住房、人才住房和直管公房等民生领域工作有序开展，落实住房保障新政举措，持续做好保障覆盖扩面。截至年底，全区共有公租房保障对象25927户，其中实物配租保障对象3261户、货币补贴对象22666户，该年度共计发放公租房租赁补贴约2.4亿元。两次发布温州市鹿城区第三批人才住房配售申请公告，满足120名在鹿人才住房需求。联合区委人才办组织鹿城区首批人才看房选房专项活动，共吸引全区93名高层次人才参加。全区在管直管公房底数为5910户，其中无历史承租人房产为218户，未出租65处房屋全部按规处置，减少直管公房闲置现象，促进国有资产管理规范化。

住房保障工作覆盖面扩大 2022年，鹿城区分别召开两期公租房实物配租摸文大会，共有272户城镇低收入住房困难家庭成功配租。举办温州市瓯欣嘉园二期公租房入住仪式，为499余户已配租选房的保障家庭分批办理入住手续。

公房管理规范 2022年，鹿城区住建局落实疫情减免红利，对承租直管公房的个体工商户及小微企业落实疫情减租红利，一、二季度共计减免1001户，减免租金727.5万元。有序合规推进租赁权拍卖工作，对全区在管直管公房进行系统、全面梳理。规范直管公房安全巡察工作，包括明确巡察内容、巡察频次和制定巡察表格、巡察工作指南、隐患整改各类通知等，第一次实现直管公房安全巡察季度全覆盖。在四轮直管公房安全巡察中发现81处安全隐患，均落实整改。

直管公房安全工作 2022年，在浙江省城镇危旧房治理工作中共排查出鹿城区C、D级直管危房186幢。截至5月，鹿城区住建局联合属地街道完成全部直管公房实质性解危。对辖区范围内属于历史建筑或文物建筑的危旧公房实行保护，通过与区文广旅体局、区历史文化街区建设服务中心、属地街道合作的方式，完成永宁殿的保护修缮工程，县前头135号（新四军驻温采购办旧址）、军装局21号（岳宅）均进场施工。

房屋征管工作 2022年，鹿城区住建局受理国有土地上房屋征收决定项目15例，其中作出国有土地上房屋征收决定（征地房屋补偿批复）8例，涉及被征收总户数1281户，房屋征收面积共约145.45万平方米；受理补偿决定44例，作出告知书22例，依法做出补偿决定书（补偿安置决定）8例；承办行政复议、诉讼案件41例，裁判案件无败诉现象；共办理质押登记40例，涉及质押金额7051.80万元。全年拆迁类信访积案化解交办数共110件，全部化解；全区共26个房屋征迁扬尘污染防治地块，全年累计巡察208次以上，发出整改、限期整改等各类通知8份、通报2份。

物业管理

概况 2022年，鹿城区有物业小区816个，登记在册物业企业145家。鹿城区住建局完成物业用房配置手续25件，办理物业用房移交手续7件；完成物业管理合同备案127个，总建筑面积953万平方米；完成物业项目招标备案34个，完成21个地块图纸会审。深化物业行业监督管理，出台基层小区治理考核细则（物业管理），组织开展街镇物业管理业务培训，开展物业管理示范项目初评、复验，创建10个“美丽小区”。

“强社惠民”改革 2022年，鹿城区住建局制定鹿城区“强社惠民”集成改革试点工作方案并打造5个现代社区强社惠民示范点，探索可持续发展的营利性收入反哺社区公共服务建设之路，打造可复制、推广的鹿城样板。其中，蒲鞋市芳园社区成立全省首家社区惠民公司的做法，被《浙江日报》和浙江新闻客户端报道。试点改革经验做法形成专报在“鹿城信息”发布。

物业服务提质扩面 2022年，鹿城区制定《关于进一步加强物业管理工作“五条举措”的指导意见》，并率全市之先开展住宅小区物业企业及其管理项目“红黑榜”考评，完成5期公示。完成鹿城区无物业小区清零，开展百日攻坚专项行动推动无物业小区专业化物业覆盖。探索试点“信托物业”制度，确定芳景大厦和嘉和花园为信托物业试点。

（郑凡）

生态环境保护

概况 2022年，鹿城区围绕创建全域“无废城市”，推进全区生态文明建设，完成国家长江经济带生态环境问题督察、省委专项督察工作。印发《鹿城区2022年度美丽温州建设（生态文明示范创建行动）工作责任书》，落实《鹿城区全域“无废城市”建设工作实施方案》。创成省级全域无废城市。“七张问题清单”重大生态环保督察清单下半年鹿城区稳居全省前二十、全市第一，其中8月排名全省第一。年内，温州市生态环境局鹿城分局获全市生态环境执法技能比武集体三等奖。经6年一次的省检验检测机构资质认定评审会评定，取得资质认定证书，具备了7大类别123个项目的检测能力，其中新扩项目9项，新增监测方法7个。鹿城区51个“无废细胞”创建工作完成，丰门街道鞋艺小镇获评美丽温州体验地。

环境质量 2022年，鹿城区环境空气质量优良天数337天，优良率93.4%。PM2.5、PM10、二氧化硫、氮氧化物、一氧化碳、臭氧等6项指标全部达到国家二级标准，PM2.5年均值为24微克/立方米。城市集中式饮用水水源地水质达标率保持100%，省控以上断面Ⅰ～Ⅲ类水质比例为66.7%，市控以上断面Ⅰ～Ⅲ类水质比例为85.7%。城市区域环境噪声平均值为54.9分贝，交通干线噪声平均值为67.6分贝。

五水共治 2022年，鹿城区完成12个街镇的17个生活小区建设项目和21个新建排水管网整治项目，总投资额为5.52亿元；新建管网5.05千米、提标改造管网165.5千米。全区设区级河长30名、镇级河长143名，开展464条河段14921次的巡河行动，上报、处理问题11187个。在全市首创“水医院”问诊平台，邀请省级专家“诊断”，对全区10条河流（河段）进行精细化排查，构建排查诊断“一张图”，制定河流诊断“一河一方”。

污染防治攻坚 2022年，鹿城区完成三类行业环境污染专项整治工作，整治提升197家，淘汰关停30家；完成低VOCs原辅材料源头替代20家、VOCs治理低效设施改造升级100家、燃气锅炉低氮改造4家、工业企业恶臭异味治理5家。加强对非道路移动机械、柴油车的污染防治监管，完成柴油车道路监督检测抽测12次、入户抽测200台；完成非道路移动机械编码登记630辆、抽测134辆。启动耕地土壤重金属污染源解析工作（中央资金项目）；贯彻执行《中华人民共和国土壤污染防治法》，全年土地安全利用率达100%。组织排查小微产危废企业底数，规范小微危废收运管理，以“应纳尽纳”为目标，持续扩大浙江省固体废物监管信息系统覆盖面，签约完成率达102%。

环境问题及整改 2022年，鹿城区重大生态环保督察清单管控力指数排名稳中求进，录入督察在线省市标问题2694个（其中省厅录用1216个）、县标问题10455个；进入省级清单问题3个、市级清单问题13个、区级清单问题36个。推送省、市示范榜3篇，其中省厅分界面示范榜录用1篇。完成二轮央督信访件整改86件、反馈问题整改5个、举一反三突出生态环境问题整改31个；完成2021年省委专项督察交办信访件整改10件、反馈问题整改3个；完成2022年省委专项督察交办信访件整改4件。

智慧环保建设 2022年，鹿城区开展“绿箭”、医疗机构污水治理、区建筑工地噪声防治联合检查、区生态环境除险保安等专项工作，出动执法人员8803人次，累计检查企业3574家次，帮助企业解决环境问题888个，查处违法案件87起（其中五类案件6起、移送公安5起，刑事拘留15人），调处信访件356件（同比下降23%）。推进环保管家项目11个；环保码申领达100%；实现在线监控联网系统对辖区21家重点污染源企业的24小时监管全覆盖；实现工况监控系统对企业生产、治污设施运行的智能监管。

减污降碳推进 2022年，鹿城区构建污染源账户、碳账户数据库，将废水、废气、固废、碳排放等相关污染因子尽收入库，推进固定污染源排污许可证多环境要素“一证式”监管，完成录入企业数2838家。完成2021年度鹿城区温室气体清单编制工作和35家排污单位总量审核、所有排污权单位在省平台确权登记工作。

项目改革创新 2022年，鹿城区以环保码工作为基础，建立基于“行业企业自律、第三方技术支持、执法监督管理”模式的鹿城区制鞋行业的环境闭环管理体系。在后京电镀园区构建基于“企业自律”“积分管理制”模式的电镀行业闭环管理体系。以鞋革、电镀、五金、建材和废弃资源综合利用为试点，开启生态环境“精准化”“协同化”“长效化”深度服务模式，建立“法律体检”服务长效机制。

（王珏）

编辑 朱凌云

2022年5月22日至6月底，温州市生态环境局鹿城分局承办2022年温州市生物多样性保护科普巡回展，在区内多个大型公园、广场巡回展出，开展生物多样性保护宣传
（市生态环境局鹿城分局提供）

经济管理

财　政

税　务

国土资源管理

市场监管

公共资源交易管理

统　计

审　计

财　政

概况　2022年，鹿城区实现地区生产总值1307.71亿元，按可比价格计算，增长2.0%。其中，第一产业增加值2.40亿元，增长5.4%；第二产业增加值313.65亿元，增长1.4%；第三产业增加值991.65亿元，增长2.2%。三次产业结构比为0.2：24.0：75.8。按常住人口计算，人均地区生产总值109845元，增长1.4%。城镇居民人均可支配收入81666元，农村居民人均可支配收入46176元，分别增长4.6%和7.7%。全社会固定资产投资增长20.3%。社会消费品零售总额816.9亿元，增长2.2%。外贸进出口总额577.34亿元，增长21.9%，其中出口558.75亿元，增长23.2%；进口18.59亿元，下降7.5%。全区财政总收入57.35亿元，扣除留抵退税因素后上升8.8%，其中一般公共预算收入35.77亿元，扣除留抵退税因素增长3.9%，占GDP的2.0%、占财政总收入的62.4%。一般公共预算支出85.09亿元，增长8.1%。全年财政收支平衡。

组织财政收入　2022年，鹿城区财政局定期召开财税收入专题分析会议，通过对税源、收支预算执行情况进行分析和预测，及时研判收入形势。全区税收收入26.27亿元，剔除留抵退税因素增长1.8%，占一般公共预算收入的73.4%。依托全省统一公共支付平台，推广“浙里缴费”在各大场景的应用，构筑高效、便捷、安全的政府非税收缴渠道。全区非税收入224.82亿元，增长8.0%，其中纳入一般公共预算收入管理的非税收入9.50亿元，增长13.2%。全年新增地方政府债券限额55.50亿元、发行再融资债券35.60亿元。争取各类上级转移支付资金20.47亿元，其中获拨中央预算内投资资金7100万元，金额居全市首位。

支持经济发展　2022年，鹿城区财政局落实惠企助企政策，兑现涉企奖补资金7.74亿元，同比增长37.7%，办理留抵退税44.50亿元，助力经济企稳回升。落实国有房屋租金减免政策，减免租金2693万元、惠及全区3614户承租户。坚持创新在现代化建设全局中的核心地位，设立鹿城区首支总规模10亿元的科创投资基金，吸引优质创投企业集聚投资。根据资金情况和项目的轻重缓急，全年安排政府投资项目支出62.90亿元，保障重点项目建设。

保障民生支出　2022年，鹿城区民生支出66.63亿元，增长9.1%，占一般公共预算支出的78.3%。全年安排疫情防控资金7.10亿元，增长364.1%。全力保障免费核酸检测、隔离点建设及运行、防控物资采购等防疫重点领域支出。发挥财政支农资金撬动引领作用，全年安排土地出让金收入的5.8%用于保障农业农村优先发展，向上争取5.14亿元发债资金投入乡村振兴和新农村建设。全年教育支出23.80亿元，增长11.7%。投入资金4221万元用于民转公专项工作，实现绣山中学、籀园小学等6所中小学转公、撤并。投入824万元购买学位服务，新增鹿城区义务教育公办学位4118个，民办学生规模控制在2.6%。落实困难群众、孤儿及困境儿童、残疾人等特殊群体救助补助1.35亿元。获批探索支持幸福养老财税政策省级试点，落实高龄老人津贴制度，保障22家居家养老服务中心改造提升。

财政改革深化　2022年，鹿城区建立健全国资监管制度，创新性提出优化区属国有企业经营管理的五条机制、十五条保障措施，推进国有企业管理体系和管理能力现代化。推进“浙里捐赠”共富试点，入选“浙里捐赠”全省首批试点单位，并作为全市唯一被纳入浙里捐赠平台“扩中”家庭慈善项目的试点单位，上线“为老人添餐”“困难家庭孩子微心愿”“大病救助”等项目。开通全省首个数字人民币应用场景，做好“浙里报”“浙里办票”等项目。提升预算管理数据的贯通时效和质量，在预算管理一体化系统建设考核中连续3个月取得全省第一。

财政监管强化 2022年，鹿城区做好政府债务管理工作。完善“三色榜”机制，张榜晾晒各单位债券资金使用进度，并将债券资金绩效与新增债券额度挂钩，防止资金闲置、挤占、挪用。做好预算绩效管理工作。强化预算责任和绩效责任“双约束”，实施预算绩效评审项目119个，涉及资金36.40亿元；完成160个新增政府投资项目事前绩效评估，核减资金1.29亿元。做好基层财政管理工作。按照“系统思维、整体财政”的管理理念，建立街镇财政工作组考核机制，从制度上有效规范街镇财政管理行为。

（项珊姗）

税务

概况 2022年，国家税务总局温州市鹿城区税务局共组织税收一般公共预算收入26.27亿元，同比下降20.52%，减收6.78亿元，扣除留抵退税因素后，可比增长1.78%。组织全口径税收收入78.64亿元，同比下降30.95%，减收35.24亿元，扣除留抵退税因素后，同比下降11.33%。组织非税收入（不含社保）194.83亿元，同比增长195.31%；社保费收入57.17亿元，同比增长14.6%。年内，区税务局第一税务所获评省级青年文明号。

税务法治 2022年，鹿城区税务局推进说理式执法，落实税收执法责任制，执行行政处罚裁量基准和“首违不罚”清单，274户次从中受益。全年依法公示本级权责清单事项149项，执法人员210人，行政处罚结果79条，行政许可结果3463条。配置执法记录仪79台。组建法制审核小组，并配备公职律师3人、专职法律顾问1人。全年受理各类司法案件涉税事项232件，累计申报税费债权3.4亿元，申报房产交易环节税费近2400万元。推进不动产司法处置“一件事”改革，作为温州试点单位，实现个人住宅司法处置、税费缴纳、转移登记的“一站式”服务。

“非接触式”办税推广 2022年，鹿城区税务局推行“非接触式”办税，持续深化“最多跑一次”改革，实现100%网上申请办理。其中，199个事项可“零上门”办理，154个事项可即时办结。全年网上业务量达273.09万次，网上办税率达96%，房产交易掌办率居全市前列。实行企业发票网上申领、免费邮寄到家，邮寄发票4898笔，邮寄税务UKEY 442个。通过征纳沟通平台纳税人学堂、信息推送、电话辅导等形式，对205户重点企业、3189户非重点企业开展全面数字化的电子发票网格化服务，详细介绍全电发票“要素化、授信制、赋码制”等特征及查验方式。

办税缴费服务优化 2022年，鹿城区税务局连续第9年开展“便民办税春风行动”，推出121条便民服务举措。联合鹿城区“两个健康”办开展税收宣传月活动，推动税收一体化综合施策落地，以“‘鹿’力同心 税企同行”为主题，召开“亲清直通车·税企恳谈会”，聘任特邀监督员，架起沟通之桥。联合行业协会、商会、中介机构等举办线上线下专题培训25场。利用征纳沟通平台，累计精准推送各类政策及通知公告180条，涉及用户617.76万户次；设立“小鹿助企”专栏，创建文档54篇，制作讲解视频3个，编制需求征集问卷1篇。分层分类开展纳税人大走访工作，以电话、实地、座谈会等形式与企业开展“点对点”“面对面”的沟通交流，统筹安排2轮次、涉及4.3万户企业纳税人的逐户走访。升级智能云呼叫中心，增设接线人员及智能机器人，热线人员由2人增至4人，云总机账号由9个增至16个，大幅提高接线效率。

税费征管质效提升 2022年，鹿城区税务局夯实征管基础，定期开展征管数据质量清理，累计完成省、市局下发的基础数据清理任务2405条，处理进度100%。做好异常扣缴申报数据清理，有序推进个税综合所得及经营所得等汇算清缴。上线财产行为税“十税合一”简并申报，分步推进所得税核定征收转查账征收工作，完成26个土地增值税清算项目。推进发票电子化改革，对66家停车场、物业行业的纳税人进行扫码开票功能改造；深入交通、医疗行业等电子发票推广重难点领域，完成96家医疗机构、175家原领用通用定额发票纳税人的发票电子化改造。

（宋苗婕）

国土资源管理

概况 2022年，温州市自然资源和规划局鹿城分局坚持多元化解涉土涉矿矛盾纠纷，提升预防预警和依法处置能力，全年主动公开政府信息109条，办理依申请公开受理件109件，办结来信、来电、来访及网上转办800件。加强行政透明度，开展“双随机”抽查监管，保障群众合法涉土权益。全年办结用地类审批事项226件、规划类审批事项747件、林业类审批事项825件；办理既有住宅加装电梯方案审查41件。全年受理划拨转出让3576件，完成建设项目规划竣工核实98宗、土地复核验收66宗；全年审批临时用地6宗，面积2.51公顷；办理农村私人建房用地规划许可审批98件、工程规划许可审批87件、规划竣工核实93件。鹿城区获评温州市2022年度耕地保护责任目标考核优秀单位，鹿城分局被评为温州市美丽乡村建设成绩突出集体、重大项目建设成绩突出集体、第三次全国国土调查成绩突出集体。

耕地保护和土地征报 2022年，温州市自然资源和规划局鹿城分局做好耕地保护和土地报征工作，保障全区用地。为解决耕地占补平衡指标缺口，确保重点建设项目顺利报批，成功争取到省统筹29.6公顷耕地指标、29.6公顷水田指标，粮食产能43.77万公斤。落实区域内项目建设用地报批，全年完成建设用地九个批次的报批共36.40公顷，完成新增建设用地三个批次7.44公顷年度计划指标报批。完成瓯江治理鹿城区戍浦江河道（藤桥至河口段）整治工程71.99公顷省重点基础设施项目报批。推进全区耕地保护和管控，全年完成6个项目报备入库，新增耕地指标3.2公顷，新增水田指标15.07公顷。实施永久基本农田集中连片整治项目，整治后形成集中连片耕地面积53.2公顷。耕地“非粮化”整治恢复耕地功能工作通过区级验收，共63.73公顷整治到位，恢复成可稳定利用的耕地。七都前沙村全域土地综合整治与生态修复工程通过市级整体验收，在山福镇谋划1个土地综合整治项目。

土地供给和经营性用地做地储备出让 2022年，温州市自然资源和规划局鹿城分局推进国有建设用地供应，优先供应存量土地，推进土地高效利用，划拨土地供应63宗183公顷，协议出让国有土地使用权17宗3.66公顷（包括工业用地、城建资产销售补办出让、改制企业国有土地资产处置，收取土地出让金9409.30万元），地上建筑超面积及地下非兼容人防机动车库出让金补缴22宗（收取土地出让金19638.23万元），强三优二项目收取土地收益金2件（收取土地收益金509.62万元），土地使用权收回32宗9.31公顷，工程建设期延期23宗56.86公顷，建设项目用地预审和选址意见书（划拨）49件、建设用地规划许可证125件。优化土地经营理念，统筹安排经营性用地公开出让时序，全年做地188.93公顷，挂牌出让经营性用地34宗84.07公顷，出让面积市区占比40.01%，出让金收入211.22亿元，出让金市区占比57.74%，均居市区第一。

土地集约节约利用 2022年，温州市自然资源和规划局鹿城分局加快城区存量土地开发，以用地方式转型助推经济发展转型，深化城市有机更新。全年实施城镇低效用地再开发项目达到省级标准204.47公顷，消化利用城市“批而未供”“供而未用”土地408.67公顷，盘活存量土地118.33公顷。

自然资源执法 2022年，自然资源部下发鹿城区卫片执法图斑264个，后部分图斑进行了分割，分割后总计图斑430个，涉及土地面积479.09公顷（其中耕地面积114.34公顷、基本农田面积5.35公顷）。经核查，判定违法用地20宗，涉及土地面积7.98公顷（其中耕地面积1.3公顷、基本农田面积0.2公顷）。国家下发地理国情监测图斑2160块。鹿城区完成数轮省级整改后最终上报国家的变更图斑数为4163个，变更面积为6564.49公顷。年内，温州市自然资源和规划局鹿城分局开展日常动态巡察802次、2121人次，共发现自然资源违法行为23宗。全年立案查处违法行为26宗，查处违法用地面积8.29公顷（其中耕地面积0.7公顷、基本农田面积0.09公顷），责令违法当事人退还土地7.48公顷、拆除复耕土地0.79公顷；涉及林地面积0.49公顷，责令当事人补种植物235株。共处罚款207.25万元。开展农村乱占耕地建房清查整治、打击破坏野生动物资源违法犯罪行为的“2022清风行动”、打击非法采矿行为的“雷霆”专项整治行动，开展轨道交通S1线沿线安全隐患综合治理行动、贯彻落实迎亚运“两路两侧”专项整治行动、浙江省三类“园区、企业、设施”安全生产专项整治行动等专项执法行动。

地质灾害防治 2022年，温州市自然资源和规划局鹿城分局牵头收官地质灾害“整体智治”三年行动，开启地质灾害“控险保安”三年行动，通过工程治理核减地质灾害风险防范区3处，完成两个地质灾害防治重点镇（山福镇和藤桥镇）地质灾害风险调查评价。通过调查评价及风险隐患排查，新发现69处风险隐患并纳入防范区管理。针对调整后的96处地质灾害风险防范区，落实群专结合、防治结合的风险防控措施，健全群测群防体系，新布设10处简易降雨报警器，对11处风险防范区进行工程治理。持续开展巡察排查，汛期累计派出647人次巡排地灾风险隐患854点次，确保平安度汛。组织地质灾害防治主题宣传，面向基层开展地质灾害防治知识培训。

矿产资源管理 2022年，鹿城区无在采矿山。在废弃矿山治理项目中，金鸡潭普通建筑石料矿区生态环境治理工程养护期满后，植被生长较好，绿化成效显著，通过了竣工验收；门前山废弃矿山治理绿化提升工程完成施工，通过实施挂网喷播提升边坡绿化效果。全年审查建设用地项目矿产资源压覆及地灾危险性情况193宗。

（郑颖婕）

市场监管

概况 2022年，鹿城区市场监管局深化“三清单一承诺”行动，全覆盖签订党风廉政建设责任书，推动基层党建整体跃升，成功打造双屿、广化、仰义等“双百所”，基层建设相关经验做法受到省委组织部领导肯定，在全省清廉市场监管建设暨“双百”行动推进现场会上做典型发言。紧盯食药、医疗、涉老、传销、商业贿赂等重点领域，将“线上”线索收集和“线下”实地检查结合，开展“铁拳”“亮剑”“治漠”执法行动，全年共立案2468件，其中大要案174件、移送公安机关9起、入选省级以上典型案例9件，罚没款总额达2040万元。在省局、市局和区委、区政府的年度考核中获优秀；在全省市场监管系统“双五”竞赛中获“一等奖”，裸分排名列全省90个县（市、区）第五；获得2022年度“浙江省优化营商环境工作成绩突出集体”“浙江省市场监管安全保障工作成绩突出集体”“浙江省知识产权保护工作成绩突出集体”“浙江省食品安全工作先进集体”“2022年度浙江省药品安全治理与技术赋能成绩突出集体”等称号。

市场监管数治改革 2022年，鹿城区市场监管局抢抓省局“揭榜挂帅”机遇，以“智能秤”为改革突破性抓手，创新开发数字化交易系统并在新葡萄农贸市场实战实效，成功入选省改革办“一地创新、全省共享”“一本账S0”，并入选浙江省2022年度数字经济系统最佳应用，被《温州改革》专报刊发。贯通应用“浙江外卖在线”“浙江e行在线”等16项数字化系统，迭代深化“1+14+N”数字化执法办案区建设，实现“实时指挥”局队所三

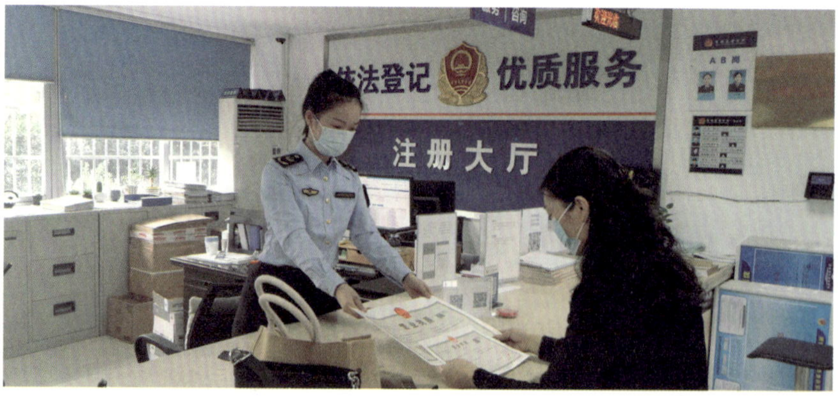

2022年11月1日，《促进个体工商户发展条例》正式实施，鹿城区市场监管局成功办理全省首例个体户营业执照转让（区市场监管局提供）

级贯通，成功承接全国市场监管数字化试验区建设试点“浙江市场监管执法在线”指挥调度应用场景项目建设。

营商环境优化 2022年，鹿城区市场监管局以商事制度改革为主线，推进“证照分离”“准入准营”“全城通办”等全流程数字化审批服务，率全省之先释放登记注册免费代理等系列惠企利民政策。全年新设经营主体29130户，净增9721户，在册经营主体总量突破16万户，位居全市第一。创新构建“1+14+N”小微企业赋能体系，出台扶持个体工商户纾困发展28条举措，为全区小微主体综合减负5300余万元。率全市之先推出市场监管领域“认罚轻处”制度，为经营主体减免罚金620.44万元，入选温州市2022年第一批“两个健康”可复制推广经验做法。

食品安全监管 2022年，鹿城区市场监管局开展食品安全领域“守底线、查隐患、保安全”“红盾护校园”等行动，探索“智慧化+信息化+网格化”三位一体监管模式，完成温州“两会”、世界青年科学家峰会等重大活动食品安全保障工作。推行食品安全“两个责任”，推进“阳光系列”应建尽建，全年建成学校食堂“智能阳光厨房”15家、网络餐饮“阳光厨房”3319家，激活“浙江外卖在线”商户端3264家，排摸美团、饿了么平台网络餐饮单位4986家，高分创成省级食品安全示范区，成功召开“食安国创决胜年”暨全市农贸市场高质量发展现场会。

特种设备安全监管 2022年，鹿城区市场监管局开展特种设备“除险保安”大排查大整治、城镇燃气安全排查整治等专项行动，检查各类特种设备2002台次，发现风险隐患313起，立案16起，阶段性隐患整治率达100%，重大隐患治理率达100%，实现全区特种设备全覆盖检查、零安全事故。深化特种设备“身份码”场景应用，依托“浙江特种设备在线”系统，督促全区特种设备规范赋码扫码，为事前预防、事中处理、事后取证提供全程信息化支撑，实现单一“人防”向“物防、技防、人防”并重的全周期数治监管变革。推进电梯物联感知应用，以“物联网+”智慧管理体系开启全天候安全智能防御，实现风险隐患全链条闭环管理，共完成公众聚集场所在用载人电梯智能化监测装置安装1061台、住宅小区在用载人电梯智能化监测装置安装6089台。

产品质量安全监管 2022年，鹿城区市场监管局聚焦防疫物资、电动自行车等重点产品开展专项整治，共完成产品质量抽检230批次、非标电动自行车淘汰备案25万辆。出台《鹿城区制造业质量提升攻坚行动工作方案（2022—2023年）》，打造首席质量官队伍，落实企业质量治理主体责任，2022年各级政府质量奖企业和“品字标”企业首席质量官聘任率达100%；依托区鞋业产业质量基础设施“一站式”服务平台，为218家企业提供质量技术、质量管理、标准品牌、计量认证等质量服务；探索制鞋产业关键共性质量基础设施仪器设备开放共享，创新开展实验外包、代检代测等服务，降低中小微企业质量技术准入门槛，提高中小微企业产品质量水平。鞋类产品质量监督抽查合格率稳定在90%以上。

（麻芳芳）

公共资源交易管理

概况 2022年，鹿城区完成各项招投标项目317件，其中，工程建设项目202件，中标金额244.95亿元；政府采购项目86件，中标金额10.93亿元；产权交易项目29件，成交金额491万元。完成中介项目比选168个，中选价格520.3万元，平均下浮20.74%。鹿城区公共资源交易中心依托电子招投标交易平台迭代提升，通过“在线操作、网上签章、系统送达、在线接收”招标项目智能新服务，实现从项目招标文件预公示到完成合同提交备案整个招投标全流程100%电子化。全年全流程网上办累计减少纸质材料约4240份。除了解决企业投标“废纸”问题，还通过线上直播方式实现“不见面”开标常态化运行。全领域全流程不见面交易涵盖建设工程、交通、水利、政府采购等公共资源交易项目，全年完成不见面开标155场，占总开标数量比重的77.11%，企业免跑1万余趟，有效节约企业交通人力等成本。

“跨省合作”“多地联评”新平台升级 2022年，鹿城区在原先省内跨市远程异地评标工作的基础上，总结“市域”点对点远程异地评审经验，与省外多地开展“跨省”“多地”联动。成功与马鞍山市、芜湖市联合采用“一主两副”的模式，依托远程异地评标系统，分散三地的评审专家实现全程在线实时沟通、同步评审、同步打分，历时13小时完成温州市首例资格预审项目的远程异地多点评标的预审工作。该项目得到区领导及业主单位的认可。

“高效智管、联动严管”新机制落实 2022年，鹿城区通过打造有序、高效的电子化交易平台和“阳光交易”清廉文化主题展示厅，推进“三违”专项治理工作。通过向全区纪检干部介绍招投标业务提升整治要求，联合住建、执法、水利等行业监督部门加大惩治力度，密切联系审计、公、检、法部门营造清廉氛围等途径，强化多部门联动综合整治，推进招投标领域突出问题专项治理工作。

为企业提供融资服务 2022年，鹿城区公共资源交易中心搭建鹿城特色公共资源交易数字金融服务平台，以“电子保函”的方式将投标担保费用由以前的几万元至几十万元减少至数百元级，以实际行动为企业“松绑”。市场主体通过该平台自主选择投标担保、中标贷等在线金融产品，有效提高金融机构保函替代现金缴纳涉企保证金比例，解决中小微企业融资难问题，让金融在公共资源交易领域产生“1＋1>2”的效果。据统计，全年开出保证金电子保单共计8753单，保函替代率达到87.01%，为企业减少资金占用19.45亿元。

“阳光e网”正式启用 2022年9月，鹿城区正式上线启用温州市公共资源交易一体化平台“阳光e网”，温州市城市中心区A－24地块公园绿地建设工程不见面开评标工作顺利完成，标志着鹿城正式迈入招投标“阳光时代”。“阳光e网”包括电子交易、公共服务和电子监管等三个子平台，通过将各县（市、区）入场交易项目信息汇集统一纳入全市全流程电子化交易平台，改变以往各县（市、区）自成一体的交易平台体系，实现市场主体统一登记、交易统一入口，以一体化的主体库、诚信库、专家管理和抽取应用，织就全市公共资源交易［市、区（县）一体］“一张网”。该平台还将各类交易主体信息数据归集，同步进行标前审核、预警，及时发现违规情况并进行人为干预，为市场主体发育、成长提供良好的环境、条件。

（李文思）

统 计

概况 2022年，鹿城区统计局以数字化改革为牵引，做好统计生产、统计服务、统计监督各项工作。根据地区生产总值核算结果，2022年全区实现生产总值（GDP）1307.71亿元，按可比价格计算，同比增长2.0%。其中，第一、二、三产业增加值分别为2.40亿元、313.65亿元、991.65亿元，分别增长5.4%、1.4%、2.2%。三次产业增加值结构为0.2：24.0：75.8。按常住人口计算，人均GDP为109845元（按年平均汇率折算为16331美元），增长1.4%。全年撰写统计信息分析172篇、调研文章13篇，获区领导批示6篇。区统计局被国家统计局温州调查队评为温州市调查工作优秀单位，连续第4年被市统计局评为优秀单位。

统计基层基础建设 2022年，鹿城区统计局推进平台建设，提升基层统计能力和服务水平。打造企业统计员沟通交流平台，全年构建23个统计之家、92个三级网格，开展活动623次，走访企业1044次。打造业务理论学习平台，实施统计微讲堂，由各专业人员担任讲师，组织6场微讲堂，涵盖6个专业，超200人听课。打造数据生产攻坚平台，推行“阶段性”集中办公，安排具体报送人员集中办公、实时对接、实时指导，协调解决镇街数据报送不规范、不及时的问题。

统计法治建设 2022年，鹿城区统计局印发《2022年全区统计法治工作要点》《鹿城区统计局贯彻落实国家统计督察反馈问题整改方案》《鹿城区统计造假不收手不收敛问题专项纠治实施方案》。通过线上、线下双管齐下，加强原创宣传片《依法统计 依法治统 开启新征程》的宣传播放。实施“双随机、一公开”“掌上执法”“网上办案”工作，制定出台《关于建立区委巡察机构与区统计局协作机制的意见》，与区委组织部衔接，形成包含对统计造假、弄虚作假的领导干部实行“一票否决制”等信息互通交流机制。全年组织普法培训46期、参会3000多人次，实地抽查企业268家、核查3154次，执法检查138家单位（立案3家）。

普查调查 2022年，鹿城区统计局开展各类民生统计调查，组织月度劳动力调查、农业和畜牧业调研，做好居民收入统计调查等，规范调查程序，确保调查成果有效反映居民生活水平，为在高质量发展中推进共同富裕提供数据支撑。

（蔡坚翔）

审 计

概况 2022年，鹿城区审计局完成审计项目13个，查出主要问题金额21632万元，审计处理处罚金额18676万元；移送司法机关、纪检监察机关和有关部门处理事项34起，移送处理人员6人；提交审计专题、综合性报告和信息87篇，被录用审计信息45篇，专报获区委、区政府领导批示35篇次。公共投资项目管理情况专项审计调查获全市优秀审计项目二等奖获评优秀审计工作报告；1个案例获评省级优秀大数据审计案例，2个案例获评市级优秀大数据审计案例；1个审计项目获全市研究型审计经验成果一等奖。

预算执行审计 2022年，鹿城区审计局围绕财政资源统筹管理、预算执行和绩效管理、财政风险防控等情况完成2021年度区本级预算执行审计项目，由项目主审牵头抓主线，审计组成员承接抓专题，开展的政府财务报告编制、楼堂馆所违规建设、重大招商引资政策落实、单一来源采购和项目库建设管理情况5个专题，得到上级业务部门的重视和肯定。审计发现非税收入收缴、政府综合财务报告编制等方面的问题，推动财政部门出台《温州市鹿城区预算绩效目标管理办法》。

投资项目审计 2022年，鹿城区审计局完成区养老服务中心建设工程跟踪审计，开展重大项目实施情况专项审计调查，紧抓项目审批、工程招投标、物资采购、建设管理等关键环节，发现项目审批手续不全等39个问题。重点围绕工程招投标领域，以大数据审计为抓手，利用社保、工商、公积金与工程项目数据分析比对，发现工程招投标存在串标问题，进一步规范招投标领域管理；推动区政府出台《温州市鹿城区政府投资项目前期生成决策机制实施办法》。

经济责任审计 2022年，鹿城区审计局开展2个街道、6个部门的11位领导干部经济责任审计和仰义街道自然资源资产任中审计。推动“五审五评”工作，探索建立领导干部五个维度的评价指标体系，严格执行“审事评人”，客观评价领导履职情况；组织召开领导干部经济责任审计成果运用会商研判会议，对10位被审计领导干部开展会商研判，研判率达83%。推动“巡审结合”工作，加强审计与巡察之间的衔接，审计进点前，了解单位接受巡察监督情况，形成“巡借审力、审借巡势、靶向发力、成果共享”的工作格局。

政策执行审计 2022年，鹿城区审计局在政府民生实事项目推进情况专项审计调查中，发现部分托育机构未通过备案、农村老年食堂运营补助未发放等问题，推动“十大民生实事”项目落地。在土地资源开发、保护、利用、管理专项审计调查中，发现部分农田闲置荒芜、土地整治任务未完成等问题，推进鹿城土地资源的集约化开发，提高土地综合利用效率。

审计整改落实 2022年，鹿城区审计局推进审计整改数字化改革。以数字化改革为抓手，依托“七张问题清单”平台，建立“问题—整改—销号”全链条工作流程，制定重大审计问题操作手册，实行挂图作战督查机制，提升整改成效。重大审计问题管控力指数逐月上升，排名一度跃升至全省第一名，截至年底，最终排名全省第17名；重大审计问题清单共报送主动发现问题10个，涉及整改单位5个，平均整改率达到100%，示范案例入选市级驾驶舱1个，整改上缴财政资金5257万元，通过举一反三推动建章立制11个，面上排查10个，上缴财政资金4187万元，起到“审计一点，规范一片”的效果。

（戴卓秀）

编辑 朱凌云

2022年，鹿城区财政局投入2.17亿元用于支持园林绿化发展、绿地系统规划等，以创建国家生态园林城市为远景目标，致力于打造“推窗见绿、出门入园”的城市环境。（区财政局提供）

杨府山公园的绣球花

天桥绿化

马鞍池公园的郁金香展

公共安全管理

平安建设

应急管理

消防安全

食（药）品安全监管

平安建设

概况 2022年，鹿城区坚决贯彻落实省、市“除险保安”决策部署，全力护航中共二十大，以平安建设“大起底大整治大提升”“除险保安”百日攻坚等专项行动为抓手，对照“系列平安建设指标体系”，压紧压实平安稳定工作责任，抓实抓细各项工作，实现省“平安区”五连创。整体推进宽领域、大范围、多层次的系列平安建设，全年创成等级“平安校园”230所，创建率达92%，位居全市教育系统总量第一。创成省级食品安全示范区、省与市级平安宗教场所14处、平安企业88家、平安乡村（社区）129个，在建工地标准化作业创建率达100%。2022年，市对区平安考核中鹿城区居全市第一。

平安机制建设 2022年，鹿城区委平安办以“除险保安”为总牵引，优化平安建设考核机制，精准设置控案、控位“双控”指标，突出争先进位贡献度，刚性落实功效系数法，全面激发各街镇争先创优动力，全力深挖各部门争先进位潜能，11项行动性考核指标中有6项居全市第一，22项省市专项工作考核中有15项居全市前四。成立“除险保安”领导小组，抽调工作专班实体化运作，细化十大领域45个专项任务，实行“一事一方案一专班”，限时销号整改。百日攻坚期间，由区领导带队夜巡及督查4轮25次，发现并整改各类隐患问题952个，累计起底整改与销号全量风险隐患14155个，其中重大风险隐患“蓄水池”429个、区级重大风险隐患170个。持续开展“一把手话平安”主题活动180余场，整改省、市、区三级平安暗访问题32次。

应急管理体系和能力现代化建设 2022年，鹿城区委平安办持续健全安全生产责任监管体系，深入开展“8+3”重点领域整治行动，累计检查工业企业794家次、危化企业82家次，检查发现并整改隐患737个。组织常态化森林消防队伍火灾应急处置综合演练15次。开展及全市应急救护试点“黑马”基地建设，推进社区（村）应急体系建设，指导3个市级试点社区（村）、11个区级试点社区（村）开展应急体系改革“十个一”建设，并在全省应急指挥规范化建设推进会上作典型经验交流发言。推进基层防汛体系建设，建管并重，做好避灾点标准化建设，新增避灾安置场所7个。各类生产经营性事故数、亡人数、火灾起数同比分别下降11.11%、22.22%、19.5%，实现较大安全事故“零”发生。

平安宣传工作 2022年，鹿城区委平安办重点开展“互动式”“案例式”平安宣传，以群众喜闻乐见、通俗易懂的方式寓教于乐，营造全民参与氛围。精心制作涉老反诈攻略宣传视频、海报、横幅，在全区各级医院、银行网点、农贸市场、茯茶点等场所统一投放。常态化开展平安宣传阵地建设，利用5条涉老防诈公交车车身广告线路、10余处地标式宣传窗口、600余个高层建筑电梯广告点位及出租车车载广告、电影院、微信朋友圈广告等宣传阵地，争取群众互动宣传效果最大化。灵活运用新媒体资源，为全区领导干部、网格员等投放“平安彩铃”，向老年人“点对点”“面对面”精准宣传风险提示和预警信息，电子版面滚动开展“平安三率”暨防范养老诈骗宣传“六进”活动905场次，发放宣传资料等114.58万份，发送短信8.78万余条，全年覆盖人群达168.78万人次。年内五轮市级“平安三率”调查中，鹿城区列全市第二。

（李焕乐）

应急管理

概况 2022年，鹿城区发生各类生产经营性事故8起、死亡7人，同比（9起死亡9人）分别下降11.11%、22.22%，较前两年相比平均分别下降35.5%、36.4%。鹿城区应急管理局出台第一次全国自然灾害综合风险普查工作方案，明确17个成员单位的职责和任务分工，落实应急地震灾害、公路和水路交通运输、城镇农村房屋建筑、市政设施与城市内涝、水旱灾害调查，地质灾害与森林火灾6块普查工作任务，汇聚起各类普查力量，利用相关行业领域技术单位、有关科研机构和高等院校等第三方专业力量，完成应急管理系统风险普查调查数据审核、汇总和录入工作，部分普查成果在试点地区和行业部门得到初步应用，共录入2613条数据。获市对区安全生产责任制考核优秀等次。

除险保安行动深化 2022年，鹿城区应急管理局将“除险保安”作为有效防范化解安全风险的重大突破性抓手，并将安全生产工作作为“七张问题清单”纳入党委绩效考评，推行“照单履职”和层层到底“述安”机制。完成省、市级明察暗访共15轮次，开展区级督查检查27次。加大事故前问责力度，向相关部门、街镇发布督办函、交办函、提示警示函等共计59份。区安委会启动警示当面约谈1次，印发书面责任询问函3份。列入市级“七张问题清单”15个、省级清单问题1个，市级清单问题量占全市第一。

安全生产工作机制逐步完善 2022年，鹿城区应急管理局建立清单化检查机制，编制安全生产检查清单53张，基本形成全区安全生产重点领域和主要行业的检查清单全覆盖体系。建立事故复盘机制，在区安委会季度工作例会上开展各领域典型案例复盘5次，各专业安委会和街镇也自行组织复盘分析，形成齐抓共管氛围。建立考核奖惩机制，让安全生产工作得到落实与落细，每季度对街镇分两组评选“优秀”单位共6个，通报表彰并按照排名顺序分别奖励工作经费15万元、10万元、5万元；每组评选“后进”单位1个予以“黄牌”警示，并责令其在安全生产工作例会上汇报整改方案及落实情况，每季度对全区网格筛选出10个“后进村社”给予警示牌。

安全生产领域执法力度加大 2022年，鹿城区应急管理局推进重大隐患挂牌整治，全年区级分4批次梳理挂牌各重点领域重大事故隐患整治企业、单位等，共计105家（处）加大执法监督检查力度，共计立案43起，做出行政处罚639.77万元。查扣危险化学品30余吨，办理行刑衔接案件1起4人。审查安全生产一票否决累计41件，审查企业、集体累计896家次和个人370人次，出具无事故证明累计11份。深化行刑衔接和公益诉讼制度落实，与区检察院、住建局等部门建立联合工作机制，移送行刑衔接案件1起4人；全局所有应领执法证人员行政执法证的持证率100%。落实危化企业全链条安全监管，通过浙江省危险化学品风险防控大数据平台，对涉及危险化学品的631家企业建立安全风险数据库，提升数字监管水平。

全民安全素养提升 2022年，鹿城区建成10个宣教体验馆和44家示范点（7家示范企业、9家示范学校、12家示范社区、6家示范农村，10个示范家庭）。线上全面贯通“浙江省安全生产网络学院”App送教入手，线下联合区人社局制定安全技能提升细化标准和项目制补贴，完成21899人次技能提升培训，开展各类宣传教育和演练活动1000余场。完成“鹿城应急人”卡通形象、名称公开征集，打造具有辨识度的“鹿城应急”符号。

应急救援能力体系建设 2022年，鹿城区应急管理局根据《温州市突发事件应急预案管理办法》，完成预案修编，全区38个区级专项预案均编制操作手册；开展全市应急救护试点“黑马”基地建设，共组织社会救援力量开办应急救护培训10期，560名社会救援队队员取得红十字救护员证；根据各救援队特色，核减2支市级社会救援队伍；建立七都、丰门、仰义、藤桥、山福综合应急救援队；推进社区（村）应急体系建设，指导3个市级试点社区（村），11个区级试点社区（村）开展应急体系改革“十个一”建设。在全省应急指挥规范化建设推进会上，鹿城区作为全市唯一应急系统代表作典型经验交流发言。

防汛减灾 2022年，鹿城区完成全国自然灾害综合风险普查（全区第一次全国水旱灾害风险普查项目），安装调试25个山洪灾害防御声光电报警系统设备。出台《温州市鹿城区农业农村局防汛防台和水旱灾害防御应急预案》，部署做好防汛防台抗旱各项工作。参与保险的易出险各级堤塘计37条、小型水闸19座，投保金额约3.78亿元，保费56.7万元，落实区级配套资金5.67万元。投入经费150余万元，通过开展组织责任网、风险防控网、抢险救援网、灾后恢复网、运行保障网+数字化平台的基层防汛体系标准化建设，全力打造基层治理体系和治理能力现代化防汛样板，完成55条建设任务。建管并重做好避灾点标准化建设，建成年度市级避灾安置场所规范化7个，出台《鹿城区避灾点运维管理办法》落实避灾点运维经费。11号台风“轩岚诺”过境期间，全区共转移21957人、集中安置7114人，140处避灾场所全部开放接纳避灾人员，实际使用避灾安置场所98处。

森林火灾防控　2022年，鹿城区应急管理局组织开展全区应急管理干部业务培训班2期，森林草原防灭火业务大讲堂活动7次，开展常态化森林消防队伍火灾应急处置综合演练15次。出台《鹿城区2022年野外火源治理专项行动方案》，指导相关街镇制定野外火源治理专项行动方案14个；落实森林防灭火工作经费550余万元用于各类基础设施、队伍装备建设，并于12月15日成功举办2022年温州市扑救森林火灾实战应急演练现场会。年终在市对县（市、区）森林防灭火管控力指数考核中排名总分第一。

（温正超　程劲钢　夏琼）

消防安全

概况　2022年，鹿城区共接报火警492起，成灾309起，同比分别下降18.8%、19.5%；消防救援队伍处置各类警情1149起，疏散抢救被困人员199人，保护群众财产价值1.6亿元。年内鹿城区消防救援大队提请区委、区政府将消防工作纳入重要议事日程，专题部署消防领域重点工作，全面落实“清单化检查”“火灾复盘”“责任制考核”三项工作机制。区消防安全委员会实行实体运作，建立健全“风险提示”“问题督办”“工作警示”制度，定期评比公布“最差网格”“后进社区”，常态化实施督查暗访、通报督办，实地抽查单位场所3640家，下发通报、督办单、提示函65份。全面推行消防赋权执法，将10项执法事项交由14个街镇行使，延伸消防监督执法触角。制定出台“创满意”助企纾困六项承诺；处置高温天气抗旱送水警情，为群众生活运水81车次、500余吨。鹿城区消防救援大队先后获评市级“青年文明号”，取得全市消防救援队伍业务工作比武竞赛2个团体第一、3个团体第三，下属2个队站分获总队、支队“先进党支部”称号，1个队站获评总队“先进团支部”，9人获省级以上荣誉，5人立个人三等功，1人被团省委授予“青年岗位能手”称号。

消防安全治理　2022年，鹿城区消防救援大队坚持常态排查与专项整治、规定动作与自选动作、行业监管与联合执法“三个相结合”，开展消防安全大排查大整治、百日攻坚、“十大”攻坚、“防风险保安全迎二十大”等专项行动。紧抓高风险领域治理，落实防范措施，管控重大风险，全区共排查居住出租房及合用场所5.7万余家、自建房4900余处、高层建筑1969幢、

2022年12月15日，温州市扑救森林火灾实战应急演练在仰义街道开展

（区应急管理局提供）

工业企业819家、大型商业综合体5家、室内冰雪活动场所1家、剧本娱乐经营场所69家，集中治理“城中村”11个，挂牌火灾隐患集中区域4处，督办重大火灾隐患单位13家，全部整改销号。

火灾防控 2022年，鹿城区消防救援大队聚焦民生关切，连续三年提请区政府将消防安全纳入民生实事项目，实施老旧街区、老旧高楼、老旧民宅消防安全改造，累计完成125个老旧小区、600户弱势群体居所、180幢老旧高层建筑、1万户老旧民房的消防安全改造提升，增设老旧街区室外灭火设施点位260处，500个老旧建筑电梯集中加装电动自行车阻拦系统。深化群防群治，推动各街镇常态化开展消防安全夜间大巡防。深化消防宣传，打造“五进”宣传示范点25个，入选全省“五进”试点单位2个。走访居民家庭和社会单位1.5万家次，举办宣传培训活动180场次。

应急救援水平提升 2022年，鹿城区消防救援大队聚焦主业、锤炼队伍，紧盯高层建筑、大型综合体、老旧片区、水域交通事故等典型灾害类型，制作灭火救援预案465份，开展“六熟悉”462次，实战演练372次。紧盯隐患集中区域和重要节庆活动、大型商业促销等场所，逐一设置消防执勤点，前置力量驻守盯防，对不放心不托底的，落实死看死守措施。将专职队、微型站纳入日常练兵和作战调度体系，实地拉动指导专职队、微型站630次，连续第四年举办“平安鹿城杯”社会力量消防技能竞赛。

（高飞）

食（药）品安全监管

概况 2022年，鹿城区市场监管局共开展对白酒、生姜、粽叶、蛙类水产品、家禽“杀白上市”、食品网络直播营销等专项整治行动12场，责任整改问题391个，立案349起。检查医疗器械生产企业9家次、三类医疗器械经营企业336家次、药品批发企业10家次、特药批发企业16家次、药品零售企业2598家次、医疗机构（含医院类）395家次，出具责令整改文书148份，查办案件57起。

食品流通监管 2022年，鹿城区市场监管局紧扣“智控”“追溯”两大重点，提质扩面深化“浙食链”应用，聚力打造“一码知全貌、一码管终身、一码行天下”的商品二维码应用新生态，高质量助推全省GM2D示范区建设，实现鹿城食品全链条数字化闭环管理。全区6658家经营主体激活“浙食链”系统，24家在产食品生产企业实现“阳光工厂”全覆盖。推进卤肉食品安全基层治理“一件事”集成改革，运用物联感知、赋码集成等方式，对8家卤肉食品小作坊进行数治改造。开展食品安全“守底线、查隐患、保安全”专项行动，检查食品生产流通领域经营主体共12853家，发现并整改问题341个，立案325起。

餐饮服务监管 2022年，鹿城区市场监管局开展餐饮食品质量安全提升和校园食品安全守护行动，建成省级“阳关餐饮”街区1条、学校食堂智能“阳光厨房”15家、网络餐饮“阳光厨房”3319家，“浙江外卖在线”商户端激活3264家，检查校园食品安全224家次、医学隔离点食品安全640家次、网络餐饮食品安全4986家次。率全市之先创新出台《鹿城区医学隔离点供餐单位备案标准》《鹿城区小餐饮备案标准》，形成“一标一库一专班”（一个标准、一个名单库、一个专班）运行体系，坚持取缔和引导并重，强化事中事后监管，促进餐饮行业健康发展。组建食品安全社会监督员队伍，开展联合检查68次，收到社会监督举报31起，线索核实有效率100%，发布网络餐饮“曝光台”8期，曝光黑榜单位120余家，进一步夯实食品安全“共建共治共享”基层治理根基。

药械安全监管 2022年，鹿城区市场监管局深入贯彻落实“四个最严”要求，铁腕推进“药剑”“清网”等专项行动，保障群众用药、用械、用妆安全。全年开展药品、医疗器械、化妆品抽样158批次，发放责令整改文书148份，查办药械化违法案件57起。挂牌成立全省首家医疗器械民生计量服务站，率先建立全市首家24小时无人“数智药房”，打造全市首批试点儿童友好药房标杆，建成药事服务站5家，联合区老年康养基地、街道社区开展“共享社·幸福里”药师进社区服务活动15场。

（麻芳芳）

编辑 胡亭亭

社会事务管理

民政事务

城市管理与行政执法

医疗保障

住房公积金管理

残疾人事业

慈善事业

红十字事业

新居民服务管理

民政事务

概况 2022年，鹿城区登记注册的社会组织有593个，街道备案的社区社会组织有3964个，实现平均每个城市社区有45个社区社会组织。街道级枢纽型、支持型社会组织覆盖率达100%。社会工作服务机构计11家，社会工作专业岗位160个，各大社会工作站持续举办“郭公爱吧有璞营造”“乐享成长”“爱心社工、情暖人心”等品牌项目线上线下活动2784场。打造区级助联体1个、街镇助联体服务站13个、村社助联体服务点36个，构建区、街镇、村社三级帮扶网。入选第四批省级城乡社区治理和服务创新实验区、省现代社区建设“五社联动”提质增效行动改革试点单位。成功争取2022年度鹿城区养老服务工程建设专项债券资金计1.1亿元，建成老年友好型街道2个、老年友好型村（社）11个，其中松台街道桂柑社区、庆年坊社区入选首批全国示范性老年友好型社区。年内鹿城区民政局获全省民政工作先进单位和全市优秀单位。现代慈善体制机制创新改革相关做法获省委副书记黄建发、副省长王文序等领导批示肯定，作为典型案例在第七届浙江慈善大会上交流发言，并先后获2022年度温州市改革突破奖、省发展改革委“最优理论”及省级慈善事业高质量发展地区激励资金100万元。

社会救助 2022年，鹿城区有特困供养人员272人，基本生活标准为每人每月2307元，共发放特困资金627.50万元。城乡低保对象3424户4814人，低保标准为每人每月1035元，共发放低保资金4351.79万元。低保边缘对象993户2284人。临时救助211户391人，发放救助资金83.11万元。孤儿14人、困境儿童173人，标准为每人每月3230元，共发放生活补贴606万元。

慈善工作 2022年，鹿城区慈善组织达22家，新成立社区慈善基金会2家，落地3单慈善信托项目，慈善信托备案金额达210万元。创新开发“慈善鹿城”数字化应用，先后入选省数字化改革重大应用“一本账S2”、省民政厅数字化改革第二批优秀应用及全省数字社会最佳案例集。11月，正式出台《鹿城区慈善积分管理办法（试行）》，是中国首个慈善领域针对全民慈善行为进行量化和标准化的配套地方标准。该办法成功破解非物质慈善行为“核算难、转化难、变现难”问题，构建慈善积分体系和价值转换标准，实现“善行义举、行善积德”可量化、可转换、可感知。

养老服务 2022年，鹿城区改建老年食堂30家，改造提升社区（村）居家养老服务照料中心7家，新增街镇级养老服务中心康养联合体1家，为300户独居失能高龄老年人安装居家安全守护设备项目。同时面向养老服务机构管理人员、护理人员、家庭照护人员开展养老护理员职业技能大赛，累计培训568人次，503人取得养老护理员职业技能等级证书。以政府购买服务方式纾解养老难题，全年为20796人次提供政府购买居家养老服务，发放服务补贴102.72万元。

社工队伍 2022年，鹿城区面向社会、退役军人、街镇临聘人员（以优秀社区网格员为主）招聘专职社区工作者428名，全区专职社区工作者总数1460人。其中，大专及以上学历占比89.4%，平均年龄34.5岁。共有1300人报名参加全国社会工作者考试，其中初级950人、中级337人、高级13人，报名人数和2021年基本持平，296人取得资格证书。从社会工作职业化、专业化角度出发，强化培训教育，助力社会工作队伍实现由经验型向专业化转变，年内2300余人参与社工考前培训及持证社工继续教育培训。

婚姻登记　2022年，鹿城区民政局婚姻登记处共办理业务5681件，其中，结婚登记3687件，离婚登记1210件，补发结婚证625件，补发离婚证139件，无婚姻证明20件。婚姻家庭联合工作室为523对夫妻提供辅导，劝和312对夫妇。11月，区婚姻登记处搬迁至昆仑路广润嘉苑一楼区政务服务分中心，新打造的5A级婚姻登记场地面积计1014平方米，内部设置婚俗馆、中式特色颁证大厅、婚礼展厅和家风家训馆等功能区。区民政局婚姻登记处年内获评"省巾帼文明岗"。

审批服务　2022年，鹿城区民政局审批窗口办理各类事项9967件，其中，社会组织审批366件、地名审核62件、老人优待证9060件、年检社会组织479家。3月，完成大南街道双莲小区业主服务中心的民办非企业单位登记工作，该中心为全市首个民办非企业单位性质的小区业主服务中心。推进"线上联审"改革，推出双随机、离任和注销清算报告"买单"服务，共有218家社会组织参与线上联审，44家社会组织体验到"登记一件事"带来的便捷服务。

水库移民后扶工作　2022年，鹿城区大中型水库移民核定人口6171人，共发放移民新型农村合作医疗补助72.50万元、泽雅水库移民老人生活补助9万元；发放移民直补资金344.64万元。投资建设3个移民后扶项目计1002万元，占年度计划的98%。完成鹿城区水库移民人口复核工作，对"重复登记""身份证错误""殡葬预警"人员进行校核，共核减45人。开发搭建技能培训平台和困难移民救助平台，组织库区移民技能培训2期，约600人次参与。10月，仰新移民社区停车场新能源汽车充电桩工程正式投入使用，产生的收益将全部用于改善仰新社区移民群众的生活。

殡葬管理　2022年，鹿城区开展"禁新改旧"巡察156次，查获新建、翻修私坟163座，治理私坟670座。组织资规局、执法等有关部门对512座私坟进行验收，验收合格率100%。节地生态安葬3996例，其中树葬3例、公墓安葬3993例，节地生态安葬比例达79%。

鹿城区慈善综合体　2022年5月30日建成并投用，建筑面积2666平方米，系浙江省首个枢纽型慈善服务综合体。该综合体采用慈善数字地图、数字驾驶舱等交互式设计，内设公益讲堂、慈善组织孵化室、善亭食堂等16个独立功能区，并引入心智障碍青年就业支持和实践基地——"壹星酿"烘焙坊，是一座集"慈善故事展示、慈善教育体验、慈善活动集成、慈善组织孵化"等功能为一体的新时代慈善枢纽中心。

鹿城区养老服务中心（二期）建设工程　2022年9月9日举行开工仪式。该项目位于双屿街道仰双片区双岙村A-06地块，占地面积1.4万平方米，投资额达1.07亿元，建成后预计可增加养老床位600张，是集养老、养生、医疗、休闲于一体的现代化社会养老服务中心。

（单丹）

城市管理与行政执法

概况　2022年，鹿城区综合行政执法局不断优化完善审批系统，提升群众审批服务体验。累计办理审批件10256件，办理一般程序案件8012件（其中办理新划转职能案件325件），同比增长10.22%。持续高压开展人行道净化、建筑垃圾处置等十余项重点领域专项整治行动，累计立案查处各类侵占人行道违法行为1424件、车辆违停14.1万件、建筑扬尘噪声等违法行为1505起，拆除违法建筑37.06万平方米，城市市容环境秩序不断改善提升。推动"非现场执法"预警系统迭代升级，铺开推进"电动自行车违停提醒平台"，基本实现主城区主次干道共享单车"电子围栏"全覆盖，累计清障拖离电动自行车2.4万辆，违停预警8.1万人次。开展"正风肃纪"专项行动26次，检查单位74家次。"三服务"活动帮助解决问题1300余个，数字化管理App共采集、处置、转办各类业务186万多件。2022年，获评鹿城区首批创建模范机关工作先进单位。

"大综合一体化"行政执法改革提速　2022年，鹿城区综合行政执法局在全区14个街镇组建街镇综合行政执法队，按照"线上常驻＋线下轮驻"的模式，率先建立实体化运作的综合行政执法办案指导中心，组建法制专家库开展分领域联审指导，线上整合全区21个部门、14个街镇法制联络与审核人员60人，实现大案要案集中办理与指导，解决街镇法制审查力量不足的问题。发挥全省首批公务员考核工作示范点作用，调整优化综合执法人员的积分量化考核办法，并在前期南汇街道试点的基础上，推动各街镇按照“50%属地+50%部门”的比重制定完善街镇执法人员平时考核方案。按照属地实际情况，制定街镇级“大综合一体化”行政执法改革个性方案。其中，南汇街道以“一件事”集成治理为突破口，打造区域治理特色样板；五马街道以片区“办案中心”建设为特色，推进街镇“行政处罚最多跑一地”；历史文化街区以商圈党建联盟为牵引，实现“一支队伍”进街区。建立区级综合行政执法培训基地，按照分类管理要求，实行教、学、练、战一体化培训，以执法人员专业素质提升推动执法效能提升，累计培训区、街（镇）两级执法人员700余人次，培训执法辅助人员300余人次。

城市环境品质提升 2022年，鹿城区综合行政执法局持续推广“环卫一体化维养”模式，将城郊6个街镇全部纳入一体化运行中。完成改造提升公厕15座（含公共服务空间10座）、爱心驿站3个、生活垃圾分类转运站3个；创成省级垃圾分类示范小区80个、省级垃圾分类示范片区2个。完成12个老城区背街小巷“上改下”“白改黑”整治工程、5条道路综合整治、21个排水管网整治项目，重点推进龟湖路和飞霞南路非机动车道彩化打造和龟湖路空中飞线整治。完成第十三届中国茶花博览会，成功举办马鞍池公园郁金香花、杨府山荷花、墨池公园春兰等主题花展，打造世纪广场水文化公园、翠微山槭枫专类植物园，完成微型口袋公园28个、“祛疤栽花”427处、立体绿化31处、园林驿站5处，推进松台山历史文化提升二期工程建设。

（林子）

2022年8月5日，上村生活垃圾分类中转站完成改造提升并投入使用

（区综合行政执法局提供）

2022年6月17日，作为省级民生实事项目的高田路整治工程完成竣工验收 （区综合行政执法局提供）

医疗保障

概况　2022年，鹿城区医保基金支出共计85835.23万元，其中包括职工基本医疗支出72736.32万元，城乡基本医疗支出12231.18万元，医疗救助867.73万元。户籍参保人数共计79.95万人，参加职工基本医疗人数23.32万人，城乡居民医疗人数26.56万人。辖区医保定点医药机构增至241家，其中定点药店机构179家、定点医疗机构62家。

监管服务　2022年，鹿城医保分局深入开展打击欺诈骗保专项整治行动，对辖区内241家定点医药机构采取“全覆盖＋双随机”监管方式，对27家存在违规行为的医保定点医药机构作出协议管理处理，追回医保基金46.16万元。对辖区定点医药机构发放《致全市医疗保险参保人员的一封信》等宣传材料，在藤桥、深蓝、黄龙等核酸检测点开展医保政策宣传活动，发放宣传资料5000余份，培训914人次，播放宣传动画3900余次。推行“以学促管”“学罚结合”管理新模式、轻微违法行为告知承诺制，强化医保基金监管，提升监管效能，规范医药机构和医保医师行为，保证医保基金的良性循环运转。该做法获得温州普法的肯定和点赞。

医保服务优化　2022年，鹿城医保分局整合辖区内179家定点零售药店为蜂巢驿站，下放15项医保事务至各医保药店蜂巢驿站，帮助居民网办、代办医保业务2500人次，实现医药服务全覆盖、无盲点。组织“医保大叔”志愿者为隔离人员与慢特病患者进行购药、送药、报销等志愿活动。布局医保基层延伸点建设。新增山福镇医保定点药店，成为全市首个医保定点药店全覆盖的县市区。以医保事项延伸至自助服务终端、农商银行、村社红色代办点、蜂巢驿站等服务平台为抓手，推进政务2.0向基层延伸，构建“1＋N”模式（1个区级医保服务中心，14个街镇医保服务点，239个村社医保代办点，41家农商行基层服务网点，179家定点零售药店）的三级经办服务矩阵实现服务全覆盖。服务大厅增设网办专区和职工网上申报专区，引导群众和企事业单位在线办理灵活就业参保停保、城乡居民参保等23项医保服务和参保增员、减员、缴费明细查询等9项医保服务，“浙里办”办理业务6.8万次，指导企业网办2100余人次。开通“鹿城医保”微信公众号预约办理服务功能，减少办事群体等待时间；开设“银龄”专窗专区和自助办理服务区，方便老年人等特殊人群办事，提供帮办代办服务。全年窗口办结量近10万件，满意率100%，非常满意率近99%。在年度省级行风建设检查抽查中系温州地区第一，提升进入全省第一梯队。加强14个街镇、村社服务中心的医保经办力量，与参保群众密切相关的20个医保高频次服务事项下沉纳入至基层服务点办理，占医保全部服务事项的95.23%，有效消除偏远地区办事难的堵点。

民生“药”事帮帮团建立　2022年，鹿城医保分局联合区医保药师行业协会，搭建信息平台，激励和引导药店连锁企业在疫情救治中勇担社会责任，加大市外采购力度、申请多渠道调拨等方式，向市外采购布洛芬、对乙酰氨基酚等紧缺退热药8万余粒，抗原检测试剂20余万份，分别投放至46家定点医保零售药店，其中免费向群众发放退热药6万余片，抗原检测试剂8万余份。联合区医保药师协会与医药企业扶贫济困、支援社区抗疫，资助防疫经费3万元，筹资3.5万元为老人购买“温州益康保”。

医保纾困兜底品牌打造　2022年，鹿城医保分局对标省政府民生实事要求，超额完成长护险参保工作民生实事任务数，累计受理评估337人次，享受待遇人数557人，长护险基金累计支付857.1万元。发放生育津贴计1841人次，共1089.79万元。联合教育部门开展“致学生家长的一封信”活动，做好未成年人城乡参保工作。提前一个季度实现困难群众资助参保率、医疗救助率“2个100%”，化解高额医疗费用31人，化解金额114.3万元，完成高额医疗费用化解救助目标任务120%。年度鹿城“益康保”参保26.76万人，参保率50.45%，参保人数和参保率均居全市第三名。

（周洁）

住房公积金管理

概况 温州市住房公积金管理中心鹿城管理部（简称“住房公积金鹿城管理部”）主要负责市本级和鹿城区单位的住房公积金缴存、提取和贷款等业务。2022年，鹿城管理部有缴存单位6887个，在缴职工近26万人，年均服务超30万人次，占温州市住房公积金业务量的40%以上，是温州地区最大的业务窗口。截至年末，归集金额69.18亿元，支持住房消费额90.06亿元，归集余额184.18亿元，贷款余额174.16亿元。全年累计为6902户家庭办理个人住房公积金贷款，为126836人次职工办理无房租赁提取，在租购并举中发挥住房公积金的应有作用。建成“线下便捷温馨，线上高效集成”的升级版——“公积金＋金融”综合服务平台，提高办事质效。年内，鹿城管理部被浙江省住房和城乡建设厅评为首批“红旗窗口”，被市委、市政府评为深化改革先进集体。

个体工商户建缴试点工作 2022年，住房公积金鹿城管理部作为住房公积金全省共同富裕合作联系示范点，承担个体工商户建缴试点，推动使用政策并轨，配套掌上办、就近办等服务举措，实现“缴、用、服”闭环管理，成功建缴灵活就业4155人、个体户104户、雇员833人。

（温文雅）

残疾人事业

概况 2022年，鹿城区持证残疾人15156人。按类别分，包括视力残疾1012人、听力残疾2247人、言语残疾155人、肢体残疾6811人、智力残疾1628人、精神残疾2388人、多重残疾915人；按等级分，一级残疾2910人、二级4318人、三级残疾4617人、四级残疾3311人。

2022年，鹿城区残联结合“共享社·幸福里”建设，发挥群团党组织优势，打造“双心助残 党旗红”党建品牌。开展“支部结对促共建共富行动”、“牢记初心与使命，当好三个第一者”主题教育、残疾评定上门鉴定服务、残疾人入户访视等活动，向残疾人面对面宣传党和政府各项惠残助残政策，把党和政府的关心关爱落实到每一位残疾人身上。打造全市首家入驻县级矛调中心助残服务站，依托矛调中心部门及社会资源，一站式提供信访办理、人民调解、法律服务、心理服务等助残维权服务。

残疾人社会保障 2022年，鹿城区残联提前5个月超额完成省、市级四项民生任务，为全区135名孤独症儿童开展基本康复训练。提升建设规范化儿童康复机构3家、提升建设丰门、七都、双屿等规范化残疾人之家，完成重要公共服务场所无障碍改造12个；提前3个月完成区级民生任务，对101户残疾人家庭进行无障碍改造。持续发挥全省首个心智障碍者家庭资源中心作用，以“线上＋线下”方式为特殊家庭提供个案咨询、心理疏导、技能培训等综合性、专业化服务，举办线上全国爸爸公益论坛。

残疾人就业创业帮扶 2022年，鹿城区残联全面落实省、市帮扶政策，开展就业援助月专项活动，14家单位举办残疾人就业网络招聘会，提供岗位80余个，新增残疾人就业242名，为99家单位发放各类就业补贴62.29万元，有就业意愿大学毕业生就业率达100%。为28家盲人按摩机构纾困解难，开展各类技能培训，培训203人次，提升残疾人职业技能水平。联动省残联福利基金、腾讯等平台和10余个社会公益组织，为心智障碍群体社会融合提供资金和实践帮扶。与杭州工商信托公司合作，试点研发全国首单针对孤独症以及其他特殊家庭需求的慈善信托产品，注资100万元用于保障特殊家庭抵御风险。发布全省首支就业公益宣传片，获点赞和转发超3.3万次。启动“壹星同行”支持性就业项目，设立2个孤独症青年就业实践基地，为60余名心智障碍青年提供培训场次300余场次，帮助12名孤独症青年走上就业实践岗位，销售产品总额达600万元，并且产品纳入工会福利采购，以实际行动帮助该群体就业。该项目特色经验做法得到省政协副主席裘东耀的充分肯定，获2022年温州市新时代文明实践志愿服务大赛金奖。

兜底保障做实 2022年，鹿城区重度残疾人护理补贴在享9073人、困难残疾人生活补贴在享2946人，目标人群覆盖率达99.84%。为987名残疾学生和困难残疾人家庭子女发放各类助学补助及住宿费减免133.18万元。实现14家残疾人之家、托养中心参保机构综合险全覆盖。实施全区持证残疾人参保意外险，提高标准至50元/人/年，惠及15156名持证残疾人。服务入托残疾人37名，发放运营补贴计27.2万元。

残疾人文体活动 2022年，鹿城区残联为满足残疾人精神文化需求，结合健康鹿城建设，举办残疾人健身周活动，为肢体障碍和视力残障残疾人开设八段锦健身培训6期，宣传全民健身精神，增强残疾人体质。扶持文化艺术基地，组织心灵馨残疾人艺术团在康龙、绿园等社区文化礼堂开展“特殊艺术进社区”活动。与市特校、普校加强合作，发掘体育苗子资源，成功与10名市外学生签订运动员合约，推选他们参加省残运会并在聋人足球、跆拳道等项目中取得金牌。

残疾人换届选举工作 2022年，鹿城区残联率全市之先完成全区街镇残联换届工作，选举产生14个街镇新一届残联领导班子。以联合方式成立残疾人专门协会，选举产生鹿城区残联第八次代表大会代表100名，并于11月9日完成区级残联换届工作，选举产生区残联第八届主席团委员及出席市残联第八次代表大会代表，推举产生区残联第八届执行理事会。

数字化改革项目 2022年，鹿城区残联推进残疾人证“省内通办”“跨省通办”“残疾人证与社保卡功能互通应用”等数字化改革项目，协同推进儿童康复机构管理应用“揭榜挂帅”数字化应用项目，依托“浙里办”助残专区、浙江政务服务网等平台资源，上线19项助残项目，贯通“一键达”利民补助系统，实现各类到人到户补贴的线上申请、审核、发放，实现“零次跑”，让残疾人共享数字化改革红利。全年通过各平台与窗口收件共计2550件，实现一网通办率100%。全面梳理民生“关键小事”智能速办清单，组建“关键小事”体验员队伍，将27家残疾人服务机构纳入“鹿城区15分钟公共服务圈”建设，为残疾人构建数字引领、面向未来、健康低碳的美好生活方式。

（赵淑飞）

2022年鹿城区残疾人数情况表

表17

类别		人数（人）	占比（%）
性别	男	8627	56.92
	女	6529	43.08
年龄	0～18岁	473	3.12
	18～59岁	5917	39.04
	60岁以上	8766	57.84
文化程度	未入学	252	1.66
	文盲	1991	13.14
	小学	5671	37.42
	初中	4911	32.40
	高中	1686	11.12
	大专及以上	645	4.26
户籍	农业	3967	26.17
	非农业	11189	73.83

慈善事业

概况 2022年，鹿城区慈善总会共募集款物1498.81万元，同比增长46%，慈善救助和公益活动支出1203.07万元，惠及困难群众103149人次。对接社会各界爱心力量为对口帮扶地区募集善款，共拨付扶贫款458.05万元。援助“农村造血型帮扶基地”项目51万元，惠及周边低收入农户家庭873户。结对帮扶全区347名困难家庭学生，发放助学金102.6万元。新建慈善基金9个，资金总规模达2670万元。贯彻新发展理念，发挥互联网优势，借助腾讯公益、字节跳动公益等众多互联网募捐平台传播慈善信息，推广慈善项目，全年共上线11个项目，共募集善款234.58万元。首单100万元针对孤独症以及因残失能等特殊儿童的“点亮星星”慈善信托项目成功落地。至年底，在全区打造13家慈善组织。

2022年5月24日，鹿城区慈善总会义工工作会议暨表彰大会在鹿城区慈善综合体二楼会议室召开。会议对41名优秀慈善义工、69名慈善义工积极分子予以表彰及颁发荣誉证书。11月1日，在瓯e善会议室召开温州市鹿城区慈善总会义工分会二届一次会员代表大会。大会选举产生鹿城区慈善总会义工分会新一届领导班子。9月，鹿城区委书记白洪楞代表鹿城在第七届浙江慈善大会上作交流发言，得到省委书记袁家军等领导的肯定。慈善试点相关信息获省委副书记黄建发和市委书记刘小涛批示、肯定。

慈善关爱活动 2022年，鹿城区慈善总会以“鹿城区大病救助慈善基金”出资形式为14名大病患者送去慰问金28万元。举办迎春慈善宴，以分发餐食和送餐入户的形式，及时把社会组织的关爱及新春问候送

2022年7月15日，“情暖鹿城·酷暑送清凉”关爱千名环卫工人慈善慰问活动在红日亭广场举行　（区慈善总会提供）

给辖区230户困难家庭、61位孤寡老人。开展“冬日送温暖”活动，对全区困难家庭、孤寡老人、残疾家庭等进行春节慰问，共慰问困难对象1646人次，发放善款95.98万元。开展“酷暑送清凉”活动，关爱千名环卫工人，为他们送去夏日防暑用品，也为11支义工队的250名在高温下坚持服务活动的慈善义工们送去“清凉礼包”。联合红日亭公益慈善会、雨花敬老公益慈善会、六方和义工队和白鹿义工队等队伍相继为辖区150名环卫工人、30位孤寡老人、空巢老人和2名抗战老兵送去中秋慰问品。联合鹿城区残联、鹿城农商行开展鹿城区“六一”儿童节关爱困难家庭特殊儿童慈善慰问活动。活动现场分别给27名特殊儿童发放2000元的慈善慰问金及节日慰问品，并给孤独症康复机构发放3万元援助金。鹿城区慈善总会8支直属义工队受区总会委托，先后上门慰问27位困难家庭特殊儿童，送去慰问金及慰问品。

鹿城区慈善总会召开第三届理事会第七次会议 2022年3月24日，在鹿城区慈善总会三楼会议室召开。九届鹿城区政协副主席、一级调研员徐一峰作为区慈善总会会长候选人入选。理事会上，与会理事审议并通过《温州市鹿城区慈善总会2021年度工作报告》等决议和报告。

鹿城区慈善总会召开第四次会员代表大会 2022年4月14日，鹿城区慈善总会严格按照章程规定，认真组织换届工作，召开第四次会员代表大会，审议通过区慈善总会第三届理事会工作报告、监事会工作报告、财务报告、章程修改事项等议题，选举产生新一届理事会和领导班子，徐一峰当选为会长。

慈善助学 2022年3月4日，鹿城区“关爱未成年人”慈善基金资助温州市第三十中学（上戍校区、藤桥校区）、温州市藤桥小学等三所学校的87名清寒学子爱心营养餐补贴，共计185960元。南北艺术慈善工作室2022驼峰计划——山之翼艺考公益培训项目正式启动，由南北艺术慈善工作室负责人孙士元带领教师团队“送教下乡”，为藤桥镇适龄中学生提供专业艺考课程，为期三年，并为学生免费提供画材。9月29日，温州杨红慈善基金会向温州市黄龙第二小学、城南小学（会昌河校区）、蒲鞋市小学（桥儿头校区）、第二十一幼儿园、第六幼儿园、第二幼儿园等6所从事融合教育试点的小学及幼儿园捐赠12万元，用于推进鹿城随班就读工作，更好地开展鹿城区融合教育实践，发挥特殊学生的潜能，提升鹿城区融合教育整体水平。

“共享幸福”（共同富裕）专项基金 2022年5月，由鹿城区委组织部、区委统战部（工商联）牵头，联合鹿城区爱心企业在区慈善总会建立鹿城区“共享幸福”（共同富裕）专项基金。鹿城农商银行等50余家企业筹集“共享幸福”专项基金2000万元，主要用于社区70岁以上老人、困难群体的用餐补助及帮扶济困项目。

慈善助困基金成立 2022年6月16日，鹿城区慈善总会·一德慈善基金项目成立仪式在温州云天楼皇都假日酒店举行。浙江一德集团有限公司出资500万元，自2022年起连续十年，每年捐赠50万元，在鹿城区慈善总会设立“一德慈善基金”，用于帮扶困难家庭和因病因灾导致生活困难的群众，以及开展困难学子结对、社会弱势群体帮扶、妇女老人儿童捐助等各项慈善公益活动。7月19日，情暖鹿城·超荣力电器慈善基金项目成立仪式在浙江超荣力电器有限公司举行。浙江超荣力电器有限公司出资30万元，在鹿城区慈善总会设立“超荣力电器慈善基金”，用于帮扶困难家庭和开展各项慈善公益活动等，推进慈善事业发展。

医疗通道建设项目捐赠 2022年9月13日，签约仪式在鹿城区慈善总会会议室举行。温州市润新机械制造有限公司通过鹿城区慈善总会以实物捐赠的形式，向温州市中心医院捐赠价值约100万元的医疗通道项目，保障医院医疗急救通道的安全通畅，最大限度地挽救患者的生命。

鹿城区纪念第七个“中华慈善日”公益慈善服务活动 2022年9月8日，在公园路广场举行。活动由鹿城区民政局、鹿城区慈善总会、五马街道联合主办，鹿城区慈善总会义工分会承办。现场搭建50个摊位，由市、区30支义工队及社会组织的180名义工向市民提供理发、推拿按摩、法律咨询、小家电维修及测血糖、血压、口腔检查等特色慈善服务，现场还发放《中华人民共和国慈善法》手册及慈善宣传折页，并供应各类食品饮料、特色小吃，吸引了众多市民排队参与。

“情暖瓯越 善行天下”鹿城公益慈善沙龙活动举行 2022年11月22日，在红日亭举行。鹿城区委常委、宣传部部长叶恒坚致辞，鹿城区慈善总会会长徐一峰现场宣读中华慈善总会和雷锋杂志社的贺信。现场举行鹿城区优秀志愿者表彰仪式和视觉中国图库·红日亭专题上线仪式。温州市红十字陶慧敏爱心发展基金会向红日亭捐赠50万元善款，助力慈善事业的进一步发展。

“一鹿有善 有你有我”慈善项目创投大赛 2022年9月至12月，鹿城区慈善总会联合相关部门开展“一鹿有善 有你有我”慈善项目创投大赛。全区27个义工组织通过抖音公益平台展示各自特色品牌项目，播放量达1730873次，获赞104414个，转发8508次，关注粉丝数1.2万个，累计视频点赞、评论、转发超过11万次，涉及助老服务类、教育助学类、特殊人群服务类、青少年服务类、扶危助困类、其他公益类等多个领域。大赛评选出一等奖、二等奖、三等奖以及12个参与奖，给予项目资助金62万元，通过积极宣传义工组织慈善品牌项目，发掘并培育出真正可推广、可复制、可造血的好项目。

（杨翼嘉）

红十字事业

概况 2022年，鹿城区红十字会接受社会捐赠款物345.87万元，支出302.35万元。开展“红十字博爱送万家”活动，走访、慰问鹿城区困难群众、造血干细胞捐献志愿者、器官遗体捐献志愿者家属等，共发放慰问金5万元，惠及全区14个镇街的100名困难边缘户。造血干细胞采样入库登记150例，累计登记1265例；实现捐献4例，累计14例。人体器官（遗体）捐献志愿登记700人，累计登记2957人，累计实现捐献36例。区内有红十字会组织169个，红十字会员12525人，红十字志愿服务队184支，红十字志愿者3754人。全年，鹿城区红十字会完成救护员取证培训10863人，救护员保有量达到36256人，占户籍人口4.37%；救护知识普及培训41095人次，总普及面达229214人次，占户籍人口27.7%。年内区红十字会获评浙江省红十字担当作为奖先进集体，陈雅婷获得中国红十字会会员之星称号。

对口援助 2022年9月20日，浙江诗戈图鞋业有限公司向区红十字会定向捐赠3500双运动鞋价值人民币24.5万元，用于四川壤塘县中学生扶贫工作。9月23日，温州市新康莉鞋业有限公司向区红十字会定向捐赠540双价值6.75万元的雪地靴，救助壤塘县困难群众。8月26日，昆仑山集团向红十字会定向捐赠300箱矿泉水，慰问一线快递小哥。

AED首次实现救人 2022年3月，鹿城区某学校的一名学生突然晕倒并发生心脏骤停，学校里参加过红十字救护员培训的老师迅速赶到现场，拨打“120”，对该学生开展心肺复苏，同时派人去取来上年由区红十字会为该校配制的AED（体外自动除颤仪）。“120”赶到现场后，AED已完成连接，提示需要除颤，立刻继续完成除颤并持续心肺复苏，最终使该学生恢复自主心律，随后将其送往医院进一步治疗。在全市人流密集公共场所配置的AED中，此台首次被使用并成功救人。

红十字“三救三献”业务 2022年，鹿城区红十字会率全省之先将红十字“三救三献”业务全部纳入新市民积分制管理，实现积分加分项目全覆盖，最高分达88分。其中，参加区红十字会组织培训的救护员证在个性项目中是唯一被认可加分的证书，并纳入“浙里新市民”应用服务平台，实行积分量化审批流程闭环管理。

“博爱周”人道公益日 2022年5月7日—9日，鹿城区红十字会动员社会各界、红十字会员和志愿者，参与全国首届“5·8”人道公益日网络众筹活动，发动4719人，筹集资金29.1万元，捐款额度位列全市第一、全省前十。筹集的资金用于鹿城救护驿站建设，扩大AED覆盖面。

“救在身边”应用场景上线 2022年10月，由鹿城区红十字会和区大数据中心联合开发的“救在身边”应用成功上线。“救在身边”是集AED管理、查找，志愿者呼救、响应于一体的综合救助平台，通过对AED设备的统一监管，确保所有AED在紧急关头随取即用，同时提供AED导航及“一键呼救”附近志愿者的功能，急救志愿者可通过平台的导航功能精准到达患者身边，紧急时刻能够协调周围急救设备及急救力量完成自救互救，实现医疗资源、志愿者、专业力量“救在身边”。

（谭尧杰）

新居民服务管理

概况 2022年3月28日，鹿城区人民政府正式印发《鹿城区新市民量化积分管理实施细则（试行）》。该细则为温州市首个根据行政规范性文件制定发布的积分管理实施细则，4月1日实施。为配套细则落地，同时制定《鹿城区“浙里新市民”积分指标及积分应用协同审批机制》。年内鹿城区新居民登记在册数615909人，比2021年增长7.04%，其中29岁以下的新居民占比30.87%，30～49岁新居民占比50.29%，初中及以下学历的新居民占比80.34%，大专以上学历的新居民占比5.80%，研究生学历以上820人。

推进“浙里新市民”应用 2022年4月15日，鹿城区新居民服务中心召开部门及街镇业务培训会议，下发操作手册，实现积分业务流程全闭环。梳理23个部门公共资源积分应用政策，拟定形成政策总框架，确保五年内不变更，保持政策一贯性和持续性。指导街镇开展线上线下应用注册及积分政策宣传，制作宣传横幅及宣传视频在办事大厅、新市民集聚地悬挂及播放，发放、张贴易拉宝200个、海报3000份、折页2万份。推进应用场景建设“来温登记与居住证业务”“落户申请”“一件事联办”及技能培训、积分文明创建、产业找人、积分艺培、积分入学、积分乐巡等10多个积分场景应用。“浙里新市民”上线运行后，日活量累计达8万多人次，注册人数共计7万多人。

积分管理深化 2022年，鹿城区新居民服务中心运用“互联网＋实行新居民全员积分管理”。4月开始，中心通过线上、线下培训指导，指导各街镇新居民服务管理所开展各项积分管理申请受理工作前期准备。根据要求，于5月14日集中开展2022年度鹿城区新居民积分管理申报。自积分集中申办后，积分管理业务共收录积分申请4161份，完成受理4153份。通过“鹿城新居民”微信公众号、发放折页海报、定点设摊、进校宣传等方式，开展积分管理走访宣传，印制宣传折页3万份，定做展架200个，制作海报3000张，现场解答新居民咨询300余人次，发放各类宣传资料2.8万余份。指导街镇新居民服务管理所开展各类积分管理宣传活动28次，提升新居民积分制政策知晓率。通过设立积分咨询便民热线，中心接听新居民办理积分、积分入学报名等业务咨询电话计1300次，热情服务上门咨询的新居民计300余人次，其中解决疑难问题216个。截至2022年10月，积分加分共计2429人。

关爱、服务新居民活动 2022年，鹿城区新居民服务中心开展“鹿城·我们共同的家”服务品牌活动。“春送就业”“夏送清凉”“秋送入学”“冬送温暖”“在温州挺好”“护眼春蕾·爱心相随”“情系新居民 冬日送温暖”等关爱新居民活动，让广大新居民切身感受到家的温馨。6月9日，新居民助力文明城市建设启动仪式在仰义街道新二代城市科创园举行，鹿城区副区长王媛媛出席启动仪式，新居民踊跃参与文明城市建设，推动“鹿城·我们共同的家”品牌建设。

微信公众平台的管理运用 2022年，鹿城区新居民服务中心通过推送各类新居民政策法规及最新工作动态等方式，发挥公众号在积分管理、居住登记、疫情防控、复工复产、法律宣传等方面宣传引导作用。年内“鹿城新居民”微信公众号共发布信息200余条，关注量达1.5万人。

多方联动 参与文明城市建设 2022年5月开始，鹿城区新居民服务中心安排人员进社区、进网格、进街道，开展网格化服务、“门前三包”、清除小广告、街道垃圾清理等志愿服务活动。组织党团员志愿者开展走进公交车、坐上出租车，争做文明使者活动。为贯彻落实区委关于党建引领“共享社·幸福里”建设的决策部署，响应“支部结对促共建共富”行动，5月27日，区新居民服务中心全体党员，到支部结对村丰门街道潘岙村开展“共享社·幸福里”文明共建活动。发动在温异地商会志愿者队，进社区、街道开展文明创建工作，合力形成全民参与的良好态势。

（瞿伟俊）

编辑 胡亭亭

人力资源管理

人事管理

劳动就业

社会保险

人才工作

人事管理

概况 2022年，鹿城区共有事业单位10584人，其中管理人员2297人、专业技术人员8372人（含双肩挑392人）、工勤技能人员307人。全年新引进大学生16139人，其中博士18人、硕士315人，20%超额完成省、市口径的大学生招引指标，实现高校毕业生人才招引数量、质量“双提升”，“510＋计划”实施取得阶段性成效。

高校人才引进 2022年，鹿城区人力资源和社会保障局组织企业参加本地招聘会4场和全国巡回引才活动4场，1279家企业提供26423个岗位，现场达成就业意向1432人。开拓高校毕业生就业岗位，在温州人才网510专栏上，全区有企业479家，可投递岗位21131个。牵头举办2022年温州高校毕业生招引“510＋计划”全国巡回招聘南昌站活动。全年新增实习基地139家、提供实习岗位2970个，新增见习基地15家、提供见习岗位353个。年内为1061名高校毕业生发放人才补贴、路费补贴共计224.3万元。

事业单位人事管理 2022年，鹿城区人力资源和社会保障局组织开展事业单位公开招聘（选调）工作7批次，招聘（选调）人员到位数共计146名，其中35周岁以下139名、硕士研究生以上学历4名。开办鹿城区2022年度事业单位新增人员培训班2期，对84名新增人员进行初任培训。审核办理事业单位人员交流手续577人次，审核单位岗位聘用调整1982人。推进人事管理业务档案电子化工程，整理扫描历史业务档案12.4万余页。率全市之先组织开展面向专职社区工作者招聘街道下属事业单位工作人员5名，全区共253名社区工作者报名参加，提升社区工作者的从业积极性。

工资福利和退休管理 2022年，鹿城区共办理机关事业单位工作人员工资统发121298人次，计9.22亿元。办结各类工资变动13451件，完成机关事业单位人员工龄连续认定106人次，办理事业人员（含机关工勤）退休94人。与区委组织部、区财政局专题研究形成《鹿城区规范机关工勤人员和事业单位工作人员奖励性补贴实施方案》，并落实到位。

劳动就业

概况 2022年，鹿城区人力资源和社会保障局抓住保就业稳就业的工作主线，持续深入实施就业优先战略和积极就业政策，不断构建高质量就业体系，以强有力的民生保障着力实现共同富裕。全区城镇调查失业率控制在4.4%以内，“零就业”家庭动态归零。加强劳动关系治理体系和治理能力建设，从隐患预防、案前调解、权益保障等切入，促进全区劳动关系和谐稳定，全年未发生因欠薪引发影响社会稳定的重大恶性事件，关键指标“劳资纠纷案件数”和“群体性欠薪案件数”呈双下降态势，就业局势总体向好。

劳动保障 2022年，鹿城区共办理劳资纠纷案件3775件，同比下降0.7%，帮助14785人解决涉及14518.1万元的工资争议问题，其中群体性欠薪案件75件，共涉及劳动者4480

人，涉及金额5055.6万元。大力打击企业恶意欠薪行为，全年列入失信黑名单22人，移送公安刑事立案7起。持续深化“专项排查+滚动排查”的欠薪监管模式，共排查企业2868家，将95家重点隐患企业纳入重点监管目录，并更新动态。以“智慧监·阳光支付”平台实时预警为主要抓手，与行业主管部门强化联动，累计对92家平台亮灯项目进行重点排查，有序化解项目欠薪隐患，确保工资按月足额发放。出台租赁企业工资保证金制度，并在丰门、双屿等企业较多的重点街镇开展试点工作，力争从源头上化解欠薪问题。

劳动仲裁 2022年，鹿城区累计处理劳动人事争议案件1469件，其中受理立案1236件，同比增长12.8%。受理案件中结案1227件，其中调撤结案879件、裁决结案348件（包括一裁终局254件），结案率94.6%，调解成功率82.5%，仲裁终结率92.3%。通过浙江劳动人事争议调解网络平台处置劳动争议584件，网络办案率达50.7%。完善案前调解制度，吸纳人民调解员、工会志愿者律师、党员律师调解员等多方力量参与案前调解，为群众解决纠纷提供便利的同时，有效提高调解成功率。年内共处理审结工伤保险待遇纠纷279件，审结276件，其中30日内审结255件，30日内结案率达92%；有460件劳动纠纷通过案前调解得到化解。完善“工伤速裁”办案模式，建立“工伤速裁”工作室，缩短办理周期，降低工伤职工维权成本。

工伤认定 2022年，鹿城区共处理工伤认定申请案件2168件，其中认定1856件，调解91件，全部案件均在法定期限内结案，结案率100%。开展危险化学品企业等重点领域工伤预防工作，对辖区危化品企业基本情况进行全面摸排、统筹管理。在全区组织开展劳动用工体检专项活动，全年完成劳动用工体检816家，并形成温州市鹿城区2022年度劳动用工体检总体情况报告。联合鹿城区发改局等8部门印发《关于加强维护新就业形态劳动者权益保障的通知》，从强化劳动用工分类指导等七大方面全力支持和规范发展新就业形态，切实维护新业态就业群体的合法权益。在全区范围推广电子劳动合同，召开电子劳动合同推广工作座谈会，宣传、培训、指导国有企业正确使用电子劳动合同平台，年内累计签订电子劳动合同6569份。

技能培训 2022年，鹿城区人力资源和社会保障局开展各类培训40096人，完成率244%，新增技能人才17606人，完成率352%，新增高技能人才5643人，完成率235%，其中新增技师、高级技师439人，技能人才培育工作居全市前列。举办职业技能大赛11场。全区入选浙江工匠培养项目10人、温州名匠2人（非传统工艺）、浙江青年工匠培养项目15人、瓯越工匠10人、市级技能大师工作室2家，各类人才项目入选人数为温州市之最。全年以岗位练兵、技能比武为抓手搭建竞赛选才平台，共举办快递员、鞋类设计师、养老护理员等职业技能大赛11场，选拔高技能人才1600余名。建成省级技能大师工作室2家、市级技能大师工作室34家、区级大师工作室30家，59家等级认定试点企业开展等级认定128场，自主认定技能人才4182人。

就业创业 2022年，鹿城区新增就业人员12600人，失业再就业4213人，困难人员再就业914人。深入开展2022年鹿城“春风行动”专场招聘会，组织50余家企业提供招聘岗位4800余个。在广化街道建成全区首个零工驿站，并开展“金秋送岗暖人心，助力共富稳就业”暨零工首场招聘会，助力共同富裕。开展“千企万岗双线招才月”活动线上定期招聘会，年内开展线上招聘131期，提供岗位4万余个。发挥就业有力支撑、突出“稳岗就业”，全年共为1999家企业发放一次性留工培训补助695万元，为13576家企业发放稳岗补贴5219万元，为423家企业发放一次性扩岗补助102万元，涉及681人，发放创业担保贷款金额4911万元，落实大学生就业补贴4712人次1514万元。

社会保险

概况 2022年，鹿城区人力资源和社会保障局坚持以人民为中心的发展理念，打造社保“暖”字招牌。构建多层次可持续的社会保障体系，全年各类险种待遇支付293718万元；追回社保基金52.89万元。创新推出“鹿小社”平台，设立值班主任流动服务岗和党员先锋红色驿站，为群众提供“有难必帮、有帮必解”的优质服务。年内获评鹿城区“万人双评议”满意审批窗口和全区唯一优化营商环境满意服务窗口。

养老保险 2022年，鹿城区在职职工参保人数47.65万人，机关事业单位养老保险参保人数2.26万人，城乡居民基本养老保险人数3.79万人。全区享受离退休待遇105986人，其中机关事业单位退休7419人、企业职工退休67997人、城乡退休24785人、征地待遇享受人员5785人。累计办理养老关系转入接续3316笔，其中养老关系转出2236人次、养老关系转入1080人次。企业职工基本养老保险退休人员实现养老金“18连涨”，全区月养老金平均水平达2885.59元。提高城乡居民基本养老保险最高缴费档次标准，最高待遇可达到每月884.57元。

工伤保险 2022年，鹿城区工伤保险参保单位2.34万家，参保人数41.59万人；享受工伤保险待遇6704人次，基金累计支出11462.63万元，其中享受工亡待遇26人。领取因公死亡供养亲属抚恤金149人，新增22人。领取1～4级定期伤残津贴人员31人，新增1人，领取生活护理费17人。

失业保险 2022年，鹿城区失业保险参保人数208955人，比上年增加12999人；领取失业保险金49031人次。年内发放技能提升补贴5691人次，计1045万元；办理失业金及失业补助金核定7692笔，其中失业金核定5181人，失业补助金核定2511人，合计金额10154.72万元。大力开发市级公益性岗位，及时审核各街道上报的享受市级公益性岗位补贴的人员，累计64人次，发放金额22.82万元。为帮助基层解决本辖区失业人员、军转人员、下岗人员的就业问题，推动高质量就业社区建设，市区两级共支出社区协管员工作经费230.73万元。

便民服务提升 2022年，鹿城区人力资源和社会保障局通过整合信息化资源，推进各项社保卡应用贯通落地，实现全区179家医疗定点机构就医购药、市区2600多辆公交车刷卡乘车，提供1家图书馆、25个城市书房刷卡入馆借阅的全套文化体验服务。推进利民补助“一键达”建设，以社会保障卡“一卡通”为切入点，实现94项利民补助政策全覆盖，截至2022年底，利民补助“一键达”累计对82.8万人次兑现资金5.4亿元。同时，建设“10分钟办卡服务圈”。全区共10家社会保障卡签约合作银行，群众可根据自身意愿灵活选择办卡银行；超过250个社会保障卡制卡网点，平均每500米就有一家，实现全域均等化覆盖。

（邱超祥）

人才工作

概况 2022年，鹿城区推动高端人才加速聚集，重视人才招引服务体系构建，发挥重点人才项目在培养集聚人才方面的示范带动作用。入选国家“启明计划”7人，完成量居全市第一。新培育省特级教师8人，总量全省第二、全市第一。新增大学生1.6万人、高技能人才1.2万人。成立10亿元人才科创基金，落地领军型人才创业项目38个，人才指数综合排名列全市第一。引进院士等顶尖人才14人，院士团队产业化项目4个，瓯越院士之家获评“浙江院士之家”。申报入选国家、省级“引才计划”10人，省工艺美术大师5人，省宣传文化“五个一批”领军人才1人，市级重大人才工程25人，新培育“浙江工匠”10人、“浙江青年工匠”15人、“瓯越工匠”10人，数量全市最多。2022年度人才指数综合排名全市第一。

“瓯江名师名校长”引育 2022年，鹿城区锚定打造“首位教育、学在鹿城”品牌，创新教育人才引、育、留全链条机制，面向全国、重点聚焦京、沪、苏、浙等地知名教师，靶向引进名师名校长37人，提前“组团式”奔赴华中师范大学、浙江师范大学、温州大学等高校开展专场招聘，新招引青年教师603人，面向社会公开遴选优秀骨干教师89人。全面实施卓越教师培养行动计划，建成特级教师工作站23家、名师工作室99个，学员团队超1500名，规模全市首位。新培育市、区级学科骨干教师、骨干班主任504人，入选省特教教师8人，数量为全省第二。

大学生就业服务与引才 2022年，鹿城区针对高校毕业生就业择岗难等问题，探索抖音直播间探索“直播＋就业”服务新模式，“零距离”“面对面”引才，单场人气最高达173万人次。与广东白云

2022年5月，鹿城区人力社保局针对温州大学电气与电子工程学院应届毕业生开设工业机器人应用与维护专项培训班（区人力社保局提供）

学院、北京科技大学、华中农业大学等11所高校联合举办“才聚温州，敬请登鹿”高校毕业生网络招聘会、空中双选会50场，累计发布就业岗位3.2万个，达成签约意向1344人。赴成都、南昌等城市举办“青春逐梦·白鹿相邀”线下招聘会16场，现场签约优秀毕业生近1000人。

“浙派工匠”321行动计划实施 2022年，鹿城区重点面向鞋产业、数字产业和生产性服务业，推进技能人才评价制度改革，创建职业技能等级自主认定试点企业59家。开展自主认定128场次、认定技能人才4182人。举办快递员、鞋类设计师等职业技能培训、技术比武、技能竞赛等活动35场。培育持证高校毕业生1520人，选拔高技能人才1600名。

科技人才招引培育 2022年，鹿城区全方位挖掘科创企业人才潜力，把鹿城打造成浙南“创新地标”“人才特区”。年内共推荐4人申报省万名科技创新领军人才、3人申报科技创业领军人才、1人申报杰出人才、领军型创新团队1支，组织推荐56人申报省海外引才计划，进入答辩30人，申报数创历史新高。依托浙南美谷研究院、石碧院士产业化项目成功建立2支高层次人才创新创业团队，引进博士以上人才15人。

聚才平台建设 2022年，鹿城区推进“瓯江科创矩阵集聚工程”，新增大孵化器面积超20万平方米，落地总投资超10亿元的中科先进温州院等科创平台8家，成立首支10亿元人才科创基金，撬动落地人才集聚型产业项目13个、领军型人才创业项目38个，新培育省级企业研究院1家、市创新型领军（瞪羚）企业2家，培育国家、省级科技型企业1734家，加速形成科创平台提能造峰强劲态势。

“1＋X”政策体系的形成 2022年，鹿城区制定出台《关于实施“瓯江风起潮涌计划”打造浙南人才创新创业高地主窗口的意见》，系统配套“瓯江领创项目”、滨江CBD“黄金25条”、未来科技岛“一岛一策”等专项政策14个，给予“瓯江塔尖人才”最高2亿元综合支持，树立人才优先发展的鲜明导向，形成具有鹿城特色的“1＋X”人才政策体系，财政投入各类人才工作资金达到1.53亿元。

优化人才服务 2022年，鹿城区聚焦人才“引进、留用、发展”三个关键词，制定出台“人才服务十项幸福清单”，开通人才服务绿色通道，优先解决市、区两级高层次人才及外来用工子女入学4018人。筹集黄龙未来社区、小南门等核心地块353套优质配售房，启动第三批人才房配售，共有91人以备案价5～7折认购、数量为全市领先。深入开展“幸福创业之城人才主题月”系列活动，打造“白鹿人才码”“人才公园”“人才客厅”等20余项特色服务项目。连续4年获评“中国最具幸福感城区”。

（周鸿　王靖然）

编辑　胡亭亭

教　育

概　述

义务教育

学前教育

职业教育

社区教育

教师队伍

教育科研

教育“双减”

规范民办义务教育发展

基建与装备

概　述

2022年，鹿城区教育项目建设提质增速，建成投用学校、幼儿园10所及老年学堂3所。完成“温馨教室”“明眸皓齿”“互联网＋义务教育”等民生实事项目。《以“揭榜挂帅”项目推进区域“双减”政策落地》案例获评全省首个区域“双减”优秀实践案例。课后托管、暑期托管实现全覆盖，学科类校外培训机构实现清零。对全区义务教育学校学生手机管理、作业管理、睡眠管理、读物管理、体质管理等落实情况进行实地督查，全年持续督查4次，发动责任督学300人次，撰写督查报告300个。招引各类教育人才376人；实施“未来名师”培育工程，8名教师获评省特级教师，数量列全省第二、全市第一，4名教师获正高级教师职称，31名教师获评市“三名”（名校长、名班主任、名师）。2名教师获省中小学班主任基本功大赛一等奖、5名教师获省课堂教学评审一等奖、1名获省青年教师教学竞赛特等奖。深化“六学六进六争先”学习实践活动，累计培训党组织书记、宣讲骨干266人，开展理论宣讲184场次，覆盖党员3800余人、师生13万余人。推进数字赋能教育，升级幼教学段“三朵云”系统。“云呵护”平台实现公办幼儿园集团化办园全覆盖，“美好教师智治系统”项目获评2022年全省教育领域数字化改革创新试点项目。

义务教育

概况　2022年，鹿城区共有小学44所（其中民办小学2所），在校生70981人；初中23所，在校生27328人，小学、初中入学率均为100%。组建城乡共建、学段衔接等八种样态教共体，公办学校教共体覆盖率91.3%。温州市第四中学、温州市第十七中学、温州市城南小学会昌河校区、温州市鹿城区瓯江小学共4所学校被评为“浙江省现代化学校”。创成温州市五星级儿童友好校园1所（广场路小学）、温州市四星级儿童友好校园2所、温州市儿童友好校园试点校12所。

教育共同体　2022年，鹿城区教育局实施教共体扩面工程，组建联合办学型、城乡共建型、公民协同型、片区联盟型、初小融合型、幼小衔接型、教研互助型、山海协作型8种样态教共体，形成“三横两纵八样态”教共体格局，公办学校教共体覆盖率91.3%。承接省级民生实事任务——跨地区教共体，温八中等5所学校与泰顺县组建跨地区教共体，69名教师结成师徒关系，设立10个名师工作室，22人次参与实地支教跟岗，开展示范研讨、集体教研等活动166次。5篇案例获市级奖项，4篇获评省级典型案例。组织推荐参加经典诵读相关赛事，入围教育部比赛8人、获市一等奖5人。组织区级汉字素养大赛，评出一等奖5名；两所学校参加市级汉字素养比赛，均获市一等奖。

班主任基本功大赛　2022年3月，鹿城区班主任骨干研修班暨班主任基本功素养专项培训在温州城市大学举行，74位班主任参加为期3天的培训。5月，区中小学班主任基本功大赛在温州市南浦实验中学举行，51位班主任参赛。在2022年温州市班主任基本功大赛中，3人获一等奖（全市共8人）、3人获二等奖、1人获三等奖。3位选手参加省赛，2人获省一等奖、1人获省二等奖。2人在长三角大赛中分别获得一、二等奖。10月，129位选手参加鹿城区中小学班会优质课比赛。11月，在温州市第十届中小学班会优质课评比中，鹿城区8位教师参赛，获得一等奖3名（全市7名）、二等奖3名、三等奖2名。

学生主题系列活动 2022年，鹿城区教育局组织“我的家乡在‘浙’里”主题演讲比赛、“五彩劳动”场景秀微视频比赛、“强国复兴有我”主题征文比赛、“节能降碳”节电主题征文比赛、“学宪法 讲宪法”主题知识竞赛等赛事。组织学生观看“德育第一课”“做文明使者 迎文明未来”“我们‘浙’十年”云上思政公开课等主题教育宣传片。举办“浙江有礼·一鹿先行”“喜迎二十大 童心永向党”“文明护童行”等主题系列活动。

家庭教育 2022年，鹿城区教育局出台《家校共育指导意见》，进一步规范明晰学校、家长（家委会）、社区的分工职责任务和合作途径方法，鼓励有条件的学校加快建设高品位有内涵的家校社交流中心。5月，成立“一鹿成长”讲师团，由30多位名校长、名师、名班主任组成，持续开展家庭教育宣讲活动，线上直播单次最高收看达10.4万人次，共普惠10余万个家庭。

鹿城区第二十五届青少年科技节 2022年9月，鹿城区举办“创新·创想·创作”的第二十五届青少年科技节，包括“论坛、赛事、科普、联动”系列活动，全区1800多名学生参赛，共评出852个奖项。温州市实验中学教育集团、温州市蒲鞋市小学等24所学校获得优秀组织奖。科技节为全区广大中小学生提高科学文化素养提供一个良好的平台与锻炼时机，有助于培养全区青少年的创新精神和实践能力。

鹿城区第三十四届中小学生艺术节 2022年3月，鹿城区举办第三十四届中小学艺术节，共开设15项活动现场赛和推选赛。鹿城区在温州市比赛中共有188个参赛作品获奖，其中一等奖51个，获奖总数与一等奖获奖数量均位居全市前列。

第二届军事夏令营 2022年，为纪念共产主义青年团成立100周年，提升青少年的爱国爱党爱军情怀，

2022年11月20日，鹿城区第三十八届中小学生田径运动会举行　　（区教育局提供）

推动国防教育进校园活动落地落实，区人武部、区教育局在鹿城区民兵训练基地联合组织开展2022年鹿城区第二届优秀学生军事夏令营活动。全区小学五、六年级和初中一、二年级优秀学生400余人分别于8月1日、8月10日参加为期7天的军事夏令营。

心理“小鹿心在线”课程研讨会 2022年12月9日，在温州市第二中学滨江校区举行，区域20多位优秀的中小学心理教师参加本次活动。全年共推送46期，在每周一见的优秀课例中对学生、家长产生一定的影响，累计受益面达22余万人次，与鹿城“融媒体”合作录播微视频向市民推送，10多期视频在“学习强国”学习平台播出，引起校园外较高的社会关注度。

鹿城区第三十八届中小学生田径运动会 2022年11月12日举办。本届运动会全区有92所学校代表队共计1500余名运动健儿参加6个组别14个项目的比拼，经过4天紧张激烈的角逐，温州市实验中学、温州市双屿中学分获中学A、B组团体总分第一名，温州市黄龙第二小学囊括小A甲组、小A乙组团体总分第一名，温州市水心小学新村校区、温州少年艺术学校分别夺得小B甲组、小B乙组的团体总分第一。

学前教育

概况 2022年，鹿城区有幼儿园91所共计145个园区，其中公办幼儿园29所83个园区；在园幼儿总数32115人，其中公办园幼儿人数22244人，公办园在园幼儿覆盖面达69.26%。等级幼儿园143个园区，其中一级幼儿园48个园区、二级幼儿园52个园区、三级幼儿园43个园区，等级幼儿园在园幼儿覆盖率99.78%。年内，创成优质等级园共有21所幼儿园，其中一级幼儿园5所、二级幼儿园11所、预二级幼儿园5所。截至年底，全区累计优质等级园所（区）100个，优质等级园所（区）数量比上年度增长4.63个百分点。发放民办园奖补资金465.76万元。有63所民办幼儿园参加年检，被确定为优秀的有6所。

出台学前发展行动新计划 2022年8月26日，鹿城区教育局印发《温州市鹿城区学前教育发展第四轮行动计划（2022—2025年）》。该计划设定至2025年的工作总目标和年度分目标，通过实施幼儿园布局优化和公办幼儿园扩容行动、保教队伍建设行动、普惠性幼儿园扶持行动、幼儿园升等创优行动、小规模薄弱幼儿园质量提升行动、幼儿园治理创新行动、幼儿园深化课改行动等七大行动，进一步完善全区学前教育公共服务体系。

内涵建设 2022年，鹿城区教育局坚持“自然·生长”的课改理念，通过联盟聚力、试点先行、互研共享等方式，在幼小科学双向衔接和幼儿园数字化改革等方面取得一定的成效。区域幼小衔接专题宣传片推荐至教育部，并在2022年省学前教育宣传月中展播。承办温州市幼小衔接工作推进会暨家园校工作坊启动仪式和浙江省幼小双向衔接推进会，面向全省、全市做典型工作经验介绍；一幼、二幼、四幼等7所幼儿园成为全市首批“三朵云智慧幼儿园”。“幼小衔接”“三朵云”“未来儿童”形成具有品牌推广价值的区域项目群、鹿城区未来教育的新体系，扩大鹿城学前教育的品牌效应。

安心托幼 2022年，鹿城区教育局坚持以家长需求、幼儿发展为导向，率全市之先开展幼儿园课后托管服务、暑期托管服务。尤其是各幼儿园结合自身办园特色，实施暑期托管“一园一案”，从7月7日开始，公办、民办幼儿园同步进行，共设104个园区、429个托管班级，共有1.05万余名幼儿参加，全方位为学前教育服务赋能。

科研成果 2022年4月，鹿城区举办第一届幼儿园教师专业素养单人赛，经专家评审，共评出论文修改、教研方案策划、教学活动设计、游戏观察四类奖项各若干名。并推出8位公办、民办教师代表鹿城区教育局参加温州市第二届幼儿园教师专业素养大赛，鹿城区教育局获得优秀组织奖，公办园、民办园均获得团队赛一等奖。

职业教育

概况 2022年，鹿城区属公办中等职业学校1所，即温州市轻工职业学校，该校是以鞋类专业为特色的轻工专门化学校，为浙江省二级重点职业学校，在校生1142人，毕业371人，招生403人。年内学校被评为温州市国防教育先进单位。

职业品牌创建 2022年，温州轻工职业学校新增皮具设计3＋2等专业，拓展轻工（鞋类）专业链，逐步形成“鞋类＋智造”“鞋类＋商贸”“鞋类＋数媒”三大专业群。学校参与“活力温台”职教高地改革创新项目，参与区政府“中国鞋都向世界鞋都跨越”建设，推进鹿城区“鞋·商一体化”产业学院建设。年内学校被评为浙江省健康促进银牌校、温州市社会主义核心价值观基地学校、鹿城区首批社会主义核心价值观基地学校、温州市国防教育先进单位。《校企共育 培养新时代“职业人”》案例入选浙江省学徒制典型案例，《六节六行：节日文化与专业项目思政教育的融合》案例入选2022年浙江省职业教育德育特色案例。学校A类专业皮革工艺（鞋类制造与管理专业）中期评估获优秀。王国定高技能人才创新工作室入选2022年度高技能人才（劳模）创新工作室。学校与康奈集团继续开展“现代学徒制试点”工作，共有“现代学徒制试点”专业4个，学生959人，占在校生比例84%。

社区教育

概况 2022年，鹿城区有社区教育指导中心1所、社区学校14所、社区分校91所，社区学校（分校）创建市示范性社区学校1所、市一级社区学校（分校）1所、市二级社区分校3所，累计创建市示范社区学校（学院、分校）10所、市一级社区学校（分校）12所、市二级社区学校（分校）48所，市级社区学校（学院、分校）创建率达66.04%，社区教育覆盖率为100%。年内松台街道社区学校创建省级现代化社区学校，藤桥镇社区学校创建省级社区教育示范基地，松台街道桂柑社区分校成功创建省级学习型社区。

老年教育 2022年，鹿城区老年教育建立健全三级管理机制（区级为老年大学；街镇级设老年学校；社区级设老年学堂）；新建3所老年学校（山福镇老年学校、藤桥镇老年学校、大南街道老年学校），街镇老年学校实现全覆盖。

科研成果 2022年，鹿城区选送的《智能手机系列课程》入选国家级“智慧助老”课程资源推介名单。老年大学推送的单温克《温州剪纸》、吴丽华《智能手机系列》、郭秀清《健身排舞》课程入选省级推介的社区教育“能者为师”系列特色课程，其中《温州剪纸》《智能手机系列》课程入选教育部首批推介的社区教育“能者为师”系列特色课程。

教师队伍

概况 2022年，鹿城区教育系统共有教职工7627人，其中专任教师7091人。专任教师中高级职称1363人、中级职称3263人、初级职称1896人。新增省正高级教师6人、省教坛新秀6人，91名教师获评市、区“名教师名校长名班主任”。年内，区教育局出台《鹿城区“瓯江名师名校长”招引工程实施办法》，拓宽人才引进渠道，创新采用“线上＋线下”引才考核方式，面向全国引进优秀教师24名。继续实施“白鹿引才计划”，公开招聘新教师29名，创新机制招聘劳动合同制学前教育教师121名，前往浙江师范大学、温州大学等高校开展优秀毕业生招聘活动，为中小学引进优秀毕业生128名，其中研究生占比15.6%。

2022年，温州市实验中学黄慧等4人获2022年度“浙江省春蚕奖”。温州市绣山中学王小芳等43人分别获得2022年度温州市“优秀教师、优秀班主任、优秀教育工作者、师德楷模”称号。温州市第八中学赵鸣强等7人获“温州市‘瓯越情’教育基金”奖励。温州市第十七中学郑丽燕等66人分别获鹿城区“优秀教师、优秀班主任、优秀教育工作者、师德楷模”称号。

暑期师德培训 2022年8月25日—29日，鹿城区教育局组织开展为期5天的暑期师德培训，围绕“潜心正身立师德　凝心聚力向未来”主题，为全区近1万名中小学（幼儿园）教师开启新学期“师德第一课”。

教师资格认定与职称评审 2022年，鹿城区611人取得教师资格，其中幼儿园教师资格139人、小学教师资格332人、初级中学教师资格140人。取得正高级职称4人、副高级职称83人、中级职称270人、初级职称200人。

特级教师评定 2022年，鹿城区8名教师确定为第十三批浙江省特级教师人选，较上届入选人数增长100%，现有省特级教师基本覆盖了义务教育阶段的所有学科，学前教育特级教师连续三届均有入围人选，数量列全省第二、全市第一。

教育科研

概况 2022年，鹿城区教育研究院以“学在鹿城”品牌建设为引领，以全国义务教育优质均衡发展区为目标，以“未来教育”建设为工作核心，立足课堂教学变革，深化“双减”工作，落实“新课标”，助推区教育教学质量整体提升，年内获浙江省项目化学习资源众筹与深化研究活动“优秀组织奖”。

未来教育 2022年，鹿城区印发《温州市鹿城区区域推进“未来教育”工作方案》，确立24所示范校培育单位和28所种子校培育单位，开展“未来教育”工作推进会和13场视导活动等，邀请十余位专家指导学校推进“未来教师”“未来学校”“未来学习”“数字赋能”四大行动，初步构建“未来教育”学校建设格局，打造和培育单位发展样板。

教研共富 2022年，鹿城区各学科开展西部教研共同体和送教活动21次。举行鹿城、泰顺、龙港“教研共富”活动启动仪式，有20所学校与三地结成结对学校，共组织20多次研讨活动。建立研训员联系制度，搭建联片教研平台，发挥共研共富作用。

学习新常规 2022年，鹿城区研制出台《鹿城区指向“未来学习”的小学学习新常规实施建议》，编制并修订《鹿城区初中学习新常规指导建议》。举行“学习新常规”示范性、达标校创建评审，共评出中小学新常规示范校14所、达标校16所。举行指向“未来学习”的学习新常规研讨会，组织中小学45所学校创建学规建设的专项调研活动，开展60多次学科教学视导活动。区教育研究院书记、院长李烨在浙江省“改进教学管理”试点项目专题调研活动中作区域学习新常规创建行动的典型发言，获省教研室领导好评。

项目化学习 2022年，鹿城区印发《温州市鹿城区中小学（幼儿园）指向“未来教育”的项目化学习三年行动的实施方案（2022—2024年）》，开展4次区域项目化学习推进会，确立项目化试点校47所、种子教师162位。鹿城区在第三届“学习素养·项目化学习”全国案例征集活动中，共42例获奖，占市获奖数近一半。温州市第七幼儿园、温州市第五幼儿园、温州市第二幼儿园和温州市南浦中学5所学校获评第三届“学习素养·项目化学习”优秀组织单位，占优秀组织单位总数近20%。鹿城区共3所学校在浙江省项目化学习资源众筹与深化研究活动中获奖。在市级项目化学习案例评审活动中，获一等奖14项、二等奖19项、三等奖24项，获奖率均排在全市第一位。

教学评比 2022年，鹿城区有12位教师课例入选教育部基础教育精品课，2位教师课例入选“全国中小学班主任基本功和思政课教师教学基本功展示交流活动典型经验”。获评省青年教师竞赛特等奖1名、省级课堂教学评比一等奖7名；在市课堂教学评比和基本功大赛中，获一等奖21名。鹿城区幼儿园及老师教研组在三项省级比赛中获省级先进4个，占全市的23.5%；省精品课程入选8篇，约占全市入选篇数的75%。在浙江省教学论文评比中获评一等奖7篇、二等奖12篇、三等奖10篇；6篇文章入选省级改进学校教学管理征文；在市级微调研、教育叙事和论文评比中，共有287篇文章获奖；在温州市中小学价值观教育优秀教学设计评比中，有33项获奖；在市数据驱动教育教学改进案例评审活动中，2篇获市一等奖、4篇获市二等奖、3篇获市三等奖。在市级精品培训项目评选中，获市级奖项21项、一等奖4项、二等奖6项、三等奖11项，获奖率达到78%；在市中小学思政课教师实践教育基地“精品培训课程”评比中，12项课程获奖。鹿城区蒲鞋市小学信息技术2.0培训案例作为温州市唯一入选案例在全国信息技术案例评比中获奖。

承办活动　2022年，鹿城区承办浙江省初中语文新课标“关键问题解决”专题研训活动，由区初中属语文青年教师三人组代表温州市向活动参与者展示了区域“初中语文单元整体教学研究”的过程实践，得到在场专家的充分肯定。承办浙江省项目化学习展示月活动学科项目化学习的区域推进专场，南浦实验中学作为分会场，开设英语、科学、社会三门学科的微项目公开课及三场说课、三场沙龙活动。承办市“未来研训”新样态研讨活动，院长李烨介绍鹿城区教师培训新样态。承办温州市瓯越教育论坛启动仪式暨小学语文名师专场，研训员杨伟燕、余佳莉，特级教师周璐、林乐珍在活动中展示。此外，承办其他市级活动23场。

教育评价　2022年，鹿城区被确定为省小学综合评价试验区，确定7所试点学校，小学各学科研训员研制小学综合评价学科评价标准与操作建议。鹿城区共有3所小学的综合评价学科评价标准与操作建议案例入选浙江省非纸笔测评优秀案例。加强“素养评价”命题研究，中学部组织区命题研究班活动，小学部举办两期小学各学科骨干教师“命题素养”提升班专题研修活动，共有1000多位教师以线上+线下的方式参训，在市初中各学科“素养评价”命题评比中获奖率达97%，其中一等奖13个、二等奖16个、三等奖6个。

教育“双减”

概况　2022年，鹿城区教育局以“揭榜挂帅”为载体，深化典型示范，将“双减”工作分解为“服务提质”“作业管控”“教师关爱”“校社联动”等“双减”十大项目，按照“1+3+X”（每个项目由1个科室牵头、3个单位挂帅、多个单位联盟试点）的模式，面向全区中小学、幼儿园实施“揭榜挂帅”，充分调动基层学校工作动力。全区申请并中榜的“挂帅”与“试点”单位分别达到28个和70个。按照1个月初见成效、2个月形成模式的思路，及时提炼工作经验，汇编《“双减”惠未来》案例集，确定十佳“双减”项目，将经验做法进行辐射推广。创新性举办“双减”十大项目擂台竞优，38所学校带“成绩单”现场比拼，比项目、比成效，形成全区学校“以比促干、激励先进”的浓厚氛围，助推全区“双减”工作走深走实。年内6篇学校案例、1篇区域案例获评浙江省“双减”优秀实践案例。在8月30日后，鹿城区实现30家学科类培训机构“清零”。

课后托管服务　2022年，鹿城区义务教育阶段学校实现课后托管服务100%全覆盖，满足家长多样化需求，参与学生8.2万人，课后服务满意率达98.84%。率全市之先开展幼儿园课后托管服务，将课后服务触角延伸到学前教育，初步形成全学段课后托管体系。不断丰富课后服务课程，围绕“五育并举”的主方向，结合自身办学特色，全区学校共开设400余门特色社团类课程。

校内减负提质　2022年11月，鹿城区教育局开展面向小学阶段“双减”政策落实情况调研工作，针对作业布置与批改、课后服务内容、书包减重效果等工作形成十大重点督查清单。在结果运用上，建立“双报告”“双通报”制度，将校内减负担、提质量落到实处。

民办教育机构审批　2022年，鹿城区教育局地址变更1家，为温州市鹿城区滨江街道晟世培训学校；举办者变更4家，分别是温州市鹿城区同开培训学校、温州市鹿城区通途培训学校、温州市鹿城区初音语言培训有限公司、温州市鹿城区勤奋培训学校；名称变更1家，为温州市鹿城区同开培训学校；学校类型、办学内容变更1家，为温州市鹿城区树人教育培训学校；注销48家，分别为温州市鹿城区博艺培训学校、温州市鹿城区世德教育培训学校、温州新东方培训学校等。民办幼儿园举办者变更1家，为温州市鹿城区佳艺幼儿园；注销3家，分别是温州市鹿城区双屿镇营楼幼儿园、温州市鹿城区双岭幼儿园、温州市鹿城区童之梦幼儿园。民办中小学名称变更1家，为温州市鹿城区瓯越小学；注销5家，分别是温州市工业财经进修学校、温州市鹿城区沁园小学、温州市绣山中学、温州市鹿城区温州大学附属第一实验小学、温州市籀园小学。

规范民办义务教育发展

概况 2022年，鹿城区教育局控制民办学校办学规模，加大日常监管力度，实施公办、民办学校“一对一”结对，5所公办学校在学校管理、卡堂教学、资源共享等方面实施帮扶，提升民办学校教学质量。完成5所“公参民”学校转公登记，注销2所学校（华文艺校和香樟小学）。5所民办学校被确定为政府购买服务（学位）对象，核定购买服务学校学生数，落实购买服务经费762.96万元。区教育局获评全省规范民办义务教育发展专项工作成绩突出集体称号。

“公参民”学校治理 2022年，鹿城区原“公参民”学校6所，均治理到位。实现民办学校党的领导和建设100%覆盖。民办学校在校生比例降至2.62%，新居民随迁子女在公办学校入学比例（含购买服务）达100%。教育局控制民办学校办学规模，加大日常监管力度；实施公民办学校“一对一”结对。

基建与装备

概况 2022年，鹿城区教育系统实施政府投资项目计划共32个，项目总投资84.19亿元，完成投资额约6.3亿元。建成投用温州市实验小学桃花岛校区、温州市林里小学、温州市第一幼儿园和润园区等8所学校（幼儿园），新增义务教育和学前教育学位合计4950个。

幼儿园建设 2022年，鹿城区建成并投用温州市第一幼儿园和润园区、温州市第四幼儿园江山邑园区、温州市第九幼儿园万象府园区、温州市第十九幼儿园鹿锦园区、温州市第二十三幼儿园龙湖园区、温州市第二十九幼儿园桃花岛园区等6所幼儿园。新开工建设温州市七都万国花园配套幼儿园、温州市中央涂单元D-13a地块幼儿园、温州市葡萄棚B-13a地块幼儿园、温州市中央涂单元D-13a地块幼儿园等4所幼儿园。

中小学校建设 2022年，鹿城区新开工温州市蒲鞋市小学黎明校区拆扩建、温州市城南小学会昌河校区扩建、温州市旧城E-30C地块小学、温州市葡萄棚单元B-06地块小学、温州市滨江商务区CBD片区01-03地块小学、温州市中央绿轴G-24B-2地块小学等6个工程。温州市实验小学桃花岛校区、温州市林里小学等2所学校建成并投入使用。

（许晓琴）

编辑　胡亭亭

1
2
3

1 2022年6月18日，温州二中海坛男声合唱团荣获2022世界合唱节男声组合唱比赛金奖

2 2022年11月9日，钱学森之子钱永刚教授到正在建设的温州市钱学森学校温州南浦实验中学锦江校区，开展专项调研

3 2022年5月13日，全市幼小衔接工作推进会暨家园校工作坊启动仪式在鹿城举行

（区教育局提供）

科学技术

概　述

科技创新平台建设

创新主体培育

创新氛围营造

知识产权保护

概　述

2022年，鹿城区聚焦“四城”“五区”目标要求，持续深入实施创新首位战略，高标准谋划布局区域大孵化集群建设，成立规模达10亿元的全市首支大孵化器科创基金，实现新增孵化面积位列全市第四名。创新平台能级大幅提升，落地中科先进技术温州研究院。主动攻坚省级高新区创建，关键科创指标、人才团队引育、科创生态打造等各项科技工作保持良好的发展态势。

科技创新平台建设

概况　2022年，鹿城区持续实施创新首位战略，坚持把科技创新作为高质量发展的第一动力，锚定建设高水平创新型城区、打造“创新引领”型共同富裕示范区的目标，系统提升“一区一岛一园一城一集群”创新能级，以国际未来科技岛、温州城市数字科创园、中国鞋都核心产业聚集区三大创新板块为重点，引进公共创新技术服务平台，全力打造高层次人才、高成长项目、高质量资源“三位一体”式高能级平台，为区域转型发展构筑强大的创新引擎。

高能级平台建设　2022年，鹿城区加快把科技创新的“关键变量”转化为高质量发展的“最大增量”，高标准打造温州国际未来科技岛、中国鞋都核心产业集聚区、温州城市数字科创园、温州农业科技城等创新平台。温州国际未来科技岛在2022年启动区国际智能制造产业化服务中心和世界青年科学家学术交流中心项目，实现建设投资8.9亿元，引进14个科创项目和7个服务业项目。加强高能级平台培育引进，先后引进落地中科先进技术温州研究院、温州大学元宇宙与人工智能研究院等高能级平台，为鹿城产业和企业发展提供高质量的创新服务。

区域性众创网络建设　2022年，鹿城区推进企业孵化器高质量发展，构建良好的创新创业生态。以打造五大孵化集群、五大特色孵化街区、十个标志性孵化楼宇空间为核心，构建“5510”全域式孵化空间发展格局。年内鹿城区实现新增孵化面积19.2万平方米，新建孵化基地6个，获评省级优秀众创空间1家，新备案省级众创空间3家、市级科技企业孵化器1家、市级众创空间2家。

创新主体培育

概况　2022年，鹿城区深化“双倍增”计划实施，着重凸显企业创新主体作用，推动高新技术企业上规、规上企业成为高新技术企业“双迈进”，构建科技企业“微成长、小升高、高壮大”的梯次培育机制，实现规上工业研发费总额8.81亿元，增速8.8%，占营业收入的比重为3.5%。

科技企业双集群培育 2022年，鹿城区分层次、分类别培育科技型中小企业、高成长科技型企业、高新技术企业，打造梯度结构合理的创新型企业集群。截至2022年底，高新技术企业通过专家评审新认定42家，重新认定28家；温州市创新型领军（瞪羚）企业通过认定2家；国家科技型中小企业新入库324家，省科技型中小企业新认定189家。

高新技术企业培育 2022年，鹿城区开展“双转”规上企业转高企、规下高企转规上行动，全力助推高新产业提速发展。高新增加值30.11亿元，增速-0.3%，占规上工业增加值比重51.94%；高新技术产业投资累计完成26.62亿元，增速2.2%；完善鹿城科技大市场服务功能，鹿城区技术交易持续活跃，技术交易额突破32.41亿元。

研发机构建设 2022年，鹿城区以高新技术企业为重点引导企业与高校院所共建校企联动型研发机构，实施开展规上工业企业研发活动、研发机构“双清零”行动，加强企业创新活动指导和服务。引导企业加强研发机构建设，促进企业创新投入，认定通过省级企业研发中心3家、省级企业研究院1家、市级研发中心5家。2021年，全社会R&D经费支出18.56亿元，增速19%，较上年提升3倍，占GDP比重达1.47%，较上年提升0.14个百分点，创历年新高。

孵化载体建设 2022年，鹿城区紧扣“七个一”标准，推进中关村信息谷·温州创新打造示范孵化基地，通过持续加强招商引资，拓展产学融合新路径。中关村信息谷·温州创新先后招引了包含浪潮、新华网等头部企业在内的25家科创企业，其中，助力立妙达获得奉晗基金领投的3000万元融资，通过浪潮落地打造数字孪生车间和鞋服线上选品销售平台，助推鹿城区鞋服产业发展，推进院士陈十一领衔的十沣科技落地，深入对接肯恩大学开展产学研合作。

创新氛围营造

概况 2022年，鹿城区科技局针对企业在惠企政策等方面的实际需求，定期走访调研，切实加大科技创新工作宣传力度，充分激发大众创业、万众创新积极性，营造浓厚的创新生态建设氛围。

服务保障强化 2022年，鹿城区拓宽科技与金融结合新路径，聚焦数字经济等战略性新兴产业、高新技术产业等，成立规模达10亿元的全市首个大孵化器科创基金与科技金融服务中心，制定出台《温州市鹿城区科创投资基金管理办法》，设立规模为3亿元的科创子基金，助推中小微科技企业快速成长，加快科技成果转化，推动鹿城区新兴产业发展和传统产业优化升级。

科技成果转移转化 2022年，鹿城区深化“揭榜挂帅”科研攻关新机制，鼓励企业以技术创新中心、产业创新联合体等方式开展联合攻关，推动企业不断加强科技成果的转移和转化。截至2022年底，共推荐企业申报省级尖兵领雁计划项目4项，市级科技计划项目立项成功3项，市级发明专利产业化项目计22个。2021年青科会项目落地率达100%，2022年青科会落地项目收集拟报27个，其中高能级科创平台2个、技术成果转化及人才产业化类项目25个。

科技创新服务 2022年，鹿城区为激发企业创新活力，举办中国·温州民营企业人才周、温州数字科技创新发展论坛、“红靴奖”中国国际鞋类设计大赛、全球精英创新创业大赛等活动，为鹿城创新发展营造浓厚氛围。其中，中国·鹿城数字经济全球创新创业大赛总决赛在中关村信息谷·温州创新中心举办。

（王靖然）

1
2
3

1 2022年9月28日，温州中关村中试实验室、温州中关村检测认证实验室在温州市鹿城区同时挂牌成立

2 2022年11月10日，“来温州 创未来”中国·鹿城数字经济全球创新创业大赛总决赛在中关村信息谷·温州创新中心举行

3 2022年5月13日，“温州数字科技创新发展论坛暨鹿城区大孵化器建设推进会”在中关村信息谷·温州创新中心举行

（区科技局提供）

2022年5月20日，鹿城区召开2022年全区市场监管工作座谈会暨国家知识产权强区示范区创建推进会（区市场监管局提供）

知识产权保护

概况 2022年，鹿城区市场监管局牢固树立“法治是最好的营商环境”理念，综合运用法律、行政、技术等多种手段，进一步加强知识产权全链条治理，形成知识产权严保护、大保护、快保护、同保护“四翼驱动”格局。

织密一体保护网络 2022年，鹿城区市场监管局优化知识产权保护工作顶层设计，建立区级层面知识产权联席会议机制，将37个区直部门、14个街镇纳入考核，构建“1+37+14+N”线下实体运行、线上同步驱动的企业赋能体系，提升企业知识产权保护能力，有效形成区委领导、政府主导、各乡镇和相关职能部门共同参与、社会各界协同配合的一体保护格局。鹿城区市场监管局为持续加强知识产权执法保护，共查办知识产权侵权案件59起，罚没款288.46万元，移送司法机关2起，获评2021年度浙江省市场监管执法工作成绩突出集体。

推进纠纷多元化解 2022年，鹿城区市场监管局联合区法院成立知识产权纠纷调解及司法确认工作室，充分运用“在线云调解”“共享法庭”等数字化应用，实现双方当事人、市监、法院四方实时在线，进一步深化诉调对接、抓实诉源治理，相关经验做法入选全省县乡法治政府建设“最佳实践”。持续加强企业海外知识产权纠纷应对指导服务，发布《鹿城区加强海外知识产权涉外风险防控体系建设的意见》《鞋服产业海外知识产权维权专刊》。

贯通维权快速渠道 2022年，鹿城区市场监管局依托温州市知识产权保护中心国家级保护平台，有效结合本地产业需要，开辟服饰行业企业快速维权绿色通道，实现鞋业、服装领域外观设计专利最快一周授权。全面贯通“浙江知识产权在线”应用，区域内重点创新主体上线应用超千家，知识产权重点企业活跃度达100%，区块链公共存证达1040条，居全市第一。

（金慧丹）

编辑 孙任翔

文化和体育

概　述

社会文化

文学艺术

社科工作

图书馆

新闻传媒

体育事业

概　述

2022年，鹿城区打造“15分钟品质文化生活圈”115个，数量居全市第二，高于全省平均水平。在双屿建成温州首家儿童友好城市书房，并被“学习强国”“浙江新闻客户端”“中国蓝TV”等平台报道。全力推进温州宋元码头遗址保护利用，谋划建设朔门古港遗址公园（暂名）。推进文化基因解码和文化标识工作，修订30个文化基因解码报告，推进“百工名城”文化标识项目，拍摄的温州话、瓯塑两个文化基因短视频分别获全省文化基因解码短视频大赛三等奖、优秀奖，江心屿宋园项目被市文旅局推荐申报省文旅厅文化基因解码转化利用示范项目。鹿城非遗项目彩石镶嵌、竹丝镶嵌被央视《匠人匠心》栏目专题报道。“瓯越百工”传统工艺工作站入围省级传统工艺工作站创建名单，是全市唯一入围的单位。在“非遗在社区”全国试点工作交流活动中，鹿城有4个点位为活动参观点，并分享了试点工作经验。“藤桥熏鸡”“瓯塑”“温州百工”入选省级非遗工坊创建名单。鹿城区获浙江省参加第十四届全运会群众赛事活动突出贡献奖、第十四届温州体育年度奖、省体育局2021年度“浙里办”体育公共服务运营支撑优秀单位称号、2018—2021年浙江省竞技体育突出贡献奖。

社会文化

概况　2022年，鹿城区文化和广电旅游体育局开展群众文化活动1751场，其中线上活动177场、线下活动1574场，受益群众达213.02万人次。全年定期举办文化驿站各类主题活动666次，受惠群众90万余人次；开办各类免费公益培训班845期，受益群众达1.7万余人次。全年派出业务干部深入社区辅导600余次，指导上百支业余文艺团队，受益群众达千人。开展送戏下乡活动171场、区域性“文化走亲”活动9场，举办讲座、展览78场次。创作声乐作品5首、舞蹈作品1个、小戏剧作品1个、视觉艺术类作品百余件。鹿城区共有非遗代表性项目110项，代表性传承人121人。全年常态演出119场，开展非遗志愿者专项培训72场，开展体验活动810场。定期开展文旅体场所安全生产大排查，动态监管网吧等密闭场所，部门街镇联动核查，查处行政处罚案件39起，其中1起案件罚没款高达70万余元，创文化执法改革后单笔罚没款新高。

文化设施建设　2022年，鹿城区承接“浙文惠享”省级民生实事，打造115个“15分钟品质文化生活圈”，让城乡居民走出家门，步行不超过15分钟，就能进入公共文化场馆和公共文化空间，享受高品质和便捷的公共文化服务。新建2家城市书房。新增1家以植物美学为特色的七都菖朴小园文化驿站。截至2022年底，鹿城区共有城市书房22家、文化驿站30家。

全民艺术普及　2022年，鹿城区持续发挥公益大联盟力量，深化“五进”（进社区、进机构、进乡村艺术团、进新居民、进校园）工作，让群众成为文化活动的策划者、参与者和享有者。推出“我们的中国梦”——文化进万家：一月一“艺”（一个月一个普及课程），在14个街镇各开设1门艺术课程，开展2期，共28门课；以大联盟机构为“根据地”开展送课进机构212班次；在教育“双减”的大形势下，配送特色艺术课程进校园，全年送课进校园96班次；牵手乡村艺术团，送课3门；以线上＋线下的形式开办美育课堂共9门；在全区建立全民艺术普及未成年人普及点5个，助力2022“青苗计划”浙江省未成年人艺术普及点项目建设，打造儿童友好城市。

文艺创作 2022年，鹿城区以中共二十大为契机，聚焦人民群众生活变化，用不同艺术语言、多样化表达视角，不断创作出有辨识度的时代文艺作品。《杵望》《游园》获浙江分赛区优秀奖并选送至全国大展进行评选，均入选2022第五届丝路国家青少年国际摄影大展。双人舞《你落地时我上天》获浙江省第三十二届群众舞蹈大赛银奖；歌曲《我还要飞》获2022浙江省第二届原创流行歌曲大赛银奖；《爵士舞的趣味小知识》获浙江省全民艺术普及网络课程一等奖、网络人气奖；《晚安曲》获浙江省全民艺术普及网络课程网络人气奖；书法《世说新语·德行篇》《念奴娇·梅》获2022年浙江群星书法作品展铜奖；书法《西湖春日诗一首》《中庸节选》《履坦渡》《赵孟頫诗词十九首》《宋诗十八首》入展2022年浙江群星书法作品展；临米芾《蜀素帖》获2022浙江省群星书法临摹展银奖；节临颜鲁公《争座位稿》、节临《高道悦墓志》获2022浙江省群星书法临摹展铜奖；铁山摩崖石颂刻石入展2022浙江省群星书法临摹展。舞蹈《你落地时我上天》、歌曲《白鹿衔花》、小品《在远方》、书法《宋词选抄十二首》、摄影《乐享春光》、小视频《今天是你的生日》等28个作品获2022年市级奖项。柯苗名师工作室推出两首以宋词为词进行编曲演唱的歌曲《卜算子》《咏永嘉》，网络推广度达62万人次。

品牌赛事 2022年，鹿城区举行“喜迎二十大·奋进新时代”——群众声乐大赛和器乐大赛。通过线上报名、线上选拔加导师团线下辅导、现场比赛的方式，多方位、多角度打造草根明星，满足不同群体对公共文化生活的需求，提升群众的幸福感、获得感。决赛全程通过浙广有线直播，观看达111.72万人次，进一步打响鹿城区品牌赛事的知名度，扩大品牌的影响力。

非遗传承 2022年，鹿城区共有非遗代表性项目110项，代表性传承人121人。其中，国家级项目3项、省级项目15项、市级项目70项；国家级代表性传承人3人、省级代表性传承人17人、市级代表性传承人63人。建成市级非遗百家坊4家、

鹿城区文化馆原创舞蹈作品《你落地时我上天》（区文化和广电旅游体育局提供）

区级非遗传承基地2家、区级非遗体验基地2家、非遗创艺坊2家。年内区文化和广电旅游体育局承接文化和旅游部非遗司“非遗在社区”工作经验交流活动，接待会议调研团实地考察“华盖词场”、新田园非遗创艺坊；承接“东亚文化之都·中国温州活动年”活动启动仪式（非遗各项目展演展出）、非遗市集活动；主办“王化”——2022国遗·彩石镶嵌空间美学展及项目研讨会；主办2022年鹿城区“拦街福”民俗文化论坛暨非遗代表性传承人研培活动；主办喜迎二十大主题系列展《胜似春光——时空映照下的繁花之美》；主办“去彼留此 实务非遗”2022温州非遗艺术&生活美学展；主办2022年鹿城区“用非遗视角展现美好生活”主题比赛，共收到学生作品133件，评选出一等奖3名、二等奖5名、三等奖7名、参与奖20名；组织非遗代表性传承人参与中央电视台戏曲春晚、戏曲频道“百戏宴”录制。开展2022年鹿城区曲艺展演活动暨“温州莲花”专场巡演，共计36场；开展非遗研学活动，共计60场。助推鹿城曲艺展示平台“华盖词场”入选省级非遗曲艺书场示范点名单，全年常态演出计119场。面向街道社区招募非遗专项志愿者188人，开展非遗志愿者专项培训72场。通过非遗专项志愿者在14个街（镇）社区自主开展体验活动，全年活动达810场。

市场管理 2022年，鹿城区定期开展文旅体场所安全生产大排查，出动人员330人次，检查场所640家次，处置安全隐患165处。“扫黄打非”大要案再创新纪录，行政处罚案件39起，其中温州某电子商务有限公司擅自销售境外非法出版案罚款金额70万余元，创下了文化执法改革后单笔罚没款新高，被列入2022年国家扫黄打非联合办与文旅部双挂牌督办的9个案件之一；联合部门街镇“除黑”，高效联动核查街镇移交线索45起，合力取缔非法宗教场所1处，收缴非法出版物300余册；开展“黑网吧”专项取缔行动，打击仰义、丰门等地下黑网吧3家次。开展剧本娱乐场所安全救生通道专项整治，实现全区剧本娱乐场所验收100%；开展电竞酒店“防止未成年上网”专项行动，建立联络机制，深化新兴行业的联系指导。参与系统化岗位练兵行动，2名执法精兵入选第三届全市文旅执法师资库。

（马凤丽）

文学艺术

概况 2022年，鹿城区文学艺术界联合会团结引领全区广大文艺工作者积极投身文化鹿城建设，累计推出30余部文艺精品，举办100余场文艺活动。推进文艺阵地建设，成功打造文艺阵地“鹿城文艺家之家”；推动文艺精品创作，培养提升文艺人才；围绕中心服务大局，开展文艺展演活动；推进艺术乡建示范工作，创成浙江省首批“艺术乡建”示范村——七都街道樟里村。获“浙江省文联系统先进集体”称号，并在年度区目标管理考核中获“优秀单位”称号。

文艺阵地建设 2022年，鹿城区在墨池坊15号打造鹿城文艺阵地“鹿城文艺家之家”，依托该阵地举办陈树冈“风华正茂”书画作品展、蔡心谷诗词朗诵雅集、王化——彩石镶嵌空间美学展、萨克斯古典音乐会、瓯江流域行走温州站研讨会等主题展览与专题活动10余次，受众高达5万余人。

文艺人才提升 2022年，鹿城区成立区“文艺两新”联盟，出台联盟公约，挂牌社会艺术实践、影视产业、艺术培训等5家区级“文艺两新”实践基地，深化艺术人才培育，推出书法艺术青年人才培养“新峰计划”，面向全区选拔4名新峰作者、6名提名作者，通过导师结对、创作扶持等方式，提升文艺人才素养，推动精品创作。

文艺精品创作 2022年，鹿城区编辑出版书籍《何处春城》《风吹过落叶》《白鹿城》。推出温州鼓词《夜泊江心》，入围第十二届中国曲艺牡丹奖节目选拔；首部以非公党建为主题的红色电影《红色动力》在央视电影频道播出；山水诗路钢笔画系列精品《雁荡风韵》获评浙江省文艺精品扶持奖。

文艺品牌活动 2022年，鹿城区围绕“宋韵瓯风文化传世工程”主题主线，深入挖掘“瓯江山水诗路”文化主题。11月4日，首届谢灵运诗歌（双年）奖在鹿城区江心屿举办颁奖仪式。9月8日，区文联举办“宋韵如水，浸润瓯越”——夏理斌、陈朵朵艺术作品展，推动诗路文化的创造性转化和创新性发展，彰显温州瓯江山水诗路的历史价值、文化价值、时代价值和经济价值。同时加强文艺的外向交流，区文联还举办跨地域作品联展，包括“不忘初心，继往开来”第四届全国新钢笔画学术展、“尺素乡情”——陈胜武信札展、“林泉养素”——王素柳书画作品回乡展、“痴于金石，游于艺”篆刻作品展等主题展览。推进各类主题文艺赛事，包括第二十二届少儿文艺大赛（鹿城赛区）、第十三届“墨池杯”中小学生毛笔书法篆刻大展、第二十六届“中国少儿戏曲小梅花荟萃”温州地区选拔赛、第十届“童心童画”作品选拔赛，形成“比学赶超”的艺术氛围，为全区文艺爱好者搭建一个展示和提升的平台。

艺术乡建工作 2022年，鹿城区聚焦基层群众需求，整合各协会力量，开展“文艺进万家·送福送春联”“文艺进万家·文明助共富”等文艺惠民主题活动20余场，推出5期展现鹿城艺术乡建风采的视频，并选派专业人员下乡进村担任“文艺村长”，打造乡村农民摄影队、合唱团、歌舞团等，培养近百名农民艺术家。文艺助力乡村振兴取得成效，七都街道樟里村入围浙江省首批“艺术乡建”示范村，相关经验在省委宣传部半月刊上刊登。

（陈晓克）

社科工作

概况 2022年，鹿城区共有所属社科类社会组织20个，发展社科普及基地52家，其中省级5家、市级14家、区级33家。鹿城区社科联连续第六年获评全省县级社科联测评优秀单位。年内区社科联联合省工业和信息化研究院、浙江大学城市学院等省内科研机构、高校完成《民间慈善助力共同富裕：温州“红日亭”的发展样本》《海坦山装置艺术设计》等课题，承担的市级立项课题《共同富裕下的温州“飞地经济”研究》获市委书记、市长批示。开展年度哲学社会科学规划课题研究工作，立项课题45项，结题39项。在全市优秀社科论文评比活动中成绩突出，获奖论文9篇，其中获一等奖论文3篇，区社科联获组织奖。完善课题成果转化机制，推出《鹿城社科要报》7期，其中2期获区委书记、区长批示肯定。

社科书籍 2022年，鹿城区社科联委托专家编撰《吟着诗词游鹿城》《浙江文史记忆》丛书鹿城分册，推荐夏鼐入选第十套《温州历代名人故事》，出版鹿城社科文化丛书《曾衍东》并获评第十八届哲学社会科学优秀成果奖三等奖。推荐《吕渭英年谱》获评第十八届哲学社会科学优秀成果奖优胜奖。

社科普及 2022年，由温州市委宣传部、市社科联主办，鹿城区社科联承办的“喜迎二十大 奋进共富路”全市社科普及周启动。区社科联还承办“社科赋能助共富 山水诗路看温州”系列行首站活动和社科最强音宣讲活动鹿城专场活动。举办全区青年理论宣讲大赛暨微型党课比赛，新培育一批“白鹿扬声”宣讲员，其中3人在全市社科最强音宣讲评比活动中分别获一等奖、三等奖、优胜奖。

社科阵地 2022年，鹿城区强化优秀引领示范，指导成立区历史学会，命名叮叮当童谣馆等6家基地为区级社科普及基地。温州衍园美术馆、小坝坊文化创意街区获评市级社科普及基地，西坑爱国主义教育基地通过2022年优秀市级社科普及基地复评，鹿城区五马历史文化街区获评2022年“你最喜欢的社科基地”。7月10日，浙江新闻频道《文化浙江大讲堂》栏目播出以《诗路明珠：千年古村驿头赋》为题的驿头专题片。

科普品牌 2022年，鹿城区牵头抓好永嘉学派馆提升、提炼、运营“三篇文章”，打造“学派门生”科普创新品牌，以志愿者招募、研学活动、剧本演绎等群众特别是学生群体喜闻乐见的方式，深化永嘉学派的大众化普及传播，项目获评“2022年浙江省社科普及创新项目”。“永嘉学派文化大数据平台”亮相全省社科联系统数字化改革交流会。永嘉学派馆宣传片《思想的力量》登上“学习强国”浙江省平台。

（许赛梦）

图书馆

概况　2022年，鹿城区图书馆馆舍面积5500平方米，阅览座席410个。图书馆经费投入576万元，文献总量63.34万册（件），累计发放有效借书证4.96万张，外借文献45.42万册，全年总流通人次77.87万人次，读者活动次数421次，线上线下参加13.6万余人次。

2022年，鹿城区图书馆推进图书馆总分馆制建设，拓展全民阅读服务阵地，以打造“15分钟文化圈”为目标，不断推进鹿城区城市书房建设。城市书房是鹿城公共图书馆总分馆服务体系中的特色分馆，遵循统一领导、分级负责、属地管理原则，纳入全区公共图书馆通借通还服务网络、数字图书馆服务网络。年内全区共有22家城市书房和2家百姓书屋，以及2家图书分馆。在图书配送、书房管理、志愿者服务等方面进行标准化建设，城市书房管理服务精细化，着力提高市民的知晓率，助力城市书房管理更加科学化，规范化。

基础设施建设　2022年，鹿城区图书馆围绕自身文化特色主题继续推进城市书房建设。山福百姓书屋、南戏书房提升改造为城市书房。山福城市书房以“绿野仙踪”为主题，将儿童友好理念及山福镇生态古村元素融入场景，打造出一个极具童趣且绿意盎然的儿童阅读空间；南戏城市书房以“南戏文化”为主题，外观设计以古戏台建筑为原型，藏书方面广泛收集南戏相关展品、收录传统戏曲相关文献，并在此基础上引进有声听戏功能，为戏曲爱好者们提供一方知识瑰地。

信息服务　2022年，鹿城区图书馆官网访问量4462次；微信公众号推送文章589条；累计关注人数23785人，推文阅读量134100次。开通“鹿城区图书馆”微信视频号，发布视频38个，观看32723人次。定期通过新媒体向读者宣传图书馆的功能动态、读者活动、推荐优秀著作等信息服务。通过线上平台数据收集统计，及时整理读者来访反馈意见，形成图书馆——读者良好的互动关系。

读者服务　2022年，鹿城区图书馆严格按照“以人为本”的服务意识，优化便民服务。馆内无线网络全覆盖；设有行李存包柜、雨伞、开水、轮椅等便民服务，并设置无障碍通道、无障碍卫生间、无障碍机动车停车位等供特殊人群使用。12月推出“你选书・我买单”服务，读者到指定书店，办理借阅手续，即可进行图书免费借阅，给读者提供便捷的借阅渠道，提升读者的阅读体验。

阅读推广活动　2022年，鹿城区图书馆共举办活动421场，其中讲座21场、培训94场、展览54场、阅读推广活动207场，活动参与人次达13.6万人次，其中线上参与2.7万人次，线下参与10.9万人次。开展各类不同形式的线上线下阅读主题活动，实现“全民阅读”系列活动的多样性、持续性和有效性。将文旅融合理念融入日常，以南戏城市书房为主阵地，着力打造“艺享夜游・南戏国风”系列活动品牌，广泛开展阅读推广活动。开展宋代点茶体验、胭脂手作体验、簪花制作、经典传唱等品牌系列活动，在全市范围内烘托出全民阅读的氛围，受到市民的热烈欢迎。重视儿童文化生活建设，邀请优秀阅读推广人讲师，通过“线下课程＋线上直播”的方式，为全区儿童提供丰富的读者活动。打造“行走的读书会”走读温州系列活动、“小蜗牛进书房”绘本共读系列、“童心绘共富”系列公益活动、“趣学堂云端课堂”系列课程、“周墨课堂”公益培训课。

特殊群体服务　2022年，鹿城区图书馆发挥“文化阵地”作用，着眼银龄读者需求，构建“一鹿向党”共富文化活动和“一鹿思享”好书推介活动两大阅读品牌，开展阅读推广活动，高质量打造乐观、健康的银龄友好公共文化环境。为推动残障人士等弱势群体精神文化生活的高质量提升，建设“视障友好”好书视频导读品牌和“共富一鹿领航”弱势群体关怀活动品牌，走进“星飞翔”儿童成长中心、鸿源小学、双莲桥社区等单位开展活动，为弱势群体送上公共文化盛宴。

（马凤丽）

2022年部分鹿城籍作者新著一览表

表18

题名	作者	出版社
《芈月传》	蒋胜男著	作家出版社有限公司
《柳毅传书》	戴宏海绘画	连环画出版社
《如此曙蓝》	（加）张翎著	广西师范大学出版社
《温州作家记忆》	曹凌云主编	文汇出版社
《海上温州》	曹凌云著	春风文艺出版社
《生为赤子：唐湜与他的文友们》	曹凌云著	春风文艺出版社
《永嘉学派研究论著索引》	陈安金主编	浙江工商大学出版社
《中国历代剧论选注》	陈多　叶长海选注	上海古籍出版社
《宋明儒学论》	陈来著	陕西人民出版社
《旷世烟火》	陈酿著	浙江文艺出版社
《廊桥梦密码》	陈酿著	浙江文艺出版社
《梦绕瓯江·古代温籍名家笔下的温州》	陈瑞赞编	文汇出版社
《夏野士集》	陈寿楠编	上海文艺出版社
《世界古文明遗址：陈文杰影像随笔集》	陈文杰著	中国民族文化出版社
《宋元温州诗略》	陈增杰编著	浙江大学出版社
《梦绕瓯江· 现当代温籍名家笔下的温州》	方韶毅编	文汇出版社
《瓯风·2022/第二十二集》	方韶毅主编	文汇出版社
《一生怀抱几人同：民国学人生平考察》	方韶毅著	北岳文艺出版社
《东嘉故书谭》	方韶毅著	文汇出版社
《乐书小集》	方韶毅著	浙江古籍出版社
《温中文脉》	何勇著	浙江人民出版社
《共同富裕看温州》	洪文滨主编	社会科学文献出版社·皮书出版分社
《永嘉学派文献概说》	洪振宁编著	黄山书社
《曾衍东》	胡念望编著	浙江人民美术出版社
《瓯江山水诗词选》	胡念望主编	中国财富出版社有限公司

续表 18

题名	作者	出版社
《让每一个生命灵动绽放："三生五场"自然游戏课程实践》	金全主编	浙江大学出版社
《城市边缘开发区"区镇割裂"演化与机理：以温州经开区为例》	李一曼著	浙江大学出版社
《诗画江心》	李震主编	西泠印社出版社
《苏沪医籍考》	刘时觉主编	人民卫生出版社
《永嘉医派》	刘时觉著	中国中医药出版社
《乡村振兴温州样本·美丽乡村之路》	刘益曦主编	中国农业大学出版社
《乡村振兴温州样本·精准救助》	刘益曦著	中国农业大学出版社
《神秘的103教室：跟孩子谈预防近视》	吕帆　瞿佳著	人民卫生出版社
《妙法巧治案》	马大正著	中国中医药出版社
《难治病证案》	马大正著	中国中医药出版社
《少见病证案》	马大正著	中国中医药出版社
《疑难重病会诊案》	马大正著	中国中医药出版社
《中医临床师徒对话录：马大正妇科传薪》	马大正著	中国中医药出版社
《南戏声腔音乐研究》	马骕著	浙江古籍出版社
《中国彩绘连环画集锦　贰，孟庆江专辑》	孟庆江主编	中国书店
《中国彩绘连环画集锦　叁，萧玉田专辑》	孟庆江主编	中国书店
《中国彩绘连环画集锦　壹》	孟庆江主编	中国书店
《中国彩绘连环画集锦　肆》	孟庆江主编	中国书店
《鹿城文史资料　第三十四辑，谢灵运诗传》	南航著	春风文艺出版社
《鲁迅十五讲》	彭小燕　孙良好　郭垚著	浙江大学出版社
《〈纽约公约〉在中国的适用问题》	邱杓丹著	上海人民出版社
《温州曲艺史》	沈不沉编著	中国文史出版社
《温州话：典藏版》	沈克成著	宁波出版社
《寻·迹：一名德育老师的成长足迹》	王爱长著	云南美术出版社
《冰点·多一度热爱：温州冬泳40年》	王建敏主编	中国文史出版社

续表 18

题名	作者	出版社
《温州音〈广韵〉音系对照手册》	王克诚编	光明日报出版社
《文江湖》	王手著	作家出版社有限公司
《籀“缘”十年：优秀班主任“守”成记》	王晓君著	云南美术出版社
《时代与见证：温州中学新学人的历史书写》	吴军主编	浙江大学出版社
《光合生长》	徐洁茹著	云南美术出版社
《近代中国唯物史观史学话语建构研究》	叶建著	人民出版社
《世界最高峰上的奇迹》	叶永烈等著	长江少年儿童出版社
《科学家故事100个：全彩注音版》	叶永烈著	长江文艺出版社
《侦探与小偷》	叶永烈著	春风文艺出版社
《小灵通漫游未来：完整插图版》	叶永烈著	江苏凤凰文艺出版社
《暗斗》	叶永烈著	山东教育出版社
《不翼而飞》	叶永烈著	山东教育出版社
《秘密纵队》	叶永烈著	山东教育出版社
《乔装打扮》	叶永烈著	山东教育出版社
《如梦初醒》	叶永烈著	山东教育出版社
《追寻彭加木》	叶永烈著	四川人民出版社
《科学家故事100个》	叶永烈著	天地出版社
《极简趣味化学史》	叶永烈著	中国致公出版社
《集云忆旧》	余寿权著	中国文化出版社
《雁荡的山：美术研究作品展作品集 works collection of a researching art exhibition》	张成毕主编	浙江人民美术出版社
《仙境》	哲贵著	上海文艺出版社
《学校是孩子的：校长妈妈与中通娃的99个故事》	朱小雪著	西泠印社出版社
《远山上的一盏灯》	庄千慧著	九州出版社
《温州当代音乐发展》	邹跃飞主编	中国民族文化出版社

（黄丽任）

新闻传媒

概况 2022年，鹿城区融媒体中心深化“全民记者”队伍，组建融媒专家智库，盘活现有13家融媒体工作室资源优势，与温州大学、区教育局等高校、单位合作，推出“名师讲堂”栏目，围绕思政教育、学科教学、心理辅导设置内容，邀请特级教师、名师等走进演播室，累计推出212节课程。联合区委宣传部开展“白鹿新闻奖”季度好新闻奖评选活动，27件作品脱颖而出，43人在评选中获奖。团队获得省“共享联盟·最具传播力奖”、市“幸福温州”建设成绩突出集体、市广电新闻协作先进集体等省、市级荣誉41项，媒体融合单季度最高排名位列全省前三，拿下浙江县级融媒体中心天目号榜单首个“冠军”，为鹿城“建设首位城区、打造共富样板”贡献融媒力量。

聚焦主题报道 2022年，鹿城区融媒体中心围绕“三个年”“喜迎二十大”等重大主题，突出鹿城视角、鹿城特点、鹿城元素，各平台刊播发稿件7620条，发稿量领跑全市各县（市、区），做强主流舆论宣传服务全区大局。外宣工作继续位居全市前列，在市级以上媒体播发各类新闻稿件6580篇，亮相央视5次。持续扩大“温州鹿城发布”影响力，在全市政务号排名稳居发布前列，在2021年度浙江政务融媒体作品评选中获一等奖。《今日鹿城》推出专栏66个、专版86个。制作推出电视新闻1598条，发布各类原创视频2377个，上送天目新闻878条。制作海报、H5等新媒体产品2123个，完成直播55场，推出共同富裕看鹿城之松台山、瓯江夜市、红日亭等3处慢直播点位，吸引20万人次线上“云游”鹿城。

实施“出海工程” 2022年，鹿城区融媒体中心实施“出海工程”，打造极具辨识度的品牌IP。联动温州海外传播中心、瓯智侨青少年海外传播中心等阵地，加强资源共享，率全市融媒体中心之先推出英文栏目，推出原创双语短视频节目《鹿城，surprise》5期，将鹿城最新最前沿的优质新闻产品向全球推送，提升鹿城的城市形象和国际传播力。视频作品《Kristina：我在中国迷上汉服》入围“诗画江南，活力浙江”全球短视频大赛。

助力基层治理 2022年，鹿城区融媒体中心紧跟疫情形势变化，及时调整宣传方向，建立新闻信息资源库和微信共享群，精准实时信息互动，生动讲述防疫抗疫一线的感人事迹。推出《一线追击》文字内参，获区委主要领导的批示肯定。对标主城区地位，聚焦14个街镇，对不文明现象等进行曝光，联动部门化解问题、促进工作整改，制作监督系列专题片5期。发动市民监督团、两代表一委员推出《焦点追击》76期，策划推出街镇《一把手话文明》6期，制作《政协委员说文明》等短视频7个，形成浓厚创建氛围。

打造“新闻＋服务” 2022年，鹿城区融媒体中心“掌上鹿城”客户端积分商城开设助农通道，实行积分兑换线上销售，陆续上架山茶油、黑木耳、香菇等20余种本地特色农产品。依托“温州鹿城发布”辐射力，持续发布岗位招聘、暑期实习、餐饮消费券等惠民信息；抖音直播间开展“才聚温州 敬请登鹿”直播招聘活动，吸引在线观看1.5万余人次，得到点赞3400余次，分享5000余次，当天共收到求职意愿150余份。根据未来社区场景应用需求，推出“家头条”服务应用，推进线上线下功能一体化开发，打造“一舱两圈三端四中心”格局，实现一社一频道，落地党建、健康、养老等场景，在滨江街道新田园社区启动试点工作，取得良好成效。

（陈孝峰）

体育事业

概况 2022年，鹿城区深化体育产业发展，完善体育类校外培训机构治理，投资6000余万元建成瓯江路城市阳台嘿动·元宇宙体育空间，南郊网潮儿体育公园、启冠体育综合体育馆等相继建成。区文化和广电旅游体育局承接参与多项赛事活动，首次引入社会力量参与体质测试，受到省体育局专家肯定。完成10项市区民生实事项目建设，完成35项省市区基层体育设施建设和维修提升项目，推进亚运场馆周边体育场地建设提升项目8处。超额完成市局要求年内新增体育场地面积65万平方米的任务数，年递增达26%。鹿城区竞技体育大赛成绩在全市保持领先。1月14日，鹿城区文化和广电旅游体育局获评浙江省参加第十四届全运会群众赛事活动突出贡献奖、2021年度浙江省竞技体育突出贡献奖。1月27日，第十四届温州体育年度奖揭晓，温州市鹿西体育发展有限公司获得社会力量办体育优秀成果奖；印象南塘百姓健身房获评最佳百姓健身房；游泳小将潘展乐获评最佳新人（男）。3月1日，区文化和广电旅游体育局获评省体育局2021年度“浙里办”体育公共服务运营支撑优秀单位。

体育市场　2022年，鹿城区以规范浙江省体育类校外培训机构为契机，发挥温州主城区区位优势，引导各类体育培训机构，调动社会各方面的积极性，落实政府对体育类培训机构的监督管理主体责任，深化体育类校外培训机构治理。社会力量体育产业投资方面，以政策为指导，鼓励引导体育企业利用闲置标准厂房、闲置荒地等投资发展体育经济，促进体育产业经济质量、速度和效益的协调进步，创新体育产业集聚特色发展。

群众体育　2022年，鹿城区文化和广电旅游体育局承接参与多项赛事活动，开展全民运动大会足球、篮球等系列赛事，累计参与人数2000余人。举办鹿城区第三届都市休闲体育旅游节系列活动，包括温州南塘龙舟民俗文化活动、七都骑游嘉年华、2022浙江省民俗体育精英赛暨长三角体育艺术大会等活动，打造特色体育活动。开展“民俗体育百图展”过大年展览、体育现代化区创建展、“我的自行车故事”征文及七都骑行宣传片等活动，进一步打响属地运动品牌，在体育文化和体育宣传上获得提升。区文化和广电旅游体育局与鹿城区广场舞协会开展“健身速递”团课配送服务，共配送体育公益课300场，拓展全民健身行动“四进”，共计参加5655人次。成立全省首个体育运动摄影协会和鹿城区体操运动协会、鹿城区轮滑冰雪运动协会。开展体操运动、象棋、国际象棋、围棋四项三级社会体育指导员培训暨体卫融合培训，共培训105人。举办5场全民健身大讲堂活动，邀请省局专家库成员举办讲座，相关讲座通过线下讲座与线上直播形式呈现，传播全民健身健康理念，累计观看人数达上万人。年内完成国民体质监测，监测样本量3822人。

竞赛训练　2022年，鹿城区大赛成绩在全市保持领先。本赛季，鹿城籍运动员郑思维获世界羽毛球锦标赛混合双打冠军、羽毛球亚锦赛混双冠军等10冠。“雅思”组合被世界羽联评为年度最佳组；鹿城籍运动员孙婉婷获2022年全国皮划艇静水锦标赛4枚金牌；鹿城籍运动员潘展乐获布达佩斯世界游泳锦标赛第四名，在澳大利亚墨尔本短池游泳世锦赛100米自由泳项目以45秒77的成绩打破亚洲纪录；浙江省第17届运动会，鹿城区获34枚金牌，超额完成28枚的金牌任务。区文化和广电旅游体育局与区教育局合力举办鹿城区中小学生“活力阳光”体育节足球、篮球、排球、羽毛球等10项赛事以及鹿城区中小学生第三十八届田径运动会。组队参加省、市级计划内赛事35项以上，参赛人数超800人。年内温州市实验中学、温州市第二中学等17所学校被评为2022—2025周期温州市阳光体育后备人才基地；温州市鹿城区飞翔体育运动俱乐部被评为2022—2025周期全国羽毛球后备人才基地；进才体育俱乐部、瓯雁足球俱乐部两家足球训练单位获评浙江省五星级足球青训机构；华奥体育俱乐部被授予浙江省5A级篮球培训机构称号。

（马凤丽）

编辑　孙任翔

卫生健康

概　述

基层卫生

卫生应急

疾病预防控制

卫生监督

妇幼保健

精神卫生

爱国卫生

老龄康养

概　述

2022年，鹿城区有各级各类医疗卫生机构623家，其中公共卫生事业单位3家（卫生监督所、疾病预防控制中心和妇幼保健计划生育服务中心）、区属综合医院13家、中医医院1家、专科医院7家、社区卫生服务中心22家、社区卫生服务站32家、村卫生室52家，另有各类门诊部128家、各类诊所（卫生所、医务室）365家。区属各医疗卫生机构有执业（助理）医师2216人、注册护士1840人。在编专业技术人员1066人，其中卫生专业技术人员1024人，有高级职称人员150人、中级职称人员354人。受新冠疫情影响，社区卫生服务中心门诊诊疗155.47万人次，同比下降6.6%；医疗收入3.35亿元，同比下降0.3%。卫生健康事业经费投入71827.67万元，占总支出的8.44%。有全专融合型签约服务团队154支、签约团队医生203人，上级专家被纳入签约团队75人，设立签约诊室22个，家庭医生签约服务4.25万人。

2022年，鹿城区计生协被浙江省计生协推荐为全国计生协先进工作单位。鹿城区无偿献血工作获评2019—2021年全省先进。松台街道水心社区卫生服务中心被评为2022

2022年5月12日，鹿城区委书记白洪楞（前排右三）率队开展“5·12”国际护士节慰问活动　　（区卫健局提供）

年度温州市“万人双评议”满意基层站所。区卫健局获评2022年度鹿城区考核优秀单位、市卫生健康工作优秀单位，并获评2022年区级作风效能建设满意单位。区卫健局行政审批科获评“区满意审批服务科室”。鹿城区智慧健康信息化一期互联互通建设获评国家标准化成熟度四级甲等。牵头创成1个2022年全国示范性老年友好型社区——松台街道庆年坊社区。滨江街道洪殿社区卫生服务中心获评全市唯一的四星级儿童友好试点社区卫生服务中心。鹿城区第三人民医院被市卫健委确认为2022年度老年友善医疗机构。清廉医院建设获省纪委、省监委肯定。区滨江街道洪殿社区卫生服务中心被评为2022年温州市“引领型”清廉建设单位。区疾病预防控制中心获评2022年区示范清廉站所。

基层卫生

概况 2022年，鹿城区卫健局有序推进城市医联体建设，加快形成优质整合型医疗卫生服务体系。辖区22家社区卫生服务中心分别与4家市级医院组建城市医联体，截至年底，鹿城区17家社区卫生服务中心建成26家专家门诊，开展“全科+专科”联合门诊（简称“全专”联合门诊）18个、联合病房1个、术后康复护理中心1个，牵头医院下沉专家累计服务1211天，诊疗14850人次，进一步推进整合型医疗卫生服务体系框架建设。年内全区村卫生室规范化建设率达80.25%。完成无偿献血总量2294.9升，成立应急献血队伍，计650人。

基本公共卫生服务 2022年，鹿城区卫健局扎实推进基本公共卫生服务项目，提高人均服务经费补助标准到97元，深化基层补偿机制改革，全面实施按标化工作当量购买服务。推进居民电子健康档案开放应用，健全老年人健康管理，完善重点慢性疾病分级分类管理，高血压、糖尿病患者规范管理率达61%以上。

公立医院改革 2022年，鹿城区卫健局深入推进“三医联动”“六医统筹”改革，持续深化公立医院改革，完善现代医院管理制度试点工作，完成医院章程制定、实施院长年薪制。合理控制医疗总费用、住院均次、门急诊均次等费用，调整医疗价格，开展疾病诊断相关分类等医保支付方式改革，医疗服务收入占比持续提升，降低医院负债率。

区域医疗数字化改革 2022年，鹿城区全力推进“互联互通”建设，加快区域医疗数字化改革，推进智慧健康站建设40家。以互联互通四级甲等要求建设各项信息化项目，完善各项医疗便民功能点400余个，健康档案调阅与共享使用108790次，检查检验互认310543条，电子健康卡以及医保电子凭证共使用333109人次，成为温州市第一家通过国家医疗健康区域互联互通标准化成熟度四级甲等测评的区级单位。推进合理用药系统建设，卫生服务中心全面试运行22家，干预处方数共121143张；进行慢性病诊疗路径管理系统申报，慢性病诊疗路径管理系统入选市老年人“两慢病”数字健康服务项目浙江省“揭榜挂帅”数字化改革应用优秀案例；进一步健全浙里民生“关键小事”智能速办重大应用监测机制，优化“关键小事”体验员队伍，全区共有体验员50余位，提出合理化意见400余条，获评省级优秀体验员1名。加快推进“最多跑一次”改革工作。依托“浙里办”App实现“出生一件事”掌上办理，深化政务服务智能“秒办”服务和“最多问一次”咨询系统、政务服务2.0建设及应用。

医疗安全 2022年，鹿城区共有专业医疗质控中心13个，对区属医疗卫生机构质控督导实现全覆盖，并将督导结果及整改情况纳入考核。开展院感控制、生物安全、急诊医学、口腔、护理临床经验等相关质控培训14200余人次。开展全覆盖院感督查指导1142家次，督促整改问题630个。受理处置各类医疗纠纷投诉447件。

家庭医生签约服务 2022年，鹿城区进一步完善全专融合签约团队模式，改善全科诊疗流程，规范各类签约人群的分类管理，做好医防融合文章，为居民提供主动、连续、综合的健康管理。建立签约团队154支，收费签约4.25万人。

社会资本办医改革 2022年，鹿城区继续贯彻执行《关于支持社会力量提供多层次多样化医疗服务的实施意见》精神，全面放开医疗服务市场。中医诊所申办实行备案制；实施诊所开办一件事；二级及以下医疗机构审批实行两证合一；开放全科诊所审批。对民营医疗机构大型设备购置补助14.8万元。

基层中医药服务 2022年，鹿城区进一步巩固全国基层中医药先进单位创建成果，推进中医综合服务区建设，建制社区卫生服务中心建成中医综合服务区达100%，并均提供6类以上中医非药物疗法；社区卫生服务站能提供中医非药物疗法达100%，村卫生室能提供中医非药物疗法达85%。基层医疗卫生机构中医诊疗量占40.28%，65岁以上老年人中医药管理率为72.65%，出生0～36个月的儿童中医药管理率达83.80%。基层医疗卫生机构中医类执业（助理）医师占比23.66%，中医全科医师占比22.79%。

卫生应急

概况 2022年，鹿城区设有区级卫生应急队伍5支，累计调查处置各类聚集性疫情59起（除新冠疫情外），完善应急预案体系，做好医疗防护物资储备，加强卫生应急队伍建设，调整区级卫生应急队伍和专家库成员名单。鹿城区卫健局组织开展街镇级流调队伍传染病流行病学调查培训，开展新冠疫情防控等应急实战演练3场。

医疗救护保障 2022年，鹿城区3家急救站妥善落实各项市“120”急救中心指派任务及考核要求，完成院前急救工作任务。合理统筹，医疗保障运行高效，年内累计出车5764次，接送患者4576次，平均出车时间12分钟，完成各级各类医疗保障任务143次。

新冠疫情防控 2022年，鹿城区严格坚持“动态清零”“外防输入、内防反弹”，最大限度地保障人民身体健康与社会发展。

疾病预防控制

传染病防控 2022年，鹿城区报告法定传染病17种共15278例，比上年同期5064例上升201.70%。其中，甲类传染病零报告；乙类传染病报告10种1958例，比上年同期上升15.17%；丙类传染病报告7种13320例，比上年同期上升296.12%，主要受流行性感冒报告数大幅上升影响。报告发病数排名前5位的病种依次是流行性感冒（11696例）、手足口病（1096例）、肺结核（473例）、其他感染性腹泻（470例）和新冠病毒感染（426例），以上5种传染病发病数共占全部报告病例数的92.69%。密切关注学校等场所聚集性疫情，累计处置学校相关聚集性传染病疫情59起，未发生因处置不力导致疫情进一步蔓延扩散现象。

结核病防控 2022年，鹿城区确诊登记满疗程肺结核病人424例，转入耐药治疗2例，治愈和完成疗程380例，成功治疗率为90.05%，达到《中国结核病防治工作技术指南》中90%的基本指标要求。新发现耐多药肺结核病例8例，纳入治疗7例，纳入治疗率为87.5%，达到《中国结核病防治工作技术指南》中80%的基本指标要求。调查处置学生和教师结核病例49例，其中鹿城辖区学校28例、外辖区21例，学校密切接触者PPD筛查1862人，胸片筛查1312人，密切接触者筛查率为100%。

艾滋病防控 2022年，鹿城区继续开展艾滋病初筛检测、治疗随访工作。开展艾滋病高危干预检测工作，先后完成暗娼人群、男男同性恋人群哨点监测任务，并对性病就诊者、结核病人、吸毒人群等高危人群开展筛查检测。

免疫规划 2022年，鹿城区开展常规疫苗预防接种、脊灰疫苗查漏补种、麻疹疫苗集中式查漏补种和儿童入托入学查验证工作，并继续做好接种率监测。全年全区国家免疫规划疫苗全程接种率达99%以上，本地和流动儿童建卡建证率均达100%以上。全区疑似预防接种异常反应监测覆盖率达100%，疑似预防接种异常反应均在48小时内报告、在24小时内进行调查处理，及时报告率、调查处理率、个案完整率均达100%。监测并处置疑似麻疹、风疹病例32例，其中确诊风疹病例6例；未发现乙脑、流脑、百日咳等疫苗可预防性疾病。

农村饮用水监测 2022年，鹿城区疾控中心对藤桥镇、山福镇所有小型集中式农村生活饮用水（单村供水）和藤桥水厂供水的部分水样进行监测，共采集20份样品，检测项目共涉及感官性状和一般化学指标、微生物指标、毒理指标等20项。对居民生活饮用水进行监测，共采集出厂水、二次供水、末梢水水样100份，其中城市80份、农村20份，检测项目共涉及感官性状和一般化学指标、微生物指标、毒理指标等34项。

碘缺乏病监测 2022年，鹿城区疾控中心共采集来自辖区5个街道（镇）的孕妇尿样本以及家中盐样本各105份。采集上成小学、温州市水心一小、温州市鞋都一小、温州市石坦巷小学、温州市绣山小学5所小学的8～10周岁学生尿样本和家中盐样各210份，并在学校现场对学生进行甲状腺触诊检查。年内鹿城区学生、孕妇食用盐监测使用率分别为90.95%、90.47%，各项指标均达到健康浙江相关要求。

食品安全风险监测 2022年，鹿城区共采集监测食品样品1201份，采样百分百覆盖街镇，其中按任务来源分省市级任务221份、自主监测980份，完成全年任务数的100%，并达到1.0件/千人。

2022年与2021年鹿城区甲、乙类传染病发病、死亡情况表

表19

疾病病种	2022年			2021年			
	发病数（人）	死亡数（人）	发病率（1/10万）	发病数（人）	死亡数（人）	发病率（1/10万）	发病率增减（%）
合计	1958	3	165.28	1675	3	143.51	15.17
鼠疫	0	0	—	0	0	—	⋆
霍乱	0	0	—	0	0	—	⋆
传染性非典	0	0	—	0	0	—	⋆
艾滋病	26	2	2.20	33	3	2.83	−22.37
HIV（艾滋病毒）	40	3	3.38	50	2	4.28	−21.18
肝炎	329	0	27.77	409	0	35.04	−20.75
甲肝	6	0	0.51	6	0	0.51	−1.48
乙肝	44	0	3.71	64	0	5.48	−32.27
丙肝	141	0	11.90	204	0	17.48	−31.90
丁肝	1	0	0.08	2	0	0.17	−50.76
戊肝	99	0	8.36	70	0	6.00	39.34
肝炎（未分型）	38	0	3.21	63	0	5.40	−40.57
脊灰	0	0	—	0	0	—	⋆
人感染高致病性禽流感	0	0	—	0	0	—	⋆
麻疹	0	0	—	0	0	—	⋆
出血热	0	0	—	0	0	—	⋆
狂犬病	0	0	—	0	0	—	⋆

续表 19

疾病病种	2022 年			2021 年			
	发病数（人）	死亡数（人）	发病率（1/10万）	发病数（人）	死亡数（人）	发病率（1/10万）	发病率增减（%）
乙脑	0	0	—	0	0	—	★
登革热	0	0	—	0	0	—	★
炭疽	0	0	—	0	0	—	★
肺炭疽	0	0	—	0	0	—	★
皮肤炭疽	0	0	—	0	0	—	★
炭疽（未分型）	0	0	—	0	0	—	★
痢疾	0	0	—	2	0	0.17	−100
细菌性痢疾	0	0	—	2	0	0.17	−100
阿米巴性痢疾	0	0	—	0	0	—	★
肺结核	473	1	39.93	529	0	45.32	−11.91
利福平耐药	8	0	0.68	24	0	2.06	−67.16
病原学阳性	324	1	27.35	347	0	29.73	−8.01
病原学阴性	93	0	7.85	132	0	11.31	−30.58
无病原学结果	48	0	4.05	26	0	2.23	81.90
伤寒+副伤寒	7	0	0.59	5	0	0.43	37.93
伤寒	5	0	0.42	3	0	0.26	64.24
副伤寒	2	0	0.17	2	0	0.17	−1.52
流脑	0	0	—	0	0	—	★
百日咳	74	0	6.25	7	0	0.60	941.62
白喉	0	0	—	0	0	—	★
新生儿破伤风	0	0	—	0	0	—	★
猩红热	31	0	2.62	15	0	1.29	103.61
布病	1	0	0.08	0	0	—	★
淋病	167	0	14.10	234	0	20.05	−29.69
梅毒	424	0	35.79	438	0	37.53	−4.62
Ⅰ期梅毒	10	0	0.84	22	0	1.89	−55.22
Ⅱ期梅毒	15	0	1.27	21	0	1.80	−29.62
III期梅毒	1	0	0.08	5	0	0.43	−80.30

续表 19

疾病病种	2022年			2021年			
	发病数（人）	死亡数（人）	发病率（1/10万）	发病数（人）	死亡数（人）	发病率（1/10万）	发病率增减（%）
胎传梅毒	0	0	—	1	0	0.09	−100
隐性梅毒	398	0	33.60	389	0	33.33	0.80
钩体病	0	0	—	3	0	0.26	−100
血吸虫病	0	0	—	0	0	—	⋆
疟疾	0	0	—	0	0	—	⋆
间日疟	0	0	—	0	0	—	⋆
恶性疟	0	0	—	0	0	—	⋆
疟疾（未分型）	0	0	—	0	0	—	⋆
人感染H7N9禽流感	0	0	—	0	0	—	⋆

注：“⋆”指没有这些疾病。

2022年与2021年鹿城区丙类传染病发病、死亡情况表

表20

疾病病种	2022年			2021年			
	发病数（人）	死亡数（人）	发病率（1/10万）	发病数（人）	死亡数（人）	发病率（1/10万）	发病率增减（%）
合计	13320	—	1124.39	3313	—	283.85	296.12
流行性感冒	11696	—	987.30	228	—	19.54	4954.15
流行性腮腺炎	48	—	4.05	50	—	4.28	−5.42
风疹	6	—	0.51	2	—	0.17	195.51
急性出血性结膜炎	3	—	0.25	32	—	2.74	−90.77
麻风病	0	—	—	0	—	—	0
斑疹伤寒	1	—	0.08	0	—	—	0
黑热病	0	—	—	0	—	—	0
包虫病	0	—	—	0	—	—	0
丝虫病	0	—	—	0	—	—	0
其他感染性腹泻病	470	—	39.67	726	—	62.20	−36.22
手足口病	1096	—	92.52	2275	—	194.92	−52.54

注：“⋆”指没有这些疾病。

卫生监督

概况 2022年，鹿城区共办结一般案件451起、简易案件5起、大案要案95起，罚没款616.29万元，罚款金额居全省首位。处罚事项覆盖率20.1%。区卫生健康行政执法效能得分92.48，对应《2022年全省卫生健康行政执法效能监测指标》为A档次。全年共处理投诉举报211件，处置回复率100%。“某公司安排未经职业健康检查的劳动者从事接触职业病危害作业案”被省卫健委列为浙江省职业卫生执法典型案件、2022年度温州市卫生执法十大典型案件，“某医药连锁有限公司销售的消毒产品不符合消毒管理规定案”被列为2022年度温州市卫生执法十大典型案件。鹿城区卫生监督所被评为2022年度常态化疫情防控事迹突出集体、鹿城区文明单位。

卫生执法数字化监管 2022年，鹿城区全面推广使用区域HIS智慧诊疗系统，继续推进住宿场所透明保洁智能监管系统、集中消毒餐饮具企业智能监管系统、医疗废物及医院污水智慧监管系统、医疗废物AI视觉分析预警和污水在线监管系统等平台，全力加快卫生执法监管数字化建设。

“双随机”执法 2022年，鹿城区抽取省级“双随机”任务559家，确定其中的311家为国家随机任务，“双随机”任务完成率为100%，“双随机”查处率为34.35%。覆盖“双随机”抽查事项19项，抽查事项覆盖率100%，任务完成率100%，应用信用规则率100%，跨部门监管率31.48%。

医疗机构监管 2022年，鹿城区开展医疗乱象专项治理行动，医疗机构医疗乱象自查率100%，查处违法违规案件38起，其中超出登记范围或备案范围开展诊疗活动1起、其他违反医疗法律法规行为37起；医疗乱象专项治理行动共计罚款37.98万元，警告35家、没收违法所得1家、罚款30家、通报批评13家。对执业不良行为的170家医疗机构进行依法记分，累计509分。开展医疗废物专项治理，共检查医疗卫生机构657家，其中医疗废物立案52家，警告42家，罚款38家，罚款25.40万元。开展打击整治养老诈骗专项行动，共出动执法人员102人次，检查养老场所医务机构105家次，立案查处机构2起、卫技人员1人，结案3起，罚款4.1万元。

公共场所卫生监管 2022年，鹿城区开展重点住宿场所专项检查，共出动执法人员37人次，检查相关单位14家，发现不合格单位4家；监测5家单位，发现2家不合格；对不合格单位予以立案处罚，共立案4家。在公共场所推行自查自律系统，年内游泳场所自查率为90.41%（考核要求90%）；住宿场所自查率为62.13%（考核要求60%）。

学校卫生监管 2022年，鹿城区“双随机”检查学校42家，同时区卫生监督所委托第三方检测公司对10所学校的教室人均面积、黑板照度、黑板均匀度、课桌面照度、课桌面均匀度、窗地面积比等项目进行检测。出具卫生监督意见书11份，发现9所学校照明未达标，给予警告。区卫生监督所开展中高考考点专项执法检查，共出动105人次，检查学校、宾馆20家及周边诊所45家，责令整改6家。联合区妇幼保健计划生育服务中心开展全区托幼机构专项检查，共立案查处未备案机构8家。

生活饮用水卫生监管 2022年，鹿城区抽查1家集中式供水单位和10家二次供水单位的卫生许可证持证情况、管供水人员健康体检和培训情况、水质自检情况、储水设备定期清洗消毒情况等，并对水质进行监督抽检，结果均合格。

职业放射卫生监管 2022年，鹿城区开展辐射安全隐患排查治理“助企帮扶、除险保安”专项行动，对放射工作人员职业病防治和放射诊疗质量与安全管理情况进行专项检查。年内共完成医疗机构的放射卫生专项检查92家，立案15家，罚款13.04万元。进行职业病危害综合风险类别评估，完成职业病危害综合风险评估企业384家。

妇幼保健

概况 2022年，鹿城区妇保规范化门诊达21家，建设率100%。鹿城区有孕产妇21354人，其中户籍孕产妇3403人，产前筛查3292人，产前筛查率96.74%。高危孕产妇2245例，高危孕产妇管理率100%。全年孕产妇死亡0人。全区各助产机构住院分娩产妇数21354人，同比减少2.2%。高危孕产妇上报14386例，同比下降1.33%，红色高危上报149例。强化区级危重孕产妇随访管理，实施“专人专案、一对一”式管理，有效管理率达100%。

公共卫生服务妇幼项目 2022年，鹿城区孕产妇艾滋病、梅毒、乙肝检测率均达100%。增补叶酸预防神经管缺陷3960例，完成率100%。国家免费孕前优生健康检查3349人，检查率94.42%；妇女免费“两癌”检查项目，共完成宫颈癌检查4784例，完成率102.22%，乳腺癌检查4928例，完成率105.30%。

出生医学证明 2022年，鹿城区活产数21438人，出生医学证明签发数22423人，当年出生当年签发率95.6%。夯实“最多跑一次”服务，10家签发单位全面使用区域妇幼网络系统进行出生医学证明发放管理和出生信息网络直报。全年共核查出生医学证明70份，协助外地卫健部门核查33份。

精神卫生

概况 2022年，鹿城区严重精神障碍患者管理继续采取三级管理制度，并进一步落实帮扶小组制度，让帮扶小组成员参与到管理中来，为进一步降低严重精神障碍患者肇事肇祸率提供了坚实的基础。全区共录入“浙江省严重精神障碍信息管理系统”确诊为精神分裂症、分裂情感性障碍、偏执性精神障碍、双相情感障碍、癫痫所致精神障碍、精神发育迟滞伴发精神障碍在册六大类严重精神障碍患者5627人，根据省反馈2022年最新常住人口数据（1184642人）计算，鹿城区严重精神障碍患者报告患病率4.75‰，规范管理率98.45%，规律服药率92.80%，面访率96.59%，体检率75.96%，精神分裂症在册患者2826人，精神分裂症患者服药率90.16%。全年面向全区精神障碍患者提供免费住院1507人次、金额1872.59万元，免费送药4113人次、金额54.44万元，免费体检255人次、金额8.06万元。

社会心理服务体系建设 2022年，鹿城区持续推进社会心理服务体系建设，构筑三级社会心理服务平台，实现区、街镇、社区三级服务全覆盖。区级社会心理服务中心（和鹿心坊）设在鹿城区社会矛盾纠纷调处化解中心，设有心理咨询活动室、心理咨询服务室、访谈评估室、宣泄室、放松室，配备沙盘、放松、减压、宣泄等心理专业设备，14个街镇心理服务站均正常开展心理服务工作。鹿城区以社会心理服务体系建设为纽带，带动政府心理服务资源与社会心理服务资源相融合，形成良性互助，共进共赢。年内，区社会心理服务中心（和鹿心坊）和14个街镇社会心理服务站点累计开展心理业务培训10场，参与者计510余人；举办老年人心理健康知识讲座83场，参与者计2703人；举办儿童青少年心理健康知识讲座95场，参与者计3103人；举办妇女心理健康知识讲座27场，参与者计928人；举办其他类型心理健康讲座12场，参与者计488人；开展心理疏通342人次、心理测评719人次。

爱国卫生

概况 2022年，鹿城区国家卫生城市工作通过省级综合评估。健康鹿城、爱卫工作年终考绩被评为优秀档次。2021年，健康浙江考核成绩为优秀。

基础创建 2022年，鹿城区新创省级卫生村25个、市级卫生村12个；藤桥镇国家卫生镇创建通过省级考核，雅漾村创成省级除四害样板村；山福镇省级健康镇、健康村通过省级考核；新创浙江省健康促进学校（金牌）2所、健康单位16家、健康企业6家、健康社团4个、健康食堂5家、健康超市1家、健康步道1条、健康家庭10871户。鹿城区居民健康素养水平达到39.26%，健康素养进农村文化礼堂覆盖率达100%。农村卫生厕所普及率达100%。

健康教育 2022年，鹿城区开展以“文明健康，绿色环保”为主题的爱国卫生月系列宣传活动。组织开展健康生活方式微视频征集、健康达人评选等活动。开展健康素养进文化礼堂活动，举办健康讲座427场，其中健康活动190场、健康服务91场、急救技能71场、中医药活动75场，发放各类宣传资料17466份，受益人数达15588人。全区健康教育宣传栏出刊1683期。组织各单位、沿街商铺运用大型广告LED电子屏等渠道全方位、多角度开展爱国卫生、巩固国卫、健康素养等宣传，同时通过鹿城区3875辆运营出租车的LED和温州都市生活频道《都市新闻》栏目开展宣传工作。

除“四害” 2022年，鹿城区广泛发动群众，持续开展灭鼠、灭蟑、灭蚊、灭蝇等除“四害”和密度监测工作。区爱卫中心召集各街镇开会、培训，对各街镇的合同、药物采购、消杀进行指导，并组织人员对病媒生物工作落实情况进行督查，取得较好的防治成效，通过C级评估考核。

老龄康养

概况 2022年，鹿城区围绕实施积极应对人口老龄化国家战略，将积极老龄观、健康老龄化理念融入经济社会发展全过程，认真履行工作职责，完善工作机制，强化系统谋划和部门协同，加快建设高质量老年健康服务体系，高水平构建老年友好健康支持，全力打造“浙里康养”鹿城样板。

医养结合 2022年，鹿城区推进基层医疗卫生机构医养结合服务能力提升和老年人心理关爱试点项目工作，拓展医养结合签约服务。水心、南郊社区卫生服务中心率先与辖区内6家养老机构开展签约服务，14家养老机构、125家居家照料服务中心与就近的社区卫生服务中心签订协作协议。探索推进安宁疗护服务体系机制保障和试点建设。规范建设区人民医院老年医学科和安宁疗护病房。仰义社区卫生服务中心建设安宁疗护区域和家庭病床。全区每千名老人康复床位数达4.5张；为3.29万名老人提供医养结合服务；为近万名老年人进行自理能力评估。

老年健康服务 2022年，鹿城区政府继续出资125万元为全区70周岁及以上老年人购买“老年人意外伤害保险”；庆年坊社区成功创建“全国示范性老年友好型社区”。全区创成市级老年友善医疗机构2家，24家公办医疗机构全部创成老年友善医疗机构，创成率达100%。督促全区村级老年电视大学规范教学，提高老年人文化素养。营造老年人“健康宣传周”和“敬老月”活动宣传氛围，普及老年健康科学知识和增强老年人的获得感、幸福感、安全感，全区共开展义诊68场次，服务老人3820人，投入经费15820元。

（朱程程）

编辑 孙任翔

1　2022年4月12日，温州市5G云诊疗项目试点在鹿城区藤桥镇上戍社区卫生服务中心启动运行

2　2022年6月2日，大南街道南门社区卫生服务中心被正式授牌为温州医科大学公共卫生与管理学院预防医学本科毕业生实习基地，是全市首家基层医疗机构医校合作预防医学本科毕业生实习基地

3　2022年11月1日，鹿城区人民医院二期扩建工程开工仪式举行

（区卫健局提供）

街道·镇

七都街道

滨江街道

南汇街道

蒲鞋市街道

南郊街道

大南街道

五马街道

松台街道

广化街道

双屿街道

丰门街道

仰义街道

藤桥镇

山福镇

七都街道

概况　七都街道位于温州市区东北部，东临乐清市北白象镇，南望龙湾区状元街道、蒲州街道，西眺滨江街道，北濒永嘉县乌牛街道。是瓯江四大岛屿之一，与主城区仅一江之隔。2022年，街道面积约12.7平方千米，户籍数6038户，户籍人口17979人，下辖1个社区、6个行政村。街道办事处驻老涂南路2—3号。作为浙南著名侨乡，有近3万名海外华侨华人、港澳同胞分布在全球32个国家和地区。

2022年11月，七都街道承办第四届世界青年科学家峰会和首届“科创中国”大会，挂牌成立全国首家“科创中国”园区科技服务工作站。承办省级“美丽讲堂”现场会。布局50处“幸福里”活动单元建设，以财政补助撬动近10倍群众筹资，在闲置空间建成共享客厅、共享庭院，和乐美居创成全市首批“共享社·幸福里”五星级样板小区。村社联动43家文创企业，创建线上社区，齐聚“原乡人”“新乡人”“归乡人”，开展朋友局、邻里节等交流活动300余场，打造指尖上的全民活动市集。组建400余名在职党员志愿者先锋队深入开展为民服务，创新开展“药品共享互助”行动，被列入《基层防疫参考手册》在全国推广，获温州市委书记刘小涛批示肯定。新改建邻里食堂2处，以“社会公益＋乡贤资助”的运营模式，辐射周边3000余户家庭。年内街道获省级农村文化礼堂建设示范街道、省级五星级侨胞之家、省级农村产业融合示范园、省级院士之家等称号。

经济发展　2022年，七都街道完成外贸出口额9.54亿元，同比增长185%；社会消费品零售总额1.9亿元，同比增长0.9%；地方财政总收入1.83亿元，同比减少80.80%；完成固定资产投资43.07亿元，同比增长88%；地方财政建安投资19.39亿元，同比增长18%；高新投资6.5亿元；生态公共投资21.38亿元；民间投资6.8亿元；实现规上服务业营业收入同比增长31%；非营利性服务业（市级）工资总额同比增长128%；限上批发业销售额同比增长185%。推出全市首个街镇级招商推介云平台，引进研发型科创企业3家。落地太希·智控机器人等29个总投资额5.2亿元项目；落地16家总投资3.3亿元的企业，涵盖智能制造、生命健康等诸多领域。侨企占吟州村注册企业数的42%，其中一家贸易公司出口就超6.2亿美元。推进全岛民房流转改造，培育精品院落118家，带动村民年增收超0.5亿元，村集体经济增收超2.8亿元。

基层治理　2022年，七都街道调解各类矛盾纠纷案件116件，总涉案金额1292.89万元，办结率为100%。贯通群众意见建议反馈渠道，打造特色品牌“鹿岛心声”，收到意见、建议700余条，解决网约微公交、岛外接送校车等群众急难愁盼问题。

发展空间拓宽　2022年，七都街道8天完成七都二桥樟里区块签约，实现老涂村旧村改造项目基本“清零”，完成土地报征40公顷、做地42.87公顷、土地出让18公顷，出让金计42.75亿元，占全区的37%。79.53公顷批而未供、供而未用指标提前完成。率全区之先实施安置房网签到户，仅28天实现板桥442套安置房认购网签。

城市品质提升　2022年，七都街道统筹推进11项年度投资17.58亿元的重大项目，分5期打造120万平方米双创空间集群，实现万国花园安置房、七都二桥、瓯江南北联网保供水工程提前进场。鹿泰总部科创园、研学基地建成投用。建成投用8年的环岛堤塘东南堤、吟州堤竣工验收，投用超10年的七都大桥完成移交。推进教科卫体事业，五星级农贸市场、老涂北社区综合体竣工验收，怡宁国际康养中心、街道社区卫生服务中心实现主体结顶，实验中学七都分校、建设小学七都分校进行内部装修。抓好乡村产业配套建设，系统打造“稻梦空间”稻香会客厅、星空露营基地、研学基地等10张金名片。坚持以优质平台吸引大项目，分期有序推进世界青年科学家学术中心、鹿泰总部科创园等9处120万立方米双创空间集群建设，吸引入驻企业18家。坚持联合招商，率先打破政企校壁垒，联合浙大双创院向全国挖掘优质招商人才16名，并向北上广深派驻招商组，加快实现招商工作从“单兵推进”到“系统集成 ”的转变。

（鲍佳禾）

滨江街道

概况　滨江街道位于鹿城区东部，北临瓯江与永嘉县三江街道隔江相望，东邻七都街道、龙湾区蒲州街道，南临新城大道，西至民航路、府东路。2022年，辖区面积约12.17平方千米，户籍人口67279人，户籍数22596户，下辖10个社区。街道办事处驻聚源路1号。年内街道协助区政府制定产业政策《滨江商务区核心区“黄金25条”产业政策实施意见》，谋划华峰集团、万洋集团、正泰集团等总部项目，确保滨江CBD重大项目落地。推进鹿城广场国际时尚中心、华润都市中心等项目，获评市级“重大项目建设成绩突出集体”“中心城区能级提升成绩突出集体”。

经济发展　2022年，滨江街道实现规上工业总产值20.61亿元，同比增长30.7%；外贸出口额28.05亿元，同比减少14.4%；社会消费品零售总额76.09亿元，同比增长0.4%；地方财政总收入13.02亿元，同比减少450.56%。固定资产投资完成130.33亿元，同比增长37.3%；完成63个项目累计有效投资135亿元。54家规上服务业累计营收118.38亿元。102家限上商贸业累计销售额89.9亿元。36家规上建筑业累计产值66.13亿元。税收收入约13亿元。

城市建设　2022年，滨江街道加大土地“双清”力度，完成“批而未供”土地供地32.07公顷，完成率93.7%；“供而未用”任务44.8公顷，完成率100%。完成挂牌出让经营性项目8个，总面积19万平方米，出让金近90亿元。针对2040件城中村历史遗留问题，2022年当年完成141件。完成CBD核心板块2.4平方千米政策处理“清零”。加大权证注销力度，完成753户权证注销。推进安置房建设，累计完成洪殿片区准现房安置方案等13个安置方案的编排，合计安置新房建筑面积74.58万平方米，年内办理交付使用手续1850套。

城市管理　2022年，滨江街道以垃圾分类建设、绿化提升、爱国卫生整治、“五水共治”等工作为抓手，为辖区新建21座垃圾分类“时尚小屋”，新建提升62座多功能垃圾亭。12个小区通过2022年度浙江高标准生活垃圾分类示范小区创建验收。将蒲州横河叶星桥闲置边角地提升建设成小游园，完成“祛疤栽花”、立体绿化建设12处，年度累计补植绿化近1560平方米。“五水共治”“七张问题清单”累计上传104个案件，整改回复各类督办件以及热心群众举报29起。大综合一体化行政执法队伍成立后总计执法102次，检查商家、企业、物业等600余家，发现并整改问题与隐患400余个。10月14日正式启用滨江街道网上执法办案系统，共计立案117起、处罚决定56起，处罚金额15390元。全年通过环卫一体化平台向各社区以及黄河公司发放环境卫生问题整改工单4358起，处置数字城管平台案件17415件。

民生福祉增进　2022年，滨江街道开展4个老旧小区改造项目（其中3个项目改造楼栋数在15幢以上），松园小区入选住建部工程联系点，2次代表浙江作典型交流发言。聚焦“一老一幼一特”（老人、小孩、残疾人等需要特殊关注的社会群体），盘活小区闲置阵地39处，对接争取5500平方米国有房产，着力打造松园、同人花园等“共享社·幸福里”五星样板，3处邻里食堂投入运营。完成退役军人建档立卡及辖区26700名老年人自理能力初筛。开展国家级老年人心理关爱试点项目和区级老年健康周特色活动。年内累计慰问辖区各类困难群众和残疾人1393人次。

（李德锴）

南汇街道

概况 南汇街道地处鹿城区东南部，是市委、市政府所在地。东至汤家桥路，南至瓯海区梧田街道，西至南塘河，北至锦绣路、新城大道。2022年，辖区面积8.90平方千米，常住人口14.70万人，其中户籍人口10.49万人、流动人口4.21万人，户籍数4.60万户，下辖12个社区。有基层党组织279个，中共党员3290名。街道办事处驻双龙路199号。

2022年，南汇街道以领导分片、科室包干原则，实现95名在编、83名编外、46名站所人员全员下沉。提任中层干部12人，其中90后4人，全日制硕士研究生4人。建立首个街镇级定人定岗定责“三清单”，先后制定“关心关爱、干部竞岗、全员培养”等7项干部制度。完成63个小区业委会换选或成立，建立业委会、物业“五色动态管理”和中心工作“一票否决”制，实现基层管理规范化、流程化。完成165个网格、28个专属网格、1284个微网格调整。府东未来社区入选浙江省首批“未来社区”创成名单，清风未来社区完成省级专家组验收。

经济发展 2022年，南汇街道实现限上批发业销售额723.03亿元，同比增长67.10%，占全区45.84%，排名全区第一；限上批零住餐销售额738.86亿元，占全区41.7%，排名全区第一；限上零售业销售额12.80亿元，同比下降6.2%；限上社会消费品零售总额12.90亿元，同比下降14.50%；地方财政总收入3.20亿元，同比下降34.21%；固定资产投资完成82.60亿元，同比下降14.04%；四大行业营利性服务业营收16.62亿元；仓储运输业营收26.62亿元；软件信息业营收2.44亿元。交通投资额2.47亿元，完成率为109.78%；民间投资额9.8亿元，完成率为105.10%。年内有在册数27511户，其中个体16209户、企业11302户。规上服务业89家（其中营利性考核37家、软件信息业3家）。限上商贸业181家。

城市建设 2022年，南汇街道全力培育合众大厦、汇富大厦等优质楼宇，在库限上商贸业、规上服务业入楼数量达90家。招引中关村信息谷公司运营温州创新中心项目汇富空间，将15年烂尾楼“蝶变”成总投资20亿元的省“152”重点项目。完成申报并获评通过省科企业17家、国科企业30家、领军型人才项目2个，超额完成年度任务。打造全区体量最大综合体印象城MEGA，引入320余个全业态品牌，首店占比约60%。完成鱼鳞浃F-13、沈宅A-41b地块共计2.38公顷土地挂牌出让，出让金9.16亿元。完成区重点项目投资目标额220%，其中开元名都、新尚大厦等5个项目完成竣工验收。完成12个小区的旧改工程，在建旧改工程8个，加装电梯50台。教育新村、旺增新村等10个旧改项目均完工，兴利大楼旧改项目年内完工。横渎秀苑、瓯麓幸福里、鼎旺等5个安置房项目约5200套完成交付。

基层治理 2022年，南汇街道完成消防委托执法简易处罚案件132起，开展“飞线”集中整治行动76次，整改隐患614处。完成改造提升182家“通天房”、356家合用场所。创新构建“五个一”综合行政执法队伍，推出“南汇的一件事”清单，首创“集中办公、双管考评”两个全区之先。探索建立执法人员“区属街用共管”体制机制。打造权责统一、权威高效“大综合一体化”执法新格局。相关特色做法在全省基层智治系统会议作典型发言，并获省委组织部高度肯定。

民生事业 2022年，南汇街道推进停车场回收、交通循环创收、闲置空间租赁，社区经营性收入共计138.91万元，大自然、南塘及开源社区均收入20万元以上。上报并整改问题2880条，其中市、区级督办的1500余个。完成稻香村小区道闸安装、交通微循环建设与鱼鳞浃路占道经营拆除工程。开展“零直排”小区创建、管网整治项目4个，完成7.80千米水上碧道建设工作并通过市级验收。建设垃圾分类收集房27座、收集亭16座，创成12个省级垃圾分类高标准示范小区。大自然妇儿驿站获评省三星驿站，成为全国儿童友好城市建设现场会参观示范点。

（褚天杰）

蒲鞋市街道

概况 蒲鞋市街道地处老城与新区衔接的核心区域，东至府东路，南至锦绣路，西至龟湖，北至洪殿河，与滨江街道、五马街道、大南街道、南汇街道相毗邻。2022年，街道面积约3.90平方千米，户籍数23337户，户籍人口67113人，下辖8个社区，人均收入81655元。街道办事处驻学院中路191号。年内街道第二届商会换届完成。宝润璞科创项目被列入省、市长重点项目清单。“152”工程实现历史性破零。上陡门单元11-B-10b地块征收并出让完成。驻海“天一角”重启，成为辖区餐饮业新增长点。街道启动10年长租、投资3.18亿元双井坊市井烟火文旅街区改造。城市岛屿建成开业，串联小坝坊成为温州市青春时尚潮流地标。

年内，街道获评省级垃圾分类示范小区7个，创成省级高标准生活垃圾分类示范片区，获评温州中心城区能级提升成绩突出集体。

经济发展 2022年，蒲鞋市街道限上批零住餐销售（营业）额52.01亿元，同比增长39.9%；限上消费品零售额8.98亿元，同比增长34%；外贸出口额22.80亿元，同比增长11.77%；地方财政总收入4295.98万元；固定资产投资完成11.09亿元；规上软件信息业累计营业收入增速全区第二；限上批零住餐销售额、限上批发业销售额增速全区第三。

基层整治 2022年，蒲鞋市街道开工4条塘河绿道，整治9个小区进场排水管网和雨污管网工程，完成山根断头河整治，改造3个小区二次供水，推进双井头河生态治理及污口治理。完成山根片区安居工程主体结顶，上陡门单元11-C-20a地块、山根路、蒋家桥二期进场开工，亚运场馆周边重要节点环境综合整治提升工程。创建全国文明城市期间累计清理垃圾13370余吨，施划车位10375个。完成“祛疤栽花”工程38处、立体绿化工程2个、口袋公园6处。

民生工作 2022年，蒲鞋市街道推进21个小区开展瓯江红“共享社·幸福里”创建活动，配套建设共享阵地100余处，改造提升儿童游玩区等共享空间31处，打造共享自习室5处、共享非机动车库4处。实现34个小区物业服务全覆盖并组建小区业委会（物管会）。开展“除险保安”行动，集中夜巡201次，排查城镇住宅2117幢，鉴定腾空D级危房5处。开展飞线充电专项整治860处。1个月内高效实现金丝桥C地块全部签约腾空，破解20年僵局。化解2起5年以上行政诉讼争议案件。拆除置信原墅11年违章建筑。实现山根自然村保障性安居工程摸文认购。解决双井头新村36幢D级危房长达10年的历史遗留问题。实施9个老旧小区改造提升工程，完成8部电梯加装。街道入选温州市基层智治大脑赋能经济稳进提质应用试点。横河南旧改项目入选浙江省第七批普惠型未来社区。

改革领跑 2022年，蒲鞋市街道8个社区累计增收1200万元，为提升小区环境等积累财富。芳园社区领跑省级“强社惠民”集成改革试点。成立全省首家社区独资公司——温州街芳亲社区服务有限公司，打造全龄普惠的邻里食堂，实现3个月营业额收入111.20万元，惠及群众6.20万人次，为全国老人食堂探索出一条可持续发展经验。探索“1+8”部门和街道执法力量融合，“大综合一体化改革”经验在全省交流，街道执法队获评2022年度全省综合行政执法工作先进集体。

（朱嘉若）

全民普惠社区邻里食堂　（蒲鞋市街道提供）

南郊街道

概况 南郊街道是鹿城区“南大门”，东至南塘河，南至瓯海区梧田街道，西至瓯海区新桥街道，北至会昌湖、温瑞塘河。2022年，辖区面积约10平方千米，户籍数7593户，户籍人口23586人，下辖7个社区。街道办事处驻洛河路10号。年内，南郊街道抓实“自我造血”，5个经合社集体经济收入达1.6亿元，创历史新高；7个社区经营性收入全面突破30万元。率先实现“大综合一体化”行政执法力量实体化集中办公，联合办案32件。区内首批实现“问题村居”整治办结销号的街道，做法得到市委书记刘小涛调研肯定。承接鹿城区首个村（居）务卡试点工作，打造全省首个经合社、社区全员持卡的街镇样板，经验做法被“清廉浙江”等主流媒体宣传报道。实现全区首个新业态领域拓展型赋能中心，协调解决住房、入境等问题43项。国家级、省级引才计划、领军型人才创业项目等核心指标列全区第一。年内获得温州市高水平创新型城市建设先进集体、科技创新和人才工作突出集体、第一批基层党建示范街道、深化改革开放成绩突出集体等4项市级荣誉称号；创成全市首批老年友好街道试点和“2030”低收入家庭综合帮扶试点。鹿城跨境电商园获评鹿城区唯一的省级跨境电子商务产业园。新增省“新时代枫桥式退役军人服务中心”、省宗教普法示范点、省五星级文化礼堂、市“文化礼堂·社区学校”共同体各1个。推进党建引领“共享社·幸福里”建设，新增全龄友好共享阵地23处计5000多平方米，创成全市五星级样板小区2个。

经济发展 2022年，南郊街道实现工业总产值25.11亿元，同比下降12.29%；外贸出口额11.73亿美元，同比增长112.52%；社会消费品零售总额59.85亿元，同比增长15.5%；地方财政收入3.67亿元，同比增长5.9%；固定资产投资61.56亿元，同比增长28.77%；税收收入10.1亿元；限上批零住餐销售（营业）总额215.46亿元，其中零售业60.46亿元。

年内南郊街道招引复淞科技、世纪开元等26家高成长型科技企业和陈十一院士产业化项目；落地中科先进技术温州研究院、温州大学元宇宙与人工智能研究院、国家大院名校温州联合研究院、新华网生物感知智能技术温州转移中心4个高能级平台；中关村科技成果转化中试服务平台正式运行。新申报国家科技型中小企业50家，申报数列全区第二；培育国家级专精特新“小巨人”企业2家，总数占全区总量的40%。全年规上工业研发费用占比5.07%。

城市品质提升 2022年，南郊街道完成做地葡萄棚单元B-01（原钢材市场）等9宗25.13公顷，挂牌出让吴桥单元B-11a地块等3宗8.27公顷，其中六虹钢材市场搬迁做地出让成鹿城区做地样板。腾空吴桥二期14.53公顷。落地世界500强沃尔玛山姆会员店、顺锦禧悦超五星级酒店等硬核项目。加速推进29个建设项目，完成固投55.5亿元，新开工亿元项目2个，打通3条断头路；“温州之光”东屿遗址公园一期工程进场施工，打造市级城乡风貌样板区试点。创新推进网格交叉检查机制，根治龙方汽配城乱停车等顽疾52项，打造全市首个体育类“青年之家”、首家社会力量全资建设运营的儿童友好综合性体育公园，在区对街镇文明城市创建考核中位列第一。

民生优享 2022年，南郊街道抓实除险保安风险隐患清单闭环管控，排查重点场所2775处，发现并整改隐患1128处；100%化解5件省级、2件市级信访积案；年度刑事＋治安总受理数下降15%。提前完成德政、葡萄二期等1697户3905套摸文认购，率先实现城中村安置任务“清零”。除险保安、“清零”攻坚等工作得到区委主要领导批示肯定；推进“老有所为”系列品牌，112名“银龄楼栋长”领证上岗，协助推进葡萄景苑交通微循环等微实事43件；打造“民生100”南郊百件微实事品牌，年征集办理微实事158件，“人大直播间”“长亭议事”等微实事做法被《温州人大》刊载。

基层党建 2022年，南郊街道坚持党建统领整体智治，系统重塑70个网格、452个微网格，首创楼栋长管理办法，367名楼栋长“领证上岗”。深推党建联建，“去茶去”等党建联盟月均输送服务21场，红色领办微实事125件。“两新”党建“双强争先”指数连续两个季度居全市街镇排名前列。

鹿城区慈善综合体 2022年4月30日，全省首个枢纽型慈善服务综合体在南郊街道清泰锦园正式启用，建筑面积计2016平方米。由南郊街道专班主动对接、全力整合而实现，打造集慈善文化展示、慈善教育体验、慈善活动集成、慈善组织孵化等功能于一体的新时代慈善枢纽中心，已入驻的32家公益慈善组织带动百余个公益慈善项目。

网潮儿南郊体育公园 于2022年2月份进场施工，6月底基础设施完工，8月对外试运营，10月14日正式投用。为温州市首个体育类“青年之家”，位于南郊街道牛山片区，总面积1.1万平方米。是南郊街道巧用S1沿线“金边银角”闲置用地，打造的温州首家社会力量全资建设运营的儿童友好综合型体育公园。

六虹桥钢材市场腾空、拆除 六虹桥钢材市场于2005年投入使用，位于市区六虹桥路2号，占地面积约10.27公顷，建筑面积6.8万平方米，有634间商铺。2020年，六虹桥钢材市场搬迁至藤桥镇下岸村。2022年5月，六虹桥钢材市场正式启动腾空工作；6月30日，市场全面腾空；7月1日，拆除建筑工作正式进场；7月18日，实现“零上访”搬迁、“零成本”拆除。

（陈艳）

鹿城区慈善综合体 （南郊街道提供）

大南街道

概况 大南街道位于温州市核心区域，功能定位为“时尚商圈、品质大南”。辖区东邻飞霞南路与南塘河，南、西边界为温瑞塘河，北至人民路、小南门河。2022年，街道面积约2.59平方千米，户籍数22928户，户籍人口64314人，下辖7个社区。街道办事处驻龙泉巷116号庆丰公寓2层。街道创新推出“幸福合伙人”机制，推进25个小区“共享社·幸福里”试点建设，创成银都花苑精品型“幸福场景”，实现100个小区业委会全覆盖。新增“两新”党支部4个，评定六星级“两新”党组织2个，成立全市首家小区业主服务中心。开展“八大环境”专项创建行动，组织志愿服务等活动1000余场，惠及群众6万余人次，重点解决脏乱差住宅区问题261个。打造亦美志愿者最美典型，1名微党课选手获得区级决赛三等奖，推荐三中教师入选温州好人。持续擦亮“侨家大院”金字招牌，创成市级“石榴红家园”。发动民兵参与文明城市等共建。以数字赋能提升宗教管理整体智治水平，实现“浙宗码”“宗教智眼”等智慧App全覆盖。“主题式”精准监督，持续对文明城市建设、信访等工作开展督查，全年督查计70次、通报批评12人次、提醒谈话17人次、责令检查4人次、批评教育1人次。年内街道获评全省“治违控违示范乡镇街道”“五星级基层武装部”，疫情防控相关经验做法获市委组织部督查肯定。街道打造的精品型银都花苑“幸福场景”，作为全市城乡社区工作会议暨“共享社·幸福里”建设推进会参观点，获得省委书记易炼红“六个好”批示肯定。

经济发展　2022年，大南街道实现限上批零住餐销售额115亿元，减少0.3%；其他营利性服务业营业收入5.09亿元，增长16.2%；社会消费品零售总额57.7亿元，增长0.3%；其他营利性服务业营业收入5.09亿元，增长16.2%；仓储运输业营业收入0.39亿元，增长21.9%；地方财政总收入1.31亿元；固定资产投资27.65亿元，完成率110%；城镇居民人均收入13.2万元，增长15.19%；人均消费7.5万元，增长23%。街道主动对接、靠前服务，做到“一企一策”，走访对接百次以上。全年新招引重点企业20家，入统限/规上企业6家，月度新增数居全区前列。创建国家级智慧商圈与智慧商店，引进堂手会美食市集、兰博基尼2家温州首店。推进大南商圈提质，实施闻宅步行街绿色街区改造工程。

城区建设　2022年，大南街道鹿城“时尚商圈·绿色大南”城市新区风貌区获批为2023年省级城乡风貌样板区试点，实现未来社区创建规划全域覆盖。率全区之先提前完成“批而未供、供而未用”全年100%任务目标，腾挪中心城区发展空间4.8公顷。开展治违控违，拆除违章建筑46处1745平方米。完成新开工老旧小区改造项目6个，超额完成新开工项目2个，完工续建项目4个。开展53处危旧房屋及17幢学区房定期动态巡察，发现整治隐患7处，腾空D级危房2处，完工并投入使用加装电梯2处、待完工2台。推进河道治理，加大水岸整治修复及污水“零直排”建设力度，创建山前河—蝉河绿色河道。

民生服务　2022年，大南街道全面开展精神病障碍患者排查专项工作及慢性病防治工作，落实救助保障，发放困难救助资金419.6万元、临时救助资金9.1万多元、高龄津贴139.6万元。100%完成退役军人建档立卡，优待证办理通过率86%，创建省级枫桥式服务站。调解劳动纠纷案件179件，录入阳光支付平台24家，简易工伤认定2件，申报返岗交通补贴企业85家289人。建成智能垃圾房10座、垃圾亭40座，建成省级垃圾分类示范小区 5个。引入专业公司开展绿化养护，修剪绿化面积18万平方米，完成“祛疤栽花”及立体绿化点12处，改造提升便民公厕2座。开展文明城市创建，清理占道经营1000多处，施划新增机动车位220多个、非机动车车位1.86万米。开展“八大环境”专项创建行动，组织志愿服务等活动1000 余场，重点解决261个脏乱差住宅区问题。推进环卫一体化改革，实现路面清扫、垃圾收运、厕所清洁、垃圾处理等“碎片化”工作集聚管理。

基层治理　2022年，大南街道健全全科网格和街道矛调中心实体化运作，处置较大矛盾37件。开展除险保安百日攻坚专项行动，整改39项问题，防骗码、反诈宣传推广覆盖6万余人次。出台“问题村居”专项整治方案。开展消防安全大起底大提升行动，检查企业8520家次、居住出租房3998家次、沿街店铺3427家次，发现并整改隐患1354处，实行电动自行车简易处罚308起，举办食品安全讲座76场次。

（李俊明）

1
2
3

1 2022年9月19日，五马议事坊省人大基层立法联系点开展“站点融合”建设、数字化改革研讨调研

2 2022年1月24日，五马街道组织辖区学生开展禁毒科普活动

3 2022年4月30日，五马街道八仙楼社区开展文明城市建设工作

（五马街道提供）

五马街道

概况 五马街道地处主城区中心，是鹿城区政府驻地。东至灰桥浦、蒲鞋市河，西至信河街，南至小南门河、大南路、人民东路、飞霞南路、学院西路，北至瓯江。2022年，区域面积4.65平方千米，户籍数58613户，户籍人口170312人，常住人口136212人，下辖14个社区，街道办事处驻后垟巷89号。年内街道创成市五星基层武装部、省五星侨胞之家、省五星级食安办、省首批城乡风貌样板区、省高品质示范街区、省街容示范街等，通过“新时代富春山居图城市样板区”验收；获“市中心城区能级提升成绩突出集体”“市重大项目建设成绩突出集体”等称号，在全市第三次街镇党工委书记工作交流会上取得第一名；五马历史文化街区斩获“国家级旅游休闲街区”和第二批“国家级夜间文化和旅游消费集聚区”称号。

经济发展 2022年，五马街道实现外贸出口额25.6亿元；社会消费品零售总额125.45亿元，同比增长1.4%；地方财政总收入1.03亿元；固定资产投资完成2.38亿元；限上批零住餐销售（营业）总额288.79亿元，同比增长12.5%；限上社会消费品零售额16.7亿元，同比增长2.7%；其他营利性服务业营业收入12.34亿元，同比增长0.58%。年内街道搭建政企交流平台，解决租金减免等诉求180件，指导28家企业完成分支机构营收归集，改造“黎明里”硬件创业态引流条件；重点孵化温州“台青创客坊”，首批招引新兴业态优质企业67家，指导16家企业申报国家科技型、高新技术企业，12家入选省科技型企业。

综合治理 2022年，五马街道完成特色庭院和东瓯王庙南片区签约腾空，启动4个地块12个重大项目征迁做地。新建分类亭等146处，提升公共小便池17座；落地微公园、绿化工程13个，管养补植绿地8650平方米、林木1350棵；整规管线17.75万米，清理小广告7.16万平方米，道路“白改黑”2.68万平方米。

民生服务 2022年，五马街道聚焦“一老一少”服务。改造3个老年食堂、助餐点，为老人安装无障碍设施等设备67户；新增星级母婴室7个、婴幼照护托位70个；落地儿童友好城市建设项目、嘉福和广信邻里食堂；创成省五星级文化家园、市老年学习苑、15个“15分钟品质文化生活圈”、墨池百姓健身房；举办千余场各类讲座培训。辐射群众3.5万人次。街道健全治理体系，试点构建人口数据底盘，核查信息27.6万条；重塑159个网格、972个微网格，实现116个小区实体型党组织、业委会（物管会）全覆盖。开展安全隐患巡察、消防演练等行动1839场，累计处置安全隐患3214条，100%采集办结信息2.78万条，推广反诈App2.11万个，落地“平安广信”“一童反诈体验馆”特色阵地。实现辖区715幢存量C级危房全部销号“清零”，完成全市存量一半以上C级危房实体解危。

基层治理 2022年，五马街道以广信大厦微网格作为试点，深入探索“微网格、小事情、大治理、连民心”的示范网格建设之路，通过划定2个网格共18个微网格治理单元，推行“党组织建在网格上”，建立“街道党工委＋社区党委＋网格党支部＋微网格党小组”四级治理架构，实现红色服务触角全覆盖，同时遴选出24名居民组成“微团队”，落实红色代办、民情收集、矛盾调解、宣传引导等职责，持续完善“微心愿”长效服务机制、“微治理”赋能网格管控、“微平台”强化诉源治理，整合共建2000平方米平安服务阵地，集反诈体验中心、儿童职业体验馆、平安宣传花园等平安专项阵地，睦邻客厅、银龄沙龙、运动驿站、童趣乐吧等共享阵地，以及“8＋X”的党群服务中心于一体，多样化开展各类志愿活动，进一步健全完善党建统领下基层居民自治长效治理机制，逐步打造形成老旧小区网格治理样板。

省首批人大践行全过程人民民主基层单元培育对象 2022年5月7日，浙江省人大常委会办公厅将五马街道人大代表联络站确定为全省首批基层单元培育对象，正式启动基层单元培育工作。街道以数字化改革为牵引，推进人大代表联络站迭代升级，展现基层单元“联、商、督、促、智”五大功能作用，打造人大践行全过程人民民主基层单元。

（李永骞）

松台街道

概况 松台街道位于温州城区中心西部，东至信河街，南临会昌湖，西接勤奋河，北濒瓯江北水道，是“中国诗之岛、世界古航标”江心屿的所在地，1700年前郭璞建城时就是“西居”功能区。2022年，辖区面积约10.01平方千米，户籍数32681户，户籍人口89574人，下辖12个社区，人均收入8.72万元。街道办事处驻雪山路75弄33号。年内街道被央媒、省媒报道81次，先后入选“强社惠民”省、市级试点10个，国家引才计划入选破零，获温州市科技创新和人才工作等4项市级突出集体荣誉，得到市、区领导批示肯定6次。率全区之先成立社区公益基金会，获评省级城乡社区治理和服务创新试点，创成全市老年友好型和儿童友好型街道。桂柑、庆年坊社区获评全国示范型老年友好、全市儿童友好社区，来福门获评省级无障碍社区，郭公山社区获评省级民主法治社区、省级垃圾分类示范小区。松台社区人大代表联络站入选全省首批人民民主基层单元，“人大直播间”全市首开，《小小联络站串联民心》典型案例被浙江人大公众号报道，为全市唯一。

经济发展 2022年，松台街道完成外贸出口额18.65亿元，同比增长57%；社会消费品零售总额75亿元，同比增长2.40%；地方财政总收入0.66亿元，同比增长13.7%；固定资产投资总额11.20亿元；新增规上服务业4家、限上商贸业13家，限上餐饮业营业额同比增长38.2%；规上其他营利性服务业收入同比增长27.6%；软件信息业营业额同比增长63.10%。打造全链条科技集群服务生态，指导10家企业申报国家科技型、高新技术企业，8家入选省科技型企业，研发投入3800万元。清单化梳理空置楼宇16处约1万平方米，引进数字贸易、数字金融等优质外贸企业12家。

2022年1月27日，以体验温州方言为特色的“叮叮当童谣馆”在松台山上开馆（松台街道提供）

辖区建设 2022年，松台街道征迁做地九山单元等3个片区22.47公顷，清明桥C-15b地块、九山单元A-08地块2个地块“清零”挂牌出让，涉及总户数1325户，出让面积7.13公顷，其中A-08地块从启动腾空到整体“清零”挂牌出让仅5个月。完成3个老旧小区改造、2个片区排水管网整治、5个小区污水零直排及二次供水改造项目，杏花路延伸段、电力局南侧2条临时道路建成通车。投资约7000万元建成来福门、三牌坊两条商业古街，打造特色庭院2处。松台山儿童乐园、20处历史文化景点亮相于市民；九山湖——茶花传统风貌样板区通过验收；承接央视2023年春晚戏曲晚会在九山书会现场录制，元宵节活动期间，人流量达到3.6万人次。投资301万元完成面积1万多公顷绿化改造，打造省级示范小区9个、省级定点投放小区1个、省级示范商业街1条，创成全市生活垃圾分类示范片区、江心屿共青湖“省级美丽河湖”。落地17个省、市、区三级民生实事项目。

社会综合治理 2022年，松台街道推进“除险保安”行动，闭环管控风险隐患，累计检查单位1044家次，完成隐患整改282家，整改率100%；拆除已腾空危房31处，其中16幢C级、D级危房全部解危；火警起数同比下降8%；连续3个季度获评区消防安全工作“考核优秀”。

基层党建 2022年，松台街道小区治理工作实现党组织、业委会、物业全覆盖，全域打造“共享社·幸福里”重点单元20个，提档升级党群服务阵地7个、共享空间16个。菱藕小区、水心大厦获评市五星级样板小区，菱藕社区成为全市党建统领基层治理示范样板，先后3次承办全市“共享社·幸福里”建设现场会，4个社区经营性收入均突破30万元、合计约260万元，基层治理经验获市委书记刘小涛批示肯定。

社区公益基金会成立 2022年12月2日，松台街道贯彻落实区委、区政府“治理创新年”决策部署，率全区之先成立社区公益基金会，通过基金会领头，撬动各类社会资源加入辖区基层治理、社区建设、公益事业中，以慈善、公益、自治、互助等方式开辟基层社会治理新途径。首批资金由社会各界的数十位爱心企业、人士捐赠，并签署首轮拟投资项目。

中央广播电视总台春节戏曲春晚在九山公园录制 2022年12月12日在九山公园完成前期录制。这是开办33年的春节戏曲晚会首次将主场移步户外，以中国现存最早的完整戏曲剧本《张协状元》的编撰地“九山书会”为主舞台，汇聚全国近30个戏曲剧种、70余个院团院校，集结百余位戏曲名家和新生代戏曲传承人、近千名参演人员，彰显戏曲艺术的风采。

水心农贸市场顽疾一举破除 2022年7月7日，松台街道以文明城市创建迎检为契机，38天硬核攻克水心农贸市场周边长达25年乱象顽疾，累计拆除违法建筑259处2948.50平方米、市容类构筑物8543平方米。新建市场东侧停车场1处、增设泊车位17个及共享单车停车点位750辆容量。推出“文明红榜”硬核管理，推进管网整治、“白改黑”道路提升、飞线整治和外立面提升等工作，以水心农贸市场的“变形计”助推文明城市创建。

（叶洁斐）

广化街道

概况 2022年，广化街道地处鹿城区西部，东沿勤奋河，南至景山，西接翠微山、黄龙山，北抵瓯江。辖区有翠微大道、广化路、过境路、鹿城路等主要道路贯穿四方；有古刹太平寺、杨宅武博馆、翠微山陵园等人文景观傍水依山。2022年，街道面积约4.10平方千米，户籍数13247户，户籍人口34805人，下辖8个社区，人均收入99644元。街道办事处驻新桥头住宅区美组团16幢。

经济发展 2022年，广化街道实现社会消费品销售总额75.33亿元，同比增长0.50%；限上批发业销售总额18.70亿元，同比增长39.14%；限上零售业销售总额1.65亿元，同比增长30.4%；限上住宿业营业额1330万元，同比增长75.5%；规上营利性服务业营业收入1.11亿元，同比增长2.80%；自营进出口额3.47亿美元，同比增长162.01%；固定资产投资完成68.76亿元，其中建安投资22.61亿元；地方财政总收入1.73亿元；外贸出口额3.44亿美元，同比增长172.63%。引进跨境电商企业1家、市场采购贸易企业2家、注册大宗贸易企业1家，新增省级科技型中小企业5家、国家级科技型企业6家。开发建成9000平方米的大型仓储基地，引进家电仓储电商、托运等领域企业。

城市建设 2022年，广化街道加快集新未来社区“九大场景”落地，协调解决建设配套运营等问题20余个，累计完成投资额83.50亿元。新桥头住宅区旧改工程提前3个月竣工，双乐住宅区东小区旧改工程完成招投标并开工。紧抓排水管网整治工程进度，总投资4982万元，年内完成80%。推进特陶（A-10-1）地块做地“清零”，完成上桥无房户、下桥、广南地块并列后16户28套期房安置房、黄龙171户378套期房安置房认购工作。

环境提升 2022年，广化街道创成省级示范小区13个、市级示范小区2个、省级示范商业街2条。完成五水共治巡河计460余次，上报、处理问题260个。完成市政管网疏通清淤24200米，完成双桥河“省级易反弹河道”销号。完成辖区内街头绿地面积5.10万平方米养护工作，拆违上报面积10130平方米，新建违建拆除446.50平方米。全员下沉网格，“5+2”“白+黑”奋战70余天，全域推进架空管线“上改下”、城市道路“白改黑”和背街小巷、农贸市场、片区环境整治，摘得文明城市创建流动红旗2次。成立由41人组成的广化街道综合行政执法队，有效承接6个条线138项行政执法事项，整合办公用房860平方米，初步形成统一指挥、科室站所协作、整体联动的综合行政执法体系。

社会治理 2022年，广化街道紧抓生产、消防、食品药品安全、交通运输等重点领域风险防范化解，出动检查人员487人次，检查各类场所709家，消除隐患141处；开展重点场所整治18次，开展电动车“飞线整治”31次，消除隐患1000余处，办理委托执法（电瓶车充电罚款）案件378件。推进执法监督改革，购买法律服务承担合法性审查、法律顾问等职责，年内开展合法性审查218件。重新划分58个新网格，配强“1＋3＋N”网格力量，落实网格员差异化报酬。以党建强化整合住宅小区多元治理主体，实现33个小区党组织全覆盖，完成16个任务小区、19个落地房和老旧庭院业委会组建，3个无物业小区成功引进物业服务。

民生服务 2022年，广化街道统筹打造集邻里食堂、睦邻客厅、集善亭、童趣乐园等于一体的“真善美”共建共享共乐阵地总投资3400余万元。帮助30户低收入家庭解决困难66个，年内被列为全区2个市级“2030综合帮扶”试点街镇之一。发放90周岁高龄津贴5.30万元、80～89周岁津贴30.60万元。建成全区首家“政企共建”邻里食堂，为167位70周岁以上老人、困难群众提供用餐补助，月补助金额超2万元。引入温州市专注力研究专业委员会启动“邻里护童”计划，量身打造专注孤独症儿童检出、康复的“小海豚课堂”，举办“线上图书拍卖会”活动，搭建“以书易书”平台。

“共享社·幸福里”创建 2022年，广化街道完成11个重点小区阵地建设，改造提升邻里食堂、童趣乐吧等14处共享空间。创新推出“伙伴计划”加盟模式，与40家单位达成共建协议，开展“党群连心·分组包户”行动120余场，辐射1.40万余人次。定制80周岁以上老人“耄耋有礼”“亲子并行小组”等特色小区公共生活品牌7个，举办“酉时友日”市集、“共享生日会”等活动232场次。

（蒋亚坤）

双屿街道

概况 双屿街道区域范围东至翠微山、黄龙山、翠微大道，南至景山、瓯海区郭溪街道，西至下岭山、嵇师新街（山后路）、卧旗大河（西排河道），北至瓯江。2022年，辖区面积约13.13平方千米，户籍数11389户，户籍人口3.10万人，下辖7个社区、3个行政村。街道办事处驻温金路138号。年内街道推进56个小区实体型党支部全覆盖，完成17个小区业委会（物管会）选举换届，提前3个月实现小区业委会全覆盖，选出95名“当家人”。推进17个“共享社·幸福里”小区打造工作，撬动社会投资210万元。新建2个邻里食堂、55处活动阵地，创建广景大厦和营楼花苑共享场景，协调整合3处共计815平方米的市级闲置场地，协助4个社区实现经营性收入超30万元，为80家企业集体厂房减租1000万元以上。推荐申报国家、省级引才计划，认定C类、D类、E类各1人，入选浙江工匠等省市级项目7人，创五年新高，助力康宁医院完成2个博士创新站认定、省博士后工作站挂牌、开题。开展线上线下文体活动852场，参与超10万人次，服务群众超3万人次。有基层党组织119个，党员1528名。年内街道年度综合考核工作连续5年居考核一档，获评省“五水共治”工作考核优秀乡镇（街道）、省生活垃圾分类示范片区、省数字生活新服务特色镇、市重大项目招引和重大产业建设先进集体，党工委获评市平安护航党的二十大作出贡献集体，党群服务中心获评市级最美党群，街道应急管理中心获评市安全生产月活动“市级优秀单位”。全年在省、市、区级各类媒体共刊播正面宣传报道519条。

经济发展 2022年，双屿街道实现规上工业产值12.88亿元，同比减少16%；规下工业营收 0.19亿元，同比减少59%；外贸出口额86.38亿元，同比增长31.88%；社会消费品零售总额70.95亿元，同比增长3.70%；地方财政总收入7.38亿元；固定资产投资完成103.39亿元 同比增长44.2%；限上销售总额53.88亿元，同比增长17.33%；限上零售额5.20亿元；同比增长13.98%；规上服务业营业收入4.59亿元，同比增长1.89%；有效投资103.39亿元，引进外资5500万美元，占全区的96%以上；市场采购贸易额达13.60亿美元，占全区的56.15%以上。进出口合计人民币93.71亿元。规上服务业11家，规上工业15家，限上贸易业41家。全年招引头部企业10家，挖掘高新技术企业10家，国家科技型中小企业21家，省科技型中小企业59家，新增“小升规”企业5家。落地2个亿元项目，电商头部企业遥望开工建设；启动温州交运国际商贸城贸易区，注册834家个体户；获批市场采购贸易方式出口预包装食品试点，年销售额达13.60亿美元，占全区一半；引进温州抖音电商直播基地，累计GMV突破21亿元；全省首个柔性服务站落户国际鞋博城；创成鹿城唯一一家浙江省数字生活新服务特色镇。

拆迁安置 2022年，双屿街道完成双岙A-08、A-12、A-15、A-50“清零”地块的权证注销、双屿三组团125户100%腾空“清零”，完成双岙山庄移民福利院66户搬迁拆除，为鹿城区康养中心“清零”土地；完成巡视整改的污水厂、园区路、宁波路项目“平价购房”房款收回；完成瓯浦垟A-24、A-30、双岙A-37地块，双岙、箬笠岙、新泽、牛岭、牛岭异地安置垟田2607户5685套期房摸文认购。完成新希望玉锦麟地块、垟田二期德林居和风韵妍庭、忆江嘉园三组团，2813套结算交钥匙。完成瓯越公馆、异地安置望浦锦园281套产权办理。完成91户历史遗留的“一户一宅”房屋交付和产权办理。

做地出让 2022年，双屿街道提前一个月超额完成土地“双清”（清理拖欠土地出让金和违反合约用地行为）任务，其中完成批而未供40.04公顷、完成率为117%，完成供而未用47.67公顷、完成率为100%，完成低效用地再开发65.47公顷、完成率为192%。完成挂牌出让地块8宗、14.33公顷，出让金收入约21.85亿元，出让宗数占区级地块的27.60%；完成项目立项10个（包含2个发债项目），有序推进辖区市政道路、生态绿化、幼儿园等综合配套设施前期谋划工作。

重点项目建设 2022年，双屿街道完成重点项目投资51112万元，完成率161%；开工11个项目，其中翠微山路、桥下西路实现提前开工；完工项目12个，其中营楼路、黄龙山路、瓯斯达路实现提前一年完工。10条道路完工通车，合计通车里程4.46千米；环贸港、沿江快速路等12个市对区考核精建精美项目，累计完成投资8.76亿元、完成率225%。开工安置房项目总建筑面积79.68万平方米，住宅4670套；完工安置房项目总建筑面积40.80万平方米，住宅套数2210套。

环境提升 2022年，双屿街道创成省级生活垃圾分类示范片区，实现小区“智能垃圾屋”全覆盖，新建20座垃圾屋、75座垃圾亭，建设垃圾分类小区56个，创建垃圾分类省级示范小区8个，提升改造生活垃圾四分类投放点95个。实现文明创建从“黄牌警告”到“顺利摘牌”再到“成功创优”的逆袭。创新开发“门前三包”三色预警“十二分制”，有效解决垃圾分类反弹问题，打造传统商业街康兴路、康华路省级垃圾分类示范街。入选省级五水共治优秀街镇，新建2个污水“零直排”小区。拆除违章建筑18.2万平方米，完工投用4.64千米过境路综合整治项目，打造黄龙山军事主题公园等4个占地2.25万平方米的城市游园。

综合治理 2022年，双屿街道深化“1+3+N”网格治理体系，聚

2022年7月6日，仰义街道保障性安居工程B-9-2地块工程结顶 （仰义街道提供）

合党员、志愿力量配强网格队伍，优化调整90个网格，划分专属网格5类15个。在大都市女鞋智造基地推行专属网格规范化建设，完善新型网格治理体系，并成功申报市社会治理创新项目；率先探索数字化赋能社会治理新路径，腾挪300平方米办公空间创新打造“双屿大脑”，接入“智平安·双屿街道社会治理一张图”系统，覆盖人口11万余人和2675家企业单位。化解高败诉风险案件42件，处置840户安置结算争议等重大风险隐患。全年刑事、治安有效接警数2753起，同比下降1.57%；黄赌毒等接警数704起，同比下降2.90%。处置劳资纠纷案件104件，涉及人数503人、金额约442.30万元，其中个案97件、群体案件7件。生产消防安全检查出动536人次，检查出租房、合用场所4645家次，各类经营、餐饮等场所单位约520家次，排查各类隐患4622处，整改率达100%。

清廉双屿 2022年，双屿街道党纪政务立案18件，其中自办案件3件。运用监督执纪“四种形态”处理43人次，查处“四风”、群众身边腐败及作风问题6人，案件查办、清廉宣传等各项数据均居各街镇前列。街道纪工委被评为2022年度全区纪检监察工作考核优秀单位。全年组织村社开展特色党风廉政宣传100余场次，开展“无涉纪信访村居”建设，打造信访化解特色品牌，成为市纪委信访举报“直报点”。运用基层数字化监督平台，做好村级小微权力监管，全年核查红色预警9条。

（胡雪雪）

丰门街道

概况 丰门街道位于鹿城区西部，东临瓯江，南沿卧旗大河、嵇师新街（山后路）、下岭山，西接瓯海区郭溪街道，北至仰义街道，是温州市四大传统产业之一鞋业制造业集聚地，省级特色小镇鹿城鞋艺小镇创建地，功能定位为“中国鞋都魅力丰门”。2022年，街道有基层党组织137个、党员1073人。辖区面积约12.37平方千米，户籍数5087户，户籍人口12443人，下辖3个社区、7个行政村。街道办事处驻鞋都三期总部经济园A12幢。年内街道创新推出党风廉政“132”责任共同体机制，以一个科室为最小党风廉政责任单元，科室负责人、在编干部、非在编人员“三级”责任相互捆绑，一同履行主体责任、监督责任的“两个”责任，实行党风廉政责任同责同罚，共督查整改问题257个，四种形态问责43人次，党纪监察立案11件，相关经验做法在全区营商环境大会上作交流发言。年内获评全省“护航二十大”安保先进集体、省疫情防控执行力优秀街镇、温州市疫情防控工作突出贡献集体。

经济发展 2022年，丰门街道实现规上工业总产值77.05亿元，同比增长4.97%，总量创历史新高，增速创历年之最；外贸出口额44.08亿元；社会消费品零售总额39.98亿元，同比增长6%；地方财政总收入1.39亿元，同比减少19.2%；固定资产投资完成10.41亿元，同比增长26%。拥有规上企业134家、限上企业20家、高新技术企业28家、省级科技型企业124家。

鞋业转型 2022年，丰门街道创新推出驻企专员服务机制，解决企业急难问题百余个，入库“小升规”企业21家，新增省科16家、国科32家、高新企业6家。新增智能化改造项目40个、“增资扩产”项目8个，竣工投产8个，完成率133%。招引总部型企业1家，落地亿元以上产业项目5个，提前3个月完成目标任务。落地4.4万平方米中胤大孵化集群，引进院士产业项目1个，入选浙江工匠1人，新增大学生、高技能人才2222人。

旧村改造 2022年，丰门街道创新推出拆征“圆桌夜话、沙盘推演、晾晒比拼”三大载体，完成上伊、戴宅、前陈等7个旧村征迁，累计腾空拆除旧房1325户，旧房面积计60万平方米，腾出空间46.67余公顷。解决僵持近10年的104国道拆征改建问题，化解历史遗留问题7个，实现省级重点工程推进“零障碍”。

平安建设 2022年，丰门街道发挥“1+3+N”网格治理优势，实现劳资纠纷案件数同比逆势下降23.55%，54个“双百”案件见底“清零”。应急救护培训基地工作作为全市唯一街镇在全省应急救护培训基地建设推进会上做典型交流发言。率全市之先打造派出所特警快反队伍。街道基层治理相关做法得到市委书记刘小涛的肯定。

环境整治 2022年，丰门街道累计拆除违建面积4.5万平方米，用20天打通鞋都“内循环”，实现鞋都二、三期5分钟直通。《拆整结合，打造中国鞋都美丽乡村驿站》《企业员工24小时管理制》两个案例入选全区文明城市建设优秀案例。

中国鞋都2022国际电商节 2022年7月12日—14日在丰门街道举办。通过搭建电商节平台，加强鞋都企业与国内外重点企业、头部平台、投资机构和海内外客商的对接交流，放大产业优势，在技术转移、人才引育、项目合作等方面进行全方位、多层次、宽领域的深入洽谈，推动鹿城鞋革产业更高水平的开放，进一步探索传统销售向多元化销售模式转型。3天共吸引52家规上企业及500余家企业参展，接待国内外客商1万余人次，达成意向订单1200万双，交易金额突破12亿元。

（徐洪琼）

仰义街道

概况 仰义街道地处鹿城区中西部，东濒瓯江，南连丰门，西与北靠藤桥镇。2022年，辖区面积约32平方千米，户籍数7721户，户籍人口20640人，下辖1个社区、12个村。街道办事处驻沿兴路142号。境内104、330国道汇集，金丽温高速、绕城高速北线、西南线纵横交错，金温、乐清湾港区支线铁路贯穿而过，属温州中西部重点交通枢纽。生态资源丰富，建有省级西郊森林公园1座，园内配有东方仰义乡村俱乐部、观光农业园等休闲娱乐设施，另有洞桥山杨府庙、白云观九天圣母殿、王十朋后裔故居、龙瀑、龙湖、古松林等名胜古迹和景点，具有温州“绿肺”之美誉。产业以鞋业和电镀为主，有法人单位1021家，其中规上工业企业72家，有沿江工业园区、渔渡小微园、前京小微园等，另有新二代鞋智造基地、正新供应链基地、禾本科技环保型植保产品项目、智能健康和时尚鞋艺制造基地4个省“152”工程。

经济发展 2022年，仰义街道实现规上工业总产值45.30亿元，同比增长3.2%；限上批零住餐销售额2.27亿元，同比增长112%。外贸出口额25.95亿元；地方财政总收入约2.06亿元；固定资产投资完成29.66亿元。连续第五年获评区对街道年度考核优秀，并获省疫情防控执行力指数评价优秀乡镇（镇街）、温州市重大项目建设成绩突出集体、温州市美丽乡村建设成绩突出集体等称号。执法监督新模式入选浙江省乡镇（街道）法治化综合改革试点最佳实践案例，先后被中央、省、市等各级主流媒体报道162次。

城区建设 2022年，仰义街道开展16宗重大产业用地共计13.47公顷土地的组件报征，完成沿盛路等7个重大基础设施工程共14宗42.20公顷土地的清理；落地5个亿元以上单体制造业项目；加速推进3个省“152”项目完工投产，其中温州市正新供应链基地提前半年竣工。完成省级绿道4号线鹿城仰义段及产业配套木西岙路施工，启动9条市政道路建设，开展后京电镀基地污水管网提升及沿江工业区（四期）排水管网、西片污水管网、仰义辖区山水等整治工作；改造提升23座社会公厕、34座垃圾亭，新建1座劳动者爱心驿站零星工程、5座生活垃圾收集房，完成2个省级高标准生活垃圾分类示范小区的创建。推进“两个健康”持续深化，通过“一对一”入企诊断，加快推动专精特新企业数字化转型，申报国家科技型中小企业30家，130%完成年度任务，新增智能化技改项目26个。推进“智慧智能＋基层基础”双轮驱动，实现刑事＋治安、盗窃、黄赌、网络诈骗接警分别同比下降7.59%、1.27%、6.01%、32.86%。

民生服务 2022年，仰义街道完成A－11等6处安置性质商品房，共涉及13个征迁项目889户1778套住宅房源摸文认购，推动前后京单元A－11等5处安置性商品房提前一季度达成正负零层，B－9－2安置性商品房提前半年达成主体结顶。推动仰义卫生中心开工及林里小学、仰义变电所投用。依托全市唯一的高尔夫球场同步开设新经济旅游路线，开展“亲子高尔夫”等“体育＋”活动。

基层党建 2022年，仰义街道打造邻里食堂、妇女儿童驿站等“一老一幼”阵地5000平方米，建成1000平方米市级企业文化中心。率全区之先实现备案小区党组织、业委会、物业服务覆盖率100%。推行“1＋N”企业结对联建模式，第三季度“两新”党建指标位列温州市区街道第一。彩石镶嵌基地创成城市“乡乡兴”基地。龙川村文化礼堂村礼入选省级“我们的村礼”项目。创新线上“数字营商馆”，相关信息被《浙江日报》报道。

“新二代·平安里”智慧警务综合体 2022年11月投用。占地280平方米，设视频联动区、装备区、调解室、宣传体验馆、警务驾驶舱、备勤区等六大区域，集反诈禁毒、矛盾调解、网格管理、联勤指挥、平安企业创建、党群服务等功能于一体，派出所全时驻守，执法等相关科室站所日常驻点。

（陈茜芝）

藤桥镇

概况 藤桥镇地处鹿城区西部，东接仰义街道，南靠瓯海区，西挨青田县，北临永嘉县。2022年，辖区面积96.96平方千米，下辖1个社区，34个行政村。户籍数22464户，户籍人口51004人，外来人口53105人。全镇共有企业573家，其中规上企业120家，各类农业新型经营主体计120余家。年内获评省美丽乡村示范乡镇、省农村宅基地工作成绩突出集体、市水美乡镇、市民营经济示范城市创建先进集体，及市科技创新和人才工作、重大项目建设、中心城区能级提升、美丽乡村建设等成绩突出集体。

经济发展 2022年，藤桥镇实现规上工业产值62.89亿元，同比增长3.31%；规下工业样本企业营收平均增长47.27%；规上工业研发投入2.44亿元，累计增长9.16%。地方财政总收入1.26亿元；全社会固定资产完成13.08亿元；培育上市报会企业1家、国家级专精特新“小巨人”企业1家、国家高新技术企业17家、国家级及省级科技型中小企业96家、“小升规”工业企业20家。落地和完成供地“省市县长工程”项目2个，新开工亿元产业项目5个，建成投产重大产业项目6个。深入实施“腾笼换鸟”攻坚计划，倒逼整治低散企业22家，提升25家，立项智能化技改项目37个，完成投资0.53亿元，推进项目46个，增资扩产累计投资3.6亿元。

城区建设 2022年，藤桥镇完成“千吨万人”农村饮用水水源地规范化建设和单村饮用水工艺及自动化提标改造工程。整治环境较差“问题村居”2个，创成省级美丽宜居示范村2个、市级文明示范村4个、AAA级景区村3个，连续获得市、区两级文明城市创建“最优街镇”红旗3次，获评最优村居4次。建成市政道路5条，开工建设3条。省级绿道4号线藤桥段绿道改造提升工程与渔藤公路拓宽二期工程完工，330国道鹿城官岭隧道改建工程提前建成通车。南雅片未来乡村26个子项目建设系统推进，并入选省第二批未来乡村创建名单。“先瓯原乡·戍浦新韵”“古埠人家·雅韵藤南”2条乡村振兴示范带建成，戍浦江方隆至下岸段入选省级美丽河湖名单，南雅山塘入围市级美丽山塘。位于戍浦社区的全市首个“大建大美”安置性商品房宁江雅苑1588套房源启动交付。

社会综合治理 2022年，藤桥镇完成经营性用地出让15.13公顷，8个拆迁项目累计涉及拆迁对象1037户、拆迁面积约32万平方米，并同步推进轻工园区3个地块约21公顷做地出让。38天完成周徐片拆迁签约，90天99%完成戍浦江河道整治腾空。整治低效土地14.93公顷、抛荒耕地200余公顷，建设高标准农田14公顷，累计完成“旱改水”20公顷，占全区的3/4。完成辖区573家工业企业排查整治及整改安全隐患6000余条，销号市级挂牌治理企业1家。姜村村成为全市村居消防治理典范并被列为省消防宣传教育“五进”工作试点。

基层党建 2022年，藤桥镇以“党群连心·分组包户”为抓手，构建“1+67+291”网格体系，聚力推进“141”基层治理迭代升级。择优选拔90后中层干部4名，占比增长超11%，全日制研究生学历占比25%，中层干部年龄、学历结构明显优化。完成4个省级强基示范村创建、形成3个党建联建特色品牌、创成“共富工坊”20家，其中三星级4家，均占全区1/2以上，“熏鸡工坊”入选省级共富案例。建成9个“共享社·幸福里”阵地，企业版阵地做法获市委组织部推广。首创文化礼堂缔结联盟，亮点信息、舆情信息、文化礼堂效能等指数均居全区第一。

民生事业 2022年，藤桥镇建成镇便民服务中心，实现35个村社便民服务站全覆盖；建成1所示范性儿童之家和镇级未成年人保护站，完成2268名中小学生应急救护知识培训。藤桥社区卫生服务中心完成结顶，万鸿商业广场建成投用，莱恩达广场建设加速推进。完成多功能球场、体育休闲公园、百姓健身房等8个体育场地设施建设，实现人均体育场地面积超3平方米。南雅片入选省级第二批未来乡村创建名单，系统推进26个子项目建设。

执法效能提升 2022年，藤桥镇打造全区首个综合行政执法改革检察工作室，纵深推进“大综合一体化”行政执法改革，实行“关口前移、随案指导”全过程法制审核体系，承接赋权141项执法事项，开展“综合查一次”联合执法检查30余次，累计立案查处265件，涉及处罚金额60余万元。

浙南钢材市场 位于鹿城区藤桥镇下岸村，总用地8.47公顷，总投资3.64亿元。2022年9月21日开业，以商铺为主的一期工程项目，建筑面积约8.65万平方米。尚在建设中的项目二期工程则为建筑面积2.54万平方米的配套商业综合楼。原六虹桥钢材市场600余家经营户的市场商铺主体均完成入驻。该市场是全市规模最大、经营品种最多的集钢材零售、批发、展示、信息推广于一体的专业市场。

《曹湾山遗址考古发掘报告》 2022年11月11日，在温州博物馆首发，明确曹湾山遗址独立为好川文化“曹湾山类型”，回望东瓯先民一步步走来的远古足音，为中华文明起源研究提供个案资料。

藤桥镇第十八届人民代表大会第二次会议 2022年6月30日，在藤桥镇召开。会议听取和审议政府工作报告、人大主席团工作报告，审查通过2021年度财政预算执行情况报告和2022年度财政预算报告。会议还票决出藤桥镇2022年政府民生实事8项。

藤桥镇第十次妇女代表大会 2022年4月23日，在藤桥镇召开。大会听取并审议通过镇妇联第九届执行委员会工作报告，采取无记名投票方式选举产生藤桥镇妇联第十届执行委员会成员。随后，妇联第十届执行委员会第一次会议召开，选举产生新一届镇妇联领导班子。

（陈璐丹）

山福镇

概况 山福镇位于鹿城区西北部，东临藤桥镇，南与藤桥镇、瓯海区泽雅镇接壤，西与丽水市青田县相邻，北至永嘉县桥头，是联动两市三县的重要枢纽。2022年，辖区面积约61.71平方千米，户籍数10952户，户籍人口35440人，其中外来人口1.01万人、占比近1/3，下辖18个行政村。镇政府驻临江东街208号。全镇有华侨华人1万余人、侨眷3000余人，分布在西班牙、法国、意大利、加蓬等34个国家，并设双潮、临江2个侨联。年内获国家级侨文化交流基地、国家级卫生镇、美丽城镇建设浙江省级样板镇、浙江省园林镇、浙江省健康镇、浙江省普速铁路沿线外部环境安全隐患治理工作成绩突出单位、浙江省关注森林活动15周年成绩突出集体、全省首批未来乡村建设优秀试点、浙江省首批乡村博物馆、市级加快建设区域中心城市突出贡献集体、2021年度街镇工作优秀单位等称号。

经济发展 2022年，山福镇实现规上工业总产值16.60亿元；规上工业增加值3.10亿元；限上批零住餐销售总额3.39亿元；规上工业全员劳动生产率增速9%，位列全区第一；限上餐饮业增速37.1%，累计出口总额25.2亿元，同比增长227.98%；地方财政总收入0.26亿元；全社会固定资产完成4.70亿元，同比增长16.90 %；招商引资内资到位资金0.70亿元；制造业投资完成列全区第一；全社会R&D经费支出完成率147%；高新技术产值12.60亿元；数字核心产业制造业产值增速33.82%；规上工业研发经费总投入增速15.10%；工业技改投资、增值扩产、新兴主导产业培育等三项指标均位列全区第一。成功认定国家科技型中小企业11家、省级科技型中小企业6家，创成省级绿色低碳工厂、市级绿色低碳工厂2家，认定市级企业技术中心。年内为帮助企业顺利增资扩产，及时启动沙头工业园区C-10b-2三产回收工作，开辟三产用地转二产用地“绿色审批通道”，用66天时间提前完成回收工作，破解长达14年的历史遗留难题，全程指导协助企业实现“拿地即开工”，推动润新年产50万套陶瓷硬密封球阀的超亿元制造业生产基地奠基。

山福镇创成美丽城镇建设省级样板 2022年12月21日，经省政府同

2022年12月21日，山福镇创成美丽城镇建设省级样板 （山福镇提供）

意，省城乡环境整治工作领导小组正式公布2022年度全省美丽城镇建设工作考核结果，确定山福镇为美丽城镇建设省级样板。自2021年开始，山福镇编制“瓯韵山水·古驿新风”美丽城镇创建规划，实行“一年打基础、两年上台阶、三年新跨越”的文旅发展计划，布局“1个中心片区提升＋多个景区村创建＋N条精品旅游路线”的全域旅游路径。在“三步走”的有序规划下，一个具有地域特色、颜值和实力兼备的全域农文旅发展样板全面展现。

探索共同富裕活动 2022年，温州市首站“共同富裕·乡村主播计划”启动仪式暨“探索共同富裕一年间·百名记者寻百个故事”在山福镇瓯越文化礼堂举行，并同步与多个文化礼堂展开线上联动，以线上线下相结合的方式邀请市民齐享共富盛宴。7月14日，市委统战部副部长周燕伟一行到山福镇观摩新乡贤工作“互学互看、争先创优”活动，先后走访山福镇“同心家园”统战综合体、市级乡贤助乡兴基地“金岙谷乡村休闲项目”、鹿城区新乡贤工作示范点“中加友谊馆”等点位，近距离感受鹿城新乡贤在助力乡村振兴、共同富裕等方面开展的工作。11月4日，浙江省侨界智库联盟学术交流活动暨第二届华侨华人发展与侨务工作研讨会在温州召开，山福镇为此次活动的现场观摩点。

浙江一鸣江南牧场项目 2022年5月8日，在山福镇江南上村举行开工仪式。该项目总投资10.5亿元，建设内容包括高端民宿牧居十一房、研学基地童心村、自然教育课堂、金温铁路泛博物馆、大草丘、有机农场、森林拓展区等，建成后预计年接待游客量达30万人次以上。

“华侨e事通”山福站揭牌 2022年12月11日，由温州市人大常委会调研组赴鹿城区山福镇，为“华侨e事通”山福站（古驿新声）揭幕授牌。为深入推进全过程人民民主在侨乡的生动实践，山福镇以数字化改革为引领，打造古驿新声“华侨e事通”，并聚焦发挥基层单元“联”“商”“督”“促”“智”五大功能，在“侨宣阁”“侨议堂”“侨情汇”“侨聚轩”四大固定模块的基础上，增加反映山福镇华侨心声的“侨缘驿”特色模块、归侨参与基层治理的村级监察工作联络站“连心侨”品牌调解室，在争创共同富裕示范区样板工作中发挥侨界力量。

（诸思梦）

编辑　胡亭亭

人物·荣誉

先进集体名录

先进个人名录

鹿城区经济工作先进单位

先进集体名录

2022 年鹿城区获国家级（含部委）表彰的先进集体（部分）

表21

单 位	荣誉称号	授予单位
鹿城区	节水型社会建设达标县（区）	中华人民共和国水利部
鹿城区科协	2022年全国科普日优秀活动	中国科学技术协会
	2021年科普中国信息员队伍建设优秀单位	中国科学技术协会
鹿城区卫健局计生协会	全国计生协先进单位	中国计划生育协会
鹿城区公安分局治安大队	全国“扫黄打非”进基层示范点	全国“扫黄打非”工作小组办公室

2022 年鹿城区获省级（含部门）表彰的先进集体（部分）

表22

单 位	荣誉称号	授予单位
鹿城区	2021年度“五水共治”大禹鼎	中共浙江省委、浙江省人民政府
	2021年度“平安牌”	中共浙江省委、浙江省人民政府
鹿城区委政法委	2021年度全省平安工作建设先进集体	中共浙江省委、浙江省人民政府
	2021省改革创新成绩突出集体	中共浙江省委、浙江省人民政府
温州市公安局鹿城分局	全省平安护航建党100周年成绩突出集体	中共浙江省委、浙江省人民政府
鹿城区公安分局世纪广场派出所	全省平安护航建党100周年成绩突出集体	中共浙江省委、浙江省人民政府
鹿城区公安分局有组织犯罪侦查大队	全省模范公安基层单位	中共浙江省委、浙江省人民政府
鹿城区公安分局五马派出所	全省优秀公安基层单位	中共浙江省委、浙江省人民政府

续表 22

单 位	荣誉称号	授予单位
鹿城区	浙江省第一批体育现代化区	浙江省人民政府
	2019—2021年全省无偿献血先进县（市、区）	浙江省人民政府
鹿城区人武部	民兵工作成绩突出单位	浙江省人民政府
	全面建设先进人武部	浙江省军区
鹿城区	全省第四批省级城乡社区治理和服务创新试点	浙江省民政厅
	浙江省档案工作数字化转型示范区试点	浙江省档案局
	2022年度“小微企业三年成长计划”工作优秀县（市、区）	浙江省“小微企业三年成长计划”工作领导小组
鹿城区委编办	2022年全省机构编制统计年报工作成绩突出集体	浙江省委编办
鹿城区档案馆	《鹿城年鉴（2021）》获评浙江省精品年鉴	浙江省人民政府地方志办公室
鹿城区人民防空办公室	全省人民防空工作先进单位	浙江省人民防空办公室
鹿城区教育局	浙江省规范民办义务教育发展专项工作成绩突出集体	中共浙江省委教育工作领导小组
鹿城区住建局	2022年度浙江省城乡风貌整治提升、未来社区、未来乡村和美丽城镇建设成绩突出集体	浙江省住房和城乡建设厅、浙江省农业农村厅、浙江省城乡风貌整治提升工作专班办公室
鹿城区农业农村局	全省推动农民农村共同富裕成绩突出集体	浙江省委农村工作领导小组办公室、浙江省农业农村厅
鹿城区文化和广电旅游体育局	2021年度“浙里办”体育公共服务运营支撑优秀单位	浙江省体育局
鹿城区市场监管局	2022年度浙江省知识产权保护工作成绩突出集体	浙江省知识产权强省建设工作联席会议办公室
	2022年度浙江省优化营商环境工作成绩突出集体	浙江省市场监管局
	2022年度浙江省市场监管安全保障工作成绩突出集体（特种设备安全监察）	浙江省市场监管局
	2022年度浙江省市场监管系统政务信息成绩突出单位	浙江省市场监管局
温州市生态环境局鹿城分局	2021年全域“无废城市”建设工作成绩突出集体	浙江省全域“无废城市”建设工作专班办公室
民进鹿城基层委	全省先进集体（2017—2021年）	民进浙江省委会
鹿城区妇联	2021年度省平安家庭建设优秀单位	浙江省妇女联合会、浙江省委建设平安浙江领导小组办公室

续表 22

单 位	荣誉称号	授予单位
鹿城区侨联	全省侨联系统侨务工作成绩突出集体	浙江省归国华侨联合会
鹿城区科协	“银龄跨越数字鸿沟”科普专项行动成绩突出集体	浙江省科协
鹿城区红十字会	浙江省红十字担当作为奖先进集体	浙江省人力社保厅、浙江省红十字会
鹿城区蒲鞋市街道办事处	2022年度浙江省高标准生活垃圾分类示范片区	浙江省生活垃圾分类工作领导小组办公室
鹿城区五马街道办事处	2022年度浙江省五星级乡镇（街道）食安办	浙江省食品药品安全委员会办公室
鹿城区双屿街道办事处	2022年度浙江省高标准生活垃圾分类示范片区	浙江省生活垃圾分类工作领导小组办公室
鹿城区藤桥镇人民政府	浙江省农村宅基地工作成绩突出集体	浙江省人民政府办公厅
鹿城区山福镇人民政府	浙江省普速铁路沿线外部环境安全隐患治理工作成绩突出单位	浙江省沿线外部环境安全隐患治理综合治理领导小组办公室
鹿城人民法院行政庭	集体二等功	浙江省高级人民法院
鹿城区人民检察院第三检察部	护航2021打击侵害企业利益经济犯罪专项行动25个成绩突出集体	浙江省人民检察院
	2021年度全省检察机关法律监督和司法行政成绩突出集体和个人的通报	浙江省人民检察院
鹿城区人民检察院第六检察部	2021年度集体二等功	浙江省人民检察院
鹿城区人民检察院第七检察部	2021年度全省检察机关法律监督和司法行政成绩突出集体和个人的通报	浙江省人民检察院
鹿城区公安分局治安大队	集体二等功	浙江省公安厅
鹿城区公安分局警务大数据应用中心	全省三能榜样・最美警队	浙江省公安厅
鹿城区公安分局网警大队	全省公安机关党的二十大安保工作成绩突出集体	浙江省公安厅
鹿城区公安分局出入境管理大队	2021年度“最美浙警”最美警队	浙江省公安厅
	省青年文明号	浙江省“青年文明号、青年岗位能手”活动组委会
鹿城区公安分局特巡警大队	省青年文明号	浙江省“青年文明号、青年岗位能手”活动组委会
鹿城区公安分局绣山派出所	全省机关事务工作先进集体	浙江省人力资源和社会保障厅、浙江省机关事务管理局
鹿城区司法局法律援助中心	全省司法行政系统法治建设工作成绩突出集体	浙江省司法厅

续表 22

单 位	荣誉称号	授予单位
鹿城区人力社保局劳动人事争议仲裁院	全省人力资源社会保障系统先进集体	浙江省人力社保厅
	2021年度全省劳动人事争议“互联网+调解仲裁”工作成绩突出	浙江省人力社保厅
鹿城区市场监管局双屿市场监管所	2022年度药品安全治理与技术赋能成绩突出集体	浙江省药品监管局
	2022年度“浙江省市场监督管理卫士”先进集体	浙江省市场监管局、浙江省人力资源和社会保障厅
鹿城区综合行政执法局环境卫生管理处	2022年度浙江省城市市容环境卫生工作成绩突出集体	浙江省住房和城乡建设厅、浙江省总工会
	2021年度全省生活垃圾分类工作优秀单位	浙江省生活垃圾分类工作领导小组办公室
鹿城区税务局第一税务所	2020—2021年度浙江省青年文明号	浙江省“青年文明号、青年岗位能手”活动组委会
鹿城区南郊街道退役军人服务站	2022年浙江省“新时代枫桥式退役军人服务中心（站）”	中共浙江省委退役军人事务工作领导小组办公室

2022 年鹿城区获市级表彰的先进集体（部分）

表23

单 位	荣誉称号	授予单位
鹿城区人民政府办公室	高水平创新型城市建设先进集体	中共温州市委、温州市人民政府
鹿城区委组织部	高水平创新型城市建设先进集体	中共温州市委、温州市人民政府
	科技创新和人才工作成绩突出集体	中共温州市委、温州市人民政府
鹿城人民法院	2021年度“幸福温州”建设成绩突出集体	中共温州市委、温州市人民政府
鹿城区科技局	高水平创新型城市建设先进集体	中共温州市委、温州市人民政府
鹿城区民政局	中心城区能级提升成绩突出集体	中共温州市委、温州市人民政府
鹿城区住建局	重大项目建设成绩突出集体	中共温州市委、温州市人民政府
	中心城区能级提升成绩突出集体	中共温州市委、温州市人民政府
鹿城区交通运输局	疫情防控、除险安保维稳工作成绩突出集体	中共温州市委、温州市人民政府
鹿城区农业农村局	温州市推进共同富裕（扩中提低）先进集体	中共温州市委、温州市人民政府
鹿城区商务局	深化改革开放成绩突出集体	中共温州市委、温州市人民政府

续表 23

单 位	荣誉称号	授予单位
鹿城区科协	高水平创新型城市建设先进集体	中共温州市委、温州市人民政府
鹿城区滨江街道办事处	中心城区能级提升成绩突出集体	中共温州市委、温州市人民政府
	重大项目建设成绩突出集体	中共温州市委、温州市人民政府
鹿城区五马街道办事处	中心城区能级提升成绩突出集体	中共温州市委、温州市人民政府
	重大项目建设成绩突出集体	中共温州市委、温州市人民政府
鹿城区蒲鞋市街道办事处	中心城区能级提升成绩突出集体	中共温州市委、温州市人民政府
	“幸福温州”建设成绩突出集体	中共温州市委、温州市人民政府
鹿城区南郊街道办事处	深化改革开放成绩突出集体	中共温州市委、温州市人民政府
	科技创新和人才工作成绩突出集体	中共温州市委、温州市人民政府
	高水平创新型城市建设先进集体	中共温州市委、温州市人民政府
鹿城区广化街道办事处	“幸福温州”建设成绩突出集体	中共温州市委、温州市人民政府
鹿城区丰门街道办事处	高水平创新型城市建设先进集体	中共温州市委、温州市人民政府
	中心城区能级提升成绩突出集体	中共温州市委、温州市人民政府
鹿城区山福镇人民政府	温州市美丽乡村建设成绩突出集体	中共温州市委、温州市人民政府
	中心城区能级提升成绩突出集体	中共温州市委、温州市人民政府
鹿城区人民政府办公室	深化改革开放成绩突出集体	中共温州市委
	民营经济示范城市创建（民营经济高质量发展）先进集体	中共温州市委
鹿城区人力资源和社会保障局	“幸福温州”建设成绩突出集体	中共温州市委
	高水平创新型城市建设先进集体	中共温州市委
	科技创新和人才工作成绩突出集体	中共温州市委
	民营经济示范城市创建（民营经济高质量发展）先进集体	中共温州市委
鹿城区松台街道办事处	全市基层智治观测点	中共温州市委
鹿城区仰义街道办事处	温州市美丽乡村建设成绩突出贡献集体	中共温州市委
	重大项目建设成绩突出集体	中共温州市委

续表 23

单 位	荣誉称号	授予单位
温州市自然资源和规划局鹿城分局	温州市美丽乡村建设成绩突出集体	温州市人民政府
	重大项目建设成绩突出集体	温州市人民政府
温州市生态环境局鹿城分局	温州市美丽乡村建设成绩突出贡献集体	温州市人民政府
鹿城区残疾人联合会	第十一届全国残运会作出贡献集体	温州市人民政府
鹿城区松台街道办事处	全市生活垃圾分类城市示范片区	温州市人民政府
鹿城区山福镇人民政府	征兵工作先进单位	温州市人民政府、温州军分区
温州市生态环境保护综合行政执法队鹿城大队三队	中心城区能级提升成绩突出集体	温州市人民政府
温州市生态环境保护综合行政执法队鹿城大队七队	中心城区能级提升成绩突出集体	温州市人民政府

先进个人名录

2022 年鹿城区获国家级（含部委）表彰的先进个人（部分）

表24

姓 名	荣誉称号	授予单位	工作单位
周 扬	全国“双百政法英模”	中央政法委	鹿城区公安分局刑事侦查大队
胡晰丹	全国公安机关成绩突出女民警	公安部、全国妇联	鹿城区公安分局科技信息化大队
姚 艇	全国优秀人民警察	公安部	鹿城区公安分局江滨派出所
陈立华	全国公安机关疫情防控工作成绩突出个人	公安部	鹿城区公安分局合成作战中心
潘亢豪	个人嘉奖	公安部	鹿城区公安分局网警大队
陈雅婷	中国红十字会会员之星	中国红十字会总会	鹿城区红十字会
郭 恒	2022年度宣传工作先进个人	退役军人事务部办公厅	鹿城区退役军人事务局

2022年鹿城区获省级（含部门）表彰的先进个人（部分）

表25

姓　名	荣誉称号	授予单位	工作单位
刘万成	2020—2021年度平安浙江建设先进个人	中共浙江省委、浙江省人民政府	鹿城区人民法院
林鸿麟	浙江省人民满意公务员	中共浙江省委、浙江省人民政府	鹿城区司法局
王　明	平安护航建党100周年成绩突出的个人	中共浙江省委、浙江省人民政府	鹿城区公安分局
叶话雨	全省优秀人民警察	中共浙江省委、浙江省人民政府	鹿城区公安分局出入境管理大队
黄存伟	平安护航建党100周年成绩突出个人	中共浙江省委、浙江省人民政府	广化街道办事处
洪晨函	征兵工作成绩突出个人	浙江省人民政府	鹿城区人武部
俞　俊	人武部建设优秀个人	浙江省军区	鹿城区人武部
秦露露	个人三等功	阿克苏检察分院	鹿城区人民检察院
朱建金	第十二届浙江省优秀公诉人	浙江省人民检察院	鹿城区人民检察院
周　亮	2021年度全省宣传信息等工作成绩突出个人	中共浙江省委宣传部	鹿城区委宣传部
徐倩倩	2021年度全省宣传信息等工作成绩突出个人	中共浙江省委宣传部	鹿城区委宣传部
方仕渊	2022年度全省宣传信息先进个人	中共浙江省委宣传部	鹿城区委宣传部
周　亮	2022年省委宣传部调查研究先进个人	中共浙江省委宣传部	鹿城区委宣传部
徐倩倩	2022年度全省舆情信息先进个人	中共浙江省委网信办	鹿城区委宣传部
周亦豪	全省纪检监察系统先进工作者	浙江省纪委监委	鹿城区纪委监委
夏　倩	全省纪检监察系统嘉奖	浙江省纪委监委	鹿城区纪委监委
周松平	2022年度浙江省食品安全工作成绩突出个人	浙江省食品药品安全委员会	鹿城区市场监管局
张　旭	2022年全省药品稽查执法工作成绩突出个人	浙江省市场监管局	鹿城区市场监管局
黄赛琼	2022年浙江省市场监督管理卫士先进个人	浙江省市场监管局、浙江省人力资源和社会保障局	鹿城区市场监管局
李　琼	2022年度浙江省优化营商环境工作成绩突出个人	浙江省市场监管局	鹿城区市场监管局
王禾嘉	2022年度浙江省市场监管系统政务信息成绩突出个人	浙江省市场监管局	鹿城区市场监管局
吴　豪	全省湿地保护修复工作成绩突出个人	浙江省林业局	温州市自然资源和规划局鹿城分局

续表 25

姓　名	荣誉称号	授予单位	工作单位
潘　靖	浙江省第三次全国国土调查成绩突出个人	浙江省第三次国土调查领导小组办公室	温州市自然资源和规划局鹿城分局
卓晨柳	浙江省深化国土空间治理改革成绩突出个人	浙江省自然资源厅	温州市自然资源和规划局鹿城分局
邓慧旭	全省司法行政系统法治建设工作成绩突出个人	浙江省司法厅	鹿城区司法局
林如如	全省社区矫正工作成绩突出个人	浙江省司法厅	鹿城区司法局
胡人昱	全省社区矫正工作成绩突出个人	浙江省司法厅	鹿城区司法局
谢运泽	2022年度数字化改革工作成绩突出个人	浙江省司法厅	鹿城区司法局
夏国平	三等功	浙江省军区	鹿城区人武部
陈晓丹	全省二十佳派出所民警	浙江省公安厅	鹿城区公安分局南浦派出所
陈立华	个人二等功	浙江省公安厅	鹿城区公安分局警务大数据应用中心
池久甲	个人二等功	浙江省公安厅	鹿城区公安分局经侦大队
杨俊哲	个人二等功	浙江省公安厅	鹿城区公安分局禁毒大队
叶话雨	个人二等功	浙江省公安厅	鹿城区公安分局出入境管理大队
徐征宇	“除险保安”百日攻坚、夏季治安打击整治“百日行动”成绩突出个人	浙江省公安厅	鹿城区公安分局五马派出所
朱　策	“除险保安”百日攻坚、夏季治安打击整治“百日行动”成绩突出个人	浙江省公安厅	鹿城区公安分局江滨派出所
蒋高北	“除险保安”百日攻坚、夏季治安打击整治“百日行动”成绩突出个人	浙江省公安厅	鹿城区公安分局洪殿派出所
曹文玮	2021年度全省“最美浙警”最美警察	浙江省公安厅	鹿城区公安分局五马派出所
常旭光	2021年度全省“最美浙警”最美警察	浙江省公安厅	鹿城区公安分局刑侦大队
黄　武	亚运安保备战阶段成绩突出个人	浙江省公安厅	鹿城区公安分局治安大队
叶话雨	浙江省巾帼建功标兵	浙江省妇联	鹿城区公安分局出入境管理大队
戴培锋	2022年浙江省优秀共青团员	共青团浙江省委	鹿城区公安分局绣山派出所

续表 25

姓　名	荣誉称号	授予单位	工作单位
林　滨	2022年全省动物疫病防控工作成绩突出个人	浙江省农业农村厅	鹿城区农业农村局动物卫生监督中心
黄　坚	水利建设工程质量监督先进个人	浙江省水利水电工程质量与安全管理中心	鹿城区农业农村局水利建设管理中心
虞海丹	全省机关事务工作先进个人	浙江省人力资源和社会保障厅、浙江省机关事务管理局	鹿城区机关事务管理中心
周　驰	2022年度全省人民防空工作先进个人	浙江省人民防空办公室	鹿城区住建局
王鉴知	2022年度浙江省城乡风貌整治提升、未来社区、未来乡村和美丽城镇建设成绩突出个人	浙江省住房和城乡建设厅、浙江省农业农村厅、浙江省城乡风貌整治提升工作专班办公室	鹿城区住建局
周张彦	全省退役军人事务领域网评工作成绩突出个人	浙江省退役军人事务厅	鹿城区退役军人事务局
李荣金	浙江省最美综合行政执法人	浙江省综合行政执法指导办公室	鹿城区综合行政执法局
肖达统	全省新时代美丽城镇建设2021年度成绩突出个人	浙江省城乡环境整治工作领导小组美丽城镇建设办公室	鹿城区综合行政执法局
林迎春	全省环卫一线成绩突出职工代表	浙江省住房和城乡建设厅、浙江省总工会	鹿城区综合行政执法局环境卫生管理处
成　帅	浙江省特色小镇规划建设工作成绩突出贡献个人	浙江省特色小镇规划建设工作联席会议办公室	鹿城区丰门街道办事处
曹连芳	全省侨联系统侨务工作成绩突出个人	浙江省归国华侨联合会	鹿城区大南街道侨联
许小容	全省侨联系统侨务工作成绩突出个人	浙江省归国华侨联合会	鹿城区五马街道侨联
林小玲	全省侨联系统抗击新冠疫情成绩突出个人	浙江省归国华侨联合会	鹿城区山福镇临江侨联
王正良	2018—2021年度浙江省群众体育工作成绩突出个人	浙江省体育局	鹿城区文化和广电旅游体育局
董建康	全省知识产权保护先进个人	浙江省知识产权强省建设工作联席会议办公室	鹿城区文化和广电旅游体育局
朱传客	2021年度体坛报体育宣传工作先进个人	浙江省体育局办公室	鹿城区旅游和体育事业发展中心
池卢洁	2022年度全省文化市场综合行政执法工作成绩突出个人	浙江省文旅厅	鹿城区文化和广电旅游体育局
郑　玮	2022年度获省盟社情民意信息工作先进个人	民盟浙江省委会	鹿城区卫健局卫生监督所
蒋　樨	2017—2021年度优秀会员	民进浙江省委会	鹿城区教育局教育考试中心

2022年鹿城区获市级表彰的先进个人（部分）

表26

姓名	荣誉称号	授予单位	工作单位
滕将华	高水平创新型城市建设先进个人	中共温州市委、温州市人民政府	鹿城区委组织部
季赛勉	高水平创新型城市建设先进个人	中共温州市委、温州市人民政府	鹿城区委组织部
潘海雁	科技创新和人才工作成绩突出个人	中共温州市委、温州市人民政府	鹿城区委组织部
李士展	科技创新和人才工作成绩突出个人	中共温州市委、温州市人民政府	鹿城区委组织部
金　刚	2021年度“幸福温州”建设突出贡献个人	中共温州市委、温州市人民政府	鹿城区委宣传部
徐歆羡	2022年度文化温州建设突出贡献个人	中共温州市委、温州市人民政府	鹿城区委宣传部
史可索	“三为”工作突出贡献个人	中共温州市委、温州市人民政府	鹿城区委宣传部
孙丽娟	2021年度民营经济示范城市创建先进个人	中共温州市委、温州市人民政府	鹿城区财政局
张海云	“幸福温州”建设成绩突出个人	中共温州市委、温州市人民政府	鹿城区司法局
邓慧旭	“幸福温州”建设成绩突出个人	中共温州市委、温州市人民政府	鹿城区司法局
李常春	深化改革开放成绩突出个人	中共温州市委、温州市人民政府	鹿城区商务局
宋坚毅	深化改革开放成绩突出个人	中共温州市委、温州市人民政府	鹿城区商务局
祝建武	重大项目建设成绩突出个人	中共温州市委、温州市人民政府	鹿城区教育局
梁建峰	中心城区能级提升成绩突出个人	中共温州市委、温州市人民政府	鹿城区住建局
陈　峰	中心城区能级提升成绩突出个人	中共温州市委、温州市人民政府	鹿城区住建局
林明武	中心城区能级提升成绩突出个人	中共温州市委、温州市人民政府	鹿城区民政局
胡　艺	中心城区能级提升成绩突出个人	中共温州市委、温州市人民政府	鹿城区综合行政执法局
吴一天	中心城区能级提升成绩突出个人	中共温州市委、温州市人民政府	鹿城区综合行政执法局市政公用管理处
许启杰	中心城区能级提升成绩突出个人	中共温州市委、温州市人民政府	鹿城区综合行政执法局市政公用管理处
张　忠	高水平创新型城市建设先进个人	中共温州市委、温州市人民政府	鹿城区科技局
单海峰	高水平创新型城市建设先进个人	中共温州市委、温州市人民政府	鹿城区科技局
潘雪纯	高水平创新型城市建设先进个人	中共温州市委、温州市人民政府	鹿城区科技局
苏欢乐	温州市推进共同富裕（扩中提低）先进个人	中共温州市委、温州市人民政府	鹿城区农业农村局
张　超	“幸福温州”建设成绩突出个人	中共温州市委、温州市人民政府	鹿城区公安分局南郊派出所
朱　克	“幸福温州”建设成绩突出个人	中共温州市委、温州市人民政府	鹿城区仰义街道办事处

续表 26

薛　一	中心城区能级提升成绩突出个人	中共温州市委、温州市人民政府	鹿城区丰门街道办事处
林　丛	中心城区能级提升成绩突出个人	中共温州市委、温州市人民政府	鹿城区丰门街道办事处
李　悦	重大项目建设成绩突出个人	中共温州市委、温州市人民政府	鹿城区五马街道办事处
蔡嫣然	2021年度“幸福温州”建设突出贡献个人	中共温州市委、温州市人民政府	鹿城区松台街道办事处
诸玮玮	2021年度“幸福温州”建设突出贡献个人	中共温州市委、温州市人民政府	鹿城区南汇街道办事处
夏爱睦	温州市美丽乡村建设成绩突出个人	中共温州市委、温州市人民政府	鹿城区山福镇人民政府
林希增	温州市美丽乡村建设成绩突出个人	中共温州市委、温州市人民政府	鹿城区山福镇人民政府
陈滢冰	中心城区能级提升成绩突出个人	中共温州市委、温州市人民政府	鹿城区山福镇人民政府
徐胜宏	2022年温州市平安护航党的二十大工作先进个人	中共温州市委	鹿城区人力资源和社会保障局
邹海鹏	2021年平安护航建党100周年先进个人市级三等功	中共温州市委	鹿城区人力资源和社会保障局
徐长波	温州市美丽乡村建设成绩突出个人	温州市人民政府	温州市自然资源和规划局鹿城分局
林茂芬	中心城区能级提升成绩突出个人	温州市人民政府	温州市生态环境局鹿城分局
项文华	中心城区能级提升成绩突出个人	温州市人民政府	温州市生态环境局鹿城分局
高煦纳	温州市美丽乡村建设成绩突出个人	温州市人民政府	温州市生态环境局鹿城分局
陈先和	温州市美丽乡村建设成绩突出个人	温州市人民政府	温州市生态环境局鹿城分局
黄珊珊	温州市美丽乡村建设成绩突出个人	温州市人民政府	温州市生态环境局鹿城分局
林一俭	温州市新冠病毒感染疫情防控工作作出贡献个人嘉奖	温州市人民政府	鹿城区交通运输局
王　宁	2022年温州市平安护航党的二十大专项工作中表现突出	温州市人民政府	鹿城区南汇街道办事处
谢　奔	温州市新冠疫情防控工作作出贡献个人	温州市人民政府	鹿城区滨江街道办事处
邹君利	2022年温州市平安护航党的二十大作出贡献个人	温州市人民政府	鹿城区滨江街道办事处
李　超	2022年温州市平安护航党的二十大作出贡献个人	温州市人民政府	鹿城区广化街道办事处

鹿城区经济工作先进单位

2022年度AAA级“守合同重信用”企业（28家）

上药康德乐（温州）医药有限公司
浙江新概念装饰设计工程有限公司
申瓯通信设备有限公司
万洋集团有限公司
康奈集团有限公司
温州市嘉诚拍卖有限公司
东艺鞋业有限公司
温州市勘察测绘研究院有限公司
温州去茶去餐饮管理有限公司
三箭建设工程集团有限公司
浙江亦芃广告有限公司
温州奥乐安全器材有限公司
浙江新邦建设股份有限公司
温州市天天食品配送有限公司
温州浙南汽车设备回收有限公司
浙江森护熙健康科技有限公司
浙江南方文旅科技股份有限公司
浙江绿艺建设有限公司
浙江超荣力电器有限公司
汇智智能科技有限公司
浙江先创音响科技有限公司
广拓建设有限公司
浙江浩达智能装备股份有限公司
浙江实强建设有限公司
泰马鞋业有限公司
浙江视野建设集团有限公司
巨一集团有限公司
黎明液压有限公司

2022年度新增“品字标”品牌认证企业（8家）

温州雅希妮鞋业有限公司
浙江双屿实业有限公司
温州鼎丰鞋业有限公司
浙江日峰电器有限公司
浙江鼎博水暖制造有限公司
浙江鼎铃电器有限公司
浙江迪丰服饰有限公司
温州市利普自控设备有限公司

2022年度“温州市信用管理示范企业”（4家）

温州华强汽配有限公司
浙江豪联信息科技有限公司
浙江绿艺建设有限公司
贺清集因有限公司

2022年度温州市质量管理创新奖组织（1家）

温州市润新机械制造有限公司

2022年鹿城区政府质量奖企业名单（5家）

国药控股温州有限公司
浙江浩达智能装备股份有限公司
浙江中蓝环境科技有限公司
浙江飞友康体设备有限公司
浙江实强建设有限公司

2022年鹿城区质量管理创新奖企业名单（3家）

温州市黎东眼镜有限公司
广拓建设有限公司
浙江索思科技有限公司

（麻芳芳）

编辑 胡亭亭

鹿城报道

市外媒体报道选辑

市域媒体报道选辑

市外媒体报道选辑

【新华网客户端1月1日，《共同富裕看鹿城⑥丨全域精彩嬗变 托起幸福生活》】（记者　徐景萱　施晴雯）

溯瓯江行至浙江省温州市鹿城区，流光溢彩的摩登都市、古韵新姿相映的旅游胜地、绿满微风岸的生态花园，共同构成了这片温州主城区的崭新标签。

鹿城，在新一轮城市发展竞速中，突显优势、挖掘潜力、补齐短板，开创出了一条特色发展之路，并以全新姿态茁壮成长，以全域嬗变托起群众幸福生活。

而论起城市蜕变的伊始，还要从“大拆大整”的全域大手笔开始说起。

腾挪之间——拓展城市转型“宽度”

“城中村”被戏称为“都市里的村庄”，是过去的鹿城与“品质之城”落差最大的一块“短板”。

2016年，鹿城区以重整河山、破釜沉舟的决心和力度推进城中村改造，通过全域谋划、产业导入，努力推进中心城区空间优化、功能重构、形象再造、品质提升。

由此，鹿城以后发优势再创了一个黄金发展期——

利用“三改一拆”腾出的工业土地，丰门街道推进和规范建设一批小微企业集聚区，促进整治提升、集聚发展；作为连接鹿城西部和中心城区的节点，中央涂村完成大拆后，取代“脏乱差”的将是商业住宅、甲级写字楼、综合百货楼等高品质楼盘；昔日瓯江边的多个旧村集体拆整，涅槃重生而来的是一个象征城市未来的全新CBD……

与此同时，在旧城旧村向现代城市的蝶变中，温瑞大道二期（鹿城段）、双藤公路、七都大桥北汊桥等一批市民期盼已久的交通项目建成投用，鹿城相继建成“六横六纵”主干道，城市框架全面拉开，城市功能更加完善。

“大拆大整”打开了想象空间后，一大批新项目规划落地，不断崛起的“城中景”，亦吸引了大批投资者的目光。鹿城拆迁整改后的各区域重新进入大规划调整，增加城市功能，已形成老城区、未来社区、中央绿轴、葡萄棚片区、CBD和七都岛等开发热点区域。

以城聚产、以产兴城。按照经营城市的理念，把握好城市开发、旧城改造的节奏，鹿城将全力统筹好城市产业、生态布局，进一步打好“精建精美”的关键战役，真正实现城市开发有序推进、功能品质全面提升。

以文为蕴——打造城市特色“风格”

2021年12月22日，位于鹿城区海坛山文化公园的永嘉学派馆正式开馆。作为首个系统展现诞生于宋代的永嘉学派思想的数字化展馆，该馆为新时代文化温州建设三年百大项目奏响了第一乐章。

作为千年文化名城，鹿城人文景观丰富，历史古迹众多，至今保留着千年山水斗城格局，素有“东瓯名镇”“南戏摇篮”“山水诗发源地”等美誉。为了打造自身风格，鹿城在城市建设中，把历史文化元素融入城市精品工程，不断提升城市文化品位，展示城市文化魅力——

坚持“修旧如旧、建新如旧”，联动改造解放街、公园路、纱帽河等5条街巷，融合发展文化、旅游、商贸等经济业态；充分挖掘“一江一河”的自然禀赋，完成江心屿东园改造提升，着力打造最具温州特色的“月光经济”休闲街区样板；系统实施七都整岛开发建设，有序推进环岛景观带等31个基础设施项目建设，加快打造环境最美、产业最优、人气最旺的地标性区域……

“大拆大整”快刀斩乱麻，“大建大美”接续而上，“精建精美”再掀高潮。在城市建设三部曲中，鹿城精雕细琢城市形象，累计投入556亿元、实施“大建大美”项目527个，“温州时尚外滩”“魅力斗城”“夜画塘河”“活力绿轴”成为温州最具辨识度的城市地标。

今年，鹿城更抛出了“一岛一城一带”新理念，打响“游在鹿城”品牌。随着品牌打造的不断深入，鹿城全力打造千年古城复兴样板、山水诗路带建设样板、全域旅游示范区创建样板，“一户一处景、一村一幅画、一街一天地、一城一风光”的全景画卷将加速形成，“千年东瓯国、诗画白鹿城”金字招牌也将进一步擦亮。

一座有“温度”更有“靓度”的千年古城，正向世人展露姿容。

借“绿”生金——提升城市共同“幸福”

生态越来越好、环境越来越美，这是鹿城百姓的共同感受。

2021年10月，鹿城区被生态环境部授予“第五批国家生态文明建设示范区”。国家级荣誉的背后，凝结着一幅幅天蓝云白、水绿山青的生动画面，更是鹿城区多年来对生态的坚守。

近年来，鹿城奋力推动“大建大美”向“全域美”拓展、向“精建精美”提升——

聚焦城市功能短板，鹿城持续打好“五水共治”持久战、污染防治攻坚战、全域环境提升战，通过实施城区路网改造、绿化亮化工程、保障性住房建设、排污管网改造等一批城市民生项目，进一步改善人居环境，提升居民生活品质和城市形象。

在水环境治理方面，鹿城生态修复河道132条，新建改建排水管网472千米，省控以上地表水断面Ⅰ类至Ⅲ类水质比例由66.7%提升至100%，市控以上断面Ⅰ类至Ⅲ类水质比例达到75%，劣Ⅴ类水体全部销号，县级以上城市集中式饮用水水源地水质连续五年100%达标，获全省“五水共治”工作最高综合性奖项大禹鼎。

借“绿”生金，辖区生态经济迎来蓬勃发展。鹿城以占温州市2.5%的区域面积，集聚了全市30%的省市级现代服务业集聚区、50%的省市级重点文化产业园区、82%的总部楼宇、90%以上的金融机构区域总部，经济总量居温州市首位，现代服务业综合实力居全省Ⅰ类城区第三。“十三五”期间，鹿城地区生产总值突破千亿大关，人均生产总值从10.8万元增长到14.85万元，绿色发展指数列温州市第一、浙江省第九。

全域精彩嬗变，托起幸福生活。在2021年12月30日揭晓的“2021中国最具幸福感城市”评选中，鹿城再度上演幸福“双重奏”——成为“2021中国最具幸福感城区”“2021企业家幸福感最强区”。这座天蓝、地洁、水清、路畅的山水美城，这方宜居、宜业、宜商、宜游的区域性中心城区，在推动共同富裕中促进共同幸福，铺开了一张全域共建、全民共享的幸福画卷。

【人民网1月20日，《连续开席19年！温州鹿城慈善宴情暖千万家》】（记者　徐冰晶）

1月18日，由温州市鹿城区慈善总会主办的2022年“爱心鹿城 迎春慈善宴”活动在红日亭新时代文明实践站举行。本次活动旨在弘扬“亲坊友邻、守望相助”的城市情怀，倡导更多市民共建共享幸福明天。

2022年是鹿城区慈善总会开展“爱心鹿城·迎春慈善宴”活动的第19个年头。由于疫情防控要求，今年的慈善宴以分发餐食及送餐入户的形式分享美味。活动一共惠及全区230户困难家庭、61位孤寡老人，让他们在这个冬日亦能感受到新春佳节的祥和氛围及温暖。

在活动现场，志愿者们将所有慰问品集中到一处进行数量清点及打包。随后，困难群众依据区慈善总会先前分发的兑换券按序排队领取餐食、年货及新春红包。记者了解到，此次慈善宴菜品较为丰富，包括红烧鱼、童子鸡、炒年糕、海蜇、血蛤等富有年味的菜肴，寓意“年年有余节节高”的美好祝愿。家住附近的王女士告诉记者：“我是帮自己妹妹来领取的，她腿脚不便。真的很感谢大家能够想到我们！”

据介绍，“爱心鹿城·迎春慈善宴”活动于1月4日在网上发起爱心募捐，仅10天便有50位爱心人士及爱心企业慷慨捐款、捐物，活动共募集158172.19元。鹿城区慈善总会会长林瑞荣表示，“慈善宴”是汇聚社会慈善力量的鹿城特色公益品牌，既是广大爱心市民参与公益实践的平台，也是为困难家庭输送关爱与温暖的港湾。活动现场还为捐款的爱心企业及个人颁发了荣誉证书。

活动结束后，由鹿城区慈善总会及三乐亭、旭日亭、复兴亭、益路行、太极拳5支义工队组成的慰问组还带着打包好的“慈善宴”、新年礼包等慰问品，分别前往市区多户孤寡老人家中进行慰问。

【人民网1月25日，《优化创新适老型诉讼服务温州鹿城点亮诉讼“夕阳红”》】（记者　黄亦慧）

据统计，截至2021年末，全国60周岁以上老年人2.67亿万人，占全国人口的比重18.9%。同年，温州鹿城区人民法院受理涉及老年人诉讼纠纷3186人，诉讼案件量共2317件，涉诉年龄最大的老年人达95岁高龄。

随着社会老龄化问题日益凸显，老年人诉讼维权成为当下司法诉讼的一个重要领域，但受限于文化水平以及年龄、身体精神状况等因素，老年人与诉讼之间，仿佛有一道难以逾越的壁垒。

一面是迫切的诉讼维权需求，一面却是令人望而生畏的法律“鸿沟”。面对老龄化社会到来和数字化时代司法改革双重挑战，一场无声的“风暴”正在温州鹿城酝酿、上演。

有“数字”无“鸿沟”
诉讼服务实现“私人定制”

老年群体诉讼需求水涨船高，司法智能化的浪潮亦汹涌而来。如今在线诉讼服务已越来越方便，但横亘在老年人面前的“数字鸿沟”仍难以逾越。

“随着司法诉讼程序逐步智能化，年轻群体诉讼更加便捷，但老年人对于‘移动微法院’小程序的使用有较大的困难。一方面老年人并不是普遍持有手机，甚至持有群体中还有一部分人的手机功能不够完善。”鹿城法院民一庭负责人、员额法官孙晓琳表示。

在数字化浪潮中“等一等”老年人，恰恰是鹿城适老型诉讼温情的体现。在鹿城各个适老诉讼服务站里，不仅有印刷字号较大的诉讼指南，还配备了老花镜、轮椅、急救箱等物品。工作人员采集老年当事人身体心理状态、语言类型、智能设备使用熟练程度等信息，评估其诉讼能力并分级标注，所采集到的信息随案流转，并有的放矢地提供定制式诉讼服务项目，让司法温度看得见、摸得着。比如行动不便的老年人，可申请视频询问或者巡回法庭等诉讼模式；无法流利使用普通话的老年人，可申请使用对应方言的乡音诉讼模式；不会使用“浙江移动微法院”等智能化平台的老年人，可采用线下诉讼模式……

“我从2015年开始患上脑卒中，本来我就不善言辞，现在与别人沟通更加困难。所有问题，除了简单的，我申请以笔述方式逐一回答，请求法庭予以谅解、准许。”这是65岁的林老伯开庭前提交给法庭的申请书。面对这位言语含糊但文字表达清楚的老年人，孙晓琳首次尝试启用答卷式庭审模式，全程以笔录问答式，对这起特殊的涉老年人诉讼案件进行了“无声”的开庭审理，保障其平等参与诉讼的权利。

代理不“代替”
确保老年人诉讼自主

鹿城法院推出的适老型诉讼机制首次明确写明，实施陪同诉讼制度，根据老年人诉讼能力等级及个案情况，可以由亲朋好友或者老年人所在社区（村）指派相关人员，陪同老年人参与诉讼过程，负责信息传达、解释说明等事宜，避免老年人开庭时出现说不清、理还乱的尴尬局面。

“老年人虽然作为一个民事主体，但实际上很多诉讼事务都是由其子女或其他代理人处理。在诉讼过程中，老年人诉讼权利空挂的现象屡见不鲜，真实诉讼意愿难以表达。”孙晓琳告诉记者。

针对部分老年人意愿容易受他人影响甚至被简单代替的情形，鹿城法院在各个诉讼环节特别设置了询问、核对程序。在处理老年人与代理人同时参加的诉讼时，法院会在谈话、调解、庭审中询问老年人本人意见，核对相关代理手续、证据。通过电话联络或上门走访等方式，对未到场、未到庭的老年人的真实意愿进行确认，保障司法声音的真实性。

“大爷，您把名下的房产过户给外孙之后，以后该房产的决定权都在您外孙手中……”去年3月，就一起赠与合同纠纷案件，法官胡佳颖一再询问一名老人，让对方充分知悉其处分行为可能存在的风险和法律后果。

“一方面，我们允许老年人在必要的情况下由亲朋好友陪同进行诉讼，并对陪同的亲属进行严格审查，另一方面，我们在审理时也将用通俗话语代替法律语言，适当调整庭审节奏，逐一询问老年当事人是否听清、听懂，充分保障其发言空间，让他们真正参与到诉讼之中。”鹿城法院党组成员、审判委员会专职委员赵雄伟表示。

集结社会力量
共同点亮诉讼“夕阳红”

“这件事发生在36年前，我要怎么提供这笔钱不是借款的证据？”日前，74岁的夏大爷到法院打官司维权，却陷入难以举证的困境。原来，36年前，夏大爷花了16000元从小舅子阿华（化名）手中买下了其锁厂分配的员工福利住房，碍于亲戚关系，双方只达成了口头协议，但产权一直登记在阿华名下。如今阿华主张这笔钱是借款，要求夏大爷归还房屋。

在该案中，鹿城法院首次在老年人诉讼中组建“社会观察团”——成员既有夏大爷户籍所在地居委会成员，涉案房屋所在地的社区居委会人员，也有阿华工作的锁厂代表。通过邀请相关人员共同参与基础事实的调查，还原客观真实场景，从而巧解老年人诉讼能力有限导致的举证困难。

此外，鹿城适老型诉讼服务还进一步集结检察、公安、民政、妇联、卫健等部门力量，探索建立老年人律师保护团，开展法治宣传和救济帮困等工作，并健全涉老矛盾纠纷联动化解体系，提供庇护场所、紧急医疗等临时性救助，帮助涉纠纷的老年人及时获得优质法律服务。

与此同时，越来越多的社会力量也参与到诉讼适老化之中。“我们联系温州市不动产服务中心第二党支部，联合成立‘党建联盟’，为身体不适、行动不便的老年当事人提供上门适老服务。还有像与温州大学法学院互动成立适老型诉讼研究小组，达成校地合作框架，为进一步开展学术调研搭建沟通平台。”孙晓琳介绍说。

【“学习强国”温州学习平台2月17日，《续写创新史丨“财政杠杆”撬动“慈善效应” 鹿城探索用现代慈善助推共同富裕建设》】（记者　施晴雯）

近日，浙江省财政系统高质量发展建设共同富裕示范区奋进年动员大会召开，温州鹿城以《完善现代慈善体制机制 助推低收入群体增收共富》为题作经验交流发言。用现代慈善来助推共同富裕建设，鹿城已率先吹响冲锋号。记者从会上获悉，三年来，温州鹿城区累计投入1.1亿元财政资金撬动慈善资金3.2亿元，惠及困难群众16.3万人次。

聚焦缩小收入差距
全力打好改革赋能组合拳

鹿城素有“大爱之城、文明之城、道德之城”的美誉。近年来，鹿城区以慈善地标红日亭为引领，先后涌现出三乐亭、旭日亭、白鹿亭、复兴亭等一系列具有代表性的民间草根组织，催生了网络热词“善亭文化”。

鹿城进一步规范慈善组织体系建设，先期安排财政资金700万元，用一颗颗慈善星火点燃大爱鹿城乐善好施、践行慈善的燎原之势。为了真正让致富思源、扶贫帮困的善行在现实生活中落地开花，横向上，鹿城集成2家公益慈善组织，设置儿童之家、心理驿站、慈善超市、慈善工坊、慈善展厅、公益讲堂等功能，打造浙江省首个枢纽型慈善服务综合体；纵向上，建立1个区级慈善基地、14个街镇慈善服务中心、94个社区慈善服务站和568个社会组织，硬核构筑“15分钟慈善圈”。

与此同时，借助丰厚的民营经济实力，鹿城还进一步放大慈善金融力量，谋划鹿城区“1+X”慈善信托管理体系，引入、培育优质慈善组织或企业作为信托基金委托方，构建义利联结的慈善信托增值模式。创设首个“低收入群体信贷互助基金”，引导本地龙头企业和实力温商成立企业冠名慈善基金、家族基金、捐赠人意向基金。

聚焦造血增收共富
全力打好机制赋能组合拳

为政之道，民生为要。在加强对慈善组织监管的同时，鹿城致力于把更好发挥慈善第三次分配作用作为实现共同富裕的有效抓手，建立精准长效财力保障机制。

安排土地出让金收入的5%用于保障农业农村优先发展；深入实施低收入群体收入五年倍增计划……2021年，鹿城区重点落实1.2亿元支持困难群众、孤儿及困境儿童、残疾人、老人等特殊群体救助补助，促进低收入人群增收，确保共富路上一个都不掉队，绘就了“弱有众扶”的民生幸福底色。

在鹿城，还涌现出了多个精彩的致富故事。比如，西部山区山福镇就将杂草丛生的石旮旯摇身变成规划整齐的白茶基地，通过免费为山区农民开展种茶、制茶等技能培训，已带动周边近千名农户每年人均增收5000多元。山福镇的帮扶造血是鹿城区聚焦造血增收的一个缩影。在建立个性化结对帮扶机制中，鹿城已先后投入财政资金3.6亿元推进藤桥乡村振兴示范带建设、3.2亿元推进七都和山福两个未来乡村试点村建设，成功招引温州市首个超5亿元的田园综合体项目落地，并导入26个产业帮扶项目，累计带动低收入群体脱低致富1693人。

此外，鹿城还建立财政慈善基因培育机制，开展“机关党员进社区”服务，关注群众急难愁盼问题，深度参与社区“共享社、幸福里”建设、乡村振兴等志愿活动，并统筹民政、红十字会、残联等部门资金，让扶贫济困、助医助残助学以及实现低收入群体增收等政策发力更有效，助推群众幸福感提升。

聚焦慈善方式变革
全力打好数字赋能组合拳

资金补助无小事、一毫一厘皆民生。为精准化兑现民生补助，鹿城率先上线浙江省首个集政策审批、资金发放于一体的利民补助“一键达”建设项目，将民生领域各项财政补助政策智能匹配、精准推送、直达快兑到人到户，全年可惠及群众超5万人、保障资金8亿元以上。

在搭乘数字化改革赛道上，鹿城积极以智慧化升级慈善服务，聚集改变“登门化缘”式的传统慈善方式，安排财政资金200万元打造“慈善参与一码通”“慈善积分一键算”等数字化场景应用，逐步构建慈善服务“制单—点单—派单—评单”工作闭环，力争通过“指尖上的慈善”让“人人都能行善”成为现实。

此外，鹿城还计划打造“捐款流向一扫清”等慈善资金监管平台，探索建立慈善捐款可查询、可追溯的反馈机制，构建起闭环化的智慧监管体系，让每一笔善款在阳光下运行，让每一位行善者掌握爱心传递路径和结果。

未来，鹿城将坚决扛起现代慈善体制机制创新共同富裕试点的使命担当，发挥财政中心作用，站到推进共同富裕的舞台中央，以新理念谋深谋细现代慈善内涵，全力打造增收共富标志性成果，让阳光慈善蔚然成风。

【“学习强国”浙江学习平台4月7日，《鹿城—泰顺山海协作考核浙江省第一 “共富果”如何结出？》】（记者 林婷玮）

跨过这座山，迈向共富路。日前，2021年度浙江省山海协作相关工作考核及绩效评价结果揭晓，鹿城—泰顺山海协作产业园荣获2021年省级山海协作文旅类产业园第一名。山海虽远，但隔不断两地情。两地从政府到民间，从经济到文化，以各种不同的方式，汇聚合力，共谋山海协作新蓝图。

文旅走亲
打通“造血动脉”

远隔千山万水的两地，如何越走越亲？文旅成为突破口。

伴随着令人怀念的汽笛声，火车正式出发，坐着小火车穿行在桥下、花海中，可以对着园区里的萌宠招手问候，火车到达高处时还可以俯瞰整个园区的美景。去年8月，由温商回归投资项目——泰顺松垟花开火车乐园正式开园，成为浙南闽北区域游客的旅游新选择。据悉，该火车乐园是泰顺松垟花开国际山地运动小镇一期重点开发的旅游项目。

作为华东大峡谷景区观光火车的始发站，这里延续森林火车旅行的浪漫主题，集火车主题商业街、火车博物馆、火车主题无动力游乐设施、特色风铃花谷、鹿境森林、萌宠乐园等六大核心业态于一体。通过园内迷你观光火车环线串联整个项目，打造泰顺特色火车主题休闲娱乐度假胜。到了暑假，这里更是孩子们的天堂，从开业到去年底共接待游客量近10万人次。

曾经的山和海之间，横亘着一条区域间发展不平衡不充分的沟壑，借助山海协作，泰顺的美有了更加“文艺范”的浪漫解读。鹿城专门成立山海协作生态旅游文化产业园管委，通过整体谋划、系统推进，统筹资源加大“输血”力度，推动泰顺形成自我“造血”机制、提升内生动力。司前镇徐奭状元纪念馆展陈及装饰工程、罗阳镇村尾村入城口公园二期建设工程等项目都已于去年竣工验收。

借梯登高
结下“飞地情缘”

自山海协作升级版启动以来，两地更是从原本的本土化产业培育，转向同步推进“产业飞地”，借梯登高加快先富带动后富的进程。

鹿城借助中心城区首位度优势，拿出热门开发地块，联合泰顺在七都打造温州首个山海协作“飞地”平台——鹿泰总部科创园。去年项目主体工程全部结顶，进入装修阶段。

该园区所在的七都将打造温州市区稀缺的都市田园风貌，同时这里已落地温州多个重点科创平台。其中瓯越院士之家是世界青年科学家峰会成果之一，温州国际未来科技岛项目目标形成千亿元级科技金融产业集群，七都基金岛项目计划建成资管规模破千亿元的金融集聚区。

为了让这些优势资源，转化为助力山区发展的实际成效，园区制定招商政策，大力开展招商活动，共吸引泰顺218个村抱团投资该项目，总计1.15亿元资金。目前已有20余家企业有意向入驻，每年可为入股各村增加5万元的收益。

时空拉近
发展“同频共振”

多领域的山海协作经过多年实践，早已融入了两地民众的日常生活。

校园里，山海零距离，思维共生发。近年来，鹿城实施“大美鹿城，教育先行”三年行动计划，打造“学在鹿城”城市品牌，教育项目、建设规模、投资体量、投用速度都创历史之最。被评为全国区域教育发展特色示范区、全国义务教育发展基本均衡区。

作为市实验中学老师，孙忠翔切身体会到这些教育资源，给山区发展带来的希望。在给鹿城、泰顺学生同上云课堂时，他让两地孩子一起通过折纸游戏解数学题。看着电视屏幕那一端，一只只高高举起、期待着被点名解题的小手，他发现：“山区学生参与学习、表达自己的愿望，并不会输给城市的孩子。”这种激发学生热情的方式，源自于鹿泰山海协作“互联网+义务教育”结对帮扶活动。这一举措，也为泰顺打造“学在泰顺”教育品牌增添了底气。

破题医疗资源的短板，山海协作为山区民众赢得了生命的黄金救援时间。去年，泰顺县人民政府与温州市人民医院开展“山海”提升工程医疗合作，通过驻点帮扶、专家门诊、进修培训、手术带教等方式持续提升县域医疗服务能力水平。

泰顺县人民医院医共体总院负责人说，温州市人民医院专家下沉后，该院创神经外科业务水平又迈上了新台阶，成功完成首例内镜下脑出血开颅血肿清除术，为泰顺神经外科脑出血患者的诊治提供了更多选择。从教育到医疗，通过山海协作，资源共享，正打通民生领域的若干个堵点，也让山海协作更加真实可感。

跨过山，是美好的未来。强一个龙头、连一批产业、富一方百姓、带一片区域，成为鹿城、泰顺开启共同富裕之路的“金钥匙”。

【新华网客户端5月13日，《浙江温州鹿城：话数字未来 谋科创发展》】（记者　徐景萱　戴武杰）

创新是引领发展的第一动力。5月13日，“温州数字科技创新发展论坛暨鹿城区大孵化器建设推进会”举行，来自全国各地的专家院士、业界精英和杰出企业家齐聚浙江温州，共话数字未来、共谋科创发展。据悉，此次活动也是2022世界青年科学家峰会的先导活动之一。

“要提升自主创新能力，发挥企业在技术创新中的主体作用，推动产学研紧密合作。”“3D打印技术大大丰富了数字孪生体的数据资产，促进数字孪生体价值的发挥。”“要坚持推动技术突破，引领体系化创新。”……活动现场，与会专家学者纷纷就研究领域进行专题演讲，引发了一场场“智慧碰撞”。

当前，为加速创新资源集聚裂变，不断释放创新活力，温州大力推进国家创新型城市建设，以大孵化器集群建设为核心抓手，强化数字化改革集成效应，坚持以“产创融合”为落脚点，打造一批有影响力的标志性硬核成果。作为温州中心城区，鹿城更始终坚持创新首位战略，坚定把“数字产业化、产业数字化”作为“续写创新史、走好共富路”的题中之义，全面推进传统制造业数字化转型，大力培育新一代信息技术产业，系统建设崇尚创新、尊重人才、礼遇企业家的发展环境。

“数字科创必将成为鹿城经济高质量发展的强大引擎。”鹿城区委书记白洪楞说道。据了解，今年以来，鹿城谋划推进大孵化集群建设，以数字科创为重点，全域布局七都未来科技岛、城市数字科创园、中国鞋都时尚设计区等三大孵化器集群，串联打造五大特色孵化街区和十大孵化标志性楼宇，未来3年将新增孵化场地90万平方米以上，为集聚人才、集聚技术、集聚项目、集聚企业创造广阔发展空间。

为进一步建立和完善科创生态，活动现场，鹿城区发布了该区设立的首支政策性、引导性基金——“鹿城区大孵化器科创基金”。该项基金的设立将为鹿城种子期、初创期、成长期的科技企业提供优质全面的风险投资服务，真金白银助力企业“加速奔跑”。

【浙江新闻客户端6月27日，《国内首家“科创中国”园区科技服务工作站落户鹿城》】（记者　戚祥浩　戴武杰）

大咖云集、项目路演、集中签约，6月26日，2022世界青年科学家峰会——“科创中国”技术服务与交易大会数字经济专场在温州鹿城举行，国内首家“科创中国”园区科技服务工作站正式落户鹿城七都未来科技岛。

“科创中国”是由中国科协推出的创新、创业、创造服务平台，旨在发现企业需求价值，构建园区产业链，通过探索产学融合的组织机制和激励机制，实现人才聚合、技术集成和服务聚力，让科技更好地服务经济社会发展。截至目前，全国共有包括温州在内的65个试点城市（园区）入选“科创中国”全国试点。而“科创中国”园区科技服务工作站落户后，将评定面向全国65个试点城市（园区），以科技创新或商业模式创新为标准，协助各试点单位形成产业领域聚焦、商业模式清晰、基础设施完善、配套服务专业、服务业绩良好等特点。

除了搭建园区科技服务工作站，温州还将“世界青年科学家峰会”作为承接“科创中国”平台资源、赋能温州高质量发展的重要载体，并把“科创中国”技术服务与交易大会数字经济专场作为“世界青年科学家峰会”系列活动之一，促进科技创新资源有效集聚赋能。而近年来，全面融入温州“科创中国”试点城市建设的鹿城，通过实施科创首位战略和数字经济一号工程，全域布局七都未来科技岛、城市数字科创园、中国鞋都时尚设计区等150万方的大孵化集群，高规格打造六大生产性服务业集聚区和十大标志性楼宇，不断为“科创中国”试点城市打造添砖加瓦。

当天吸引了来自五湖四海的专家学者、行业翘楚齐聚鹿城，共同探讨数字经济核心技术创新动态和产业发展趋势。

中国科协党组成员、书记处书记张桂华在视频致辞中表示，希望温州牢牢把握数字经济发展的战略机遇，协同多方合力，打造数字经济与实体经济深度融合的“温州模式”，在提升“科创中国”影响力的同时，进一步助力加速科技与经济深度融合。会上，中国工程院院士陈纯、中国科学院院士杨德仁、中国工程院院士谭建荣等专家学者，分别就“区块链-数字经济新型基础技术”“半导体材料产业现状和挑战”“数学设计与数字孪生”等研究作主旨报告，为温州进一步打造浙东南数字经济高地赋能添智。

大会现场还签约了“矿用定位系统”“三位雷电探测预警”等8个项目（技术），启幕了温州国际未来科技岛产业展示中心。

鹿城区委副书记、区长张崇波表示，鹿城将全力搭建全球科学家、企业家、创投家交流合作平台，服务科学家成果转化、企业家产业升级、创投家基金投资，推动更多科技创新项目在鹿城落地生根，发挥带动和引领作用，坚持延伸产业链、打造创新链、提升生态链，以科技创新为支撑，赋能区域高质量发展。

【中国蓝新闻客户端7月1日，《鹿城启用全市首家智慧药房 解锁未来购药新模式》】（记者　施晴雯）

日前，温州市首家24小时无人“数智药房”在鹿城区府前街正式启用，市民可在该药房自助进行无接触式就医购药，实现用药不等待、寻医不排队。该药房的投用将实现药品零售业数字化转型与民生药事服务升级。

区别于传统药店零售模式，“数智药房”配备64个药品货道，上架常用药、慢性病用药等1200余种，建立了以“自助购药模式为主、处方购药模式为辅、问诊购药模式兜底”的三维购药模式，实现“不见面诊疗、无接触配药”，降低人群交叉感染风险。同时，药房还提供“寻医问诊”服务，消费者可以通过视频就地接受医生“面对面”问诊。此外，药房还集结电子处方在线分流、远程执业药师实时审方、驻店执业药师二次审核、快捷支付自主取药等一站式服务，化解慢性病处方购药困境，保障公众用药安全、有效、便捷。

“数智药房”还有效破解了夜间购药难题。传统药房为节约人工和运营成本，大部分仅营业至21点。“数智药房”则实现24小时药品供应，对于夜间急用药品，市民可自主进入购药，解决群众夜间购药需求。后续，“数智药房”还将与“美团”“饿了么”等第三方平台对接，实现送药上门，打通夜间购药送药“最后一千米”。

基于“数智药房”的超长“待机时间”，区市场监管局还在药房内设置体温测量仪、智能血压计、体脂仪、血氧饱和分析仪、红外身高体重测量仪等医用设施，为群众提供免费药学服务，进一步延展药房服务内容。相关检测数据连通个人用药电子档案，将为下一步用药指导、服药提醒等专业服务提供数据支撑。

【人民日报客户端7月7日，《办公桌“搬进”大山 织就鹿泰共富“双面绣”》】（记者　陈浩飞　通讯员　林婷玮　王磊）

近日，记者走进位于温州市鹿城区七都街道的鹿城泰顺总部科创园，发现施工人员正在对已结顶的两幢主体建筑安装外立面玻璃幕墙，据介绍，该项目将于今年11月投用。以做大做强产业为底色，以美丽乡镇建设为画板，描绘出“以产业共建带动区域共富”多彩图景，是鹿城—泰顺在共同富裕示范区建设大背景之下推进高质量发展的探索路径。

优势互补壮大拳头产业

产业振兴在绿水青山间。自开展山海协作起，鹿泰两地就高规格建立了“打造山海协作工程升级版”工作专班，组建“专兼挂”队伍，鹿城首批4名山海协作挂职干部将办公桌“搬进”大山，为当地发展提供智力支持，传送“鹿城经验”。双方主要领导及相关部门负责人多次开展交流互访，建立起联席会议制度协作重点攻难点。

今年4月和5月，鹿城区区领导带队分别在泰顺、鹿城召开鹿泰“产业飞地”推介会，组织康奈、巨一、长城搅拌等50余家优质企业参会，使企业深入了解鹿泰产业飞地区位优势、发展规划、政策帮扶等情况，结下“共富之约”。

作为“中国鞋都”向“世界鞋都”跨越发展的主阵地，鹿城正不断增强“足下经济”的生命力和带动力。为更好推动产业带富，鹿城巨一集团与泰顺罗阳小微万创园达成合作，利用空置厂房开辟“共富车间”，巨一将发挥自身产品、技术等优势，为村集体提供“增值服务”，培养一批集技术、经营管理能力于一身的乡村振兴带头人，这既能为村民提供致富路径，也为村集体发展注入了活水，实现对口帮扶由“输血”到“造血”的有效转变。

近几年来，手握设计和市场订单资源的鹿城鞋企，侧重点不再放在作业量上，而是选择通过“机器换人”的生产方式实现发展。巨一集团负责人表示，鹿城有技术和资本优势，泰顺有空间和劳动力优势，两地可以优势互补，“我们打造了省级数字化无尘车间，鞋品生产效率提升至30%，在建的巨一鞋业智能制造产业园投产后，将加快企业在生产设备、工艺流程等重点环节的数字化改造，有了这一‘先天优势’，鹿城更要借力泰顺的资源优势，做好生态链和平台建设，铺就一条从皮革原料，到生产加工，再到市场销售等全产业链条的共富之路。”

共富联盟确保都不掉队

地理位置僻远，往往会成为招商引资的“拦路虎”。如何让“跷跷板”变成“平衡木”？鹿城用足用活飞地政策，支持优质企业联合拿地投资做项目，把制造业的产业集群优势拉长、把土地紧缩的短板补长。以泰顺为“飞入地”，鹿城开辟飞地聚人才新路，集结信泰阀门、浙化生物、超荣力电器、艾威德电气、恒唯鞋材、协成鞋材6家企业组成企业联盟，组团式与泰顺经开区管委会签订7个投资项目意向协议书，总投资10.6亿元，意向用地总面积340亩。

企业联盟成立后，将突出发挥枢纽作用，探索搭建资源共享、优势互补、抱团打拼、精准服务的政企交流平台，在促进村民就业增收、企业做大做强等方面发挥积极作用，将泰顺打造成为民营企业家助力乡村振兴、践行共同富裕的智囊阵地。

有了从零到一的突破，项目也成功在两地“互飞”，起初的“山重水复”一下子“柳暗花明”。“注册在泰顺，办公在鹿城，我们的产业发展更加便利。”谈起鹿城泰顺总部科创园工程，不少回归泰商连连点赞。作为温州市首个山海协作工程“飞地”，科创园集办公、研发、展销、人才培养、文化创意等于一体，不仅为鹿城引入山城产业资源，还为泰顺带来项目回归优势。拿出优质资源，携手稳稳的幸福，科创园创新实施村集体抱团投资增收模式，吸引了来自泰顺218个村总计1.15亿元资金，目前分红已超过1000万元。“在协作中不能简单移植，而是要更好嫁接，这就要结合双方优势去深度挖掘双方优势！”鹿城区政府相关负责人表示。

一笔笔分红资金从鹿城“飞”到泰顺，为两地注入了共富活水。近4年来，鹿泰两地共达成“山海协作”项目48个，完成投资32.82亿元，落实帮扶资金2285万元。

在“续写创新史、走好共富路”的新征程上，鹿城–泰顺正朝着五千亿级轻工制造产业集群的目标，走出一条产业富民的康庄大道，全力织就共富“双面绣”。

【人民网7月14日，《温州鹿城：解锁社区治理难题 破译民生幸福“密码”》】（记者　戴文琦　董琴思）

小区出入口配备全新的治安联防岗亭，小区内部人车分流、车位整齐划一，童趣乐吧传来阵阵孩童笑声，室外便民健身区域井井有条，一改以往基础设施老化、软硬件配套不足、停车难等问题。

如今，曾经的老旧安置房小区，摇身变成鹿城区引领型“共享社・幸福里”试点小区，破译出民生幸福“密码”。

以健全组织架构为核心 优化智力服务

“广景大厦改造后面貌大提升，很大程度得益于小区建立的‘街道党工委＋社区党委＋小区党支部＋楼栋党员’四级党建组织架构，整合辖区各方力量和优势资源共同参与小区治理，不断激发出更多小区治理多元共治活力。”广景大厦小区党支部第一书记、业委会主任林章俊介绍。

锻炼“硬作风”，才能啃下“硬骨头”。在小区治理提升的过程中，双屿街道秉持“优化阵地建设，服务广大群众”为目标，积极联动该小区党支部、业委会找准业主问题和需求两大切入点，多次召开联席会议建立健全各项管理制度，在小区内开展业主满意度及需求问题调查，梳理7项需求清单，业委会成员分组入户，积极宣讲动员居民支持改造工作，形成小区治理服务“一盘棋”，最终合计筹得60万元参与到“共享社・幸福里”小区建设中去。

“解决小区治理中业主参与度低、配合度差的问题还是要从根本出发去了解业主的真实想法与难处，我们通过党员带头参与到小区改造，带动住户共同参与谋划小区美好蓝图，共同投入建设‘共享社・幸福里’小区中。”林章俊说。

以推进民生实事为载体补齐公共短板

聚焦广景大厦治理存在的突出问题、薄弱点，该小区党支部和业委会合力攻坚，林章俊亲自带领小区党员逐户进行走访了解，与业主唠家长里短、摸清业主所思所想，渐渐破除了业主困扰顾虑，将党建引领小区带入小区精细治理的方方面面。

期间，小区路面、围墙却因周边工地施工形成不同程度的损坏和裂缝，成为治理过程中的“拦路虎”。为补齐公共安全短板且加快施工进度，该小区党员、业委会成员切实发挥先锋作用，自发当起搬运工、泥瓦匠，带头参与日夜赶工，共修建小区600平方米水泥路，修补围墙300余米，成为广景大厦坚持党建引领小区治理、温情治理初见成效的生动体现，也进一步增强了小区业主的信任感、凝聚力。

“我们每位业主对小区环境的建设与维护都负有责任，现在小区路面整洁、功能设施配套日益完善，还将闲置的杂草地变为儿童游乐园，大大满足我们住户的日常生活需求，看着小区建设得越来越好也让人非常有成就感。”业主吴珠莲说。

以精品阵地建设为抓手共建幸福家园

除此之外，根据小区现有特点，广景大厦开展“红色引领·阵地提升”专项行动，小区党支部和业委会通过“三张清单”，进行综合分析研判，昔日荒院修整优化变为“童趣乐吧”、小区空置房间升级改造为“共享书吧”、重装整修爱心驿站和伏茶点……不断满足居民群众多元化、个性化需求。据悉，党员志愿者和小区居民已连续9年给过往清洁工人、新业态新就业群体和过往行人提供伏茶，将“凝党性、传温暖”真正落到实处、深入群众“心坎里”。

从社区治理到小区治理，不仅需要精耕细作的框架体系，还需久久为功的恒心韧劲。鹿城自开展“共享社·幸福里”建设工作以来，秉持“凝聚群众、服务群众、教育群众”的工作要求，整合各类资源和服务，集成打造多元共治、事务共办、资源共享、阵地共用的综合服务平台，助力城市环境面貌与群众精神风貌的不断改善，聚力推动城市治理体系的现代化、高质量发展。

【中国蓝新闻客户端7月21日，《入夜的瓯江竟有AB面？听说温州年轻人都聚在这里了》】（记者　林婷玮）

夜幕裹挟着凉风而至，白日里的高温渐渐褪去，夜色中另一股热潮开始沸腾。瓯江之上，乘船夜游瓯江，看山体灯光秀、水幕光影秀，畅游在如诗如画的景致里，找到打开温州夜景魅力的新方式；瓯江之畔，一辆辆私家车从城市四面八方驶来齐聚于此，后备箱里塞满了“盲盒”般的商品，引得众多市民夜间“赶集”，体验不一样的潮食趣玩。夜经济、文化、旅游于此同频共振、和合共生，为温州夜色再添一抹绚烂。

方寸之间装进青年态度

在位于鹿城区滨江街道光影码头的潮玩展演街区市集里，一个个标新立异的后备箱摊位，一家家特色鲜明的“袖珍店铺”，青春面孔占据了夜市的“C位”。几十辆私家车依次排开，打开后备箱，挂起氛围灯，拿出摊位招牌，支起折叠桌椅，后备箱市集就此开集。打开的后备箱瞬间变成格子铺，气泡水、提拉米苏蛋糕、手工编织、古着服装、咖啡……人们随夜色倾泻而下，感受着瓯江江面的清风徐来，填充着摊位、舞台之间的空隙，被文创产品斑斓的色彩、食物的袅袅香气包裹着。

一圈逛下来，可以发现偌大的市集充满了青春的原创感。温州中艺文化传播主要负责人吴昌青介绍，街区以“娱乐、创新、文化”为宗旨，集聚着这座城市最潮流时尚和最精髓的文化、美食和娱乐，由后备箱集市区域和铁盒1.8联创街区组成，其中铁盒由集装箱构成，引入了文创、潮玩、跳蚤二手市场、展览等年轻新业态，以“文化磁力”放大夜市魅力，致力打造独具温州味、时尚潮、国际范儿的城市夜生活嘉年华。街区市集每晚都有，傍晚5:30开集。

小小的后备箱像是微缩版的创意工厂，藏着不期而遇的美好，也承载着青年带给一座城市的活力。“其实大家摆的不是摊，就是玩，大家把社交、爱好和创业都装进了这方寸之间。”J+K-car coffee摊主利杰说。

利杰正在筹备他人生中的第一家咖啡店，摆摊是一种过渡，并不是他的归宿。利杰告诉记者，这辆改装的咖啡车更像是他梦想咖啡店流动的引流广告牌，摆摊10余天来，效益不错，一天售卖七八十杯咖啡不在话下，每晚平均营业额两三千元，“卖亲手制作的咖啡，结识不同的朋友，感受有活力的氛围，赚不赚钱不重要，快乐是第一，从后备箱起家，也能多多了解消费者喜好，研制更多特调咖啡，为日后门店经营积累经验。”

“后疫情时代，年轻人更愿意走向户外，户外市集的兴起传递出年轻人的一种生活方式。”吴昌青介绍，参与的车主背景迥异，有开实体店的，有做文创的，也有第一次出摊卖货的其他行业从业者，他们多为“80后”“90后”，大家更在意的是这种新鲜且时尚的社交方式，“我们想用文化给夜市赋能，将街区打造为青年的会客厅、青年创新创业的加油站、青年交流的磁力场。”

筑瓯江新城文化新动线

有些摊主“醉翁之意不在酒”，卖不重要，推广要紧。穿过后备箱市集，便是铁盒1.8联创街区，只见各类艺术作品玩起了“串烧”，有项链、戒指等首饰工艺品，连环画、古钱币等古玩收藏，还有公仔、手办等潮流玩具。即便不消费，摊主们也十分乐意介绍自己拿手的艺术文化和奇妙创意。“为了展示艺术的生机和生活的趣味，于是有了我的这处与众不同的画展集装箱。”梁燕是画室创始人，她告诉记者她的展出目的是想和爱好者产生链接，觅得同道中人进一步深度切磋技艺。

在街区，年轻人找到了社交文化圈，通过后备箱、铁盒彰显自己的个性与态度，更通过新媒体引流，使人们从集市关注到个体。镜头里，弹幕成群结队，波浪一样地翻涌，几乎将屏幕遮住，关心着诸如“这是哪儿？”“几点钟结束？”之类的问题，自此打开新消费的大门。一旁还有乐队驻场嗨唱，为公众带来“转角遇见音乐”的现场视听体验。

有酒有肉有音乐，有创新创意，有青春活力，又有新兴时尚元素，这让瓯江沿岸老面孔变身新地标，也让“青年经济”迸发出无限活力。家住附近的张赛艳带着儿子前来赶集，她说，城市需要这种有文化、有温度、有沉淀、有情怀的新空间。

眼前这条街区浓浓的文艺范，让市集显得新鲜又特别，然而保证新业态为大众服务的同时，又能让良性业态走得更远，显然，仅仅靠摊主的单方面努力远远不够。今年6月，2022浙江省文化和旅游消费季在光影码头启幕，引燃了假期消费新爆点，火热程度只增不减，又有了铁盒1.8“新鲜血液”的注入，“修炼”成了网红潮流打卡地，周末日均人流高达28000人次。为了迎合大众需求，又突出本地特色，温州大抓夜经济的强劲东风，决定将这处夜市打造成永不落幕的夜地标。市城发集团不断推动夜市集聚化、规范化经营，引导商户从分散经营转向规模经营，并对流量高的摊主实行免租政策，其他按业态种类或流量高低收取场地使用费在50-200元不等，此外实行动态化监管，不断变更业态种类、商家品牌、展陈布置等，让市民游客在这里能够“常逛常新”，实现全年不打烊、不重样。

走到一起的不仅是夜经济与流行文化，以文促旅、以夜带旅的思路也在这里显现。接下来，市城发集团将沿着瓯江沿岸一路向东打造5.8千米的特色街区，除了1.8千米的潮玩展演街区，还将打造亲子休憩街区和活力运动街区，并将城市阳台、滨江大排档、万豪酒店等人气集聚点串联成珠，打造瓯江新城文化新动线，突破“千市一面”演绎“月光下的精彩”。

【浙江之声7月22日，《温州鹿城首批邻里新闻官成立！汇聚邻里力量共建共享美好生活》】（记者　戴文琦）

日前，温州鹿城区隔壁邻舍楼栋志愿者暨邻里新闻官聘任仪式在五马街道安澜社区文化礼堂举办，大力汇聚邻里力量共建美好生活。

据了解，邻里新闻官由热爱公益事业、关心社区治理、积极联络社区居民的优秀社区志愿者组成，是连接政府与群众的桥梁，主要负责联系居民，梳理总结群众生活困扰难题，将其第一时间反馈给相关部门单位“点对点”化解处理，并配合社区用老百姓听得懂的语言、记得住的方法为其送去上级政策、社会动态、新闻资讯等居民关切信息，用真情办实事大力提升群众幸福指数。

仪式上，“隔壁邻舍”志愿者们观看了“隔壁邻舍”微信互助社区动漫宣传片，并开展智能手机操作培训，让志愿者们充分了解隔壁邻舍工作的性质和内容，能够熟练掌握有关操作技能。现场，在阵阵掌声中活动主办单位为志愿者们发放了“隔壁邻舍”志愿者亮相牌。

据了解，疫情期间，区隔壁邻舍志愿者协会联合五马街道安澜社区于永川锦园成立第一个疫情防控基层试点。同时，该协会与相关街镇单位加大联动力量，充分发挥志愿者连接社区居民的桥梁纽带作用，通过前期大量的入户调查，将收集来的社区居民诉求、住户关切问题及特殊照顾对象的基本情况作为基层防疫原始资料纳入数据库。在此基础上，该协会不断健全完善与社区民情相匹配的防疫措施，摸索出“网格员+楼栋长+志愿者”防疫框架，积极引导每一位居民都加入“隔壁邻舍”邻里微信群，直击民生痛点，将政策解读直达民心，营造出邻里互帮互助良好氛围，让久违的邻里人情味开始回归。

“利用线上‘隔壁邻舍’邻里微信群让许多小区业主从互不认识，到现在和睦共处、互帮互助中起到了关键性作用。”坚持公益志愿服务已有数十个年头的永川锦园业主许翠玉说。作为此次全区首批邻里新闻官的一分子，许翠玉表示，能拿到这个称号既兴奋又深感其责任重大，做公益活动对她来说是实现人生价值的一种方式，在服务他人的同时，她收获了更多的快乐，希望能通过志愿活动将爱心传播给更多身边朋友、业主居民，为构建更和谐美好的社区尽自己的一份责任力量。

恰如“隔壁邻舍”志愿者马甲上所书写的“邻里守望，网络互助”，一代帮一代、低龄帮高龄，真心换真心、助人即自助，正在推进鹿城的社会温度持续升温。截至目前，鹿城区隔壁邻舍志愿者协会已有624个微信群入驻，新增志愿者200余人。

“‘隔壁邻舍’志愿者的成立将打通政策新闻传播到基层‘最后一千米’，有助于重建社区居民之间相互信任、相互接纳的意识，切实拉进人与人、心与心的距离，增强居民对社区的归属感、信任感。”区隔壁邻舍志愿者协会秘书长李美燕表示。接下来，该协会将发挥“隔壁邻舍”邻里新闻官和隔壁邻舍志愿者的桥梁纽带作用，合理利用微信网络平台，开展邻里新闻官业务培训，吸引更多的市民参与到公益志愿服务中去，大力创造新时代更和谐的邻里关系，全力打造“隔壁邻舍”志愿者品牌。

【中新网客户端7月31日，《浙江温州鹿城区着力“后浪”文化让海外传播“年轻化”》】（记者　黄亦慧　李嘉瑜）

鹿城区是中国重点侨乡温州市的中心城区，侨胞人数众多、知名侨领汇聚，现有海外华侨8.87万人、归侨侨眷5.2万人，分布于133个国家和地区。近年来，鹿城区因地制宜用好侨乡资源，聚焦海内外青少年这一年轻群体，以海外传播官项目为基础，以温州市海外传播中心、“瓯智侨”青少年海外传播中心为总基地，以打造智慧文化礼堂海外传播“全球村”项目为契机，启动鹿城区“e鹿富”智慧文化礼堂应用场景建设，着力构建以“侨乡文化+国学教育+5G智慧+研学”为主体特色的青少年海外传播文化礼堂精神家园，并进一步拉动乡村研学，助推经济及精神共富，擦亮鹿城海外传播“金字招牌”。

搭建四海“后浪”文化交流桥梁

近年来，鹿城区充分凝聚华侨、华裔青少年、华文学校、侨团、洋主播、网络人士等力量，通过开拓海外传播新阵地、扶持社会机构专业运营、制定传播评价体系，助推青少年海外文化交流水平迈向国际化、专业化、长效化。

目前，鹿城已发展305位海外传播官、92位外籍网红主播、320名小小海外传播官。同时积极用好全区文化礼堂阵地，推进海外传播进礼堂，重点在七都樟里、驿头瓯越、南汇楼里等十大文化礼堂建分站，匠心打造云端青少年国际艺术团、青少年网络法治普法基地、研学基地，推进文化礼堂海外传播精神家园建设。

此外，鹿城区借助“e鹿富”智慧文化礼堂应用场景，对智慧文化礼堂进行海外传播能力综合评估，纳入文化礼堂发展指数，推动海外传播“质”“效”“量”三提升。

玩转海外传播新花young

“个人比较喜欢在文化礼堂里开展的一系列海外研学活动，因为它不仅能让我了解到中国传统文化，还能让我交上许多国内外小朋友，非常有趣！”一位来自意大利的华裔青少年王凯瑞感慨道。今年7月份，他刚参加完山福镇驿头驿阳文化礼堂举办的“宋韵瓯风 鹿城有礼”青少年研学活动。

以往传统、简单的青少年海外文化交流方式越发乏力，深层次、精准化的文化交流正成为一个新趋势。鹿城区聚焦内容开发、互动交流等方面，开展了一系列颇具“热点”的海外研学活动，成功聚拢一大批中华文化的忠实粉丝。

抓住疫情契机，大力推出海外云课堂，梳理国内外教育资源，自主开发青少年特色网上教育课程；连续三年承接开展中国侨联“亲情中华·为你讲故事”网上夏令营活动；在精品文化礼堂内挂牌“海外连线直播间”，开设e鹿学直播，以“亲历者”视角向海内外分享中国民俗文化、美食美景；抓住重大时间节点开展主题活动，加大海外思政教育，提升传播亲和力。

截至目前，累计来自20多个国家（地区）的3000多名华裔青少年参与网上夏令营活动，89名营员获评中国侨联、浙江侨联颁发的优秀营员，相关海外传播活动获新华网、中央电视台等中央、省、市级媒体累计200余篇报道。

打开社群圈层效应扩散的突破口

为能“破圈”惠及更多人群，鹿城区广泛联动、“线上＋线”下同时发力，打通了向海内外社群圈层传播的通道，实现多效应扩散，多维度覆盖渗透基层各方面。

始终发挥好侨领资源，借助一大批“海外传播官”的影响力，积极把鹿城“潮声”播向全球，以引起“澎湃效应”。成立以意大利汉学家唐云、美国哲学博士Kimberly等国内外名师、外籍汉学家为主体的36名国际导师团队，指导海外传播工作，扩大礼堂国际朋友圈。海外传播官项目被评为全省宣传思想创新案例，瓯智侨青少年海外传播中心被评为浙江省文润同心网络文化家园。

同时通过AI智能、VR技术等借势做好文化礼堂海外传播“全球村”项目的数字化工作，进一步提升礼堂海外传播效益和影响力。去年以来，共投入400余万元加快智慧文化礼堂建设。

下一步，鹿城将着力聚焦“一堂带一村”目标，在驿头驿阳村、七都樟里村等未来社区试点整村研学，将礼堂海外研学打造成示范性研旅项目，并以此带动乡村经济发展。

【“学习强国”温州学习平台9月4日，《乡村振兴丨温州鹿城：乡村奔“富”未来》】（记者　林婷玮　黄达亨）

乡村让城市更向往——在今天的温州市鹿城区藤桥镇，奔“富”故事连环上演，幸福承诺一一兑现，美好愿景终将实现。聚焦日前启动的藤桥镇南雅片未来乡村项目，项目与产业共兴，设施与服务并进，文明与文化俱荣，质朴的南雅土地上绽出欣欣希望。据悉，项目一期将于今年11月竣工。

藤桥镇南雅片是鹿城乡村振兴风光带上最靓的一环，坐拥岩雅山、国清寺等自然人文资源，坐落着国家农业高新技术企业藤桥熏鸡，以及山农泡菜、多多热带果园等重点企业。

如今，藤桥镇南雅片又多了一重身份——未来乡村。据悉，藤桥镇南雅片未来乡村项目建设范围以雅漾、潮济和大潭三个村为主并辐射周边村庄，面积5.18平方千米，以“三基三主”为导向，围绕产业兴旺、风貌提升、数字赋能等主线，共谋划共富金鸡工旅项目、五个美丽工程、邻里中心、数字驾驶舱等项目。

未来乡村，创富先行。项目将围绕藤桥熏鸡、山农泡菜等特色产业，政企联动建设提升熏鸡文化展馆和文化体验景观带，打造熏鸡文化园等一批衍生项目，深度开发健康食品和工业旅游相结合的特色产业，将沉睡资源转化为发展资本。同时，不断挖掘“农业＋”经济增长点，打造本土直播团队，带领村民开展“田间直播”“藤桥的一天”等直播销售活动，发挥共富金鸡品牌效益，全力壮大村集体经济，由先富带动共富，带动农民年创收。

“口袋”富了，“脑袋”也要充实。项目将融合本土文化资源，建设刘氏父子纪念馆等场馆，铸就新时代文明实践的精神家园。同时依托温州幼师中等专科学校，推出智美乡村文化课堂、研学夏令营等活动，让非遗在开发中得到保护和传承，让家乡更具情感寄托。

未来乡村不是单向赋能，而是一场双向奔赴。针对“一老一小”，项目将依托雅漾村现有的文化礼堂、村民中心等阵地，设置5G云诊室、一站式便民服务大厅、智慧展示厅等服务场景，融合指尖服务、阳光村务等工程，让村民更好融入数字生活，实现未来式乡村生活。参照“15分钟生活圈”理念，项目还以全生命周期公共服务优质共享为重心，在老阵地里内嵌书房、乡贤会客厅、全龄共享乐园，让老有所养、幼有所育，针对“老中青”三大群体，建设睦邻四间堂，构建全龄式友好生活模式。

可游可玩，则是未来乡村打造的后半篇文章。项目将重塑浙南民居江南水乡田园风貌，建设美丽田园、美丽庭院、美丽通道，实现从一处美向全域美、一时美向持久美的转型升级。立足藤桥食品、多多热带果园、山农泡菜等产业，南雅片打造山农泡菜文化长廊、星空露营基地、多多果园研学基地、特色民宿农家乐等项目，探索“小而精”“小而美”的农旅共富发展道路，把城市游客引进乡村、将乡村优质资源要素输向城市，形成城乡良性互动。

乡愁可寄，未来可期，藤桥镇将借力数智、优产、共富，致力打造以共富金鸡产业为引擎、跨村联合共享发展的未来乡村，助推鹿城西部乡镇在发展中遇见未来。

【“学习强国”温州学习平台10月8日，《文化温州丨再现温州古城“北埠”和千年商港盛况！古时朔门有多繁华？》】（记者　子君　叶锋）

近期，国家文物局公布温州（朔门）古港遗址考古重大发现刷屏温州人的朋友圈。

据报告，该遗址规模庞大、体系完整，为国内外罕见，是国内迄今为止所发现的，保存最完整的海上丝绸之路遗址之一，堪称近年来我国海洋和城市考古的重大收获。它再现了宋元时期温州港的繁荣景象，印证了这里是海上丝绸之路不可替代的节点，成为温州打造千年商港最有力的佐证。

北宋斜坡式码头
朔门自古繁华

朔门在哪里？朔门的门坐落在古城的正北面，古时又名拱宸门、望京门、望江门，是温州古城七处城门之一。朔门遗址在原屯前街、港务巷、北鹿巷以及朔门街等四条街巷的连接处。

华盖山上遥望东门永川路浦边码头，可见舟楫纵横的场景。

遗址俯瞰图 （杨冰杰摄）

据明弘治《温州府志》记载，明代温州有七处城门，此处旧名望京门。因望北为江，故名望江门。唐时有双门，因此俗名“双门”。五代钱氏吴越国治温时，拆除双城门，只存其一。明代称拱辰门，又因所处方位为北，别称“朔门”。历史上在望江门旁边曾有水门，称“奉恩水门”，是三大水门之一，也就是今日“水门头”地名的由来。

朔门为何繁华

朔门自古是繁华之地，位于古城中轴线上，是“东庙、南市、北埠、西居、中衙”历史功能格局中“北埠”之所在。

史载南朝刘宋时期，山水诗鼻祖谢灵运出任温州郡守时，就曾在拱辰门上建楼游憩，后人称为“谢公楼”。南宋端平年间，温州知州史弥忞撤而新之，将此楼改名“江山胜概楼”。

《唐代航海图》显示，唐时温州与福州、台州等地都已有水路相通，不仅通达国内港口城市，甚至开通了国际航线，与日本、新罗相连。南宋，温州社会经济发展达到鼎盛时期，温州设立了对外贸易的管理机构——市舶务，成为沿海对外海上贸易的重要港口。南宋建炎四年（1130）宋高宗驻跸温州，御驾仪卫就是自拱辰门入城，御驾依次由大街（今解放路）、五马街，通过谯楼（沿今公安路）到达州治（今广场路小学）。

南宋洪迈在《夷坚志》中就记述了海上巨商为避风泊船于江心孤屿和麻行码头，并举行祭风的水陆道场的情形。元代朔门沿江一带筑成“大石堤延袤数千尺”，并建有分别供官船和中外商船靠泊的两类码头。海船可直达高丽、日本、西亚、南亚和东南亚等地的许多港口。元代，温州人周达观就是从温州码头扬帆出使真腊（今柬埔寨），写下《真腊风土记》记载在当地的见闻。

明代，姜准在《岐海琐谈》中记载温州人中秋夜“倾城男女往双门观潮”，可见到明代，朔门一带尚可看到潮水盛况。明清时期，朔门同瑞安门（大南门）之间，贯穿城市南北走向的主要道路“南北大街”，即今解放街。“南北大街”一直是温州城区的重要商业街道。

清末温州开埠后，朔门外是轮舟辐辏之处，又是管理口岸的“瓯海关”驻地。清光绪十年（1884），温州港建起了温州第一座码头——民国时称“招商局码头”，后来又叫朔门港1号码头。查看民国时期的地图，会发现望江门外各类码头一字排开，各种货物都要通过这个城门进入城内。

“瓯海关”税务公署，位于朔门江边
瓮城是什么

温州古港遗址发现的瓮城遗址，在志书中也都有记载。瓮城，也称月城，由于城门是攻城者首选的进攻目标，既是城池防御薄弱环节也是防御重点，为此常在城门外再构筑一小城，形成两道城门。当敌人攻破第一道城门，进入瓮城内，就会受到来自城上守军的四面攻击。瓮城在春秋时期已见雏形，汉代已成型并普遍构筑。明弘治年间，温州七座城门上都建有重檐的城楼，在城门外面筑有瓮城，有敌楼25座，窝铺35座。

此次瓮城发掘区发现早晚两期的瓮城遗址，早期瓮城为宋元时期，平面结构呈半圆形；晚期为明清时期，平面结构已改建为长方形。

官用栈道与馆驿

此次官用栈道附近即馆驿所在。作为对外港口，古代温州也设有招待海外番使和客商的“外事馆驿”。史料记载，和东京（今河南开封）、广州、泉州等地的“外事馆驿”来远驿一样，温州也设有“来远驿”，招待远来的海外来宾。

根据规划，温州朔门古港遗址未来不仅要打造成温州、浙江历史文化的金名片，而且也将成为“海上丝绸之路”申遗重要佐证。

【“学习强国”浙江学习平台11月3日，《区县新闻丨破46亿美元！向着海的远方，温州鹿城“微笑出海”》】（记者　林婷玮）

从打造“买全国、卖全球”外向型商贸新格局，到主动融入双循环，以市场采购贸易拉动经济新增长，温州鹿城在新外贸赛道上不断迎风领航，开辟出了一片新天地。截至10月19日，试点已累计出口46.41亿美元，同比增长45.81%，提前两个半月完成全年出口任务。

释放政策红利
掌握国际市场话语权

原材料价格上涨、物流运输时间久、仓储柜一箱难求、本地供应链之困……回顾新冠疫情发生以来产生的影响，不少外贸企业仍心有余悸。不过，随着鹿城政策举措效应加速释放、企业坚定自救创新探索，这些挑战逐渐得到了缓解。

以实用、有效为标尺，在助企纾困过程中，鹿城实行“专班制”服务机制，到一线排忧解难，让每个“经济细胞”都活跃起来。

针对企业存在的资金困难，鹿城主动对接多家银行机构，研究出台定制化融资方案和产品，针对外贸企业轻资产的融资痛点，推出“市场采购贷”项目，解决市场采购贸易企业申请贷款要求高、放贷慢的问题，已为22家企业发放贷款4800万元。

在从中受益的温州卓晟进出口有限公司负责人苏苗连看来，市场采购贸易方式优势明显，是政府解决出口难题、减轻外贸人经营压力、降低外贸交易成本的有力举措，也是为促进专业市场发展而量身定制的创新贸易方

式。

适应了疫情初期的变奏，接踵而至的还有海运价格上涨和货柜“一柜难求”，这让不少抗风险能力较弱的小微企业正常经营节奏被打乱，对资金的需求更为强烈。

正当达源国际货运代理有限公司温州分公司董事长金霄一筹莫展之际，一个名为“运费贷”的项目进入了他的视野。通过“政银担”合作模式，企业成功从银行获得一笔贷款，解决了资金周转燃眉之急。“融资之后，我们敢接大单了。”金霄告诉记者，尽管面临疫情冲击，去年公司的出口额增幅150%，今年预计还能翻两倍。

通过确定性的物流保障，让商家发得出货，正是鹿城的着重发力点。鹿城与金融机构合作，结合小微外贸代理企业运输和贸易中产生的数据，为企业进行“数字画像”，金融机构以企业在运输和贸易中产生的数据为依据，为企业提供纯信用、免抵押的低利率融资，支持出口货物顺利出运，赋能出口实体经济发展，已为33家企业授信金7500万元。

全球客商云集，一直是鹿城“买卖全球”的关键优势之一。如今在鹿城，市场与物流双轮驱动、协同发展。今年以来，鹿城加速现有市场采购贸易试点集聚区内专业市场扩容，新增温州交运国际商贸城贸易区，发动全体市场采购贸易供货商集中入驻，贸易区内部设立商品展示区、县市区特色商品馆与“出口代办”服务点，打造“个体集聚、展销结合、服务集成”的三位一体市场，加速从试点起步初期的“集中注册、虚拟运行”向“集中入驻、实体集聚”转型，已有896家个体商户在新市场实体注册。

温州六渡供应链有限公司董事长黄策正是通过这一点看到了商机，亦对未来充满信心。“小商户缺乏出口能力，厂家既要生产又要做出口贸易，实在很难。有了展示平台，出口商户直接向厂商订货出口，而厂商则专心搞生产，分工合作，既缓解了资金压力，又增加了外贸流量。”黄策表示。

扬长产业链优势
拓展外贸经济新廊道

只有更便利，才能更开放。围绕贸易自由，鹿城制度创新的热潮不息。

为了让商户更好地享受到市场采购政策红利，鹿城在温州国际鞋城成立了“数字化V管家”，为商家提供一站式、全流程出口贸易服务，助力市场商户足不出区，联通全球。

“以前‘不敢不懂不会’做外贸生意，对外贸出口望而却步。”温州国际鞋城内个体户柳美静说，“经过政策宣讲和指导，现在我动动手指头就可以参与到外贸出口环节，目前我们每周至少要发一批鞋子到广州和义乌。”柳美静算了一笔账，至今她已经节约了5万余元的物流成本。

柳美静说的“动动手指头”，指的就是鹿城建立起的集商品备案、报关申报、组货拼箱、通关出口等于一体的一站式市场采购贸易服务平台。该平台帮助解决了中小微外贸企业量小单多、品类繁杂、无票出口等难题，企业再也不用担心市场杂货订单零碎、报关手续复杂等问题。

“完善的出口配套服务帮助我们打通了‘本地特色产业＋专业市场＋市场采购’供应链，现在我们得到了不少出口订单，海外客户越来越多，可算是抓住机遇成功融入了国内国际双循环。”温州国际鞋城负责人苏华章介绍。

有了面向世界的贸易平台，还需要畅通无阻的国际贸易快速通道。鹿城借助“订单＋清单”监测系统，测算出本土企业出口高频地区，协助对接落地温州港新直航线，匹配企业需求。协助起成效，今年温州港新增2条直航航线，至此，温州港已开通至东南亚、远东等区域的直航航线10条，基本形成贯通全省、连接国内、通向世界的物流运输体系。

正因背靠强大的产业链供应链，鹿城以公路、铁路、海运、航运为依托，海陆空并举、干支线相结合，拓展新通道，实现高水平对外开放，所以鹿城制造出海才更有底气。

时与势之间，鹿城满蓄着主动求变的思考和谋划。10月14日，宏鑫达（温州）供应链有限公司以市场采购贸易方式申报出口的一批温产调料品，成功获得海关签发的电子底账，通过海运发往新加坡。

“自从开展市场采购贸易方式出口预包装食品试点，预包装食品出口不再限定于食品原产地，我们可以顺利办理出口通关手续。”公司总经理夏小庆介绍说，“在鹿城直接采购、申报出口本地食品，极大丰富了公司的出口产品结构。”

依托这些开放金钥匙，鹿城也在不断扩大“朋友圈”。触摸全球化的印记，鹿城将全力以赴在拓展内涵、强化服务、创新试点、开拓海外市场等方面下功夫，加快国际化发展步伐，构筑外贸发展新高地。

市域媒体报道选辑

【《今日鹿城》4月17日，《服务打包送上门来、回应诉求高效处置……暖企行动大升级 精准赋能稳外贸》】（记者　林婷玮　朱嘉若）

搭好沟通桥，助力双循环。近日，温州国际经贸促进共同体举行送“服务包”（鹿城站）专题宣讲活动，为25家外贸企业开展RCEP关税减让等政策培训，将服务“打包”送上门。

“服务包”是指温州国际经贸促进共同体根据外贸企业需求，在依法依规前提下，为企业量身定制提供的一揽子服务方案，包括海关政策法律咨询、通关业务指导和疑难问题解决等内容。服务专员由贸仲浙江分会、温州市侨联、市贸促会（市国际商会）、温州海关等12家单位负责人组成，集中精力为重点外贸企业协调解决涉及出口业务相关事宜，高效处置反馈企业诉求。

政策服务创优
蓄灌全新动能

面对错综复杂的国际形势，如何让外向型企业在新生RCEP大市场中发展壮大并增强自身免疫力，这是当前温州国际经贸促进共同体服务外贸企业的重要课题之一。此次培训围绕RCEP对鹿城经济的影响及对策、RCEP优惠政策和原产地规则等主题，从理论到实务，全方位、多维度进行专业解读，以更精准服务为企业赋能，让本土外贸企业在“走出去”过程中既能抓住机遇又能抵御风险。“我们将用足用好RCEP红利，最大化发挥RCEP效力，为鹿城发展新产业、构建新格局、推动开放型经济高质量发展作出贡献。”浙江腾腾电气有限公司董事长滕敏亮表示。

活动中，各责任人还与企业建立微信联络群，之后将通过实地考察、面对面座谈等多种方式深入了解企业需求，为企业定制个性化服务。“对企业反映的问题我们将紧盯不放，一跟到底，切实解决。”温州国际经贸促进共同体相关负责人表示。

受疫情影响，国外港口拥堵情况日益突出，国际海运市场缺舱、缺箱现象频发，导致运价持续上涨，中小外贸企业苦不堪言，出口节奏被打乱，严重制约了开放型经济发展。鹿城通过梳理解决本地企业出口面临的困难和问题，专班制优化企业服务，支持培育内外贸一体化的贸易双循环企业，促进市场采购、跨境电商等新业态新模式发展壮大，加快建设外贸强区。

疫情发生以来，区商务局进一步升级“暖企行动”，创新开展线上培训和宣传，围绕物流、进口防疫等主题，已先后举办7场政策宣讲会，加快推动各级惠企政策实实在在惠及企业，有力支持本土企业共克时艰。

政策宣传和路径解读助力外贸企业“掘金”。RCEP政策正式生效以来，鹿城找准角色定位和融入路径，开展企业调研与政策宣贯，帮助企业用好RCEP自由贸易协定带来的税收优势，持续在减轻企业负担上做减法，在提升惠企服务质效上做加法。

温州金瑞五金锁具有限公司是一家外贸企业，产品主要出口到泰国、缅甸等国。随着今年年初RCEP新政的实施，企业第一时间通过当地海关部门申请到原产地证书，享受进口国相关关税减免优惠，有效增强了企业出口产品在东南亚地区的竞争力。公司业务经理算了一笔账："在政府相关部门的帮助和支持下，目前已累计办理超300票，出口总额约200万美元，为我们降低企业成本提供了合规路径，也为我们更加深入参与国际交流合作提供了有力支持。"

专班尽锐出战
助力行稳致远

"专班的干部都是好样的，个个都是业务专家，对企业提出的问题和需求是有问必答、有求必应。"最近，温州豪迈和盛供应链管理有限公司业务经理颜利坚称赞道。

据介绍，颜利坚口中所说的专班是由区商务局和区轻工产品交易服务中心在2021年抽调业务骨干成立的数字化V管家，专门为选择市场采购贸易方式出口渠道的本地企业提供专项对接服务。在疫情防控期间，区商务局及时聚焦外贸新业态发展，优化和探索外贸新业态服务新举措，助力外贸企业发展行稳致远。

为缓解中小企业转型痛点，鹿城打造数字贸易"一站通"平台，构建出海"魔方底座"。商事登记、运营人资质获取等一系列云服务，让企业主体会到"人在室内坐，事在云中办"的畅快，并上线运行自主免税申报、报关小助手、WMS拼箱系统等25项配套全贸易基础业务的功能小程序，持续延伸外贸新业态的服务深度和广度，让企业有了"靠山"。

顺境时为企业提供阳光雨露，逆境时为企业纾困解难，这是鹿城打造一流营商环境的应有之义。让疫情带来的眼前之危，变成中小企业面向未来数字化转型之机。当前，线上展会正在创造新的商业模式和新的数字化收入。对此，鹿城出口专班积极帮助和引导企业通过线上线下开展差异化市场开拓，发动企业积极参与首届数字贸易博览会等活动，帮助外贸企业依托优质展会平台和境外采购商资源，采取线上营销、网上参展等方式开展精准对接，努力争抢订单、扩大出口。

海运市场持续高烧，传统的一般贸易已经力不从心。为了出货，鹿城绞尽脑汁——小货主们拼箱、凑箱，大货主、代理商们则想到了包机、包船的办法来解决供应链问题。日前，状元岙码头市场采购贸易组货拼箱中心一派繁忙景象，吊机高效装卸、驳车往来穿梭，一个个装载出口货物的集装箱经海关检查放行后快速提离码头卡口，投入海外市场。聚焦中小微外贸主体，今年对该组货拼箱中心进行了改造，提质扩容后将最大程度满足中小客户零散货物出口需求，提升家门口贸易自由化便利化水平。

针对外贸企业缺柜难题，鹿城还牵手中远海运集团，在集装箱运输、端到端物流供应链等方面开展深度战略合作，合作方将从调配日常海运舱位、增开加班船等角度切入，千方百计保障企业外销出口。国货国运，为鹿城"稳外贸、促发展"保驾护航。

"钢铁驼队"架起开放新桥梁。去年，中欧（义新欧）班列温州号实现常态化运营，物流配送网络覆盖欧亚大陆全境。鹿城企业通过"公铁联运"，实现了货物点对点从企业到客户的直接运输，使得货物以更高效、低成本通往"一带一路"共建国家。"当前全球航线集装箱普遍缺箱，义新欧班列起到重要的补充作用。只要有货，我们就能随时出。"温州硕海进出口有限公司董事长叶建敏说。此外，鹿城积极响应企业旺盛的运力需求，助力温州港开通外贸航线6条，可直达菲律宾、俄罗斯、印度尼西亚等国家。

以政府服务为稳定器、以数字贸易为加速器、以体系建设为承载器，今年头三个月，温州市场采购贸易试点累计完成出口11.52亿美元，同比增长33%。区商务局副局长宋坚毅表示，鹿城将按照"政府引导、统筹整合、企业主体、市场运作"的思路，让"鹿城制造"打破地理屏障驶向世界，加快建设更具活力的"千年商港、幸福温州"。

【掌上鹿城客户端8月9日，《跨境电商“尖子生”申请出列——上半年鹿城拿下第一！》】（记者　林婷玮）

随着跨境电商出口的蓬勃发展，鹿城制造沿着“数字丝路”走向全球千家万户，跨境电商新业态已渐成外贸新常态。据统计，今年上半年，鹿城在温州跨境电商综合试验区项下出口54.73亿元，同比去年出口额超三倍，排名全市第一，出口额占比全市一半以上，且提前半年完成全年目标，完成率195.46%。

造船！双循环中寻新机
老字号乘风出海

走进巨一集团，各种智能机器设备马力全开，工人们正争分夺秒忙生产、装货柜。一场疫情给鹿城鞋业带来前所未有的风浪，也更加坚定鹿城鞋业转型升级、乘风破浪的信心。以原材料涨价、库存积压、同质化竞争为突出矛盾的行业困境持续困扰着传统鞋企，不少鹿城鞋企都在探索各自的突围之路，而作为温州鞋行业贸易龙头企业的巨一集团，则选择了利用互联网智能化，大力发展跨境电子商务。

“看到了希望！”这是巨一财务总监黄建泽对跨境电商的看法。黄建泽告诉记者，跨境电商能冲破外贸多重压力，直达海外市场和国外消费者，这对外贸企业而言是一个千载难逢的发展机遇。为此，2020年，巨一开始布局跨境电商。

要发展先铺路。鹿城纾困、培优两手抓，坚持数字产业化、产业数字化，积极发展“产业带+跨境电商”模式，进一步优化跨境电商贸易流程，提升传统品牌附加值，同时加强金融创新、政策支持、孵化指导、人才引育，依靠龙头企业，吸引配套服务企业，推动特色产业抱团式发展、集群式壮大。

在黄建泽看来，这一模式给了企业创新的机会。“去年，我们跨境销售的商品交易总额达到了3000万美元以上，且获得了政府的144万元补助金。要把自己独特的东西推出去，这条路我们肯定还要加码，继续做大做强。”黄建泽透露。

投入巨资建设数字化厂房，便可见巨一对鞋业转型升级的努力。巨一正在“中国鞋都”建造一处集生产、销售、研发设计、AI数据化物流等功能于一体的智能健康和时尚鞋艺制造基地，项目投产后将实现年产800万双鞋，亩均产值超650万元。“数字化驱动之下，我们也将积极构建跨境电商产业链生态，帮助更多同行鞋企通过互联网开拓国际市场，让更多人认识并接受鹿城品牌。”黄建泽说。

不可否认，一双鞋能创造巨大市场。从上个世纪传统手工作坊云集到后来声名大噪的中国鞋都，趁着互联网东风劲舞、跨境电商政策红利不断释放，鹿城正把“足下生意”做得风生水起，也带动了本地口岸物流发展，促使外贸企业、货物及数据“三回流”。去年，鹿城企业以跨境电商9710模式报关出口累计超2300万美元，折合人民币1.48亿元。其中，温州港下水，通过内支线运往宁波港出口1446万美元，占比近三分之二。

抱团！打造出海护城河
抱团组局寻增量

跨境电商已是一片新蓝海，但在这蓝海之下暗藏无数的礁石和激流。如果没有坚固的品牌“护城河”，企业极易陷入低价竞争的恶性循环。为此，鹿城挖掘并培育由本土企业自发成立的跨境电商综合服务平台“琅琊阁”，以及位于南郊街道的省级跨境电商园，两大平台为企业“全球开店”提供一站式、全流程配套服务，包括开辟空间进行直播带货、输送人才、举办培训讲座沙龙等，孵化本土企业积极上线触网，助推鞋服运动、食品日用、家具家电等优势产业并线作战、拼团出海，从量向质逐步转变，成为外贸增长的澎湃新动能。“希望能把业内创客都聚到一起，把跨境电商这个蛋糕做大，让企业少走弯路、少踩坑。”“琅琊阁”负责人常烽表示。

温州蟠胤贸易有限公司是一家专门从事物流的企业，经过几年打拼，成功打入东南亚等多国市场。“如何开展线上交易，我们一开始完全不懂，现在有了这个平台，不仅增进了老客户的联系，还发展了新客户，让我们对未来的外贸市场多了一分底气。”公司负责人张琦表示。

“不缺好的产品，但缺少渠道。”澳欧美进出口有限公司负责人佳丽道出了诸多企业的尴尬。受全球疫情和大经济环境影响，这几年，传统外贸企业无法出去参展，与客户面对面交流的机会也少之甚少。佳丽告诉记者，自己所在的企业是生产眼镜的工贸一体企业，产品主要销往欧美市场，“我们在最艰难的时期，外贸业务订单被迫取消近20%，企业渴望通过新渠道为外贸业务打开新局面。”

外贸要想持久红，首当其冲要打造一流的营商环境。区商务局相关负责人介绍，鹿城产业多以散货为主，直接邮递的方式成本过高，发展海外仓就成为企业的最优选择。近年来，鹿城推动传统外贸企业与跨境电商卖家合作，推广应用海外智慧物流平台“海外仓服务在线”，利用企业在海外的仓库开展跨境电商海外仓业务，一方面盘活外贸企业的海外资源，另一方面借助与卖家合作帮助外贸企业熟悉跨境电商业务。据统计，温州有117个公共海外仓，而鹿城是唯一一个同时拥有数量最多、品质最高的省、市级公共海外仓头衔的城区，且在“海外仓服务在线”平台上注册并活跃登录的鹿城企业已有近900家，占比全市数量第一。

以眼镜为例，国内出厂价格20元，但在欧美发达国家可以卖到更高价格，以往中间利润会被品牌商拿走。近几年通过线上渠道，生产眼镜的企业接单量大幅增长、利润翻番。

伴随着越来越多的入场者，跨境电商在竞争中不局限于“一城一池”，数字化发展、精细化运营成为新的课题。做大做强跨境电商，鹿城有着自己的勃勃雄心，将继续推动跨境电商物流链、供应链、产业链优化发展，让众多小微企业低门槛、低成本参与到跨境电商赛道中来，助力“尖子生”再拔尖。

【《温州日报》11月27日，《温州西部新城核心区控规调整获批同时规划新建江湾路过江通道和地下环线》】（记者　施晴雯　通讯员　金奇豪）

日前，市政府正式批复《温州市仰双片区中央涂单元及鞋都一期C-26等地块控制性详细规划（修编）》（以下简称“规划”），该规划的获批将加快西部新城核心启动区建设，力促鹿城进一步打造瓯江两岸协同发展新格局。

本次规划修编聚焦西部新城核心启动区，用地范围东起翠微大道，西至西排河，北至瓯江，南至过境路，约4.3平方千米。该片区功能定位为温州主城区西部副中心，将围绕“产城融合创新高地、城市西部门户地标、市民公共服务中心、舒适宜居公园城市”四个目标，打造“产、城、人”融合发展的样板区、温州西部集聚青创人才的目的地和激发创新活力的孵化器。此次规划是对前一轮规划的优化提升，调整后更加注重产城融合、集约用地、交通便利。规划增强核心区时尚创新创业空间，进一步完善公共服务配套，设置城市阳台、亲水驳岸等休闲设施，还设计布置五处特色公园和多个口袋公园，着力构建15分钟生活圈和5分钟生活圈配套设施。

同时，规划新建江湾路过江通道，旨在实现西部新城与瓯北产业区的互通互联，加强鹿城对瓯海西部和瓯北的人口吸引与生活产业辐射能力。并规划地下环线，通过地下单向逆时针环线贯穿各区块地下空间，构建西部新城地下空间高效开发、统一利用的发展态势，充分缓解地面交通压力。

根据规划，该片区将形成“双轴联动、四坊聚核、多廊贯通”的总体结构。“双轴联动”指东西贯穿西部新城的拥江发展轴和南北统领硬核空间秩序的中央产城活力轴。“四坊聚核”分别为核心新城硬核区，中央活力坊，西翼围绕环贸港、时尚展销中心形成的复合产城坊，东翼的中央涂与营楼桥两个未来社区坊。“多廊贯通”指多条南北向通山达江、结合绿色基底自江边向城市渗透的绿色开敞式景观廊道。

（陈孝峰）

编辑　孙任翔

附　录

主要组织机构及其负责人名录

2022 年鹿城区国民经济和社会发展统计公报

重要文献

重要文件目录

主要组织机构及其负责人名录

中共温州市鹿城区委员会

书　记：白洪楞
副书记：张崇波
　　　　连正坚
常　委：白洪楞
　　　　张崇波
　　　　连正坚
　　　　吴松泉
　　　　吴春波
　　　　张　伟（女）
　　　　陈军苹（女）
　　　　余长友
　　　　陈允岳
　　　　俞　俊
　　　　林　杰
　　　　伍国军
　　　　叶恒坚

党委部门机构

办公室

主　任：叶恒坚（—2022.1）
　　　　吴旭东（2022.1—）
副主任：邹海鹏（—2022.3）
　　　　张　靖（—2022.3）
　　　　曾奇凡（兼，—2022.3）
　　　　谢文剑（—2022.7）
　　　　叶祥建（—2022.12）
　　　　金　鑫
　　　　夏爱睦（2022.3—）
　　　　卢怡畅
　　　　郑　杰（2022.3—）
　　　　朱如明（兼）
　　　　邓文海（兼，2022.3—）
　　　　陈　铣（兼，2022.7—）

组织部

部　长：余长友
常务副部长：金浙瓯（—2022.12）
　　　　　　徐　宁（2022.12—）
副部长：黄坚靖
　　　　叶俊杰（—2022.12）
　　　　谢　璇（女）
　　　　黄凌萍（兼，—2022.3）
　　　　邹海鹏（2022.3—）
　　　　叶佩玲（女、兼）
　　　　陈建光（兼）
　　　　滕将华（2022.12—）
人才办专职副主任：滕将华
区关工委专职副主任：徐静娴（女，2022.7—）

非公有制经济组织和社会组织工作委员会

书　记：黄坚靖
副书记：杨振海

宣传部

部　长：叶恒坚
常务副部长：马绍兴

副部长：占志清
邵觐俐（女）
柯胡斌
郑乐斌（兼，—2022.11）
林昌旭（兼，2022.11—）
网信办主任：邵觐俐（女）
网信办专职副主任：朱丽华（女）

统战部
部　长：陈军苹（女）
常务副部长：邹本笃（—2022.1）
潘道光（2022.3—2022.11）
贾钧钬（2022.11—）
副部长：潘道光（—2022.3）
狄登云
叶学理（—2022.3）
陈　琳（女）
李　俊（2022.7—）
林昌旭（兼，2022.3—2022.11）

政法委员会
书　记：连正坚
副书记：章　胤（—2022.3）
曾奇凡（2022.3—）
章　挺
徐　晋
陈宏余
政治处主任：蔡丽萍（女，—2022.1）
陈芳芳（女，2022.7—）

机构编制委员会办公室
主　任：叶佩玲（女）
副主任：张鹏程
陈迎芳（女）

区委台湾工作办公室（政府台湾事务办公室）
主　任：叶恒坚（—2022.1）
吴旭东（2022.1—）
专职副主任：李爱国

区委直属机关工作委员会
书　记：余长友
常务副书记：陈建光
副书记：刘速勇
谢沛龙（—2022.7）
林　晓（女，2022.12—）
纪工委书记：杨　文（—2022.12）
钱寒之（2022.12—）

鹿城区委巡察办
主　任：潘云良（—2022.3）
陈乃鑫（2022.3—）
副主任：陈　茜（女）
第一巡察组组长：谷旭东
副组长：祝海潮
巡察专员：胡健艺（女）
第二巡察组组长：凌建飞（—2022.7）
盛　芳（女，2022.7—）
副组长：谢　芳（女）
谢德夫（2022.7—）
巡察专员：邵小林
第三巡察组组长：林　克
副组长：陈建策
巡察专员：徐亚达
第四巡察组组长：陈　滨
副组长：黄金武
巡察专员：林　敏（—2022.1）
黄凌云（2022.3—）

信访局
局　长：曾奇凡（—2022.3）
邓文海（2022.3—）
副局长：曹隆皓（—2022.12）
葛欢欢（女，—2022.7）
王圣材
张　剑（2022.7—）
信访督查专员：张　剑（—2022.7）
潘卧虎（2022.7—）

精神文明建设指导中心
主　任：郑乐斌（—2022.11）
林昌旭（2022.11—）
副主任：许增多
陈先进

顾金龙（2022.10—）

档案馆
馆　长：朱如明
副馆长：王剑峰（—2022.12）
　　　　卞苏贵（2022.7—）
　　　　邹银华（2022.12—）

关心下一代工作委员会（办公室）
（2022年7月合并至区委组织部）
常务副主任：郑向远（—2022.3）
办公室主任：郑向远（—2022.3）

社会矛盾纠纷调处化解中心
（2022年10月更名为社会治理中心）
主　任：邱晓东（—2022.10）
常务副主任：葛欢欢（女，—2022.7）
　　　　　　陈宏余（—2022.10）
副主任：陈　丹（女，—2022.10）
　　　　曾胡龙（—2022.10）
书　记：章　胤（—2022.3）
　　　　曾奇凡（2022.3—2022.10）

社会治理中心
主　任：邱晓东（2022.10—）
常务副主任：陈宏余（兼，2022.10—）
　　　　　　张　剑（兼，2022.10—）
副主任：陈　丹（女，2022.10—）
　　　　朱达江（2022.10—）
书　记：曾奇凡（2022.10—）

鹿城区第十届人大常委会

主　任：王易进（—2022.2）
　　　　贾焕翔（2022.2—）
副主任：叶治台
　　　　吴晓贵
　　　　吴祝凡
　　　　全一凡（2022.2—）
　　　　蔡建旺（2022.2—）
　　　　周　鹏（2022.2—）
党组书记：贾焕翔
党组副书记：叶治台
　　　　　　全一凡（2022.3—）

办公室
主　任：甘卫康（—2022.3）
　　　　季新扬（2022.3—）
副主任：吴东来（—2022.3）
　　　　陈腾超（—2022.3）
　　　　杨萌芝（女，2022.7—）

监察和法制司法工作委员会
主　任：谢　伟（—2022.3）
　　　　夏怀明（2022.3—）

预算工作委员会
主　任：林宣富（—2022.3）
　　　　叶连敏（女，2022.3—）
副主任：黄建双

教科文卫工作委员会
主　任：叶连敏（女，—2022.3）
　　　　黄西堤（女，2022.3—）
副主任：李　丰（女，—2022.3）
　　　　夏海燕（女，2022.12—）

民宗侨外工作委员会
主　任：毛显华
副主任：王　俊（—2022.3）
　　　　章虹影（女，2022.7—）

城乡建设环境保护工作委员会
主　任：陈康亮（—2022.3）
　　　　李和忠（2022.3—）
副主任：李和忠（—2022.3）

农村和资源保护工作委员会
主　任：施文明（—2022.3）
　　　　李利法（2022.3—）
副主任：季新扬（—2022.3）
　　　　黄浩宇（2022.3—）

代表工作委员会

主　任：李利法（—2022.3）
　　　　张琳玮（女，2022.3—）
副主任：张琳玮（女，—2022.3）
　　　　顾武军（2022.3—）

社会建设工作委员会

主　任：戴海波（—2022.3）
　　　　黄凌萍（2022.3—）
副主任：夏怀明（—2022.3）

政策研究室

主　任：陈　煦（女，—2022.3）
　　　　陈腾超（2022.3—）
副主任：李姚剑（2022.7—）

财政经济委员会

主任委员：夏理勇（—2022.2）
　　　　　吴晓贵（2022.2—）
副主任委员：叶　青（—2022.2）
　　　　　　郑向远（2022.2—）
　　　　　　章　军
　　　　　　谷建勇（2022.2—）
　　　　　　叶连敏（女，2022.2—）

监察和法制司法委员会

主任委员：叶治台（—2022.2）
　　　　　吴祝凡（2022.2—）
副主任委员：项巨澜（女）
　　　　　　王剑波（2022.2—）
　　　　　　黄春荣（2022.2—）
　　　　　　夏怀明（2022.2—）

社会建设委员会

主任委员：吴晓贵（—2022.2）
　　　　　蔡建旺（2022.2—）
副主任委员：陈　煦（女，2022.2—）
　　　　　　周国强
　　　　　　石笑茹（女）

教科文卫委员会

主任委员：全一凡（2022.2—）
副主任委员：王　敏（女，2022.2—）
　　　　　　张　胜（2022.2—）
　　　　　　戴海波（2022.2—）
　　　　　　黄西堤（女，2022.2—）

城乡建设环境保护委员会

主任委员：周　鹏（2022.2—）
副主任委员：陶玉燕（女，2022.2—）
　　　　　　王　俊（2022.2—）
　　　　　　王永标（2022.2—）
　　　　　　李和忠（2022.2—）

鹿城区人民政府

区　长：张崇波
常务副区长：林　杰
副区长：张　伟（女）
　　　　陈允岳
　　　　伍国军
　　　　潘旭光
　　　　杨丽霞（女，2022.2—）
　　　　邹向阳
　　　　王永林
　　　　周　岷（2022.2—）
　　　　王媛媛（挂，2022.2—）
党组书记：张崇波
副书记：林　杰

政府部门机构

办公室

主　任：吴旭东（—2022.1）
　　　　黄飞达（2022.1—）
副主任：陈显建
　　　　陈明毅（—2022.12）
　　　　叶　彬（—2022.3）
　　　　柯　特（—2022.3）
　　　　叶琪琪
　　　　金明月（女，—2022.7）
　　　　赵德胜
　　　　朱　川
　　　　赵宾武（2022.3—）

周　骞（2022.3—）
蔡　力（2022.3—）
胡苗苗（女，2022.12—）
何俊磊（挂职，2022.7—）
党组书记：吴旭东（—2022.1）
黄飞达（2022.1—）

大数据中心

（2022年7月由副科级升格为正科级单位）
主　任：赵　洁（女，—2022.7）
林　云（2022.7—）
副主任：赵　洁（女，2022.7—）
包晓宇（女，2022.7—）
魏天强（2022.7　）

人民防空办公室（民防局）

主　任：周　驰

发展和改革局（物价局）

局　长：黄飞达（—2022.3）
黄锦辉（2022.3—）
副局长：王　毅
陈德彬
朱嘉兴（—2022.3）
陈　冬
党组书记：黄飞达（—2022.3）
黄锦辉（2022.3—）
区国动办主任：黄锦辉（2022.12—）
区国动办副主任：王　毅（2022.12—）
服务业发展中心主任：江建光
社建委专职副主任：葛欢欢（2022.7—2022.10）
杨淑和（2022.7—）

经济与信息化局

局　长：董晓来
副局长：陈　众（—2022.7）
蔡金榜
麻　钞
林　哲（2022.7—）
梅争艳（2022.7—）
总工程师：史　思（女）
党组书记：董晓来
党组副书记：陈　众（—2022.7）
麻　钞（2022.10—）

教育局

局　长：陈胜利
副局长：武连春（2022.10—）
林如辉
祝建武（—2022.7）
陈小珍（女）
吴万方（2022.7—）
党委书记：陈胜利
党委副书记：武连春
党委专职副书记：王芙蓉（2022.10—）

教育督导室

常务副主任：陈胜利
副主任：林月嫦（女）

科学技术局

局　长：何栩栩（女，—2022.11）
姜善义（2022.11—）
副局长：张　忠（—2022.3）
王芙蓉（女，—2022.10）
戴立武（2022.7—）
黄颖洁（2022.12—）
党组书记：何栩栩（女，—2022.11）
姜善义（2022.11—）
督查专员：黄迟青（2022.10—）

民族宗教事务局

局　长：狄登云

民政局（移民办、老龄委办、社工办）

局　长：林明武
副局长：陈文斌
傅云云（女，—2022.7）
黄圣甫
侯圣剑（2022.7—）
党组书记：林明武
党组副书记：陈文斌

移民办
副主任：郑建平

市公安局鹿城分局
局　长：潘旭光
政　委：徐知竑
常务副局长：张　皓（—2022.12）
　　　　　　沈　诺（2022.12—）
副局长：徐向东（—2022.12）
　　　　沈　诺
　　　　林孟闯（—2022.6）
　　　　木兆隆
　　　　李忠洁
　　　　蔡国华（2022.6—）
　　　　宋　轩（2022.12—）
　　　　吴松洁（2022.12—）
党委书记：潘旭光
副书记：张　皓（—2022.12）
　　　　沈　诺（2022.12—）
政治处主任：吴松洁（—2022.12）
　　　　　　滕自立（2022.12—）

司法局
局　长：张海云（—2022.12）
　　　　叶俊杰（2022.12—）
副局长：陈朔霄（女）
　　　　周　密
　　　　孙曙光
　　　　左　亮
党组书记：张海云（—2022.12）
　　　　　叶俊杰（2022.12—）
党组副书记：左　亮
政治处主任：周　嫄（女）

财政局
局　长：周　岷（—2022.3）
　　　　陈翔俊（2022.3—）
副局长：陈幼彦
　　　　顾武军（—2022.7）
　　　　孙丽娟（女）
　　　　徐　丹（女）
　　　　白劲松（2022.7—）
总会计师：余林霄（—2022.7）
　　　　　严正海（2022.7—）
党组书记：周　岷（—2022.3）
　　　　　陈翔俊（2022.3—）
党组副书记：陈幼彦
督察专员：刘建雄（2022.10—）

人力资源和社保局
局　长：胡　栩（女，—2022.3）
　　　　邹海鹏（2022.3—）
副局长：刘玉和（—2022.1）
　　　　王雅慧（女）
　　　　吴进洪（2022.7—）
　　　　沙海霞（女，2022.7—）
党组书记：黄凌萍（—2022.3）
　　　　　邹海鹏（2022.3—）

住房和城乡建设局
局　长：周　驰
副局长：梁建峰（—2022.7）
　　　　陈　峰
　　　　白劲松（—2022.7）
　　　　徐向速
　　　　林　喆（2022.7—）
　　　　陈　晨（挂，2022.7—）
党委书记：周　驰
党委副书记：梁建峰（—2022.7）
　　　　　　林　喆（2022.7—）
总工程师：朱震东（—2022.3）
　　　　　范大军（2022.7—）
区城市建设中心主任：黄　越（2022.12—）

交通运输局
局　长：余　骋（—2022.3）
　　　　朱海滨（2022.3—）
副局长：侯超万
　　　　林一俭
　　　　杨　菠（女）
党组书记：余　骋
总工程师：范大军（—2022.7）
　　　　　陈千书（2022.7—）

公路管理中心
主 任：方国林

农业农村局
局 长：方学优（女）
副局长：夏剑示
杨建勇
总工程师：王浦仁
党组书记：金长康
副书记：杨建勇

畜牧兽医发展中心
主 任：诸建鹏（—2022.12）
干莉静（2022.12—）

商务局
局 长：严求真（—2022.3）
李常春（2022.3—）
副局长：董胜坤（—2022.7）
宋坚毅
陈 建（2022.7—）
傅云云（女，2022.7—）
总经济师：苏煜雯（女，—2022.7）
党组书记：李常春

文化和广电旅游体育局
局 长：刘玉东
副局长：王正良
夏海燕（女，—2022.12）
陆 博
邵勤央（女，2022.12—）
党组书记：刘玉东

卫生健康局
局 长：滕 淼
副局长：甘 毅
董 葱（女）
林光明
党委书记：滕 淼
党委副书记：陈建辉

退役军人事务局
局 长：吴荣华
副局长：陈小微（女）
胡建华
陈正军
夏国平（兼，2022.3—）
党组书记：吴荣华

审计局
局 长：安建光
副局长：柴一蝉（女）
陈洁琼（女，—2022.7）
党组书记：安建光
党组副书记：柴一蝉（女）
总审计师：段亚丁（—2022.3）
余林霄（2022.8—）

统计局
局 长：陈翔俊（—2022.3）
周文豪（2022.3—）
副局长：李臣庚
李 颖（女）
党组书记：陈翔俊（—2022.3）
周文豪（2022.3—）
总统计师：戴立武（—2022.7）
林 娴（女，2022.7—）

应急管理局
局 长：陈 辉
副局长：向 东
南 骏
王 华
杨国富
总工程师：余迪帆
党委书记：陈 辉
党委副书记：向 东

市场监督管理局
局 长：周松平
副局长：叶洪康（—2022.12）
徐 宇
潘 仁

王　挺
夏仙亦（女，2022.7—）
施晓文（2022.7—）
党委书记：周松平
党委副书记：叶洪康（—2022.12）

金融办
主　任：陈　峰（—2022.3）
郑　佳（2022.3—）
副主任：姜　辉
林祝波
党组书记：陈　峰（—2022.3）
郑　佳（2022.3—）

综合行政执法局
局　长：肖达统（—2022.3）
陈跃龙（2022.3—）
副局长：徐海文
谢忠祥
潘小雷
杨乃领
总工程师：谷文彤
党组书记：肖达统（—2022.3）
陈跃龙（2022.3—）
党组副书记：徐海文

园林绿化管理中心
主　任：应周清
副主任：沈胜敏（—2022.10）
程　悦（女）
刘琼珍（女）
曾胡龙（2022.10—）
总工程师：谢文挺
党组书记：肖达统（—2022.3）
陈跃龙（2022.3—）
党组副书记：应周清

环卫处
主　任：陈仁俊

市政公用管理处
主　任：陈飞雷

区投资促进服务中心
主　任：黄锦辉（—2022.3）
章志义（2022.3—）
副主任：梅争艳（女，—2022.7）
陈小川
廖琳珉
徐建西（女，2022.7—）
党组书记：黄锦辉（—2022.3）
章志义（2022.3—）

机关事务管理中心
局　长：陈维新
副局长：王赛娜（女）
毛显康
潘海东
党组书记：陈维新
党组副书记：王赛娜（女）

旅游和体育事业发展中心
主　任：陈　龙
副主任：金飞漫（女）
邵勤央（女，—2022.12）
党组书记：刘玉东
党组副书记：陈　龙

政务服务中心
主　任：黄浩宇（—2022.3）
张　凯（2022.3—）
副主任：倪祖平
章虹影（女，—2022.7）
南鹏程
李　靓（女，2022.7—）
党组书记：林　杰（—2022.3）
张　凯（2022.3—）
党组副书记：黄浩宇（—2022.3）

新居民服务中心
主　任：张　正
副主任：朱达江（—2022.10）
徐英豪（2022.10—）
党组书记：张　正

供销合作社
主　任：韦龙成（2022.3—2022.11）
　　　　叶苏达（2022.11—）
副主任：彭琦瑜（女）
　　　　陈　众（2022.7—）
党委书记：韦龙成（—2022.11）
　　　　　叶苏达（2022.11—）

农村合作经济组织联合会
主　任：韦龙成（2022.3—2022.11）
　　　　叶苏达（2022.11—）
副主任：彭琦瑜（女）
　　　　周笑美（女，—2022.7）
　　　　陈　众（2022.7—）
　　　　金忠胜（2022.7—）

轻工产业园区管理委员会
（2022年3月撤并到鹿城经开区管理委员会）
主　任：肖忠格（—2022.3）
常务副主任：林昌旭（—2022.3）
副主任：赵金銮（—2022.3）
　　　　应祖迁（—2022.3）
　　　　王莉静（—2022.3）
总工程师：王金存（—2022.3）
党委书记：徐　宁（—2022.3）
党委副书记：肖忠格（—2022.3）
　　　　　　林昌旭（—2022.3）
　　　　　　章　国（—2022.3）
纪委书记：孙　茹（女，—2022.3）

温瑞塘河工程建设中心
主　任：李　俊（—2022.7）
　　　　梁建峰（2022.7—）
副主任：陈　钧
　　　　李建武
　　　　章李津（女）
党组书记：李　俊
纪检组长：王建浩

融媒体中心
主　任：章志义（—2022.3）
　　　　金明月（2022.3—）
副主任：郑　克
　　　　林　梅（女）
党组书记：章志义（—2022.3）
　　　　　金明月（2022.3—）

土地储备中心
主　任：章凌志（—2022.10）

温州鹿城中国鞋都产业园区服务中心
（2022年3月撤并到鹿城经开区管理委员会）
副主任：蔡海波（—2022.3）
　　　　杨一燕（女，—2022.3）
总工程师：徐英豪（—2022.3）

城中村改造建设中心
（2022年10月更名为城乡改造和编研中心）
主　任：黄　策（—2022.10）
副主任：徐建西（女，—2022.7）
　　　　温　和（—2022.10）
　　　　诸陈东（—2022.7）
　　　　陈拓程（2022.7—2022.10）
总工程师：卢力行（女，—2022.10）
党组书记：黄　策（—2022.10）
党组副书记：徐建西（女，—2022.7）

历史文化街区建设服务中心
主　任：陈　铣
副主任：林泉澄
　　　　蔡蔓蔓（女）
总工程师：陈千书（—2022.7）
　　　　　戴晓隆（2022.7—）
党组书记：陈　铣
党组副书记：黄甬瓯（兼，—2022.7）

区房产管理中心
主　任：陈剑峰
副主任：陈良福
　　　　陈望新（女）
　　　　李道章（2022.7—）
总工程师：叶张材
党组书记：陈剑峰
党组副书记：陈良福

轻工产品交易中心
主　任：严求真（—2022.3）
马晓玲（2022.7—）
副主任：颜子禾
蔡海波（2022.3—）
马晓玲（2022.3—）
总工程师：陈明洁
党组书记：李常春

鹿城经开区管理委员会
主　任：叶学理（2022.3—）
副主任：赵金銮（2022.3—）
王莉静（2022.3—2022.12）
诸建鹏（2022.3—）
杨一燕（2022.3—）
周笑美（2022.7—）
李永刚（2022.7—）

区鞋革产业规划发展中心
副主任：单海峰（2022.7—）
总工程师：沈胜敏（2022.10—）

城乡改造和编研中心
主　任：黄　策（2022.10—）
副主任：温　和（2022.10—）
章凌志（2022.10—）
陈拓程（2022.10—）
总工程师：卢力行（女，2022.10—）
党组书记：黄　策（2022.10—）

政协第九届鹿城区委员会

主　席：周基斌
副主席：胡向阳
蒋　晖（女）
蔡建旺（—2022.2）
杨丽霞（女，—2022.2）
徐一峰（—2022.2）
金龙伟（2022.2—）
金浙瓯（2022.2—）
胡　栩（2022.2—）
王璋弟（2022.2—）
严求真（2022.2—）
秘书长：许卫疆
党组书记：周基斌
党组副书记：胡向阳

办公室
主　任：余　骋（2022.3—）
副主任：何志权
翁圣士

学习文化文史和学习委员会
主　任：范小微（女，—2022.3）
侯捍文（2022.3—）
副主任：金怡然（女）

提案委员会
主　任：侯捍文（—2022.3）
李　丰（2022.3—）
副主任：金琼云（女）

教科卫体委员会
主　任：吴恺娃（女）
副主任：李良俊

社会法制和民族宗教委
主　任：陈国光（—2022.3）
苏士永（2022.3—）
副主任：苏士永（—2022.3）
张　靖（2022.3—）

港澳台侨和外事委
主　任：朱谧娜（女）
副主任：金丽雅（女，2022.3—）

经济委员会
主　任：梁　红（女）
副主任：罗　起

城乡建设和资源环境委
主　任：褚　坚（—2022.3）
范小微（女，2022.3—）
副主任：金丽雅（女，—2022.3）

张　忠（2022.3—）

中共温州市鹿城区纪律检查委员会

书　记：吴春波
常务副书记：邹本笃
副书记：潘云良
常　委：陈乃鑫
吴建亚
葛林海
刘林蔚（女）
办公室主任：王林岳
干部室主任：夏　倩（女）
宣传教育室主任：张文军（—2022.7）
党风政风监督室主任：吴建亚（—2022.3）
吴加耀（2022.7—）
信访室主任：徐伯权（—2022.3）
张文军（2022.7—）
案管室主任：刘林蔚（女，—2022.3）
第一纪检监察室：周亦豪
第二纪检监察室：唐文广（—2022.7）
第三纪检监察室：葛林海（—2022.3）
第六纪检监察室：陈　慧（女，—2022.7）
杨　霁（2022.7—）
案审室主任：杨　霁（—2022.7）
陈　慧（女，2022.7—）

监察委员会
主　任：吴春波
副主任：金龙伟（—2022.3）
滕　淼（—2022.3）
潘云良（2022.3—）
邹本笃（2022.3—）
委　员：谷旭东（—2022.3）
周红雨（女，—2022.3）
詹小红（女，—2022.3）
陈乃鑫（—2022.3）
吴建亚（2022.3—）
刘林蔚（女，2022.3—）
张映雪（女，2022.3—）
徐伯权（2022.3—）

鹿城区纪委区监委派驻纪检监察组
区纪委区监委驻区委办公室纪检监察组
组　长：陈　立
副组长：黄旋旋（女）
邹银华（—2022.12）
薛永坚（2022.12—）
区纪委区监委驻区委组织部纪检监察组
组　长：叶如金（女）
副组长：李　靖
胡　光（—2022.7）
区纪委区监委驻区委宣传部纪检监察组
组　长：沈　斌
副组长：何　军
蓝友平（2022.12—）
区纪委区监委驻区委统战部纪检监察组
组　长：周文林
副组长：潘　俊
方冰冰（女）
区纪委区监委驻区委政法委纪检监察组
组　长：蔡精国
副组长：贾　嘉
孙　茹（女，2022.3—）
区纪委区监委驻区人民法院纪检监察组
组　长：黄朝晖
区纪委区监委驻区人民检察院纪检监察组
组　长：张映雪（女，—2022.3）
唐文广（2022.7—）
区纪委区监委驻区公安分局纪检监察组
组　长：陈　昌

鹿城区人民法院

院　长：刘万成
常务副院长：刘　俊
副院长：方旭东（—2022.1）
蔡谢群（女）
胡　俊
黄文胜（2022.2—）
党组书记：刘万成
党组副书记：刘　俊
政治处主任：陈　斌

鹿城区人民检察院

检察长：陈贤木（2022.2—）
常务副检察长：陈朝晖
副检察长：林　森
李海燕（女，2021.11—）
党组书记：陈贤木
党组副书记：陈朝晖
纪检监察组组长：张映雪（女，—2022.3）
唐文广（2022.7—）
政治处主任：胡华寅

民主党派和联谊会

中国国民党革命委员会温州市鹿城区基层委员会

主　委：胡　栩（女）
副主委：李小静（女）
陈　冬
包锦莹

中国民主同盟温州市鹿城区基层委员会

主　委：傅云云（女）
副主委：陈　绚（女）
叶德汉
姚卫星
李　靓（女）
郑　玮

中国民主建国会温州市鹿城区基层委员会

主　委：蒋　晖（女）
副主委：邵景业
江衍妙
虞淑瑶（女）
邵勤央（女）

中国民主促进会温州市鹿城区基层委员会

主　委：蒋　樨（女）
副主委：金晓群（女）
吴奇红（女）
刘建亮
戴向前

中国农工民主党温州市鹿城区基层委员会

主　委：严求真
副主委：雷　鸣
李炎伦
王　丽（女）

中国致公党温州市鹿城区基层委员会

主　委：王璋弟
副主委：叶剑秋（女）
姜　捷

九三学社温州市鹿城区基层委员会

主　委：杨丽霞（女）
副主委：叶连敏（女）
邱忠虎
胡　亮

鹿城区党外知识分子联谊会

会　长：方学优（女）
副会长：陈　静（女）
张　忠
夏海燕（女）
沈伟亮
刘琼珍（女）
柯　苗（女）
赵　绮（女）
徐小斌

鹿城区新的社会阶层人士联谊会

会　长：陈时升
副会长：翁学院
卓予拉
金国达
夏志勇
曾　菀（女）
侯世栋
李震瓯
叶丽丹（女）
许鹏怀
姜德娟（女）

鹿城区网络界人士联谊会
会　长：黄学敏
副会长：欧阳后增
王青山
胡　亮
王振宇
诸海哲
陈朗朗
黄　航

群团组织

鹿城区总工会
主　席：徐一峰（兼，—2022.3）
金龙伟（兼，2022.3—）
副主席：贾钧钦（—2022.11）
韦龙成（2022.11—）
张乘燕（女）
贺红辉
叶晓清
陈兴良（兼）
蔡发荣（兼）
党组书记：贾钧钦（—2022.11）
韦龙成（2022.11—）

共青团鹿城区委员会
书　记：宋　佳（女，—2022.3）
李璐颖（女，2022.7—）
副书记：王益茅（—2022.12）
刘丹丹（女）
靳　颖（女，兼）
潘飞杰（兼）

鹿城区妇女联合会
主　席：黄西堤（女，—2022.3）
黄休休（女，2022.3—）
副主席：林盈盈（女）
阮春燕（女）
水旭娟（女，兼，—2022.6）
叶剑秋（女，兼，—2022.6）
李　碧（女，兼）
吕丽瓦（女，兼，2022.6—）
李雪品（女，兼，2022.6—）
党组书记：黄西堤（女，—2022.3）
黄休休（女，2022.3—）

鹿城区科学技术协会
主　席：陈丹舟
副主席：董小华（—2022.1）
王金存（2022.3—）
钱寒之（—2022.12）
刘起南（2022.12—）
陈　众（兼）
林如辉（兼）
王芙蓉（女，兼）
王浦仁（兼）
陈建辉（兼）
党组书记：陈丹舟

鹿城区归国华侨联合会
主　席：李　前（女）
副主席：周晓晨
陈　嫣（女）
陈志远（兼）
金　健（兼）
李秀桐（兼）
李建江（兼）
叶雪萍（女，兼）
许鹏怀（兼）
叶建伍（兼）
林小玲（女，兼）
陈长洲（兼）
黄忠胜（兼）
陈　楚（兼）
党组书记：李　前（女）

鹿城区工商业联合会（总商会）
主　席：姜　捷
常务副主席：叶学理（—2022.3）
林昌旭（2022.3—2022.11）
副主席：郑贤勇（—2022.7）
张海周（—2022.7）
柯　晨（2022.7—）
王　磊（2022.12—）

孙宏建（兼）
郑莱毅（兼）
范小青（兼）
滕敏亮（兼）
周赛珍（女，兼）
严章章（女，兼）
张德胜（兼）
陈　序（兼）
郑闻超（兼）
倪秀华（女，兼）
曾　挺（兼）
李坚戈（兼）
王爱超（兼）
白洪程（兼）
陈国敏（兼）
郑　蛮（女，兼）
泮玉祥（兼）
会　长：姜　捷
常务副会长：叶学理（—2022.3）
林昌旭（2022.3—2022.11）
副会长：郑贤勇（—2022.7）
张海周（—2022.7）
柯　晨（2022.7—）
王　磊（2022.12—）
马勇伟（兼）
杨　凡（女，兼）
杨立忠（兼）
易建东（兼）
毛青云（兼）
任海东（兼）
陈出新（兼）
陈思群（女，兼）
沈荣杰（兼）
夏建忠（兼）
黄宗燕（兼）
方信东（兼）
黄志刚（兼）
王国庆（兼）
杨恋诚（兼）
周双临（女，兼）
凌志坚（兼）
党组书记：叶学理（—2022.3）
林昌旭（2022.3—2022.11）

鹿城区文学艺术界联合会
主　席：谢　炬
副主席：林晓东
张海周（2022.7—）
应　真（女，兼）
叶萌春（兼）
陈　泳（兼）
陈忠达（兼）
侯传芳（兼）
杨　菠（女，兼）
柯　苗（女，兼）
郑亦可（挂，女）

鹿城区残疾人联合会
理事长：陈　策
副理事长：叶　琍（女，—2022.11）
龚占山
陈林峰（2022.1—）
何　舟（兼）
党组书记：陈　策

鹿城区红十字会
会　长：张　伟（女，2022.3—）
常务副会长：陈禾禾（女）
副会长：陈　志
叶联合（—2022.3）
邹海鹏（兼）
李　丰（女，兼）
应祖迁（2022.3—）
林如辉（兼）
陈幼彦（兼）
龚占山（兼）

街镇机构

七都街道
书　记：叶正茂（女）
副书记：朱海滨（—2022.3）
朱嘉兴（2022.3—）
陈　建（—2022.7）

刘天昴（2022.7—）
纪工委书记：陈琳琪（女）
党工委委员：施 闻（女，2022.7—）
陈琳琪（女）
刘天昴（—2022.7）
何剑川
林 放（—2022.7）
王晓静（女，2022.7—）
黄蒙福
吕俊扬
夏 珑（—2022.10）
赵杨熳（2022.10—）
主 任：朱海滨（—2022.3）
朱嘉兴（2022.3—）
副主任：刘天昴（—2022.7）
施 闻（女）
张 伟（—2022.7）
吴雨石
林拾蓬（2022.7—）
黄焕克（2022.12—）
卢仁浩（挂职，—2022.11）
人大工委主任：周文豪（—2022.3）
谢文剑（2022.7—）
人大工委副主任：徐海翔（女）

滨江街道
书 记：周 鹏（—2022.3）
肖达统（2022.3—）
副书记：姜善义（—2022.11）
金辉华（2022.12—）
郑国胜
叶祥建（2022.12—）
林丽珠（女，挂职，2022.7—）
纪工委书记：徐慧子（—2022.7）
徐 洋（2022.7—）
党工委委员：张 伟（2022.7—）
胡 旭（2022.7—）
徐慧子
马晓玲（女，—2022.7）
林国华（—2022.7）
夏仙亦（女，—2022.7）
王珍微（女）
徐 洋
叶光山
陈 拓（2022.7—）
柯建星（2022.10—）
叶文文（女，挂职，2022.7—）
主 任：姜善义（—2022.11）
金辉华（2022.12—）
副主任：马晓玲（女，—2022.7）
张 伟（2022.7—）
夏海伦
胡 旭
高 曦
人大工委主任：谷建勇（—2022.7）
黄甬瓯（2022.7—）
人大工委副主任：黄 静（女，—2022.7）
戴静碧（女，2022.7—）
石月林

南汇街道
书 记：章 胤（2022.3—）
副书记：陈祥武
陈飞义
史宇翔（挂职，2022.7—）
纪工委书记：黄凌云（—2022.3）
葛光凡（2022.7—）
党工委委员：黄 彦（女，2022.12—）
黄凌云（—2022.3）
葛光凡（2022.7—）
陈 东
李晓鹂（女）
项方毅（—2022.3）
徐敬楚
夏海涌
蔡小康
宋 宇（—2022.10）
戴加周（2022.10—）
蔡 瑜（女，挂职，2022.7—）
主 任：陈祥武
副主任：黄 彦（女）
陈 东
诸玮玮（女，—2022.7）
杨淑和（女，—2022.10）

郑贤勇（2022.7—）
蔡葵葵（2022.12—）
叶青青（女，挂职，2022.7—）
人大工委主任：叶东瀛
人大工委副主任：叶善新
张力丹（女）

蒲鞋市街道
书　记：毛新奇
副书记：张　凯（—2022.3）
宋　佳（女，2022.3—）
连　衍（—2022.7）
鲁　伟（2022.7—）
沈爱芝（女，挂职，2022.7—）
纪工委书记：谢德夫（—2022.7）
谢　芳（女，2022.7—）
党工委委员：谢德夫（—2022.7）
谢　芳（女，2022.7—）
鲁　伟（—2022.7）
吴　翔
陈春燕（女）
诸玮玮（女，2022.7—）
杨灵江
侯圣剑（—2022.7）
陈　宇
主　任：张　凯（—2022.3）
宋　佳（女，2022.3—）
副主任：鲁　伟（—2022.7）
吴　翔（2022.7—）
张炳光
李　靓（女，—2022.7）
曹高清
郑诗思（2022.12—）
人大工委主任：黄春荣（—2022.7）
连　衍（2022.7—）
人大工委副主任：陈旭忠
郑魏岗

南郊街道
书　记：金　生
副书记：任超超
林　喆（—2022.7）
董胜坤（2022.7—）
金璐璐（女，2022.11—）
顾新民（挂职，2022.7—）
纪工委书记：陈德国
党工委委员：陈德国
黄颖洁（女，—2022.12）
王舒心（女，2022.12—）
池恩章
周娇慧（女）
谢泽洲
金　如
孙朝青（2022.7—）
张　超（—2022.7）
祝　捷（2022.10—）
主　任：任超超
副主任：黄颖洁（女，—2022.12）
王舒心（女，2022.12—）
蔡　力（—2022.7）
张嘉健
周文泉（女）
雷立广（2022.3—）
吴欣欣（女，挂职，—2022.7）
人大工委主任：厉　震
人大工委副主任：雷立广（—2022.3）
吴黛芮（女）

大南街道
书　记：徐晓斌
副书记：邵新城
邓文海（—2022.3）
吴志平（2022.7—）
叶李娜（女，挂职，2022.7—）
纪工委书记：周灏渊
党工委委员：周灏渊
黄休休（女，—2022.3）
刘　广（2022.3—）
姜　剑（女）
鲁光和
陈勇弟
张秀丽（女）
苏煜雯（女，2022.7—）
吴欣欣（女，挂职，2022.7—）

潘思宇（挂职，2022.7—）
倪鹏飞（挂职，2022.12—）
主　任：邵新城
副主任：黄休休（女，—2022.3）
刘　广（2022.3—）
陈　虹（女）
王舒心（女，—2022.12）
郑　戎
人大工委主任：王永泽
人大工委副主任：朱丽丽（女）
金武泽

五马街道
书　记：陈跃龙（—2022.3）
李锡南（2022.3—）
副书记：李锡南（—2022.3）
叶　彬（2022.3—）
黄甬瓯（—2022.7）
李　悦（2022.7—）
纪工委书记：何志萍（女）
党工委委员：何志萍（女）
吴万方（—2022.7）
潘璐峰（2022.7—）
许振辉
林　慧（女）
黄　飞（2022.7—）
卞苏贵（—2022.7）
吴亚冰（2022.7—）
孙朝青（—2022.7）
姚　艇
叶醒芬（女）
谢戴海（挂职，2022.12—）
主　任：李锡南（—2022.3）
叶　彬（2022.3—）
副主任：吴万方（—2022.7）
潘璐峰（2022.7—）
倪陆靖（女）
李　悦（女，—2022.7）
周哲人
戴张波（挂职，2022.7—）
楼缤嫔（女，2022.12—）
人大工委主任：夏阵雨
人大工委副主任：林　剑
黄甘宏

松台街道
书　记：麻剑玲
副书记：胡碎华
金辉华（—2022.12）
曹隆皓（2022.12—）
李　夏（挂职，2022.7—）
纪工委书记：蓝友平（—2022.12）
谢文斌（2022.12—）
党工委委员：蓝友平（—2022.12）
谢文斌（2022.12—）
黄雪奇
王　磊
林　云（—2022.7）
柯　晨（—2022.7）
黄暖节（女，—2022.3）
韩　强（—2022.10）
叶联合（2022.12—）
蔡嫣然（女，2022.3—）
胡忠泽（2022.7—）
林希增（2022.10—）
柯建星（—2022.10）
潘　毅（2022.10—）
熊　亮（挂职，2022.7—）
邱远敏（挂职，2022.12—）
主　任：胡碎华
副主任：黄雪奇
蔡嫣然（女，—2022.3）
林　艳（女）
陈博文
叶联合（2022.3—2022.12）
陈　相（2022.3—）
陈菲菲（2022.12—）
人大工委主任：胡韵栋
人大工委副主任：吴曙川
陈　相（—2022.3）

广化街道
书　记：黄存伟
副书记：王同快

周　艺
纪工委书记：谢祥克（—2022.7）
李知航（2022.7—）
党工委委员：谢祥克（—2022.7）
李知航（2022.7—）
李璐颖（女，—2022.7）
谢建武
林　晓（女，—2022.12）
葛光凡（—2022.7）
谢文斌（—2022.12）
王晓荣
黄森森（女）
包哲伟（2022.7—）
陈　彬（2022.7—）
余　弼（挂职，2022.7—）
主　任：王同快
副主任：李璐颖（女，—2022.7）
谢建武（2022.7—）
陈　彬（—2022.7）
朱吉利
陈　晨
孙　威（2022.7—）
姜宏宇（2022.12—）
人大工委主任：王永标
人大工委副主任：章生良（—2022.1）
丁淑慧（女，—2022.1）
谢祥克（2022.7—）

双屿街道
书　记：张青锋
副书记：戴雄飞
林建永
彭苑茹（女，挂职，2022.7—）
纪工委书记：盛　芳（女，—2022.7）
叶　锋（2022.7—）
党工委委员：盛　芳（女，—2022.7）
叶　锋
吴志平（—2022.7）
诸陈东（2022.7—）
张冰心（2022.7—）
赵宾武（—2022.3）
包哲伟（—2022.7）
林其孟
潘　跃
叶　挺（2022.7—）
王益茅（2022.12—）
祝　捷（—2022.10）
王勇廉（2022.10—）
陈胜珠（女，挂职，2022.7—）
尤兴勃（挂职，2022.7—）
主　任：戴雄飞
副主任：吴志平（—2022.7）
诸陈东（2022.7—）
戴向前
张冰心（女）
叶　挺（—2022.7）
谢沛龙（2022.7—）
石　磊（2022.7—）
胡　娜（女，挂职，—2022.7）
人大工委主任：何　快
人大工委副主任：余水平
沈　军

丰门街道
书　记：朱　克（2022.3—）
副书记：郑　佳（女，—2022.3）
薛　一（2022.3—）
郑怀志（—2022.3）
项方毅（2022.3—）
张　超（2022.7—）
纪工委书记：朱旭东（—2022.7）
林　放（2022.7—）
党工委委员：林　放（2022.7—）
薛　一（—2022.3）
林　丛
朱旭东（—2022.12）
吴先稳
戴静碧（女，—2022.7）
应光胜
王晓静（女，—2022.7）
胡　娜（女，2022.7—）
主　任：郑　佳（女，—2022.3）
薛　一（2022.3—）
副主任：薛　一（—2022.3）

林　从（2022.7—）
朱旭东（2022.7—2022.12）
朱　虹（女）
王声华
虞智慧
人大工委主任：吴进洪（—2022.7）
祝建武（2022.7—）
人大工委副主任：金忠胜（—2022.7）
卢　克

仰义街道
书　记：朱　克（—2022.3）
刘益铭（2022.3—）
副书记：刘益铭（—2022.3）
柯　特（2022.3—）
蔡　洋
纪工委书记：叶文勇
党工委委员：叶文勇
周　骞（—2022.3）
蒋达豹
张向生
金仙康
郑莹莹（女）
黄清清（女）
吴怡翔（女，2022.7—）
潘　毅（—2022.10）
夏　珑（2022.10—）
何康莉（女，挂职，—2022.11）
毛明莉（女，挂职，2022.12—）
主　任：刘益铭（—2022.3）
柯　特（2022.3—）
副主任：周　骞（—2022.3）
蒋达豹（2022.7—）
沈伟亮
吴怡翔（女，—2022.7）
宋　杲（2022.7—）
周　常（女，2022.12—）
人大工委主任：黄小忆
人大工委副主任：阮金平（—2022.12）
黄建勇

藤桥镇
书　记：徐　宁（—2022.12）
肖忠格（2022.12—）
副书记：肖忠格（—2022.12）
陈明毅（2022.12—）
刘江伟
朱慧铭（女）
纪委书记：王干益
党委委员：王干益
金卫忠
叶浩树（—2022.3）
匡鲁杰
王伟烈
许德文
胡　艺（2022.7—）
徐显锋（—2022.10）
叶挺荣（2022.10—）
陈璐璐（女，挂职，—2022.11）
杨雯雯（女，挂职，2022.8—）
余当阳（挂职，2022.10—）
镇　长：肖忠格（—2022.12）
陈明毅（2022.12—）
副镇长：金卫忠
叶浩树（—2022.3）
王伟烈（2022.7—）
潘正川
梁　江
郑稀元
胡存润
人大主席：戚于挺
人大副主席：戴伟芳（女）

山福镇
书　记：陈滢冰
副书记：夏爱睦（—2022.3）
叶浩树（2022.3—）
邱　晔
金兆奔（挂职，2022.10—）
纪委书记：周建和
党委委员：周建和
潘璐峰（—2022.7）
韩　强（2022.10—）

李　策
黄蕾蕾（女）
林希增（—2022.10）
金颖娅（女）
翁明芳
范　盛
王勇廉（—2022.10）
应巨斌（2022.10—）
刘馥榕（女，挂职，—2022.11）
镇　长：夏爱睦（—2022.3）
叶浩树（2022.3—）
副镇长：潘璐峰（—2022.7）
韩　强（2022.10—）
王蒙飞
李秀孟
夏金圆
人大主席：张　博
人大副主席：陈其晓

区属国有企业

温州市鹿城区国有资产经营集团有限公司
董事长：谢剑光
副董事长：刘　鹏
段亚丁（2022.3—）
总经理：谢剑光（—2022.3）
段亚丁（2022.3—）
副总经理：刘　鹏
陈　耕
党委书记：谢剑光

温州市鹿城区工业发展集团有限公司
董事长：卢成盘
总经理：卢成盘（—2022.7）
陈洁琼（女，2022.7—）
副总经理：郑扬帆
党委书记：卢成盘

温州市鹿城区城市发展集团有限公司
董事长：戴志光（—2022.3）
副董事长：曹红昌
朱震东（2022.3—）
总经理：戴志光（—2022.3）
朱震东（2022.10—）
副总经理：曹红昌
洪建攀
朱震东（2022.3—2022.10）
史凯伦（2022.7—）
党委书记：戴志光（—2022.3）

温州市鹿城区文旅传媒集团有限公司
董事长：陈德方
总经理：陈德方
副总经理：沈深圳
李德省
林云龙（2022.7—）
党委书记：陈德方

2022年鹿城区国民经济和社会发展统计公报

2022年，鹿城区以习近平新时代中国特色社会主义思想为指导，深入学习贯彻党的二十大精神，坚持稳中求进工作总基调，聚焦“四城”要求、“五区”目标，全力建设“首位城区”，统筹打好疫情防控、稳进提质组合拳，奋力打造高质量发展建设共同富裕示范区先行样板。全区经济运行稳定恢复，发展质量稳步提升，生产需求逐步改善，创新动能蓄势待发，社会事业健康发展，民生保障多措并举，共同富裕扎实推进。

一、综合

初步核算，2022年全区实现地区生产总值（GDP）1307.71亿元，按可比价格计算，同比增长2.0%（“同比增长”“同比下降”以下简称“增长”“下降”）。其中，第一、二、三产业增加值分别为2.40亿元、313.65亿元、991.65亿元，分别增长5.4%、1.4%、2.2%。三次产业增加值结构为0.2：24.0：75.8。按常住人口计算，人均GDP为109845

元（按年平均汇率折算为16331美元），增长1.4%。

按照我国地区生产总值统一核算和数据发布制度规定，地区生产总值核算包括初步核算和最终核实两个步骤。经最终核实，2021年，全区生产总值现价总量为1263.64亿元，按可比价格计算，增长6.2%，三次产业增加值结构为0.2：24.2：75.6。

2022年末，全区户籍总人口为80.26万人，比上年末增加0.33万人。从性别上看，男性39.14万人，女性41.12万人，分别占总人口的48.8%和51.2%。据2022年全市5‰人口变动抽样调查推算，年末全区常住人口为119.16万人，较上年末增加0.21万人，城镇化率为90.9%，比上年提高0.2个百分点。

全年新增城镇就业人数1.35万人，下岗失业人员再就业0.42万人。年末城镇登记失业人数0.55万人。

全年居民消费价格指数（CPI）上涨1.8%。其中，居住类、食品烟酒类、衣着类、生活用品及服务类、交通和通信类、教育文化娱乐类价格、其他用品和服务类分别上涨0.8%、1.9%、1.3%、1.0%、5.3%、1.4%、1.4%，医疗保健类价格下降0.1%。全年工业生产者出厂价格上涨3.2%，工业生产者购进价格上涨2.0%。

2022 年鹿城区居民消费价格指数情况表

附表1

指标名称	上年 =100
居民消费价格总指数	101.8
其中，食品烟酒类	101.9
其中，食品	102.4
其中，粮食	101.8
食用油	108.4
菜及食用菌	99.8
畜肉	96.1
禽肉	103.6
水产品	101.8
蛋	106.4
烟酒	100.6
衣着类	101.3
居住类	100.8
其中，水、电、燃料	102.0
生活用品及服务类	101.0
交通和通信类	105.3
其中，交通	107.2
通信	99.0
教育文化和娱乐类	101.4
其中，教育	101.5
医疗保健类	99.9
其他用品和服务类	101.4

高质量发展稳步推进。全年规上工业全员劳动生产率为11.90万元/人，比上年下降1.9%。规模以上服务业企业营业收入375.54亿元，增长2.2%。全年实现财政总收入57.35亿元。一般公共预算收入35.77亿元，扣除留抵退税因素后增长3.9%。其中，税收收入26.27亿元，扣除留抵退税因素后增长1.8%，占一般公共预算收入的73.4%。全年完成一般公共预算支出85.09亿元，增长8.1%。其中，卫生健康、科学技术、社会保障和就业、教育等重点支出分别增长41.4%、15.2%、26.9%和11.7%。民生支出66.63亿元，增长9.1%，占一般公共预算支出的比重达78.3%。

二、农业和农村

全年完成农林牧渔业总产值4.19亿元，按可比价格计算，增长5.6%，农业（种植业）、林业、畜牧业、渔业、农林牧渔服务业总产值分别增长3.2%、88.9%、7.1%、5.8%和4.7%。粮食作物播种面积34975亩，增长5.0%；粮食总产量15188.7吨，增长0.1%。在经济作物中，蔬菜及食用菌播种面积28276亩，增长3.7%，产量35805吨，增长3.7%；油料播种面积2523亩，下降16.0%；瓜果类播种面积1337亩，下降4.4%。淡水产品产量1147吨，增长0.2%。其中，鱼类产量881吨，下降2.2%；虾蟹类产量196吨，增长12.0%。生猪出栏21603头，活家禽出栏641.10万羽，肉类产量8105吨。

新时代美丽乡村建设有序推进，全年落实西部生态休闲产业带项目16个。新建3个未来乡村建设试点村。创成省美丽乡村示范乡镇1个，省新时代美丽乡村达标村16个，省美丽乡村特色精品村2个，省级星级农村公厕4座，其中省级示范性农村公厕1座，美丽庭院4770户。新增农村生活垃圾分类处理村8个，覆盖率达100%。巩固脱贫攻坚成果，农村低收入农户医疗补充保险参保率100%。

三、工业和建筑业

全区规模以上工业企业376家，实现工业增加值57.97亿元，下降2.8%。其中轻工业增加值35.22亿元，下降1.7%，重工业增加值22.75亿元，下降5.2%。规模以上工业销售产值259.88亿元，增长1.9%，全年出口交货值65.16亿元，增长21.7%。行业增长面有所缩减，在规上工业26个大类行业中，有10个行业增加值实现正增长。

2022 年鹿城区规模以上工业增加值情况表

附表2

指标名称	单位数（家）	实绩（亿元）	比重（%）
总计	376	57.97	100.0
其中，轻工业	280	35.22	60.8
重工业	96	22.75	39.2
其中，股份合作制	13	1.15	2.0
有限责任公司	28	8.78	15.1
股份制企业	4	3.01	5.2
私营企业	323	44.37	76.5
港澳台投资企业	1	0.037	0.1
外商投资企业	7	0.61	1.1

规模以上工业中，高新技术产业、装备制造业、数字经济核心产业制造业利润总额分别高于规上工业12.4%、6.7%、24.4%，占规模以上工业的比重分别达56.9%、28.8%、2.2%。健康制造业、时尚制造业利润总额分别增长35.1%、11.2%。规模以上工业企业产能利用率为76.8%。规上工业新产品产值增长—0.2%，新产品产值率38.0%。

全年实现建筑业增加值94.76亿元，增长3.5%。年末具有总承包和专业承包资质的建筑企业166家。

四、固定资产投资和房地产业

全年固定资产投资额增长20.3%。分产业看，第二产业投资下降18.6%，第三产业投资增长22.2%。全区民间投资增长22.3%，其中民间项目投资（不含房地产）下降20.5%。生态环保城市更新和水利设施投资、交通投资、工业技改投资分别增长42.5%、73.6%、11.6%。

全区房地产开发投资增长34.7%。房屋施工面积1373万平方米，其中住宅施工面积778万平方米；商品房销售面积142万平方米，其中住宅销售面积117万平方米。

五、国内贸易和旅游

全年实现社会消费品零售总额816.90亿元，增长2.2%，其中限上消费品零售额186.55亿元，增长5.3%。

在限额以上批发零售业商品零售额中，日常消费类商品需求稳定，食品类、饮料类、烟酒类和中西药品类等商品分别增长16.5%、34.4%、39.9%和10.2%。汽车类零售额49.47亿元，比上年增长15.2%；石油及制品类零售额22.89亿元，比上年增长12.2%。

全年接待海内外游客523.11万人次，实现旅游总收入73.03亿元。其中，接待国内游客522.64万人次，实现收入72.88亿元。接待海外游客0.47万人次，实现海外创汇217.93万美元。全区现有旅行社151家（含分社），比上年减少5家；星级饭店12家，比上年减少1家，饭店客房出租率59.07%，较上年降低3.63个百分点，其中星级饭店客房出租率56.9%，较上年降低1个百分点。

六、对外经济

全年实现货物进出口总额577.34亿元，增长21.9%。其中进口总额18.59亿元，下降7.5%；出口总额558.75亿元，增长23.2%。对欧洲、拉丁美洲、北美洲等主要出口地区出口额分别增长0.4%、8.4%、31.2%，其中对美出口额增长34.0%。按出口企业类型分，外贸流通企业出口额481.40亿元，增长22.8%，自营生产企业出口额63.98亿元，增长24.2%，“三资”企业出口额1.02亿元，下降4.3%。

2022 年鹿城区货物进出口主要分类情况表

附表3

指标名称	实绩（亿元）	比上年增长（%）
货物进出口总额	577.34	21.9
货物出口额	558.75	23.2
#一般贸易	362.35	19.4
加工贸易	6.45	66.4
#鞋类	103.45	34.9
服装及衣着附件	33.87	23.2
塑料制品	37.33	29.1
纺织纱线、织物及制品	30.12	7.6

附续表 3

指标名称	实绩（亿元）	比上年增长（%）
眼镜及其零件	23.46	21.7
旅行用品及箱包	22.66	78.7
#机电产品	192.74	9.4
#高新技术产品	8.03	−18.8
货物进口额	18.59	−7.5
#一般贸易	15.59	2.4
加工贸易	1.45	37.2

全年全区新增外资企业24个，实际使用外资7514万美元，比上年增长186%。其中高技术产业实际使用外资7514万美元，占比达100%。

七、金融

年末金融机构本外币存款余额（三区合计）9775亿元，增长13.6%，其中人民币存款余额（三区合计）9591亿元，增长14.5%。年末金融机构本外币贷款余额（三区合计）8709亿元，增长11.2%，其中人民币贷款余额（三区合计）8630亿元，增长11.1%。

全年新增上市企业1家，报会企业1家，累计境内外上市公司4家，累计新三板挂牌13家，新增区域性股权交易中心挂牌企业1家，累计169家；新增股份制企业41家，累计310家。

八、教育和科学技术

年末全区共有小学44所（含86个校区），招生1.17万人，在校生7.10万人，小学生均校舍建筑面积9.33平方米。共有初中23所，招生0.96万人，在校生2.73万人，初中生均校舍建筑面积14.23平方米。各类中等职业教育学校1所，招生0.04万人，在校生0.11万人。义务段入学率100%，三残儿童入学率达100%，初中毕业生升入高中比率为99.2%。义务教育中小学专任教师6637人，中等职业中学专任教师96人。全区共有幼儿园89所（137个园区），在园幼儿3.07万人，幼儿入园率99.8%。新创成省一级幼儿园3所、省二级幼儿园9所、省预二级幼儿园6所，等级幼儿园比例98.5%，等级幼儿园在园幼儿覆盖率99.7%。

年末全区拥有国家高新技术企业192家、省科技型中小企业1451家；研发中心152家，其中省级47家，市级68家，区级37家；孵化器在孵企业数156个、孵化器毕业企业数29个；各类市级及以上科技孵化机构36家，其中国家级5家，省级17家；集聚各类企业及团队超600家，孵化面积超30万平方米。其中浙江工贸学院众创空间、创客梦工厂、温州市田园星创天地、九山创客广场、智创汇为国家级众创空间备案。全年新增国家高新技术企业43家、省科技型中小企业189家，新增各级企业技术研发机构9家，全区规上企业设置研发机构数达330家。全年专利总授权量5258件，其中发明专利授权量498件。

九、文化、卫生和体育

年末全区共有文化站14个，文化馆1个，公共图书馆1个，城市书房24家，百姓书屋2家，文化驿站39家，文化礼堂147家。公共图书馆藏书633千册，比上年增加60千册。全年院线电影放映23.7万场次，观众118万人次；全年农村数字电影放映1604场次，观众11.16万人次。开展文化走亲11场，送戏下乡158场，送展览讲座480场，线上线下受惠人数达300多万人次。年末拥有非物质文化遗产项目110个，其中国家级3项、省级15项、市级70项、区级110项。非物质文化遗产传承基地34家，其中市级19家，区级34家。非遗体验基地27家，其中市级9家，区级27家；非遗创艺坊8家。年末共有非物质文化遗产项目代表性传承人121名，其中国家级3人、省级17人、市级63人、区级121人；全年培养非遗专项志愿者200人，开展非遗体验活动810场。在社区巡演36场，华盖词场曲艺展演119

场，文化走亲2场，主题展览2场。

全区共有医疗卫生机构623家，其中医院21家，卫生院（社区卫生服务中心）22家，社区卫生服务站32家，村卫生室52家，各类诊所（卫生所、医务室、护理站）365家，门诊部128家，专业公共卫生机构3家。年末医疗卫生机构床位数1590张，增长21.37%；卫生技术人员4672人，增长2.86%。其中，执业（助理）医师2216人，注册护士1840人，分别增长1.84%和4.31%。全年医院年诊疗59.30万人次。法定传染病发病率1289.67/10万，孕产妇死亡率0/10万，5岁以下儿童死亡率2.03‰，婴儿死亡率1.16‰。

全区共有体育场地面积316.90万平方米，各类公共体育场所2528个。2022年完成省市区基层场地设施建设及民生实事项目共35项。新增百姓健身房6个，其中新增一类百姓健身房4个。新建登山健身步道2条，合计5千米。新建多功能球场1片，村级全民健身广场1个，新建足球场2片，体育设施进公园3个，标准篮球场和半篮共8个，新增健身苑点8处，其他维修提升4处。培训社会体育指导员1626名，完成国民体质监测样本3822人，国民体质合格率为94.55%，开展国家锻炼标准测试240人。全年共组织近150场赛事，参与人员达46533余人次。

十、人民生活和社会保障

全年全区居民人均可支配收入79203元，名义增长4.9%，扣除价格因素增长3.0%。按常住地分，城镇居民和农村居民人均可支配收入分别为81666元和46176元，分别增长4.6%和7.7%，扣除价格因素分别增长2.8%和5.8%。城乡居民人均收入比值为1.77，比上年缩小0.05。

全区居民人均生活消费支出57379元，增长6.9%，扣除价格因素增长5.0%。其中，城镇居民和农村居民人均消费支出分别为59054元和34914元，分别增长6.7%和8.3%，扣除价格因素分别增长4.8%和6.4%。城乡居民恩格尔系数分别为28.7%和32.9%。年末全区居民人均住房建筑面积37.55平方米，其中城镇居民人均住房建筑面积36.06平方米，农村居民人均住房建筑面积57.58平方米。年末每百户城镇居民家用汽车拥有量63.2辆，每百户农村居民家用汽车拥有量57.7辆。

全区设镇2个、街道12个。社区91个、行政村80个，全区土地面积292.8平方千米。

全年全区参加企业职工基本养老保险人数47.65万人，参加城乡居民基本养老保险人数3.79万人，参加城镇职工基本医疗保险人数29.04万人，参加城乡居民基本医疗保险人数25.36万人，参加失业保险人数20.89万人，参加工伤保险人数41.59万人，参加生育保险人数24.29万人。全区企业退休人员基本养老金月人均水平为2960.47元，城乡居民养老保险基础养老金最低月标准315元。

年末全区在册低保对象4814人，其中城镇3649人，农村1165人，低保资金支出4351.79万元，发放医疗救助资金1924.76万元，惠及13.26万人次。城市养老服务机构登记单位数累计14家，新增各类养老机构床位数700张，累计2739张；新增乡镇（街道）居家养老服务中心1个，累计15个。全年全区共办理结婚登记3687对，离婚登记1210对，补发婚姻登记证764件。

十一、资源、环境保护和社会安全

全年全区平均降水量为1419.3毫米（折合降水总量4.11亿立方米）。全区水资源总量为2.14亿立方米。

全年实际完成国土绿化面积2750亩；新增森林管护任务面积5488亩，完成率102%；完成美丽生态廊道建设424亩，完成率106%，组织建设亚运碳中和林暨开展“我为亚运种棵树”活动，建设亚运碳中和林100亩。森林覆盖率为41.85%（含灌木林）。

全年全区环境空气优良天数341天，空气质量优良率93.4%，比上年降低5.8个百分点，环境空气质量达到一级标准的有151天，达到二级标准的有190天。PM2.5年均浓度为24微克/立方米，比上年降低4个百分点。城市集中式饮用水水源地水质达标率保持100%，省控以上断面Ⅰ～Ⅲ类水质比例为75%，市控以上断面Ⅰ～Ⅲ类水质比例为75%。道路交通噪声平均值为67.6分贝，城市区域噪声平均值为54.9分贝。经初步核算，2022年鹿城区化学需氧量、氨氮、氮氧化物、挥发性有机物（VOCs）较2020年重点工程减排量分别为40吨、5吨、430吨和270吨。

全区规模以上工业能耗总量下降6.4%，单位工业增加值能耗下降7.3%。其中，八大高耗能行业能源消费量下降6.3%，单位增加值能耗上升5.8%。

全区全年共发生各类生产安全事故8起、下降11.1%，死亡7人、下降22.2%。其中，道路运输领域共发生事故3起、死亡3人；水上交通领域共发生事故0起、失踪0人，同比净减；工矿商贸领域发生事故1起、下降66.7%，死亡1人、下降50.0%。

注：

1.本公报所列部分数据为年度初步统计数据，部分数据因四舍五入原因，存在与分项合计不等的情况。

2.地区生产总值和各产业增加值绝对数按现行价格计算，增长速度按可比价格计算。

3.货物进出口等数据为海关统计口径。

4.实际利用外资为市级统计口径。

重要文献

中共温州市鹿城区委关于深入学习省第十五次党代会精神 争当做强做大“全省第三极”排头兵 奋力跑出“两个先行”鹿城加速度的决议

省第十五次党代会是我省迈入高水平全面建设社会主义现代化、高质量发展建设共同富裕示范区新征程，召开的第一次党代会。大会紧扣“高举习近平新时代中国特色社会主义思想伟大旗帜，忠实践行‘八八战略’，坚决做到‘两个维护’，在高质量发展中奋力推进中国特色社会主义共同富裕先行和省域现代化先行”主题，全面总结过去五年全省开启系统性变革、实现历史性跨越的生动实践，系统梳理阐述习近平总书记对浙江工作重要指示批示精神，科学擘画了未来五年浙江发展的宏伟蓝图，标注了浙江新的历史方位和奋斗坐标，开启了“两个先行”伟大征程，选举产生了新一届省委班子，取得丰硕的政治成果、理论成果、组织成果和战略成果。为深入学习贯彻省第十五次党代会精神，动员全区上下坚定不移沿着“八八战略”指引的道路奋勇前进，加快建设首位城区、打造共富样板，争当做强做大“全省第三极”排头兵，奋力跑出“两个先行”鹿城加速度，作出如下决议。

一、深入学习贯彻省第十五次党代会精神，切实把思想和行动统一到省委、市委决策部署上来

学习贯彻省第十五次党代会精神，是当前和今后一个时期的重大政治任务。全区各级党组织和广大党员干部要提高政治站位，深刻理解、准确把握政治坐标，以实际行动坚决拥护“两个确立”、坚决做到“两个维护”；深刻理解、准确把握战略坐标，把忠实践行“八八战略”、奋力打造“重要窗口”作为一以贯之的主题主线；深刻理解、准确把握精神坐标，以加强党的全面领导和全面从严治党守好“红色根脉”；深刻理解、准确把握奋进坐标，坚定扛起“两个先行”的使命担当；深刻理解、准确把握发展坐标，不断构筑鹿城面向未来、面向现代化的制胜新优势，切实把思想和行动统一到省第十五次党代会精神上来。

（一）坚定不移做“两个确立”忠诚拥护者、“两个维护”示范引领者。省党代会强调，浙江之所以能够取得这些历史性成就，根本在于习近平总书记、党中央坚强领导，根本在于习近平新时代中国特色社会主义思想科学指引；浙江推进“两个先行”，必须淬炼紧跟总书记的政治忠诚、保持奋进新征程的政治定力、展现建功新时代的政治担当。市委全会强调，要进一步凝聚感恩总书记、奋进新征程的高度政治共识，做到“总书记有号令、中央有部署、省委有要求，温州见行动走在前”。我们要牢记“党有核心才能万众一心”，始终坚持正确政治立场、政治方向、政治原则、政治道路，确保全区上下步调一致向前进。

（二）全面落实习近平总书记对浙江对温州对鹿城重要指示批示精神。省党代会把习近平总书记重要指示、重大部署作为浙江奋进新时代新征程的指路明灯，凝练了“5大战略指引、11方面重要遵循”，深刻回答了“国之大者”与浙江使命、理论与实践、战略与策略、目标与路径等基本问题。要不断健全落实总书记重要指示批示精神以及党中央和省委、市委重大决策部署的量化闭环机制，切实做到“总书记有

号令、中央有部署、省市有要求，鹿城见行动走在前”。要牢记习近平总书记寄予温州“续写创新史”的殷殷嘱托，贯彻落实总书记在浙江工作期间23次到温州、4次到鹿城调研指导和近几年对温州工作作出的重要指示批示精神，深化抓落实对标对表行动，确保每一个重要指示、重要任务、重要要求不折不扣落到实处。

（三）坚定不移沿着“八八战略”指引的道路奋勇前进。省党代会指出，“八八战略”是习近平总书记留给浙江取之不尽、用之不竭的宝贵财富，是引领浙江共同富裕和现代化的总纲领。要深刻感悟“八八战略”穿越时空、历久弥新的真理伟力、实践伟力，自觉运用“八八战略”蕴含的立场、观点、方法来解决改革发展实际问题，确保各项事业始终沿着正确方向发展。要以“八八战略”实施20周年为契机，加快打造新的重大标志性成果，持续推动“八八战略”形成“理论付诸实践、实践上升到理论、再付诸实践”的迭代深化和螺旋上升。健全抓落实长效机制，深化“八八战略”鹿城实施报告制度，推动“八八战略”在鹿城落地生根、开花结果。

（四）勇担使命在“两个先行”中冲在前、干在前。省党代会明确了“两个先行”的奋斗目标和“8个高地”的具体目标，提出了实现目标的“五大工作导向”和“10个着力”重点任务，标注了浙江扛起为全国实现第二个百年奋斗目标探路的使命担当，体现了浙江人民共同奋斗共创美好生活的期望和信心。要以“两个先行”目标为统领，主动融入全省全市发展大局，以项目攻坚年、环境提升年、治理创新年“三个年”行动为主抓手，唯实惟先、奋战奋进，扎实高效完成各项工作任务，为全省实现党代会确定的奋斗目标，作出鹿城应有的贡献。聚焦打造高质量发展建设共同富裕示范区先行样板，推进体制机制创新、生活富裕富足、城乡融合发展、公共服务普及普惠、精神自信自强、环境美丽宜居、社会和谐和睦先行，以优异成绩迎接党的二十大胜利召开。

（五）立足做强做大“全省第三极”准确把握鹿城的坐标方位。省党代会明确提出，支持温州提升“全省第三极”功能，赋予温州更高的定位、更大的使命、更重的责任。要坚定扛起温州中心城区使命担当，全面融入引领温州都市振兴、乡村振兴、产业振兴、文化振兴“四大振兴”战略，做足“首城、老城、主城、大城”“四城”文章，加快打造成为温州大都市核心区、民营经济示范区、改革开放标杆区、整体智治样板区、生态宜居幸福区，全面增强鹿城竞争力、带动力、辐射力，努力以鹿城“出色出彩”为温州“增光添彩”，当好做强做大“全省第三极”排头兵。

二、坚持以省党代会精神为指引，奋力跑出“两个先行”鹿城加速度

全区上下要以省党代会精神为指引，聚焦新使命新任务，紧扣省委、市委部署要求，以“两个先行”为统领，对标“八个高地”“八个跃升”，加快打造“八大标志性成果”，努力为全省全市发展大局作出更大贡献。

（一）全力打造创新驱动发展标志性成果。省党代会提出，牢牢把握实施创新驱动发展战略的要求；高水平推进人的现代化，打造促进全体人民全面发展高地；支持温州建设区域性人才高地。要坚持创新发展首位战略，大力推进未来科技创业引领区、数字经济产业核心区、鞋类设计产业集聚区、农业科技产业创新区建设，全方位融入温州建设国家创新型城市战略，推动全面转入创新驱动发展模式。全域布局建设大孵化集群，推广“头部企业+大学（研究院）”创新模式，加快企业技术改造、培育科技企业森林、构建孵化育成体系，将鹿城建设为科技创新策源地、科创企业孵化地、创新人才集聚地。

（二）全力打造深化改革开放标志性成果。省党代会提出，牢牢把握为全国改革探路和立足浙江发展浙江、跳出浙江发展浙江的要求；高水平推进数字化改革，打造数字化高地。要一体推进全面深化改革、共同富裕示范区重大改革、数字化改革，推动各方面各领域制度重塑取得重大进展，打造全省营商环境最优城区。更深层次融入长三角一体化、粤闽浙沿海城市群等国家战略，承接“三综一联”平台溢出效应，加快建设区域生产性服务业基地、区域消费中心城市，推动中国鞋都向“世界鞋都”转型跨越，将鹿城打造为温州集聚商贸港、金融港、总部港、数字港的龙头引领。

（三）全力打造现代产业重塑标志性成果。省党代会提出，高水平建设现代化经济体系，打造高质量发展高地；加快建设世界级大湾区，迭代建设温台沿海产业带。要全面融入温州培育传统支柱产业、新兴主导产业“两大万亿级”产业集群战略，加快研究制定全区产业发展规划，落实产业链链长制“十个一”

机制，推动产业基础高级化、产业链现代化水平大幅提升。坚持把服务经济作为“首位经济”来抓，推动数字经济、科技服务、金融服务、创意设计、现代物流等生产性服务业集聚化规模化发展，培育壮大楼宇经济、总部经济，打造省级服务业创新发展示范区。

（四）全力打造都市品质提升标志性成果。省党代会提出，牢牢把握让绿色成为浙江发展最动人色彩的要求；高水平推进人与自然和谐共生的现代化，打造生态文明高地；全面提升温州等四大都市区和中心城市能级，支持温州提升“全省第三极”功能。要坚定不移拥江发展，由东向西串联推进滨江商务区、七都岛、历史文化街区、西部新城等重点板块建设，做大交通圈、拓展都市圈、培育经济圈，大力提升中心城区首位度，着力构建“一带三城”空间发展格局。不断拓展绿水青山就是金山银山的转换通道，一体推进美丽城镇、美丽乡村、美丽田园、美丽河湖建设，全力打造美丽中国样板城区。

（五）全力打造城乡协调融合标志性成果。省党代会提出，牢牢把握率先突破发展不平衡不充分问题和办实每件事、赢得万人心的要求；高水平推进社会建设，打造社会全面进步高地。要聚力缩小“三大差距”，深化扩中提低改革，加快城乡基础设施一体化、公共服务均等化、居民收入均衡化、产业发展融合化，深化全域化高水平文明城市、儿童友好城市、青年发展型城市、老年友好城市建设，持续擦亮“中国最具幸福感城区”品牌，让鹿城成为过日子的好地方。要进一步加强东西部扶贫协作、对口支援、山海协作，携手并肩走向共同富裕。

（六）全力打造文化传承发展标志性成果。省党代会提出，着力推进全域文化繁荣全民精神富有；高水平推进文化强省建设，打造新时代文化高地；推进温州宋元码头遗址等海上丝绸之路遗址保护利用。要以温州建郡1700周年为契机，深入实施“文化+”战略，扎实推进“三年百项文化工程”，挖掘“永嘉学派”深厚内涵，着力打造鹿城新时代文化高地。要完善新型全媒体传播体系、现代公共文化服务体系和文化产业体系。要深化全域文明创建，推进志愿服务精准触达体系改革，持续擦亮“大爱之城、诚信社会、道德高地”城市品牌，实现物质富裕、精神富有双丰收。

（七）全力打造基层治理创新标志性成果。省党代会提出，牢牢把握推进全过程人民民主建设、让法治这一手真正硬起来和建设“大平安”的要求；高水平推进平安浙江法治浙江建设，打造全过程人民民主实践高地。要探索建立“一统四化”治理体系，坚持民主选举、民主协商、民主决策、民主管理、民主监督相贯通，形成人大、政协、统一战线、民主党派、群团组织合力。要一体推进科学立法、严格执法、公正司法、全民守法，创成全国法治政府建设示范区。要推进“区、街镇、村社、小区、网格”五级治理联动贯通，建好用好城市运行中心、社会治理中心，建设人人有责、人人尽责、人人享有的社会治理共同体。

（八）全力打造全面从严治党标志性成果。省党代会提出，牢牢把握以伟大自我革命引领伟大社会革命的要求；打造新时代党建高地和清廉建设高地。要严格落实管党治党责任，深化全面从严治党，巩固拓展意识形态省级综合试点成果，加强瓯江红“共享社·幸福里”建设、“两新”组织党建等工作，促进“两个维护”全面扎根、党的领导全面加强、理论创新体系全面建立、组织体系全面建强、高素质党员干部队伍全面打造。要强化“全周期管理”方法一体推进不敢腐、不能腐、不想腐，迭代完善“四责协同”机制，构建高效联动全覆盖监督体系，确保全面从严治党取得更大战略性成果，全面营造干部清正、政府清廉、政治清明、社会清朗的政治生态。

三、团结拼搏、实干争先，以饱满精神状态奋进“两个先行”

新时代赋予新使命，新方位呼唤新作为。全区各级党员干部要以先行者的担当、探路者的勇气、实干者的作风，全力推动省党代会精神在鹿城落地生根、开花结果，努力交出不负时代、不负使命、不负人民的新答卷，为奋力推进“两个先行”贡献更多鹿城力量。

（一）强化政治意识、大局意识。胸怀“国之大者”，心系“省市大计”，牢固树立“大局为重、全局为要”的理念，做到自上而下一脉相承、一以贯之，确保工作方向不偏差、政策执行无落差。要对标新一届省委关于加强省委班子政治建设的决定，全面落实省委加强政治建设“七大机制”。要聚焦区委确定的重大战略、重大项目、重大布局，切实扛起担当、主动作为、高效推进，做到既为一域争光、更为全局添彩。要强化全区一盘棋统筹和一体化布局的理念，坚持城乡一体、东西统筹、产城人融合，大力破除市场壁垒、地方保护和部门利益。

（二）强化对标攻坚、创新争先。牢固树立“没有走在前列也是一种风险”的忧患意识，与最优者对标、与最强者比拼、与最快者赛跑，以“第一的标准、第一的要求”谋划推进各项工作，努力打造更多标志性成果、辨识度品牌。要立足鹿城发展鹿城、跳出鹿城发展鹿城，以大对标大调研、大学习大讨论，进一步打开思维、打开视野、打开格局，全方位推动理念创新、制度创新和方式方法创新，不断开辟“干在实处、走在前列、勇立潮头”的新境界。

（三）强化系统谋划、前瞻思考。坚持立足全局看、突出重点抓，始终与省、市战略布局同频共振、同向聚合，精准对接重大平台、重大项目、重大政策，谋深谋实“两个先行”的鹿城目标、时序、路径和举措，进一步打开上下衔接融合的通道。要强化前瞻思考，提高变革能力，不断提升对高质量发展的规律性认识，统筹考量宏观形势、发展趋势和鹿城实际，想在前、谋在前、干在前，把握时代脉搏、赢得未来主动。

（四）强化实干作为、担当魄力。牢固树立“实绩论英雄、结果论英雄”导向，对看准的项目、集体决议的事情，具体化、项目化、清单化、责任化抓好推进落实，确保“定了就干、干就干成、干就干好”。要用好“以事找人、人事贯通”考评用人机制，着重在“八八战略”抓落实、共同富裕先行样板建设、疫情防控等大战大考中考察、识别、培养干部。深化“两个担当”良性互动，落实“三个区分开来”，让有为者有位、能干者能上、优秀者优先。要持续加固中央八项规定精神的堤坝，驰而不息纠“四风”树新风。

（五）强化全域协同、团结奋斗。争当做强做大“全省第三极”排头兵，奋力跑出“两个先行”鹿城加速度，是全区各级各方面的共同责任，需要上下同欲、共同奋斗。要加快完善纵向区街（镇）之间、横向部门之间的高效协同机制，健全专班化运作方式，构建全流程跟踪、全链条落实、全环节督办机制，在实现工作闭环中打好“协作牌”、齐奏“交响乐”，推动各项决策部署全线高效畅通。要充分发挥各级党政机关、群团组织、社会机构和企事业单位作用，把区域内外、全区上下的智慧和力量集中起来，互相支持、互相配合，积极投身建设首位城区、打造共富样板的火热实践。

中共温州市鹿城区委关于全面贯彻落实党的二十大精神坚决做到“两个维护”　奋力推进“两个先行”在中国式现代化进程中谱写鹿城发展新篇章的决定

中国共产党温州市鹿城区第十届委员会第三次全体会议，深入学习贯彻党的二十大精神，根据中央和省委、市委的部署，就动员全区上下高举中国特色社会主义伟大旗帜，全面贯彻习近平新时代中国特色社会主义思想，坚决捍卫“两个确立”、坚决做到“两个维护”，奋力推进“两个先行”，努力在中国式现代化进程中谱写鹿城发展新篇章，作出如下决定。

一、以高度的政治自觉全面贯彻落实党的二十大精神，切实把思想和行动统一到党中央的决策部署上来

1.充分认识党的二十大划时代的重大里程碑意义。党的二十大是迈上全面建设社会主义现代化国家新征程、向第二个百年奋斗目标进军的关键时刻召开的一次十分重要的大会。大会明确宣示我们党在新征程上举什么旗、走什么路、以什么样的精神状态、朝着什么样的目标继续前进，深刻阐释新时代坚持和发展中国特色社会主义的一系列重大理论和实践问题，科学擘画全面建设社会主义现代化国家、全面推进中华民族伟大复兴的宏伟蓝图。习近平总书记代表十九届中央委员会所作的报告，是党团结带领全国各族人民夺取中国特色社会主义新胜利的政治宣言和行动纲领。大会通过的《中国共产党章程（修正案）》，对坚持和加强党的全面领导、坚定不移推进全面从严治党、坚持和完善党的建设、推进党的自我革命提出了明确要求。党的二十届一中全会选举产生了以习近平同志为核心的新一届中央领导集体，充分显示出中国特色

社会主义事业蓬勃兴旺、充满活力。党的二十大在政治上、理论上、实践上取得了一系列彪炳史册的重大成果，具有十分重要的政治意义、理论意义、战略意义、实践意义。

2.深刻领会和全面把握党的二十大精神内涵实质。党的二十大精神内容十分丰富，既有政治上的高瞻远瞩和理论上的深邃思考，也有目标上的科学设定和工作上的战略部署。要深刻领会和全面把握党的二十大的主题，深刻领会和全面把握过去5年的工作和新时代10年的伟大变革，深刻领会和全面把握开辟马克思主义中国化时代化新境界，深刻领会和全面把握新时代新征程中国共产党的使命任务，深刻领会和全面把握中国式现代化的中国特色和本质要求，深刻领会和全面把握社会主义经济建设、政治建设、文化建设、社会建设、生态文明建设等方面的重大部署，深刻领会和全面把握教育科技人才、法治建设、国家安全等方面的重大部署，深刻领会和全面把握国防和军队建设、港澳台工作、外交工作等方面的重大部署，深刻领会和全面把握坚持党的全面领导和全面从严治党的重大部署。

3.坚决捍卫“两个确立”、坚决做到“两个维护”。“两个确立”是党在新时代取得的重大政治成果，是新时代引领党和国家事业从胜利走向新的胜利的政治保证，是战胜一切艰难险阻、应对一切不确定性的最大确定性、最大底气、最大保证。全区各级党组织和广大党员必须深刻领悟“两个确立”的决定性意义，切实增强“四个意识”、坚定“四个自信”、做到“两个维护”，更加坚定地忠诚核心、信赖核心、紧跟核心、维护核心，坚决维护党中央权威和集中统一领导，不断提高政治判断力、政治领悟力、政治执行力，在以习近平同志为核心的党中央周围团结成“一块坚硬的钢铁”，步调一致向前进，紧跟习近平总书记走好新的赶考之路，不断夺取新的伟大胜利。

4.坚定不移沿着“八八战略”指引的道路奋勇前进。把学懂弄通做实习近平新时代中国特色社会主义思想与一以贯之忠实践行“八八战略”结合起来，深刻感悟“八八战略”穿越时空、历久弥新的真理伟力、实践伟力，坚持好、运用好“八八战略”蕴含的立场观点方法，健全忠实践行“八八战略”的理论创新体系、战略执行体系，完善体系化、全贯通、可衡量、闭环式的“八八战略”抓落实长效机制，推动“八八战略”在鹿城落地生根、开花结果。以“八八战略”实施20周年为契机，加快打造新的重大标志性成果，持续推动“八八战略”形成“理论付诸实践、实践上升到理论、理论再付诸实践”的迭代深化和螺旋上升。

5.牢记习近平总书记殷殷嘱托。习近平总书记在浙江工作期间来温州来鹿城视察指导的重要讲话精神和近几年来对温州对鹿城工作作出的重要指示批示精神，体现了理论创新与具体实践、目标导向与问题导向、顶层指导与基层探索、全局发展与局部突破的高度统一，蕴含着科学的实践观、发展观、安全观和认识论、系统论、方法论，是鹿城做好各项工作、推动长远发展必须悉心领悟并长期坚持的重要遵循。要把贯彻落实习近平总书记寄予温州“续写创新史”的殷殷嘱托和对温州对鹿城工作的重要指示批示精神，作为坚定捍卫“两个确立”、坚决做到“两个维护”最直接、最具体、最生动的体现，深化抓落实对标对表行动，确保每一项重要指示、重要任务、重要要求不折不扣落到实处，切实做到“总书记有号令、中央有部署、省市有要求、鹿城见行动走在前”。

二、坚持以党的二十大精神为指引，努力在中国式现代化进程中谱写鹿城新篇章

6.总体要求。深入学习贯彻党的二十大精神，始终坚持以习近平新时代中国特色社会主义思想为根本指引，以忠实践行“八八战略”、努力打造“重要窗口”为主题主线，以推进“两个先行”为目标任务，以推动创新发展、转型升级和改革攻坚、开放提升为基本路径，以干在实处、走在前列、勇立潮头为精神动力，以全面从严治党和高素质干部队伍建设为根本保障，加力推进都市振兴、乡村振兴、产业振兴、文化振兴，持续深化项目攻坚、环境提升、治理创新，争当做强做大“全省第三极”排头兵，打造高质量发展建设共同富裕示范区先行样板，争创社会主义现代化先行区，努力在中国式现代化进程中谱写鹿城发展新篇章。

7.奋斗目标。根据党的二十大关于全面建成社会主义现代化强国总的战略安排分两步走精神，按照省委、市委的部署，结合区第十次党代会提出的奋斗目标、区第十四个五年规划纲要和我区发展实际，我区现代化建设总的目标安排：从二〇二〇年到二〇三五年，在高质量发展中实现中国特色社会主义共同富裕

先行和现代化先行，高水平完成基本实现社会主义现代化的目标，基本实现共同富裕；从二O三五年到本世纪中叶，全面建成社会主义现代化强区，全面建设共同富裕美好社会。

到二O三五年的总体目标：高质量发展水平大幅跃升，地区生产总值、人均生产总值、居民人均可支配收入比二O二O年“翻一番”以上；创新发展取得重大突破，建设高水平创新型城区；深化“制造业发展双轮驱动”战略，实现新型工业化、信息化、城镇化、农业农村现代化；基本实现区域治理现代化，全过程人民民主实践全面深化，建成法治鹿城，中国特色社会主义制度优越性充分彰显；高水平建成教育强区、科技强区、人才强区、文化高地、健康鹿城，文化软实力显著增强；人民生活更加幸福美好，地区差距、城乡差距、收入差距持续缩小到合理区间，形成以中等收入群体为主体的橄榄型社会结构，实现人的全生命周期公共服务优质共享；全面形成绿色生产生活方式，碳排放达峰后稳中有降，全力打造美丽中国样板城区；建成更高水平的平安鹿城，安全体系和能力全面加强。

未来五年的主要目标任务：全面落实党中央、省委、市委确定的各项目标任务，推进具有鹿城辨识度的现代化建设取得更大的成效。创新驱动引领现代化扎实推进，全方位融入温州建设国家创新型城市战略，高水平建设创新型城区，建成科技创新策源地、科创企业孵化地、创新人才集聚地，到二O二七年全社会R＆D经费支出占GDP比重达2.8%左右、人才资源总量突破30万人；实体经济支撑现代化扎实推进，全面融入温州两大万亿级产业集群，以排头兵姿态推动温州建设全球有竞争力的先进制造业基地、区域现代化服务业中心城市和消费中心城市等取得重大进展，力争“十四五”末地区生产总值突破1700亿元，经济综合实力进入全省城区排名前10名、“全国百强区”前40强；改革开放撬动现代化扎实推进，“两个健康”先行区、共同富裕示范区重大改革和数字化改革全面推进，区域营商环境达到国内一流水平，各方面各领域制度重塑取得重大进展；共同富裕彰显现代化扎实推进，地区差距、城乡差距、收入差距持续缩小，到二O二七年居民人均可支配收入达到9.6万元、城乡居民收入倍差缩小1.77以内，全龄友好型社会建设取得重大进展，高水平实现基本公共服务均等化，共同富裕取得更为明显的实质性进展；文化建设赋能现代化扎实推进，全域文化繁荣全民精神富有全面显现，公共文化服务体系更加健全，全社会文明程度不断提升，四大历史文化街区保护开发加速推进，山水斗城、江心屿诗之岛等文化地标基本建成，建成新时代文化高地；生态文明涵养现代化扎实推进，发展方式绿色转型加快推进，一体推进美丽城镇、美丽乡村、美丽田园、美丽河湖建设，打造美丽中国样板城区；高效治理保障现代化扎实推进，全过程人民民主制度化、规范化、程序化水平全面提高，创成全国法治政府建设示范区，常态化跻身全省平安建设第一梯队，共建共治共享的社会治理格局基本形成；党建引领推进现代化扎实推进，党的全面领导体系和全面从严治党体系更加健全，上下贯彻、执行有力的组织体系全面建强，堪当现代化建设的高素质干部队伍有力锻造，清廉鹿城建设品牌进一步打响。

三、对标对表党的二十大战略部署，奋力在新时代新征程上创造新的更大业绩

8.加快融入新发展格局，着力推动高质量发展。党的二十大报告强调，高质量发展是全面建设社会主义现代化国家的首要任务，发展是党执政兴国的第一要务。要贯彻新发展理念，构建新发展格局，推动高质量发展，高水平建设全国民营经济示范城区。深入实施“十个一”产业链链长制，推动鞋业等传统产业通过增资扩产加速转型升级，推动新能源、新材料、数字经济、智能装备、金融服务等新兴产业通过招大引强发展壮大，构建数字经济引领带动、传统产业重塑再造、新兴产业主导支撑的现代产业体系。大力发展生产性服务业，打造区域生产性服务业基地。创新实施扩大内需战略，积极培育消费新业态，以排头兵姿态推进区域消费中心城市建设。持续大力度推进重大交通基础设施建设，构建便捷高效的交通路网和多层次都市公共交通。全面融入国家重大区域战略布局，深度融入长三角一体化发展和粤闽浙沿海城市群建设。高规格抓好瓯江新城核心区建设，联动推进滨江商务区、七都岛、历史文化街区、西部新城等“一核十片”重点区块开发，加快提升城市能级和中心城区首位度。深入推进新型城镇化改革，全面推进乡村振兴，深化乡村建设“三基三主”十大工程，深化落实乡村振兴553人才计划，开展和美乡村“示范引领、全域整治”行动，推动乡村空间、产业、环境系

统重塑。

9.全面深化改革开放，不断增创体制机制新优势。党的二十大报告强调，深入推进改革创新，着力破解深层次体制机制障碍，不断彰显中国特色社会主义制度优势。要坚持社会主义市场经济改革方向，坚持“两个毫不动摇”，坚定不移扩大开放，不断增强发展的动力和活力。深化新时代“两个健康”先行区建设，全面落实“两个健康”促进条例，依法保护民营企业产权和企业家权益，实施营商环境优化提升“一号改革工程”，营造民营企业发展环境。深化国资国企改革，做强做优做大鹿城国有资本。推进数字化改革全面贯通、集成突破，锚定“一核心、两服务、三再造”，打造数字化改革先行区。深化要素市场化改革，打造要素市场化配置综合改革先行区。深化农村土地制度改革、强村富民乡村集成改革，加快农业农村现代化。以制度型开放引领高水平全方位开放，积极融入数字丝绸之路节点城市、RCEP等重大战略，推动自贸区联动创新区、跨境电商综试区等开放平台协同联动发展，打造中国（温州）华商华侨综合发展先行区桥头堡。更大力度吸引和利用外资，打造高质量外资集聚地。深入实施“鹿力同心·共富行”行动，大力开展海外贸易回归、总部回归、人才回归、技术回归，深化内外温州人互动发展。

10.深入实施科教兴区战略，建设高水平创新型城区。党的二十大报告强调，教育、科技、人才是全面建设社会主义现代化国家的基础性，战略性支撑。要坚持教育优先发展、科技自立自强、人才引领驱动，加快建设教育强区、科技强区、人才强区。聚焦建设高质量教育体系，加快义务教育优质均衡、学前教育普及普惠发展，打响“学在鹿城”品牌，办好人民满意的教育。深入实施科技创新六大攻坚行动，高水平推进创新型城区建设，进一步融入“一区一廊”创新格局，系统提升“一区一岛一园一城一集群”创新能级，打造区域创新高地。推广“头部企业+大学（研究院）”创新联合体模式，深化高能级创新平台量质“双提升”、科技企业“双倍增”“双迈进”行动，大力发展创新经济。坚持人才引领驱动，深化实施“瓯江风起潮涌计划”，瞄准“高精尖缺”引育一批战略科学家、科技领军人才和创新团队、卓越工程师。统筹实施“塔尖人才集聚”“名师名校长招引”等重大人才工程，持续办好“红靴奖”等引才活动，打响“鹿鸣全球 城邀英才”人才品牌，建设区域性人才高地。

11.发展全过程人民民主，保障人民当家作主。党的二十大报告强调，全过程人民民主是社会主义民主政治的本质属性。要坚持党的领导、人民当家作主、依法治国有机统一，充分发扬人民民主，坚持人民主体地位，充分体现人民意志，打造全过程人民民主区级样板。加强和改进新时代人大工作，支持和保证人大及其常委会依法行使职权、开展工作，迭代升级人大代表联络站，高质量推进全过程人民民主基层单元建设，建好用好“e鹿履职”数字应用等履职新名片，推动人民代表大会制度在鹿城的生动实践。发挥人民政协作为专门协商机构作用，完善人民政协民主监督和委员联系界别群众制度机制，建好用好“请你来协商”“民生议事堂”等平台，打造协商民主鹿城样板。积极发展基层民主，健全基层党组织领导的基层群众自治机制。完善大统战工作格局，推进统一战线“铸魂”工作，打响“鹿力同心”工作品牌，支持各民主党派、工商联、无党派人士积极发挥作用，做好民族、宗教、党外知识分子、非公有制经济人士、新的社会阶层人士、港澳台和侨务等工作。加强工会、共青团、妇联等群团组织建设，更好发挥群团组织桥梁纽带作用。

12.坚持全面依法治理，推进法治鹿城建设。党的二十大报告强调，必须更好发挥法治固根本、稳预期、利长远的保障作用，在法治轨道上全面建设社会主义现代化国家。要一体推进公正司法、严格执法、全民守法，助力温州创建全国法治政府建设示范市。完善行政决策机制，加强重大行政决策合法性审查，严格落实重大行政决策法定程序。深化“大综合一体化”行政执法改革，全面推进严格规范公正文明执法，落实行政执法“三项制度”，加强行政执法重点领域专项监督。完善行政复议与行政诉讼衔接机制，加强行政争议调解中心建设，推动行政诉讼收案量和败诉率“双下降”。深化司法体制综合配套改革，全面落实司法责任制，完善司法管理体制和司法权力运行机制。健全法治监督体系，加强检察机关法律监督工作，完善公益诉讼制度。深入开展法治宣传教育，全面实施“八五”普法规划，加强法治宣传教育基地、法治文化阵地、民主法治村建设，增强全民法治观念，努力使尊法学法守法用法在全社会蔚然成风。

13.着力推进文化自信自强，打造新时代文化高地。党的二十大报告强调，坚持中国特色社会主义文化发展道路，增强文化自信。要坚持举旗帜、聚民心、育新人、兴文化、展形象，扎实推进“新时代文化鹿城三年百大项目”，加快形成一批标志性文化成果，打造新时代文化高地。加强千年瓯越文化寻根溯源，深化“温州学”研究，挖掘“永嘉学派”内涵，高标准规划建设永嘉学派文化公园等一批支撑性文化地标项目。加强朔门古港遗址保护开发利用，彰显“千年商港”深厚底蕴和人文魅力。放大央视戏曲春晚品牌效应，擦亮“南戏故里”“中国戏曲发源地”金名片。弘扬和激发温州人文精神，增强价值认同、文化认同和情感认同。完善文化交流合作和传播机制，全面提升温州文化传播力和影响力。深入开展新时代文明实践活动，全域推行“1161”文明共创机制，构建更常态化长效化的文明创建体系。深入实施全域公民道德建设工程，持续擦亮“大爱城市、诚信社会、道德高地”城市品牌，打造全国志愿服务工作样板区。深入实施“文化+”战略，推动文化产业高质量发展。深入实施文艺精品创作星火计划，持续推进文艺“名牌、名品、名人”工程，完善全周期文艺精品创作和服务机制。深入实施文化惠民普及工程，打造“15分钟品质文化生活圈”，健全现代公共文化服务体系。

14.切实保障和改善民生，打造共同富裕市域样板。党的二十大报告强调，为民造福是立党为公、执政为民的本质要求。要围绕高质量发展建设共同富裕示范区建设，深入实施“扩中”“提低”九大促进行动，健全全生命周期公共服务体系，扎实推进共同富裕。健全高质量就业创业体系，强化就业优先政策，促进高校毕业生、退役军人、农民工、就业困难人员等重点群体就业，支持和规范发展新就业形态，加强困难群体就业兜底帮扶。加快科技成果产权制度改革，推广“三就地”等成果转化模式，打通创新向创富转化通道。深化农村土地和集体产权制度改革，盘活农村沉睡资源，打通资源向资产转化通道。强化职业技能培训，深入开展“瓯越工匠培育工程”，打通技能向才能转化通道。推进低收入家庭综合帮扶集成改革，深化县、乡两级“助联体”建设，拓展低收入群体增收渠道。健全完善社会保险、医疗保险、住房公积金等制度，扩大社会保险覆盖面，健全基本养老、基本医疗保险筹资和待遇调整机制。构建以基本生活保障为重点、多元社会力量参与的新时代社会大救助体系。推进儿童友好城市、青年发展型城市、老年友好城市创建，推动全龄友好社会建设。深化健康鹿城建设，加快优质医疗资源扩容和区域均衡布局，建设高水平区级医院，建设区域医疗康养中心城市，打响“医在鹿城”品牌。抢抓亚运会赛事举办契机，创成省级体育现代化区，打造国家体育产业示范基地。

15.加快绿色低碳发展，深化美丽鹿城建设。党的二十大报告强调，牢固树立和践行绿水青山就是金山银山的理念，站在人与自然和谐共生的高度谋划发展。要加快发展方式绿色转型，全面落实碳达峰碳中和国家战略，打好环境整治攻坚战，打造美丽中国鹿城样板。建立绿色、高效、低碳的经济体系、能源体系和资源利用体系，抓好工业、能源、建筑、交通运输、居民生活、农业、科技等“6+1”领域节能降碳。扩大绿色产品服务新供给，倡导绿色消费，推动形成绿色低碳生活方式。实施新一轮生态环保基础设施提升行动计划，深入打好污染防治攻坚战，深化“五水共治”，全面消除市控以上V类水断面，巩固提升全域“无废城市”创建。

16.推进区域治理现代化，建设更高水平的平安鹿城。党的二十大报告强调，加快推进区域治理现代化，提高区域社会治理能力。要坚定维护国家政权安全、制度安全、意识形态安全，加强重点领域安全能力建设，提高防范化解重大风险能力。强化粮食、能源资源、重要产业链供应链安全保障，防范金融、房地产、政府债务等风险，加强经济领域安全建设。完善以风险分级管控为基础的隐患治理体系，深化危化品、消防、道路交通、涉海涉渔等重点领域安全生产专项整治。加强应急管理基础设施建设，提升防灾减灾救灾基础能力，提高突发公共事件处置保障能力。持续优化疫情防控措施，高效统筹疫情防控和经济社会发展。加强社会治理创新，推进“区、街镇、村社、小区、网格”五级治理联动贯通，建好用好城市运行中心、社会治理中心，迭代升级“141”治理平台，构建小区事务共办、党群阵地共用、小区多元共治、居民资源共享的“幸福共同体”。坚持和发展新时代“枫桥经验”，加强和改进信访工作，一体推进警源、诉源、访源“三源”共治。全面落实防范宗教渗透蔓延“1+2+N”系统工作机制，深入推进宗教中国化“151”工程，提升宗教事务依法治理水平。全面落实意识形态工作责任制，创新网络综合治理，实施网络生态“瞭望哨”工程，打造清朗有序的网络环境。

17.持续深化全面从严治党，打造新时代党建高地和清廉高地。党的二十大报告强调，全面建设社会主义现代化国家、全面推进中华民族伟大复兴，关键在党。要全面推进党的自我净化、自我完善、自我革新、自我提高，加快打造新时代党建高地和清廉高地。健全党的全面领导体系，严明政治纪律和政治规矩，提高政治判断力、政治领悟力、政治执行力。加强党的创新理论学习教育，坚持不懈用习近平新时代中国特色社会主义思想凝心铸魂。坚持大抓基层的鲜明导向，深入实施“红色根脉强基工程”，推进瓯江红“共享社·幸福里”建设，加强农村和城市社区党建工作。树立选人用人正确导向，强化“以事找人”“三新赋能”等机制，深化干部队伍系统性重塑，建设堪当重任的高素质干部队伍。深入实施一把手锻造、年轻干部接力等十大工程，统筹用好女干部、少数民族干部和党外干部。完善干部多维立体考评体系，推动干部能上能下、能进能出，形成能者上、优者奖、庸者下、劣者汰的良好局面。锲而不舍落实中央八项规定及其实施细则精神，抓住“关键少数”以上率下，严纠“四风”问题，重点纠治形式主义、官僚主义。强化“全周期管理”一体推进不敢腐、不能腐、不想腐，深化整治权力集中、资金密集、资源富集领域的腐败，坚决惩治群众身边的“蝇贪”，严肃查处领导干部配偶，子女及其配偶等亲属和身边工作人员利用影响力谋私贪腐问题，坚决防止利用“一家两制”进行利益输送。健全党统一领导、全面覆盖、权威高效的监督体系，推动各类监督贯通协调，增强对“一把手”和领导班子监督实效，深化年轻干部教育管理监督。

四、完善体系化长效化学习宣传贯彻机制，确保党的二十大精神落实落地见效

18.持续掀起学习宣传贯彻热潮。深化“六学六进六争先”学习实践活动，推动党的二十大精神学习常态化长效化。高标准组织开展以科级以上领导干部及基层党组织书记为重点的主题教育，深入推进领导干部专题学、党员干部示范学、思想溯源研讨学、青年群体创新学、“追随足迹”现场学、线上线下全员学，确保学深悟透。集中开展领导干部带头讲、区委宣讲团示范讲、青年宣讲团生动讲等宣讲活动，持续开展全方位宣传、全媒体宣传，推动党的二十大精神进机关、进企事业单位、进城乡社区、进校园、进各类新经济组织和新社会组织，把党的二十大战略部署转化为全民自觉和共同行动。

19.着力构建闭环落实工作机制。把党的二十大战略部署同省第十五次党代会、市第十三次党代会部署，同区委第十次党代会目标任务贯通起来，全面承接，逐条逐项细化分解，项目化推进落实。健全清单化闭环管理、民呼我为、争先创优等工作机制，持续激发创造性张力，形成层层放大滚雪球效率。坚持一张蓝图绘到底、一任接着一任干，脚踏实地、久久为功，不断打造中国式现代化市域实践的标志性成果，努力创造经得住实践、人民和历史检验的工作业绩，为一域争光、为全局添彩、为百姓造福。

20.切实弘扬求真务实工作作风。各级党员干部要加强实践锻炼、专业训练，努力在中国式现代化进程中砥砺品质，增长才干，增强推动高质量发展本领、服务群众本领、防范化解风险本领。加强斗争精神和斗争本领养成，着力增强防风险、迎挑战、抗打压能力，带头担当作为。坚持求真务实、真抓实干，以钉钉子精神做实做细做好各项工作。深入开展“万名干部进万企”“万名干部进万户”“万名干部上热线”活动，切实解决企业、群众“急难愁盼”问题。

21.积极营造团结奋斗浓厚氛围。大力弘扬伟大建党精神，增强历史自信，焕发历史自觉和主动精神，立先行之志，担先行之责，闯先行之路，成先行之势。牢牢把握团结奋斗的时代要求，心往一处想、劲往一处使，团结一切可以团结的力量，调动一切可以调动的积极因素，最大限度凝聚起共同奋斗的力量。充分激发社会干事创业活力，让干部敢为、企业敢干、群众敢首创，万众一心，勇毅前行，以更加昂扬的斗志、更加进取的精神、更加饱满的热情，不断开创事业发展新天地。

新征程催人奋进、新使命召唤担当。全区各级党组织和广大党员干部要更加紧密地团结在以习近平同志为核心的党中央周围，高举习近平新时代中国特色社会主义伟大旗帜，在省委、市委的坚强领导下，坚定扛起奋进“两个先行”、续写创新史的使命担当，奋力交出建设首位城区、打造共富样板、争创先行区的时代答卷，为全面建设社会主义现代化国家、全面推进中华民族伟大复兴贡献鹿城力量！

重要文件目录

2022年中共温州市鹿城区委员会重要文件一览表

表27

序 号	发文号	标 题
1	鹿委发〔2022〕1号	中共温州市鹿城区委批转《关于召开温州市鹿城区第十届人民代表大会第一次会议的请示》的通知
2	鹿委发〔2022〕2号	中共温州市鹿城区委温州市鹿城区人民政府关于2021年度考绩结果的通报
3	鹿委发〔2022〕3号	中共温州市鹿城区委温州市鹿城区人民政府关于给予温州市公安局鹿城区分局记集体三等功的决定
4	鹿委发〔2022〕4号	中共温州市鹿城区委关于建立温州市鹿城区第十届人民代表大会第一次会议和政协第十届温州市鹿城区委员会第一次会议临时党委的通知
5	鹿委发〔2022〕5号	中共温州市鹿城区委关于中共温州市鹿城区委农村工作领导小组（区乡村振兴领导小组）组成人员任职的通知
6	鹿委发〔2022〕7号	中共温州市鹿城区委印发《关于党建统领基层治理创新 高水平建设首位城区治理样板的意见》的通知
7	鹿委发〔2022〕8号	中共温州市鹿城区委关于聘任第二届区委法律顾问的通知
8	鹿委发〔2022〕10号	中共温州市鹿城区委关于调整区委常委分工的通知
9	鹿委发〔2022〕11号	中共温州市鹿城区委关于认真学习宣传贯彻省第十五次党代会精神的通知
10	鹿委发〔2022〕12号	中共温州市鹿城区委关于深入学习省第十五次党代会精神争当做强做大“全省第三极”排头兵奋力跑出“两个先行”鹿城加速度的决议
11	鹿委发〔2022〕13号	中国共产党温州市鹿城区委员会工作规则
12	鹿委发〔2022〕14号	中共温州市鹿城区委温州市鹿城区人民政府关于印发《2022年度街镇考绩办法》《2022年度区直单位考绩办法》的通知
13	鹿委发〔2022〕15号	中共温州市鹿城区委关于认真学习宣传贯彻党的二十大精神的通知
14	鹿委发〔2022〕17号	中共温州市鹿城区委 温州市鹿城区人民政府关于给予金龙伟等852名优秀公务员奖励的决定

2022年鹿城区人大常委会重要文件一览表

表28

发文号	文件标题
温鹿人大常〔2022〕7号	温州市鹿城区人民代表大会常务委员会关于召开温州市鹿城区第十届人民代表大会第一次会议的决定
温鹿人大常〔2022〕36号	温州市鹿城区人民代表大会常务委员会关于批准2021年区级财政决算的决议
温鹿人大常〔2022〕44号	温州市鹿城区人民代表大会常务委员会关于争当做强做大“全省第三极”排头兵 奋力跑出“两个先行”鹿城加速度的决议
温鹿人大常〔2022〕51号	温州市鹿城区人民代表大会常务委员会关于选举与补选温州市鹿城区第十届人民代表大会代表的决定
温鹿人大常〔2022〕58号	温州市鹿城区人民代表大会常务委员会关于批准温州市鹿城区2022年区级财政预算调整的决议

2022年鹿城区人民政府重要文件一览表

表29

发文号	文件标题
温鹿政发〔2022〕1号	关于海特克动力股份有限公司历史沿革中相关事项的批复
温鹿政发〔2022〕2号	关于五马片区（东方灯具市场区块）旧城区改建工程范围内国有土地上房屋实施征收的决定
温鹿政发〔2022〕3号	科学技术发展“十四五”规划
温鹿政发〔2022〕4号	关于修改废止部分行政规范性文件的通知
温鹿政发〔2022〕5号	关于对温州核心建成区西部生态新城有机更新项目（鹿城工业区板块）范围内国有土地上房屋实施征收的决定
温鹿政发〔2022〕10号	关于温州小伦机械贸易有限公司历史沿革相关事项的批复
温鹿政发〔2022〕11号	关于温州市鹿城区农业高质量发展推进共同富裕的若干政策意见
温鹿政发〔2022〕12号	鹿城区突出贡献和行业31强企业推荐方案
温鹿政发〔2022〕13号	关于加强和改进新形势下征兵工作的实施意见的通知
温鹿政发〔2022〕15号	关于印发深入开展“环境提升年”行动的实施方案的通知
温鹿政发〔2022〕18号	关于对鹿城区松台片区（九山单元A-08地块）旧片区改建工程范围内国有土地上房屋实施征收的决定
温鹿政发〔2022〕21号	关于对鹿城区广化片区（特陶区块）旧片区改建工程范围内国有土地上房屋实施征收的决定
温鹿政发〔2022〕22号	关于公布温州鹿城区藤桥镇综合行政执法目录（2022）的通知
温鹿政发〔2022〕23号	关于下达鹿城区2022年国民经济和社会发展计划的通知
温鹿政发〔2022〕24号	温州市鹿城区人民政府关于同意创办温州市第二十九幼儿园桃花岛园区的批复
温鹿政发〔2022〕25号	关于同意2021年鹿城区藤桥镇灾毁农田修复项目通过验收的通知

续表 29

发文号	文件标题
温鹿政发〔2022〕27号	关于同意2022年鹿城区山福镇双溪村等五村高标准农田建设项目立项的批复
温鹿政发〔2022〕28号	关于同意2022年鹿城区藤桥镇后垟村和山河村高标准农田建设项目立项的批复
温鹿政发〔2022〕33号	关于印发鹿城区农村公路管理养护实施办法的通知
温鹿政发〔2022〕34号	关于杭州鲲腾建筑有限公司“11·3”车辆伤害事故调查报告的批复
温鹿政发〔2022〕35号	关于浙江诸安建设集团有限公司“10·24”物体打击事故调查报告的批复
温鹿政发〔2022〕36号	关于浙江瑞极照明工程有限公司“11·14”高处坠落事故调查报告的批复
温鹿政发〔2022〕37号	关于鹿城区政府工作分工的通知
温鹿政发〔2022〕39号	关于同意2022年鹿城区山福镇西坑村等三村耕地质量提升建设项目立项的批复
温鹿政发〔2022〕40号	关于要求2022年鹿城区山福镇西洲村等三村“旱地改水田”建设项目立项的批复
温鹿政发〔2022〕41号	关于同意鹿城区七都街道前沙村2022年垦造耕地项目立项的批复
温鹿政发〔2022〕42号	关于同意鹿城区仰义街道馒头驻村旱地改水田及垦造水田项目立项的批复
温鹿政发〔2022〕43号	关于同意鹿城区仰义街道馒头驻村旱地项目立项的批复
温鹿政发〔2022〕44号	关于印发做好规上工业企业职工住房保障实施意见（试行）的通知
温鹿政发〔2022〕45号	关于同意创办温州市林里小学的批复
温鹿政发〔2022〕46号	关于同意2021年七都街道前沙村高标准农田建设项目通过验收的通知
温鹿政发〔2022〕47号	关于同意变更温州市鹿城区供销总社经营场所的批复
温鹿政发〔2022〕49号	关于同意变更温州市鹿城区供销总社法定代表人的批复
温鹿政发〔2022〕50号	关于印发瓯江鹿城段禁渔实施方案的通知
温鹿政发〔2022〕51号	关于浙江长城搅拌设备股份有限公司历史沿革中相关事项的批复
温鹿政发〔2022〕52号	关于将部分区级部门行政处罚权交由七都街道等14个街道行使的通告
温鹿政发〔2022〕53号	温州市鹿城区政府工作规则
温鹿政发〔2022〕54号	关于同意鹿城区藤桥镇石垟村旱地改水田耕地质量提升三期建设项目立项的批复
温鹿政发〔2022〕55号	关于同意鹿城区藤桥镇浦江村、垟岸村、旱地改水田耕质量提升项目立项的批复
温鹿政发〔2022〕56号	关于印发进一步加快现代服务业高质量发展的若干政策意见、进一步加快开放型经济发展的若干政策意见以及工业经济高质量发展的若干政策意见等文件的通知
温鹿政发〔2022〕57号	关于印发进一步落实助企纾困工作的若干措施、关于扶持个体工商户纾困发展的若干意见的通知
温鹿政发〔2022〕58号	关于印发鹿城区贯彻落实国务院稳经济措施实施方案的通知
温鹿政发〔2022〕59号	关于对温州海洋渔业公司房屋的补偿决定

续表 29

发文号	文件标题
温鹿政发〔2022〕60号	关于同意鹿城区林地保护利用规划（2010—2020年）2022年第一批局部调整方案的批复
温鹿政发〔2022〕61号	关于对鹿城区双屿片区（双屿三组团）保障性安居工程范围内国有土地上房屋实施征收的决定
温鹿政发〔2022〕62号	关于同意鹿城区藤桥镇石垟村“旱地改水田”耕地质量提升二期建设项目立项的批复
温鹿政发〔2022〕63号	关于同意变更温州市鹿城区供销总社工商企业单程的批复
温鹿政发〔2022〕64号	关于同意鹿城区藤桥镇下岸村耕地质量提升项目立项的批复
温鹿政发〔2022〕65号	关于同意创办温州市第十三幼儿园、温州市第十四幼儿园、温州市第十八幼儿园的批复
温鹿政发〔2022〕66号	关于同意创办温州市第十九幼儿园鹿锦园区等4所幼儿园的批复
温鹿政发〔2022〕67号	关于同意创办温州市第一幼儿园和润园区、温州市第四幼儿园江山邑园区的批复
温鹿政发〔2022〕68号	关于印发鹿城区建设高水平创新型城区、打造“创新引领”型共同富裕示范区三年行动计划（2022—2024年）的通知
温鹿政发〔2022〕69号	关于同意鹿城区藤侨镇千亩方永久基地农田集中连片整治项目验收的批复
温鹿政发〔2022〕70号	关于印发鹿城区全域水环境质量提升实施方案的通知
温鹿政发〔2022〕71号	关于公布2021年鹿城区政府质量奖企业名单的通知
温鹿政发〔2022〕72号	关于同意将温州市绣山中学等5所学校转为公办学校的批复
温鹿政发〔2022〕73号	关于同意终止温州市华文艺术学校办学的批复
温鹿政发〔2022〕74号	鹿城区检联席会议制度的通知
温鹿政发〔2022〕75号	关于对仰双片区双岙单元A-08地块保障性安居工程范围内国有土地上房屋实施征收的决定
温鹿政发〔2022〕76号	关于对仰双片区中央涂单元D-09a地块保障性安居工程范围内国有土地上房屋实施征收的决定
温鹿政发〔2022〕77号	关于对任锡春房屋的补偿安置决定
温鹿政发〔2022〕78号	关于同意《温州市鹿城区江心屿共青湖管理范围划界方案》的批复
温鹿政发〔2022〕79号	关于同意鹿城区藤桥镇大潭村垦造耕地建设项目立项的批复
温鹿政发〔2022〕80号	关于公布2021年度鹿城区“亩均论英雄”工业企业综合评价结果的通知
温鹿政发〔2022〕81号	关于浙江宗盛建设有限公司“3・2”物体打击事故调查报告的批复
温鹿政发〔2022〕83号	关于七都街道耕地“非粮化”整治恢复耕地功能工作通过验收的通知
温鹿政发〔2022〕84号	关于同意鹿城区藤桥镇底坦村“旱地改水水田”耕地质量提升（耕作层、挡土墙）工程通过验收的通知
温鹿政发〔2022〕85号	关于同意山福镇耕地“非粮化”整治恢复耕地功能工作通过收的通知

续表 29

发文号	文件标题
温鹿政发〔2022〕86号	关于同意鹿城区山福镇双溪村建设用地复垦项目立项的批复
温鹿政发〔2022〕87号	关于四川昊德恒建设有限公司“1·8”车辆伤害调查报告的批复
温鹿政发〔2022〕88号	关于巨一集团有限公司“9·8”高处坠落事故调查报告的批复
温鹿政发〔2022〕89号	关于江西圣乐达建设工程有限公司“4·1”坠落事故调查报告的批复
温鹿政发〔2022〕90号	关于安徽中诚泓涂建设有限公司“1·12”物体打击事故调查报告的批复
温鹿政发〔2022〕93号	关于同意2022年度鹿城区藤桥镇百亩方永久基本农田集中连片区整治项目立项的批复
温鹿政发〔2022〕94号	关于同意仰义街道耕地“非粮化”整治恢复耕地功能工作通过验收的通知
温鹿政发〔2022〕95号	关于对蒲鞋市片区（学院路区块）旧片区改建工程范围内国有土地上房屋实施征收的决定
温鹿政发〔2022〕96号	关于对蒲鞋市、五马、大南、松台等片区（D级危房）旧城区改建工程国有土地上房屋实施征收的决定
温鹿政发〔2022〕97号	关于温州市滨江广场二期A-1地块项目住宅产权调换期房安置房收购的批复
温鹿政发〔2022〕98号	关于印发鹿城区政府质量奖评审管理办法（2022年修订）的通知
温鹿政发〔2022〕99号	关于同意藤桥镇耕地“非粮化”整治恢复耕地协能工作通知验收的通知
温鹿政发〔2022〕100号	关于同意温州市鹿城区无敌山塘管理范围划界方案的批复
温鹿政发〔2022〕101号	关于同意温州市鹿城区沙头山塘管理范围划界方案的批复
温鹿政发〔2022〕102号	关于温州万丰混凝土有限公司“6·29”车辆伤害事故调查报告的批复
温鹿政发〔2022〕103号	关于浙江新邦建设股份公司“5·5”机械伤害事故调查报告的批复
温鹿政发〔2022〕104号	关于温州市鹿城区仰义街道后京殿“7·9”高处坠落事故调查报告的批复
温鹿政发〔2022〕105号	关于温州市政环保科技有限公司“6·28”机械伤害事故调查报告的批复
温鹿政发〔2022〕106号	关于温州市鹿城区山福镇西州村康泰巷66、68、72号“7·3”高处坠落事故调查报告的批复
温鹿政发〔2022〕107号	关于对温州城市数字科创园核心区基础设施提升工程（德政工业区块）范围内国有土地上房屋实施征收的决定
温鹿政发〔2022〕108号	关于鹿城区南郊街道工业片区改造工程二期范围内国有土地上房屋实施征收的决定
温鹿政发〔2022〕109号	关于同意创办温州市科技岛中学、温州市科技岛小学的批复
温鹿政发〔2022〕111号	关于同意2021年鹿城区藤桥镇枫林岙村等二村高标准农田建设等2个项目通过验收的通知
温鹿政发〔2022〕112号	关于同意鹿城区林地保护利用规划（2021—2020年）2022年第二批局部调整方案的批复
温鹿政发〔2022〕113号	关于修改废止部分行政规范性文件的通知
温鹿政发〔2022〕117号	关于聘任特邀行政执法监督员的通知

续表 29

发文号	文件标题
温鹿政发〔2022〕118号	关于同意鹿城区七都街道前沙村2022年垦造耕地项目立项通过验收的通知
温鹿政发〔2022〕119号	关于同意2021年鹿城区山福镇潮源村高标准农田改造提升项目通过验收的通知
温鹿政发〔2022〕120号	关于同意温州市鹿城区城镇社区建设专项规划的批复
温鹿政发〔2022〕121号	关于同意温州市鹿城区林地保护利用规划（2010—2020）2022年第三批23个调整方案的批复
温鹿政发〔2022〕122号	关于对温州市鹿城区中央涂c—23地块小学建设工程范围国有土地上房屋实施征收的决定
温鹿政发〔2022〕123号	关于同意《鹿城区水域保护规划报告（2020年—2023年）》的批复

2022 年政协鹿城区委员会重要文件一览表

表30

发文号	文件标题
温鹿政协〔2022〕1号	关于公布政协第十届温州市鹿城区委员会第一次会议选举结果的通知
温鹿政协〔2022〕2号	关于印发《政协温州市鹿城区委员会2022年工作要点》的通知
温鹿政协〔2022〕6号	政协第十届温州市鹿城区委员会常务委员会关于加强自身建设的意见
温鹿政协〔2022〕8号	政协第十届温州市鹿城区委员会关于开展“百名政协委员进社区（村居）”活动的实施意见
温鹿政协〔2022〕9号	关于印发《政协第十届温州市鹿城区委员会各街镇委员履职小组人员名单》的通知
温鹿政协〔2022〕10号	关于公布政协第十届温州市鹿城区委员会各专委会组成人员名单的通知
温鹿政协〔2022〕11号	关于公布政协第十届温州市鹿城区委员会各界别委员小组组长、副组长名单的通知
温鹿政协〔2022〕14号	关于印发《推进“民生议事堂”、委员工作室、社情民意信息联系点“三位一体”建设的实施意见（试行）》的通知
温鹿政协办〔2022〕9号	关于印发《政协第十届温州市鹿城区委员会委员履职情况量化管理办法》的通知
温鹿政协办〔2022〕14号	关于印发《中国人民政治协商会议温州市鹿城区委员会主席会议工作规则》等制度修订稿的通知
温鹿政协办〔2022〕15号	关于印发《政协温州市鹿城区委员会领导联系常委、专委会联系委员、委员联系群众制度》等制度的通知
温鹿政协办〔2022〕18号	关于印发《2022年度鹿城区街镇“党领导政协工作”考核办法》《鹿城区政协协商民主向基层延伸建设绩效考核办法》的通知
温鹿政协办〔2022〕19号	关于印发《政协温州市鹿城区委员会关于推进“协商驿站”建设的实施意见（试行）》的通知
温鹿政协党组〔2022〕4号	关于成立区政协党员委员履职临时党委、专委会党员委员履职临时党支部的通知
温鹿政协机关党组〔2022〕8号	中共政协温州市鹿城区委员会机关党组关于学习宣传贯彻党的二十大精神情况的报告

编辑　褚宏健

索　引

主题索引

表格索引

说明：

一、本索引分为主题索引和表格索引。

二、主题索引按首字汉语拼音顺序排列，同音词按声调顺序排列，同音同调按第二个汉字音序排列，依次类推。首字为阿拉伯数字的主题词，按数字大小顺序排列置于拼音字母索引词之前。

三、主题词右边的阿拉伯数字表示主题词内容所在页码，数字后的a、b、c分别表示从左到右的栏别。

四、部分 “主题词” 下面编有二级索引。

五、表格索引按序号排列。

主题索引

M

N

O

T

W

X

表格索引

附 录

编辑 胡亭亭